Manfred Kühnberger, Veit Wohlgemuth
Kennzahlenbasierte Abschlussanalyse
De Gruyter Studium

Manfred Kühnberger, Veit Wohlgemuth

Kennzahlen-basierte Abschlussanalyse

Ein Vergleich auf der Basis von Jahres- und Konzernabschlüssen ausgewählter deutscher Unternehmen

Unter Mitwirkung von
Sarah Miriam Lenz

DE GRUYTER
OLDENBOURG

ISBN 978-3-11-077038-4
e-ISBN (PDF) 978-3-11-077055-1
e-ISBN (EPUB) 978-3-11-077064-3

Library of Congress Control Number: 2022951988

Bibliografische Information der Deutschen Nationalbibliothek
Die Deutsche Nationalbibliothek verzeichnet diese Publikation in der Deutschen Nationalbibliografie;
detaillierte bibliografische Daten sind im Internet über
http://dnb.dnb.de abrufbar.

Inhalt

Tabellenverzeichnis

https://doi.org/10.1515/9783110770551-201

Abbildungsverzeichnis

https://doi.org/10.1515/9783110770551-202

Abkürzungsverzeichnis

AfA	Absetzung für Abnutzung
AG	Aktiengesellschaft
AHK	Anschaffungs- oder Herstellungskosten
AK	Anschaffungskosten
AktG	Aktiengesetz
APM	Alternative Performance Measures
AV	Anlagevermögen
BAFin	Bundesanstalt für Finanzdienstleistungsaufsicht
BilMoG	Bilanzrechts-Modernisierungsgesetz
BilRUG	Bilanzrechts-Umsetzungsgesetz
BS	Bilanzsumme
CAPM	Capital Asset Pricing Model
CCC	Cash Conversion Cycle
CEO	Chief Executive Officer (bei AG: Vorstandsvorsitz)
CF	Cashflow
CFO	Chief Financial Officer (bei AG: Finanzvorstand)
CI	Comprehensive Income
CSR	Corporate Social Responsibility
CTA	Contractual Trust Arrangement
DAX	Deutscher Aktienindex
DCF	Discounted Cashflows
DCGK	Deutscher Corporate Governance Code
DIO	Days Inventory Outstanding
DPO	Days Payables Outstanding
DPR	Deutsche Prüfstelle für Rechnungslegung
DRS	Deutscher Rechnungslegungsstandard
DSO	Days Sales Outstanding
DVFA	Deutsche Vereinigung für Finanzanalyse und Asset Management
EBIT	Earnings before Interest and Taxes
EBITDA	Earnings before Interest, Taxes, Amortisation and Depreciation
EBT	Earnings before Taxes
EGHGB	Einführungsgesetz zum HGB
EK	Eigenkapital
EKR	Eigenkapitalrendite
EPRA	European Public Real Estate Association
EPS	Earnings per Share
ESG	Environmental Social Governance
EStG	Einkommensteuergesetz
EVA	Economic Value Added
F&E	Forschung und Entwicklung
FASB	Federal Accounting Standards Board
FAV	Finanzanlagevermögen
FCF	Free Cashflow
FFO	Funds from Operations
Fifo	First in first out
FK	Fremdkapital
FKR	Fremdkapitalrendite

https://doi.org/10.1515/9783110770551-203

GAAP	Generally Accepted Accounting Principles (→ GoB)
Gj.	Geschäftsjahr
GK	Gesamtkapital
GKR	Gesamtkapitalrendite
GKV	Gesamtkostenverfahren
GmbH	Gesellschaft mit beschränkter Haftung
GoB	Grundsätze ordnungsmäßiger Buchführung (→ GAAP)
GuV	Gewinn- und Verlustrechnung
HB	Handelsbilanz
HGB	Handelsgesetzbuch
IAS	International Accounting Standards
IASB	International Accounting Standards Board
IAV	Immaterielles Anlagevermögen
IFRS	International Financial Reporting Standards
IIRC	International Integrated Reporting Council
JA	Jahresabschluss
KA	Konzernabschluss
KAM	Key Audit Matters
KBV	Kurs-Buchwert-Verhältnis
KFR	Kapitalflussrechnung
KGV	Kurs-Gewinn-Verhältnis
KPI	Key Performance Indicator
Lifo	Last in first out
LuL	Lieferungen und Leistungen
M&A	Mergers and Acquisitions
NAV	Net Asset Value
ND	Nutzungsdauer
NI	Net Income
Non-GAAP	Nicht GAAP-konform, nicht normiert durch GAAP
NWC	Net Working Capital
OCF	Operativer Cashflow
OCI	Other Comprehensive Income
RAP	Rechnungsabgrenzungsposten
ROCE	Return on Capital Empoyed
ROI	Return on Investment
RoU	Right of Use
SAV	Sachanlagevermögen
SEC	Securities and Exchange Commission
UE	Umsatzerlöse
UKV	Umsatzkostenverfahren
US-GAAP	United States Generally Accepted Accounting Principles
UV	Umlaufvermögen
Vg.	Vermögensgegenstand
Vj.	Vorjahr
Vw.	Vermögenswert, Asset
WACC	Weighted Average Cost of Capital
Wp.	Wertpapiere

1 Einleitung

Nach wie vor stellt eine kennzahlenbasierte Auswertung der externen Rechnungslegungsdaten einen sehr wichtigen Baustein dar, um die bisherige Unternehmensentwicklung zu beurteilen und die Ableitung eines intrinsischen Unternehmenswertes zu fundieren. Dabei kann man trefflich darüber streiten, ob hierfür eher auf die Daten von Einzelunternehmen nach HGB (Jahresabschluss, JA) oder auf Konzernabschlüsse (KA, oftmals nach IFRS) zurückzugreifen ist, wenn Konzernstrukturen vorliegen. Dies soll anhand einer Auswertung von drei großen deutschen Automobilunternehmen exemplarisch und detailliert untersucht werden (BMW, Mercedes-Benz,[1] VW). Es handelt sich um eine ziemlich homogene Unternehmensgruppe, sodass die Rechnungslegungsdaten vergleichbar sein sollten.

Hierzu werden ausgewählte typische Kennzahlen oder Key Performance Indicators (KPI) ermittelt und beurteilt.[2] Ergänzend werden wesentliche Einzelsachverhalte und deren Folgen für die Rechnungslegung und Rechnungslegungspolitik behandelt.

Folgenden Fragen wird nachgegangen: **?**
(1) Welche Informationsbausteine können genutzt werden?
(2) Welche bilanzpolitischen Ziele sind plausibel und welche Mittel stehen den Unternehmen zur Verfügung?
(3) Lässt sich eine Präferenz für die Frage, ob der JA der Muttergesellschaft oder der KA bessere Daten für Abschlussnutzer liefern, beantworten?
(4) Welche besonderen Aspekte der Datenermittlung und -auswertung nach HGB und IFRS sind zu beachten?
(5) Wie kann die Qualität der ermittelten KPI beurteilt werden?
(6) Welche Sondereinflüsse spielen eine wesentliche Rolle für den Informationsgehalt (Brancheneffekte, Leasing, Pensionsverpflichtungen etc.)?

Aufgrund der eingeschränkten Unternehmensauswahl sind die Ergebnisse naturgemäß nicht auf beliebige andere Unternehmen, insbesondere kleinere, nicht börsennotierte oder nicht haftungsbeschränkte Unternehmen mit anderen Geschäftsmodellen übertragbar. Gleichwohl können die hier vorgestellten KPI auch für die Analyse solcher Unternehmen genutzt werden.

Da die Finanzberichterstattung nicht nur vom Rechnungslegungsstandard abhängt, sondern auch von den Möglichkeiten einer bilanzpolitischen Beeinflussung, der Corporate Governance von Unternehmen, dem Entwicklungsgrad von Kontrollmärkten etc. sind weitergehende Themenfelder exemplarisch zu untersuchen. Grundsätzlich sind

---

1 Am 01. Februar 2022 wurde die Daimler AG in Mercedes-Benz Group AG umbenannt. Im vorliegenden Buch wird ausschließlich dieser Name verwendet, auch wenn die Rechnungslegungsdaten noch unter dem Namen Daimler veröffentlicht wurden.

2 Die Begriffe Kennzahl und KPI werden hier synonym verwendet.

https://doi.org/10.1515/9783110770551-001

neben den o. g. eher pragmatischen Aspekten auch theoretische Grundlagen zu beachten.

---

i **Das Buch enthält vier größere Blöcke:**

(1) Die Kapitel 2 bis 4 befassen sich mit grundsätzlichen Inhalten der Rechnungslegung nach HGB und den IFRS, sowie weitergehenden Publikationen.

(2) Die Kapitel 5 und 6 widmen sich bilanzpolitischen Zielen und Randbedingungen, sowie dem zugehörigen Instrumentarium. Dies ist notwendig, da eine Kennzahlenanalyse solches Vorwissen voraussetzt.

(3) Die Kapitel 7 bis 14 beinhalten die Kennzahlenanalyse. Ausgehend vom Problem der Aufbereitung der Abschlussdaten werden KPI zur Vermögens-, Finanz- und Ertragslage vorgestellt, berechnet und interpretiert. Hierbei werden die KPI für die HGB- und IFRS-Abschlüsse vorgestellt.

(4) Die Kapitel 15 bis 19 sind ausgewählten Sonderthemen gewidmet, also besonders schwierigen Rechnungslegungsthemen mit wesentlichem Einfluss und Grundsatzfragen, wie der Notwendigkeit von Branchenstandards und der nichtfinanziellen Berichte.

---

2 Bausteine von Unternehmensveröffentlichungen und deren Bedeutung für die Unternehmensanalyse

Gerade bei börsennotierten Großunternehmen ist es üblich, dass im Rahmen der Investor-Relations-Politik auf verschiedensten Kanälen (Roadshows, Homepage, Publikationen, Pressenotizen, Werbebroschüren etc.) Infomationen zur Verfügung gestellt werden. Diese sind oftmals aktueller und spezifischer als die Regelpublizität in Form von JA bzw. KA. Deshalb ist eine Einordnung der Inhalte und deren Vor- und Nachteile zum Einstieg notwendig.

2.1 Vorüberlegungen

Die klassische Analyse der Rechnungslegung, verkürzt oftmals Bilanzanalyse genannt, stützt sich stark auf das standardisierte und geprüfte Zahlenwerk wie Bilanz, GuV, Kapitalflussrechnung (KFR) etc. ergänzt um die Auswertung von Anhang und Lageberichten. Typischerweise geht es um Kennzahlen (KPI), die sich auf die **finanzielle Lage** und das **Risiko** beziehen und Rückschlüsse auf die Finanz- und Ertragskraft ermöglichen sollen. Unter Beachtung der historischen Entwicklung kann dann versucht werden, künftige Gewinne oder Cashflows zu schätzen, die mit den Kapitalkosten diskontiert einen intrinsischen Unternehmenswert berechenbar machen. Selbst wenn man den letzten Schritt für zu ambitioniert hält (obwohl der IASB mit den IFRS genau diese Zielstellung im Rahmenkonzept anspricht), geht es regelmäßig nicht nur um die Feststellung wie hoch der Gewinn im letzten Jahr war, sondern es soll ermöglicht werden, auf künftige Erfolge bzw. Cashflows zu schließen.

Eine umfassende **Unternehmensanalyse** muss allerdings wesentlich mehr berücksichtigen als die Informationen der externen Rechnungslegung oder Finanzberichterstattung, die HGB, AktG usw. verpflichtend vorsehen. Eine sog. Bilanzanalyse (Financial Statement Analysis) sollte um eine Branchen- oder Markt- und eine Strategieanalyse erweitert werden. Hinzu kommt, dass gerade kapitalmarktorientierte Großunternehmen ergänzend im Rahmen ihrer Investor Relations-Politik (oder noch umfassender: der gesamten Unternehmenskommunikation mit Stakeholdern) eine große Menge an Informationen offenlegen. Dies kann auf der Homepage erfolgen, via Presse oder Konferenzen oder auf andere Art.[1] Graphisch lässt sich die Unternehmensanalyse wie in Abbildung 2.1 dargestellt zusammenfassen.

---

1 Vgl. die umfassende Analyse von Grüning (2011) und Freidank und Hinze (2015, 55).

https://doi.org/10.1515/9783110770551-002

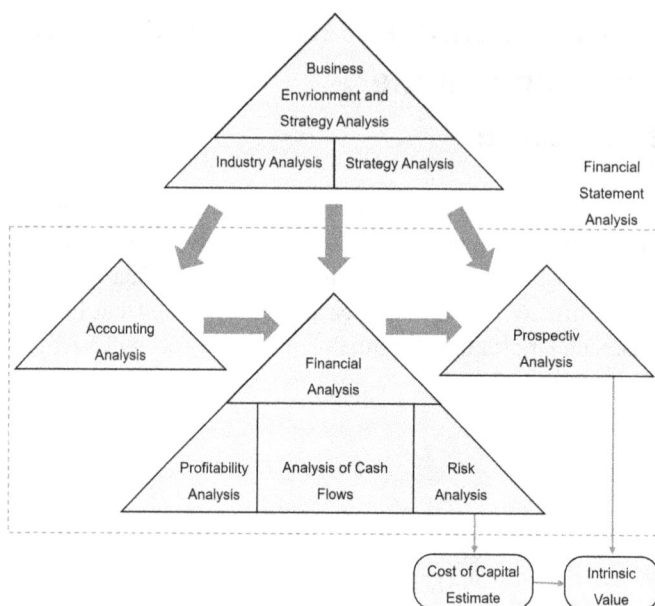

Abb. 2.1: Unternehmensanalyse, in Anlehnung an Subramanyam (2014, 11).

2.2 Inhalte und Zielgruppen von Geschäftsberichten

Beachtlich ist zunächst, dass der Begriff „Geschäftsbericht" keinen rechtlich bestimmten Inhalt hat, sondern ein freiwilliges Darstellungsformat ist, mit dem die Unternehmen sich präsentieren. Regelmäßig handelt es sich um eine Ansammlung von Dokumenten, die zum Teil rechtlich vorgeschrieben sind (z. B. Jahres-, Konzernabschluss, Lagebericht usw.), aber auch um **freiwillig publizierte Zusatzinformationen** („An die Aktionäre", „Unternehmen und Kapitalmarkt", „Die Unternehmensvision" usw.). Teilweise sind diese Dokumente vollständig geprüft, manchmal wird nur testiert, dass ein Dokument vorliegt oder es gibt eine prüferische Durchsicht, die nur darauf abzielt, offensichtliche Fehler zu erkennen. Viele Informationen wurden aber überhaupt nicht verifiziert durch einen unabhängigen Dritten und können reine Werbebroschüren sein.

Als Beispiel für die Berichterstattung, die über standardisiertes Zahlenwerk hinausgehen, können die Geschäftsberichte von Mercedes-Benz und Volkswagen aufgeführt werden. Mercedes-Benz macht in seinem Geschäftsbericht 2019 im Abschnitt „An unsere Aktionäre" (52 ff.) Angaben zu Zielen und der Strategie des Unternehmens und Konzerns. Hierbei spielen Kundenzufriedenheit, Nachhaltigkeit und Klimaschutz, Attraktivität für die Mitarbeiter und die besondere Bedeutung von Motivation, Vielfalt und Integrität eine wichtige Rolle neben den finanziellen Zielen für die Eigentümer. Vergleichbar geht VW im Lagebericht auf strategische Ziele ein, die neben finanziellen Aspekten explizit nichtfinanzielle Dimensionen wie Umwelt, Mitarbeiter- und Kundenzufriedenheit etc. umfassen. Damit liegen die Unternehmen ganz auf der Linie des AktG und des Deutschen Corporate Governance Kodex (DCGK) 2019,[2] die explizit vorsehen, dass die Ziele von AG nicht ausschließlich dem Shareholder Value-Gedanken Rechnung tragen müssen, sondern einem umfassend abzugrenzenden Stakeholderkreis.

Damit rückt ein wichtiges Thema in den Fokus: Wer sind die Nutzer der Informationen? In der EU besteht für Kapitalgesellschaften eine (größenabhängig modifizierte) Publizitätspflicht als Preis der Haftungsbegrenzung. Jahres- und Konzernabschlüsse müssen für jedermann einsehbar sein, der Adressatenkreis ist unbeschränkt. Faktisch, wegen der Berichtsinhalte nach HGB und IFRS und aufgrund der Komplexität der Materie, richten sich die Berichte aber an tendenziell gut vorgebildete Nutzer und hier insbesondere an (potenzielle) Investoren. Zu den Investoren gehören **Eigen- und Fremd-kapitalgeber** und es geht zunächst einmal darum **Anlage- oder Desinvestitionsent-scheidungen** zu fundieren. Ergänzend kann es auch um Entscheidungen bezüglich des Managements gehen, z. B. um die Verlängerung von Vorstandsverträgen, die Entlastung der Organe, die Festlegung der Vergütungen etc. Die letztgenannten Aufgaben werden vielfach der Stewardship- oder Vertragsfunktion der Rechnungslegung zugerechnet und dienen nicht einer fundamentalen Bewertung der Unternehmen.

Für deutsche Anleger bestätigt die Befragungsstudie von Pellens u. a.: Während institutionelle Anleger die Finanzberichte für ihre Entscheidungen nutzen, verlassen sich Privatanleger eher auf andere Quellen, wie die Presse, Berater usw.[3] Zudem ist es durchaus plausibel, dass Privatanleger, die sich auf die Finanzberichterstattung stützen, tendenziell auf „Bottom-Line Number" achten (wie die Saldogröße Gewinn), also stark vereinfachenden Heuristiken folgen.

Es scheint also eine Diskrepanz zwischen gesetzlich gewünschtem Nutzerkreis und tatsächlichen Nutzern zu geben. Ein Grund dafür könnte die Vielfalt und Unübersichtlichkeit in der Darstellung sein. Dazu hat beigetragen, dass „viele Berichtselemente nicht im Lagebericht veröffentlicht (werden, d. V.), obwohl sie grundsätzlich Bestandteil des Lageberichts sind."[4] Dies gilt vor allem für die **nichtfinanzielle Berichterstattung** (auch Corporate Social Responsibility- oder CSR-Bericht oder Environmental, Social, Governance- oder ESG-Bericht genannt). Der Gesetzgeber hat die Transparenz und Vergleichbarkeit der Unternehmensinformationen nicht gerade befördert, wenn er die Inhalte laufend ändert (i. A. erweitert) und hierbei eine erstaunliche Vielfalt an Darstellungsvarianten zulässt und die inhaltliche Ausgestaltung an Dritte, vielfach auch (privatrechtliche) Organisationen überträgt. Unklar ist u. E. auch, warum die Berichterstattung zur Vorstandsvergütung, die bislang als Anhang- oder Lageberichtsteil

---

2 Der DCGK ist zwar nicht rechtlich bindend, aber über die sog. Entsprechenserklärung nach § 161 AkG entfaltet er einen erheblichen Druck zur Konformität. Im Übrigen ist es inzwischen unumstritten, dass das deutsche Gesellschaftsrecht diese erweiterte Perspektive vorgibt.

3 Vgl. Pellens, Schmidt und Ahlich (2019).

4 IDW (2018, 4).

prüfungspflichtig war, verbessert wird, wenn sie nunmehr in einem gesonderten, ungeprüften Vergütungsbericht nach § 162 AktG publiziert wird.

Bislang wurde deutlich, dass Unternehmen eine Fülle auch sehr heterogener Informationen verfügbar machen und diese noch freiwillig ergänzen können. Damit besteht natürlich auch die Gefahr eines Information Overload. Sowohl der IASB als auch der FASB haben deshalb umfassende Projekte initiiert, um dem zu begegnen. Es geht dabei aber auch darum, dass es nicht nur zu viele, unwesentliche Informationen gibt, sondern auch, dass teilweise wesentliche Informationen fehlen oder untergehen. Eine aktuelle Befragungsstudie bei professionellen Nutzern aus den USA zeigt, dass das Risiko der Informationsüberflutung weitgehend nicht geteilt wurde.[5] Ob dies aber auch für weniger professionelle Nutzer gilt, kann bezweifelt werden.

2.3 Informationsgehalt und Nutzen nichtfinanzieller Geschäftsberichtsinhalte

Inhaltlich fällt auf, dass die traditionell an finanziellen Zielen orientierten Berichtsinhalte erweitert werden um politische Zielvorgaben anderer Art wie Korruptionsbekämpfung, Klimaschutz, Gleichstellung und Diversität usw. Da die Nutzer der Geschäftsberichte faktisch mehrheitlich professionelle Investoren sind, stellt sich die Frage, welchen Wert solche Informationen für die Nutzer liefern.

Ein wesentlicher Grund ist die Annahme eines Wirkungszusammenhangs mit späterem finanziellem Erfolg. Die entsprechenden Inhalte können damit als **präfinanzielle Informationen** oder KPI betrachtet werden, die spätere Auswirkungen auf finanzielle KPI haben können. Insofern gehören sie durchaus zu einer umfassenden Unternehmensanalyse und können Informationsgehalt haben, also für Investoren und andere Stakeholder entscheidungsrelevant sein. So sind Kunden- und Mitarbeiterzufriedenheit z. B. wichtige Frühindikatoren, die sich auf die Qualität der Leistungen und die Umsätze auswirken können. Rückläufige Umsätze in der GuV sind demgegenüber eher Spätindikatoren der Unternehmensentwicklung.

Die Annahme eines Kausalzusammenhangs zwischen nichtfinanziellen Kennzahlen und dem Unternehmenswert ist durchaus plausibel. So können Umweltberichte eine Art „insurance-like property" entfalten und **Reputationskapital** aufbauen helfen.[6] Umweltkennzahlen können zudem zu einem besseren **Risikomanagement** führen und Einsparpotenziale erkennbar machen, sogar interne Entscheidungen verbessern, da der berücksichtigte Datenkranz umfassender ist.[7] Insofern sind bessere Cashflows und/oder

---

5 Vgl. Drake, Hales und Rees (2019, 1935). Hierzu sei angemerkt, dass die US-GAAP im Vergleich zu den IFRS noch sehr viel mehr Detailinformationen vorsehen.

6 Vgl. Godfrey, Merrill und Hansen (2009).

7 Vgl. Barth (2018, 1).

niedrigere risikoadjustierte Zinsen mögliche Mechanismen einer solchen Wertsteigerung. Dies zu quantifizieren ist aber mit erheblichen Problemen behaftet, da solche Einflüsse schwer zu isolieren sind.

Eine Befragungsstudie des Deutschen Aktieninstituts (DAI) aus dem Jahr 2019 mit institutionellen Investoren aus mehreren Ländern ergab, dass diese großen Wert auf Informationen zu ESG-Themen (Umwelt, Soziales, Governance) legen, aber deren bislang unzulängliche Verknüpfung zur Wertschöpfung kritisieren. Relevante Daten suchen sie auf den Webseiten der Unternehmen und in der jährlichen Berichterstattung. Als Motiv für diese Informationsbedürfnisse wurde genannt, dass es sich um finanziell relevante Daten handelt, welche der Risikobewältigung und der Portfoliostrukturierung dienen.[8] Eine solche Befragungsstudie ist natürlich kein Nachweis, dass die genannten Informationen tatsächlich Entscheidungsrelevanz haben und zeigt nicht, wie sie die Entscheidungen beeinflussen. Gleichwohl spiegeln sie die verbreitete Einschätzung wider, dass sie immer bedeutsamer werden.

Neben den möglichen positiven Effekten für finanzielle KPI kann die Verpflichtung zur Offenlegung von Informationen erzieherisch-positive Effekte aus der Sicht der Regulatoren haben. Unternehmen haben i. A. kein Interesse daran, schlechte Informationen zu veröffentlichen, sodass Anreize bestehen, Verhaltensweisen und Systeme zu ändern. Zu solchen Rückwirken, den sog. **„Real Effects"** gibt es sehr umfassende Forschungsarbeiten aus verschiedensten Lebensbereichen, vom Klimaschutz bis zur Hygiene in Restaurants oder Krankenhäusern oder Minenunglücken wegen mangelhafter Sicherheitsstandards.[9] Zwar besteht natürlich die Gefahr von „greenwashing", d. h. es werden geschönte oder nur ausgewählte positive Inhalte publiziert und die Leichen bleiben im Keller. Gleichwohl ist damit zu rechnen, dass sich im Zeitablauf zunehmend Benchmarks entwickeln, die eine solche Politik erschweren.

2.4 Konsequenzen fehlender Standardisierung bei der Darstellung nichtfinanzieller KPI

In der EU und damit auch in Deutschland gibt es bis dato noch eine große Heterogenität der Außendarstellungen und Auswertungsroutinen für nichtfinanzielle KPI fehlen weitgehend. Neben Inhaltsanalysen und subjektiven Scoringmodellen ist eine Aggregation zu einem Gesamturteil auch kaum möglich. Gleichwohl gibt es bereits eine ganze Reihe von empirischen und analytischen Arbeiten, die auf positive Effekte der CSR-Berichterstattung hindeuten.

---

8 Vgl. DAI (2019).

9 Vgl. den ausführlichen Überblick bei Leuz und Wysocki (2016, 525).

> **!** **Zurecht wurde gefordert, dass Standardsetter oder Gesetzgeber zwei Fragen klären:**
> (1)   Welche Informationen sind offen zu legen?
> (2)   Wo sind sie offen zu legen?

Hierzu gab es seit Jahren einige interessante Vorschläge, z. B. zu einem umfassenden Integrated Reporting, zu einem Value Reporting und jüngst das abgestufte Konzept Core & More von Accounting Europe. Dieses wurde in Zusammenarbeit von Erstellern, Nutzern, Prüfern, Akademikern, Politikern und Regulatoren entwickelt. Demnach soll es einen knappen, aber umfassenden Bericht geben (Core), der über soziale, ökologische und ökonomische Zusammenhänge und die damit verknüpften finanziellen Zielgrößen Rechenschaft gibt. Für spezifische Nutzer mit tieferreichenden Informationsbedarfen gibt es ergänzende Berichtselemente (More).[10]

Der deutsche Gesetzgeber ist dem nicht gefolgt, sondern hat ein in vielen Bereichen eher als **Soft Law** einzustufenden Ordnungsrahmen geschaffen, dessen Inhalte und Formate zumindest in spürbarem Umfang durch die Unternehmen und/oder private Organisationen bestimmt werden. Zusätzlich kann es vor allem in internationalen Vergleichen große Unterschiede bezüglich des **Enforcement** geben, also der Frage, ob und wie das geltende Recht durchgesetzt wird. So ist festzustellen, dass die CSR-Berichterstattung nach HGB kaum justiziable Vorgaben enthält und bezüglich der IFRS-Rechnungslegung gibt es kaum oder gar keine Rechtsprechung hierzulande, da es weder öffentlich-rechtliche Institutionen gibt, die die Inhalte umfassend überwachen wie z. B. die SEC in den USA (Security and Exchange Commission, US-amerikanische Börsenaufsichtsbehörde).[11] Die Abschlüsse sind zudem auch kaum geeignet, Schadensersatzansprüche von Anlegern wegen Falschinformation zu begründen.

Diese Situation kann man durchaus als Schwäche der Corporate Governance (CG) für deutsche Unternehmen ansehen, schafft aber einen flexiblen Rahmen, der Weiterentwicklungen und Marktprozesse begünstigen kann. So können Unternehmen faktisch gezwungen sein, glaubwürdige Informationen bereit zu stellen, um Investoren und andere Stakeholder zu gewinnen. Dies gilt insbesondere, wenn es schon Wettbewerber gibt, die freiwillig wichtige Informationen publizieren, z. B. weil sie sich damit als besonders mitarbeiter- oder umweltfreundlich positionieren können. Es ist letztlich eine empirische Frage, ob die normierte Corporate Governance-Struktur und die Publizität in einem Substitutions- oder einem Komplementärverhältnis stehen. So zeigte sich teilweise, dass ein besonders schwacher Investorenschutz durch freiwillige Transparenz kompensiert wurde. Umgekehrt kann eine paternalistische Schutzpolitik des Staates dazu führen, dass es sich für Aktionäre, Analysten und andere Finanzintermediäre nicht

---

10 Vgl. Fischer (2016, 1).

11 Zwar konnte die DPR zusammen mit der BAFin im zweistufigen Enforcementverfahren aktiv werden, aber die Aufgabengebiete sind begrenzt und es geht weniger um Sanktionen als um einen Name- and Shame-Mechanismus.

mehr lohnt, Unternehmensleitungen zu überwachen (Monitoring) oder zu beeinflussen, sodass letztlich die Informationsversorgung des Marktes verschlechtert wird. Auch scharfe Sanktionsregeln, z. B. für die Offenlegung subjektiver und sich später als unzutreffend herausstellenden Informationen können Anreize liefern, weniger Informationen zu liefern.[12]

2.5 Qualitätsunterschiede im Informationsgehalt von Geschäftsberichten

Geht man davon aus, dass viele Informationen subjektiv sind und einer rigiden Normierung unzugänglich, ist es natürlich interessant zu wissen, wovon die **Glaubwürdigkeit und Qualität der Daten** dann abhängt. Für die Qualität von Prognosen in Lageberichten deutscher Unternehmen wurde festgestellt, dass hierfür u. a. bedeutsam war, wieviel Streubesitz es gab, welchem DAX-Segment Unternehmen angehörten und teilweise gab es auch rein größenabhängige Unterschiede.[13] Dieser Befund verdeutlicht, dass die Transparenz der Unternehmen nicht nur vom regulatorischen Rahmen abhängt, sondern auch von Marktgegebenheiten. Dabei ist es plausibel, dass größere, kapitalmarktorientierte Unternehmen besser „sichtbar" sind und entsprechend höheren Anforderungen genügen müssen. Hiergegen sprechen auch nicht Fälle wie beispielsweise Wirecard, da Betrug und kriminelle Handlungen außerhalb der weiteren Analyse stehen.

Vielfach wird darauf verwiesen und beklagt, dass der Informationsgehalt der klassischen Rechnungslegung rückläufig ist und nicht normierte oder freiwillige Informationen immer wichtiger werden. So führt Coffee für die USA an, dass für Investoren neben den Abschlussprüfern vor allem **Analysten und Ratingagenturen** dafür sorgen, dass für Unternehmen glaubwürdige Signale über die Entwicklung vorhanden sind.[14] Beyer u. a. geben (ebenfalls für die USA) an, dass rund zwei Drittel der veröffentlichten Informationen von Unternehmen nicht zur klassischen Berichterstattung gehören.[15]

Hierzu sind aber einige Anmerkungen zu machen, die das sehr pessimistische Bild zur Notwendigkeit der Finanzanalyse korrigieren: **!**
- Auch Analysten, Ratingagenturen u. a. Intermediäre nutzen natürlich auch die Finanzberichte für ihre Beurteilungen, auch wenn sie deren KPI teilweise anpassen und ergänzen. Dabei ist die Art der Korrektur im Allgemeinen unbekannt, da darauf gerade das Geschäftsmodell und der Erfolg der Informationsintermediäre beruht.

---

12 Vgl. Armstrong, Guay und Weber (2010, 179); Camfferman und Wielhouwer (2019, 503); Khurana und Wang (2019, 241); Wagenhofer und Ewert (2015, 121 ff.).

13 Vgl. Ruhnke, Heinrichs und Adomeit (2018, 283).

14 Coffee (2019, 543); er nennt solche Institutionen Gatekeeper.

15 Vgl. Beyer u. a. (2010, 269).

– Soweit es nur um große und börsennotierte Unternehmen geht, sind in der Tat wesentliche Informationen außerhalb der Pflichtpublizität bekannt. Für andere Unternehmen, also die breite Masse, gilt dies so nicht.

– Aufgrund der auch in Europa zunehmenden Verfügbarkeit von Unternehmensdaten aus der Finanzberichterstattung verbessern sich die Möglichkeiten großzahliger und standardisierter Auswertungen, die es erlauben, statistische Trends und Besonderheiten von Unternehmen zu erkennen und zu bewerten. Die evidenzbasierte Rechnungslegungsforschung hat schon seit einiger Zeit auch hierzulande wesentlich an Bedeutung gewonnen.[16]

– Die Grenzen zwischen normierter Pflichtpublizität und freiwilliger Offenlegung sind teilweise fließend. Ein Musterbeispiel hierfür ist die Bilanzierung von selbst erstelltem immateriellem Anlagevermögen. Nach HGB besteht hierzu ein (begrenztes) Wahlrecht, nach IAS 38 ist sie unter bestimmten, aber auslegungsbedürftigen Restriktionen verpflichtend, sodass oftmals von einem faktischen Wahlrecht gesprochen wird. Der Bilanzposten gilt als stark ermessensbehaftet und riskant, sodass ein Ansatz oftmals kritisch gesehen wird. Viele empirische Studien belegen allerdings, dass er gleichwohl Informationsgehalt hat, also Investorenentscheidungen beeinflusst. Deshalb spricht nichts gegen freiwillig publizierte und subjektive Informationen (z. B. auch bereinigte Gewinn- oder Earnings-before-Größen, vgl. ausführlich hierzu Kapitel 11). Insgesamt ist gerade für die IFRS festzuhalten, dass der sog. Management Approach stark an Bedeutung zugenommen hat.

2.6 Fazit und weiteres Vorgehen

Im Weiteren wird ausschließlich auf die Informationen abgestellt, die zur klassischen Finanzberichterstattung gehören. Dies hat den Vorteil, dass es sich um (einigermaßen) **standardisierte und geprüfte Daten** handelt. Damit werden insbesondere CSR-Berichtsinhalte und andere wesentliche Werttreiber für die Unternehmensentwicklung ausgeklammert und nur in einem gesonderten Abschnitt am Ende des Buches vertieft aufgegriffen. Qualitative Aspekte gehen gleichwohl ein, besonders im Rahmen der Behandlung von Bilanzpolitik und deren Folgen. Ein umfassendes Scoringmodell mit quantitativen und qualitativen Größen, die zu einem Gesamturteil aggregiert werden, wird nicht angestrebt.

Die Begrenzung auf die **Pflichtpublizität** und **finanzielle KPI** mag man als Nachteil sehen, da Rechnungslegungsdaten tendenziell wenig Zukunftsbezug aufweisen. Gleichwohl gehen sie in mehr oder weniger großem Umfang auch in Bewertungsmodelle ein und liefern vielfach gar die wesentlichen Elemente um Schlüsse auf das Unternehmensrisiko und künftige Cashflows (oder Gewinne) zu ermöglichen.[17] Nicht umsonst gilt der digitale Geschäftsbericht nach wie vor als der „hidden Champion" der Investor Relations-Politik.[18]

---

16 Vgl. Kühnberger (2017, 129 ff.) mit detaillierten Nachweisen.

17 Vgl. Li und Mohanram (2019, 1263) sowie die sehr ausufernde Literatur zu wertorientierten Kennzahlen; stellvertretend: Gladen (2014).

18 Vgl. Barrantes und Zülch (2019, 156).

Zudem kann diese Form der Rechnungslegung noch auf andere Weise die Informationsversorgung verbessern, selbst wenn zukunftsbezogene und subjektive Informationen vom Charakter her für Marktteilnehmer wichtiger sein können. Die Tatsache, dass heutige Prognosen des Managements sich später anhand der Rechnungslegungsinformationen überprüfen lassen, diszipliniert. Zu optimistische oder pessimistische, politisch gefärbte Informationen werden entdeckt. Der Finanzberichterstattung kommt insofern eine „Informationshygienefunktion" zu.[19] Sehr deutlich wird dies an den Gewinnprognosen von Unternehmensleitungen: werden diese verfehlt oder bleiben die Ergebnisse hinter den Analystenschätzungen zurück, sind starke Kapitalmarktreaktionen zu erwarten.[20]

Fazit: Die Unternehmenspublizität umfasst wesentlich mehr als die Finanzberichterstattung, die trotzdem ein Kernelement der Unternehmensanalyse bleibt. Neben rechtlichen Gegebenheiten spielt das gesamte Informationsumfeld eine wichtige Rolle bei der Bestimmung des Stellenwertes der Finanzberichte. Insbesondere die CSR-Berichterstattung wird in Zukunft zunehmend an Bedeutung gewinnen.

---

19 Vgl. Coenenberg, Haller und Schultze (2021, 1424).
20 Vgl. Kraft (2015, 641); Sundgren, Mäki und Somoza-López (2018, 54).

3 Jahres- oder Konzernabschluss als Basis der Kennzahlenberechnung

Soweit Unternehmen als Mutterunternehmen eines Konzerns nach § 290 HGB zur Erstellung eines Konzernabschlusses verpflichtet sind, wie BMW, Mercedes-Benz und VW, legen sie parallel einen JA und einen KA vor, die regelmäßig sehr unterschiedliche Informationen liefern. Dies liegt einmal daran, dass der KA auf eine größere Berichtseinheit (den Konzern samt aller konsolidierten Tochterunternehmen) abstellt und durch Konsolidierungsmaßnahmen konzerninterne Transaktionen und Beziehungen zu konsolidieren sind. Ergänzend gibt es auch Rechnungslegungsbesonderheiten, die nur für KA relevant werden (wie § 306 HGB: Latente Steuern, § 307 HGB: Anteile nichtkontrollierender Gesellschafter etc.). Dann stellt sich die Frage, ob der JA oder der KA die geeignetere Informationsbasis darstellt. Hierzu ist eine Antwort nur möglich, wenn die Aufgaben und Inhalte der Abschlüsse bekannt sind.

3.1 Überblick zu den Rechnungslegungsaufgaben

Die hier untersuchten Unternehmen erstellen jeweils einen Jahresabschluss nach HGB und einen Konzernabschluss (nach IFRS), der eine gesamte Gruppe verbundener Unternehmen (verkürzt: Konzern genannt) als Berichtseinheit zugrunde legt. Auch die anderen im Konzernabschluss erfassten Unternehmen erstellen eigene Jahresabschlüsse. Im Konzernabschluss (HGB und IFRS) gilt der Grundsatz, dass er die Berichtseinheit so abbildet, als ob sämtliche Unternehmen eine einzige Einheit wären (**Einheitstheorie, Fiktion der rechtlichen Einheit**), mit der Folge, dass sämtliche konzerninternen Geschäfte und Beziehungen eliminiert werden müssen.

Liegen Konzernstrukturen und Konzernabschlüsse vor, stellt sich die Frage, ob für die Beurteilung der Konzernobergesellschaft der Jahresabschluss oder der konsolidierte Konzernabschluss die wichtigere und zuverlässigere Informationsquelle darstellt. Dabei soll es zunächst nicht darauf ankommen, ob es sich um einen Konzernabschluss nach HGB oder IFRS handelt. Die Antwort hängt davon ab, für welche Zwecke der Abschluss analysiert werden soll. Ist man an der ökonomischen Entwicklung einer Konzerntochter interessiert, muss die Antwort differenzierter ausfallen.

!   **Grundsätzlich können Abschlüsse verschiedenen Aufgaben dienen. Es ist zwar nicht unumstritten, aber Mehrheitsmeinung, dass diese Aufgaben unterschiedliche Anforderungen an die Rechnungslegungsinformationen begründen:**
–   Eine Rechenschafts- oder Vertragsfunktion (Stewardship Function), die darauf abstellt, dass die Rechnungslegung Zahlungsansprüche und andere Rechte kraft Gesetzes oder auf vertraglicher Basis begründen. Hierbei kann es z. B. um Dividenden- oder Steueransprüche gehen, erfolgsabhängige Vergütungen, die (Ab-)Wahl von Gesellschaftsorganen, die Nutzbarkeit für Kreditverträge usw.

https://doi.org/10.1515/9783110770551-003

– Eine Informations- oder Bewertungsfunktion, die darauf abzielt, aus dem Abschluss entscheidungsnützliche Informationen für Investoren zu gewinnen, genauer: über die Höhe, zeitliche Verteilung und das Risiko künftiger Cashflows. Sowohl die IFRS als auch die US-GAAP stellen dies als die wichtigste Aufgabe dar. Hierbei geht es primär um die Entscheidung zu investieren oder desinvestieren und zwar für Eigen- und Fremdkapitalgeber. Zwar ist klar, dass diese Financiers unterschiedliche Informationsbedarfe haben, aber im Rahmenkonzept des IASB wird dies nicht näher unterschieden.

Ein kurzes Beispiel illustriert die unterschiedlichen Anforderungen an die Rechnungslegung.

Beispiel: Es leuchtet ein, dass für Besteuerungszwecke oder die Bemessung von Dividenden (und damit die Kapitalerhaltung sichernd) die Gewinnermittlung eher vorsichtig, manipulationsfrei und gut nachprüfbar (objektiviert) erfolgen sollte. Dies impliziert z. B. solche Grundsätze, wie hohe Aktivierungshürden (nur einzelverwertbare Vermögensgegenstände mit Einschränkungen für immaterielles Vermögen), das Anschaffungskosten- und das Einzelbewertungsprinzip usw. Um aus den Rechnungslegungsdaten auf künftige Cashflows schließen zu können, ist es vielfach aber sinnvoller, auf Zeitwerte und nicht auf teilweise sehr alte Anschaffungswerte abzustellen (z. B. bei Wertpapieren oder Immobilien mit hohen stillen Reserven). Zudem ist eine Aktivierung unsicherer, aber wertgenerierender immaterieller Vermögenswerte sinnvoll. Für die Vertragsfunktion (Contracting) sind solche Entobjektivierungen hingegen kritisch, da sie unsichere und ermessensbehaftete (also subjektiv vom Bilanzersteller beeinflussbare) Daten darstellen.[1]

Dementsprechend ist für die Frage, ob der Jahres- oder Konzernabschluss relevante Informationen liefert, entscheidend, auf welche Rechnungslegungsaufgaben die Analyse abzielt und welchen Aufgaben der jeweilige Abschluss genügen soll.

3.2 Eignung des Jahres- und Konzernabschlusses als Rechenschafts- und Vertragsgrundlage

Auf einer rein formal rechtlichen Ebene ist die Aufgabenzuweisung hier einfach. Der Jahresabschluss soll natürlich nicht nur Informationen liefern, sondern hat für alle haftungsbegrenzten Rechtsformen auch die explizite Funktion, die **Gewinnansprüche (und Verlustanteile)** der Gesellschafter zu ermitteln. Besonders ausgeprägt und ausdifferenziert sind die Gewinnverteilungskompetenzen im AktG geregelt (§§ 57 Abs. 3 und § 58). Aufgrund der **Maßgeblichkeit der Handels- für die Steuerbilanz** (und bis zum BilMoG aufgrund der formellen oder Umkehrmaßgeblichkeit) in § 5 EStG resultieren vielfach zudem ertragsteuerliche Folgen. Der Jahresabschluss ist also de jure Rechenschafts- und Vertragsgrundlage.

Der **Konzernabschluss** nach HGB (und IFRS) hat rechtlich hingegen eine ausschließliche **Informationsfunktion**. Da ein Konzern kein Rechtsträger sein kann,

---

1 Vgl. Ballwieser (2014, 451); Gassen und Fülbier (2015, 151); Pellens, Fülbier u. a. (2021, 6 ff.).

begründet der Abschluss auch keine Gewinn- oder Steuerfolgen. Die Konstruktion als reines Informationsinstrument könnte den Vorteil haben, dass es keine bilanzpolitischen Anreize aus der Rechenschaftsfunktion gibt, die den Informationsgehalt des Abschlusses beeinträchtigen. Insbesondere in Deutschland zu Zeiten der Umkehrmaßgeblichkeit wurde immer wieder und zurecht beklagt, dass steuerliche Überlegungen zu verzerrten Handelsbilanzen führten, erkennbar an steuerlichen Sonderabschreibungen und Sonderposten mit Rücklageanteil (§§ 254, 247 (3) HGB aF). So sieht aber nur die Theorie aus, die gelebte Praxis ist deutlich komplexer.

Es wurde in der Literatur darauf verwiesen, dass die **Dividendenhöhe** faktisch auf der Grundlage des Konzernabschlusses bestimmt wird. Zumindest in einer Befragungsstudie zu DAX-Unternehmen wurde dies angegeben, wobei ein fester Prozentsatz oder ein Korridor von 20–40 % des Gewinnes als Basis für den Gewinnverwendungsvorschlag diente.[2] Für Unternehmen des M- und des S-Dax wurden aber weniger strenge Verknüpfungen ermittelt.[3] Trifft dies zu oder immer noch zu, so hätte der Jahresabschluss der Obergesellschaft nur noch die Funktion, die Höhe der Dividende gemäß den gesetzlichen Vorgaben zu legitimieren. Dazu wird im Allgemeinen aber unterstellt, dass der Einzelabschluss der Konzernmutter so gut gestaltbar ist, dass dies gelingt. Hierbei helfen z. B. Verrechnungspreise für konzerninterne Leistungen oder Gewinnausschüttungsbeschlüsse für die nachgeordneten Konzernglieder.

Diese rechtlich keinesfalls gebotene Verknüpfung wurde in Deutschland über Jahrzehnte noch optisch verstärkt. Vielfach wurde in Konzernabschlüssen eine Art Gewinnverwendungsrechnung abgebildet, sodass der Bilanzgewinn der Obergesellschaft genau dem **Konzernbilanzgewinn** entspricht. Damit sollte wohl der Eindruck einer besonderen Legitimität der Dividende erzeugt werden.[4] Tatsächlich hat ein Konzern keine Rechtspersönlichkeit und keine eigenen Organe wie Vorstand, Aufsichtsrat oder Hauptversammlung und der Konzern kann auch keine Dividende zahlen, sondern nur die einzelnen Gesellschaften und zwar an ihre jeweiligen Eigentümer, also auch die Minderheitsgesellschafter bei Tochterunternehmen.

Inhaltlich ist diese Anpassung der Bilanzgewinne kaum begründbar, da der Konzernabschluss ja gerade die aufsummierten Erfolge aller Konzernglieder unter Bereinigung konzerninterner Erfolge zeigen soll. Historisch wurden Konzernabschlüsse genau deshalb eingeführt, weil die Gewinne einzelner Glieder des Konzerns durch Verrechnungspreise, konzerninterne Transaktionen und Maßnahmen, Bilanzpolitik etc. sehr stark beeinflussbar sind. Bei nahezu allen großen Bilanzskandalen weltweit spielten komplexe Konzernstrukturen denn auch eine wesentliche Rolle bei der Verschleierung von Sachverhalten und Entwicklungen.[5] Dem Konzernabschluss wurde deshalb eine

---

2 Vgl. Waschbusch und Loewens (2013, 252).
3 Vgl. Verhofen und Schneeloch (2016, 9).
4 Vgl. Kühnberger und Schmidt (1998, 1627).
5 Vgl. Toms (2019, 477 ff.).

Kompensationsfunktion bescheinigt, damit solche Effekte auf der Ebene einzelner Gesellschaften zumindest erkennbar werden. Dieser Aufgabe steht ein identischer Bilanzgewinn in Jahres- und Konzernabschluss „diametral"[6] entgegen.

Werden, unabhängig von dieser Ausweisfrage, Konzerngewinne als Basis für die Gewinnausschüttungen der Muttergesellschaft genutzt, kann man dies einmal damit rechtfertigen, dass der Jahresabschluss selbst durch konzerninterne Beziehungen beeinflusst wurde und das Wohl und Wehe der Obergesellschaft eben von der Entwicklung der wirtschaftlichen Einheit Konzern abhängt. Die Aktionäre der Obergesellschaft sollen nur dann eine Dividende erhalten, wenn der Konzern insgesamt entsprechende Gewinne erzielt hat. Bezogen auf die Gewinne der Tochtergesellschaften kann man argumentieren, dass diese letztlich den Eigentümern der Muttergesellschaft zustehen, auch wenn sie bei der Tochter thesauriert werden. Das Geschäft der Mutter wurde nur dezentral auf mehrere Rechtsträger aufgeteilt und die Mutter hat die Möglichkeit, Gewinne und Cashflows an sich zu ziehen.

Hierzu sei daran erinnert, dass es in Deutschland von 1990 bis ca. 2000 eine sehr intensive akademische Diskussion von Juristen und Ökonomen gab, ob es dann nicht zweckmäßig sei, den Konzernabschluss gleich direkt zur Ausschüttungsbasis im Gesetz zu verankern. Mehrheitlich wurde dies mit verschiedensten Gründen abgelehnt, oftmals auch gesellschaftsrechtliche Einwände als Hinderungsgründe angeführt.[7] Seither ist diese Diskussion völlig verstummt und es gibt keinerlei Anzeichen, dass der Gesetzgeber hier Änderungen vorsieht. Dies kann man durchaus als starkes Indiz ansehen, dass der Konzernabschluss keineswegs ohne Weiteres als geeignet akzeptiert wird. Dies gilt umso mehr, wenn der Konzernabschluss nach den IFRS erstellt wird. Dann werden auch unrealisierte Gewinne ausgewiesen und es müsste festgelegt werden, ob das Net Income oder der Gesamtgewinn, also das Net Income zuzüglich des Other Comprehensive Income (sonstiges Ergebnis) als Basis der Dividende dienen sollte.

Während Einzelabschlüsse aufgrund der **Maßgeblichkeit** nach § 5 Abs. 1 EStG (un)mittelbare Steuerfolgen auslösen können, gilt dies für den Konzernabschluss so gut wie nie. Auch Organschaftsverhältnisse führen nicht zu einer Konzernbesteuerung, da ihnen keine konsolidierten Abschlüsse zugrunde liegen. Lediglich für den Sonderfall von REITs (Real-Estate-Investment-Trusts – davon gibt es in Deutschland nur eine Handvoll, sodass dies vernachlässigbar ist) und im Rahmen der Zinsschrankenregelungen kann ein Konzernabschluss steuerliche Relevanz erlangen. Allerdings sind mittelbare Einflüsse gleichwohl denkbar, vor allem bei sog. Ermessensentscheidungen. Soll im Einzelabschluss der Muttergesellschaft z. B. eine Abschreibung auf die Beteiligung an einer Konzerntochter vorgenommen werden, so wird dies Spuren im Konzernabschluss hinterlassen, z. B. in Form einer Firmenwertabschreibung. Werden im Einzelabschluss hohe Rückstellungen für ungewisse Verbindlichkeiten gebildet oder außerplanmäßige

---

6 Schildbach (2008, 371).

7 Vgl. Kühnberger und Schmidt (1999, 1263 ff.) mit detailliertem Literaturreview.

Abschreibungen auf Vermögensgegenstände vorgenommen (z. B. weil dies steuersparend ist), so können die gleichen Sachverhalte im konsolidierten Abschluss kaum anders eingestuft werden. Gleiches gilt auch für die Frage, ob im Einzelfall Herstellungs- oder Erhaltungsaufwand vorliegt. Wird der Konzernabschluss nicht nach HGB, sondern IFRS erstellt, sind solche faktischen Bindungen naturgemäß eher vermeidbar.

Neben den gesetzlichen Vorgaben, die zunächst einmal eine Verbindung zwischen dem Einzelabschluss und Zahlungsfolgen begründen (und der Konzernabschluss eher mittelbare Einflüsse entfaltet), ist zu bedenken, dass Abschlussgrößen jeglicher Art für **weitergehende Vertrags- oder Koordinationszwecke** genutzt werden können und auch genutzt werden. So leuchtet es ein, dass variable Vergütungsbestandteile des Managements sowohl auf Gewinn- oder anderen Performancegrößen beruhen können, die aus dem Jahres- oder dem Konzernabschluss abgeleitet werden. Zumindest, soweit es um den Vorstand der Muttergesellschaft geht, ist dies auch unproblematisch. Sollte die Vergütung des Topmanagements von Tochterunternehmen vom Konzerngewinn abhängen, könnte dies problematisch werden, da die Unternehmensleitungen primär für die Interessen und Erfolge der eigenen Gesellschaft einzutreten haben.

Für **Kreditvergaben von Banken** in Deutschland sieht § 18 KWG vor, dass die wirtschaftliche Leistungsfähigkeit des Schuldners beurteilt werden muss, primär auf Basis der Jahresabschlüsse, bei verbundenen Unternehmen der Konzernabschlüsse. Ergänzend werden vielfach sog. Debt Covenants vereinbart, die zumindest teilweise auf Rechnungslegungsdaten beruhen, z. B. Eigenkapitalvorgaben, EBITDA-Margen etc. (Financial Debt Covenants). Da zunächst einmal der konkrete Kreditnehmer als Schuldner anzusehen ist, wäre es plausibel auch dessen Jahresabschluss zur Grundlage zu nehmen, sowohl beim Vertragsabschluss als auch im Rahmen des folgenden Monitoring. Unterstellt man hingegen, dass das Risiko eines Konzerngliedes zumindest auch vom Risiko des Gesamtkonzerns abhängt, so wäre hingegen auch der Konzernabschluss relevant. Gleiches gilt, wenn die Konzernmutter Bürgschaften, Patronatserklärungen oder Ähnliches zugunsten der Konzerntochter eingeräumt hat. Zur empirischen Verbreitung auf welcher Basis solche Debt Covenants in Deutschland formuliert werden, gibt es u. W. keine belastbaren Befunde. In den USA werden regelmäßig Konzernabschlüsse eingesetzt.[8]

3.3 Eignung des Jahres- und Konzernabschlusses als Informations- und Bewertungsgrundlage

Stellt man auf die Bewertungsfunktion ab, also die Frage welchen Wert eine Einheit z. B. für die Eigentümer hat, z. B. auf den **Barwert künftiger Cashflows**, so kann wiederum auf den Abschluss der Obergesellschaft rekurriert werden oder den Konzernabschluss.

---

8 Vgl. Kühnberger (2019, 233) mit detaillierten Nachweisen.

Wiederum gilt, dass der Jahresabschluss durch Bilanzpolitik und konzerninterne Verflechtungen stark in seinem Aussagewert beeinträchtigt sein kann. Ohne größere Diskussion unterstellen der IASB und der FASB in den Rahmenkonzepten, dass für alle Stakeholder ein konsolidierter Abschluss relevanter sei. Auch der DCG-Kodex 2019 teilt diese Sicht.[9]

Zu den wesentlichen internen Verflechtungen, die den Aussagewert von Einzelabschlüssen beeinträchtigen können, gehört es z. B., wenn Vertriebs- und Marketingfunktionen oder der Einkauf zentralisiert für alle Konzernglieder realisiert werden oder einzelne Unternehmen nur noch konzerninterne Umsätze erzielen. Zentralfunktionen für Recht, Steuern, Controlling sind ebenfalls üblich. Auch Finanzierungsbesonderheiten sind wichtig, sei es, dass es ein Cash-Pool-System gibt oder konzerneigene Hausbanken, die im Wesentlichen die Finanzierungsvorgänge des Gesamtkonzerns abwickeln. In der Automobilindustrie sind z. B. hauseigene Finanzierungsgesellschaften üblich, die das umfangreiche Leasinggeschäft abwickeln. Deshalb kann es sein, dass einzelne Konzernglieder ein unvollständiges Leistungsspektrum haben und ihre Abschlüsse entsprechend geprägt sind. Durch Konzernumlagen oder Verrechnungspreise ist dies zumindest ergebnismäßig auszugleichen. Allerdings ist die Angemessenheit der Verrechnungen schwer zu überprüfen und Verbundeffekte sind kaum quantifizierbar (z. B. Größeneffekte, Spezialisierungsvorteile, Risikominderungen aufgrund der größeren Diversifikation usw.).[10]

Am Beispiel des (Sonder-)Falls einer reinen Finanzholding wird ein weiteres Problem deutlich, das sich bei Mercedes-Benz ab dem Jahr 2019 zeigt.

Beispiel: Eine Holding benötigt kein Sachvermögen für die Produktion, also Maschinen, Gebäude, Vorräte etc. und hat auch keine Forderungen bzw. Verbindlichkeiten aus Lieferungen und Leistungen (LuL). Auf der Passivseite fehlen typische umsatz- und produktionsbezogene Rückstellungen. Da eine Holding wenig Personal benötigt, spielen auch Pensionsrückstellungen eine geringe oder gar keine Rolle. Entsprechend weist die GuV weder Umsatzerlöse noch Materialaufwand und Abschreibungen auf Sachanlagen auf, der Personalaufwand ist gering. Prägend für die GuV ist das Finanzergebnis, in erster Linie abhängig von den Gewinnausschüttungen der Konzernglieder. Da die Höhe der Dividenden von den Entscheidungen der zuständigen Organe der Einzelgesellschaften abhängt, hat die Konzernleitung praktisch jährlich die Möglichkeit, die Höhe des eigenen Gewinns und des Cashflows extrem zu beeinflussen (dies gilt nicht, wenn es (Teil-)Gewinnabführungsverträge nach § 291 f. AktG gibt). Um dann sehen zu können, mit welchen Vermögensgegenständen welche Umsätze und Gewinne (unabhängig von Thesaurierungsentscheidungen) erzielt wurden, ist nur ein Konzernabschluss aussagefähig.

Es gibt jedoch gravierende Einwände gegen die Nutzung von Konzernabschlüssen, wenn die wirtschaftliche Entwicklung der Obergesellschaft untersucht werden soll. Zwar ist zunächst festzustellen, dass der HGB-Konzernabschluss nach der Einheitstheorie gemäß

---

9 Vgl. Bachmann in Kremer u. a. (2018, 1 Rn. 1705).

10 Vgl. Kohl und König (2018, 843).

§ 297 Abs. 3 aufzustellen ist, also so, als ob es sich um ein einheitliches Unternehmen handeln würde (Fiktion der rechtlichen Einheit). In § 298 Abs. 1 wird zudem weitgehend auf die Rechnungslegungsnormen zum Jahresabschluss verwiesen, sodass man unterstellen kann, dass Jahres- und Konzernabschlüsse im Kern das gleiche Gewinnermittlungsmodell zugrunde legen.

Es folgen einige gravierende Bedenken und kleinere **Einwände gegen die Nutzung von Konzernabschlüssen**. So kann festgestellt werden, dass es für die Erstellung von konsolidierten Abschlüssen eine Reihe von Wahlmöglichkeiten und Besonderheiten gibt, die Bilanzpolitik in einem Umfange ermöglichen, die für JA nicht möglich sind, z. B. Konsolidierungswahlrechte nach § 296, eingeschränkte HB II-Anpassungen, Verzicht auf Konsolidierungsmaßnahmen gemäß §§ 303 Abs. 2 und 304 Abs. 2 etc. Ergänzend gibt es nur konzerntypische Sachverhalte wie Minderheitenanteile, latente Steuern und die Einheitsfiktion wird gerade nicht konsequent umgesetzt (keine Minderheitenberücksichtigung bei der Zwischenerfolgs- und Schuldenkonsolidierung, keine Full Goodwill-Methode usw.). Da ein Konzernabschluss zumindest rechtlich keine Zahlungsbemessungsfunktion (Steuern, Dividenden) hat, sind zudem die Rahmenbedingungen anders als für den Jahresabschluss. So gibt es einige Unternehmen, die im Jahresabschluss traditionell eine sehr vorsichtige Gewinnermittlung anstreben, was nicht zuletzt auch ein Steuersparmodell ist, aber im Konzernabschluss Ertragsstärke zeigen möchten, um Investoren zu beeindrucken.

Sehr viel gravierender ist jedoch der Einwand, dass die Fiktion der rechtlichen Einheit die vielschichtigen Realitäten der Praxis unzutreffend spiegelt. Die Annahme der Konzernabschluss wäre mit dem Jahresabschluss insoweit vergleichbar, dass die Leitung über das bilanzierte Vermögen verfügen kann und das Vermögen insgesamt (unabhängig davon, welchem Konzernglied es gehört) Haftungsmasse für alle Schulden der Konzernglieder sei, ist vielfach unzutreffend. Es liegt keinesfalls immer eine **Haftungs- und Dispositionseinheit** vor.

Ein Blick auf das aktienrechtliche Konzernrecht verdeutlicht dies. So sieht § 18 Abs. 1 vor, dass in einem Konzern die einheitliche Leitung tatsächlich ausgeübt wird. Für **Vertrags- und Eingliederungskonzerne** ist dies ohne Wenn und Aber weitgehend möglich, sodass das Vermögen beliebiger Konzernglieder tatsächlich zentral disponiert werden kann, die Umsetzung einer einheitlichen Konzernstrategie ist möglich. Nach dem Grundsatz, wer entscheidet hat auch die Verantwortung zu tragen, sieht das AktG aber auch vor, dass die Muttergesellschaft dann unbeschränkt für die Schulden der Konzerntöchter einstehen muss. Bei einer solchen Konstellation kann der Konzernabschluss zumindest für die Aktionäre der Konzernmutter und sämtliche Konzerngläubiger sinnvolle Informationen liefern.

Dies gilt schon nicht mehr bei schlichter **Abhängigkeit** (§ 17 AktG) oder einem **faktischen Konzern**. Hier ist das Weisungsrecht der Mutter beschränkt und nachteilige Anweisungen sind nur zulässig, wenn sie im gleichen Jahr ausgeglichen werden. Das Vehikel zur Durchsetzung ist der zu prüfende Abhängigkeitsbericht gemäß §§ 311 ff. AktG.

Ist das Schutzinstrument wirksam, so bedeutet dies, dass es nur ausgleichsfähige Einzeleingriffe in die Autonomie der Tochter geben darf und dass sie letztlich ökonomisch so gestellt werden muss, als ob es keine Eingriffe gab. Deshalb haftet die Obergesellschaft nicht rechtlich für Schulden der Tochtergesellschaft, es sei denn es wurden vertragliche Haftungsübernahmen vereinbart (Bürgschaften, Patronatserklärungen etc.). Bei dieser Konstellation liegt keine Dispositions- und Haftungseinheit vor, der Konzernabschluss ist nicht selbstverständlich geeignet. Zwar kann es sein, dass eine Muttergesellschaft freiwillig für Schulden von Konzerntöchter einsteht („moralische" Haftung genannt), um Reputationsschäden zu vermeiden, aber dies kann nicht per se unterstellt werden.

Tatsächlich reicht das Problem noch weiter. Nach § 290 HGB wird der Konsolidierungskreis sehr weit gefasst, es genügt die Möglichkeit der Beherrschung. Insbesondere durch die Aufnahme von sog. Zweckgesellschaften (Special Purpose Entities) wurde die Definition von „Konzerntochter" mit dem BilMoG 2009 erweitert. Notwendig ist nach HGB nicht einmal, dass eine gesellschaftsrechtliche Beteiligung vorliegt, auch reine De-Facto-Einflussmöglichkeiten genügen.

Problemverschärfend ist, dass nach § 310 HGB **Gemeinschaftsunternehmen** anteilig konsolidiert werden können (Alternative: Equitymethode), obwohl weder eine Dispositions- noch eine Haftungseinheit vorliegt. Für assoziierte Unternehmen nach § 311 HGB ist hingegen die Equitymethode anzuwenden, die in einer Art Konsolidierung in Form einer Nebenrechnung zu einer Fortschreibung des Beteiligungsbuchwertes führt. Hier tauchen zwar nicht die Vermögensgegenstände und Schulden der Unternehmen in der Konzernbilanz auf, aber die Gewinne der assoziierten Unternehmen werden auch ohne Ausschüttung an die Obergesellschaft als Konzerngewinn ausgewiesen. Aufgrund der fehlenden Beherrschungsmöglichkeit kann die Obergesellschaft eine Dividende aber gerade nicht erzwingen.

Insgesamt ist demnach festzuhalten, dass Konzernabschlüsse dann eine problematische Datenbasis liefern, wenn es nicht um einen Vertrags- oder Eingliederungskonzern handelt oder es Gemeinschaftsunternehmen oder assoziierte Unternehmen gibt. Erweitert man das Blickfeld auf ausländische Konzernglieder wird das Problem nicht geringer, da die Eingriffs- und Haftungsregeln sich dann nach dem jeweiligen Landesrecht richten. Diese Schwierigkeiten gelten vergleichbar auch für Konzernabschlüsse, die nach IFRS erstellt werden, auch wenn es dort keine dem § 296 HGB vergleichbaren Wahlrechte gibt und eine Quotenkonsolidierung von Joint Ventures nicht möglich ist.

Pragmatisch kann der Einsatz von Konzernabschlüssen gleichwohl gerechtfertigt werden, wenn Gemeinschafts- und assoziierte Unternehmen unwesentlich sind. Für die Unternehmen des DAX 30 aus dem Jahr 2014 zeigt sich: im Durchschnitt gab es 403 Tochterunternehmen, 10,2 Gemeinschaftsunternehmen und 21,5 Assoziierte Unternehmen.[11] Die Durchsicht der Beteiligungslisten der später im Fokus stehenden Automobilunternehmen zeigte ebenfalls eine zahlenmäßig eher nachrangige Bedeutung solcher Unter-

---

11 Vgl. Verhofen und Schneeloch (2016, 23).

nehmen. Für den chinesischen Markt sind allerdings Joint Ventures verbreitet, die nach der Equitymethode konsolidiert werden. So verweist VW im KA 2021 (244) auf wesentliche Gemeinschaftsunternehmen in China.

Unklar ist aber, und hierüber liegen auch keine belastbaren Zahlen vor, inwieweit zu den konsolidierten Unternehmen solche gehören, für die eine Haftungs- und Dispositionseinheit zutreffend ist und für welche dies nicht gilt. Eine Erläuterung, ob ein Beherrschungsvertrag nach AktG (oder nach dem Sitzstaatenrecht vergleichbare Verträge) vorliegt oder nicht, ist weder zwingend vorgesehen noch üblich. Für die hier fokussierten Unternehmen zeigt sich aber, dass überwiegend Beteiligungsquoten von (nahe) 100 % vorliegen. Deshalb kann man unterstellen, dass es regelmäßig möglich sein sollte, eine einheitliche Konzernstrategie durchzusetzen (Dispositionseinheit). Offen bleibt jedoch, ob eine Haftungseinheit plausibel ist.

Bislang wurde die Frage Jahres- oder Konzernabschluss primär aus der Sicht der **Stakeholder der Obergesellschaft** beleuchtet. Für Eigentümer und Gläubiger von Tochterunternehmen kann der konsolidierte Abschluss ebenfalls Bedeutung erlangen. Für Gläubiger dann, wenn es eine Haftungsübernahme gibt oder eine moralische Haftung plausibel ist. Zudem kann eventuell abgeschätzt werden, ob andere Konzernglieder überhaupt in der Lage wären, solchen Pflichten nachzukommen. Für die Gesellschafter von Konzerntöchtern (sog. **Minderheitsgesellschafter** oder nicht-kontrollierende Gesellschafter) kann der Konzernabschluss eventuell hilfreich sein, um das eigene Risiko der Beteiligung einzuschätzen, da dieses vom Risiko des Verbundes abhängt. In Einzelfällen kann es auch darum gehen, den Wert von Garantiedividenden einer Obergesellschaft (z. B. § 304 AktG) einzuschätzen.

Die Frage, ob der Jahresabschluss der Obergesellschaft oder der Konzernabschluss relevantere Informationen liefert, wird aber durch ein Zusatzproblem um eine Facette erweitert. Für kapitalmarktorientierte Unternehmen gilt, dass der Jahresabschluss nach HGB erstellt wird, die Möglichkeit dies nach IFRS zu tun (§ 325 HGB) spielt praktisch in Deutschland bisher keine Rolle. Der Konzernabschluss muss hingegen nach IFRS erstellt werden (§ 315 Abs. 2 HGB). Deshalb muss untersucht werden, ob es neben den angesprochenen Fragen der Angemessenheit der Einheitsfiktion auch inhaltliche Gründe aufgrund der genutzten Rechnungslegungssysteme gibt, die eine Präferenz begründen können.

Man könnte diese Probleme versuchen zu umgehen, indem man beide Abschlüsse, eventuell sogar die von wichtigen Konzerntöchtern, auswertet. Neben der zusätzlichen Arbeit kann dies aber auch dazu führen, dass z. B. die Analyse des Einzelabschlusses eine positive Performance zu Tage fördert, die des Konzernabschlusses aber eine negative oder vice versa. Spätestens dann muss man entscheiden, welche Quelle aussagefähiger ist. Im Rahmen der konkreten Kennzahlenvorstellung werden wir hierauf zurückkommen.

Fazit: Jahres- und Konzernabschlüsse können verschiedenen Zwecken dienen. Welche Quelle für eine Auswertung relevanter ist, hängt vom Analyseziel ab (Geht es um den Kauf von Aktien der Muttergesellschaft oder geht es um einen Kredit an eine Konzerntochter?). Zusätzlich kommt es auf die rechtlichen Grundlagen der Unternehmensverbindungen an. Eine eindeutige Präferenz ist auf allgemeiner Ebene nicht zu begründen. Sowohl Jahres- als auch Konzernabschlüsse können kraft Recht oder Vertrag Zahlungs- und andere Folgen auslösen. Es handelt sich um Multifunktionsinstrumente. Deshalb kann man durchaus unterstellen, dass auch Konzernabschlüsse keine reine Informationsaufgabe haben. Entsprechend kann es Anreize für bilanzpolitische Maßnahmen geben, die unter Informationsaspekten eigentlich sinnlos wären und die Zielerreichung bezüglich der Bewertungsfunktion behindert.

4 HGB- und IFRS-Abschlüsse als Datenbasis für Kennzahlen

In Deutschland können JA und KA nach HGB oder IFRS aufgestellt sein, wobei diese Grundlagen zum Teil wahlweise oder kraft Gesetzes zur Anwendung kommen. Für die später im Fokus stehenden Unternehmen zeigt sich ein übliches Muster: Der JA wird nach HGB und der KA nach den IFRS aufgestellt. Theoretisch könnten auch JA nach den IFRS erstellt und veröffentlicht werden (§ 325 Abs. 2 a HGB) und auch nicht börsennotierte Muttergesellschaften könnten ihren KA nach den IFRS aufstellen. Deshalb ist davon auszugehen, dass hierzulande sowohl internationale als auch HGB-Abschlüsse publiziert werden. Dann ist es wichtig, welche Abschlussdaten für eine Kennzahlenauswertung besser geeignet sind oder ob Vergleichbarkeit hergestellt werden kann.

4.1 Grundlagen

Zunächst ist anzumerken, dass die im Rahmen von Abschlussanalysen verwendeten Kennzahlen im Grundsatz international gleichartig sind und auch nicht vom Rechnungslegungssystem abhängen. Der Grund liegt darin, dass die Informationsinteressen und Analyseziele der Stakeholder gleich sind. Unterschiede ergeben sich aber dadurch, dass die Rechnungslegungssysteme verschiedene Informationen vorschreiben können. Deshalb kann die Ermittlung und eventuell Bereinigung von Daten für die Systeme sehr unterschiedlich ausfallen und teilweise fehlen sogar Informationen, um vergleichbare Kennzahlen berechnen zu können. Auch die Höhe der ermittelten Werte ist regelmäßig nicht vergleichbar. So ergibt sich nach IFRS im Allgemeinen ein deutlich höheres Eigenkapital und auch eine höhere Bilanzsumme. Da Parallelabschlüsse für den gleichen Zeitpunkt idR nicht öffentlich verfügbar sind, sei auf ein älteres Beispiel verwiesen: Im VW-Konzernabschluss ergab sich für das Jahr 2002 nach HGB ein Eigenkapital von ca. 10 Mrd. € und nach IAS 20 Mrd. €.

Beachtlich ist zudem, dass die Normen zur Abgrenzung des Konsolidierungskreises und zu den Konsolidierungsvorgängen nach HGB und IFRS zumindest konzeptionell sehr ähnlich sind. Es gibt zwar in Einzelheiten Unterschiede, die bei konkreten Anwendungen auch einmal große zahlenmäßige Auswirkungen haben können, aber das der Einheitsfiktion verpflichtete Grundmodell ist ähnlich.

Die wesentlichen Unterschiede zwischen HGB und IFRS resultieren aus Bilanzierungssachverhalten, die im Einzel- und Konzernabschluss gleichermaßen auftreten und verschieden sind, z.B. die Bilanzierung von Leasing oder Finanzinstrumenten. Da es weder möglich noch sinnvoll ist, sämtliche Systemunterschiede hier aufzufächern, sollen hier nur einige sehr grundsätzliche Aspekte angesprochen werden. Im Rahmen der konkreten Kennzahlenberechnung wird dann detaillierter auf wesentliche Differenzen

https://doi.org/10.1515/9783110770551-004

eingegangen. Dies stellt sicher, dass nur solche Themen aufgegriffen werden, die auch für die Referenzunternehmen bedeutsam sind.

4.2 Konsistenz und unternehmensübergreifende Vergleichbarkeit

Auffällig ist zunächst, dass die IFRS-Abschlüsse primär auf die Informations- oder Bewertungsfunktion abzielen, während der HGB-Abschluss vor allem auf die gläubigerschützende Kapitalerhaltung abstellt. Dies schlägt sich in einer Fülle von Einzelnormen nieder, insbesondere auch in der Ausprägung des Realisations- und Imparitätsprinzips. Während das HGB-Regelwerk verschiedenen Zwecken dienen soll (Zahlungsbemessung und Information) könnte die IFRS-Darstellung relativ frei von Nebenbedingungen erstellt werden, die nichts mit dem Informationsgehalt der Rechnungslegung zu tun haben. Erinnert sei hier aber an die rechtstatsächliche Verknüpfung von IFRS-Daten und anderen Zwecken, wie Dividendenbegründung, mittelbare Steuerfolgen, Basis für Kreditwürdigkeitsbeurteilungen und Gratifikationen. Immerhin hat sich aber gezeigt, dass es zu IFRS-Abschlüssen praktisch keine Klagefälle gibt wegen fehlender Betroffenheit potenzielle Kläger. Die in Deutschland für das HGB stark disziplinierende Kraft der Rechtsprechung greift hier nicht.[1] Nach HGB haben insbesondere Finanzgerichte aufgrund der Maßgeblichkeit vielfach die handelsrechtlichen GoB ausgelegt und weiterentwickelt. Da für die IFRS eine solche übergeordnete Instanz fehlt, kann nicht selbstverständlich davon ausgegangen werden, dass eine gleichförmige Anwendung erfolgt. Dies zeigen auch mehrere Studien, die stark **länderbezogene Interpretationen der Standards** feststellten.[2] Dies kann man durchaus als Schwäche der IFRS im Vergleich zum HGB sehen. Allerdings kann es faktische Vereinheitlichungen im Zeitablauf durch Marktkräfte oder die großen Wirtschaftsprüfungsgesellschaften geben.

Verstärkt wird die eingeschränkte Vergleichbarkeit von IFRS-Abschlüssen dadurch, dass es keine dem HGB vergleichbaren strikten **Gliederungsnormen** für Bilanz und GuV gibt. Für deutsche IFRS-Anwender zeigt die sehr detaillierte Auswertung der Erfolgsrechnungen von 98 DAX-Unternehmen für das Jahr 2018 eine beachtliche Heterogenität.[3] Zudem ist es üblich, diese Zahlenwerke sehr knapp zu halten und Unterposten und Zusatzinformationen in den Anhang zu verlagern. Dies hat zur Folge, dass die Berechnung von KPI vielfach sehr aufwändig werden kann und birgt das Risiko, dass wesentliche Informationen in den sehr umfangreichen Anhängen nach IFRS untergehen. Zudem gibt es zumindest Indizien für sog. **Formateffekte**: Informationen im Anhang werden von Abschlussnutzern nicht so vollständig und gleichwertig genutzt wie Zahlen aus Bilanz, GuV und KFR. Dies liegt nicht nur daran, dass es sich um schnelle oder

---

1 Vgl. Schmidt, Berg und Schmidt (2011, 59).

2 Vgl. Christensen, Lee u. a. (2015, 31); Doukakis (2014, 551); ICAEW Financial Reporting Faculty (2015, 60); Leuz (2010, 229).

3 Vgl. Grote und Keitz (2020, 294).

ungeübte Nutzer handelt, sondern es konnte auch gezeigt werden, dass die Prüfungsintensität und damit die Qualität der Informationen verschieden war.[4]

Sehr verschieden sind auch die **Regelungstechnik** und die **Änderungshäufigkeiten** der Systeme. So wird im HGB das Thema Gewinnrealisation in § 252 Abs. 1 Nr. 4 in einem Halbsatz normiert. Unter IFRS wird das Thema im Rahmenkonzept behandelt, wobei zwei Kapitalerhaltungskonzepte angesprochen werden und es gibt den sehr umfassenden IFRS 15 (Erlöse aus Verträgen mit Kunden), der einige Ausdifferenzierungen vornimmt. Zudem lassen IAS 16, 38, 40 und IFRS 9 gewinnerhöhende Buchungen auch ohne Realisation zu. Ein einfaches und striktes Realisationsprinzip hat natürlich den Charme, dass Informationen und Abschlüsse einfacher zu verstehen und vergleichen sind. Differenzierte Standards können hingegen unterschiedlichen Situationen besser Rechnung tragen und deshalb eventuell relevantere Daten liefern, allerdings bei erhöhter Komplexität. Damit schafft man zugleich Raum für Ausweichhandlungen und Bilanzpolitik. Insgesamt weist die Regelungstechnik der IFRS Besonderheiten auf: es werden Bilanzposten (wie Sachanlagen IAS 16, Vorräte IAS 2 usw.), Querschnittsthemen (wie Leasing IFRS 16, Erlöse IFRS 15), Berichtsinstrumente (IFRS 8 Segmentberichte, IAS 7 Kapitalflussrechnungen) oder auch Geschäftsmodelle (Landwirtschaft IAS 41, Versicherungen IFRS 4) usw. in einzelnen Standards abgehandelt und diese sind unterschiedlich alt. Es gibt neben den Standards noch (teilweise unverbindliche) Anhänge wie Anwendungsleitlinien, Illustrierende Beispiele, Basis for Conclusions usw. Unter diesen Bedingungen ist es plausibel, dass das Regelwerk Lücken, Inkonsistenzen oder gar direkte Wertungswidersprüche aufweist.

Bezüglich der **Änderungsdynamik** ist für das HGB zunächst festzustellen, dass auch dieses immer häufiger modifiziert wird. Hierbei geht es aber vielfach um Einzelaspekte, z. B. den Abzinsungssatz für Altersversorgungsrückstellungen (§ 253 Abs. 2) oder die Ausweitung des Begriffes der Umsatzerlöse in § 277 Abs. 1. Die letzte umfassende HGB-Reform war das BilMoG 2009, das aber in erster Linie Neuerungen für Nichtkapitalgesellschaften brachte. Immerhin konnte aber für nicht kapitalmarktorientierte Unternehmen gezeigt werden, dass das Ausmaß an Bilanzpolitik deutlich zurückging. Hierbei wurde unterstellt, dass Bilanzpolitik den Informationsgehalt mindert, also negativen Einfluss hat, was im Umkehrschluss bedeutet, dass die HGB-Reform die Qualität der Rechnungslegung verbessert hat.[5]

Demgegenüber werden die IFRS permanent überarbeitet und zwar auch in sehr grundsätzlichen Fragen.[6] Solche Änderungen haben, wenn sie wesentlich sind, aus bilanzanalytischer Sicht den Nachteil, dass die Kennzahlen aus Vorjahren nicht mehr vergleichbar sind. Zwar hilft die vielfach (aber keinesfalls immer) vorgesehene Anpassung

---

4 Vgl. Kühnberger (2017, 76 ff.).

5 Vgl. Lopatta u. a. (2013, 15).

6 Vgl. Boochs (2019, 506) mit einer Übersicht. Im Übrigen zeigt die Homepage des IASB, an wie vielen Baustellen gerade gearbeitet wird.

der Vorjahreszahlen etwas, aber frühere Perioden liefern eben andere Daten. Ein sehr aktuelles Beispiel hierfür ist der Leasingstandard IFRS 16, der zu einer Fülle von Kennzahlenanpassungen führen kann.[7]

4.3 Wahlmöglichkeiten und Bilanzpolitik nach HGB und IFRS

Für die Qualität und die Analyse von Abschlüssen ist es von großer Bedeutung, ob es **Anreize für Bilanzpolitik** gibt und welche Möglichkeiten das Rechnungslegungssystem bietet. Dabei kann zunächst einmal offenbleiben, ob man Bilanzpolitik positiv oder negativ beurteilt. Können Sachverhalte verschieden abgebildet werden, so ist jedenfalls die Vergleichbarkeit von Kennzahlen beeinträchtigt. Da es zudem Gestaltungsmöglichkeiten bei der Erstellung von Abschlüssen gibt, müssen Nutzer von Abschlüssen sowohl fundierte Rechnungslegungskenntnisse als auch Vorstellungen zur realisierten Abschlusspolitik haben, um die veröffentlichten Daten angemessen zu interpretieren. Abbildung 4.1 zeigt die Verbindungen.

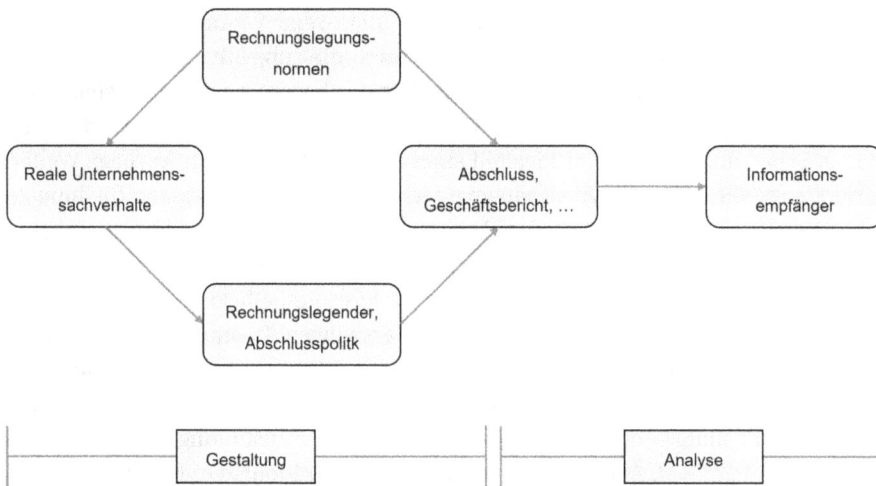

Abb. 4.1: Zusammenhang von Abschluss, Abschlusspolitik und Abschlussanalyse, eigene Darstellung.

Bezüglich der möglichen Anreizstruktur wurde oben darauf verwiesen, dass IFRS-Abschlüsse eine reine Informationsfunktion haben, aber de facto auch für weitere Zwecke eingesetzt werden (können), sodass systematische Unterschiede zwischen HGB

---

7 Vgl. Coenenberg und Fink (2018, 51); Behling (2019, 1093). In Kapitel 15 wird hierauf detailliert eingegangen.

und IFRS nur schwer festzustellen sind. Inhaltlich werden die Möglichkeiten von Bilanzpolitik unterteilt in Wahlrechte, Ermessensspielräume und Sachverhaltsgestaltungen (vgl. ausführlich Kapitel 6). Teilweise wurde unterstellt, dass das HGB im Vergleich zu den IFRS mehr **Wahlrechte** zur Verfügung stellt, z. B. bei der Ermittlung von Herstellungskosten nach § 255 Abs. 2, der Wahl von planmäßigen Abschreibungsmethoden oder Verbrauchsfolgeverfahren (§ 256) usw. Diese Annahme verkennt, dass es auch unter IFRS eine Fülle an Möglichkeiten gibt, z. B. ebenfalls für die Wahl von Abschreibungsmethoden. Selbst wenn IAS 16.60 vorschreibt, dass die Abschreibungsmethode dem erwarteten Verlauf des Verbrauchs des künftigen wirtschaftlichen Nutzens entsprechen soll, kann man getrost unterstellen, dass diese Vorgabe die Wahl der Methode kaum oder gar nicht beschränkt. Hinzu kommt, dass die IFRS eine ganze Fülle von Wahlrechten bieten, die es nach HGB gar nicht geben kann. Zu denken ist hier insbesondere an die Möglichkeiten, das Anschaffungskostenmodell für Bilanzposten oder das Fair Value Modell zu nutzen (IFRS 9, IAS 36, 38 und 40). Es kommt auch nicht nur auf die Anzahl der Wahlrechte an, sondern auf die Relevanz im Sinne von quantitativen Folgen. Insofern wird man keine allgemeine Aussage treffen können, welches System mehr gewichtige Wahlrechte umfasst.

Auf der Ebene von **Ermessensentscheidungen**, auch De-facto-Wahlrechte genannt, wird unterstellt, dass der in den IFRS umfassend verankerte **Management Approach** zu Informationen führt, die stark durch die subjektiven Schätzungen des Bilanzerstellers geprägt und einer Objektivierung nur begrenzt zugänglich sind. Selbst wenn eigentlich objektive Marktwerte (Fair Values) vorgesehen sind, bedarf es subjektiver Schätzungen, wenn der Idealfall eines aktiven Marktes nicht vorliegt. Weitere Anwendungsfelder sind die Einschätzung der Aktivierungsrestriktionen für immaterielles Vermögen nach IAS 38.57, der Niederstwerttest nach IAS 36, die Klassifikation von Immobilien, die Umsetzung des Komponentenansatzes nach IAS 16, die Segmentberichterstattung nach IFRS 8 usw. In der Tat sieht es deshalb so aus, als ob die IFRS mehr Ermessensentscheidungen zulassen oder erzwingen. Damit wird aber auch die Möglichkeit geschaffen, dass das Management sein Wissen über die geplanten Nutzungsmöglichkeiten in die Rechnungslegung einfließen lassen kann. Beachtenswert sind zudem die umfassenden **Erläuterungspflichten** zur Ausfüllung solcher Spielräume nach IAS 1.125–133. Auch die Erläuterungen zu den Inputlevel für die Schätzung von Fair Values können hilfreich sein. Damit kann zumindest die Bewertungsunsicherheit offengelegt werden. Nach HGB sind vergleichbare Erläuterungen eher unüblich. Stattdessen wird vielfach das HGB wiedergegeben: Dem Ausfallrisiko von Forderungen wurde in angemessenem Umfang Rechnung getragen, Rückstellungen im notwendigen Umfang gebildet etc. (sog. Boilerplating, d. h. informationslose Angaben von Selbstverständlichkeiten).

Ist schon auf der Ebene der Wahlrechte und Ermessensentscheidungen unklar, ob ein Rechnungslegungssystem hier generell Vorteile aufzuweisen hat, so gilt dies erst recht für sog. **Sachverhaltsgestaltungen**, mit denen Abschlüsse sehr stark beeinflusst werden können. Diese sind praktisch kaum durch Standards erkennbar zu machen oder gar einzuschränken (vgl. zu Details und Beispielen Kapitel 6). Auch gibt es empirische Evidenz, vor allem aus den USA, dass mit zunehmender Begrenzung konventioneller Bilanzpolitik solche Gestaltungen zunehmen.[8] Insofern kann eine rigide Regelung möglichst vieler Bilanzierungsdetails zu teuren Ausweichhandlungen führen, was die Ausgangslage für eine Kennzahlenanalyse noch erschwert.

Zwischenfazit: Insgesamt ist deshalb festzuhalten, dass eine generelle Aussage, welches Rechnungslegungssystem mehr (nicht erkennbare) Bilanzpolitik ermöglicht, nicht möglich ist. Zwar sind die Gestaltungsmöglichkeiten nach HGB und IFRS teilweise verschieden, aber das ergibt kein Kriterium dafür, welches System besser ist.

4.4 Inhalte der Berichterstattung nach HGB und IFRS

Unumstritten ist, dass die IFRS regelmäßig dazu führen, dass mehr und auch andere Informationen publiziert werden. Obwohl es nach den IFRS keinen **Lagebericht** gibt, so wird dies teilweise dadurch kompensiert, dass einige der typischen Lageberichtinformationen nach HGB in den Notes (Anhang) anzugeben sind. Deutsche IFRS-Bilanzierende müssen zudem sowieso einen Lagebericht nach HGB offenlegen. Ein **Segmentbericht** ist nach HGB rein fakultativ, während er nach IFRS 8 für kapitalmarktorientierte Unternehmen zwingender Bestandteil des Anhangs ist.

Aber auch bezüglich der reinen Zahlenwerke gibt es zwischen HGB und IFRS regelmäßig Unterschiede: So sehen die IFRS nicht eine GuV vor, sondern **zwei Ergebnisrechnungen**, das Net Income (GuV im engeren Sinne) und das Other Comprehensive Income (OCI oder sonstiges Ergebnis). Zudem ist ein **Eigenkapitalspiegel** zwingend und eine **Kapitalflussrechnung** (KFR) – beide nach HGB im Jahresabschluss nur selten zwingend und eine freiwillige Publizität völlig unüblich. Dabei wäre ein Eigenkapitalspiegel nach HGB auch nicht so bedeutsam, da es unter IFRS viele Änderungen gibt, die nach HGB ausgeschlossen sind, sodass der Spiegel auch und gerade für IFRS-Abschlüsse sinnvoll ist. Die HGB-Änderungen betreffen hingegen Kapitalmaßnahmen, Aktienrückkäufe und jährliche Erfolge, also eher transparente Sachverhalte, für die ein Spiegel nicht notwendig ist. Das Schema in Abbildung 4.2 zeigt die Verknüpfungen der Zahlenwerke.

Anders als der EK-Spiegel ist die **KFR** sehr wichtig. Nach IAS 7 wird eine Aufgliederung der Zahlungsströme in einen operativen Cashflow (operativer CF), den Investitions- und den Finanzierungs-Cashflow verlangt. Auch hierbei gibt es zwar einige Gestaltungsmöglichkeiten, aber wesentlich eingeschränkter als für Bilanz und GuV. Nach HGB sind Unternehmen regelmäßig nicht zur Veröffentlichung einer KFR verpflichtet (Ausnahmen siehe §§ 264 Abs. 1, 297 Abs. 1). Deshalb ist es in der Analysepraxis üblich, den operativen Cashflow indirekt aus der GuV und einigen Bilanzposten

---

8 Vgl. Beyer u. a. (2010, 296).

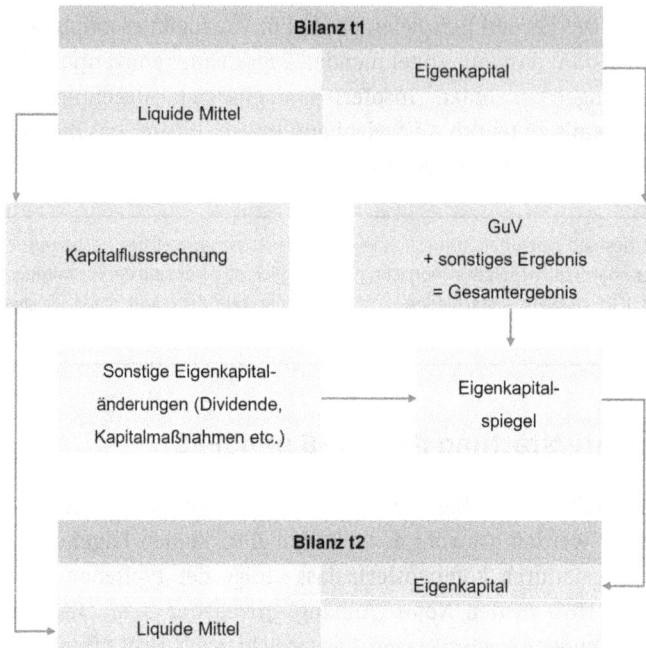

Abb. 4.2: Verknüpfungen der Abschlussdokumente nach IFRS, eigene Darstellung.

abzuleiten, was regelmäßig zu mehr oder weniger großen Abweichungen von den tatsächlichen Zahlungen führt. Ein Investitions- oder Finanzierungs-Cashflow kann hingegen so gut wie gar nicht durch Externe geschätzt werden.

Die Tatsache, dass in IFRS-Abschlüssen regelmäßig mehr und andere Informationen verfügbar gemacht werden, ist aber nur eingeschränkt ein Gütemerkmal, geht es doch vor allem darum, die „richtigen" und wichtigen Informationen für Analysten bereitzustellen. An den IFRS wird seit langem kritisiert, dass sie zu einer großen Menge unwichtiger Informationen führen und wichtige Daten fehlen oder eher in der Masse an Angaben untergehen. Der IASB hat ein sehr umfassendes Disclosure Project initiiert, um diesen Problemen Rechnung zu tragen. Mit einer schnellen Lösung ist allerdings nicht zu rechnen. Ob die IFRS nicht nur mehr Informationen liefern, sondern auch sinnvolle Mehrinformationen, ist schwer zu beantworten. Fasst man z. B. die Ergebnisrechnungen ins Auge, so steht der HGB-GuV mit dem Saldo Jahresüberschuss bzw. Jahresfehlbetrag unter IFRS ein zweistufiges Konzept gegenüber: das Net Income und das OCI. Ergänzt wird dies dadurch, dass manche OCI-Erfolge in Zukunft in die GuV übernommen werden (Reklassifikation oder Recycling genannt), andere Komponenten nicht. Dann tritt natürlich die Frage auf, welches System die Periodenleistung besser erkennen lässt. Dass die IFRS hier komplexer sind ist zwar unstrittig, aber der Gewinn an Aussagefähigkeit dadurch nicht zwingend (vgl. ausführlich Kapitel 10.3).

Beachtenswert ist letztlich auch, welches **Analyseziel** verfolgt wird. Soll ein Einblick in die Vermögenslage gegeben werden, so sind bei liquiden Wertpapieren aktuelle Börsenkurse sicher relevanter als historische Anschaffungskosten, die ja ebenfalls nur zufällige, aber eben veraltete Börsenkurse reflektieren. Schon schwieriger wird die Einschätzung, wenn es darum geht auch dann aktuelle Absatzpreise für das Bilanzvermögen anzusetzen, wenn nur unsichere Schätzgrundlagen vorliegen oder das Vermögen gar nicht verkauft werden soll, z. B. selbst genutzte Sachanlagen. Und noch unklarer wird die Lage, wenn die Ertragskraft untersucht werden soll: Ist es dann zweckmäßig, jährliche Börsenkursänderungen einzubeziehen oder sind diese eher nicht nachhaltig, nicht betriebstypisch etc.? Auch hierzu werden im Rahmen der Kennzahlenrechnung noch detailliertere Ausführungen folgen.

Fazit: IFRS- und HGB-Abschlüsse unterliegen verschiedenen ökonomischen und rechtlichen Randbedingungen, sodass Anreize und Möglichkeiten von Bilanzpolitik verschieden sind. Auf einer abstrakten Ebene kann man zwar unterstellen, dass unter IFRS tendenziell mehr, vor allem auch andere Informationen als nach HGB publiziert werden. Dies ermöglicht jedoch kein verallgemeinerbares Urteil darüber, welches System eine bessere Analysebasis liefert.

---

5 Bilanzpolitische Ziele und Randbedingungen

Unternehmen bewegen sich in einer mehr oder weniger turbulenten Umwelt und das agierende Management (bei AG: der Vorstand unterzeichnet letztlich den JA bzw. den KA und trägt damit auch die Verantwortung) hat durchaus eigene, persönliche (opportunistische) Ziele, die auf die Außendarstellung in Form der Regelpublizität Einfluss haben können. Deshalb ist es in einem ersten Schritt wichtig zu klären, welche rechtlichen und ökonomischen Randbedingungen handlungsrelevant sein können und welche Ziele mittels Bilanzpolitik realisiert werden können.

5.1 Einführung

Eine sehr allgemeine Definition von Bilanzpolitik lautet: Das Ergreifen von Maßnahmen, die Auswirkungen auf den Abschluss haben und Adressaten und/oder Rechtsfolgen beeinflussen.[1] Bilanzpolitik zielt hier nicht nur auf die Bilanz, sondern die gesamte Rechnungslegung ab und bei einer Ausweitung der Perspektive könnte man die gesamte Investor-Relations-Politik subsumieren. Die Definition macht deutlich, dass es um eine Verhaltensbeeinflussung gehen kann, z. B. ob (des)investiert wird, wie ein Ratingurteil ausfällt, ob das Management entlastet wird usw. Es kann aber auch um direkte Rechtsfolgen quantitativer Art gehen, wie Dividenden- oder Steuerzahlungen, variable Vergütungsbestandteile aufgrund von Verträgen, die Einhaltung von Financial Debt Covenants etc. Während es unter Informations- und Verhaltensaspekten wichtig ist, dass bilanzpolitische Maßnahmen durch Adressaten nicht umfassend aufgedeckt werden können, spielt dies für eventuelle Rechtsfolgen keine Rolle. Ausgeschlossen werden im Weiteren Maßnahmen, die eindeutige Verstöße gegen die Rechnungslegungspflichten darstellen, also Betrug und Fälschung.

Entsprechend der damit aufgezeigten möglichen Adressaten und **Zwecke von Bilanzpolitik**, kann es sehr viele, höchst unterschiedliche Einflussfaktoren für die Unternehmenspolitik geben, die für die Zielsetzung relevant werden können. Deshalb gibt es auch ganze Kataloge möglicher bilanzpolitischer Ziele. So unterscheidet Verhofen z. B. in finanzpolitische Ziele (bezogen auf die heterogenen Interessen von Eigen- und Fremdkapitalgebern), publizitätspolitische Ziele (Informationsvermeidung oder Transparenz) und opportunistische Ziele des Managements (Vergütung, Reputation usw.).[2] Andere unterscheiden in Gewinnmaximierung oder –minimierung, Erfolgsglättung (smoothing) oder das Erreichen von bestimmten Zielgrößen (Target Beating), z. B. die „schwarze Null", den Vorjahresgewinn oder Analystenprognosen.[3]

---

1 Vgl. Wagenhofer und Ewert (2015, 265).

2 Vgl. Verhofen und Schneeloch (2016, 89 ff. und 334 ff.) mit ausführlicher Auffächerung von Vorläuferstudien.

3 Vgl. Wagenhofer und Ewert (2015, 272).

https://doi.org/10.1515/9783110770551-005

Da sich Unternehmen und ihr Umfeld in vielerlei Hinsicht unterscheiden können, ist der Kreis potenziell bedeutsamer Randbedingungen für die Bilanzpolitik nicht umfassend darstellbar, zumal die Einflussfaktoren sich im Zeitablauf ändern können. Aus Sicht eines Bilanzanalytikers ist es gleichwohl zweckmäßig, sich ein erstes Urteil über mögliche wesentliche Randbedingungen und Ziele zu verschaffen, um die Analyse der Rechnungslegungsdaten und deren Interpretation besser fundieren zu können. Deshalb lohnt es sich vor einer Auswertung eine Art **bilanzpolitisches Profil** des Unternehmens zu erstellen, um mögliche Verzerrungen erkennen und eventuell sogar bereinigen zu können. Im Weiteren werden folgende Themenfelder ohne Anspruch auf Vollständigkeit vorgestellt: Direkte Zahlungs- und sonstige Rechtsfolgen (Kapitel 5.2), unternehmensbezogene rechtliche und ökonomische Einflussfaktoren (Kapitel 5.3) sowie sonstige Faktoren (Kapitel 5.4). Zum Abschluss werden einige empirische Studien zu verfolgten Zielen vorgestellt (Kapitel 5.5).

5.2 Einfluss von möglichen Zahlungen und Debt Covenants

5.2.1 Zusammenhang zwischen Steuer- und Handelsbilanz

In Deutschland war das Thema Bilanzpolitik über Jahrzehnte geprägt von steuerlichen Zielen und Gestaltungsmöglichkeiten, bevor mit dem BilMoG 2009 die sog. formelle oder **Umkehrmaßgeblichkeit** aufgegeben wurde. Bis dahin mussten im Jahresabschluss steuerliche Wahlrechte (besonders Abschreibungen und Sonderposten mit Rücklageanteil, aber auch andere Wahlrechte) in Handels- und Steuerbilanz übereinstimmend ausgeübt werden. Deshalb konnten steuerliche Subventionen (z. B. in Form erhöhter Abschreibungen) nur genutzt werden, wenn auch in der Handelsbilanz solche (GoB-widrigen) Abschreibungen vorgenommen wurden. Folgen dieser Rechtslage finden sich auch heute noch in deutschen Abschlüssen, bei VW etwa der (inzwischen unwesentliche) Sonderposten mit Rücklageanteil oder die Tatsache, dass ältere Sachanlagen degressiv abgeschrieben wurden, während seit Jahren die Neuzugänge durchgängig linear abgeschrieben werden.

Nach der aktuellen Fassung der **Maßgeblichkeit** in § 5 EStG ist die Handelsbilanz nur noch unter drei Bedingungen für die Steuerbilanz maßgeblich: (a) Sie muss den Grundsätzen ordnungsmäßiger Buchführung (GoB) entsprechen, (b) es darf keine steuerlichen Wahlrechte geben (c) und keine steuerlichen Vorbehalte.

Bedingung (b) führt dazu, dass handelsrechtliche Wahlrechtsausübungen nicht mehr direkt auf die Steuerbilanz durchschlagen. So kann eine Abschreibungsmethode oder eine Gruppenbewertungsmethode (Durchschnitt, Lifo, Fifo etc.) für die Handelsbilanz festgelegt werden, ohne dass steuerliche Nachteile zu befürchten sind. Allerdings sind allfällige Unterschiede natürlich gesondert fortzuschreiben. Dieser buchhalterische Mehraufwand mag für kleinere Unternehmen eine Rolle spielen, für Großunternehmen kaum.

Sehr viel wichtiger als Bedingung (b) sind jedoch die zunehmenden Abweichungen zwischen den Abschlüssen aufgrund **steuerlicher Vorbehalte** (c), die Fiktion des Fiskus als „stiller Teilhaber" der Unternehmen gilt kaum noch, die viel beschworene Einheitsbilanz ist eher selten bis gar nicht möglich.[4] Zu berücksichtigen sind hier vor allem zwingende Abweichungen in Folge der vorsichtsgeprägten HGB-Regelungen zu Abschreibungen und Rückstellungen. Teilweise ist anhand der aktiven und passiven latenten Steuern der Umfang der Verwerfungen abschätzbar.

Ist der Jahresabschluss schon weitgehend von der Steuerbilanz abgekoppelt, gilt dies für den Konzernabschluss noch mehr, insbesondere, wenn er nach den IFRS erstellt wird. Wie oben erläutert hat der Konzernabschluss (auch nach HGB) ausschließlich eine Informationsfunktion. Allerdings hat diese Argumentation eine Lücke, da es mittelbar Zwänge und Verknüpfungen geben kann, wie folgende Beispiele belegen:

Beispiel (1) Während für explizite HGB-Wahlrechte im Allgemeinen keine direkten Steuerfolgen zu beachten sind, ist dies bei den sog. Ermessensentscheidungen teilweise anders. Wird z. B. in der Handelsbilanz das Rückstellungsrisiko als zu niedrig eingestuft, um eine Passivierung zu vermeiden, wird man in der Steuerbilanz kaum eine Rückstellung ansetzen können. Wird eine Baumaßnahme an einem Gebäude als Herstellungsaufwand und nicht als Erhaltungsaufwand qualifiziert, wird dies auch auf die Steuerbilanz durchschlagen.

Beispiel (2) In den USA gibt es insgesamt so gut wie keine Verknüpfung zwischen der Finanzberichterstattung und der Besteuerung. Ist bei einem Unternehmenskauf aber eine Kaufpreisallokation (Purchase Price Allocation, PPA) nach Maßgabe der Zeitwerte (Fair Values) der Vermögens- und Schuldposten erforderlich, sind Steuereffekte möglich. Dies liegt daran, dass die Identifikation und Zuordnung stiller Reserven zu den verschiedenen Posten stark ermessensbehaftet sein kann, wenn keine beobachtbaren Marktpreise existieren. Dadurch wird aber Einfluss genommen auf den ergebniswirksamen Verbrauch der aufgedeckten Reserven in den Folgejahren. Für eine Stichprobe von 933 US-Unternehmen im Zeitraum 1995–2011 wurde festgestellt, dass steueroptimierende Zuordnungen erfolgten, wenn es steuerliche Anreize gab. Die entsprechende Zuordnung der stillen Reserven musste dann auch in der Handelsbilanz gleich erfolgen. Nur wenn es sehr starke Anreize für ein bestimmtes Financial Reporting gab (vor allem bezüglich der Kennzahl EPS, d. h. dem Gewinn je Aktie) wurden steuerliche Nachteile (auch in großem Umfang) in Kauf genommen.[5] Das Problem der Kaufpreisallokation besteht auch nach HGB in vergleichbarer Form, sodass auch hier mit mittelbaren steuerlichen Einflüssen zu rechnen ist.

Beispiel (3) Für Schweden wurde festgestellt, dass die Besteuerung von Dividenden auf der Ebene der Aktionäre erheblichen Einfluss auf die Auszahlungen hatte. Dies hat natürlich Folgen für die Eigenkapitalquote und weitere wichtige KPI.[6] In Deutschland dürften steuerliche Aspekte auch ohne steuerbilanzielle Verknüpfungen für die Höhe der Dividenden und für die alternativ möglichen Aktienrückkaufprogramme derzeit eher nachrangig oder nicht vorhanden sein.

---

4 Vgl. Prinz (2019, 804).

5 Vgl. Lynch u. a. (2019, 1223).

6 Vgl. Jacob und Michaely (2017, 3176).

Beispiel (4) Sog. sachverhaltsgestaltende Maßnahmen für den Einzelabschluss schlagen auch auf die Steuerbilanz durch. Ob sie auch die Darstellung im Konzernabschluss beeinflussen hängt vor allem davon ab, ob es sich um Transaktionen zwischen konsolidierten Unternehmen handelt oder nicht. Bei konzern-internen Geschäften erfolgt durch die Konsolidierungsmaßnahmen eine Eliminierung.

Insgesamt ist festzustellen, dass mittelbare Verknüpfungen zwischen Handels- und Steuerbilanz für den Einzelabschluss auch de lege lata möglich sind. Für einen HGB-Konzernabschluss gilt dies wegen der HB-II-Regeln teilweise ebenso. Die **Handels-bilanz II** (HB II) ist für alle Konzernglieder vor der eigentlichen Konsolidierung zu erstellen, damit die Aggregation der Einzelabschlüsse auf einer homogenen Datenbasis beruht. Dabei können zwar Wahlrechte abweichend von den JA der Einzelunterneh-men ausgeübt werden (§§ 300 Abs. 1, 308 HGB), für Ermessensentscheidungen dürfte dies schwierig werden.

Demgegenüber ist eine Bindung für IFRS-Abschlüsse weniger zu erwarten. So wä-re das o. a. Beispiel der Abgrenzung von Herstellung und Erhaltung bei Sachanlagen aufgrund des Komponentenansatzes nach IAS 16 völlig anders zu lösen und bei Anla-geimmobilien nach IAS 40 wäre ggf. schlicht der beizulegende Zeitwert nach IFRS 13 anzusetzen.

5.2.2 Einfluss von Gewinn- und Vergütungsansprüchen

Als zweite mögliche Auszahlungsfolge von Abschlüssen ist für alle haftungsbegrenzten Gesellschafter in Deutschland (Aktionäre, GmbH-Gesellschafter, Kommanditisten etc.) auf die **Gewinnansprüche** zu verweisen. Exemplarisch bestimmt § 57 Abs. 3 AktG, dass nur der Bilanzgewinn ausschüttbar ist und § 58 AktG regelt detailliert, wie dieser aus dem Jahreserfolg abzuleiten ist. Es ist deshalb davon auszugehen, dass bilanzpolitische Festlegungen die resultierenden Entnahmemöglichkeiten und –zwänge berücksichti-gen. Neben den rein rechtlichen Vorgaben kann es auch zu faktischen Zwängen kom-men, weil es entsprechende Erwartungen der Marktparteien gibt. Die Politik der Di-videndenglättung ist hier ein typisches Beispiel. Zudem kann es sein, dass der IFRS-Konzernabschluss de facto eingesetzt wird, um die Dividende der Obergesellschaft öko-nomisch zu rechtfertigen.

Zahlungsansprüche können auch auf vertraglicher Basis entstehen. Dies kann va-riable Vergütungen für mezzanine Finanzierungen betreffen und insbesondere auch die variablen Vergütungsbestandteile des Topmanagements. Die sog. **Bonusplanhypo-these** unterstellt in diesem Fall eine einkommensmaximierende Bilanzpolitik des AG-Vorstandes.[7] Ein linearer Zusammenhang ist allerdings kaum zu erwarten, da es Ober- und Untergrenzen für die Vergütung geben kann (Caps and Floors). Dies kann den An-

---

7 Vgl. Wagenhofer und Ewert (2015, 290 f.).

reiz für eine gewinnmaximierende Politik begrenzen, wenn dies die Vorstandsentlohnung nicht mehr steigert. Umgekehrt kann allerdings eine Verlustmaximierung in einzelnen Jahren sinnvoll sein (Big Bath Accounting), wenn die variable Vergütung davon nicht mehr beeinflusst wird.

In den §§ 87 a und 162 AktG und im DCGK 2019 (Abschnitt G) finden sich Vorgaben für die Vergütung von Vorstandsmitgliedern und den Vergütungsbericht (nicht mehr prüfungspflichtig seit dem Jahr 2020!). Demnach sind umfassende Angaben vonnöten, wie die Vorstandsleistung zur Förderung der Strategie der langfristigen Unternehmensentwicklung beigetragen hat. Zudem ist der Bericht von der Hauptversammlung zu billigen (Say on Pay), ohne dass diese aber Änderungen der Vergütungsmodalitäten erzwingen könnte. Darüber hinaus gibt es diverse Angemessenheitskriterien, z. B. eine vernünftige Relation zur Leistung und Verantwortung, zu Vergütungen anderer Unternehmensleitungen und zur durchschnittlichen Belegschaftsvergütung.

Fast naturgemäß wird die Angemessenheit der Vorstandsbezüge sehr intensiv diskutiert. Neben befürchteten sozialen Verwerfungen spielt hier vor allen Dingen eine Rolle, ob das System tatsächlich die Leistung des Vorstandes spiegelt oder auch Glück bzw. Pech (z. B. unvorhergesehene Börsenkurseinbrüche oder –steigerungen). So wurde kritisiert, dass die Vergütung des Top-Managements bei Bear Stearns und Lehman für die Jahre 2000–2008 verfehlten Anreizen unterlag: Während die Aktionäre gigantische Verluste hinnehmen mussten, gab es variable Vergütungen im Milliardenbereich. Von Anreizkompatibilität konnte hier kaum die Rede sein.[8]

Empirisch und konzeptionell wurde vielfach untersucht, wovon die Vergütungshöhe des Vorstandes abhängt oder auch abhängen sollte. Für die USA wurde z. B. für die S&P 500-Unternehmen und das Jahr 2015 festgestellt, dass ca. 60 % der CEO-Vergütung vom Börsenkurs abhing.[9] Für DAX-Unternehmen (in den diversen Segmenten des DAX gab es aber Unterschiede), zeigten mehrere Erhebungen, dass der überwiegende Anteil der Vorstandsbezüge variabel war. Die konkrete Höhe war abhängig vom Börsenkurs, wertorientierten KPI, Gewinnen und operativen CF, aber kaum von nichtfinanziellen Messgrößen wie Kunden- oder Mitarbeiterzufriedenheit.[10]

Da sowohl der Börsenkurs als auch die anderen benannten finanziellen Zielgrößen (ob diese ergänzend noch bereinigt werden oder auch nicht) auch von den Rechnungslegungsinformationen abhängen, ist die Annahme, dass vom Vergütungssystem bilanzpolitische Anreize ausgehen, plausibel. Ein intelligentes Vergütungsdesign sollte dies berücksichtigen und der Vergütungsbericht nach § 162 AktG kann darlegen, ob ein zweckmäßiger Corporate Governance-Mechanismus installiert wurde.

---

8 Vgl. Bebchuk, Cohen und Spamann (2010).

9 Vgl. Coffee (2019, 547).

10 Vgl. Götz und Stahl (2018, 283); Müller, Needham und Mack (2019, 939); Raspels, Schütte und Reich (2019); Velte u. a. (2018).

Allerdings ist es extern kaum möglich, auf konkrete Zielsetzungen zu schließen. Das kann an den o. a. Caps und Floors liegen, der Tatsache, dass eine Bereinigung um nicht nachvollziehbare Sondereffekte erfolgt und der Vorstand eventuell Hedgemöglichkeiten hat.[11] Es ist außerdem zu bedenken, dass kurzfristige Einkommensmaximierung und längerfristiger Karriereeffekt widersprüchliche Anreize setzen können.

5.2.3 Einfluss von Debt Covenants

Als letzter Einflussfaktor seien Fremdkapitalgeber und sog. **Financial Debt Covenants** aufgegriffen. Da Fremdkapitalgeber in vielen Ländern den größten Teil der Außenfinanzierung von Unternehmen beisteuern, liegt es nahe, dass sie bei der Kreditvergabeentscheidung und der laufenden Kreditüberwachung (Monitoring) auf Rechnungslegungszahlen zurückgreifen. Dies gilt vor allen Dingen für Banken und Anleihegläubiger und dies ebenfalls bei nicht börsennotierten Unternehmen.[12] Die angesprochenen Kreditvertragsklauseln (Debt Covenants) lösen im Allgemeinen zwar keine direkten Zahlungsfolgen aus, bei Verletzung von vereinbarten Kennzahlenwerten haben die Gläubiger aber das Recht der Kündigung oder zu Nachverhandlungen, die für den Kreditnehmer regelmäßig mit Kosten verbunden sind (Zinsanpassungen, Sicherheiten stellen, Einbußen von Flexibilität usw.).

Beachtenswert ist, dass Fremdkapitalgeber im Allgemeinen andere Ziele verfolgen als Eigenkapitalgeber, da sie ein **asymmetrisches Risikoprofil** haben. Während z. B. Aktionäre an Gewinnen und Risiken teilhaben, tragen Gläubiger zwar Verlustrisiken, nehmen an den Gewinnchancen aber nicht teil, wenn feste Kreditzinsen vereinbart wurden. Entsprechend sind die Gläubiger eher an einer risikoaversen Rechnungslegung und Investitionspolitik interessiert. Für diversifizierte Aktionäre sind hingegen die Gewinnchancen interessant, was c. p. eine riskantere Investitionspolitik fördern kann.

Obwohl es keine Zweifel gibt, dass Debt Covenants in sehr vielen Ländern stark verbreitet sind,[13] sind die konkreten Inhalte und Folgen schwer einzuschätzen. So ist bekannt, dass Verletzungen von Schwellenwerten sehr verbreitet sind, aber sehr selten zu Vertragskündigungen führen, obwohl diese rechtlich möglich wären. So gesehen stellen die verankerten KPI vielfach keine guten Indikatoren für finanziellen Stress der Kreditnehmer dar und lösen dann falschen Alarm aus.[14]

---

11 Vgl. Hung, Pan und Wang (2019, 2319).

12 Vgl. Bigus, Georgiou und Schorn (2016, 517).

13 Vgl. Bradley und Roberts (2015); Christensen, Nikolaev und Wittenberg-Moerman (2016, 397); Zülch, Holzamer u. a. (2014, 2117).

14 Vgl. Wang (2006, 348).

Inhaltlich ist zudem vieles offen. Dies betrifft bereits die Frage, ob die rechnungs-legungsbezogenen Debt Covenants aus dem Jahres- oder dem Konzernabschluss abge-leitet werden, ob es Bereinigungen um Sondereinflüsse gibt (und wenn ja, welche), ob es Korrekturen von bilanzpolitischen Entscheidungen gibt, ob es um HGB- oder IFRS-Abschlüsse geht, ob es Anpassungen für bestimmte Geschäftsmodelle gibt (z. B. Immo-bilienunternehmen oder Softwarehersteller), ob auf die Rechnungslegungsregeln zum Zeitpunkt der Kreditvergabe abgestellt wird (frozen oder fixed GAAP) oder laufende Rechtsänderungen eingehen (floating GAAP). Der zuletzt genannte Aspekt kann durch-aus gravierende Folgen haben, wie der seit 2019 anzuwendende Leasingstandard IFRS 16 zeigt. Durch den Übergang vom vormaligen IAS 17 können sich übliche KPI wie die Ei-genkapitalquote, das Betriebs- und das Finanzergebnis, der operative CF usw. deutlich ändern. Dies kann zu Verstößen gegen Vertragsvorgaben führen, ohne dass sich die realwirtschaftliche Situation des Kreditnehmers geändert hat. Stellt man deshalb auf „frozen" GAAP ab, kann dies zu aufwändigen Schattenrechnungen führen.

Zu beachten ist ergänzend, dass Inhalte und Design der Covenants im Zeitablauf starken Änderungen unterlegen haben, offenbar auch als Reaktion auf Änderungen der Rechnungslegungsnormen. So konnte mehrfach festgestellt werden, dass der Mix an bi-lanzbezogenen KPI (z. B. Verschuldungsgrad, Liquiditätsgrade, Loan-to-Value Ratio) und GuV-bezogenen KPI (Net Income, EBIT usw.) angepasst wurde.[15]

Obwohl in der Literatur vielfach angenommen wird, dass Debt Covenants starke Anreize für Bilanzpolitik darstellen, sind die empirischen Nachweise problematisch. Das liegt daran, dass die konkreten Vertragsinhalte im Allgemeinen unbekannt sind. Deshalb wird regelmäßig unterstellt, dass ein hoher Verschuldungsgrad das Risiko eines Bruches erhöht und bei hohem Fremdkapitalanteil solche Klauseln sehr wahrscheinlich sind. Nach der **Verschuldungsgrad-Hypothese** stellt dies einen Anreiz dar, Schwierig-keiten durch Bilanzpolitik zu vermeiden. Dies stellt aber eine starke Vereinfachung dar, da viele Fremdkapitalgeber wie Lieferanten (kurze Laufzeiten und Kreditsicherheiten durch Eigentumsvorbehalte), andere Konzernglieder oder Rückstellungsgläubiger gar nicht mit Vertragsklauseln arbeiten (können).

5.3 Einfluss von Rechtsform, Eigentümerstruktur und Kapitalmarktorientierung

Es ist unmittelbar einleuchtend, dass die Rechtsform und die Kapitalmarktorientierung einen wesentlichen Einfluss auf die Bilanzpolitik haben können, genauso wie rein grö-ßenbezogene Merkmale. Die Unternehmensgröße korreliert zwar mit der Rechtsform und dem Zugang zum Kapitalmarkt, es gibt aber keine zwingende und durchgängige Verbindung.

---

15 Vgl. Armstrong, Guay und Weber (2010, 179); Kühnberger (2019, 235).

Die Gruppe der Klein- und mittelständischen Unternehmen (KMU; auf eine quantitative, technische Definition anhand von Größen wie Bilanzsumme, Umsatz etc. wird hier verzichtet) nutzt überwiegend die Rechtsform Einzelunternehmen, Personengesellschaft oder GmbH. Als idealtypische Merkmale von **KMU** sind zu nennen: Starke Prägung durch den Firmeninhaber und Abhängigkeit von dessen Wissen, wenig ausgeprägte Organisationsstruktur, stark begrenzter Zugang zum externen Kapitalmarkt, starkes Autonomiestreben, geringe Transparenz, teilweise große Bedeutung von Privatvermögen etc. Regelmäßig gibt es nur wenige Beteiligte, wie Eigentümer und (Haus-)Banken, deren Informationsbedürfnisse auch außerhalb der Finanzberichterstattung gedeckt werden können. Bilanzpolitik ist deshalb vielfach darauf gerichtet, wenig Informationen offen zu legen, auch um Wettbewerbsnachteile oder Rückschlüsse auf die private wirtschaftliche Lage der Eigentümer zu vermeiden.[16]

Wichtig ist in diesem Zusammenhang, dass der Jahresabschluss bei **Nicht-Kapitalgesellschaften** nur aus Bilanz und GuV besteht, die weder geprüft, noch offengelegt werden müssen. Für kleine Kapitalgesellschaften (gemäß § 267 HGB) sieht das Gesetz stark verkürzte Abschlüsse vor und es gibt ebenfalls keine Prüfungspflicht. Unter diesen Bedingungen dürften sich die bilanzpolitischen Ziele im Wesentlichen auf die Themen Steuerfolgen, Entnahmerechte und Information der (Haus-)Banken beschränken.

Für nicht kapitalmarktorientierte Kapitalgesellschaften, vor allem GmbH, aber auch AG, ist festzuhalten, dass der **Eigentümerkreis** typischer Weise **eher klein** ist. Dieser Personenkreis dürfte regelmäßig ausreichend Insiderinformationen besitzen oder kann sie sich jederzeit beschaffen (z. B. §§ 51 a und b GmbHG). Die Bilanzpolitik dürfte deshalb eher auf mögliche Zahlungsfolgen ausgerichtet sein als auf den Abbau von Informationsasymmetrien.

Für eine Gruppe von 700.000 solcher Unternehmen aus 24 europäischen Ländern (für den Zeitraum 1998–2007) konnte festgestellt werden, dass diese sich häufig auf eine Strategie der Gewinnglättung fokussieren, und zwar primär im Hinblick auf die Gläubigerinteressen. Stark schwankende Gewinne würden das Risiko hoher Entnahmen in guten Jahren bergen, was c. p. die Haftungsmasse für sie mindert.[17] Eine Befragungsstudie bei über 300 nicht kapitalmarktorientierten Kapitalgesellschaften im Jahr 2017 bestätigte die Gewinnglättung als Ziel. Daneben ging es vor allem darum, Gewinnrückgänge oder gar Verlust zu vermeiden und insgesamt eher wenig offen zu legen.[18]

Eine durch Fremdkapitalgeber getriebene Gewinnglättung stellten ebenfalls Bigus u. a. für den Zeitraum 1996–2004 (mit 183.000 Datenpunkten) fest.[19] In einer weiteren

---

16 Vgl. Wagner (2017, 9 ff.), passim.
17 Vgl. Gassen und Fülbier (2015, 151).
18 Vgl. Eierle, Klamer und Ther (2019, 677).
19 Vgl. Bigus, Georgiou und Schorn (2016, 515).

Arbeit wurde ermittelt, dass es in Abhängigkeit von Gesellschafterdarlehen zu Modifikationen kam. Diese sind gerade bei GmbH weit verbreitet. Da sie in Insolvenzverfahren gegenüber anderen Gläubigern nachrangig sind (der Insolvenzverwalter behandelt sie wie Eigenkapital), stellen sie für diese auch eine Sicherheit wie Eigenkapital dar, sodass die Anreize für eine gläubigerorientierte Bilanzpolitik abnehmen.[20]

Die bereits angesprochene deutliche Informationszurückhaltung bei deutschen KMU war traditionell stark verbreitet. Erst durch mehrere HGB-Reformen, besonders das EHUG (Gesetz über elektronische Handelsregister und Genossenschaftsregister sowie das Unternehmensregister), wurde der regulatorische Rahmen für Kapitalgesellschaften immer enger und die Sanktionen bei Gesetzesverstößen spürbarer. Als Ausweg sind Unternehmen deshalb dazu übergegangen, die geforderten Mindestinformationen (eine Neigung zur Informationszurückhaltung besteht weiterhin) so spät wie möglich zu publizieren, im Durchschnitt 172 Tage (!) nach der Feststellung des Jahresabschlusses.[21]

Eigenarten bezüglich der Bilanzpolitik weisen auch sog. **Familienunternehmen** auf, d. h. solche Unternehmen, bei denen eine Familie große Anteile, vielfach auch die Mehrheit, hält. Solche Unternehmen sind sowohl in Deutschland,[22] als auch den USA weit verbreitet. Selbst für die Großunternehmen des S&P 500 Index oder Fortune 500 werden Quoten von 20–40 % genannt.[23] Diese Unternehmen weisen oftmals Besonderheiten auf, weil es um den Erhalt des Familienerbes und die Reputation geht und die Familieneigentümer im Regelfall weniger diversifiziert sind als andere Investoren. Deshalb ist eine vorsichtigere Investitionspolitik bei gleichzeitig hohen Cash-Beständen nicht unüblich. Mehrere Studien für Deutschland, Europa und die USA belegen, dass Familienunternehmen im Durchschnitt sehr vorsichtig bilanzieren und eher wenig Bilanzpolitik betreiben. Beide Merkmale werden vielfach als Gütemerkmale der Rechnungslegung positiv eingeschätzt.[24]

Eine weitere, oftmals quantitativ unterschätzte, Gruppe stellen **politisch verbundene Unternehmen** und Unternehmen der öffentlichen Hand dar. Ohne auf definitorische Details näher einzugehen: es handelt sich um solche Unternehmen, bei denen Glieder der öffentlichen Hand wesentliche oder gar alle Anteile halten und/oder Politiker wesentliche Führungspositionen innehaben. Bei dieser Unternehmensgruppe wird vermutet, dass sie Wettbewerbsvorteile genießt, besseren Zugang zu öffentlichen Aufträgen hat, staatliche Protektion und Steuervorteile erlangt und guten Zugang zu Fremdkapital hat, da die Haftung der öffentlichen Hand in Aussicht steht.[25] Unter diesen Bedingungen

---

20 Vgl. Bigus und Häfele (2018, 37).

21 Vgl. Fülbier, Wittmann und Bravidor (2019, 797).

22 Vgl. Achleitner u. a. (2014, 431).

23 Vgl. Yu-Thompson, Lu-Andrews und Fu (2016, 144); Wang (2006, 619).

24 Vgl. Achleitner u. a. (2014, 431); Paiva, Lourenço und Branco (2016, 85) mit ausführlichem Literaturüberblick; Yu-Thompson, Lu-Andrews und Fu (2016, 144); Wang (2006, 619).

25 Vgl. Braam u. a. (2015, 111).

ist ein öffentliches Monitoring und das Risiko von Reputationseinbußen zwar wahrscheinlich, es gibt aber auch spezifische Anreize für Bilanzpolitik.

So wurden hohe Gewinne durch teure, aber kaum erkennbare Bilanzpolitik versteckt wie eine Erhebung für 600 Unternehmen aus 47 Ländern ergab (1997–2001).[26] Zudem wurden auch bei rückläufigen Umsätzen weniger Mitarbeiter entlassen oder Löhne gekürzt als bei vergleichbaren nicht politisch verbundenen Unternehmen. Die Verfolgung von sozialpolitischen Zielen dürfte insgesamt ein Merkmal dieser Unternehmensgruppe sein. Zudem wiesen sie einen höheren Verschuldungsgrad, eine niedrigere Steuerlast und eine schlechtere Performance auf. Die Produktivität war hingegen so hoch wie bei anderen Unternehmen, es sei denn, Politiker fungierten als Führungskräfte.[27]

Schwerpunktmäßig geht es im Weiteren aber um börsennotierte Großunternehmen. Unterstellt man, dass es sich dabei vor allem um Unternehmen mit hohem Streubesitzanteil handelt, so leuchtet es ein, dass der Abbau von Informationsasymmetrien durch transparente Rechnungslegung ein vorrangiges Ziel darstellt. Gibt es hingegen Mehrheitsbesitz, so haben die beherrschenden Gesellschafter regelmäßig privilegierte Informationskanäle und Einflussmöglichkeiten. Durch eine transparente Bilanzpolitik würden sie deshalb Informationsvorteile verlieren.

Beide Modelle, Streubesitz und Mehrheitsgesellschafter, sind sowohl für die USA als auch für Deutschland inzwischen eher selten.[28] Für DAX-Unternehmen zeigen dies zwei aktuellere Erhebungen: ❗

(1) Die Ipreo Ltd. und der Deutsche Investor Relations Verband (DIRK) ermitteln für den DAX 30 (2014–2017), dass institutionelle Investoren mit 62 % der Anteile dominieren, sie kommen überwiegend aus den USA und dem UK. Im Zeitablauf gab es zudem eine Verschiebung von eher kurzfristig orientierten Growth Fonds zu langfristig orientierten Value Fonds. Neben den institutionellen Anlegern waren sog. strategische Investoren mit rund 18 % der Anteile gewichtig (Holdings, Familien, Stiftungen, öffentliche Hand). Insgesamt zeigte sich, dass nahezu sämtlich Fonds auf eine nachhaltige Unternehmenspolitik Wert legten, ihr Eigentum aktiv vertraten und vor allem in regem Informationsaustausch mit dem Management standen.[29]

(2) E&Y gaben für das Jahr 2018 an, dass 55 % der DAX-Aktionäre aus dem Ausland stammen, 33 % aus dem Inland (Rest: nicht zuordenbar). Der Anteil der institutionellen Anleger (Banken, Versicherungen, diverse Fonds) lag bei 63 %, der Anteil strategischer Investoren bei 12 %.[30]

Plausibel ist, dass es außerhalb der Regelpublizität weitere „private" Informationskanäle und Informationsprivilegien gibt. Dies ist eine Anpassung an international übliche Gepflogenheiten und die faktisch starke Stellung sog. **Blockholder**.[31] Solche Informa-

---

26 Vgl. Braam u. a. (2015, 111).

27 Vgl. Faccio (2010, 905).

28 Vgl. Kühnberger (2016a, 79 und 143).

29 Vgl. Ipreo Ltd. und DIRK (2018).

30 Vgl. E&Y (2019).

31 Vgl. Ringe (2015).

tionsprivilegien sind nach ganz herrschender Meinung trotz des Gleichbehandlungs-grundsatzes in § 53 a AktG zulässig. Sie werden auch nicht effizient durch das Nachaus-kunftsrechtnach § 131 Abs. 4 AktG ausgeglichen, da dies nur auf der zeitlich oftmals weit nachgelagerten Hauptversammlung geltend gemacht werden kann.

Deshalb stellt sich die Frage, ob und inwieweit die Marktmissbrauchsverordnung einen ausreichenden kapitalmarktrechtlichen Schutz vor Insiderhandel und Informa-tionsasymmetrien erreicht. Es ist sogar strittig, ob dies wirklich erwünscht ist, da eine beachtliche Anzahl an Fachwissenschaftlern davon ausgeht, dass aktivistische Aktionä-re wie Blockholder oder Mehrheitsgesellschafter für eine Verbesserung der Corporate Governance zugunsten aller Aktionäre sorgen, da sie Überwachungs- und Beratungs-leistungen erbringen.[32]

Für die USA haben insbesondere Coffee und Palia auf eine aus ihrer Sicht kritische Entwicklung hingewiesen. So gelten z. B. Hedgefonds als quasi natürliche Vertretungsor-gane von vielen Kleinanlegern, die ihre Interessen nicht selbst wahrnehmen (können). Diese Fonds sind nicht so diversifiziert wie die Kleinanleger selbst und sie halten bedeut-same Anteile. Ihr Einfluss könnte deshalb auf eine langfristige, strategisch orientierte Börsenkurssteigerung gerichtet sein oder kurzfristige Wertsteigerungen zu Lasten von anderen Stakeholdern mit einem geplanten Exit. Gerade **Hedgefonds** hatten seit Jah-ren ihre Aktienanteile zu Lasten von Brokern, Pensionsfonds und Banken erhöht. Die Autoren unterstellen, dass die Aktionen der Hedgefonds zu kurzfristigen Börsenkurs-und Dividendensteigerungen führten, aber auch zu weniger langfristigen Investitionen und Forschungs- und Entwicklungsprojekten. Letztgenannte sind insbesondere für eine langfristig positive Entwicklung nötig.[33]

Es sei dahingestellt, ob dieser Befund zutrifft, da die Erhebung methodische Schwä-chen hat, wie die Autoren selbst angeben und es beachtliche Gegenpositionen gibt.[34] Auch die Übertragbarkeit auf andere Länder mag nur eingeschränkt sinnvoll sein. Gleichwohl ist es sehr plausibel, dass die **Aktionärsstruktur** und das Phänomen des **Shareholder Activism** (Auftreten aktivistischer Aktionäre) auch für deutsche Unternehmen bedeutsame Folgen hat. Mit dem Gesetz zur Umsetzung der Aktionärs-rechterichtlinie ARUG II hat sich der Gesetzgeber in Deutschland die Ansicht zu eigen gemacht, dass aktivistische Eigentümer sich positiv auf die Corporate Governance aus-wirken.[35] Eine Zunahme von relevanten Informationen außerhalb der Regelpublizität ist zu erwarten. Welche Folgen sich daraus konkret für die Bilanzpolitik ergeben kön-nen, ist aber schwer allgemein einzuschätzen.

---

32 Vgl. Mosca (2018, 805).

33 Vgl. weitere Ergebnisse: Baloria, Klassen und Wiedman (2019, 904): positive Einflüsse für nichtfinan-zielle, nachhaltige Berichterstattung; Becht u. a. (2017, 2933): positive Effekte mit Länderunterschieden für USA, UK und Japan; Lima u. a. (2018, 103): bessere Rechnungslegungsqualität.

34 Vgl. Coffee und Palia (2014).

35 Vgl. Tröger (2019, 126).

Neben diversen Eigentümergruppen spielen vor allem in den USA **Finanzanalysten** eine wesentliche Rolle. Fachkompetenz und privilegierte Informationen machen sie zu wichtigen Informationsintermediären. Deshalb sind Merkmale wie Analystendeckung und Qualität bzw. Streuung der Analystenprognosen (besonders für Gewinne) wichtige Gütemerkmale für Investoren. Selbstverständlich nutzen Analysten für ihre Arbeit auch Daten aus der Finanzberichterstattung, sodass sie wichtige Adressaten sind und Einfluss auf bilanzpolitische Ziele haben können.

Allerdings werden Differenzierungen angemahnt. So ergab eine Erhebung wesentliche Unterschiede zwischen Sell-side-Analysten (ausgestattet mit privaten Informationen des Managements) und Buy-side-Analysten.[36] Zudem ist die Qualität und Verbreitung der Analystenaktivitäten abhängig von der länderspezifischen Entwicklung der Finanzsysteme[37] und dem Rechtssystem (Code Law oder Common Law).[38] Selbst die Fachkompetenz der Analysten bezüglich der grundlegenden Rechnungslegungsdaten wurde mehrfach angezweifelt.[39]

5.4 Sonstige Einflussfaktoren

Unumstritten ist, dass Themen wie (potenzielle) **Sanktionen**, **Haftungsrisiken** und Korruption eine wichtige Rolle spielen,[40] da die Grenzen zwischen legitimer Bilanzpolitik und unzulässigen Bilanzdelikten fließend sind. Bedeutsam sind hierbei nicht nur nationale Besonderheiten im Rechtssystem, sondern auch die Justiziabilität der Rechnungslegungsnormen selbst. So wird z. B. für die IFRS und die nichtfinanzielle Berichterstattung unterstellt, dass sie diesbezüglich Lücken haben. Dies liegt für die IFRS auch an der Subjektivität der Rechnungslegungsvorgaben (speziell: Management Approach). Hinzu kommt aber, und dieser Effekt ist schwer zu isolieren, dass es mangels Betroffenheit von Stakeholdern praktisch keine Rechtsprechung gibt. Ursächlich ist, dass IFRS-Abschlüsse zumindest hierzulande keine direkten Rechtsfolgen auslösen.[41]

Der Zusammenhang zwischen Rechnungslegung, Compliance und Korruption wurde vielfach untersucht.[42] Interessant ist hier vor allem auch der Zusammenhang mit

---

36 Vgl. Imam und Spence (2016, 226).

37 Vgl. Degeorge u. a. (2013, 1).

38 Vgl. Gordon, Petruska und Yu (2014, 61).

39 Vgl. Kim u. a. (2019, 1669).

40 Vgl. Bourveau, Lou und Wang (2018, 797) für die USA. Demgegenüber entsteht für Deutschland eher der Eindruck, dass es um Kavaliersdelikte geht, zumindest gibt es sehr wenig Rechtsprechung zu Bilanzdelikten.

41 Vgl. Schmidt, Berg und Schmidt (2011, 53).

42 Vgl. Dinh, Früh und Stenzel (2018, 319); Gerstner und Hauser (2019, 55) mit einem Ländervergleich zwischen Deutschland und Frankreich.

Persönlichkeitsmerkmalen. So wurde mehrfach festgestellt, dass es Geschlechtsunterschiede gibt und das Persönlichkeitsmerkmal Overconfidence (Hybris, Ikaruseffekt) eine Rolle spielen kann. Letzteres kann dazu (ver)führen, dass zu optimistische Prognosen nur noch durch aggressive Bilanzpolitik erreicht werden können. Ist der diesbezügliche Spielraum ausgereizt, kann ein Abgleiten in rechtlich unzulässige Bilanzfälschung resultieren.[43] Auch beim großen Skandal des DAX-Unternehmens Wirecard wurde schon vermutet, dass es anfangs „nur" um die Verschleierung bestimmter Aktivitäten ging, mit denen das Unternehmen nicht in Verbindung gebracht werden wollte. Später wurde aus dem Verschleierungs- ein Betrugsmechanismus, so die Argumentation.[44]

Manche Unternehmen unterliegen besonderen regulatorischen Vorgaben. Hierzu können **preisregulierte Branchen** gehören, z. B. Wasser- oder Abfallwirtschaft. In sehr vielen Ländern sind auch **Banken und Versicherungen** mit einem Sonderstatus versehen, wobei es vielfach um Eigenkapital- oder Solvenzanforderungen geht, die regelmäßig an Rechnungslegungsdaten anknüpfen. Es liegt auf der Hand, dass für solche Unternehmen sehr starke Anreize für Bilanzpolitik resultieren, gerade wenn sie an der Grenze zu den Mindestvorgaben stehen. In der Finanzmarktkrise wurde vermutet, dass die Eigenkapitalvorgaben für Banken eine besonders aggressive Bilanzpolitik (speziell bei der Schätzung von Zeitwerten, Fair Values) ausgelöst haben, was letztlich ein prozyklisches Verhalten begünstigt hätte.[45]

Ein faktischer Anreiz kann daraus resultieren, dass eine Integration oder zumindest **Annäherung von internem und externem Rechnungswesen** erfolgen soll. Dies kann zu einer konsistenten und einheitlichen Datenbasis für interne Steuerung und Investor Relations-Politik führen. Zudem kann eine solche Strategie zu Erleichterungen bei der Personalgewinnung aus anderen Ländern und der Arbeit mit Beratern und Prüfern führen. Erwartet werden qualitativ hochwertige, gut prüfbare Daten, da davon ausgegangen wird, dass das Management für interne Steuerungszwecke an einer solchen Grundlage interessiert ist. Der sog. Management Approach, der in vielen IFRS verankert wurde, erleichtert eine solche Strategie. Demnach sind für die externe Rechnungslegung die unternehmerischen Ermessensentscheidungen aus Sicht des Topmanagements in den Abschluss zu übernehmen. Das Musterbeispiel stellt die Segmentberichterstattung nach IFRS 8 dar. Aber auch die Aktivierung von immateriellem Anlagevermögen (IAS 38), der Niederstwerttest nach IAS 36, die Abgrenzung von Vermögen nach IAS 40 oder 16 usw. stellen regelmäßige Anwendungsfelder dar.

---

43 Vgl. Chu u. a. (2019, 1966); Francis, Hasan und Wu (2013, 53); Schrand und Zechman (2012, 311) mit empirischen Belegen aus den USA; Toms (2019, 479); Wagenhofer und Ewert (2015, 267).

44 Vgl. Bender u. a., Tagesspiegel vom 23.09.2020.

45 Vgl. Sehr pointiert Schildbach (2015, 175 ff.); ablehnend Barth u. a. (2017, 1761); Amel-Zadeh, Barth und Landsman (2014); Überblick bei Kühnberger (2017, 107 ff.).

Für den HGB-Einzelabschluss dürfte eine solche Strategie eher nicht sinnvoll sein, für den Lagebericht **!** gleichwohl. Zwei Arbeiten hierzu seien angeführt:

(1) Bei börsennotierten Unternehmen gab es für 2009–2011 eine starke Integration bei Konzernen mit hoher Komplexität und wenn es Insider-Eigentümer gab. Gab es große Informationsasymmetrien und hohe variable Vorstandsvergütungen, war die Integration unwichtiger.[46]

(2) Im Lagebericht sind nach DRS 20 für interne Zwecke eingesetzte Steuerungskennzahlen anzugeben und zu erläutern. Eine Erhebung für 145 Unternehmen aus diversen DAX-Segmenten für das Jahr 2015 ergab, dass eine beachtliche Fülle und auch Vielfalt von bereinigten und unbereinigten KPI angegeben wurden (Umsatz, diverse Earnings-before-Größen, Free Cashflow, ROCE usw.). Externe Vergleichbarkeit und eine einheitliche Rechnungslegungssprache sind demnach eher nicht erreicht.

Plausibel ist schließlich, dass die Bilanzpolitik von der **Lebensphase** oder Sonderereignissen abhängen kann. Einige seien kurz angesprochen:

Beispiel (1) Bei anstehenden Börsengängen oder Kapitalerhöhungen liegt es nahe, dass Unternehmen im Vorfeld eine gewinnerhöhende Politik betreiben, um möglichst hohe Emissionserlöse zu erzielen. Allerdings drohen dann alsbaldige Kursrückgänge und das Management hat erhöhte Haftungsrisiken, da das Unternehmen stark im Fokus der Öffentlichkeit steht.[47]

Beispiel (2) Umgekehrt besteht ein starker Anreiz für eine gewinnmindernde Politik, wenn das Unternehmen vom Management selbst gekauft werden soll.

Beispiel (3) Steht ein Rating bevor oder droht eine Ratingänderung, kann dies gravierende Folgen für Unternehmen haben. Aufgrund des Insiderwissens und der Fachkompetenz der großen Agenturen haben Ratings große Relevanz für Anleger und den Börsenkurs. Dabei fallen die abnormalen Renditen bei Downgrades i. A. höher aus als bei Upgrades.[48]

Beispiel (4) Krisensituationen und politische Randbedingungen sind ein weiteres Beispiel. Sollen Coronahilfen oder Schutzzölle politisch durchgesetzt werden, fällt dies schwer, wenn Unternehmen besonders ertrags- und finanzstark sind, hohe Gewinnausschüttungen passen wenig. Besonders erfolgreichen und großen Unternehmen drohen zudem bei Rechtsstreitigkeiten höhere Strafen aufgrund ihrer „deep pockets".

Beispiel (5) Das Unternehmensalter und/oder Wachstumsphasen können Bedeutung erlangen. So haben junge, stark wachsende Unternehmen vielfach Verluste und stark schwankende Erfolge und Cashflows. Da dies völlig normal ist, gibt es auch keinen Anreiz für eine Gewinnglättung oder gewinnerhöhende Bilanzpolitik. Umgekehrt sind alte, große Unternehmen, die den Wettbewerb bislang überstanden haben (Survivors), oftmals profitabel und wachsen nur noch in geringerem Umfang. Entsprechend ist ihr Bedarf an Außenfinanzierung gering, was tendenziell Bilanzpolitik obsolet macht.[49]

---

46 Vgl. Engelen und Pelger (2014, 178).

47 Vgl. Kühnberger (2017, 42 ff.) mit detaillierten Nachweisen.

48 Vgl. Pellens, Starke und Damke (2017, 13); Littkemann, Reinbacher und Dick (2014, 74) mit einer Fallstudie zu RWE.

49 Vgl. Srivastava (2019, 1280).

Exkurs: Vorstandswechsel und Big Bath Accounting

Der **Niederstwerttest für den Firmenwert** und immaterielles Vermögen nach IAS 36 gilt weithin als besonders ermessensbehaftet und anfällig für Bilanzpolitik. Im Rahmen der Key Audit Matters (KAM) und der DPR-Prüfungsschwerpunkte hat er deshalb seit Jahren eine bedeutende Rolle. Da solche Abwertungen selten vorkommen, wird vermutet, dass sie eingesetzt werden, um Gewinne zu glätten (in besonders guten Jahren) oder für ein Big Bath (auch Cleaning the Deck) bei einem Wechsel im Vorstand. Ein Big Bath kann sich anbieten, wenn ein Verlustjahr sowieso nicht zu vermeiden ist oder ein verantwortlicher CFO/CEO geht. Dann können die Abschreibungen noch dem Ausgeschiedenen zugeschrieben werden, der die Investitionen getätigt hatte.

Für Nachfolger resultieren mehrere positive Effekte: sie können die Verantwortung für Verluste auf andere schieben und in den Folgejahren ergeben sich quasi automatisch bessere KPI für die Erfolge (höhere Gewinne bei niedrigem Eigenkapital), Abschreibungsrisiken sind bereinigt. Dies wirkt natürlich auch positiv auf Reputation und ggf. Gratifikation. Tatsächlich gibt es eine Reihe von Erhebungen, die statistische Zusammenhänge zwischen Managementwechsel und Firmenwertabschreibungen belegen.[50] Dies deutet zunächst einmal auf eine opportunistische Bilanzpolitik des neuen Vorstandes hin, der eine Sondersituation ausnutzt.

Gegen diese Deutung spricht, dass es insgesamt nur sehr wenige Firmenwertabschreibungen gibt und dabei nur sehr selten hohe Abwertungen. Diese können zwar opportunistisch motiviert sein, aber auch eine schlichte Nachholung von Wertminderungen, die der alte Vorstand (zu Unrecht) unterlassen hat. Denkbar ist zudem, dass alle alles richtig gemacht haben und der neue Vorstand einfach auf veränderte Rahmenbedingungen reagiert oder einen Strategiewechsel vorhat, sodass die früheren Synergieerwartungen entfallen. Insgesamt stellt es eine beachtliche Herausforderung dar, solche Einmaleffekte kausal zu erklären.

5.5 Empirische Befunde aus Befragungsstudien

Zum Abschluss dieses Kapitels sollen knapp einige Befragungsstudien referiert werden, die Einblicke in die Ziele und Randbedingungen von Abschlusspolitik liefern. Dabei sei angemerkt, dass diese Erhebungen weder für andere Zeiträume, noch regional ohne Weiteres verallgemeinerbar sind. Wie bei allen Befragungsstudien sind auch methodische Schwächen der Erhebungen zu bedenken (Sample Bias, verzerrtes Antwortverhalten usw.).

(1) Die wohl bekannteste Studie stammt von Graham u. a., die 402 CFO von amerikanischen Großunternehmen befragten, ergänzt durch einige Interviews.[51] Es wurde angegeben, dass es von herausragender Bedeutung ist, für die Kennzahl Gewinn je Aktie (Earnings per Share, EPS, eine Kennzahl, deren Ermittlung nach den US-GAAP und den IFRS normiert ist) ein bestimmtes Niveau zu erreichen, z. B. den Vorjahreswert oder eine Analystenschätzung. Dazu wird regelmäßig eine Politik der Gewinnglättung betrieben, selbst wenn diese ökonomisch Werte vernichtet („...managers appear to be willing to burn 'real' cash flows for the sake of reporting desired earnings numbers."). Zudem gaben über 80 % der Befragten an, Analysten zu steuern, vor allem nach der Daumenregel „under-promise and over-deliver". Als treibende

---

50 Vgl. Antonakopoulos und Weidenfeller (2018, 339); Dinh, Stenzel und Candreja (2020, 22) für deutsche und Schweizer Unternehmen; Pilhofer u. a. (2018, 31).

51 Vgl. Graham, Harvey und Rajgopal (2005, 3).

Motive wurde primär auf Karriere- und Reputationsziele verwiesen, Ratingurteile, Debt Covenants oder Boni waren nachrangig.

(2) Die gleiche Befragung wurde später mit 306 Finanzanalysten wiederholt, wiederum ergänzt um Interviews.[52] Dabei wurden Sell-Side-Analysten als Proxy für die Sichtweise der Investoren interpretiert. Ähnlich wie die CFO gingen auch die Analysten davon aus, dass es wichtig ist, bestimmte Benchmarks für Gewinngrößen zu erreichen. Gelingt es nicht, durch Bilanzpolitik eine Lücke zu schließen, wird dies negativ interpretiert, da die Underperformance offenbar zu groß war oder das Unternehmen zu wenig Qualität hat, sie zu kompensieren. Die Glättung der EPS wird zwar kritisch gesehen, da diese Politik nicht hilft, Informationsasymmetrien abzubauen (Rechnungslegung ist eine Black Box). Zugleich soll das Treffen von Analystenprognosen aber Glaubwürdigkeit und Vertrauen schaffen und den Börsenkurs stabilisieren. Es wurde argumentiert, dass Bilanzpolitik positiv ist, wenn sie billig ist und kurzfristige Anpassungen betrifft, also nur kurzfristige Schwankungen glättet. Für sachverhaltsgestaltende Bilanzpolitik, die in der Literatur eher sehr kritisch gesehen wird,[53] gab es hingegen eher positive Einschätzungen: das Unternehmen kann es sich leisten und hat die Fähigkeit durch solche Maßnahmen Grenzwerte zu erreichen.

(3) Eine Befragung von 392 CFO aus den USA zur Schulden- und Finanzierungspolitik zeigte, dass als treibende Motive vor allem die finanzielle Flexibilität (60 %), Kreditratings (55 %) und die Volatilität von Gewinnen und Cashflows (48 %) wichtig waren, während steuerliche Aspekte erst danach genannt wurden (44 %).[54]

(4) Eine Befragung von 169 CFO aus den USA, ergänzt um 14 Interviews ergab, dass nicht Cashflows, sondern Gewinne im Fokus standen. Es wurde unterstellt, dass diese in die Bewertungsmodelle von Investoren eingehen (eine Annahme, die auch von den Standardsettern IASB und FASB geteilt wird). Sog. Core Earnings, also nachhaltige, repräsentative Gewinngrößen dienen dabei nicht nur der Informationsfunktion der Rechnungslegung, sondern auch Vertragszwecken. Durch die Regelungsdichte der US-GAAP sahen sich die CFO aber immer weniger in der Lage, repräsentative und informative Gewinngrößen zu publizieren. Dabei spielte das hierzulande sehr kritisch beäugte Fair Value Accounting keine Rolle. Rund 20 % der CFO gaben an, opportunistische Bilanzpolitik zu betreiben, überwiegend in Form gewinnerhöhender Maßnahmen. Bedeutungslos waren hierfür Wahlrechte, während Ermessensspielräume ausgiebig genutzt wurden. Als insgesamt bedeutungslos für die Qualität der Rechnungslegung und Bilanzpolitik wurden (erstaunlicherweise) die Institutionen Abschlussprüfung, SEC-Aufsicht und Haftungsregime genannt.[55]

(5) Für Deutschland sei auf die Studie von Pellens u. a. verwiesen. Hier ergab sich, dass sich sog. Privatanleger selbst großenteils gar nicht als Adressaten der Rechnungslegung sahen und eher auf Dividenden(änderungen) achteten als auf Gewinne und Cashflows. Institutionelle Anleger legten hingegen sehr großen Wert auf den direkten Informationsaustausch mit dem Management, die Abschlüsse haben hingegen nur eine ergänzende, kontrollierende Funktion.[56]

---

52 Vgl. Jong u. a. (2014, 606).
53 Vgl. Kapitel 6.4.
54 Vgl. Graham und Harvey (2001, 187).
55 Vgl. Dichev u. a. (2013, 1).
56 Vgl. Pellens, Schmidt und Ahlich (2019) sowie die beiden Vorgängerstudien.

! **Fazit:** Folgende Aussagen lassen sich (bei aller Vorsicht) herausfiltern: Anders als in der akademischen Literatur teilweise unterstellt (u. a. „Cash is King"), sind Gewinngrößen und Bilanzkennzahlen wichtig. Gewinnglättung wird vielfach positiv bewertet und Bilanzpolitik jeglicher Art positiv bis ambivalent, aber keinesfalls durchgängig negativ. Dabei kann die Bilanzpolitik verschiedenste Ursachen und Zielstellungen haben.

6 Bilanzpolitisches Instrumentarium

Bilanzpolitische Ziele sind eine Sache, die andere ist, ob sie realisiert werden können und wenn ja, wie. Naturgemäß muss dies abhängig vom jeweiligen Rechnungslegungsstandard geklärt werden und es ist zu beachten, dass ein ganzer Instrumentenkasten für bilanzpolitische Gestaltungen verfügbar ist. Allerdings gibt es durchaus normative Restriktionen und die einzelnen Maßnahmen sind nicht gleich attraktiv für die Abschlusssteller, z. B. weil sie teilweise teuer sind oder von Adressaten entschlüsselt werden können.

6.1 Überblick

Das vorhergehende Kapitel machte deutlich, dass es starke und vor allem sehr verschiedene und im Zeitablauf wechselnde Anreize für Bilanzpolitik geben kann. Nunmehr soll es um die Frage gehen, wie solche bilanzpolitische Ziele erreicht werden können. Dabei sei nochmals betont, dass die Einstufung von Bilanzpolitik als zu vermeidendes Übel keineswegs selbstverständlich ist. Nach der **Opportunismus-Hypothese** wäre dem so, da damit unterstellt wird, das Management möchte Adressaten zu Verhaltensänderungen verführen oder aus Eigeninteresses Zahlungen beeinflussen. Nach der **Informations-Hypothese** dient Bilanzpolitik hingegen dazu, dass das Management sein (ex definitione besseres) Insiderwissen abbilden kann.[1] Da das Management bei Wahlrechten und Ermessensspielräumen aber immer Entscheidungen treffen muss, kann Bilanzpolitik gar nicht vermieden werden. Interessant wäre vielmehr die Frage, wie das regulatorische und ökonomische Umfeld aussehen müsste, damit das Management nicht opportunistisch handelt.

Insgesamt muss beachtet werden, dass die Qualitätsbeurteilung von Bilanzpolitik regelmäßig aus der Sicht spezieller Beteiligter und deren Interessen erfolgen muss, wie einfache Beispiele zeigen:

Beispiel (1) Dem Management gelingt es durch Gewinnglättung ein gutes Rating zu erzielen, mit der Folge niedriger Kapitalkosten bei einer Anleihefinanzierung. Aus der Sicht des Managements und der Eigentümer ist dies natürlich positiv und kann volkswirtschaftlich wünschenswerte Investitionen ermöglichen. Unter Informationsaspekten verliert der Abschluss aber an Qualität und eventuell werden Gläubigerinteressen beeinträchtigt, da sie das Risiko unzutreffend eingepreist haben. Die Zusatzinvestitionen können hingegen auch den Umfang der Kreditsicherheiten erhöhen. Eine Monetarisierung oder Messung der Effekte dürfte sehr schwer fallen.

Beispiel (2) Gelingt es durch eine sehr vorsichtige Bilanzpolitik Ertragsteuern zu sparen, freuen sich zunächst alle außer dem Fiskus. Zugleich kann dadurch die Bonität und die Dividendenhöhe negativ beeinflusst werden und der Abschluss liefert nur verzerrte Informationen.

---

1 Vgl. Wagenhofer und Ewert (2015, 323 ff.).

https://doi.org/10.1515/9783110770551-006

Beispiel (3) Verfolgt das Management eine gewinnerhöhende Politik, um den eigenen Bonus zu maximieren, so kann dies zugleich zu höheren Dividenden und Steuerzahlungen führen, aber auch zu niedrigeren Kapitalkosten und damit mehr Profitabilität.

Aus der Sicht eines externen Analytikers geht es weniger um die Bewertung von bilanzpolitischen Maßnahmen als positiv oder negativ. Im Fokus steht eher, ob damit Einflüsse auf die Höhe und Vergleichbarkeit von Kennzahlen vorliegen, die bei einer Bewertung der fundamentalen Daten zu berücksichtigen sind. Teilweise sind solche Einflüsse sogar quantitativ zu ermitteln und werden in einer sog. Strukturbilanz bzw. Struktur-GuV bereinigt (vgl. Kapitel 7.2).

Abbildung 6.1 skizziert, wie der Instrumentenkasten für Gestaltungen untergliedert werden kann. In diesem Schema wird auf der ersten Stufe eine Unterscheidung in konventionelle oder sachverhaltsabbildende Bilanzpolitik (Earnings Management) und sachverhaltsgestaltende Maßnahmen (Real Earnings Management) vorgenommen. Diese weisen sehr unterschiedliche Eigenschaften auf. Da die Sachverhaltsgestaltungen zeitlich vor dem Stichtag realisiert sein müssen, setzen sie voraus, dass durch entsprechende Plangrößen und Ziele ein Handlungsbedarf rechtzeitig erkannt wird. Dabei kann es um sehr kurzfristige Maßnahmen gehen, sog. Window-Dressing oder auch um sehr strategisch-langfristige Gestaltungen. Es wird regelmäßig angenommen, dass

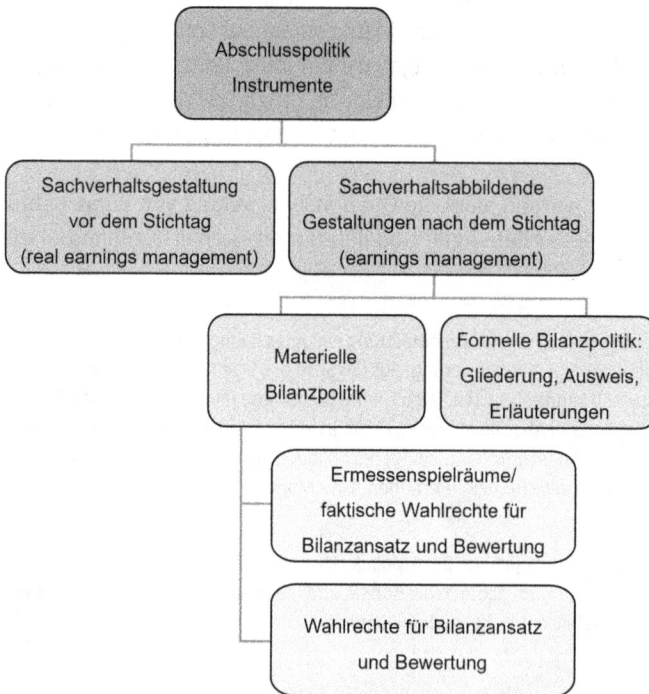

Abb. 6.1: Aufgliederung bilanzpolitischer Maßnahmen, eigene Darstellung.

abbildende und sachverhaltsgestaltende Maßnahmen in einem Ergänzungsverhältnis stehen. Da die letztgenannten zeitlich früher zu treffen sind, dient konventionelle Politik dann nur noch der Schließung von noch vorhandenen Lücken. Ist der Spielraum für konventionelle Maßnahmen aufgrund der normativen Vorgaben nur noch sehr begrenzt vorhanden (z. B. wegen Stetigkeitsregeln oder dem Vorsichtsprinzip), muss entsprechend rechtzeitig auf Gestaltungen vor dem Stichtag gesetzt werden.

Es besteht weitgehend Einigkeit, dass ein Verbot von Bilanzpolitik weder möglich noch sinnvoll ist. Ein Grund besteht in der angesprochenen Austauschbarkeit von Maßnahmen. Ein anderer betrifft die nur eingeschränkte Möglichkeit, Tatbestände und Rechtsfolgen so umfassend und eindeutig zu normieren, dass ein „financial engineering" ausgeschlossen wird. Für die 65-jährige Entwicklung der US-Standards zu Leasingverträgen zeigte sich nur ein sehr mäßiger Erfolg der Regulierung.[2] In Deutschland arbeitet der Gesetzgeber weniger mit detaillierten Standards, die möglichst alle Einzelfälle einfangen, sondern mit allgemeinen Rechtsbegriffen (manchmal auch Leerformeln), die entsprechende Auslegungsoptionen belassen und teilweise auch Gesetzeslücken.

Eine Unterscheidung ist dem o. a. Schema nicht zu entnehmen: Es gibt Maßnahmen, die laufend verfügbar sind und solche, die eher fallweise oder einmalig sind. Zu den letztgenannten gehört z. B. die Wahl der Rechtsform, die Entscheidung zur Börsennotierung, die Standortwahl oder die Festlegung des Bilanzstichtages. Auch solche Entscheidungen wie die von Mercedes-Benz zur Schaffung einer Holdingstruktur oder die Auslagerung von Versorgungslasten fallen hierunter. Dabei handelt es sich zwar vielfach um Sachverhaltsgestaltungen, aber solche können auch regelmäßig verfügbar sein, wie z. B. Leasing, Factoring etc.

In den folgenden Abschnitten geht es zunächst um den Rechtsrahmen und Qualitätsmaße für Bilanzpolitik (Kapitel 6.2), bevor exemplarisch Anwendungsfelder von konventioneller (Kapitel 6.3) und gestaltender (Kapitel 6.4) Bilanzpolitik vorgestellt werden. Kapitel 6.5 greift das Thema Gewinnglättung und stille Reserven auf, bevor abschließend ein bilanzpolitisches Kurzprofil der Referenzunternehmen vorgestellt wird (Kapitel 6.6). In Kapitel 6.7 wird eine IFRS-Besonderheit, die viele Diskussionen ausgelöst hat behandelt, der Einfluss von Fair Value-Bewertungen auf die Qualität der Rechnungslegungsdaten.

6.2 Rechtsrahmen und Gütekriterien für Bilanzpolitik

Betrachtet man die normativen Vorgaben für HGB-Abschlüsse, so ist klar, dass aus dem HGB (und den nicht kodifizierten GoB) Restriktionen für bilanzpolitische Maßnahmen resultieren können. Auf den ersten Blick ist hier die **Generalklausel** nach § 264 Abs. 2

---

2 Vgl. Dye, Glover und Sunder (2014, 1 ff.).

(Parallelnorm für den Konzernabschluss in § 297 Abs. 2) interessant, das sog. Einblicksgebot **(True and Fair View-Gebot)**. Nach dem Wortlaut und der herrschenden Meinung steht das Gebot aber unter einem GoB-Vorbehalt. Die Norm erlaubt nicht, von den Einzelnormen oder GoB abzuweichen, um einen informativeren Einblick zu vermitteln (kein overruling oder overriding principle). Demnach können bilanzpolitisch relevante Wahlrechte und Ermessensentscheidungen aufgrund von Einzelnormen frei ausgeübt werden, so wie es die Einzelnorm eben ermöglicht. Für die Wahl der Abschreibungsmethode oder Gruppenbewertungsmethode bedeutet dies, dass nicht unbedingt die informativste Variante zu wählen ist, sondern eine, die nach den GoB erlaubt ist. Es wäre regelmäßig auch kaum identifizierbar, welche Methode die Realität am besten abbildet. Um ein Beispiel zu nennen, kann man zwar argumentieren, dass die Lifo-Methode bei steigenden Preisen zu stillen Reserven in der Bilanz führt, also die Vermögenslage unzutreffend spiegelt. Auf der anderen Seite werden in der GuV dann Erträge und Aufwendungen gleichermaßen auf einem aktuellen Preisniveau einbezogen, was für die Abbildung der Ertragslage positiv ist.

An dieser Stelle sei auch auf die Situation unter IFRS kurz eingegangen. Für diese gibt es eine vergleichbare Generalklausel, Grundsatz der **Fair Representation** genannt. Diese ist zwar formal als Overrule ausgestaltet, aber die Hürden dafür in IAS 1.15 ff. sind so hoch, dass dies praktisch kaum denkbar ist. Auch für die Methodenwahl enthalten die Standards teilweise Restriktionen. So ist nach IAS 16.60 f. die planmäßige Abschreibungsmethode zu wählen, die dem Verbrauch des künftigen wirtschaftlichen Nutzens entspricht und ggf. ist die Methode später anzupassen. Auch hier dürfte es sehr schwer fallen, diese Vorgaben in präzise und einengende Normen zu übersetzen.

Entfaltet die Generalklausel an sich wenig normative Kraft, sollte grundsätzlich § 264 Abs. 2 S. 2 HGB wichtig werden, der zusätzliche Erläuterungen dazu verlangt. Liegen besondere Umstände vor, die trotz Einhaltung der GoB einen Einblick in die tatsächlichen Verhältnisse gemäß der Klausel nicht vermitteln, ist dies zu erläutern. Da es aber weder in der Kommentarliteratur noch in der Praxis etablierte Standardisierungen gibt, wann solche Umstände genau vorliegen, läuft auch diese Erläuterungspflicht weitgehend leer. So ist in den Anhängen der drei Unternehmen auch an keiner Stelle ein expliziter Verweis auf § 264 Abs. 2 zu finden. Dies schließt nicht aus, dass einige der potenziell relevanten Erläuterungspflichten nicht schon durch andere HGB-Normen abgedeckt sind, vor allem in den §§ 284 f. Deshalb bleibt es dabei, dass primär entscheidend ist, was in den Einzelnormen verankert wurde.

Besonders wichtig sind hier die **Stetigkeits- und Einheitlichkeitsregeln** des HGB für den Bilanzansatz (§ 246 Abs. 3), die Bewertungsmethoden (§ 252 Abs. 1 Nr. 6) und den Ausweis (§ 265). Zwar sind in begründeten Ausnahmefällen auch Durchbrechungen erlaubt (§ 252 Abs. 2), aber diese lösen Erläuterungspflichten aus. Deshalb kann ein Geschäftsjahreswert mit dem Vorjahreswert regelmäßig verglichen werden, es liegen alsob-Werte für das Vorjahr vor. Beträge aus den vorhergehenden Jahren sind hingegen nicht vergleichbar, Zeitreihen müssen im Prinzip neu beginnen, wenn es um wesentliche Sachverhalte geht.

Das **Realisationsprinzip** nach § 252 Abs. 1 Nr. 4 stellt eine beachtliche Hürde dar, wenn es um gewinnerhöhende Bilanzpolitik geht. Im Grundsatz gilt dies auch für die anderen Ausprägungen des Vorsichtsprinzips, das Imparitätsprinzip und die Vorgabe für Ermessensfragen („Es ist vorsichtig zu bewerten, … "). Allerdings führt das **Vorsichtsprinzip** zu stillen Reserven, die in der Folge ertragswirksam gehoben werden können (vgl. Kapitel 6.5).

Restriktiv kann ergänzend der Grundsatz der **Einzelbewertung** nach § 252 Abs. 1 Nr. 3 wirken, da er die Bewertung objektiviert. Allerdings beinhaltet dieser GoB selbst einige bilanzpolitisch nutzbare Stellschrauben, lässt er doch in seiner Allgemeinheit gerade offen, was als konkrete Einheit der Bewertung anzusehen ist. Besonders deutlich wird dies bei komplexen Sachanlagen und hier bei Gebäuden, wie die (steuerliche oft zwingende) Aufteilung in Betriebsvorrichtungen, selbständig zu erfassende Gebäudeteile etc. zeigt. Außerdem gibt es diverse Sammelbewertungsverfahren (§ 256 HGB) und die Möglichkeit, respektive den Zwang, Bewertungseinheiten zu bilden (§ 254), wiederum mit Gestaltungsspielräumen, die auch wesentliche Folgen haben können.

Zu den GoB gehört auch das **Kongruenzprinzip**, ergänzt durch den Grundsatz der Bilanzidentität in § 252 Abs. 1 Nr. 1. Demnach entspricht über gesamte Lebensdauer eines Unternehmens die Summe der Einzahlungen und Auszahlungen derjenigen der Erträge und Aufwendungen. Dies führt zu buchhalterischen Umkehreffekten, wenn ein Unternehmen konventionelle Ansatz- oder Bewertungsentscheidungen trifft. Wird z. B. eine Maschine gekauft und die zugehörige Auszahlung beträgt 1.000, kann das Management zwar (in Grenzen der GoB) entscheiden, wann diese als planmäßige Abschreibungen ergebniswirksam werden, aber die Gesamthöhe steht fest. Wird die Nutzungsdauer zu kurz geschätzt oder degressiv abgeschrieben, ergeben sich zwar zunächst niedrigere Erfolge, aber dies wird kompensiert, weil spätere Abschreibungen entfallen oder niedriger sind. Durch Steuerfolgen, Dividenden u. ä. sind zwar auch zusätzliche Folgen möglich, aber dies ändert nichts an den Umkehreffekten. Diese treten auch bei überhöhten Rückstellungen auf, die in späteren Perioden ertragswirksam aufzulösen sind, sodass letztlich wiederum nur die tatsächlichen Inanspruchnahmen GuV-wirksam werden. Aus diesem Mechanismus folgt, dass wesentliche bilanzpolitische Entscheidungen möglichst aufgrund einer Mehrjahresplanung getroffen werden sollten, da sie mehrere Perioden betreffen und zwar unabhängig von den o. a. Stetigkeitsregeln.

Eine Restriktion für Bilanzpolitik können **Kostengründe** sein. So kann es aus bilanzpolitischen Gründen zweckmäßig sein, eine gewinnerhöhende Maßnahme zu realisieren. Dies kann aber zugleich zu unerwünschten Steuerbelastungen und Dividendenansprüchen führen. Das Kostenargument wird vor allem im Zusammenhang mit sog. Sachverhaltsgestaltungen angeführt. Ein Musterbeispiel stellt eine Sale-and-leaseback-Transaktion mit einer Immobilie dar. Es fallen hohe Transaktionskosten an, zu versteuernde Veräußerungsgewinne und die Leasingraten sind höher als die bisherigen Aufwendungen für die Immobilie.

Das Kostenargument ist aber nicht immer schlagend. So trägt nicht das Management diese Kosten, sondern das Unternehmen und damit letztlich die Eigentümer. Es kann auch sein, dass es keine Alternativen zu der Maßnahme gibt oder mittelbare Vorteile generiert werden können, z. B. in Form von Steuerersparnissen oder verringerten Kapitalkosten. Eine umfassende Cost-Benefit-Analyse ist vielfach nicht auf einfache Art möglich.

Selbst wenn Kosten eindeutig überwiegen, kann man dies im Lichte der Signallingtheorie positiv sehen: das Unternehmen kann sich diese Kosten finanziell leisten und ist flexibel genug. Dies gilt vor allen Dingen, wenn sich konkurrierende Unternehmen dieses teure Signal nicht leisten können oder für diese noch teurer ist, da sie über eine weniger gute Finanz- und Ertragskraft verfügen.

Neben den Rechnungslegungsnormen selbst hängt der bilanzpolitische Spielraum des Managements auch davon ab, ob Abschlussprüfer und andere Aufsichtsinstanzen wie der Aufsichtsrat oder (in der Vergangenheit) die DPR die Entscheidungen mittragen. Bei AG wird der Jahresabschluss im Allgemeinen durch die Billigung des Aufsichtsrates festgestellt (§ 172 AktG) und gerade bei börsennotierten Unternehmen sind Prüfungsausschüsse mit fachkompetenten Mitgliedern inzwischen der Regelfall. Es wäre völlig unüblich, wenn der Vorstand bei der Aufstellung und Vorlage des Abschlusses wesentliche Entscheidungen ohne Vorabsprache trifft, wenn ein Risiko besteht, dass der Aufsichtsrat diese später und nach außen sichtbar nicht mitträgt.

Die Möglichkeiten des **Abschlussprüfers** werden in der Literatur unterschiedlich eingeschätzt. So wird teilweise unterstellt, dass der Abschlussprüfer einen Jahresabschluss auch dann uneingeschränkt testieren muss, wenn er bezüglich des Informationsgehaltes gerade noch den gesetzlichen Mindestvorgaben entspricht. Eine andere Gruppe von Autoren geht dagegen davon aus, dass der Prüfer durchaus eine weitergehende Aufgabe hat und auf die Qualität des Abschlusses einwirken kann.[3]

Auf jeden Fall hat der Prüfer zwei Stellschrauben, um den Informationsgehalt des Abschlusses zu verbessern, auch wenn er Maßnahmen selbst nicht unterbinden kann. Erstens kann er auf eine Anhangangabe drängen, was aber wiederum einer rechtlichen Grundlage bedarf. Ein Musterbeispiel könnte BMW hier bieten: Vermietete Fahrzeuge wurden früher als Umlaufvermögen in der Bilanz ausgewiesen, wohingegen nach h. M. Anlagevermögen zutreffend ist. Es wurde im Anhang dann vermerkt, dass die vermieteten Fahrzeuge planmäßig linear abgeschrieben werden. Da prinzipiell und unstrittig nur Anlagevermögen planmäßig abgeschrieben werden kann und muss, war für jeden Leser klar, worum es ging. Allerdings wäre eine externe Korrektur im Anlagespiegel und der GuV nicht möglich.

Zweitens kann der Prüfer im uneingeschränkten Bestätigungsvermerk im Rahmen der sog. Key Audit Matters auf besonders unsichere und bedeutsame Sachverhalte verweisen und damit die Aufmerksamkeit der Adressaten steuern.

---

3 Vgl. Betke, Kühnberger und Kummer (2021, 79).

Neben diesen Restriktionen kann es noch weitere Gründe geben, warum manche Maßnahmen für den Ersteller weniger vorteilhaft sind als andere. Für die Bewertung der Vorteilhaftigkeit lassen sich einige Gütemerkmale identifizieren:[4]

- Wie schnell lassen sich Maßnahmen realisieren und sind die angestrebten quantitativen Folgen damit erreichbar?
- Wie ist die Wirkungsbreite? Sind Maßnahmen für den Jahresabschluss auch für die Steuerbilanz und den Konzernabschluss bindend? Wenn dies nicht der Fall ist, wie z. B. bezüglich der steuerlichen Wahlrechte nach dem BilMoG 2009, so ist dies positiv, da dies die Flexibilität erhöht.
- Wie lange ist die Wirkungsdauer einer Entscheidung? Die Wahl einer Abschreibungsmethode für eine Maschine wirkt sich über die gesamte Nutzungsdauer aus, während Abschreibungen auf Vorräte regelmäßig zeitnah beim Abgang bzw. Verbrauch kompensiert werden.
- Entstehen Bindungswirkungen aufgrund der o. a. Stetigkeitsregeln? Einzelfallentscheidungen verschaffen demnach mehr Flexibilität als die Festlegung von Bilanzierungs- und Bewertungsmethoden.
- Handelt es sich um Entweder-Oder-Entscheidungen wie die Bilanzierung selbsterstellter immaterieller Vermögensgegenstände des Anlagevermögens oder können zielgenau auch Teilbeträge angesteuert werden, z. B. bei der Ermittlung von Herstellungskosten im Rahmen der Wahlrechte des § 255 Abs. 2 und 3, inklusive der „feineren" Stellschrauben der Gemeinkostenschlüsselung.
- Sind die Maßnahmen und ihre Folgen für Externe vollständig, tendenziell oder gar nicht erkennbar? Bei vollständiger Transparenz könnten dann Schattenabschlüsse erstellt werden, sodass die ergriffenen Maßnahmen zumindest unter Informationsaspekten korrigiert werden können. Solche Korrekturen über mehrere Jahre zu verfolgen ist allerdings ein sehr ambitioniertes Unterfangen (vgl. die Beispiele in Kapitel 7.2.1). In sehr vielen Fällen wird es möglich sein zu erkennen, wie Entscheidungen gefällt wurden, besonders bei der Inanspruchnahme von Wahlrechten. Man kann sogar noch einschätzen, ob damit eine eher vorsichtige oder eher progressive Bilanzpolitik angestrebt wird. Eine Quantifizierung der Einflüsse oder Erstellung von Schattenrechnungen, um Vergleichbarkeit herzustellen, ist dann aber ausgeschlossen. Im Idealfall für den Abschlussersteller sind hingegen Maßnahmen spurlos. Dies gilt vor allen Dingen für viele Ermessensentscheidungen.

Für IFRS-Abschlüsse ergeben sich gerade bezüglich der Transparenz deutliche Unterschiede. Einerseits bieten die IFRS völlig andere Wahlrechte und Ermessensspielräume als das HGB. Zum anderen umfassen sie sehr viel mehr Erläuterungspflichten zugunsten der Transparenz. Auf der anderen Seite gibt es keine gerichtliche Kontrolle der Rechtmäßigkeit der Abschlüsse, sodass es für die Qualität ganz entscheidend ist, inwieweit Abschlussprüfer und Aufsichtsrat Einfluss nehmen können.

Berücksichtigt man des Weiteren, dass es später um den Vergleich Jahres- mit Konzernabschluss geht, so sind zwei Aspekte wesentlich. Im Rahmen der Konzernabschlusserstellung ergeben sich vielfältige Gestaltungsmöglichkeiten, die es für Einzelabschlüsse gar nicht geben kann. Dies betrifft explizite Konsolidierungswahlrechte oder Ermessensentscheidungen, z. B. bei der Kaufpreisallokation im Rahmen der Erstkonsolidierung oder Fragen der Fremdwährungsumrechnung etc. Dies erweitert die bilanzpolitischen Optionen des Erstellers. Gegenläufig wirkt sich aber aus, dass durch konzerninterne Transaktionen zwar Einzelabschlüsse beeinflusst werden können, dies aber durch

---

4 Vgl. ähnlich Verhofen und Schneeloch (2016, 109); Wagenhofer und Ewert (2015, 271 f.).

die Konsolidierungsmaßnahmen regelmäßig nicht auf den Konzernabschluss durch-
schlägt.

6.3 Wahlrechte und Ermessensentscheidungen

In diesem Abschnitt soll es primär um bilanzpolitische Möglichkeiten gehen, die mehr
oder weniger regelmäßig verfügbar sind, begrenzt natürlich durch die o. a. Stetigkeitsregeln. Hierzu wird unterschieden in explizite **Wahlrechte und Ermessensentscheidungen** (auch unechte Wahlrechte genannt). Zu den expliziten Wahlrechten zählen wir
auch solche, die im Gesetz nicht explizit aufgeführt, aber nach den GoB vorgesehen sind.
Dazu gehört z. B. die Auswahl der Methode für planmäßige Abschreibungen oder Verfeinerungen von Gruppenbewertungsverfahren nach § 256 (z. B. Lifo als Perioden- oder
gleitendes Lifo, mit oder ohne Layerbildung usw.).

Von einem Wahlrecht ist auszugehen, wenn an einen realisierten Tatbestand mehr
als eine Rechtsfolge anknüpfen kann. Bei den Ermessensentscheidungen liegt nach dem
Gesetzeswortlaut im Regelfall gar keine Wahlfreiheit vor. Vielmehr gibt es keine Rechtssicherheit bei der Konkretisierung der Tatbestände und/oder die Folgen sind nicht eindeutig bestimmt. Das kann auf unterschiedlichen Gesetzesauslegungen in der Literatur
beruhen oder, sehr viel häufiger, darauf, dass die Rechtsanwendung Prognosen voraussetzt oder auf subjektiven Absichten beruht.

Das Schema in Abbildung 6.1 nimmt zudem eine Unterscheidung in formelle und
materielle Bilanzpolitik vor. **Formelle Bilanzpolitik** bezieht sich auf die äußere Form
des Abschlusses und entfaltet keine Auswirkungen auf den Gewinn. Eigenkapitaländerungen sind in Sonderfällen möglich, z. B. wenn es um Saldierungen geht oder die
Zuordnung von mezzaninem Kapital. Dies bedeutet jedoch nicht, dass diese Form der
Politik nur unwesentlichen Einfluss haben kann. Einige Beispiele verdeutlichen den Anwendungsbereich:

Beispiel (1) Augenfällig ist natürlich die Wahl zwischen dem Umsatzkosten- und dem Gesamtkostenverfahren (UKV oder GKV) nach § 275 HGB. Daraus resultieren einige Unterschiede. So sind beim UKV die
aktivierten Eigenleistungen und Bestandsveränderungen der GuV nicht zu entnehmen, letztere können
aber aus der Bilanz gut approximiert werden. Umgekehrt sind bei Wahl des UKV im Anhang wichtige Aufwandsarten zu entnehmen. Die Abschreibungen auf das Anlagevermögen dem Anlagespiegel und der
Material- und der Personalaufwand aufgrund von § 285 Nr. 8 HGB. Beachtlich ist, dass das UKV einige
Abgrenzungsfreiheiten einräumt. Dies betrifft einmal Fragen der Abgrenzung der diversen Funktionsbereiche (Herstellung, Verwaltung, Vertrieb, Sonstiges). Zum anderen können diverse Aufwandsarten wie
Zinsen, Kostensteuern gesondert außerhalb des Betriebsergebnisses ausgewiesen werden oder in die
Funktionsaufwendungen einbezogen werden.

Beispiel (2) Auch die Entscheidung, in der Bilanz und GuV Posten zusammengefasst (und in T€ oder
Mio. €) aufzuführen und im Anhang detaillierte Aufgliederungen zu zeigen, gehört zu den Ausweisent-
scheidungen. Die aggregierte Darstellung fördert zwar die Klarheit und Übersichtlichkeit, zwingt aber
auch dazu, Detailinformationen aus dem Anhang zu filtern, was die Informationskosten steigern kann.

Beispiel (3) Gemäß § 265 Abs. 5 HGB dürfen in das ansonsten starre Schema in Ausnahmefällen zusätzliche Posten eingefügt werden, wenn dies den Informationsgehalt verbessert. So weist BMW in der GuV zusätzlich die Aufwendungen für Forschung und Entwicklung (F&E) aus. Im UKV könnten diese auch in den Posten Umsatzkosten (wie bei VW) oder Sonstiger betrieblicher Aufwand gezeigt werden, genauer gesagt: untergehen. In der Bilanz könnten nach h. M. Sonderposten mit Rücklageanteil (VW) oder für passivierte Investitionszuschüsse oder –zulagen in Betracht kommen oder Sonderposten für mezzanine Finanzierungen.

Beispiel (4) Zu den Ausweisoptionen gehören auch zulässige offene oder verdeckte Saldierungen. Zu denken ist hier an latente Steuern gemäß § 274 HGB, die Verrechnung von Investitionszuschüssen mit Anschaffungskosten, die Verrechnung von Forderungen und Verbindlichkeiten gegenüber der gleichen Vertragspartei oder die (offene) Absetzung von Anzahlungen von den Vorräten (§ 268 Abs. 5 S. 2 HGB). Bei der zuletzt genannten Variante kann es bei Fertigungsunternehmen um Milliardenbeträge gehen, die zu einer Bilanz- und Fremdkapitalkürzung führen kann und zu extrem niedrigen Vorratswerten, mit entsprechenden Kennzahlenfolgen.

Beispiel (5) Als letztes Beispiel sei der Anhang angeführt, der sehr klar und übersichtlich sein kann oder auch nicht. Auch die Frage, ob Erläuterungen gut verständlich sind, ob es freiwillige Mehrinformationen gibt etc. ist hier zuzuordnen. Hierzu gibt es bei Lichte besehen keine gesetzlichen Wahlrechte, aber die Entscheidungen zu Transparenz, Detaillierungsgrad etc. sind wesentlich für die Brauchbarkeit der Rechnungslegung.

Für die IFRS ist bezüglich der Ausweisebene zunächst ein gravierender Nachteil festzustellen: es gibt **kein umfassendes und striktes Gliederungsformat** wie nach HGB für das Zahlenwerk. Es gibt zwar diverse Mindestvorgaben in IAS 1 und diverse Standards schaffen bei wesentlichen Sachverhalten zusätzliche Pflichten, aber das Niveau an Vergleichbarkeit und Eindeutigkeit des HGB wird nicht erreicht.

Auf einer pragmatischen Ebene hat sich aber bei vielen deutschen IFRS-Anwendern gezeigt, dass diese sich mehr oder weniger stark am Gerüst der HGB-Formate orientieren. So weisen alle drei untersuchten Unternehmen eine deutlich über das Minimum hinausgehende Anzahl von Bilanz- und GuV-Posten aus.

Für die IFRS-Anhänge ist allgemein festzustellen, dass diese sehr viel mehr Informationen als HGB-Anhänge enthalten und entsprechend wesentlich umfangreicher sind. Das liegt auch daran, dass hier einige Informationen angeführt werden, die nach dem HGB-Konzept Bestandteil des Lageberichts wären. Der spürbar größere Umfang liefert tatsächlich Informationen über die HGB-Vorgaben hinaus. Zugleich erhöht sich natürlich das Risiko, etwas zu übersehen und die Auswertungskosten steigen. Umso wichtiger ist es, dass die Anhänge klar und übersichtlich strukturiert sind.

Zu den Wahlrechten der **materiellen Bilanzpolitik** gehören Bewertungsoptionen (Bilanzierung der Höhe nach) und Bilanzierungswahlrecht dem Grunde nach, auch Ansatzwahlrechte genannt. Dabei geht es um die Frage, ob überhaupt ein Bilanzposten anzusetzen ist. Es liegt in der Natur der Sache, dass es hierzu wenige Wahlrechte gibt. So sieht § 246 Abs. 1 HGB vor, dass sämtliche Vermögensgegenstände, Schulden, Rechnungsabgrenzungsposten anzusetzen sind, wenn es keine explizite Ausnahme gibt (Vollständigkeitsgebot).

! **Als Besonderheiten sind nach HGB folgende Sachverhalte möglich:**
- Das Aktivierungswahlrecht erlaubt (ergänzt um ein partielles Verbot für bestimmte) Vermögensgegenstände des immateriellen Anlagevermögens, soweit selbst hergestellt (§ 248 Abs. 2 HGB) zu bilanzieren. Dieses Wahlrecht ist deshalb etwas Besonderes, da es auch um wesentliche Beträge gehen kann. Es ist auch nicht immer eindeutig, inwieweit hier die GoB der Einheitlichkeit und Stetigkeit greifen, um im Zeitablauf zumindest die Vergleichbarkeit zu sichern. Das liegt daran, dass eine Gleichbehandlung nur notwendig ist, wenn es um vergleichbare Sachverhalte geht. Da das immaterielle Vermögen oftmals aus Unikaten besteht, ist gerade die Einschätzung, ob diese Bedingung erfüllt ist, kritisch.
- Das Aktivierungswahlrecht für ein Disagio nach § 250 Abs. 3 HGB (Alternative: sofortiger Zinsaufwand) ist demgegenüber quantitativ regelmäßig eher unbedeutend. Da für die Steuerbilanz eine Aktivierungspflicht besteht, dürften viele Unternehmen dies auch in der Handelsbilanz gleich handhaben.
- Das Aktivierungswahlrecht für einen Aktivsaldo latenter Steuern in § 274 Abs. 1 HGB stellt eine Besonderheit dar, da es sich hierbei um keinen Vermögensgegenstand im Sinne des HGB handelt, sondern eine Bilanzierungshilfe, die auch mit einer Ausschüttungssperre nach § 268 Abs. 8 HGB belegt ist. Hier wird die ganz herrschende Ansicht vertreten, dass Vermögensgegenstände gemäß HGB nur vorliegen, wenn die Kriterien der Einzelerfassbarkeit (Inventarfähigkeit), der Einzelbewertbarkeit und der Einzelverkehrsfähigkeit erfüllt sind.[5]
- Für die Passivseite sind praktisch nur die Wahlrechte für Pensionsverpflichtungen gemäß Art 28 Abs. 1 EGHGB bedeutsam (Alt-Zusagen und mittelbare Zusagen), die gemäß Abs. 2 mit einer zahlenmäßigen Anhangangabe einhergeht. Deshalb kann auch bei unterschiedlicher Wahlrechtsausübung direkt Vergleichbarkeit zwischen Unternehmen hergestellt werden.

Für die IFRS kann festgehalten werden, dass es im Gegensatz zum HGB ein uneingeschränktes Vollständigkeitsgebot für Vermögenswerte (Assets) und Schulden gibt. Es bestehen auch keine Zweifel, dass Abgrenzungsposten gemäß § 250 HGB hierunter fallen. Teilweise wird angenommen, dass es für selbsterstelltes immaterielles Anlagevermögen aufgrund der auslegungsbedürftigen (teilweise sogar gestaltbaren) Anforderungen nach IAS 38.57 ein faktisches Ansatzwahlrecht gibt. Aus unserer Sicht handelt es sich aber nicht um ein Wahlrecht, sondern einen Ermessensspielraum, obwohl dies Einordnung keine praktische Konsequenz hat.

Für die Ebene der **Bewertungswahlrechte** nach HGB ist eine vollständige Auflistung weder möglich noch sinnvoll, da die Liste, abhängig vom Detaillierungsgrad der Betrachtung, sehr lange werden könnte. Dies liegt daran, dass gesetzliche Wahlrechte und Bewertungen vielfach mit komplexen Bewertungsmodellen unterlegt sein können und die Parameter für solche Modelle auch unterschiedlich konzipiert sein können. Musterbeispiele sind hier Pensionsrückstellungen oder auch Lifobewertungen.

Wirft man auch nur einen groben Blick auf wesentliche HGB-Bewertungswahlrechte, so sieht man sofort, dass es eine beachtliche Vielfalt gibt (Ermittlung von Herstellungskosten, Wahl von Abschreibungsmethoden, Verfahren der Guppenbewertung, Abschreibungen bei nur vorübergehenden Wertminderungen bei Finanzanlagen, Ermittlung von beizulegenden Zeitwerten vom Beschaffungs- oder Absatzmarkt usw.) und dass es durchaus auch um wesentliche Beträge gehen kann.

---

5 Vgl. Coenenberg, Haller und Schultze (2021, 84).

Im Vergleich kann es durchaus sein, dass die **IFRS** hier weniger explizite **Wahlmöglichkeiten** bieten, aber dafür jedenfalls einige mit beachtlichem Gestaltungspotenzial. Dies betrifft z. B. die Möglichkeit, bestimmte Vermögenswerte nach dem Anschaffungskosten- oder dem Fair Value-Modell zu bewerten (IAS 16, 38, 40; IFRS 9 teilweise). Hinzu kommen Sachverhalte, für die nach dem Wortlaut gar kein Wahlrecht besteht, aber in der Umsetzung schon. So sieht IAS 16.60 vor, dass die Abschreibungsmethode für Sachanlagen zu wählen ist, die dem erwarteten Verlauf des Verbrauchs des wirtschaftlichen Nutzens entspricht. Dies klingt so, als ob die angemessenste Methode zwingend zu nutzen ist. Allerdings ist das Verteilungskriterium so allgemein bzw. nichtssagend, dass im Regelfall frei zwischen mehreren Methoden gewählt werden kann.

Bei aller Vielfalt und Fülle von Ansatz-, Ausweis- und Bewertungswahlrechten, die auf die Vergleichbarkeit von Rechnungslegungsdaten einen negativen Einfluss haben können, ist zu bedenken, dass (a) die Stetigkeitsregeln zumindest im Zeitablauf die Flexibilität begrenzen und (b) die mehr oder weniger umfassenden Erläuterungspflichten zusätzlich das Potenzial für Irreführungen mindern.

Beide Restriktionen greifen bei **Ermessensentscheidungen** so nicht ohne weiteres. Solche Entscheidungen betreffen regelmäßig die Zukunft und sind deshalb mehr oder weniger Subjektivität unterworfen. Einige Beispiele:

Beispiel (1) Schätzung der Nutzungsdauer für Anlagevermögen: Ist ein bestimmter Vermögenswert überhaupt abnutzbar (Klassiker: Markenrechte)?

Beispiel (2) Ist eine Wertminderung dauerhaft oder nur vorübergehend?

Beispiel (3) Sind Forderungen werthaltig oder sind Korrekturen erforderlich?

Beispiel (4) Führen Vorräte zu kostendeckenden Umsätzen oder sind Abwertungen geboten?

Beispiel (5) Sind Risiken so wahrscheinlich, dass Rückstellungen anzusetzen sind? Mit welcher Höhe der Inanspruchnahme ist zu rechnen?

Beispiel (6) Sollen Vermögensgegenstände voraussichtlich vorübergehend oder dauerhaft genutzt werden (§ 247 Abs. 2 HGB)?

Beispiel (7) Ist der künftige Nutzen eines in der Entstehung befindlichen immateriellen Anlagewertes hinreichend plausibel, dass eine Aktivierung erlaubt ist?

Beispiel (8) Stellen Maßnahmen Erhaltungs- oder Herstellungsaufwand dar?

Es ist zwar denkbar, dass sich auch für solche Entscheidungen im Zeitablauf Methoden herausgebildet haben, die dem Stetigkeitsgebot unterliegen. Nicht selten handelt es sich aber auch um frei entscheidbare Einzelfälle. Es kann auch aufgrund des Zukunftbezuges oftmals reklamiert werden, dass es gar nicht um Stetigkeit geht. So kann eine veränderte Nutzungsdauerschätzung ökonomisch völlig gerechtfertigt sein, weil sich das Marktumfeld, die Unternehmensplanung oder der Produktlebenszyklus verändert hat. Da eine Gleichbehandlung nach den Stetigkeitsregeln aber vergleichbare Sachverhalte voraussetzt, kann man begründet argumentieren, dass eben die Randbedingungen nicht mehr vergleichbar sind. Dann wäre noch nicht einmal eine Erläuterungspflicht wegen einer Änderung der Bewertungsmethode zwingend.

Unter IFRS sind zwei Aspekte beachtenswert. Einmal gibt es in der Tat mehr und quantitativ bedeutsamere Anwendungbereiche für Ermessensspielräume.[6] Ursächlich ist einmal der vielfach verankerte Management Approach, der verlangt, dass die subjektiven Pläne des Managements eingehen (Business Judgement). Auch die Fair Value-Bewertung eröffnet faktische Wahlrechte, wenn es keine direkt beobachtbaren Marktpreise auf einem aktiven Markt gibt. Auf der anderen Seite gibt IAS 1.117–133 sehr umfangreiche Erläuterungspflichten vor, die Adressaten helfen sollen, das Zahlenmaterial bezüglich seiner Glaubwürdigkeit zu interpretieren. Spezieller als in IAS 1 verlangt der IFRS 13 sehr umfassende Vorgaben zu den Input-Level (1 bis 3) für Fair Value-Schätzungen. Eine gewisse Skepsis gegenüber solchen vielfach nicht quantifizierbaren Sachverhalten kann durchaus gerechtfertig sein. Zu den Neuerungen durch IFRS 13 (und dem US-Vorläufer SFAS 157) gibt es aber doch einige positive empirische Befunde, die nahelegen, dass solche Erläuterungen Informationsgehalt für Adressaten haben.[7]

Insgesamt ist aber fraglich, ob konventionelle Bilanzpolitik identifiziert oder gar quantifiziert werden kann. Geht man so vor, dass der Anhang umfassend analysiert wird, werden manche Wahlrechte und Ermessensentscheidungen erkennbar, sodass zumindest Tendenzaussagen möglich sind. Eine belastbare Vergleichbarkeit der Daten dürfte gleichwohl nicht erreichbar sein, da Überleitungsrechnungen regelmäßig nicht gelingen und auch die Erläuterungen der Unternehmen keine vergleichbaren Inhalte liefern. In der sog. kapitalmarktorientierten, evidenzbasierten Forschung gibt es allerdings seit Jahrzehnten eine riesige Menge an Arbeiten, die darauf abzielen, das Ausmaß an Bilanzpolitik (Earnings Management) zu messen. Die meisten Arbeiten stammen aus den USA, da dort schon lange Archivdaten in Datenbanken verfügbar sind, um sinnvolle statistisch anspruchsvolle (Regressions-)Modelle anwenden zu können. In den letzten Jahren gab es auch für Europa und Deutschland schon einige Erhebungen.

❗ Ausgangspunkt der Modellbildung ist eine einfache Gleichung:

$$\text{Cashflow} = \text{Gewinn} + \text{Periodenabgrenzungen}$$

Hierbei sind die Periodenabgrenzungen (PA) wie Abschreibungen, Rückstellungsänderungen, Änderungen von Forderungen bzw. Verbindlichkeiten LuL usw. in der Summe regelmäßig negativ. Über den Einfluss, ob solche PA den Informationsgehalt der Rechnungslegung verbessern oder nicht, mag man streiten. So gibt es Stimmen, die davon

---

6 Vgl. die Auflistung bei Wagenhofer (2015, 569).
7 Vgl. Kühnberger (2017, 116 ff.) mit einer Übersicht.

ausgehen, dass die (operativen) Cashflows ein besseres Maß der Periodenleistung darstellen als Gewinne („cash is king"). Mehrheitlich wird aber unterstellt, dass Gewinne diesbezüglich besser geeignet seien, da die PA Zufallsschwankungen der Cashflows glätten und dafür sorgen, dass den Umsätzen alle zugehörigen Aufwendungen gegenübergestellt werden (sog. Matching). Diese Diskussion muss hier nicht nachgezeichnet werden.[8] Die PA weisen aber Eigenschaften auf, die hier relevant sind: Sie beruhen vielfach auf Schätzungen (Abschreibungen, Rückstellungen etc.) und sind damit anfällig für Bilanzpolitik oder schlichte Fehler (ex post). Beides verschlechtert die Rechnungslegungsqualität.

Die Grundidee der Messung von Bilanzpolitik besteht nun darin, die PA-Änderungen im Zeitablauf zu trennen in solche, die durch das Geschäftsmodell und die Fundamentaldaten begründet sind und solche, die unerwartet oder diskretionär sind. Bei diesen wird dann unterstellt, dass sie auf informationsverzerrender Bilanzpolitik beruhen. Hierzu wurden zahlreiche Modellspezifikationen und Tests durchgeführt, die alle im Kern darauf beruhen, die Relationen von Gewinn- und Cashflowgrößen zu messen.[9] Für die weitere Ausarbeitung mit den ausgewählten Automobilunternehmen ist ein solcher Ansatz aber mangels Datenmenge nicht sinnvoll.

6.4 Sachverhaltsgestaltende Bilanzpolitik

Hier gibt es eine Fülle an Gestaltungsoptionen, die teilweise sehr einfach sind wie eine kurzfristige Kreditaufnahme am Jahresende, um Liquiditätskennzahlen positiv zu beeinflussen (Window Dressing). Es kann aber auch um hochkomplexe und strategisch sehr bedeutsame Gestaltungen handeln, wie die Auslagerung von Altersversorgungsverpflichtungen. Im Vergleich zur abbildenden Bilanzpolitik gibt es eine ganze Reihe von systematischen Unterschieden.

So bewegt sich die Abbildung der Gestaltungen regelmäßig im Rahmen der GoB. Sie werden gerade deshalb vor dem Stichtag realisiert, um aufgrund der GoB bestimmte Effekte zu erreichen. Ein Sale-and-lease-back soll gerade aufgrund des Realisationsprinzips eine Gewinnrealisierung in Höhe stiller Reserven ermöglichen.

Sie sind auf den ersten Blick auch kein besonders wichtiges Thema für den Abschlussprüfer. Dieser hat ja zunächst nur die Aufgabe, die korrekte Abbildung der realisierten Geschäftsvorfälle zu prüfen und nicht, ob eine Maschinennutzung durch Ratenkauf oder Leasing finanziert wird, Forderungen verkauft wurden, etc. Solche Entscheidungen trifft ausschließlich das Management, unabhängig davon, ob es bilanzielle Folgen gibt. Allerdings kann es sein, dass es inhaltlich sinnvoll oder gar geboten

---

8 Vgl. die umfassende Analyse bei Kühnberger und Thurmann (2015, 30).

9 Vgl. zur Historie der Modellentwicklung detailliert Kühnberger (2017, 147 ff.); eine aktuelle Anwendung für deutsche AG findet sich bei Eisenschmidt und Kühnberger (2019, 113).

ist, bestimmte Gestaltungen im Anhang zu erläutern, um dem Einblicksgebot des § 264 Abs. 2 HGB Genüge zu tun. Dies setzt aber einen Konsens zu den Inhalten und der Reichweite dieser Generalnorm voraus, der unseres Erachtens fehlt und höchstens in Extremfällen normative Kraft entfaltet.

Allerdings kann es eine andere Einflussebene geben, wie eine aktuelle Experimentalstudie mit 113 hoch qualifizierten Prüfern deutlich machte. Die Prüfer nutzten die Informationen zu solchen Transaktionen, um sich ein Bild über die Ziele und die Persönlichkeit des Managements zu verschaffen. Dies hatte dann Einfluss auf die Prüfungsintensität und die Kommunikation mit dem Prüfungsausschuss.[10]

Es wurde bereits angesprochen, dass die möglichen Gestaltungen in der Entscheidungskompetenz des Vorstandes liegen, die höchsten durch die sehr liberale **Business Judgement Rule** nach § 91 Abs. 1 AktG (Sorgfaltspflichten) in Extremfällen begrenzt wird.[11] Das bedeutet, dass auch der Aufsichtsrat regelmäßig kein Vetorecht hat, wenn nicht gerade ein Zustimmungsvorbehalt nach § 111 Abs. 4 AktG greift. Bei abbildender Bilanzpolitik ist der Aufsichtsrat wesentlich stärker verantwortlich, da er den Abschluss billigt (oder eben auch nicht).

Obwohl die denkbaren Maßnahmen die Gewinne und Cashflows auch für die Zukunft ändern, gibt es keinesfalls immer zwingenden buchhalterischen Umkehreffekte wie bei der abbildenden Politik. Die Änderungen der Realität haben zugleich die Konsequenz, dass es steuerliche und zivilrechtliche Folgen gibt. Regelmäßig sind externe Transaktionspartner vonnöten, was durchaus mit hohen Kosten verbunden sein kann. Gibt es Konzernstrukturen können sie aber auch mit verbundenen Unternehmen abgewickelt werden und gleichwohl die Einzelabschlüsse beeinflussen. Auf der Ebene der Konzernabschlüsse müssen sie aber durch die notwendigen Konsolidierungen wieder eliminiert werden. Da Jahresabschlüsse die Basis für Steuern, Dividenden u. a. Ansprüche sein können, muss dies aber die Attraktivität nicht unbedingt einschränken.

Bezüglich der **Erkennbarkeit von solchen Gestaltungen** ist festzustellen, dass diese eher selten gegeben ist. Selbst wenn in Sonderfällen eine umfassende Anhangerläuterung mit Zahlenangaben vorliegt, kann bestenfalls die Vergleichbarkeit von Geschäfts- und dem Vorjahr hergestellt werden. Eine Weiterverfolgung in künftigen Perioden ist aber ausgeschlossen und unseres Erachtens auch sinnlos. Wurde z. B. ein Sale-and-lease-back der Unternehmensimmobilien realisiert, wäre es wenig hilfreich zu schätzen, wie das Zahlenwerk zwei Jahre später aussehen würde, wenn dieses Geschäft nicht stattgefunden hätte. Das Unternehmen hat eben keine Immobilien mehr.

Schließlich weisen solche Gestaltungen aus Sicht der Abschlussersteller die erfreuliche Eigenschaft auf, dass sie zeitlich flexibel einsetzbar sind und auch betragsgenaue Zielgrößen angesteuert werden können.

---

10 Vgl. Commerford u. a. (2019, 1055).
11 Vgl. Kuhner (2017, 360).

Aufgrund der Besonderheiten wird sachverhaltsgestaltende Bilanzpolitik teilweise als teuer und informationsverzerrend bezeichnet: „...real activities manipulation is a purposeful action (...) which has suboptimal business consequences." Und: „...new candidate for an information risk factor."[12]

Diese negative Konnotation wird verständlich, wenn man sich vor Augen führt, dass solche Maßnahmen vor allem von Unternehmen realisiert werden, die sich in kritischen Situationen befinden oder besonders intransparent sind: hoch verschuldete Unternehmen, politisch verbundene Unternehmen, Unternehmen mit schlechter Performance usw.[13]

Gegen diese negative Einschätzung spricht, dass es sich häufig um sehr kurzfristige Maßnahmen handelt, die keine großen oder dauerhaften Konsequenzen haben. Primär dienen sie dazu, bestimmte Schwellenwerte für Ertragsziele zu erreichen (Target Beating: die schwarze Null, die Analystenschätzung für den Gewinn etc.).[14] Der Einsatz kann dann sogar positiv beurteilt werden. Das Unternehmen verfügt über ausreichend Ressourcen und Flexibilität, um solche Lücken rechtzeitig zu schließen.

Angesichts der Tatsache, dass fast schon ein Universum an Handlungsmöglichkeiten denkbar ist, sollen hier nur einige ausgewählte und stark verbreitete Varianten vorgestellt werden. Hierbei ist es noch wichtig zu unterscheiden, ob es sich um regelmäßig verfügbare oder eher selten nutzbare Möglichkeiten handelt, auch wenn eine strikte Trennung nicht immer möglich ist. Zu den laufend einsetzbaren Vehikeln zählen exemplarisch:

Beispiel (1) Reduzierung von F&E-Ausgaben: dies führt sofort zu weniger Auszahlungen und Aufwand (Ausnahmen bei vollständiger Aktivierung), aber auch zu Wettbewerbsnachteilen. Werden die Projekte aber nur kurzfristig in das nächste Quartal verlagert sind diese eher nachrangig. Umgekehrt führen forcierte Anstrengungen zu mehr Auszahlungen und (i. d. R.) Aufwand.

Beispiel (2) Anpassungen der SG&A-Ausgaben (Selling, General and Administration), also für Werbung, Instandhaltung, Mitarbeiterfortbildung usw. Wie bei F&E werden hier die regelmäßig nicht aktivierbaren Auszahlungen für Investitionen in einem ökonomisch weiteren Verständnis verlagert.

Beispiel (3) Erhöhung von Umsätzen durch Preisnachlässe führen zunächst zu höheren Marktanteilen und rückläufiger Profitabilität. In der Folge kann es zu Umsatzrückgängen kommen (z. B.: die Kunden haben schon ein Auto) und eine Preissteigerung ist nicht immer einfach durchzusetzen.

Beispiel (4) Abnormale Steigerung der Produktion, um die Fixkosten je Stück zu senken. Der kurzfristigen Ergebnisverbesserung steht ein gestiegenes Vorratsvermögen gegenüber, das andere Kosten (Lager, Kapitalbindung usw.) verursacht.

Beispiel (5) Nutzung von Anlagevermögen durch Leasing oder Kauf.

---

12 Kim und Sohn (2013, 518).

13 Vgl. Kühnberger (2018, 827 f.) mit detaillierten Nachweisen.

14 Vgl. Srivastava (2019, 1299).

> **Beispiel (6)** Pensionsgeschäfte mit Wertpapieren, ein klassisches Vehikel der Kreditbesicherung, das aber in Form von Dividendenstripping, Cum-ex-Geschäften etc. in den letzten Jahren einen sehr schlechten Ruf erlangt hat.

Die ersten vier Anwendungsfelder wurden in einer Dissertation erstmals sehr ausführlich analysiert und auch quantifiziert.[15] Voraussetzung dafür war, dass es aufgrund umfassender Archivdaten möglich wurde, mathematische Schätzfunktionen zu entwickeln, die es erlauben normale, erwartbare Größen zu trennen von statistisch überraschenden, diskretionären Größen, die Spiegel von den angesprochenen Sachverhaltsgestaltungen sind. In der Folge wurden vor allem in den USA zahlreiche Folgestudien durchgeführt mit einer beachtlichen Fülle an Modellverfeinerungen. Auch für deutsche börsennotierte AG aus der Automobilindustrie konnte für den Zeitraum 2007–2016 gezeigt werden, dass solche Gestaltungen in statistisch auffälligem Umfang genutzt wurden.[16]

Ein solches Vorgehen hat einige Nachteile: Einmal werden nur gezielt einige Maßnahmen abgegriffen und es sind extrem aufwändige Verfahren der Datenerhebung vonnöten, wenn man nicht auf entsprechende Bilanzdatenbanken zugreifen kann. Es kann auch Kritik an der Modellkonstruktion und den genutzten Parametern geübt werden, aber solche Einwendungen können bei empirischen Arbeiten fast immer vorgebracht werden.

Die Alternative zu solchen empirischen Methoden ist die sorgfältige Analyse des Anhangs (ggf. Lageberichts) der Unternehmen. Da es aber wenig Einigkeit darüber gibt, worüber wie umfangreich zu berichten ist, hat dieses Vorgehen kaum Aussicht, belastbare und vergleichbare Informationen zu generieren. Es ist außerdem sehr aufwändig. Gleichwohl lohnt sich ein solches Vorgehen, um eventuell sehr gravierende und seltene Transaktionen zu identifizieren. Hierzu gehören z. B.: der Verkauf von Verlustsegmenten, ein Unternehmenskauf als Share Deal oder Asset Deal, die Auslagerung von Altersversorgungsverpflichtungen usw.

Zwei besonders beliebte und kritisch beäugte Transaktionen sollen hier ausführlicher vorgestellt werden, um die Wirkungsweise deutlich zu machen aber auch die Grenzen der Erkennbarkeit: ABS-Transaktionen (Asset Backed Securities) und Sale-and-lease-back-Gestaltungen. Das Instrument der Auslagerung von Pensionsverpflichtungen wird wegen der verbundenen Komplexität sehr ausführlich in Kapitel 18 abgehandelt.

ABS-Transaktionen
Je nach Sichtweise und individueller Ausgestaltung können solche Transaktionen als Vehikel für Bilanzpolitik, als Mittel der Kapitalbeschaffung oder als Mittel der Risikoteilung interpretiert werden. Obwohl dieses Modell aufgrund seiner weiten Verbreitung

---

15 Vgl. Roychowdhury (2006, 335).
16 Vgl. Schwartz und Kühnberger (2018, 332).

im Rahmen der Finanzmarktkrise einen schlechten Ruf erlangt hat, hat es wieder bzw. immer noch eine starke Verbreitung.

Die Grundidee besteht darin, bestimmte Vermögenswerte eines Unternehmens auf eine **Zweckgesellschaft** (Special Purpose Entity oder Variable Interest Unit) zu übertragen, die sich über den Kapital- oder Kreditmarkt (günstig) refinanziert. Diese Finanzierung orientiert sich dann ausschließlich am Rendite-Risikoprofil der übertragenen Assets und nicht mehr dem des verkaufenden Unternehmens. Dessen Risiko ist im Allgemeinen höher, sodass günstigere Finanzierungskonditionen möglich sind. Besondere Verbreitung hat die Übertragung von Forderungen aus LuL erlangt. Das Modell beinhaltet deshalb auch die Abtretung der Forderungen (Factoring). Anders als beim normalen Factoring sind bei ABS-Transaktionen regelmäßig Treuhänder, Ratingagenturen, Garantiegeber usw. involviert.

Ökonomisch hat das Modell für Verkäufer und Investoren potenziell Vorteile. Der Verkäufer erlangt sofort liquide Mittel und muss nicht auf den Forderungseingang warten. Da ein gut diversifiziertes Forderungsportfolio wenig riskant ist, sollten auch die Refinanzierungskosten günstig sein. Wenn die Verwaltung übertragen wird, erspart sich der Verkäufer entsprechende Mühen und hat eventuell auch das Ausfallrisiko mit verkauft. Das ist aber nicht zwangsläufig der Fall (stille Zession), was in diesem Fall insbesondere die risikominimierenden Effekte ausschließt (siehe unten).

Die gewonnene Liquidität kann für Investitionen verwendet werden, ist also gerade für schnell wachsende Unternehmen interessant. Alternativ können die Zahlungsmittel zur Tilgung von Fremdkapital eingesetzt werden. Für Investoren ist interessant, dass sie in Assetklassen investieren können, die sonst nicht verfügbar sind, die aber für Ihre Rendite-Risiko-Interessen maßgeschneidert sind. Das konkrete Vertragsdesign lässt bezüglich der Risikoverteilung, der Preisbildung usw. sehr viel Flexibilität zu.[17]

Betrachtet man die bilanziellen Folgen, können diese zunächst anhand eines einfachen Factoring dargestellt werden. Nach HGB ist zunächst entscheidend, ob das wirtschaftliche Eigentum an den Forderungen auf den Käufer übergeht (echtes Factoring) oder nicht (unechtes Factoring). Letzteres liegt dann vor, wenn der Verkäufer noch wesentliche Risiken behält.[18]

Bei einem echten Factoring bucht der Verkäufer: per Bank/Aufwand an Forderungen. Die Höhe des Aufwands hängt ab vom Risiko der Forderungen, der Dauer bis zur Fälligkeit, der Frage wer die Verwaltung und den Einzug übernimmt und der Frage, wer das Ausfallrisiko trägt.

Wird die gewonnene Liquidität zur Tilgung teurer Schulden genutzt, so ergeben sich folgende Konsequenzen:
- Der Aufwand mindert das Ergebnis und ggf. die Ertragsteuerbelastung.
- Es kommt zu einer Bilanzverkürzung und besserer Eigenkapitalquote.

---

17 Vgl. Sidki (2013, 71 ff. und 115 ff.).

18 Vgl. Noodt in Bertram u. a. (2019, § 246 Rz. 48 ff.).

- Da Umlaufvermögen abgeht, verschlechtern sich die Anlageintensität und statische Liquiditätsgrade.
- Für die Folgezeit entfallen Zahlungen für die abgelösten Schulden.
- Eventuell steigt insgesamt die Bonität oder Debt Covenant-Brüche können vermieden werden.[19]

Liegt hingegen unechtes Factoring vor, dürfen die Forderungen gar nicht ausgebucht werden, es liegt wirtschaftlich eine Kreditaufnahme mit einer Forderungsabtretung als Sicherheit vor. Der Liquiditätszugang auf der Aktivseite wird durch eine Verbindlichkeit gegenüber Kreditinstituten ausgeglichen. Für den Verkäufer hat dies den Nachteil, dass der Verschuldungsgrad noch schlechter wird und die risikobehafteten Forderungen weiterhin bilanziert werden müssen.

Unterstellt man statt eines einfachen Factorings eine ABS-Transaktion mit einer Zweckgesellschaft, so tritt für den Konzernabschluss eine Besonderheit auf. Die Zweckgesellschaft wird nach § 290 Abs. 2 Nr. 4 HGB als Konzerntochter eingestuft und deshalb vollkonsolidiert (analog nach den IFRS). Dies hat zur Folge, dass im Konzernabschluss die Forderungen weiterhin bilanziert werden und das Fremdkapital der Zweckgesellschaft ebenso. Die Eigenkapitalquote im Konzernabschluss wird deshalb nicht verbessert. Da es üblich ist, dass der Originator, also das Unternehmen, das die Zweckgesellschaft gründet und einsetzt, selbst eine geringe oder gar keine Beteiligung hält, steigt der Anteil der nicht kontrollierenden Gesellschafter am Eigenkapital (auch Minderheitsgesellschafter oder Fremdgesellschafter genannt) im Konzernabschluss. Eine Off-Balance-Sheet- Bilanzierung scheitert demnach, aber nur auf Konzernebene. Außerdem kann das Isolieren der Assetklasse zu einem günstigen Zugang für die Refinanzierung führen.

Regelmäßig wird unterstellt, dass das bilanzielle Auslagern (Off-balance-sheet) das hauptsächlich Motiv für solche Transaktionen darstellt, wofür es auch empirische Evidenz gibt.[20] Berücksichtigt man aber, dass die Transaktion auch andere ökonomische Vorteile für den Verkäufer haben kann, wie die Generierung von Liquidität, Auslagerung von Risiken oder Einsparung von Verwaltungsaktivitäten, so wird deutlich, dass die Annahme, es handele sich nur um Bilanzpolitik fragwürdig ist. Dass die Gestaltung neben finanziellen Vorteilen auch positive Effekte auf den Abschluss entfalten kann, wird man nicht als schlagenden Beweis ansehen können, dass das eigentliche Motiv Bilanzpolitik war.

Fraglich ist es deshalb, ob eine Finanzierungsstrategie dann Erläuterungspflichten für den Anhang auslöst und auf welcher Rechtsgrundlage. Die Tatsache, dass der Geschäftsvorfall bilanzielle Folgen hat, genügt jedenfalls nicht, da dies für alle Geschäftsvorfälle ex definitione gilt. Relevant könnte das angesprochene Einblicksgebot gemäß § 264 Abs. 2 HGB sein, das aber eine Erläuterungspflicht an das Vorliegen besonderer

---

19 Vgl. Schmidt und Ries in Grottel u. a. (2018, § 246 Rz. 29 ff.).
20 Vgl. Dechow und Shakespeare (2009, 99).

Umstände knüpft und viel zu allgemein formuliert ist, um ein standardisiertes Verständnis zu schaffen. Tragfähiger ist hier eindeutig § 285 Nr. 3 HGB. Hier wird vorgeschrieben, dass nicht bilanzielle Transaktionen (quantitativ) zu erläutern sind, wenn sie wesentlich sind.[21]

Selbst wenn auf diesem Wege Transparenz hergestellt werden kann, bleiben die Rechtsfolgen bezüglich Steuern, Dividenden etc. bestehen. Durch Korrektur des aktuellen Geschäftsjahres kann auch eine Schattenbilanz erstellt werden, als ob es keine ABS-Transaktion gegeben hätte. Für die folgenden Geschäftsjahre ist eine Fortschreibung aber nicht mehr möglich.

Sale-and-lease-back-Geschäfte

Für Unternehmen ist es besonders aufgrund des Realisationsprinzips schwer, eine gewinnerhöhende Bilanzpolitik umzusetzen. Verfügen sie über hohe stille Reserven im Anlagevermögen (besonders: Immobilien), so kann aber selbst betriebsnotwendiges Vermögen verkauft werden, wenn die Weiternutzung durch ein Lease-back gewährleistet werden kann.

Unterstellt man zunächst, dass das Leasingobjekt dem Käufer wirtschaftlich zugerechnet wird, ergeben sich beim Verkäufer einige bilanzielle Folgen:
- Zunächst einmal fließt Liquidität zu, die für Investitionen oder die Tilgung von Schulden genutzt werden kann. Tilgungen sind insbesondere beim Verkauf von Immobilien wahrscheinlich, um Grundschulden abzulösen. Damit verbessert sich die Eigenkapitalquote und die Anlageintensität (Relation Anlagevermögen zur Bilanzsumme) wird geringer, der Anlagedeckungsgrad (Anlagevermögen zu Eigenkapital) wird verbessert.
- Wird beim Verkauf ein Buchgewinn erzielt, verbessert sich einmalig die Ertragslage. Dies kann zur Verrechnung mit steuerlichen Verlustvorträgen eingesetzt werden. Eine ansonsten drohende Versteuerung kann eventuell durch eine Übertragung auf ein neues Wirtschaftsgut vermieden werden (§ 6 b EStG-Rücklage).
- In den Folgejahren entfallen die Abschreibungen auf das verkaufte Anlagevermögen und bei Schuldentilgung die Zins- und Tilgungszahlungen. Stattdessen wird aber die Leasingrate in voller Höhe das Betriebsergebnis belasten. Die Höhe der Leasingraten wird u. a. vom Verkaufswert abhängen und bei einer Aufdeckung stiller Reserven deutlich über den ersparten Abschreibungen und Zinsen liegen.

Ökonomisch kann der Vorgang aber auch als Finanzierungsvorgang gesehen werden, eine Darlehensaufnahme mit der Immobilie als Kreditsicherheit. Das Unternehmen gewinnt zudem an Flexibilität, wenn die Leasingdauer kürzer ist als die Rest-Nutzungsdauer. Das Geschäft kann auch einer Fokussierung auf Kernkompetenzen dienen, wenn z. B. Büroimmobilien (Metro AG) oder Kaufhäuser (Karstadt) abgegeben werden. Bei Karstadt/Quelle ist dem Geschäftsbericht 2006, S. 86 ff. zu entnehmen: Es wurden 85 Warenhäuser, 29 Parkhäuser, 12 Sporthäuser, 15 Büroimmobilien etc. für

---

21 Vgl. Grottel in Grottel u. a. (2018, § 285 Rz. 40 ff.).

4,5 Mrd. € veräußert. Die Waren- und Sporthäuser wurden zurückgeleast. Der Barwert der Raten für diese operativen Leasingverhältnisse stieg von 2,484 Mrd. € im Jahr 2005 auf 5,544 Mrd. € im Jahr 2006.

Die möglichen bilanziellen Vorteile des Modells hängen aber davon ab, ob das Leasingobjekt nach dem Verkauf dem Eigentümer wirtschaftlich zugerechnet wird, was in Deutschland oftmals möglich sein wird.[22] Wird zusätzlich ein HGB-Konzernabschluss erstellt, kann es sein, dass die Leasinggesellschaft wiederum als Zweckgesellschaft im Sinne von § 290 Abs. 2 Nr. 4 voll zu konsolidieren ist. Damit ergäbe sich eine angestrebte Entlastung nur im Einzelabschluss.

Nach IFRS 16 ist bereits auf Einzelabschlussebene beachtenswert, dass der Leasingnehmer selbst bei einem „True Sale", also einem Übergang des wirtschaftlichen Eigentums an die Leasinggesellschaft, das verkaufende Unternehmen für den Leasingvertrag ein Nutzungsrecht und eine Verbindlichkeit einbuchen muss. Die angestrebte Bilanzverkürzung wird nicht vollumfänglich erreicht.

6.5 Gewinnglättung und stille Reserven: eine verbreitete Strategie

Es wurde oben darauf verwiesen, dass es widersprüchliche Anreize für Bilanzpolitik geben kann und dass es nicht immer möglich ist, alle möglichen Ziele konfliktfrei zu erreichen. Eine pragmatische Lösung von Zielkonflikten stellt die Politik der Gewinnglättung dar, die aus finanz- und bilanzpolitischen Gründen attraktiv sein kann.[23] Es gibt hierzu auch eine ganze Fülle von Studien über viele Länder und Zeiträume hinweg, die die Verbreitung einer solchen Politik belegen.

Zu beachten ist, dass Gewinnglättung und Dividendenglättung nicht das gleiche sein müssen und es deshalb zu unterschiedlichen Motivlagen kommen kann. Während es bei der Gewinnglättung regelmäßig darum geht, Erwartungen bezüglich der Performance zu erfüllen (z. B. Analystenschätzungen), stellen Dividenden ein teures Signal dar, da zugleich auch Liquidität abfließt. Gewinne und Dividenden können zwar verknüpft sein, aber dies hängt von der Rechtsform und dem Sitzstaat ab und davon, ob es um Jahres- oder Konzernabschlüsse geht. Beachtenswert ist zudem, dass es zu Dividenden ökonomisch ein Substitut gibt: Aktienrückkäufe. Seit vielen Jahren sind diese in den USA wesentlich wichtiger als Dividenden, während dies in Deutschland anders ist, auch wenn Rückkaufprogramme immer üblicher werden.[24] In der folgenden Argumentation werden Gewinne und Dividenden gleichwohl zugleich behandelt.

---

22 Vgl. Prinz und Keller (2017, 211).
23 Vgl. Küting und Weber (2015, 37).
24 Vgl. Kühnberger und Richter (2017, 173) mit entsprechenden Zahlen und zugehörigen Dividendentheorien.

Fragt man, warum eine **Gewinnglättung (smoothing)** vorteilhaft sein kann, gibt es mehrere Aspekte. So fallen Markt- und Börsenkursreaktionen teilweise asymmetrisch aus. Dies bedeutet, dass Gewinnsteigerungen nur zu leicht positiven Börsenkurseffekten führen, Minderungen aber zu größeren Einbrüchen. Unter solchen Bedingungen ist es vernünftig zu versuchen, Gewinnminderungen auf jeden Fall zu vermeiden.

Gleichmäßige Gewinn können zudem speziell für Privatanleger beruhigend sein, sie und die Unternehmen können mit der Liquidität besser planen. Da volatile Gewinne zugleich auf ein hohes Unternehmensrisiko hindeuten, führt eine Glättung üblicherweise zu verminderten Kapitalkosten.

Auf der anderen Seite ist es naiv anzunehmen, dass Investoren mit einer stetigen Gewinnentwicklung rechnen, wenn die Realität durch Wettbewerb und Wandel geprägt ist. Geglättete Gewinne bilden dann die „eigentliche" Periodenleistung unzutreffend ab. Die Abschlüsse liefern dann keine glaubwürdigen Informationen mehr und bei Unsicherheit würden Investoren größere Risikozuschläge kalkulieren. Gewinnglättung wäre dann von Nachteil.

In der empirischen Bilanzforschung wird gleichwohl unterstellt, dass eine Gewinnglättung zumindest dann positiv ist, wenn dadurch persistente und prognosegeeignete Gewinngrößen ausgewiesen werden. Durch die Glättung signalisiert das Management **nachhaltige Erfolgsgrößen** und glättet eher kurzfristige oder einmalige Schwankungen.[25] Leider ist es regelmäßig kaum möglich extern zu erkennen, ob das Management den Gewinn glättet, um den Informationswert des Abschlusses zu verbessern oder um besondere Ereignisse oder Schwankungen zu verstecken. Insofern ist es eine schwer zu entscheidende Frage, ob Glättung positiv oder negativ einzustufen ist. Deshalb gibt es in der Forschung eben auch Gütekriterien für die Rechnungslegung, die gewinnglättende Bilanzpolitik als ausdrücklich negativ qualifizieren.

Das Vehikel, das für die Gewinnglättung von überragender Bedeutung ist, ist die Legung und Auflösung **stiller Reserven** oder Rücklagen. Diese entstehen, wenn Aktivposten gar nicht angesetzt oder niedrig bewertet werden (in Relation zu Zeitwerten) oder Passiva zu hoch oder gar unbegründet angesetzt werden.

Theoretisch sind auch **stille Lasten** möglich, aber aufgrund des in vielen Systemen (HGB, IFRS und US-GAAP) verbreiteten Vorsichtsprinzips eher unwahrscheinlich. Nach HGB kommen hier insbesondere nicht passivierte oder unterdotierte Pensionsrückstellungen nach Art. 28 und 67 EGHGB in Betracht, die aber im Anhang anzugeben sind (also nicht ganz „still" sind). Des Weiteren können bei Rückstellungen und außerplanmäßigen Abschreibungen solche Lasten auftreten, wenn Ermessensspielräume nicht vorsichtig, sondern mit zu viel Optimismus ausgeschöpft werden.

Sehr viel plausibler sind aber stille Reserven, die allein aufgrund des umfassenden Vorsichtsprinzips in § 252 Abs. 1 Nr. 4 begünstigt oder auch erzwungen werden. Zu den

---

25 Vgl. Kühnberger (2017, 137 ff.).

Zwangsreserven gehören z. B. die durch das Anschaffungskosten- oder Realisationsprinzip erzwungenen Beträge bei Immobilien, Wertpapieren etc. Zusätzlich können durch die Ausübung von Wahlrechten weitergehend freiwillig Reserven aufgebaut werden, z. B. durch Lifo-Bewertung bei steigenden Preisen oder die Ermittlung von Herstellungskosten an der Wertuntergrenze. Verschärfend kommt das Imparitätsprinzip hinzu, das erzwingt, dass nur erwartete Verluste, auch wenn sie mehrere Jahre betreffen können, sofort bilanziell erfasst werden (Drohverlustrückstellungen und außerplanmäßige Abschreibungen). Letztlich führt auch das Gebot, Ermessensspielräume vorsichtig zu füllen (§ 252 Abs. 1 Nr. 4: „Es ist vorsichtig zu bewerten, ... ") zu Reserven. Zwar sind sog. Willkürreserven nach HGB spätestens seit dem BilMoG 2009 nicht mehr erlaubt, aber die Grenze zwischen vertretbarem Ermessen und Willkür wird nicht immer eindeutig sein.

Daraus folgt, dass stille Reserven zwangsweise oder durch Einfluss des Abschlusserstellers entstehen können und in diesem Jahr die Periodenleistung eigentlich besser war. Die Frage ist dann natürlich, wie diese stillen Reserven dann wieder verschwinden. Hier greift das angesprochene Kongruenzprinzip. Werden in einem Jahr durch zu hohe Abschreibungen oder Rückstellungszuführungen stille Reserven gelegt, so gibt es später buchhalterische Umkehreffekte. Diese treten teilweise ein, ohne dass der Abschlusssteller dies beeinflussen kann. So sind überhöhte Rückstellungen aufzulösen, wenn der Grund für die Passivierung entfällt. In anderen Fällen kann dies gezielt beeinflusst werden, z. B., wenn unterbewertete Vermögensgegenstände gezielt verkauft werden (Gains Trading). Im Rückstellungsfall ist aber beachtenswert, dass der Ertrag aus der Auflösung vielleicht durch die Legung neuer stiller Reserven bei den Rückstellungen (über)kompensiert wird.

Die Frage, ob die Bewegung stiller Reserven erkennbar ist und durch Bilanzanalytiker extern korrigiert werden kann, um die eigentlichen Periodenerfolge schätzen zu können, ist nicht einfach zu beantworten.[26] Gerade wenn es darum geht eine **Mehrjahresanalyse** vorzunehmen, werden hier regelmäßig erhebliche Schätzprobleme auftreten, sodass ein solches Vorgehen schnell komplex wird oder mit erheblichen Unsicherheiten behaftet ist (vgl. hierzu das Vorgehen bei der Erstellung von Strukturbilanz und Struktur-GuV, Kapitel 7.2).

Für IFRS-Abschlüsse ist hervorzuheben, dass es durchaus vergleichbare Vorsichtsregeln wie ein Realisations- und Imparitätsprinzip ebenfalls gibt, wenn auch in abgewandelter Form. Es gibt jedoch auch einige Bilanzposten für die zwingend oder fakultativ eine Bewertung mit dem beizulegenden Zeitwert **(Fair Value)** vorgesehen ist. Die Pflichtanwendung betrifft vor allen Dingen einige Finanzinstrumente, während für Sachanlagen, immaterielle Anlagen, Investment Properties und einige Finanzanlagen solch Zeitwerte fakultativ sind. Werden Zeitwerte zutreffend ermittelt und angesetzt, gibt es ex definitione keine stillen Reserven und Lasten.

---

26 Vgl. Küting und Weber (2015, 231 ff.) mit ausführlicher Analyse.

Geht man der Frage nach, ob eine möglichst umfassende Zeitbewertung aus der Sicht des Abschlusserstellers erstrebenswert ist oder nicht, sind mehrere Aspekte zu bedenken. Zunächst einmal können damit Wertsteigerungen über die Anschaffungskosten hinaus ergebniserhöhend (im Net Income oder Other Comprehensive Income) und eigenkapitalerhöhend gezeigt werden. C. p. wird damit eine bessere Ertragskraft und mehr Haftungssubstanz gezeigt, was zunächst einmal positiv ist.

Im Gegenzug ist zu beachten, dass es auch Nachteile geben kann:　**[!]**
- Die Zeitwertschwankungen (nach oben und unten) sind nicht ohne Weiteres durch das Management zu beeinflussen, sodass Vorteile einer planbaren Ergebnispolitik verlorengehen können. Ergebnisse können deshalb volatiler ausfallen und zu einer schlechteren Risikoeinstufung führen.
- Die Möglichkeiten durch gezielte Hebung stiller Reserven in schlechten Jahren das Ergebnis zu verbessern entfallen weitgehend. So erzielt z. B. die Vonovia durch den Verkauf von Immobilien die mit dem Zeitwert bilanziert waren in den Jahren 2017 und 2018 bei der Veräußerung Buchgewinne von nur 6 % respektive 17 %.
- Höhere Vermögenswerte führen in der Folge natürlich auch zu höheren Abschreibungen, die entweder die GuV oder das sonstige Ergebnis belasten. Besonders bei Sachanlagen nach IAS 16 zeigt sich ein unschöner Effekt. Wertsteigerungen werden im sonstigen Ergebnis erfasst, verbessern also nicht den Gewinn in der GuV und damit auch nicht die wichtige Kennzahl Gewinn je Aktie. Die folgenden planmäßigen Abschreibungen fallen dann höher aus und werden über die GuV gebucht.
- Da durch die Höherbewertung zunächst einmal auch das Eigenkapital steigt, nimmt die Eigenkapitalrendite ab, wenn der Gewinn in den nächsten Jahren nicht ebenfalls steigt.

Insgesamt ist demnach mit positiven und negativen Folgen zu rechnen. Da bei einer umfassenden Zeitbewertung aber Flexibilität verlorengeht und mehr Transparenz geschaffen wird, kann dies aus Sicht eines Erstellers durchaus als durchschlagender Nachteil angesehen werden. Zumindest wird eine Gewinnglättung deutlich erschwert. Diese Argumentation zielt auf die Informationsfunktion der Rechnungslegung ab, während für die Vertragsfunktion, z. B. die Kapitalerhaltungsfunktion, Steuerfolgen etc. andere Faktoren wichtig sind.

6.6 Bilanzpolitisches Kurzprofil der Unternehmen

Da eine statistisch belastbare Auswertung für drei Unternehmen über wenige Jahre nicht möglich ist,　**[!]** **kann hier nur aufgrund der Anhänge eine eher anekdotisch-subjektive Grobeinschätzung erfolgen. Dabei geht es um folgende Aspekte:**
1. Wie werden Wahlrechte ausgeübt? Gibt es eine erkennbare Neigung zu vorsichtiger oder aggressiver Bilanzpolitik?
2. Wird die Ausübung von Ermessensspielräumen auf transparente Art und Weise erläutert?
3. Gibt es Hinweise auf sachverhaltsgestaltende Bilanzpolitik? Ist sie quantitativ erkennbar?
4. Gibt es eine ausgeprägte Neigung zu Transparenz (freiwillige Zusatzinformationen, besonders klare Erläuterungen mit Zahlenangaben) oder wird eher nur das gesetzliche Minimum veröffentlicht?

Für die **HGB-Einzelabschlüsse** zeigt sich, dass alle drei Unternehmen bezüglich der Wahlrechte sehr ähnlich verfahren. So werden selbst erstellte immaterielle Vermögensgegenstände und ein Aktivsaldo latenter Steuern nicht angesetzt. Abnutzbare Sachanlagen werden grundsätzlich linear abgeschrieben und die Herstellungskosten für Vorräte umfassen nur die Pflichtbestandteile (Mercedes-Benz hatte bis 2016 einen höheren Wertansatz). Sachanlagen mit niedrigen Werten werden sofort als Aufwand verrechnet (bei unterschiedlichen Grenzwerten). Dies spricht alles für eine eher vorsichtige Grundausrichtung.

Bezüglich der Ermessensentscheidungen und Erläuterungen sind die Anhänge wenig hilfreich. So erfährt man, dass Gemeinkosten in angemessenem Umfang in die Herstellungskosten einbezogen werden, dass Forderungsabschreibungen allen erkennbaren Risiken Rechnung tragen, Rückstellungen nach vernünftigem kaufmännischem Ermessen gebildet werden unter Einbezug erwarteter Preissteigerungen usw. Das sind alles Informationen, die die Gesetzeslage 1:1 wiedergeben, also keinen Informationsgehalt haben.

Bei einer Schätzgröße werden alle Unternehmen vordergründig genauer: der Angabe von Nutzungsdauern. Für technische Anlagen gibt VW 5 bis 20 Jahre an, Mercedes-Benz für immaterielles Vermögen 2 bis 30 Jahre etc. Da es keinerlei Zuordnung zum Wert der bilanzierten Vermögensgegenstände gibt, sind diese Bandbreiten völlig nichtssagend.

Bezüglich diverser Änderungen im Zeitablauf finden sich vor allem bei BMW im Jahr 2019 und Mercedes-Benz die Umsatzerlöse betreffend im Jahr 2016 detaillierte Angaben. Bei Mercedes-Benz werden zudem die Folgen der Ausgliederung im Jahr 2019 sehr ausführlich erläutert.

Eine für Außenstehende wichtige Information stellen Angaben zu außergewöhnlichen Erträgen und Aufwendungen nach § 285 Nr. 31 HGB dar, da eine Identifikation nicht nachhaltiger Einflüsse ermöglicht wird. Solche gab es aber bei allen drei Unternehmen in keinem Jahr. Auch der Dieselskandal bei VW führte in keinem Jahr zu einem Sonderausweis (für frühere Perioden als außerordentlicher Aufwand in der GuV).

Periodenfremde Erträge und Aufwendungen nach § 285 Nr. 32 weisen hingegen alle drei Unternehmen auf. Dabei fällt auf, dass die Erträge hier regelmäßig sehr viel höher sind, was aufgrund des Vorsichtsprinzips aber wenig überrascht. Zumeist sind Erträge aus der Rückstellungsauflösung verantwortlich. Dabei werden in der Summe Größenordnungen erreicht, die in Relation zum Jahresüberschuss durchaus wesentlich sein können (in €): Mercedes-Benz 75 bis 1.046 Mio., VW 1.500 bis 3.200 Mio., BMW 200 bis 1.282 Mio. Angesichts der Anhangerläuterungen wird zudem deutlich, dass die Unternehmen ein durchaus restriktives Verständnis davon haben, wann ein Sachverhalt periodenfremd ist. So werden z. B. auch Rechtsstreitigkeiten, die Umsätze früherer Perioden betreffen nicht ausgesondert. Hieran wird deutlich, dass es unterschiedliche zeitliche Anknüpfungspunkte gibt: den Umsatz der fehlerhaften Fahrzeuge, das Jahr der Fehlerentdeckung oder der Geltendmachung von Ansprüchen.

Bezüglich der Ausweiswahlrechte fällt sofort auf, dass alle drei Unternehmen die Zahlen in Bilanz und GuV stark zusammenfassen und im Anhang detaillierter aufgliedern. Die Abschlüsse werden in Mio. € erstellt. Beides erhöht die Übersichtlichkeit.

Es wird auch durchgängig das Umsatzkostenverfahren genutzt, das durch diverse Gliederungsfreiheiten gekennzeichnet ist. So zeigen sich Unterschiede darin, dass BMW die F&E-Aufwendungen als Sonderposten einfügt, bei den anderen beiden Unternehmen werden diese in den Umsatzkosten in unbekannter Höhe erfasst. Dies ist zwar zulässig, aber wenig sinnvoll, da der F&E-Aufwand des Jahres 2019 im Allgemeinen nichts oder sehr wenig mit den Umsätzen im Jahr 2019 zu tun hat. Auch bei den Kostensteuern zeigen sich Unterschiede: bei VW werden sie in den Funktionsbereichen, also innerhalb des Betriebsergebnisses verrechnet, bei den anderen außerhalb als eigener Posten.

Unterschiede zeigen zudem die Angaben zu den Rückstellungen. Hier gab VW früher freiwillig Restlaufzeiten an, was für die Ermittlung diverser KPI sehr hilfreich ist. Die anderen Unternehmen verzichten hierauf, obwohl die Daten sowieso verfügbar sind (sie werden für den IFRS-Konzernabschluss benötigt). Einen ausführlichen Rückstellungsspiegel, der gerade bei den für die Bilanzpolitik so wesentlichen Sachverhalten sehr hilfreich sein könnte, haben alle drei Unternehmen nicht. Ein letzter Aspekt betrifft die Liste des Anteilsbesitzes, die bei BMW und Mercedes-Benz im Anhang enthalten ist, während VW auf das öffentlich zugängliche Handelsregister verweist.

Durchforstet man die HGB-Anhänge nach Anhaltspunkten für sachverhaltsgestaltende Bilanzpolitik, ergeben sich einige Hinweise:

– Alle drei Unternehmen haben Pensionsverpflichtungen ganz oder teilweise ausgegliedert, so das nur eine Nettobilanzierung erfolgt (§ 246 Abs. 2 S. 2 und 3 HGB). Es ist aber unklar, ob es sich hierbei um Bilanzpolitik handelt oder eine Finanzierungsstrategie mit bilanziellen Folgen. Der unterschiedliche Grad der Auslagerung stört allerdings die Vergleichbarkeit deutlich (vgl. Kapitel 18).

– Bei Mercedes-Benz gab es in den Jahren 2018 und 2019 erhebliche Konzernumstrukturierungen, die wahrscheinlich eher durch unternehmensstrategische Ziele als durch bilanzpolitische Motive getrieben waren. Gleichwohl gab es erhebliche bilanzielle Folgen, die im Umstellungsjahr auch erläutert wurden, aber einen Vergleich mit weiter zurückliegenden Jahren unmöglich machen.

– VW gibt für die Jahre 2017–2019 an, dass es echte Factoringgeschäfte für Forderungen aus LuL mit ausländischen Tochterunternehmen gab und zwar im Volumen von ca. 30 Mrd. € pro Jahr. Zudem gab es Pensionsgeschäfte mit Autovermietungsgesellschaften (0,3 Mrd. € pro Jahr). Korrigiert man diese Einflüsse nicht, so ergeben sich beachtliche Einflüsse auf KPI, bei denen Forderungen, Umlaufvermögen und Bilanzsumme eingehen (vgl. Kapitel 7.2 zur Erstellung von Strukturbilanz und -GuV).

– BMW verweist in den Jahren 2018 und 2019 auf Sale-and-lease-back-Gestaltungen, echte Pensionsgeschäfte für Forderungen 2018 und Forderungsverkäufe innerhalb des Konzerns, alles aber ohne jegliche Zahlenangaben. Stattdessen taucht wiederholt die kryptische Formulierung „. . . Umfänge von Forderungen . . ." auf. Obwohl für sämtliche Transaktionen auch nichtbilanzielle Motive eine Rolle gespielt haben können, liegen hier auch bilanzpolitische Ziele nahe.

– Mercedes-Benz erläutert, dass riesige Beträge der Forderungen und Verbindlichkeiten aus dem „zentralen Finanz- und Liquiditätsmanagement" resultieren (2019: Forderungen 27,6 Mrd. €, Verbindlichkeiten 20,6 Mrd. €). Dies spiegelt eine übliche Vorgehensweise bei deutschen Unternehmen wider, die erhebliche Einflüsse auf KPI zur Bilanzstruktur haben kann. Bezüglich der zugehörigen Zinserträge und -aufwendungen, tritt wie immer bei Verrechnungen innerhalb von Konzernen, die Frage nach der Angemessenheit der Vergütungen auf.

Schließlich können Anhaltspunkte für bilanzpolitisch relevante Sachverhalte aus den **Key Audit Matters** (KAM) als Bestandteil der Bestätigungsvermerke der Abschlussprüfer gewonnen werden. Die entsprechenden mit Zahlenangaben unterfütterten Erläuterungen zeigen ein wenig überraschendes und durchaus ähnliches Bild: Rückstellungen für Gewährleistungen und Kulanz, für Restwertgarantien aus Leasinggeschäften und Kartellverfahren (nur BMW) werden genannt. Dies verdeutlicht nochmals die enorme Bedeutung der Position Rückstellungen und zugleich wird angesichts der Bewertungsunsicherheiten die Sinnhaftigkeit eines (freiwilligen) Rückstellungsspiegels erkennbar. Einen weiteren Bigpoint stellt bei VW und Mercedes-Benz die Beteiligungsbewertung mittels DCF-Kalkülen dar.

Fasst man die wichtigsten Erkenntnisse zu den HGB-Abschlüssen zusammen zeigt sich: tendenziell dominiert eine vorsichtsgeprägte Ausübung der Wahlrechte. Erläuterungen sind mehrfach unbefriedigend und viel zu allgemein. Sie orientieren sich eher an den Mindestpflichtangaben. Die KAM lenken durchaus das Augenmerk auf wesentliche Risiken im Abschluss. Sachverhaltsgestaltungen gab es bei allen drei Konzernen, wobei das Gewicht bilanzpolitischer Motive nicht erkennbar wurde. Zahlenangaben zu den bilanziellen Effekten sind hier eher selten.

Für die **IFRS-Konzernabschlüsse** sollen hier nur wenige Stichworte genügen. Klar ist auf den ersten Blick, dass wesentlich mehr und auch andere Angaben und Berichtsteile erforderlich sind. Zu den letztgenannten zählen neben der Kapitalflussrechnung, dem Segmentbericht und dem Eigenkapitalspiegel auch ein Rückstellungsspiegel.

Dem IFRS-Nachteil, dass die Standards laufend angepasst werden und damit die Vergleichbarkeit von Daten im Zeitablauf gestört wird, tragen alle drei Unternehmen pflichtgemäß Rechnung. So werden erwartete oder bereits eingetretene **Änderungen** recht **ausführlich erläutert**, sodass zumindest in Umstellungsjahren Vergleichbarkeit weitgehend hergestellt wird. Ein prominentes Beispiel stellt der Übergang auf den neuen Leasingstandard IFRS 16 dar.

Auffällig ist, dass die Bilanz und die GuV sehr tief gegliedert werden. Die Tatsache, dass die IFRS mehr Gliederungsfreiheiten als das HGB lassen, ist auf der Ebene der konkreten KPI-Ermittlung später aufzugreifen. Es ist durchaus zu erwarten, dass die KPI nach HGB und IFRS nicht direkt übereinstimmen müssen.

Sehr ausführlich wird die für den Konzernabschluss wichtige Abgrenzung des **Konsolidierungskreises** dargestellt. Dabei fällt auf, dass, unabhängig vom Gewicht der Unternehmen, Gemeinschafts- und Assoziierte Unternehmen viel Aufmerksamkeit erfahren. Interessant ist, dass Mercedes-Benz (im Lagebericht 2019, S. 153) und BMW (im Konzernabschluss 2019, S. 153) Angaben zu den Zielen ihrer Dividendenpolitik machen.

Für die materiell sehr bedeutsame Frage, wie IFRS-Wahlrechte ausgeübt wurden, die eine Option zwischen Anschaffungskosten- und Zeitwertmodell erlauben, ergibt sich eine einheitliche Vorgehensweise. Es wird **durchgängig das Cost Model** genutzt. Dies kann schlicht als Wahl der einfacheren Methode interpretiert werden, es kann aber auch um andere Fragen gehen: Vermeidung von Volatilität, Vermeidung schlechter Performancekennzahlen, Chancen auf Gewinnglättung durch stille Reserven bewahren usw. Alle drei Unternehmen geben nicht einmal im Ansatz eine Begründung für die Wahl.

6.7 Besonderheit der IFRS: Fair Values, Qualität der Rechnungslegung und Bilanzpolitik

Geht man vom einfachen Fall aus, dass ein Unternehmen nur börsengehandelte Finanzanlagen und Schuldtitel bilanziert, wird niemand ernsthaft bestreiten, dass die aktuellen Preise der bilanzierten Posten die Realität besser abbilden als die historischen Anschaffungskosten. Das Gegenargument, Börsenwerte seien Zufallsschwankungen ausgesetzt, trägt nur begrenzt, da auch die historischen Anschaffungskosten ein Stichtagswert waren. Die Fair Values spiegeln als **Preise** zugleich die Erwartungen der Marktteilnehmer. In IFRS 13 (analog SFAS 157) wird der Fair Value von Vermögenswerten als **Einzelveräußerungswert** normiert. Gleichwohl gibt es erhebliche Bedenken, ob eine Bilanzierung mit Zeitwerten Abschlüsse informativer macht und wenn ja, für wen.

Ein Einwand zielt darauf ab, dass es für viele Bilanzposten keine direkt beobachtbaren Marktpreise gibt, sodass die Schätzung der Werte erhebliche Ermessensspielräume schafft und zu Entobjektivierungen führt. Vergleichbarkeit und konzeptionelle Einheitlichkeit der Abschlüsse werden damit beeinträchtigt. Hierzu ist anzumerken, dass es empirische Evidenz in beachtlichem Umfang gibt, dass auch unzuverlässige Zeitwerte Informationsgehalt haben und zwar für Eigentümer und Gläubiger der Unternehmen.[27] Umgekehrt gilt: Selbstverständlich gibt es auch bei einer Bilanzierung nach dem Anschaffungskostenmodell viele Möglichkeiten für Bilanzpolitik, insbesondere die der Gewinnglättung und der gezielten Hebung stiller Reserven (Gains Trading).

Als ungeeignet gelten Fair Values teilweise auch, wenn Vermögenswerte gar nicht veräußert werden sollen. Dann spiegeln die Einzelveräußerungswerte die geplante Nutzung durch das Unternehmen gar nicht wieder. Augenfällig ist dies bei selbstgenutzten Sachanlagen, aber auch anderen betriebsnotwendigen Vermögenswerten, z. B. dem Working Capital.

Es wird zudem geltend gemacht, dass die laufenden Wertänderungen zu volatilen Ergebnissen führen, die nicht geeignet sind die Periodenleistung zutreffend zu spiegeln. Ob es sich bei den Wertschwankungen nur um Zufall handelt, ist natürlich diskussionsbedürftig. So können Preisrisiken abgesichert werden (Hedging) und zumindest auf

---

27 vgl. Kühnberger (2014, 442).

Dauer ist natürlich das Management verantwortlich für das gehaltene Portfolio an Vermögenswerten und deren Finanzierung. Aus Sicht eines Aktionärs wird man z. B. eine Aktienrendite sinnvollerweise nicht nur als Dividendenrendite berechnen, sondern Kursänderungen ebenfalls einbeziehen. Ob man daraus rechtliche Konsequenzen für eine Besteuerung o.ä. zieht, steht auf einem anderen Blatt.

! **Trotz der bislang angeführten Bedenken würde konzeptionell einiges für eine Fair Value-Bilanzierung sprechen, die Analysten wichtige Informationen liefern könnten (über den Wert von Kreditsicherheiten und die Gewinnaussichten). In der praktischen Umsetzung ist dies aber erheblich erschwert, weil die Standardsetter keine klare Entscheidung vorgegeben haben:**

1. So sind diverse Bilanzposten nach dem Anschaffungskostenmodell zu bilanzieren und andere nach dem Fair Value-Modell (Mixed Model Approach), vielfach besteht im Rahmen von Stetigkeitsregeln ein Wahlrecht zwischen beiden. Deshalb kann es zu einem Mismatch von Aktiva und Passiva kommen, wenn z. B. Aktiva mit den Anschaffungskosten und Schulden mit dem Zeitwert bilanziert werden oder umgekehrt. Es werden neue bilanzpolitische Möglichkeiten geschaffen, z. B. durch gezielte Investitionen, die zwingend oder nicht mit dem Fair Value zu bewerten sind oder durch die Klassifikation von Finanzinstrumenten.

2. Die Wertänderungen werden teilweise in der GuV im engeren Sinne gebucht und beeinflussen den Gewinn und damit die sehr wichtige Kennzahl Gewinn je Aktie (Earnings per Share). Andere Wertänderungen gehen hingegen in das sonstige Ergebnis (Other Comprehensive Income) ein und Teile davon werden später in die GuV übernommen (Reklassifikation oder Recycling genannt). Es gibt deshalb zwei Erfolgsgrößen, das Net Income und das OCI, die zusammen das Gesamtergebnis bilden und es ist unklar, welches Ergebnis nun das „richtige" ist (vgl. ausführlicher Kapitel 10.3).

! **Fazit:** Letztlich bedeutet dies, dass die IFRS-Rechnungslegung komplexer als das HGB ist, neue und andere Möglichkeiten der Bilanzpolitik sind gegeben und die Auswertungskosten sind höher. Zugleich liefern sie mehr und andere Informationen als das HGB und diese Informationen sind teilweise wichtig, um die ökonomische Entwicklung eines Unternehmens korrekt zu bewerten.

7 Grundlagen der Kennzahlenrechnung und Datenaufbereitung

Eine Kennzahlenanalyse kann auf sehr verschiedene Arten realisiert werden und es sind beachtliche Vorarbeiten und Vorüberlegungen vonnöten, um Fehler oder unnötige Unzulänglichkeiten zu vermeiden. Hierzu gehört neben der Auswahl geeigneter KPI auch, dass die Daten aus den Abschlüssen regelmäßig aufbereitet werden müssen, um Vergleichbarkeit und Aussagewert zu gewährleisten.

7.1 Begriffliche Grundlagen und inhaltliche Anforderungen an eine Kennzahlenanalyse

Den Begriff Kennzahl setzen wir mit dem des Key Performance Indicator (KPI) gleich. „Kennzahlen werden als jene Zahlen betrachtet, die quantitativ erfassbare Sachverhalte in konzentrierter Form erfassen."[1] Mit dieser Begriffsfassung treten einige wesentliche Merkmale, aber auch mögliche Schwächen von Kennzahlenanalysen hervor.

Zunächst ist der Informationscharakter hervorzuheben: Kennzahlen sollen eine Beurteilung von Entwicklungen oder Sachverhalten erlauben oder eine Entscheidungsfindung erleichtern. Die **Quantifizierbarkeit** ist für finanzielle Ziele und Inhalte wichtig. Eine zentrale Aufgabe ist dabei die Verdichtung und Vereinfachung, wesentliche Zusammenhänge sollen schnell und übersichtlich dargestellt werden.

Die Ausrichtung auf finanzielle Zielgrößen bedarf in mancherlei Hinsicht der Präzisierung. Prinzipiell können auch Größen wie die Kunden- oder Mitarbeiterzufriedenheit durch Kennzahlen gemessen werden und diese Sachverhalte haben auch Einfluss auf die Ertrags- und Finanzlage von Unternehmen. Sie sind aber nicht dem Jahresabschluss zu entnehmen und aufgrund der Maßeinheiten oder Dimensionen können sie auch nicht immer aggregiert werden. Auf die nichtfinanzielle Berichterstattung, auch CSR-, ESG- oder Nachhaltigkeitsberichterstattung, wird am Ende des Buches in Kapitel 19 knapp eingegangen. Solche Berichte sind auch für die Einschätzung der ökonomischen Entwicklung bedeutsam, weshalb sie auch präfinanzielle KPI genannt werden können.

Bezüglich der Zeitdimension können KPI grundsätzlich eine **retrospektive und prospektive Bedeutung** haben. Es kann also um die Ermittlung der Leistung einer vergangenen Periode gehen, z. B. um die Steuerlast, die Dividendenhöhe oder auch einen Bonus des Vorstandes zu ermitteln. Ergänzend können die Werte genutzt werden, um den Zielerreichungsgrad im Verhältnis zu früheren Prognosen zu ermitteln. Handelt es sich dabei um Prognosen des Managements, können teilweise sogar vorsichtige Rückschlüsse auf die Qualität des Managements gezogen werden.

---

1 Reichmann, Kißler und Baumöl (2017, 39).

https://doi.org/10.1515/9783110770551-007

Für viele Adressaten, vor allem Investoren, ist es hingegen wichtiger, Schlussfolgerungen für die künftigen Gewinne und Cashflows ziehen zu können, im Fokus steht dann die Ertrags- und die Finanzkraft. Der Schluss von der historischen Entwicklung auf künftige Trends ist aber nur unter Zugrundelegung einer Fülle von Annahmen möglich, da sich das rechtliche und ökonomische Umfeld laufend mehr oder weniger stark ändert. Deshalb wird regelmäßig versucht, für die Beurteilung der Ertragskraft sog. nachhaltige, repräsentative Erfolgsgrößen zu ermitteln,[2] sog. „Core Earnings".

KPI werden aus dem vorhandenen Datenmaterial der Finanzberichte abgeleitet und so gehen auch alle Mängel dieser Basisinformationen ein. Dazu gehören Defizite aufgrund der Rechnungslegungsnormen und der Möglichkeiten abschlusspolitischer Beeinflussung. Welche Kennzahlen überhaupt ermittelbar sind aufgrund der Datenverfügbarkeit prägt die Fragestellungen der Analyse oftmals, obwohl am Anfang eigentlich die Fragestellung stehen sollte, um dann zweckadäquate Größen zu ermitteln.

! **Zu den wichtigsten systemimmanenten Konstruktionsmängeln von Abschlüssen nach HGB und IFRS zählen:**

- Sowohl der originäre Firmenwert als auch das sog. Intellectual Capital dürfen gar nicht bilanziert werden. Damit wird der Wert des Unternehmens nur unvollständig in der Bilanz abgebildet. Entsprechend unvollständig ist die GuV für die Erfolgsmessung, da Investitionen in einem ökonomisch weiteren Sinne als Aufwand gezeigt werden und in der Folge auch keine Wertminderungen auftreten können.[3]
- Alle Bilanzwerte sind Stichtagswerte, die mehr oder wenig deutlich von einem repräsentativen Jahresdurchschnitt abweichen können.
- Der Grundsatz der Einzelbewertung lässt es nicht (unter IAS 36 nur sehr eingeschränkt) zu, Verbundeffekte einzubeziehen. Auch dies verzerrt die Vermögens- und Ertragslage.
- Das deutlich ausgeprägte Vorsichtsprinzip, insbesondere das Imparitätsprinzip, führt zu stillen Reserven, die bestenfalls grob und in der Regel gar nicht quantifizierbar sind. Wiederum wirkt sich dies auf Bilanz und GuV aus. Eine Folge davon ist, dass Verluste weniger nachhaltig als Gewinne sind. Dies gilt für HGB und IFRS, selbst wenn die Konkretisierungen der Vorsicht durchaus Unterschiede aufweisen.
- Die Rechnungslegungsnormen passen nur mehr oder weniger gut zu den sehr unterschiedlichen Geschäftsmodellen, der Grundsatz „one size fits all" unterdrückt Besonderheiten. Ein Musterbeispiel stellen Gebäude dar: diese werden auch dann planmäßig abgeschrieben, wenn ihr Verkehrswert steigt. Solchen Besonderheiten wird unter IFRS nur begrenzt Rechnung getragen (IAS 41 Landwirtschaft, IFRS 4 Versicherungen, IFRS 6 Explorationsunternehmen, IFRS 15 verschiedene Gewinnrealisierungsmodelle usw.). Nach HGB haben Kreditinstitute und Versicherungen Sonderregelungen. Solche Differenzierungen haben den Vorteil, die fundamentale Entwicklung von Unternehmen zweckmäßiger abbilden zu können, schaffen aber auch Komplexität und erschweren branchenübergreifende Vergleiche (vgl. ausführlich Kapitel 17).

Kennzahlen sollen die Datenflut auf wenige, möglichst aussagefähige Größen reduzieren, führen also immer zu Informationsverlusten. Da KPI eher Indikatoren für nicht direkt messbare Entwicklungen sind, liefern sie weniger endgültige Antworten, als dass

---

2 Vgl. Brösel (2017, 44 f.).

3 Vgl. Moxter (2000, 2143); Fridson und Alvarez (2011, 29).

sie es erlauben, weiterführende Fragen zu formulieren. Deshalb kann es notwendig werden, die aggregierten Kennzahlenwerte wieder aufzufächern, um Besonderheiten erklären zu können.[4]

Fraglich ist natürlich, wann solche Besonderheiten vorliegen. Dazu kann man sich an auffälligen Unterschieden zu Vorjahren oder zu Vergleichsunternehmen („Benchmarking") orientieren. Dies ist nicht unproblematisch wie die Ausführungen zur Gewinnglättung oben verdeutlicht haben. Ist die Realität volatil, so sind stetige Kennzahlenwerte eher verdächtig und auffällig als schwankende. Insofern verlagert sich die Aufmerksamkeit des Analytikers darauf, ob er mit stabilen oder volatilen Werten rechnen muss. Vor-Urteile oder – freundlicher formuliert – eigene Prognosen und Einschätzungen prägen einen **Erwartungshorizont**, der den Maßstab für Auffälligkeiten bildet.

Kennzahlen sollen auf konkrete Informationsbedarfe oder Aussageziele ausgerichtet sein. Da deren Inhalte von der Position und dem Vorwissen des Analysten abhängen, sind sie **nicht standardisiert**. Interpretierbar sind sie deshalb nur, wenn die Ermittlung hinreichend bekannt und nachvollziehbar ist. Dies trifft auf oftmals veröffentlichte Größen wie „bereinigter Gewinn", „(bereinigtes) EBITDA" oder den Verschuldungsgrad häufig nicht zu. So kann der Verschuldungsgrad (Leverage) als Bruttogröße oder unter Abzug der liquiden Mittel als Nettogröße bestimmt werden, es kann sein, dass sämtliche Fremdkapitalposten einbezogen werden oder nur verzinsliches Fremdkapital oder nur langfristige Finanzschulden usw.

Kennzahlenwerte in **absoluten Größen** sind regelmäßig weniger informativ als Relationen. Aus der Tatsache, dass Unternehmen A im Jahre 2019 einen Gewinn von 10 Mrd. € hatte und Unternehmen B einen von 10 Mio. € folgt nichts, wenn die die Unternehmensgröße nicht bekannt ist. Gleichwohl darf man Absolutbeträge nicht aus den Augen verlieren. Steigt der Umsatz von 1 T€ auf 2 T€ hat sich der Umsatz zwar verdoppelt, aber auf einem lächerlich niedrigen Niveau.

Verhältniszahlen sollen möglichst Ursache-Wirkungs-Zusammenhänge verdeutlichen. Daraus folgt zunächst das **Entsprechungsprinzip**, d. h. Zähler und Nenner eines Bruches sollen zweckmäßig und bezüglich der Dimensionen sinnvoll abgegrenzt werden.[5] Drei Beispiele verdeutlichen, wie man diese Anforderung mehr oder weniger weit verfehlen kann:

Beispiel (1) Die Forderungsreichweite kann als Relation von Forderungen aus LuL zu den Umsätzen bestimmt werden (x 365 Tage). Allerdings beinhalten die Forderungen auch die Mehrwertsteuer, während die Umsatzerlöse Nettobeträge sind.

Beispiel (2) Die Gesamtkapitalrendite setzt voraus, dass nicht der Gewinn in Relation zum Gesamtkapital gesetzt wird, sondern der Gewinn und der Zinsaufwand, also die Vergütung für Eigen- und Fremdkapital.

---

4 Vgl. Subramanyam (2014, 35).

5 Vgl. Coenenberg, Haller und Schultze (2021, 1093); Brösel (2017, 31 ff.).

Beispiel (3) Eine Umsatzrendite als Relation von Jahresüberschuss zu Umsätzen zu ermitteln ist zumindest dann verfehlt, wenn es hohe Erträge oder Aufwendungen aus Beteiligungen gibt. Die Beteiligungen haben regelmäßig nichts oder wenig mit den Umsätzen zu tun, das Betriebsergebnis wäre geeigneter.

Eine zweite Besonderheit ist wichtig. Viele Jahresabschlussgrößen wie der JÜ oder der Umsatz etc. hängen von vielen Einflussfaktoren ab, **Multikausalität** ist der Regelfall. Es kommt deshalb entscheidend darauf an, dass die wesentlichen Ursachen-Wirkungsrelationen erfasst werden.

Besondere Sorgfalt ist deshalb bei der Interpretation und weiteren Verwendung von Kennzahlen geboten, eine formalistische Verfahrensweise kann zu groben Vereinfachungen oder gar Fehlern führen. Dies lässt sich insbesondere bei der in der Praxis beliebten Verwendung von Multiplikatoren („Multiples") zur Schätzung von Unternehmenswerten erkennen. „They (institutionelle Anleger, d. V.) reduce financial statement analysis to the rare bones of forecasting earnings per share, from which they derive a price-earnings-multiple."[6] Diese vereinfachte Vorgehensweise unterstellt, dass der Unternehmenswert bzw. -preis nur vom Gewinn und einem (wie auch immer ermittelten) Vielfachen desselben abhängen würde.

Ein Alltagsbeispiel verdeutlicht den möglichen Fehler sehr anschaulich:[7] Verbraucht Auto A 10 Liter auf 100 km und Auto B 15 Liter, so kann dies nur bewertet werden, wenn einige Zusatzinformationen vorliegen. Geht es um gleiche Zuladung, Steigungen, Streckenführung (Stadt oder Land), Geschwindigkeit, Antriebsmotor, etc.?

Gerade bei ökonomischen Größen ergeben sich für die Bewertung besondere Probleme. So kann man trefflich darüber streiten, ob hohe Bestände an Liquidität positiv oder negativ sind. Sie beeinträchtigen einerseits die Rendite und wecken eventuell Begehrlichkeiten von Eigentümern, verschaffen aber auch Unabhängigkeit von externen Geldgebern, Flexibilität bei der Wahrnehmung von Geschäftschancen und eine Senkung des Insolvenzrisikos. Hohe Gewinne sind natürlich erstmal erfreulich, wenn sie eine real gestiegene Leistungsfähigkeit spiegeln. Sind sie durch unterlassene Instandhaltungs- oder Mitarbeiterschulungsmaßnahmen bedingt, wird man dieses positive Bild relativieren.

Für die Bewertung einer Kennzahl ist es wichtig, dass es Vergleichswerte gibt, um das Bild besser einordnen zu können. Als **Vergleichswerte** kann man zunächst einmal die Werte des gleichen Unternehmens aus Vorperioden nutzen. Solche **Zeitreihen** können naturgemäß nur dann Trends erkennen lassen, wenn sie lange genug sind, was man pragmatisch mit 3–5 Jahre als gegeben ansehen kann. Allerdings sind für statistische Analysen, beispielsweise zu Korrelationen mit anderen Variablen, teilweise deutlich längere Zeitreihen mit erheblich mehr Datenpunkten nötig, um Aussagen über deren Signifikanz treffen zu können. Auch wenn aus mathematischer Sicht längere Zeitreihen

---

6 Fridson und Alvarez (2011, 22).
7 Vgl. Subramanyam (2014, 33 ff.).

nötig sind, haben diese den Nachteil, dass es ökonomische oder rechtliche Schocks geben kann, sodass ein Vergleich vor und nach dem Ereignis nicht unbedingt sinnvoll ist. Da Unternehmen sich der Umwelt zudem laufend anpassen, z. B. bezüglich der Produktpalette oder durch Großinvestitionen, vergleicht man eventuell ökonomische Einheiten, die gar nicht mehr vergleichbar sind. Alle Abschlusskennzahlen von VW vor und nach dem Erwerb von Porsche fallen naturgemäß dramatisch auseinander. Zeitreihen haben, neben der gewissen Willkür in der Festlegung eines sinnvollen Zeithorizontes noch einen Nachteil: selbst wenn sich die Kennzahlenwerte eines Unternehmens über Jahre positiv verändern, kann es sein, dass Wettbewerber sich noch wesentlich besser entwickelt haben oder auch schlechter.

Deshalb ist ein **Betriebs- oder Unternehmensvergleich** üblich. Ein solcher setzt wiederum voraus, dass die in den Vergleich einbezogenen Unternehmen bezüglich wichtiger Faktoren hinreichend ähnlich sind: Produktpalette, Produktions- und Umsatzregion, Fertigungstiefe, Rechtsform, Größe, Börsennotierung, Alter, Eigentümerstruktur usw. Für die später detaillierter untersuchten Automobilunternehmen kann man dies in etwa annehmen, auch wenn es noch beachtliche Unterschiede gibt.

Man kann den Vergleich aber auch ausweiten, indem man die Unternehmenskennzahlen mit **Branchenwerten** vergleicht. Dies setzt wiederum voraus, dass eindeutige Branchenzuordnungen möglich sind und überhaupt belastbare Daten vorliegen. Für die Automobilbranche könnte man z. B. nicht nur auf die Hersteller abstellen, sondern auch Zulieferunternehmen mit einbeziehen. Damit könnte man eventuell Brancheneffekte besser identifizieren und einschätzen als bei nur drei Unternehmen, wie es hier erfolgt.

Bei der praktischen Analyse ergibt sich hier häufig das Problem, dass Vergleichspendants fehlen und auch Unternehmen innerhalb der Branche nicht zwingend vergleichbar sind. Beispielsweise stellt sich die Frage, ob z. B. Tesla mit klassischen Automobilunternehmen vergleichbar ist, oder eher mit Herstellern elektronischer Produkte. Ein weiteres Problem ist die Diversifikation des Unternehmens. Oft lassen sich nur Vergleichsunternehmen für Geschäftsbereiche finden, die nicht zwingend auch einen separaten Abschluss erstellen, aber kein Unternehmen, welches in identischen verschiedenen Geschäftsfeldern aktiv ist. Beispiele wären hier Siemens, Tata oder Samsung.

Noch umfassender wird das Bild, wenn man sämtliche Unternehmen über mehrere Branchen hinweg vergleicht, da damit **Konjunktureinflüsse** besser erfasst werden können. So sind Zinsniveau und Steuergesetze mit ihren Folgen vielmals für alle nationalen Unternehmen ähnlich. Für Unternehmen mit niedrigem Kapitalbedarf kann es aber auch sein, dass der Zinsaufwand unkritisch niedrig ist, aber dafür der Fachkräftemangel einen riesigen Effekt hat. Auch für gesamtwirtschaftliche Vergleiche stellt sich naturgemäß die Frage der Datenlage. Seit langem veröffentlicht die Deutsche Bundesbank in ihren Dezemberheften Daten für deutsche Unternehmen auf einer sehr umfassenden Datenbasis. Leider sind diese Daten aber hochgradig aggregiert und werden für eine sehr heterogene Unternehmensgesamtheit erhoben. Nur fallweise gibt es Ausführungen zu bestimmten, besonders wichtigen Branchen. Auch sind die Resultate der bisherigen empirischen Untersuchungen zu volkwirtschaftlichen Einflüssen auf bestimmte Branchen nicht eindeutig. Ein Beispiel aus dem Bereich des angesprochenen Zinsniveaus wären hier die Einflüsse der konventionellen (Leitszinsänderungen) und unkonventionellen (z. B. Anleihenkäufe) Entscheidungen der EZB auf verschiedene Branchen über die Transmissionsmechanismen, die nicht immer wie erwartet greifen.[8] Ein möglicher Grund könnte hier, die bereits angesprochene Heterogenität innerhalb der Branchendefinition sein.

Die letzte Vergleichsmöglichkeit zielt auf **Norm-, Plan- oder sonstige Zielgrößen** ab. Interne Plangrößen des Managements wären natürlich wünschenswert und geeignet, um die angestrebte Zielerreichung bewerten zu können. Leider sind diese regelmäßig unbekannt. Ausnahmen sind Prognosen des Managements für Umsätze und Gewinne oder auch Analystenprognosen. Auch Lageberichten können solche Soll-Größen manchmal entnommen werden,[9] leider viel zu selten durch eine Follow-up-Berichterstattung mit Abweichungsanalysen unterlegt.

Daneben kursieren in einigen Lehrbüchern und Praktikerkreisen gewisse **Soll-Vorstellungen**, z. B. zur Liquidität 1. Grades, einer Eigenkapitalquote, einer Umsatzrendite, einer goldenen Bilanzregel usw. Solche Erfahrungsrelationen sind „wissenschaftlich nicht begründbar",[10] so die sehr strenge Einordnung von Brösel. Klar ist jedenfalls, dass es bestenfalls um Wertkorridore gehen kann und diese können immer nur für vergleichbare Unternehmen und Zeiträume reklamiert werden.

Inhaltlich retten kann man den Wert solcher Normen i. d. R. nicht durch Argumente, die sich auf direkte ökonomische Zusammenhänge beziehen. Man kann aber davon ausgehen, dass Unternehmen, die ausgeprägt höhere oder niedrigere Kennzahlenwerte als andere haben, auffällig sind. Wenn sie die Flexibilität und Ressourcen haben, unauffällige Werte zu generieren, so würden sie dies wahrscheinlich tun. Andernfalls signalisiert die Nichteinhaltung dieser „Spielregeln", dass die Unternehmen gerade diese Fähigkeit nicht haben, was man als Zeichen ökonomischer Schwäche deuten kann.

Kennzahlenrechnungen erfolgen regelmäßig in der Weise, dass mehrere Werte ermittelt werden, die Aussagen zu unterschiedlichen Sachverhalten ermöglichen sollen, also zur Ertragslage, Liquidität, Finanzlage usw. Anwender benötigen dann, abhängig von der Entscheidungssituation, eine Gesamtbewertung, d. h. die KPI sind zu einem **Gesamturteil** zusammen zu fassen. Deshalb wird auch mit Kennzahlensystemen gearbeitet. „Unter Kennzahlensystem wird im Allgemeinen eine Zusammenstellung von Kennzahlen verstanden, wobei die einzelnen Kennzahlen in einer sachlich sinnvollen Beziehung zueinanderstehen, einander ergänzen oder erklären und insgesamt auf ein gemeinsames übergeordnetes Ziel ausgerichtet sind."[11] Ein solches Ziel kann sein, eine

---

8 Vgl. Fausch und Sigonius (2018, 46).

9 Vgl. Coenenberg, Haller und Schultze (2021, 1093).

10 Brösel (2017, 47).

11 Reichmann, Kißler und Baumöl (2017, 50).

Entscheidung über eine Ratingnote, über eine Investition bzw. Desinvestition bei einem Unternehmen, eine Managementbeurteilung usw. sein. Bei einer externen Analyse geht es regelmäßig um die Einschätzung der Erfolgs- und Finanzlage und den zukünftigen Marktwert des Unternehmens oder Eigenkapitals da für die Unternehmensfortführung und die Attraktivität für Investoren diese im Vordergrund stehen.[12]

Solche **Kennzahlensysteme** können sehr unterschiedlich aufgebaut sein.[13] Sehr bekannt ist das ROI-System nach DuPont, bei dem eine Spitzenkennzahl, der Return on Investment, aufgegliedert wird, um Aussagen über die Erfolgsquellen zu gewinnen. Verbreitet ist auch das ZVEI-System des Zentralverbandes der Elektrotechnischen Industrie und das von Reichmann und Lachnit entwickelte RL-System.[14] Im Bereich der Finanzberatung existieren darüber hinaus diverse Kennzahlensysteme, deren Spitzenkennzahl auf die Steigerung des Marktwerts des Eigenkapitals abzielt, wie beispielsweise Economic Value Added (EVA) von Stern Steward oder Cash Value Added (CVA) der Boston Consulting Group.[15]

Obwohl einzelne KPI sehr unterschiedliche Sachverhalte erklären sollen und eventuell sowohl gute als auch schlechte Werte bei den verschiedenen Kennzahlen auftreten, sind **Scoring-Modelle** eine übliche Vorgehensweise, um zu einer **Gesamtaussage** zu kommen. Hierbei können sehr heterogene Größen und Sachverhalte zusammengeführt werden, indem die KPI-Werte mit Gewichtungen versehen aggregiert werden. Dies ist insbesondere interessant, wenn auch qualitative Faktoren wie Kundenzufriedenheit, ökologische Merkmale usw. integriert werden sollen. Diese Modelle lassen erkennen, welche Sachverhalte mit welchem Gewicht in die Gesamtnote eingehen und schaffen insofern Transparenz. Der gravierende Nachteil besteht darin, dass sowohl die Auswahl der KPI, als auch deren Bewertung und relatives Gewicht subjektiv sind. Das berühmte „Fingerspitzengefühl" oder die „Erfahrung" des Analytikers drücken dies gut aus, ändern aber nichts an der Willkür des Vorgehens. In der empirischen Sozialforschung ist dieses Problem als mangelhafte interrater reliability bekannt, dem Problem, dass andere Gutachter zu anderen Urteilen und Gewichtungen kommen würden. Interessanterweise lassen sich in der Praxis auch Probleme der verwandten intrarater reliability feststellen. In dieser wird derselbe Gutachter zu einem anderen Zeitpunkt zu einem anderen Urteil kommen. Dies würde sich mathematisch statistisch zwar prüfen lassen, allerdings fehlt praktisch oft die zweite Einschätzung dafür.

Besser sind hier alternative mathematisch-statistische Verfahren wie **Diskriminanzanalysen, neuronale Netze** usw. Gerade Diskriminanzanalysen sind auch in Deutschland verbreitet und werden seit vielen Jahrzehnten für Bilanzanalysen genutzt.

---

12 Vgl. Reichmann, Kißler und Baumöl (2017, 52).

13 Vgl. ausführlich Brösel (2017, 10 ff.); Gladen (2014, 86 ff.); Küting und Weber (2015, 54 ff.); Reichmann, Kißler und Baumöl (2017, 50 ff.); Vanini, Krolak und Langguth (2019, 309 ff.).

14 Vgl. Reichmann, Kißler und Baumöl (2017, 82 ff.); Gladen (2014, 86 ff.).

15 Vgl. Stiefl und Westerholt (2009, 55).

Im Kern wird durch Regressionsanalysen herausgefiltert bei welchen Kennzahlen und Kennzahlenwerten sich gute von schlechten Unternehmen unterscheiden. Gesucht werden dann Funktionswerte mit den entsprechenden Gewichtungen der KPI, die solche Unternehmen für die bekannte Vergangenheit am besten trennen können. Basis sind Unternehmen, die in Vorperioden insolvent wurden oder eben auch nicht. Anders als bei den subjektiven Scoringmodellen, wird die Auswahl und Gewichtung der KPI damit empirisch fundiert, weshalb sie auch als objektive Systeme gelten. Entscheidend ist natürlich, dass die für die Analysen genutzte Funktion laufend aktualisiert wird, indem neue Daten eingepflegt werden, es handelt sich um ein atmendes System. Ebenso wichtig ist die Generalisierbarkeit der ermittelten Werte auf den jeweiligen Anwendungsfall. Insbesondere die bereits angesprochenen Unschärfen bei der Branchenzuordnung können hier problematisch sein.

Im Weiteren wird kein umfassendes Kennzahlensystem zugrundgelegt. Scoringmodelle nicht, weil sie aufgrund ihrer Subjektivität hier wenig helfen könnten. Mathematisch-statistische Methoden sind durchaus sehr leistungsfähig, haben aber den gravierenden Nachteil, dass sie einen beachtlichen Dateninput erfordern, um valide Resultate zu generieren. Deshalb werden sie u. a. von Banken eingesetzt oder auch von Forschern, wenn großzahlige Datenmengen vorliegen (z. B. in Form von Archivdatenbanken wie in den USA).

Stattdessen werden einzelne, sehr häufig in Theorie und Praxis genutzte Kennzahlen vorgestellt und bezüglich ihrer Aussagefähigkeit zu Einzelaspekten untersucht. Dabei werden die üblichen Verdächtigen fokussiert, die auch in die verbreiteten Kennzahlen- und Ratingsysteme eingehen. Unterlassen wird hier aber der Schritt, ein Gesamturteil durch Aggregation abzuleiten.

Die Datengrundlage sind die Jahres- und Konzernabschlüsse von BMW, Mercedes-Benz und VW für die Jahre 2016 bis 2021. Damit wird ein **kleines Sample** von auf den ersten Blick recht **homogenen Unternehmen** ausgewählt. Es handelt sich um große, börsennotierte Traditionsunternehmen, deren Geschäftsfeld sehr ähnlich ist: es werden PKW und Nutzfahrzeuge hergestellt und abgesetzt, wobei insbesondere Finanzdienstleistungen ergänzend einen wesentlichen Umfang haben. Alle drei haben den Stammsitz in Deutschland, sind aber weltweit mit Produktions- und Absatzaktivitäten vertreten. Alle drei haben eine Konzernstruktur gewählt, d. h. externes Wachstum ist typisch (in Form von Share Deals) und Geschäftsvolumen wird in mehr oder weniger großem Umfang von Tochterunternehmen abgewickelt. Insoweit dürften sie einem vergleichbaren rechtlichen und ökonomischen Umfeld ausgesetzt sein. Bezüglich der Eigentümerstruktur weisen sie zwar deutliche Unterschiede auf: BMW hat sehr starke kontrollierende Aktionäre, was z. T. auch für VW gilt. Diese haben zusätzlich das Land Niedersachsen als wichtigen Eigentümer, der mit Sonderrechten ausgestattet ist. Gleichwohl haben alle drei auch in sehr großem Umfang Kleinaktionäre und Blockholder.

7.2 Datenaufbereitung für eine Kennzahlenrechnung

7.2.1 Grundsätzliche Überlegungen

Bevor aus den Jahresabschlüssen übernommene Daten für KPI genutzt werden können, sind sie regelmäßig mehr oder weniger umfangreich aufzubereiten. Zu diesem Zweck wird eine sog. Strukturbilanz entwickelt, genau genommen auch eine Struktur-GuV und Struktur-KFR. Diese stellen das Rohmaterial dar, aus dem Kennzahlen dann berechnet werden. An einigen Stellen wird sich dann zeigen, dass zusätzliche Daten benötigt werden, um KPI zu verfeinern oder zusätzliche Erkenntnisse zu gewinnen.

Die Datenaufbereitung ist aus verschiedenen Gründen erforderlich. Zunächst einmal geht es regelmäßig darum, die Vergleichbarkeit der Rechengrößen herzustellen, wenn zu vergleichende Unternehmen unterschiedlich verfahren, insbesondere Wahlrechte jeglicher Art verschieden ausüben. Neben einer Anpassung bei Wahlrechten werden auch häufig Anpassungen vorgenommen, die sich nicht aus Rechnungslegungsnormen ableiten lassen oder diesen sogar widersprechen. Beliebte Anpassungen („Conversions") sind hier beispielsweise die Gleichstellung von Miete bzw. Leasing und Eigentum und die Aktivierung von F&E oder Marketingaufwendungen. Zudem soll die Fülle an vorhandenen Informationen verdichtet werden, um den Blick auf wesentliche Aspekte zu gewinnen. Es erfolgt also eine Reduktion auf Größen, die für die Berechnung wesentlicher Kennzahlen erforderlich sind. Daran wird deutlich, dass diese Maßnahmen grundsätzlich schon voraussetzen, dass bekannt ist, welche Kennzahlen genutzt werden sollen.

Zu den üblichen Aufbereitungsmaßnahmen gehören folgende Vorgehensweisen: **!**
- Ansatz oder Eliminierung von Bilanzposten, z. B. eine Aussonderung von Firmenwerten oder ein Einbezug nicht passivierter Rückstellungen nach Art. 28 EGHGB.
- Umbewertungen, wenn z. B. eine Legung stiller Reserven durch Lifo oder außerplanmäßige Abschreibungen korrigiert werden sollen.
- Umgliederungen: Soll die Passivseite in Eigen- und Fremdkapital aufgeteilt werden, muss man klären, wie passive RAP oder passive latente Steuern in diese Systematik passen.
- Aufgliederungen: Das Fremdkapital wird im Allgemeinen nach Fristigkeiten unterteilt in lang- und kurzfristige Schulden. Die Daten müssen dann teilweise aus dem Anhang gewonnen werden, da sie der Bilanz nicht zu entnehmen sind.
- Neubildungen: In der GuV können Zwischensummen oder Teilergebnisse in Betracht kommen, in der Bilanz eine Identifikation von Sach- und Finanzkapital.

Das Aussondern bilanzpolitischer Verzerrungen ist extern nur in begrenztem Umfang möglich. Kann man dem Anhang von Unternehmen A entnehmen, dass Sachanlagen linear abgeschrieben wird und Vorräte mit möglichst hohen Herstellungskosten bewertet werden, während Unternehmen B degressiv abschreibt und die Wertuntergrenze der Herstellungskosten wählt, kann eine quantitative Vergleichbarkeit nicht hergestellt werden. Das muss sich aber keinesfalls immer in wesentlichem Umfang negativ auswirken. Werden Sachanlagen laufend neu erworben bzw. ersetzt, so kann sich ein eingeschwungenes Niveau der Abschreibungen ergeben, da Unternehmen B neue Anlagen mit hohen Abschreibungen zusammenfasst mit älteren Anlagen mit niedrigen Abschreibungen. Die Wahl der Herstellungskostenmethode hat nur Erfolgswirkungen, wenn Bestände in spürbarem Umfang aufgebaut oder abgebaut werden.

Letztlich muss versucht werden abzuschätzen, ob sich Korrekturen lohnen und wesentliche Folgen für Kennzahlenwerte resultieren. Beachtenswert ist dabei, dass die Korrekturen selbst zum Teil mit unsicheren Schätzungen erfolgen müssen und mit einem erheblichen Arbeitsaufwand verknüpft sein können.

Wie Anpassungen vorgenommen werden können, um trotz bilanzpolitischer Einflüsse Vergleichbarkeit herzustellen, soll an zwei Beispielen ausführlicher vorgestellt werden. Aufgrund der Doppik ist nämlich immer darauf zu achten, dass Korrekturen von Bilanzposten beide Seiten derselben betreffen müssen und allfällige GuV-Wirkungen (auch für Folgejahre) anzupassen sind. Gibt es eine KFR wäre auch diese anzupassen, um Inkonsistenzen zu vermeiden.

> **Beispiel (1)** Ein wesentlicher Unterschied zwischen Unternehmen kann aufgrund des Aktivierungswahlrechtes für selbst erstelltes immaterielles Anlagevermögen (IAV) nach § 248 Abs. 2 HGB auftreten. Aber bereits auf einer vorgelagerten Stufe kann es zu Differenzen kommen. Betreibt ein Unternehmen selbst F&E, ist das Wahlrecht verfügbar. Erwirbt ein Unternehmen solche Vermögensgegenstände, so sind diese zwingend mit den Anschaffungskosten anzusetzen. Auch wenn das Unternehmen selbst erstelltes Vermögen aktivieren würde, dürften die Herstellungskosten gemäß § 255 Abs. 2a HGB deutlich von den Anschaffungskosten bei einem Erwerb abweichen.

Möchte man Unternehmen vergleichbar machen, egal ob sie immaterielles Vermögen kaufen oder selbst herstellen oder ab sie aktivieren oder nicht, so müsste man das IAV aus der Strukturbilanz eliminieren. Der umgekehrte Weg einer Nachaktivierung ist regelmäßig nicht gangbar. Ein Grund besteht darin, dass fiktive Anschaffungskosten bei einem alternativ möglichen Erwerb nicht abzuschätzen sind. Selbst wenn es nur um Resultate eigener F&E-Leistungen geht, wäre ein Vergleich nur unter der (extrem unvorsichtigen) Annahme möglich, dass alle F&E-Aufwendungen bekannt sind und zu IAV geführt haben. Dann könnte der gesamte Aufwand kapitalisiert werden. Selbst wenn man diese mutige Annahme trifft, müssten für die Folgezeit fiktive planmäßige Abschreibungen einberechnet werden. Dazu müssten dann extern plausible Nutzungsdauern geschätzt werden.

Geht man den umgekehrten Weg der Streichung des gesamten IAV, sieht dies auf den ersten Blick einfacher aus. Bei einer Selbsterstellung führte eine Aktivierung im abgelaufenen Geschäftsjahr zu einer Ergebniswirkung und passiven latenten Steuern. Dies müsste für die Passivseite und die GuV korrigiert werden. Gibt es eine KFR müssten die Investitionsauszahlungen für das IAV in den operativen Cashflow umgegliedert werden. In den Folgejahren wären die Abschreibungen auf das IAV und die Änderungen der passiven latenten Steuern anzupassen. Es leuchtet ein, dass dies durchaus aufwändig wird und etwaige Veräußerungserfolge gleich gar nicht erfassbar sind.

Die Verrechnung des IAV kann man gleichwohl rechtfertigen, insbesondere aus der Sicht von Gläubigern. Einmal wird Vergleichbarkeit zwischen den Unternehmen hergestellt und auch bilanzpolitisch stark beeinflussbare Entscheidungsfolgen werden eliminiert. IAV gelten zudem als eher fragwürdige, besonders riskante Vermögensgegenstände, als „ewige Sorgenkinder des Bilanzrechts." Anders als Forderungen, Wertpapiere, Immobilien etc. stellt IAV aufgrund der eingeschränkten Drittverwertbarkeit regelmäßig auch keine gute Kreditsicherheit für Gläubiger dar.

Allerdings ist der Preis einer rigiden Kürzung nach dem Rasenmäherprinzip hoch, da dann das gesamte IAV entfallen müsste, egal ob erworben oder selbst erstellt. Die pauschale Annahme der zweifelhaften Werthaltigkeit des IAV ist zumindest bei einer regelmäßig unterstellten Unternehmensfortführung wenig plausibel. Das hängt natürlich auch von der Branche und den konkreten Vermögensgegenständen ab. Gerade bei **Unternehmensaquisitionen** (Merger and Aquisitions, M&A), auch in der Automobilbranche, tritt immer wieder sehr deutlich zutage, dass das Erwerberinteresse sich sehr stark auf das IAV samt Firmenwerten bezieht. Unterstellt man nicht, dass die Akquisitionen irrational sind, ist eine allgemeine Einstufung als besonders riskant, wenig plausibel. Ergänzend sei angemerkt: Verliert IAV plötzlich dramatisch an Wert, weil es technischen Fortschritt oder Rechtsänderungen gibt, so ist es wahrscheinlich, dass dann auch die spezialisierten Sachanlagen nicht mehr wie bisher weitergenutzt werden können. Eine Umstellung der Kfz-Produktion von Verbrennungs- auf andere Antriebstechniken entwertet bei weitem nicht nur Patente.

Für eine Nicht-Eliminierung des IAV spricht ergänzend, dass die Aktivierungsregeln des HGB durchaus **Objektivierungshürden** aufweisen. Es müssen einzelverwertbare Vermögensgegenstände vorliegen, deren Werthaltigkeit durch einen Abschlussprüfer bestätigt wurde.

Für die drei hier betrachteten Unternehmen ist festzustellen, dass sie selbst erstelltes IAV nicht aktivieren, sodass sich eine Korrektur nur auf erworbenes Vermögen beziehen würde, für das Anschaffungskosten vorliegen. Die entsprechenden Beträge sind zudem quantitativ eher nachrangig, sodass eine wie oben beschriebene Schattenrechnung nicht notwendig erscheint. Für den Konzernabschluss nach IFRS ist aber von einer Wesentlichkeit der entsprechenden Posten auszugehen.

Beispiel (2) Eine zweite Korrektur besteht darin, möglichst stille Reserven zu korrigieren. Gerade in Deutschland galt dies lange Zeit als Kernaufgabe, da ein sehr stark vorsichtsgeprägtes Bilanzrecht und die rigide Verknüpfung mit Steuerfolgen starke Anreize boten, stille Reserven zu legen. Dadurch waren Vermögen und Eigenkapital verzerrt und die Bewegung stiller Reserven ging oftmals sogar an der GuV vorbei oder war schwer einschätzbar. Durch gezielte Hebung solcher Reserven ergaben sich zusätzliche Gestaltungsmöglichkeiten für Abschlussersteller.

Mit dem BilRUG wurde in § 284 Abs. 3 HGB eine Neuerung eingeführt, die eine Schätzung stiller Reserven im Anlagevermögen verbessert hat.[16] Entscheidend dafür ist, dass über die Abgangsgewinnrate, also das Verhältnis von Veräußerungsgewinnen zu den Buchwerten, eine Schätzung der stillen Reserven im verbleibenden Bestand ermöglicht wird. Die Beispielrechnungen für die BASF SE (2011–2016) belegen eindrucksvoll, dass es sich um sehr beachtliche Größenordnungen handeln kann.

Der Weg zu diesen Schätzgrößen ist allerdings steinig, aus Vereinfachungsgründen müssen einige Annahmen gesetzt werden. Anwendbar ist die Methodik zudem nur auf abnutzbares Anlagevermögen. Selbst wenn man dies umsetzt, sind die korrespondierenden GuV-Folgen nicht zu simulieren, es sei denn man setzt wiederum willkürliche Annahmen über Abschreibungsverläufe. Es wäre aber wenig sinnvoll, korrigierte Bilanzwerte und Ist-Größen aus der GuV in Relation zu setzen. Angesichts der Fülle an erforderlichen Annahmen und der Tatsache, dass das abnutzbare Anlagevermögen in den Einzelabschlüssen der drei Referenzunternehmen eher nachrangig ist, wird von einer Korrektur abgesehen.

Das gleiche gilt bei einer möglichen **Liforeserve** nach § 284 Abs. 2 Nr. 3 HGB oder **außerplanmäßigen Abschreibungen** etc. Die Korrekturen müssten jeweils durchgängig für alle Rechenwerke erfolgen und in Folgejahren fortgeschrieben werden, wofür regelmäßig die Daten fehlen. Bei außerplanmäßigen Abschreibungen kann auch nicht ohne weiteres unterstellt werden, sie seien Ausfluss von Bilanzpolitik. Selbst die Annahme, sie seien jedenfalls nicht wiederkehrend, sondern einmalig, gilt für sehr große Unternehmen nicht immer. Aufgrund der schieren Größe können solche Sachverhalte genauso wie Restrukturierungen etc. mehr oder weniger regelmäßig anfallen. Zum Kerngeschäft wird man sie sowieso zählen können und müssen.

Letztlich sollen die Beispiele deutlich machen, dass Korrekturen regelmäßig nicht umfassend gelingen, sehr aufwändig sein können und deshalb gilt es immer im Einzelfall zu prüfen, ob sie sich lohnen. Es leuchtet deshalb ein, dass es in der Anwendung deutliche Unterschiede geben kann.

7.2.2 Strukturbilanz für den HGB-Jahresabschluss

Die folgenden Arbeitsschritte zur Ableitung einer Strukturbilanz stellen einen ersten und wichtigen Baustein für die spätere Kennzahlenrechnung dar, da sie einen schnellen Überblick liefert und Besonderheiten zeigen kann, die für weitergehende Fragen wichtig werden können. Zudem wird damit die **Qualität des Dateninput** bestimmt. Dies bedeutet jedoch nicht, dass das Rohmaterial Jahresabschluss unwichtig wird. Ergeben sich Auffälligkeiten oder zusätzliche Informationsbedarfe muss wieder auf Details der Abschlüsse zurückgegriffen werden, um Sachverhalte zu verdeutlichen.

---

16 Vgl. Lachnit, Müller und Wulf (2018, 3 ff.).

Bei der Auswahl der Inhalte und des Aggregationsgrades der Strukturbilanz sind die Zielsetzung der Analyse und Unternehmensbesonderheiten bedeutsam. So könnte es zweckmäßig sein für Unternehmen aus verschiedenen Branchen auch unterschiedliche KPI zu ermitteln, da die Relevanz bestimmter Abschlussposten sehr verschieden sein kann. Solche Differenzierungen entfallen hier, da die drei untersuchten Unternehmen ein relativ homogenes Geschäftsmodell haben.

Theoretisch kann sich die Aufarbeitung eher an den Informationsbedürfnissen von Gläubigern orientieren, sodass Themen wie das Schuldendeckungspotenzial und das Unternehmensrisiko im Zentrum stehen. Hierfür bietet sich eine vorsichtsgeprägte Herangehensweise an. Aus Sicht der Eigentümer sind hingegen auch Marktbewertungen und die Identifikation von Werttreibern für die Nutzung von Chancen wichtig. Allerdings geben die Abschlussgrößen hierfür weniger brauchbare Informationen, da das Anschaffungskostenmodell und das Vorsichtsprinzip dominieren. Dies bedeutet aber nicht, dass die ermittelten KPI nicht auch für Eigentümer wichtig sein können. Ein Abgleich mit Marktdaten (Börsenkurse, Aktienrenditen, Risikoeinstufungen etc.) kann bei der Dateninterpretation dann wichtige Erkenntnisse liefern. Allerdings helfen hier eher Stromgrößen aus der GuV oder der KFR als Stichtagsgrößen aus der Bilanz. Im Weiteren werden die einzelnen Arbeitsschritte für unser Vorgehen knapp erläutert.

Für die Aktivseite wird zunächst die grundlegende Unterscheidung in **Anlage- und Umlaufvermögen** nach § 247 Abs. 2 HGB übernommen. Entscheidend für die Zuordnung ist damit ausschließlich die geplante Nutzung von Vermögensgegenständen und nicht deren Art. So können PKW, Wertpapiere, Forderungen, Immobilien usw. sowohl Anlage- als auch Umlaufvermögen darstellen. Mit der Zuordnung nach den Managementabsichten ergeben sich durchaus bilanzpolitische Spielräume, die für die Bewertung des Vermögens und Bilanzstrukturkennzahlen wichtig werden können. Im Kern soll die Unterscheidung helfen, die Geldnähe oder Liquidierbarkeit der Vermögensgegenstände abzubilden. Wie die obigen Beispiele deutlich machen, gelingt dies nicht durchgängig, Forderungen, Wertpapiere, Immobilien usw. sind unabhängig vom Bilanzausweis gleich gut oder schlecht zu liquidieren.

Innerhalb des Anlagevermögens wird weiter unterteilt in Sach- und immaterielles Anlagevermögen einerseits und Finanzanlagevermögen andererseits. Das immaterielle Vermögen wird hier nicht eliminiert (siehe oben). Es könnte sich ausschließlich um gekaufte Vermögensgegenstände handeln, da die Unternehmen selbsterstellte nicht aktivieren. Damit werden aber auch die erworbenen Firmenwerte übernommen, obwohl diese kein Schuldendeckungspotenzial darstellen. Kritisch wird zudem die Subjektivität der Bewertung gesehen und die Tatsache, dass externes und internes Wachstum dann unterschiedlich abgebildet wird.[17] Dies halten wir für sinnvoll, da es zunächst einmal um relativ niedrige Posten handelt und damit korrespondierende GuV-Korrekturen entfallen können. Man kann auch nicht unterstellen, dass internes und externes Wachstum

---

17 Vgl. Brösel (2017, 120). Dem wird in Kapitel 16.2 detailliert nachgegangen.

ökonomisch gleichartige Vorgänge sind und deshalb gleich abzubilden wären. Für den Konzernabschluss nach IFRS wird sich zeigen, dass es bei den drei Unternehmen um sehr beachtliche Größenordnungen gehen kann, sowohl für selbsterstellte Vermögenswerte als auch die gekauften Firmenwerte. Hier eine pauschale Kürzung vorzunehmen, würde auch wesentliche Inhalte und Informationen unterdrücken.[18]

Auch die Ansicht, dass die Bewertung von Firmenwerten nach HGB und vor allem den IFRS mehr oder weniger willkürlich sei, ist in dieser Allgemeinheit nicht haltbar. Es gibt zwar in der empirischen Forschung durchaus heterogene Befunde, aber überwiegend wird die Firmenwertbilanzierung nach den IFRS und den US-GAAP (zwingender Ansatz, keine planmäßigen Abschreibungen, nur ein Niederstwerttest auf der Basis von Berichtseinheiten) als informativ eingestuft.[19]

Die Zusammenfassung von immateriellem und Sachanlagevermögen folgt der Annahme, dass es sich um **Produktivvermögen** handelt, das für das Kerngeschäft – die Herstellung und den Absatz von Fahrzeugen – notwendig ist. Damit ist nicht gemeint, dass damit das gesamte **betriebsnotwendige Vermögen** gezeigt wird, da sowohl Finanzanlagen als auch liquide Mittel und Vorräte ökonomisch notwendig sein können. Umgekehrt ist es durchaus möglich, eventuell auch geplant, bilanziertes Anlagevermögen auch zu verkaufen. Die Posten sind zudem immer noch heterogen, da das Sachanlagevermögen und das immaterielle Vermögen z. B. teilweise abnutzbar ist und teilweise nicht.

Das **Finanzanlagevermögen** umfasst vor allem die Beteiligungen an Konzerntöchtern und anderen Unternehmen, Darlehen usw. Diese sind keinesfalls planmäßig abzuschreiben und bei nur vorübergehender Wertminderung besteht ein Abschreibungswahlrecht (§ 253 Abs. 3 HGB). Obwohl auch Finanzanlagen für das Geschäftsmodell notwendig sein können (z. B. Anteile an Finanzierungsgesellschaften oder Zulieferunternehmen), verursachen diese regelmäßig keine direkten Produktionskosten für die hergestellten Produkte. Insgesamt dürften die Fixkosten von Finanzanlagen geringer sein.

Das **Umlaufvermögen** soll nicht dauerhaft dem Geschäftsbetrieb dienen, eine Formulierung, die nicht mit dem Wort kurzfristig oder gar einer Jahresgrenze für einen Verbleib im Unternehmen gleichzusetzen ist. Deutlich wird dies an den Forderungen aus LuL, die auch dann als Umlaufvermögen auszuweisen sind, wenn sie lange Laufzeiten haben, z. B. bei Ratenkäufen. Da die Restlaufzeiten dem Anhang zu entnehmen sind (§ 268 Abs. 4 HGB), könnte eine Umgliederung in das Anlagevermögen für die Strukturbilanz erwogen werden.[20] Dies erfolgt hier nicht, da solche Forderungen auch nicht dauerhaft dem Geschäftsbetrieb „dienen", sie ergeben sich eher aus diesem. Forderungen sind zudem recht geldnah, da sie relativ einfach verkauft werden können. Schließ-

---

18 Vgl. Lachnit und Müller (2017, 23 f.).

19 Vgl. Bens, Heltzer und Segal (2011, 527); Dinh, Stenzel und Candreja (2020, 22); ICAEW Financial Reporting Faculty (2015); Li und Sloan (2017, 964).

20 Vgl. Küting und Weber (2015, 85).

lich ist es für manche Kennzahlen sinnvoll, sie gerade nicht umzugliedern, z. B. wenn die Forderungsreichweite ermittelt werden soll. Während man für das HGB unterstellen kann, dass die längerfristigen Anteile an den Forderungen LuL relativ niedrig sind, gilt dies unter IFRS nicht ohne Weiteres, da der Leasingstandard IFRS 16 häufiger dazu führt, dass der Leasinggeber das Geschäft wie einen Verkauf auf Ratenbasis abbilden muss.

Das gesamte Umlaufvermögen wird untergliedert in die Posten **Vorräte**, liquide Mittel und alle anderen Sachverhalte (Forderungen, sonstige Posten). Bezüglich der Vorräte ist es in manchen Branchen üblich, dass es in größerem Umfang erhaltene Anzahlungen gibt, die gemäß § 268 Abs. 5 HGB entweder passiviert oder offen von den Vorräten abgesetzt werden können. Letzteres kann zu einer erheblichen Bilanzverkürzung führen. In der Literatur wird vorgeschlagen, eine solche Saldierung vorzunehmen, da die Vorräte faktisch schon dem Abnehmer zuzurechnen sind und eine vollständige Rückzahlung der Anzahlungen auch bei einem Scheitern des Geschäftes nicht zu erwarten sei.[21] Dem wird hier nicht gefolgt, da die Vorratsrisiken weiterhin beim Auftragnehmer liegen, er die Lagerkosten trägt und unerwünschte Verzerrungen von KPI möglich wären, z. B. bezüglich der Vorratsreichweiten. Entsprechend müssen die erhaltenen Anzahlungen unter dem Fremdkapital aufgeführt werden, auch wenn es sich nicht um Geldschulden handelt. Diese Eigenschaft weisen aber auch diverse Rückstellungen auf, ohne dass deshalb der Charakter als Fremdkapital in Frage gestellt wird.

Die **liquiden Mittel** umfassen die Posten Kasse, Bank und Wertpapiere des Umlaufvermögens. Für die zuletzt genannten wird unterstellt, dass sie im Wesentlichen ohne größere Probleme in Zahlungsmittel umgewandelt werden können. Dies entspricht der Denkweise bei der Abgrenzung des Fonds liquider Mittel bei der KFR, für den ebenfalls Zahlungsmittel und Zahlungsmitteläquivalente zusammengefasst werden. Allerdings werden hier anders als in der KFR sämtliche Wertpapiere des Umlaufvermögens erfasst. Darunter können auch eher weniger liquide Anlagen fallen oder bestehende Verfügungsbeschränkungen außer Acht gelassen werden. Zudem werden hier keine negativen Posten („Dispokredit") mit einbezogen, was bei KFR möglich sein kann.

Zu den **Forderungen und sonstigen Vermögensgegenständen** rechnen wir auch die aktiven Rechnungsabgrenzungsposten (RAP) nach § 250 Abs. 1 HGB. Im Kern handelt es sich um Vorleistungen des Unternehmens, die eine Forderung auf eine Sach- oder Dienstleistung repräsentiert. Sie erfüllen regelmäßig auch die gängigen Kriterien für Vermögensgegenstände (Einzelbewertbarkeit und abstrakte Einzelverwertbarkeit), die Unterschiede zu geleisteten Anzahlungen sind marginal.

Eine Besonderheit stellt das **Disagio** dar, für das § 250 Abs. 3 HGB ein Aktivierungswahlrecht vorsieht. In der Literatur wird vorgeschlagen, dass der Posten beibehalten werden soll, um eine zweckmäßige Periodisierung des Zinsaufwandes zu gewährleisten. Nach anderer Ansicht soll eine Verrechnung mit dem Eigenkapital erfolgen, um

---

21 Vgl. Küting und Weber (2015, 90).

Vergleichbarkeit herzustellen mit Unternehmen, die keine Aktivierung vornehmen und sofort Zinsaufwand buchen.[22] Konsequenter Weise müsste man dann auch den Zinsaufwand anpassen und dies auch für die Folgeperioden, wofür i. A. die Daten fehlen.

Mercedes-Benz gibt im JA ein aktiviertes Disagio in Höhe von 285 Mio. € (Vorjahr 406 Mio. €) an, während BMW und VW keinerlei Angaben machen, auch nicht zur gewählten Bilanzierungsmethode, wie es nach § 284 Abs. 2 Nr. 1 HGB verlangt wird. Dies wäre nur korrekt, wenn es gar keine oder nur sehr unwesentliche Disagiobeträge gab. Insofern erfolgt hier keine Korrektur. Generalisiert kann man für den Regelfall unterstellen, dass die meisten Unternehmen auch nach HGB ein Disagio aktivieren, da dies für die steuerliche Gewinnermittlung zwingend ist und in IFRS-Abschlüssen ebenso. Nur auf diese Weise wird der Zinsaufwand ökonomisch zweckmäßig verteilt (nach der Effektivzinsmethode).

Aktive und passive **latente Steuern** nach § 274 HGB stellen in vielerlei Hinsicht eine Besonderheit dar. Auch nach HGB erfolgt die Abgrenzung nach dem bilanzorientierten Temporary-Konzept. Abs. 1 erlaubt einen gesonderten Ansatz der Aktiv- und Passivbeträge oder eine Verrechnung, sodass nur der Saldo bilanziert werden kann (Nettomethode). Ergibt sich ein Aktivsaldo, so besteht ein Ansatzwahlrecht, das von allen drei Unternehmen nicht ausgeübt wird. Würden sie anders verfahren, so wird vorgeschlagen, den aktivierten Betrag mit dem Eigenkapital zu verrechnen. Begründbar ist dies damit, dass es sich nicht um Vermögensgegenstände im Sinne des HGB handelt. Dies wird deutlich bei den aktiven latenten Steuern für Verlustvorträge. Der Aktivposten stellt natürlich keine Forderung an das Finanzamt dar, sondern repräsentiert eine unsichere Möglichkeit, künftige zu versteuernde Gewinn zu verrechnen. Insofern stellt der Posten durchaus eine Art Ressource dar, die spätere Auszahlungen verhindern kann. Deshalb fallen latente Steuern unter IFRS auch unter den weiteren Begriff des Vermögenswertes (Asset). Durch die Verrechnung mit dem Eigenkapital nach HGB wird zudem die Vergleichbarkeit zwischen Unternehmen hergestellt, die das Wahlrecht unterschiedlich ausüben. Berücksichtigen muss man aber wiederum, dass eine bilanzielle Korrektur auch Anpassungen der GuV zur Folge haben muss. Für die vorliegenden Anwendungsfälle entfallen diese Probleme, da der Aktivsalo nicht aktiviert wird.

Resultiert ein passiver Saldo, muss dieser bilanziert werden, wobei umstritten ist, ob es sich insoweit um eine Steuerrückstellung gemäß § 249 Abs. 1 HGB handelt oder einen Sonderposten eigener Art.[23] Dementsprechend könnte der Passivposten in Eigenkapital umgegliedert werden oder als Fremdkapital angesetzt werden.[24] Im vorliegenden Fall muss dies nicht entschieden werden, da alle drei Unternehmen einen Aktivüberhang ausweisen, ein typisches Resultat nach HGB, aber nicht zwingend, Passivsalden

22 Vgl. Küting und Weber (2015, 91 f.).
23 Vgl. Coenenberg, Haller und Schultze (2021, 519 f.).
24 Vgl. Küting und Weber (2015, 93).

sind z. B. bei wesentlichem immateriellen Anlagevermögen denkbar, das selbst erstellt wurde.

Würde man Vergleichbarkeit zwischen HGB- und IFRS-Abschlüssen anstreben, so wären Aktiv- und Passivbeträge zwingend brutto anzusetzen, da es sich nach den IFRS um Vermögen und Fremdkapital handelt. Eine solche Anpassung wäre hier jedoch gar nicht möglich, da nur VW die hierfür erforderlichen Daten liefert. Zwar sehen § 285 Nr. 29 und 30 HGB Angaben zu den latenten Steuern vor, aber nur soweit Beträge bilanziert werden und es genügen qualitative Angaben.[25] So gibt BMW für das Jahr 2019 an, dass insgesamt ein Aktivsaldo resultiert, auf welchen Bilanzposten dieser beruht und welcher Steuersatz zugrunde gelegt wurde. Bei Mercedes-Benz wird nur der Steuersatz angegeben, selbst die rudimentären Pflichtangaben nach HGB sind unvollständig.

Demgegenüber gibt VW im Anhang 2019 an, dass es insgesamt einen Aktivbetrag von 12.749 Mio. € (Vorjahr 12.122 Mio. €) gab und passive latente Steuern von nur 288 Mio. € (Vorjahr 248 Mio. €). Daraus wird ersichtlich, dass es um sehr große Beträge geht, die nicht in der Bilanz erkennbar werden (in der GuV nicht deren Änderungen). Im Vergleich zu IFRS-Abschlüssen resultieren ganz wesentliche Unterschiede, wenn man nicht den Weg wählt, die IFRS-Daten in der Strukturbilanz an die informationsärmere HGB-Variante anzupassen.

Seit dem BilMoG (2009) ist es auch nach HGB vorgesehen, dass Unternehmen ihre **Pensionsverpflichtungen** auslagern können und bei Übertragung von vor Insolvenzansprüchen gesicherten Vermögensgegenständen eine Nettobilanzierung erreichen können (§ 246 Abs. 2 HGB). Sowohl die Altersversorgungsverpflichtung als auch das übertragene Vermögen werden nicht mehr bilanziert. Ergibt sich ein Saldo, so ist dieser als **aktiver Unterschiedsbetrag** aus der Vermögensverrechnung gesondert zu bilanzieren oder als **Pensionsrückstellung** anzusetzen. Eine wichtige Besonderheit besteht darin, dass das ausgelagerte Vermögen nicht mehr mit den Anschaffungskosten, sondern dem beizulegenden Zeitwert gemäß § 255 Abs. 4 HGB zu bewerten ist. Diese Entschlackung der Bilanz hat für Unternehmen zwei Vorteile. Einmal entfallen Schulden, was sich positiv auf die Eigenkapitalquote auswirkt. Zudem ist ein auftretender passiver Saldo regelmäßig niedriger als wenn das Vermögen auf Basis der Anschaffungskosten bewertet würde.

Deshalb ist auch klar, dass sich ein aktiver Saldo in völlig anderer Höhe ergeben kann als bei einer Anschaffungskostenbewertung. Auf der Basis von Anschaffungskosten könnte auch eine Unterdeckung resultieren. Wichtig ist, dass das ausgelagerte Vermögen dem Zugriff des ausgliedernden Unternehmens entzogen ist, es dient ausschließlich dazu, die Rentenansprüche der Begünstigten zu bedienen (Zweckexklusivität). Insofern liegt auch kein Vermögensgegenstand vor und konsequenter Weise sieht § 268 Abs. 8 HGB eine Ausschüttungssperre vor.

---

25 Vgl. Grottel in Grottel u. a. (2018, § 285 Rz. 831, 840); Müller in Bertram u. a. (2019, § 285 Rz. 176).

❗ Für die Behandlung in der Strukturbilanz gibt es verschiedene Vorschläge:
-   Küting und Weber halten es eigentlich für sinnvoll, die Vermögensgegenstände und die Pensionsrückstellungen wieder in die Bilanz aufzunehmen. Für eine Abbildung, als ob es gar keine Auslagerung gegeben hätte, fehlt aber die Angabe zu den fortgeführten Anschaffungskosten. Zudem müssten parallel auch die latenten Steuern korrigiert werden.[26] Da der Nettoausweis auch die GuV betrifft, müsste natürlich auch diese umgestellt werden, wofür wiederum Daten fehlen. Eine solche Re-Integration in die Unternehmensbilanz ist uE aber auch aus einem anderen Grunde nicht zweckmäßig: das ausgelagerte Vermögen steht gerade nicht mehr dem auslagernden Unternehmen zu, sondern wird treuhänderisch für die Rentenempfänger verwaltet. Ergibt sich ein passiver Saldo, so drückt dieser das Risiko des Unternehmens, einstehen zu müssen, zutreffend aus, auch wenn die Zeitbewertung des Vermögens subjektive Elemente enthalten kann.
-   Ein aktiver Unterschiedsbetrag soll hingegen mit dem Eigenkapital saldiert werden, da er keinen einzelverwertbaren Vermögensgegenstand darstellt und nicht auf Anschaffungskostenbasis ermittelt wurde.[27] Dem wird hier nicht gefolgt, da ein Aktivsaldo gleichwohl einen ökonomischen Vorteil abbildet. Das Unternehmen hat auch bei Subsidiärhaftung für die Versorgungsverpflichtungen einen Puffer, der vor einer Inanspruchnahme schützt und Wertminderungen ausgleichen kann. Deshalb wird hier ein Aktivsaldo als Finanzanlagevermögen erfasst. Damit entfällt auch eine GuV-Anpassung.
-   Resultiert ein Passivsaldo wird dieser weiter als Pensionsrückstellung behandelt, auch wenn die Bewertung des Saldos anders als bei einer Bruttobilanzierung ist.

Eine Gleichbehandlung von Unternehmen, die vollständig auslagern, teilweise oder gar nicht auslagern ist auf diese Weise zwar nicht möglich, aber auch auf anderen Wegen nicht (vgl. ausführlich Kapitel 18).

Für die Passivseite wird im ersten Schritt Eigen- und Fremdkapital getrennt und innerhalb des Fremdkapitals wird in kurz-, mittel- und langfristiges Kapital unterschieden (Restlaufzeit bis 1 Jahr, von 2 bis 5 Jahren, und mehr als 5 Jahre, § 268 Abs. 5 S. 1 HGB).

Als **Eigenkapital** sind zunächst einmal alle Posten des Gliederungsschemas aus § 266 Abs. 3 A anzusehen. Dies ist eine grobe Zusammenfassung heterogener Posten, die sich bezüglich der Herkunft (Innen- versus Außenfinanzierung) und Kapitalbindung unterscheiden. Die entsprechenden Inhalte sind vor allen Dingen aus gesellschaftsrechtlicher Sicht wichtig, da die Kompetenzen der verschiedenen Gesellschaftsorgane anknüpfen. Insgesamt handelt es sich um gesellschaftsrechtliches Eigenkapital, auch wenn die jeweiligen Rechtspositionen der Eigentümer nicht gleich sein müssen (z. B. Aktien mit und ohne Stimmrecht).

Gibt es noch **ausstehende Einlagen**, so unterscheidet das HGB zwei Fallgruppen. Sind sie nicht eingefordert, werden sie auf der Passivseite als Kürzungsbetrag gezeigt (§ 272 Abs. 1 S. 2 HGB) und es gibt keinen Grund dies in der Strukturbilanz zu korrigieren. Keine Kürzung erfolgt, wenn die Einlage eingefordert wird, vielmehr wird die Forderung an die Gesellschafter im Umlaufvermögen aktiviert. Auch dies sollte nicht korrigiert werden, da die Gesellschaft eben über eine ausfallgefährdete Forderung verfügt.

26 Vgl. Küting und Weber (2015, 93).
27 Vgl. Brösel (2017, 124); Küting und Weber (2015, 93).

Man könnte einwenden, dass die ausstehende Forderung nicht zum Betriebsergebnis beitragen konnte, da noch keine Liquidität floss. Dann wäre z. B. die Eigenkapitalrendite verzerrt. Dies ist nicht überzeugend: wie alle unverzinslichen Forderungen leistet auch die ausstehende Einlage keinen Beitrag zum Ergebnis und deshalb wird die niedrige Rendite zu Recht ohne Korrektur berechnet.

Gemäß § 268 Abs. 1 HGB kann der Jahresabschluss mit oder ohne **Ergebnisverwendung** aufgestellt werden. Obwohl der Wortlaut des Gesetzes ein Unternehmenswahlrecht nahelegt, ist dies nicht der Fall. Ohne auf die rechtlichen Details einzugehen kann hier festgehalten werden, dass (nahezu) alle AG in Deutschland die teilweise Erfolgsverwendung zugrunde legen müssen. Der letzte Eigenkapitalposten ist deshalb der **Bilanzgewinn oder Bilanzverlust**. Der Bilanzgewinn ist der Betrag, der an die Aktionäre ausgeschüttet werden kann (§ 57 Abs. 3 AktG). Aufgrund des Gewinnverwendungsvorschlages des Vorstandes stimmt die spätere Hauptversammlung dem im Regelfall zu. Deshalb wird vorgeschlagen, die geplante Dividende dem kurzfristigen Fremdkapital zuzuordnen.[28] Dies entspräche im Übrigen einer Aufstellung des Abschlusses mit vollständiger Ergebnisverwendung.

Gerade deshalb wird dem hier nicht gefolgt, die Entscheidung der Hauptversammlung (GmbH: Gesellschafterversammlung) steht noch aus und kann auch abweichen, z. B. weil zwischenzeitlich Liquiditätsprobleme aufgetreten sind. Außerdem würden KPI zu Unrecht falsche Werte aufweisen. Die Eigenkapitalrendite (Gewinn zu Eigenkapital in %) würde verzerrt berechnet, da das durchschnittliche Eigenkapital des Jahres auch den Bilanzgewinn beinhaltet hat.

Die auf den ersten Blick einfache Trennung von Eigen- und Fremdkapital wird komplexer, wenn es **mezzanines Kapital** (Hybridkapital) gibt. Neben Wandelschuldverschreibungen, stillen Beteiligungen und Genusskapital gibt es eine Fülle teilweise hochkomplexer Mischformen. Ihnen ist gemeinsam, dass sie gesellschaftsrechtlich kein Eigenkapital darstellen, aber typische Eigenkapitalmerkmale in unterschiedlichem Umfang aufweisen können: variable, statt fester Vergütung, Verlustteilnahme, Nachrang in Insolvenzverfahren, Informationsrechte usw.[29] Aus der Sicht aller anderen Gläubiger wären alle Finanzierungsformen, die in Insolvenzverfahren nachrangig sind und nur bei Gewinnen eine Vergütung erhalten wie Eigenkapital. Aus Sicht der Eigentümer wäre wahrscheinlich eine andere Abgrenzung sinnvoller.

Die praktische Schwierigkeit für eine externe Analyse resultiert aus der Tatsache, dass die genauen Ausstattungsmerkmale der Instrumente nicht bekannt sind. Deshalb bietet es sich an, solche Instrumente nur dann als Eigenkapital in die Strukturbilanz zu übernehmen, die auch nach HGB als solches auszuweisen sind. Da die Anforderungen

---

28 Vgl. Brösel (2017, 19); Küting und Weber (2015, 77).

29 In den USA werden stimmrechtslose Aktien teilweise als Fremdkapital qualifiziert, da sie nicht alle typischen Eigenkapitalgeberrechte haben.

hier relativ streng sind, wird dies eher selten zutreffen.[30] Ist dies ausnahmsweise trotzdem der Fall muss darauf geachtet werden, dass die Vergütung dieser Kapitalien in der Struktur-GuV nicht als Zinsaufwand verbleibt, sondern als Gewinn erfasst wird.

Die Orientierung an der bilanziellen Zuordnung hat einen Nachteil, sie erfolgt nach HGB und IFRS nicht ganz gleich, obwohl es auch weite Überschneidungsbereiche gibt. Extern kann dies aber nicht angepasst werden und die Radikallösung, solche hybriden Kapitalien einfach immer oder niemals als Eigenkapital zu behandeln, dürfte die gröbere Ungenauigkeit sein.

Einen Mischposten stellt auch der **Sonderposten mit Rücklageanteil** dar, der bis zum BilMoG aufgrund der Umkehrmaßgeblichkeit in Deutschland weit verbreitet war. Inhaltlich handelt es sich um noch nicht versteuerte Gewinne, aufgrund von steuerfreien Rücklagen (besonders nach § 6 b EStG) oder Sonderabschreibungen, die nicht GoB-konform sind. Zu einem späteren, oftmals auch unbekannten Zeitpunkt sind diese Posten ertragswirksam aufzulösen und zu versteuern. Deshalb wird unterstellt, dass ein Teil des Postens Eigenkapital darstellt und ein Teil, in Höhe der erwarteten Steuerlast, Fremdkapital. Angesichts der seit Jahren stabilen Steuerbelastung von Kapitalgesellschaften (Körperschaftsteuer, Soli, Gewerbesteuer) ist ein pauschalierter Satz von 30 % plausibel. Der Zeitpunkt der Auflösung ist extern unbekannt, deshalb wird das Fremdkapital insoweit als kurzfristig unterstellt.

Eine weitere Eigenheit stellen passivierte **Sonderposten für Investitionszuschüsse oder Investitionszulagen** der öffentlichen Hand dar. Sowohl nach HGB als auch nach IAS 20 sind zwei Vorgehensweisen möglich. Die Beträge können mit den Anschaffungskosten der geförderten Investitionen verrechnet werden (Nettomethode) oder die ursprünglichen Anschaffungsposten bleiben unverändert und der Förderbetrag wird passiviert (Bruttodarstellung).[31] Für die GuV ergeben sich unterschiedliche Abschreibungen bei gleich hohen Gewinnen, da ein passivierter Sonderposten abschreibungssynchron ertragswirksam aufgelöst wird.

Es wird vorgeschlagen, den Passivposten dem Eigenkapital zuzurechnen und, wenn er später zu versteuern ist, anteilig dem Fremdkapital.[32] Dem wird hier nicht gefolgt und zwar aus einem rein pragmatischen Grund. Regelmäßig werden die Förderbeträge mit den Zugangswerten verrechnet, ohne dass deren Höhe ersichtlich wird. Soll Vergleichbarkeit mit den Unternehmen hergestellt werden, die einen gesonderten Passivposten bilden, muss dieser gegen das Vermögen verrechnet werden.

Diese Vorgehensweise hat Nachteile für die Qualität der Kennzahlen. So werden die Gesamtinvestitionen und die hierauf entfallenden Abschreibungen nicht gezeigt. Erfolgt

---

30 Vgl. IDW (1994).

31 Nicht berücksichtigt wird hier, dass der Investitionszuschuss auch sofort erfolgswirksam vereinnahmt wird, da dieses Vorgehen nicht direkt verboten ist, aber auch kaum GoB-konform ist.

32 Vgl. Brösel (2017, 127).

eine solche Verrechnung erst bei der Erstellung einer Strukturbilanz, so müssten natürlich auch die (planmäßigen) Abschreibungen in der GuV angepasst werden. Es dürften regelmäßig die notwendigen Informationen fehlen, um dies präzise umsetzen zu können. Diese Nachteile sprechen wiederum dafür, dem o. a. Vorschlag von Brösel zu folgen. Für die hier betrachteten Unternehmen stellt sich das Problem nicht, da sie eine Kürzung von den Anschaffungskosten vornehmen ohne Zahlen anzugeben.

Das **Fremdkapital** (FK) umfasst die ungewissen Schulden (Rückstellungen), die Verbindlichkeiten, die passiven RAP und eventuell passive latente Steuern (s. o.). Die bei großen Kapitalgesellschaften sehr weitgehende Untergliederung der Verbindlichkeiten lässt erkennen, wer in größerem Umfang ein Unternehmen finanziert hat und deshalb eventuell Schlüsse auf Abhängigkeiten zu. Teilweise kann auch in etwa erkannt werden, welche Posten wahrscheinlich verzinsliches Fremdkapital darstellen. Dies gelingt aber nicht umfassend und zuverlässig.

In Deutschland stand traditionell die Bankenfinanzierung im Vordergrund, wurde aber seit einiger Zeit abgelöst von konzerninternen Finanzierungen und Anleihen, sog. „Public Debts", die oft börsengehandelt sind, also einer laufenden Marktbewertung unterliegen. Die konzerninternen Transaktionen stehen wie immer unter dem Verdacht, ob es sich um marktgerechte, einem Drittvergleich entsprechende Geschäfte handelt. Im Weiteren werden die Schulden aber zunächst nur nach den o. a. Fristigkeiten sortiert.

Rückstellungen stellen mit einer Ausnahme ebenfalls Schulden dar. Nur die in § 249 Abs. 1 Nr. 1 HGB aufgeführten Fälle sind als Innenverpflichtungen (sog. Aufwandsrückstellungen) eine Ausnahme. Hier sind vor allem die unterlassenen Instandhaltungsrückstellungen mit einer Nachholfrist von 3 Monaten einschlägig. Es wird vorgeschlagen, diese nicht als Schuld zu übernehmen, sondern von den nicht intervallgerecht instandgehaltenen Sachanlagen abzusetzen, soweit die Höhe bekannt ist.[33] Nach § 285 Nr. 12 HGB sind Anhangangaben erforderlich bezüglich wesentlicher sonstiger Rückstellungen, was aber eher selten der Fall ist. Insofern ist hier keine Korrektur möglich und bei unwesentlichen Größenordnungen (für die drei Unternehmen eine plausible Annahme) auch nicht notwendig.

Bezüglich der **Pensionsrückstellungen** ist die o. a. Nettobilanzierung zu beachten (s. o.). Außerdem enthalten Art. 28 und 67 EGHGB zwei Sonderregelungen. Zum einen müssen Altpensionszusagen und mittelbare Zusagen gar nicht passiviert werden. Zum anderen gilt für Wertunterschiede bei der Berechnung nach dem früheren HGB und dem BilMoG (ab 2010) die Regel, dass eine Unterdotierung über 15 Jahre aufgefüllt werden darf. Deshalb kann es hier zu stillen Lasten kommen, ein nach HGB eher seltener Fall. Da beide Sachverhalte quantitativ im Anhang anzugeben sind, bietet es sich an, die Beträge zu Lasten des Eigenkapitals in die Strukturbilanz zu übernehmen. Für die hier relevanten Unternehmen gibt es diese nicht.

---

33 Vgl. Brösel (2017, 127 f.).

Rückstellungen und passive RAP verursachen aber ein weiteres, sehr viel gravierenderes Problem, da bei ihnen **keine Restlaufzeiten** vermerkt werden müssen. Für die Strukturbilanz wird deshalb vorgeschlagen, die Pensionsrückstellungen als langfristiges Fremdkapital einzustufen und alle anderen Rückstellungen als kurzfristig.[34] Hier zeigt sich eine sehr spezielle Variante vorsichtigen Denkens bei der Analyse. Im Zweifelsfall wird der schlechteste Fall eines alsbaldigen Ressourcenabflusses unterstellt. Selbst wenn man dies aus Gläubigerperspektive noch vertreten könnte, gilt dies nicht mehr für die Abwägung von Chancen und Risiken aus Eigentümersicht.

Wie falsch diese pauschale Aufteilung tatsächlich ist, lässt sich an VW erkennen. VW gab im Anhang auf freiwilliger Basis auch für die Rückstellungen Restlaufzeiten an und hat diese Zusatzinformationen inzwischen nicht mehr gemacht. Tabelle 7.1 zur Aufteilung der Rückstellungen nach Restlaufzeiten gibt diese Aufgliederung wieder und zeigt, welche Zuordnung sich nach der o. a. pauschalen Zuweisung ergeben hätten (in Mrd. €).

Tab. 7.1: Aufteilung der Rückstellungen nach Restlaufzeiten für VW.

	2019 korrekt	2019 pauschal	2018 korrekt	2018 pauschal
Kurzfristiges FK	15.156	25.206	12.260	23.745
Mittelfristiges FK	10.364		11.493	
Langfristiges FK	17.466	17.780	16.117	16.125

Dabei ist noch zu bedenken, dass die relativ nahe beieinanderliegenden Beträge der langfristigen Schulden nicht auf den Pensionsrückstellungen beruhen. Diese stellen sowohl kurz- als auch mittelfristiges Fremdkapital dar und keinesfalls nur langfristiges. Der Grund besteht darin, dass es natürlich schon viele Rentenempfänger gibt. Dagegen kann man auch nicht einwenden, dass gar kein echter Mittelabfluss vorliege, da sich die Pensionsrückstellungen durch Neudotierungen eher laufend erhöhen, also revolvierende Finanzierungsvorgänge gegeben sind. Dieses Argument gilt nämlich für sehr viele Rückstellungen und Verbindlichkeiten (z. B. Garantie-, Abschlussprüfungsrückstellungen, Verbindlichkeiten LuL, kurzfristige Bankkredite usw.). Dann müsste man bei allen Schulden für die eine Anschlussfinanzierung plausibel ist, annehmen, sie seien langfristig.

Aber auch die umgekehrte Annahme, dass alle Rückstellungen außer denen für die Altersversorgung kurzfristig sind, ist grob falsch. Gerade bei Rechtsstreitigkeiten um Abgastechnik, Kartellverfahren, Verletzung von Sicherheitsstandards usw. in der Automobilbranche sind mehrjährige Verfahren plausibel.

Für das weitere Vorgehen ergibt sich nun ein gravierendes Problem: sollen für VW die zutreffenden Fristigkeiten in die Strukturbilanz übernommen werden oder soll zum

---

[34] Vgl. Brösel (2017, 127).

Zwecke der Gleichbehandlung mit den beiden anderen Unternehmen eine wesentliche Verfälschung vorgenommen werden. Dies käme letztlich einem „Race to the Bottom" gleich: die schlechteste Datenlage eines in den Vergleich einbezogenen Unternehmens bestimmt die Qualität der KPI für alle. Dem wird hier nicht entsprochen, man muss aber die Unterschiede bei der Bewertung der Kennzahlen berücksichtigen. Seit dem Jahr 2019 sind auch die Daten von VW genauso verzerrt wie bei den Wettbewerbern.

Angemerkt sei an dieser Stelle aber, dass alle drei Unternehmen die Restlaufzeiten der Rückstellungen kennen. Diese werden nach HGB für die Frage der Abzinsung nach § 253 Abs. 2 HGB benötigt und für die Erstellung des IFRS-Konzernabschlusses. Insofern könnten die Unternehmen kostenlos wichtige Informationen bereitstellen, tun dies aber nicht. Soviel zum Thema Investor Relations und Transparenz.

Die passiven RAP werden hier dem kurzfristigen Fremdkapital zugeschlagen, obwohl auch hier längerfristige Sachverhalte möglich sind. Allerdings dürfte der Größeneffekt vernachlässigbar sein.

Die Tabellen 7.2, 7.3 und 7.4 zeigen die Strukturbilanz nach HGB der drei Beispielunternehmen nach Jahresabschluss HGB.

Bereits ein erster Blick auf die groben Bilanzstrukturen zeigt, dass es teils gravierende Unterschiede gibt, die auch für die später ermittelten Kennzahlen von Bedeutung sein werden. Auffällig ist zunächst, dass es doch beachtliche Größenunterschiede gibt (bezüglich der Bilanzsummen), obwohl alle drei Gesellschaften große Unternehmen im Sinne von § 267 HGB sind.

Sehr viel bedeutsamer ist jedoch die Zusammensetzung des Vermögens. So verfügt BMW durchaus über ein beachtliches Finanzanlagevermögen, aber das operative Ge-

Tab. 7.2: Strukturbilanz für BMW nach JA HGB.

(In Mio. €)	2021	2020	2019	2018	2017	2016
IAV, Sachanlagen	13.444	13.008	12.878	12.228	11.743	11.473
Finanzanlagen, Sonstiges	6.153	5.087	4.848	4.227	4.966	4.421
∑ Anlagevermögen	19.597	18.095	17.726	16.455	16.709	15.894
Vorräte	7.287	5.748	5.994	4.811	4.643	4.260
Forderungen, sonst. Vg., RAP	25.920	23.639	21.233	13.647	11.717	9.623
Liquide Mittel, Wp.	11.901	10.158	10.866	10.622	8.403	6.522
∑ Umlaufvermögen	45.108	39.545	38.093	29.080	24.763	20.405
Bilanzsumme (Aktiva)	64.705	57.640	55.819	45.535	41.472	36.299
Eigenkapital	18.953	15.192	15.107	15.269	15.075	14.152
Kurzfristiges FK	45.317	41.865	40.501	29.636	25.771	21.101
Mittelfristiges FK	10	351	3	413	484	950
Langfristiges FK	425	232	208	217	142	96
∑ Fremdkapital	45.752	42.448	40.712	30.266	26.397	22.147
Bilanzsumme (Passiva)	64.705	57.640	55.819	45.535	41.472	36.299

Tab. 7.3: Strukturbilanz für Mercedes-Benz nach JA HGB.

(In Mio. €)	2021	2020	2019	2018	2017	2016
IAV, Sachanlagen	115	209	288	11.115	10.582	9.921
Finanzanlagen, Sonstiges	41.016	55.952	56.926	43.977	35.580	31.077
∑ **Anlagevermögen**	**41.131**	**56.161**	**57.214**	**55.092**	**46.162**	**40.998**
Vorräte				10.524	9.466	9.071
Forderungen, sonst. Vg., RAP	26.761	23.908	33.045	37.912	42.238	39.626
Liquide Mittel, Wp.	15.100	12.562	9.107	13.632	9.444	8.493
∑ **Umlaufvermögen**	**41.861**	**36.470**	**42.152**	**62.068**	**61.148**	**57.190**
Bilanzsumme (Aktiva)	**82.992**	**92.631**	**99.366**	**117.160**	**107.310**	**98.188**
Eigenkapital	**33.439**	**39.224**	**38.054**	**43.209**	**42.092**	**40.587**
Kurzfristiges FK	29.835	26.092	31.192	43.283	35.991	32.940
Mittelfristiges FK	8.599	13.880	18.482	19.532	17.678	17.022
Langfristiges FK	11.119	13.435	11.638	11.136	11.549	7.639
∑ **Fremdkapital**	**49.553**	**53.407**	**61.312**	**73.951**	**65.218**	**57.601**
Bilanzsumme (Passiva)	**82.992**	**92.631**	**99.366**	**117.160**	**107.310**	**98.188**

Tab. 7.4: Strukturbilanz für VW nach JA HGB.

(In Mio. €)	2021	2020	2019	2018	2017	2016
IAV, Sachanlagen	9.302	8.819	8.030	6.961	7.241	7.852
Finanzanlagen, Sonstiges	127.590	121.558	112.793	112.752	106.462	94.121
∑ **Anlagevermögen**	**136.892**	**130.377**	**120.823**	**119.713**	**113.703**	**101.973**
Vorräte	6.921	6.542	5.554	5.140	4.889	4.387
Forderungen, sonst. Vg., RAP	32.355	38.766	35.856	36.965	32.303	26.386
Liquide Mittel, Wp.	10.168	8.803	5.639	14.595	5.798	9.117
∑ **Umlaufvermögen**	**49.444**	**54.111**	**47.049**	**56.700**	**42.990**	**39.890**
Bilanzsumme (Aktiva)	**186.336**	**184.488**	**167.872**	**176.412**	**156.693**	**141.863**
Eigenkapital	**41.189**	**39.562**	**35.647**	**33.109**	**30.452**	**27.123**
Kurzfristiges FK	66.312	75.041	57.036	65.533	59.765	58.200
Mittelfristiges FK	38.087	25.917	35.983	37.422	33.415	30.082
Langfristiges FK	40.748	43.967	39.206	40.348	33.060	26.457
∑ **Fremdkapital**	**145.147**	**144.925**	**132.225**	**143.303**	**126.240**	**114.739**
Bilanzsumme (Passiva)	**186.336**	**184.488**	**167.872**	**176.412**	**156.693**	**141.863**

schäft (Herstellung und Absatz von Fahrzeugen prägt die Bilanz deutlich durch hohes Produktionsvermögen in Form von Sachanlagen und IAV). Demgegenüber ist bei VW als Mehrmarkenkonzern die Position Finanzanlagen von überragender Bedeutung. Das Produktivvermögen ist trotz der eigenen operativen Geschäfte eher nachrangig, genauso wie Vorräte usw. Bei Mercedes-Benz ist die Entwicklung seit dem Jahr 2019 auf die

Spitze getrieben, das gesamte Geschäft wurde auf Tochterunternehmen ausgegliedert. Insofern sind sämtliche KPI, die auf die Herstellung und den Verkauf von Fahrzeugen abzielen, sinnlos (Umsätze, Betriebsergebnis, Anlageintensität, Forderungsreichweite etc.). Auffällig sind zudem die teilweise recht hohen (bei beachtlicher Volatilität in einigen Fällen) Bestände an Geldvermögen.

Für die Fristenstruktur des Fremdkapitals erstaunt bei BMW, dass nahezu alle Schulden kurzfristig sind. Ein Grund besteht darin, dass die Pensionsrückstellung ausgelagert wurden und das ausgesonderte Planvermögen seit Jahren höher ist, sodass ein Aktivsaldo resultiert. Bei Mercedes-Benz und VW gibt es hingegen auch in großem Umfang mittel- und langfristiges Fremdkapital. Erinnert sei jedoch an dieser Stelle nochmals, dass die Schätzung der Fristigkeiten bei den Rückstellungen stark von wenig belastbaren Annahmen abhängt und damit fehlerhaft sein dürfte.

7.2.3 Strukturbilanz für den IFRS-Konzernabschluss

Hierzu sind vorab einige grundsätzliche Vorüberlegungen geboten und Entscheidungen zu treffen. Dies deutet schon darauf hin, dass auch andere Vorgehensweisen möglich sind, eine gewisse Subjektivität ist nicht zu verhindern.

Die Grundidee war es ja zu prüfen, ob eine JA oder ein KA aussagefähigere Informationen liefern kann und welches Rechnungslegungssystem geeignetere Daten verfügbar macht. Leider können diese beiden Fragen nicht getrennt bearbeitet werden, da die JA nach HGB und die KA nach den IFRS erstellt werden. Selbst für die Frage, wie aus den Einzelabschlüssen der Konzernglieder ein Konzernabschluss entwickelt wird, ist nicht unabhängig vom Rechnungslegungssystem. Zwar entsprechen sich die konzeptionellen Grundlagen der Konsolidierung weitgehend, aber bezüglich einzelner Sachverhalte wie Währungsumrechnung, Abgrenzung des Konsolidierungskreises, Behandlung passiver Unterschiedsbeträge, Stufenkonsolidierungen usw. kann es Unterschiede geben, die im konkreten Fall auch wesentlich Verwerfungen hervorrufen können.

Sehr viel gravierender ist hier jedoch, dass die Vielzahl an Unterschieden zwischen HGB und IFRS, die für alle Abschlüsse gelten, eine einfache Vergleichbarkeit der Daten und KPI nicht zulassen. Diesem Problem könnte man versuchsweise begegnen, indem man die IFRS-Abweichungen soweit wie möglich den HGB-Vorgaben anpasst. Eine umgekehrte Vorgehensweise scheitert von vornherein an den fehlenden Daten.

Eine **Anpassungsrechnung** in Richtung HGB müsste insbesondere die wesentlichen Unterschiede erfassen, z. B. aus der Leasingbilanzierung nach IFRS 16, der Bewertung der sehr hohen Firmenwerte, die Eliminierung von beizulegenden Zeitwerten über die Anschaffungskosten hinaus. Anhand von zwei Beispielen sei skizziert, welche Arbeitsschritte erforderlich wären.

Beispiel (1) Für selbstgenutztes Sachanlagevermögen sieht IAS 16 ein Wahlrecht zwischen einem Anschaffungskostenmodell und einem Neubewertungsmodell vor, mit dem stille Reserven vermieden werden sollen. An der Neubewertung wird kritisiert, dass sie zu subjektiven Wertansätzen führen kann. Kritisch zu sehen ist, dass ein höherer Wert im sonstigen Ergebnis (OCI) nach Abzug latenter Steuern zu erfassen ist. Die (erhöhten) planmäßigen Abschreibungen werden hingegen über die GuV geführt. Bei einer nachfolgenden außerplanmäßigen Abschreibung wäre vorab eine eventuell noch vorhandene OCI-Komponente zu kürzen und nur darüberhinausgehende Beträge würden die GuV belasten. Bei Veräußerungen ergeben sich regelmäßig andere Erfolge als auf der Grundlage von Anschaffungskosten. Eine umfassende Korrektur würde voraussetzen, dass die Bilanzwerte und die Folgen im Sonstigen Ergebnis und der GuV unter Berücksichtigung latenter Steuern korrigiert werden. Regelmäßig werden die erforderlichen Informationen fehlen.

Beispiel (2) Nach IFRS 15 werden Fertigungsaufträge unter bestimmten Voraussetzungen nach der Percentage-of-Completion-Methode abgebildet, also Teilgewinne realisiert. Dies ist nach HGB aufgrund des Realisationsprinzips regelmäßig gar nicht oder nur unter sehr restriktiven Prämissen möglich. Unter IFRS wird hingegen nach dem Leistungsfortschritt bereits Umsatz gebucht (inklusive anteiliger Gewinne) und in der Bilanz wird nur der zum Stichtag offene Abrechnungssaldo dargestellt. Eine Überleitung auf Vorratsvermögen (unfertige Erzeugnisse) zu Herstellungskosten wie es nach HGB abzubilden wäre, ist nicht möglich.

Da solche Korrekturen insgesamt in vielen Fällen nicht möglich sind oder sehr viele Annahmen zu setzen sind, um eine Überleitung zu schätzen, ist es fraglich, ob eine solche Anpassung zweckmäßig ist. Aufgrund von Kosten-Nutzen-Erwägungen sollte darauf verzichtet werden und nur bei besonders bedeutsamen Unterschieden eine Anpassung erfolgen, so ein Literaturvorschlag.[35]

Man kann aber auch aufgrund von prinzipiellen Erwägungen auf solche **Überleitungen verzichten**. Die Abweichungen zwischen HGB und den IFRS stellen ja gerade den Mehrwert oder Minderwert eines Rechnungslegungssystems dar. Warum sollte auf bessere Informationen verzichtet werden, um eine Anpassung und formale Vergleichbarkeit zu schaffen. Naturgemäß unterscheiden sich die Werte der verschiedenen Kennzahlen, abhängig vom Rechnungslegungssystem. Die Antwort, welches die bessere Datenqualität liefert, kann aber nicht auf einfache Art gewonnen werden.

Einleuchtend ist, dass die HGB-Rechnungslegung aufgrund ausgeprägter Vorsichts- und Objektivierungsregeln Kennzahlen liefern, die dem asymmetrischen Risikoprofil von Gläubigern Rechnung tragen, insbesondere wenn die gesellschaftsrechtliche Kapitalerhaltung anknüpft. Für Eigenkapitalgeber sind hingegen auch die Chancen eines Unternehmens wichtig, die z. B. durch immaterielles Vermögen, Zeitwerte und den Management Approach besser erkennbar werden. Aufgrund vieler evidenzbasierter Studien ist im Ergebnis trotzdem festzuhalten, dass die IFRS gerade auch aus Gläubigersicht beachtliche Informationsvorteile bieten.[36]

---

35 Vgl. Küting und Weber (2015, 110).
36 Vgl. Eisenschmidt, Kühnberger und Setzpfand (2019, 328).

Möchte man die möglichen Wettbewerbsvorteile eines Rechnungslegungssystems identifizieren, also die Frage beantworten, welches die besseren Daten für eine Kennzahlenrechnung liefert, müssen Beurteilungskriterien vorliegen. Hierzu gibt es einmal schlicht subjektive Einschätzungen, die naturgemäß wenig verallgemeinerbar sind. Daneben kann man darauf abstellen, welches System mehr Informationen liefert. Das schlichte Auszählen von Daten oder Seitenzahlen hilft aber wenig, da es nicht um die Quantität geht, sondern die Bedeutung und den Informationsgehalt von Daten, ob also die „richtigen" publiziert werden.

In der empirischen Forschung zur Qualität von Rechnungslegungssystemen gibt es seit Jahrzehnten eine ganze Sammlung von Qualitätskriterien. Diese können und sollen hier nicht detailliert aufgefächert, aber die Vorgehensweisen skizziert werden.[37]

- Eine Gruppe von Kriterien stellt auf Zeitreiheneigenschaften ab, Persistenz und Prognoseeignung sind die üblichen Merkmale. Es geht im Kern darum, ob der heutige Gewinn (oder Cashflow) ein geeignetes Maß für den künftigen Gewinn (oder Cashflow) ist. Die Möglichkeit aus der Rechnungslegung auf künftige Cashflows zu schließen ist z. B. das erklärte Anliegen der gesamten IFRS-Rechnungslegung. Nach HGB geht es eher um die Ermittlung von ausschüttbaren Gewinnen.
- Eine zweite Gruppe stellt darauf ab, ob und wieviel Bilanzpolitik ermöglicht wird. Maßgrößen für diskretionäre Periodenabgrenzungen etc. sind hier wichtig. Dabei wird regelmäßig angenommen, dass Bilanzpolitik die Qualität der Rechnungslegung beeinträchtigt, eine durchaus umstrittene Annahme (vgl. Kapitel 5.4).
- Eine dritte Kriteriengruppe hat den Vorteil, dass sie nicht aus Rechnungslegungsdaten selbst gewonnen wird, sondern es geht darum, dass gefragt wird, ob die Rechnungslegungsdaten Wertrelevanz haben, also Marktpreise und Marktrenditen erklären können. Führen Rechnungslegungsinformationen wie eine große Firmenwertabschreibung nicht zu Börsenkursreaktionen, so glaubt der Kapitalmarkt der Information offenbar nicht oder sie ist veraltet.

Von den genannten Kriterien kann im Weiteren nur sehr begrenzt Gebrauch gemacht werden, da die Datenmengen für solche Auswertungen fehlen. Immerhin kann jeweils festgestellt werden, ob für als sinnvoll angesehen KPI überhaupt Daten vorliegen, die aussagefähig sind. Partiell können auch Abgleiche mit Marktdaten vorgenommen werden.

Ohne also zu versuchen, eine systematische Vergleichbarkeit zwischen den HGB- und den IFRS-Größen anzustreben, sollen Daten für eine Strukturbilanz erhoben werden. Die oftmals ganz wesentlichen Unterschiede sind für die Anwendung hier auch nur in Grenzen relevant, da die Unternehmen soweit wie möglich keine Fair Value-Bewertung vornehmen und Auftragsfertigung praktisch kaum eine Rolle spielt. Es verbleiben aber gravierende Unterschiede bezüglich des immateriellen Vermögens samt Firmenwert, Finanzinstrumenten, latenten Steuern usw.

Bezüglich der Struktur der Aktivseite ist für die IFRS zu beachten, dass die Einteilung nicht in Anlage- und Umlaufvermögen erfolgt, sondern nach Liquidität in kurz-

---

37 Vgl. sehr ausführlich Kühnberger (2017, 129 ff.).

und langfristig. Dies deckt sich nicht ganz mit der Unterteilung in Anlage- und Umlaufvermögen nach HGB. Sowohl das Umlaufvermögen als auch das kurzfristige Vermögen
ist nicht gleichzusetzen mit einer Laufzeit bis ein Jahr, auch wenn dies eine typische Verweildauer im Unternehmen sein mag. Auf der Passivseite unterteilen die IFRS in Eigen-
und Fremdkapital und dieses wird nur in kurz- und langfristig unterteilt, sodass ein
mittelfristiges Fremdkapital fehlt.

Ein Vergleich der Strukturbilanzen nach HGB und IFRS findet sich in Tabelle 7.5. Die
Tabellen 7.6, 7.7 und 7.8 zeigen die Strukturbilanz der jeweiligen Unternehmen für die
KA nach IFRS.

Im Vergleich zu den HGB-Abschlüssen der Muttergesellschaften fällt sofort ins Auge, dass (systembedingt) die Finanzanlagen sehr nachrangig sind und das produktive
Vermögen die Aktivseite dominiert. Hier treten dann auch hohe immaterielle Vermögenswerte (inkl. Goodwill) auf, was nicht nur an der Aktivierungspflicht in IAS 38 liegt,
sondern es handelt sich umfassend auch um gekaufte Vermögenswerte im Rahmen von
Share Deals, die durch die Kaufpreisallokation im Rahmen der Erstkonsolidierung nach
IFRS 3 bilanzierungspflichtig sind. Zudem taucht das vermietete Vermögen aus den Leasinggeschäften in großem Umfang als Sachanlagevermögen auf.

Tab. 7.5: Vergleich der Stukturbilanz nach JA HGB und KA IFRS.

	HGB Daten	**IFRS Daten**
1.	Immaterielles Anlagevermögen (IAV), Sachanlagen	Immaterielle Vermögenswerte (Vw.), vermietetes Vermögen, Sachanlagen
2.	Finanzanlagen, Sonstiges	Alle anderen langfristigen Vw.
3.	∑ Anlagevermögen	∑ Langfristige Vermögenswerte
4.	Vorräte	Vorräte
5.	Forderungen, sonstige Vermögensgegenstände (Vg.), Rechnungsabgrenzungsposten (RAP)	Sonstige Posten des Umlaufvermögens (UV)
6.	Liquide Mittel, Wertpapiere (Wp.)	Zahlungsmittel, Wertpapiere (Wp.), zur Veräußerung bestimmte Vw.
7.	∑ Umlaufvermögen	∑ Kurzfristige Vermögenswerte
8.	**Bilanzsumme (Aktiva)**	**Bilanzsumme (Aktiva)**
9.	Eigenkapital	Eigenkapital
10.	Kurzfristiges Fremdkapital (FK)	Kurzfristiges FK
11.	Mittelfristiges FK	Mittel- & langfristiges FK
12.	Langfristiges FK	
13.	∑ Fremdkapital	∑ Fremdkapital
14.	**Bilanzsumme (Passiva)**	**Bilanzsumme (Passiva)**

Tab. 7.6: Stukturbilanz für BMW nach KA IFRS.

(In Mio. €)	2021	2020	2019	2018	2017	2016
Immaterielle & vermietete Vw., Sachanlagen	80.070	76.187	77.583	69.031	64.192	63.906
Sonst. langfristige Vw.	63.284	58.664	59.821	55.171	57.709	57.765
∑ **Langfristige Vw.**	**143.354**	**134.851**	**137.404**	**124.202**	**121.901**	**121.671**
Vorräte	15.928	14.896	15.891	14.248	12.707	11.841
Sonst. Posten des UV	54.236	53.374	62.703	59.509	49.836	47.143
Zahlungsmittel, Wp., Vw. zur Veräußerung	16.009	13.537	12.036	10.979	9.039	7.880
∑ **Kurzfristige Vw.**	**86.173**	**81.807**	**90.630**	**84.736**	**71.582**	**66.864**
Bilanzsumme (Aktiva)	**229.527**	**216.658**	**228.034**	**208.938**	**193.483**	**188.535**
Eigenkapital	**75.132**	**61.520**	**59.907**	**57.829**	**54.548**	**47.363**
Kurzfristiges FK	76.466	71.963	82.625	71.411	69.047	67.989
Mittel- & langfr. FK	77.929	83.175	85.502	79.698	69.888	73.183
∑ **Fremdkapital**	**154.395**	**155.138**	**168.127**	**151.109**	**138.935**	**141.172**
Bilanzsumme (Passiva)	**229.527**	**216.658**	**228.034**	**208.938**	**193.483**	**188.535**

Tab. 7.7: Strukturbilanz für Mercedes-Benz nach KA IFRS.

(In Mio. €)	2021	2020	2019	2018	2017	2016
Immaterielle & vermietete Vw., Sachanlagen	87.335	99.197	104.603	95.225	89.430	85.421
Sonst. langfristige Vw.	69.567	71.276	70.035	64.781	59.440	55.515
∑ **Langfristige Vw.**	**156.902**	**170.473**	**174.638**	**160.006**	**148.870**	**140.936**
Vorräte	21.466	26.444	29.757	29.489	25.686	25.384
Sonst. Posten des UV	51.637	60.416	71.275	67.416	59.904	56.039
Zahlungsmittel, Wp., Vw. zur Veräußerung	29.826	28.404	26.768	24.708	21.145	20.629
∑ **Kurzfristige Vw.**	**102.929**	**115.264**	**127.800**	**121.613**	**106.735**	**102.052**
Bilanzsumme (Aktiva)	**259.831**	**285.737**	**302.438**	**281.619**	**255.605**	**242.988**
Eigenkapital	**73.167**	**62.248**	**62.841**	**66.053**	**65.314**	**59.133**
Kurzfristiges FK	87.675	99.809	105.802	97.952	87.105	84.457
Mittel- & langfr. FK	98.989	123.680	133.795	117.614	103.186	99.398
∑ **Fremdkapital**	**186.664**	**223.489**	**239.597**	**215.566**	**190.291**	**183.855**
Bilanzsumme (Passiva)	**259.831**	**285.737**	**302.438**	**281.619**	**255.605**	**242.988**

Auf der Passivseite ist zu bemerken, dass das Eigenkapital im Konzernabschluss deutlich höher als im Einzelabschluss der Muttergesellschaften ist. Dies ist zunächst nicht ganz selbstverständlich, da das erworbene Eigenkapital der Konzerntöchter im Rahmen der Kapitalkonsolidierung eliminiert wird. Die Gewinnthesaurierungen und allfällige Minderheitenanteile erklären die Unterschiede nicht. Als Ursache sind vielmehr die vielen Unterschiede zwischen HGB und den IFRS auszumachen, z. B. teilweise Fair Values und aktive latente Steuern als Pflichtposten etc.

Tab. 7.8: Strukturbilanz für VW nach KA IFRS.

(In Mio. €)	2021	2020	2019	2018	2017	2016
Immaterielle & vermietete Vw., Sachanlagen	201.083	182.538	181.304	165.788	157.916	155.071
Sonst. langfristige Vw.	127.178	119.632	119.304	108.832	104.165	98.939
∑ **Langfristige Vw.**	**328.261**	**302.170**	**300.608**	**274.620**	**262.081**	**254.010**
Vorräte	43.725	43.823	46.742	45.745	40.415	38.978
Sonst. Posten des UV	94.367	96.050	97.234	91.773	85.301	79.959
Zahlungsmittel, Wp., Vw. zur Veräußerung	62.255	55.071	43.487	46.018	34.396	36.785
∑ **Kurzfristige Vw.**	**200.347**	**194.944**	**187.463**	**183.536**	**160.112**	**155.722**
Bilanzsumme (Aktiva)	**528.609**	**497.114**	**488.071**	**458.156**	**422.193**	**409.732**
Eigenkapital	**146.154**	**128.783**	**123.651**	**117.342**	**109.077**	**92.910**
Kurzfristiges FK	164.393	165.410	167.924	167.968	160.389	177.515
Mittel- & langfr. FK	218.062	202.921	196.497	172.846	152.726	139.306
∑ **Fremdkapital**	**382.455**	**368.331**	**364.421**	**340.814**	**313.115**	**316.821**
Bilanzsumme (Passiva)	**528.609**	**497.114**	**488.071**	**458.156**	**422.193**	**409.732**

7.2.4 Struktur-GuV nach HGB und IFRS

Die GuV zeigt zunächst einmal den Erfolg des abgelaufenen Geschäftsjahres. Sollen Schlüsse auf die Ertragskraft gezogen werden, ist es notwendig die Erfolgsquellen aufzufächern. Üblich ist eine Trennung in **Betriebs- und Finanzergebnis**, in ein ordentliches und ein außergewöhnliches Ergebnis etc. Der zuletzt angesprochene Bestandteil ist nicht hochrechenbar für die Zukunft, sondern atypisch, selten. Insgesamt gibt es eine ganze Fülle von Trennungskriterien, die hier hilfreich sein können und später ausführlicher vorgestellt werden (Kapitel 10 f.). Im ersten Schritt wird im Wesentlichen die Grobstruktur vorgegeben. Zudem wären vorab Anpassungen vorzunehmen, wenn es in der Bilanz wesentliche Anpassungen gegeben hätte. Wäre dort das immaterielle Anlagevermögen eliminiert worden, müsste man auch die aktivierten Eigenleistungen und Abschreibungen in der Erfolgsrechnung anpassen. Dies ist hier nicht vonnöten.

Auch für die GuV bietet sich eine strukturierte Datenaufbereitung an, die für Einzelfragen später noch weiter aufzufächern ist. Zumindest innerhalb der jeweiligen Rechnungslegungssysteme ist die Vergleichbarkeit der Daten eine wesentliche Voraussetzung, um sinnvolle KPI ermitteln und bewerten zu können. Zwischen den Systemen kann ein Vergleich nur begrenzt herbeigeführt werden, da die Inhalte und Postenzuordnungen nicht einfach übergeleitet werden können.

Ein Vergleich könnte deutlich erschwert werden, wenn die Unternehmen unterschiedliche GuV-Formate verwenden. Nach § 275 HGB sind dabei zwei Varianten anwendbar (wie nach IFRS auch), die analysierten Unternehmen verwenden jeweils das Umsatzkostenverfahren. Das Umsatzkostenverfahren und das Gesamtkostenverfahren stimmen jeweils bezüglich der ersten (Umsatzerlöse nach § 277 Abs. 1 HGB) und letzten Zeile (Jahresüberschuss bzw. Jahresfehlbetrag) überein, aber die Posten dazwischen sind unterschiedlich aufgefächert. Gleich ist auch die grundsätzliche Aufteilung innerhalb der GuV, wonach ein Betriebsergebnis, ein Finanzergebnis und ein Ergebnis vor Ertragsteuern einfach ermittelt werden kann.

Ein außergewöhnliches und ein periodenfremdes Ergebnis sind seit dem BilRUG nur noch dem Anhang zu entnehmen (§ 285 Nr. 31 und 32 HGB). Gleichwohl sind Besonderheiten zu beachten:

Beim Gesamtkostenverfahren (GKV) werden innerhalb des Betriebsergebnisses die Aufwendungen nach Arten untergliedert (Primärprinzip: Materialaufwand, Personalaufwand, Abschreibungen, sonstige), beim Umsatzkostenverfahren (UKV) nach Funktionen (Herstellung, Verwaltung, Vertrieb, sonstige). Kommt das UKV zur Anwendung sind dem Anhang aber die wichtigen Aufwandsarten Material- und Personalaufwand (§ 285 Nr. 8 HGB) und Abschreibungen auf das Anlagevermögen (Anlagespiegel) zu entnehmen. Insofern liegen dann mehr Informationen als nach dem GKV vor.

Auf der anderen Seite kann beim GKV die sog. Gesamtleistung ermittelt werden, da neben den verkauften Produkten (Umsatzerlöse) auch die Bestandsänderungen und die anderen aktivierten Eigenleistungen aufgelistet sind. Bei Anwendung des UKV kann die Bestandsveränderung im Wesentlichen aus dem Vergleich von Geschäftsjahres- und Vorjahreswert der fertigen und unfertigen Erzeugnisse ermittelt werden. Die Eigenleistungen sind aber nicht zu berechnen. Es kann zumindest im vorliegenden Fall aber unterstellt werden, dass die Anzahl der selbstgenutzten Fahrzeuge im Vergleich zum Absatz eher unwesentlich ist.

Beim UKV bestehen gewisse Freiheitsgrade, die es beim GKV eher nicht gibt. So können Zinsen und Kostensteuern (sonstige Steuern) sowohl außerhalb des Betriebsergebnisses vor dem Jahresüberschuss ausgewiesen werden oder sie werden den Funktionsbereichen Herstellung, Verwaltung usw. zugeschlüsselt und belasten dann das Betriebsergebnis. Bei Fertigungsunternehmen kann insbesondere die Mineralölsteuer durchaus beachtliche Größenordnungen erreichen.

Grundsätzlich kann gemäß § 265 Abs. 5 HGB ein zusätzlicher Posten eingefügt werden, um den Informationsgehalt zu verbessern. BMW führt in der GuV die Position F&E-Aufwand ein, die dem gerecht wird. Angesichts der Größenordnung und der Tatsache, dass diese Aufwendungen für die künftigen Erträge besonders wichtig sein können, ist dies zu begrüßen. Erinnert sei hier nochmals an § 248 Abs. 2 HGB, wonach Investitionen in immaterielles Anlagevermögen nicht oder nur beschränkt als Investitionen gezeigt werden dürfen. VW und Mercedes-Benz erfassen den F&E-Aufwand dagegen in unbekannter Höhe innerhalb der Herstellungskosten der abgesetzten Erzeugnisse (Umsatzkosten). Dies ist nach ganz herrschender Meinung genauso zulässig wie eine Zuordnung zum sonstigen betrieblichen Aufwand. Gleichwohl halten wir dies für wenig sinnvoll, da die heutigen F&E-Aufwendungen wenig bis gar nichts mit den Umsätzen des gleichen Jahres zu tun haben, sie dienen gerade nicht der Erzielung der Umsätze. Dies gilt nicht für die Abschreibungen auf in Vorjahren aktivierte immaterielle Vermögenswerte, die in gewisser Weise ja auch als F&E-Aufwand eingeordnet werden können.

Die o. a. Sonderangaben zu außergewöhnlichen und periodenfremden Erträgen und Aufwendungen sind unabhängig vom GuV-Format zu machen. Allerdings ist durchaus umstritten, welche Inhalte jeweils zu subsumieren sind und es ist den Unternehmen freigestellt, wie die Angaben präsentiert werden. Dies kann verteilt bei der Erläuterung der verschiedenen GuV-Posten erfolgen oder in einer gesonderten Zusammenstellung, was naturgemäß nutzerfreundlicher wäre. Die gesonderte Erfassung in der Struktur-GuV ist zweckmäßig, da die Bestandteile regelmäßig nicht nachhaltig oder hochrechenbar sind. Es muss aber in Kauf genommen werden, dass Unternehmen die Abgrenzung unterschiedlich vornehmen können.

Die Tabellen 7.9 bis 7.11 zeigen die Struktur-GuV für die jeweiligen Unternehmen auf Basis der HGB-JA.

Tab. 7.9: Struktur-GuV für BMW nach JA HGB.

(In Mio. €)	2021	2020	2019	2018	2017	2016
Umsatzerlöse	**88.526**	**75.040**	**84.691**	**78.355**	**79.215**	**75.350**
Umsatzkosten	−72.283	−63.726	−70.178	−63.841	−62.817	−60.946
Bruttoergebnis	**16.243**	**11.314**	**14.513**	**14.514**	**16.398**	**14.404**
Vertriebskosten	−3.858	−4.030	−3.979	−4.078	−3.958	−3.635
Verwaltungskosten	−3.243	−2.747	−2.776	−2.803	−2.733	−2.504
F&E	−6.451	−5.394	−5.528	−5.859	−5.168	−4.504
Sonstiges	739	−13	−1.231	1.026	−303	−137
Betriebsergebnis	**3.430**	**−870**	**999**	**2.800**	**4.236**	**3.624**
Finanzergebnis	2.565	2.804	1.897	892	540	980
Ergebnis vor Steuern	**5.995**	**1.934**	**2.896**	**3.692**	**4.776**	**4.604**
Ertragssteuern	−1.068	−214	−767	−872	−1.563	−1.308
Sonstige Steuern	−17	−18	−22	−19	−16	−19
Jahresüberschuss	**4.910**	**1.702**	**2.107**	**2.801**	**3.197**	**3.277**

Tab. 7.10: Struktur-GuV für Mercedes-Benz nach JA HGB.

(In Mio. €)	2021	2020	2019	2018	2017	2016
Umsatzerlöse	**1.488**	**1.685**	**2.019**	**112.491**	**112.685**	**107.178**
Umsatzkosten	−1.470	−1.641	−1.959	−103.232	−101.874	−96.271
Bruttoergebnis	**18**	**44**	**60**	**9.259**	**10.811**	**10.907**
Vertriebskosten				−7.904	−7.312	−6.454
Verwaltungskosten	−1.237	−928	−964	−2.304	−2.010	−1.844
F&E						
Sonstiges	141	280	−272	−292	−355	−749
Betriebsergebnis	**−1.078**	**−604**	**−1.176**	**−1.241**	**1.134**	**1.860**
Finanzergebnis	11.271	2.878	−546	7.318	5.866	5.430
Ergebnis vor Steuern	**10.193**	**2.277**	**−1.722**	**6.077**	**7.000**	**7.290**
Ertragssteuern	−655	−141	44	−1.055	−2.018	−1.422
Sonstige Steuern						
Jahresüberschuss	**9.538**	**2.133**	**−1.678**	**5.022**	**4.982**	**5.868**

Tab. 7.11: Struktur-GuV für VW nach JA HGB.

(In Mio. €)	2021	2020	2019	2018	2017	2016
Umsatzerlöse	**70.917**	**67.535**	**80.621**	**78.001**	**76.729**	**75.310**
Umsatzkosten	−67.424	−63.418	−74.700	−72.700	−73.355	−70.180
Bruttoergebnis	**3.494**	**4.117**	**5.921**	**5.301**	**3.374**	**5.130**
Vertriebskosten	−5.281	−5.422	−5.980	−5.760	−5.677	−7.205
Verwaltungskosten	−1.692	−1.847	−1.968	−1.863	−1.426	−1.147
F&E						
Sonstiges	66	397	−914	−415	−154	−2.035
Betriebsergebnis	**−3.413**	**−2.756**	**−2.942**	**−2.737**	**−3.882**	**−5.256**
Finanzergebnis	8.545	9.787	9.115	8.264	8.644	8.725
Ergebnis vor Steuern	**5.132**	**7.031**	**6.173**	**5.527**	**4.762**	**3.469**
Ertragssteuern	−1.091	−693	−1.215	−907	−409	−670
Sonstige Steuern						
Jahresüberschuss	**4.041**	**6.338**	**4.958**	**4.620**	**4.353**	**2.799**

Bereits diese Grobstruktur der GuV lässt einige Auffälligkeiten erkennen, die im weiteren Verlauf der Analyse zu beachten sind. So ist das sog. **Bruttoergebnis** (Umsatzerlöse abzüglich Umsatzkosten) bei allen drei Unternehmen positiv. Aus diesem Puffer müssen ja noch die Verwaltungs-, Vertriebs- und andere Aufwendungen bestritten werden. Dabei weist VW die mit Abstand geringste Marge auf, was letztlich zu durchgängig negativen Betriebsergebnissen führt. Bei Mercedes-Benz ist aufgrund der Ausgliederung im Jahr 2019 ein Betriebsergebnis für die Perioden danach sinnlos.

Innerhalb des Betriebsergebnisses ist zu bedenken, dass BMW den **F&E-Aufwand** in einer gesonderten Position darstellt, während Mercedes-Benz und VW diesen Aufwand den Umsatzkosten zuschlagen. Direkte Vergleichbarkeit würde deshalb voraussetzen, dass für BMW ebenfalls eine Umgliederung erfolgt. Wiederum wäre dies aber eine Anpassung an die schlechtere Praxis.

Unterschiede sind auch bei den **sonstigen Steuern** vorhanden, die teilweise als eigener GuV-Posten ausgewiesen werden, teilweise auch in den Funktionsbereichen verrechnet werden, wahrscheinlich überwiegend in den Umsatzkosten. Die Größenordnung ist aber eher nachrangig.

Bei BMW war in der Vergangenheit (auch vor dem Jahr 2016) das Betriebsergebnis positiv mit größeren Beträgen und das Finanzergebnis eher nachrangig. Dies hat sich seit dem Jahr 2019 deutlich verändert, das Finanzergebnis ist sehr viel wichtiger geworden und kompensiert das zumindest teilweise rückläufige Betriebsergebnis. Insgesamt resultiert in allen Jahren des Betrachtungszeitraumes ein positver **Gewinn vor Steuern (EBT)**, der aber spürbaren Schwankungen ausgesetzt ist.

Für sämtliche Unternehmen gilt jedoch, dass die ausgewiesenen **Ertragsteuern** insgesamt in keiner plausiblen Relation zum Gewinn vor Steuern stehen. Für Kapitalgesellschaften wären hier ca. 30 % plausibel. Die Ursache besteht in der unvollständigen Abgrenzung latenter Steuern, die hohen Aktivsalden werden nicht bilanziert. Daraus resultieren naturgemäß auch Verwerfungen in der GuV. Der gewinnglättende Effekt der Latenzrechnung tritt deshalb nicht auf.

Für Mercedes-Benz ist beachtenswert, dass es seit dem Jahr 2019 praktisch nur noch ein Finanzergebnis gibt. Dieses war in den letzten Jahren extrem volatil, wobei es im Ausgliederungsjahr Einmaleffekte gab. Dies kann natürlich daran liegen, dass die Tochtergesellschaften der Holding stark schwankende Erfolge hatten oder dass die Gewinnausschüttungsbeschlüsse mal zu höheren und mal zu niedrigeren **Beteiligungserträgen** geführt haben. Diese Beschlüsse stellen ein variables und einfaches Steuerungsinstrument für den Gewinn der Holding dar. Voraussetzung sind natürlich entsprechende Erfolge oder frei verfügbare Rücklagen der Tochterunternehmen und bei Gewinnabführungsverträgen gibt es ebenfalls Zwänge.

Besonders augenfällig ist bei VW, dass es durchgängig hohe Verluste beim Betriebsergebnis gab, während das Finanzergebnis sehr positiv ausfiel, sodass in der Summe Überschüsse resultierten. Ob die Entwicklung schon ausreicht zu behaupten, es werde damit eine Glättung des Gesamtsaldos angestrebt, sei dahingestellt. Immerhin gab es in noch früheren Jahren teilweise erstaunliche gegenläufige Beträge. Es ist auch nicht direkt einleuchtend, warum gerade die Muttergesellschaft mit der Herstellung und dem Verkauf von Fahrzeugen riesige Verluste produziert, während die Konzerntöchter hier große Gewinn erreichen, die dann ausgeschüttet werden können (oder müssen bei Gewinnabführungsverträgen).

Für die IFRS-GuV werden die Größen Betriebs- und Finanzergebnis ebenfalls getrennt und es gibt ein Ergebnis vor und nach Ertragsteuern. Es gibt aber einige sehr wichtige **Unterschiede zum HGB**.

Von besonderer Bedeutung ist, dass die IFRS zwei Ergebnisrechnungen kennen und damit auch **zwei Ergebnisbestandteile**: Die GuV im engeren Sinne endet mit dem **Net Income** (NI oder Konzernergebnis). Das **Other Comprehensive Income** (OCI oder Sonstiges Ergebnis) erfasst ebenfalls Erträge und Aufwendungen. Welche Komponenten im NI und welche im OCI aufzuführen sind, wird nicht systematisch normiert, sondern auf der Ebene diverser Einzelstandards eher willkürlich geregelt. Erschwerend kommt hinzu, dass manche OCI-Bestandteile zu reklassifizieren (oder recyceln) sind, d. h., sie werden in späteren Jahren in die GuV übernommen. Andere OCI-Komponenten werden hingegen niemals GuV-wirksam. Die Darstellung der Erfolge kann in einem oder zwei Schemata erfolgen. Das Format kann Einfluss auf die Wahrnehmbarkeit einzelner Größen beeinflussen, die Inhalte sind aber identisch. Unterstellt man, dass der Kapitalmarkt informationseffizient in einem halbstrengen Sinne ist, sollten solche sog. Formateffekte nicht auftreten.

Die IFRS untersagen explizit den Ausweis von **außerordentlichen Erfolgen**. Den umfangreichen Erläuterungen im Anhang können teilweise Komponenten entnommen werden, die nach HGB eventuell als außergewöhnlich oder periodenfremd zu interpretieren wären. Da sowohl die möglichen Inhalte als auch die Erläuterungstiefe aber unternehmensbezogen und damit nicht vergleichbar sind, wird hier nicht versucht, solche unvollständigen und nicht vergleichbaren Überleitungen vorzunehmen.

Allerdings enthält **IFRS 5** Besonderheiten, die nach HGB zumindest bei sehr wesentlichen Beträgen ebenfalls nicht als nachhaltig zu qualifizieren wären. Es handelt sich um Erfolge aus zur Veräußerung gehaltenen langfristigen Vermögenswerten und aufgegebenen Geschäftsbereichen. Auch innerhalb der Bilanz und der KFR ist jeweils ein Sonderausweis geboten. Dem Charakter nach handelt es sich um tendenziell seltene, nicht wiederkehrende Größen.

Neben den Funktionsbereichsaufwendungen (Herstellung, Verwaltung, Vertrieb, F&E, Sonstiges) aus der GuV können dem IFRS-Anhang auch die Aufwandsarten **Personalaufwand und Abschreibungen** auf Sachanlagevermögen und immaterielles Vermögen entnommen werden. Der **Materialaufwand** ist hingegen nicht anzugeben und dies erfolgt auch nicht auf freiwilliger Basis bei den untersuchten Unternehmen. Zum allergrößten Teil wird der Materialaufwand in den Umsatzkosten enthalten sein. Für die HGB-Abschlüsse hat sich für alle drei Unternehmen seit Jahren ergeben, dass der Materialaufwand ca. 75 % der Herstellungskosten ausmachte. Unterstellt man (was durchaus mutig ist), dass für den gesamten Konzern weltweit eine vergleichbare Kostenstruktur gilt, so kann der Materialaufwand als $0,75\times$ Umsatzkosten geschätzt werden.

Nach dem Gesagten ergibt sich der in Tabelle 7.12 zusammengefasste Vergleich für die **Struktur-GuV nach HGB und IFRS.** Für die drei Beispielunternehmen zeigen die Tabellen 7.13 bis 7.15 die Zahlenwerte der Struktur-GuV für die KA nach IFRS.

Tab. 7.12: Vergleich der Stuktur-GuV nach JA HGB und KA IFRS.

	HGB GuV	IFRS GuV
1.	**Umsatzerlöse**	**Umsatzerlöse**
2.	Umsatzkosten	Umsatzkosten
3.	**Bruttoergebnis**	**Bruttoergebnis**
4.	Vetriebskosten	Die Posten 4 bis 6 sind in den IFRS-GuV z. T. zusammengefasst, evtl. Anhangaufgliederung
5.	Verwaltungskosten	
6.	Forschung & Entwicklung	
7.	Sonstiges	Sonstiges
8.	**Betriebsergebnis**	**Betriebsergebnis**
9.	Finanzergebnis	Finanzergebnis
10.	**Ergebnis vor Steuern (EBT)**	**Ergebnis aus fortgeführten Aktivitäten vor Steuern**
11.	Ertragssteuern	Ertragssteuern
12.		Ergebnis aus fortgeführten Aktivitäten
13.		Ergebnis aus aufgegebenen Aktivitäten
14.	**Jahresüberschuss**	**Konzernergebnis**
15.		Sonstiges Ergebnis nach Steuern (OCI)
16.		**Gesamtergebnis**

Tab. 7.13: Struktur-GuV für BMW nach KA IFRS.

(In Mio. €)	2.021	2.020	2.019	2.018	2.017	2.016
Umsatzerlöse	**111.239**	**98.990**	**10.4210**	**96.855**	**98.678**	**94.163**
Umsatzkosten	−89.253	−85.408	−86.147	−78.477	−78.744	−75.442
Bruttoergebnis	**21.986**	**13.582**	**18.063**	**18.378**	**19.934**	**18.721**
Vertriebskosten	−5.324	−5.300	−5.656	−5.848	−6.167	−6.030
Verwaltungskosten	−3.909	−3.495	−3.711	−3.720	−3.393	−3.128
F&E						
Sonstiges	647	43	−1.285	123	−494	−177
Betriebsergebnis	**13.400**	**4.830**	**7.411**	**8.933**	**9.880**	**9.386**
Finanzergebnis	2.660	392	−293	694	775	279
Erg. aus fortg. Akt. vor Steuern	**16.060**	**5.222**	**7.118**	**9.627**	**10.655**	**9.665**
Ertragssteuern	−3.597	−1.365	−2.140	−2.530	−1.949	−2.755
Erg. aus fortg. Akt.	12.463	3.857	4.978	7.097	8.706	6.910
Erg. aus aufg. Akt.	–	44	−33			
NI	**12.463**	**3.857**	**5.022**	**7.064**	**8.706**	**6.910**
OCI	2.401	−616	−694	−604	630	−189
Gesamtergebnis	**14.864**	**3.241**	**4.328**	**6.460**	**9.336**	**6.721**

Tab. 7.14: Struktur-GuV für Mercedes-Benz nach KA IFRS.

(In Mio. €)	2.021	2.020	2.019	2.018	2.017	2.016
Umsatzerlöse	**133.893**	**121.778**	**172.745**	**167.362**	**164.330**	**153.261**
Umsatzkosten	−103.218	−101.592	−143.580	−134.295	−129.999	−121.298
Bruttoergebnis	**30.675**	**20.186**	**29.165**	**33.067**	**34.331**	**31.963**
Vertriebskosten	−9.194	−8.966	−12.801	−13.067	−12.965	−12.226
Verwaltungskosten	−2.808	−2.507	−4.050	−4.036	−3.809	−3.419
F&E	−5.467	−4.839	−6.586	−6.581	−5.938	−5.257
Sonstiges	1.153	1.793	−1.632	868	1.782	1.052
Betriebsergebnis	**14.359**	**5.667**	**4.096**	**10.251**	**13.401**	**12.113**
Finanzergebnis	1.452	290	−266	344	900	461
Erg. aus fortg. Akt. vor Steuern	**15.811**	**5.957**	**3.830**	**10.595**	**14.301**	**12.574**
Ertragssteuern	−4.761	−1.926	−1.121	−3.013	−3.437	−3.790
Erg. aus fortg. Akt.	11.050	4.031	2.709	7.582	10.864	8.784
Erg. aus aufg. Akt.	12.346	−22	0			
NI	**23.396**	**4.009**	**2.709**	**7.582**	**10.864**	**8.784**
OCI	5.775	−3.353	−2.158	−2.516	−1.010	−490
Gesamtergebnis	**29.171**	**656**	**551**	**5.066**	**9.854**	**8.294**

In der IFRS-GuV von BMW wird, anders als in der HGB-Variante, der F&E-Aufwand nicht gesondert ausgewiesen, ist dem Anhang aber zu entnehmen. Das Betriebsergebnis ist durchgängig positiv, höher als im JA der Muttergesellschaft und weniger volatil. Dass es

Tab. 7.15: Struktur-GuV für VW nach KA IFRS.

(In Mio. €)	2.021	2.020	2.019	2.018	2.017	2.016
Umsatzerlöse	**250.200**	**222.884**	**252.632**	**235.849**	**230.682**	**217.267**
Umsatzkosten	−202.959	−183.937	−203.490	−189.500	−188.140	−176.270
Bruttoergebnis	**47.241**	**38.947**	**49.142**	**46.349**	**42.542**	**40.997**
Vertriebskosten	−19.228	−18.407	−20.978	−20.510	−22.710	−22.700
Verwaltungskosten	−10.420	−9.399	−9.767	−8.819	−8.254	−7.336
F&E						
Sonstiges	1.682	−1.466	−1.437	−3.100	2.241	−3.858
Betriebsergebnis	**19.275**	**9.675**	**16.960**	**13.920**	**13.818**	**7.103**
Finanzergebnis	851	1.991	1.396	1.723	94	189
Erg. aus fortg. Akt.	**20.126**	**11.667**	**18.356**	**15.643**	**13.913**	**7.292**
vor Steuern						
Ertragssteuern	−4.698	−2.843	−4.326	−3.489	−2.275	−1.912
Erg. aus fortg. Akt.	15.428	8.824	14.029	12.153	11.638	5.379
Erg. aus aufg. Akt.						
NI	**15.428**	**8.824**	**14.029**	**12.153**	**11.638**	**5.379**
OCI	6.529	−3.575	−6.974	−2.701	2.305	−449
Gesamtergebnis	**21.958**	**5.249**	**7.055**	**9.452**	**13.943**	**4.930**

höher ausfällt, ist plausibel, da auch die Ergebnisse der Tochterunternehmen eingehen, obwohl gegenläufig durch Konsolidierungen Minderungen möglich sind. Das Finanzergebnis ist wie zu erwarten niedriger als im JA und sehr volatil. Nur im Jahr 2021 war es sehr hoch, sogar höher als im KA.

Erfolge aus aufgegebenen Geschäftsbereichen nach IFRS 5 (in etwa: außergewöhnliche Erfolge) sind vernachlässigbar. Das Net Income bewegt sich im Zeitablauf ähnlich wie der HGB-JÜ, aber auf deutlich niedrigerem Niveau. Das OCI ist hingegen in mehreren Perioden negativ und eher nachrangig. Im Jahr 2021 gab es aber eine starke Zunahme auf 2,4 Mrd. €.

Mercedes-Benz weist mit Ausnahme der Coronajahre 2019/2020 hohe und positive Betriebsergebnisse aus. Das Finanzergebnis war eher nachrangig und nur im Jahr 2021 mit 1,5 Mrd. € wesentlich. Das NI nahm von 2017 bis 2020 stetig ab, erreichte im Jahr 2021 einen Höchstwert ohne Sondereinflüsse nach IFRS 5. Das OCI war, mit Ausnahme des Jahres 2021 (5,8 Mrd. €) in allen Vorjahren negativ, von 2018 bis 2020 auch mit großen Beträgen.

Im Vergleich zum JA nach HGB wird deutlich, dass dieser seit der Auslagerung im Jahr 2019 keine sinnvolle Unterteilung in Betriebsergebnis und Finanzergebnis mehr liefern kann. Vergleicht man den HGB-JÜ mit dem NI so zeigt sich, dass der Konzerngewinn nicht systematisch höher ausfällt, die Relationen also stark von BMW abweichen. Die Entwicklungen der Gewinne verlaufen auch nicht parallel.

Bei VW ergibt sich ein nahezu stetig zunehmendes Betriebsergebnis von 7,1 Mrd. € im Jahr 2016 auf 19,3 Mrd. € im Jahr 2021. Das Finanzergebnis ist ebenfalls durchgängig positiv, aber insgesamt von untergeordneter Bedeutung. Sondereinflüsse aus aufgegebenen Geschäftsbereichen gab es nicht. Das OCI erreicht in den meisten Perioden beachtliche Größenordnungen und ist in vier von sechs Jahren negativ. Die jährlichen Änderungen sind sehr hoch.

Im Vergleich zur HGB-GuV fallen natürlich die erheblichen Verschiebungen zwischen Betriebs- und Finanzergebnis auf. Dies ist den umfangreichen operativen Aktivitäten der vielen und teilweise sehr großen Konzerntöchter geschuldet. Im Vergleich zwischen HGB-JÜ und Net Income wird deutlich, dass letzteres deutlich höher ausfällt und im gesamten Zeitraum im Gegensatz zum JÜ der Obergesellschaft eher einen positiven Trend aufweist.

7.2.5 Struktur-Kapitalflussrechnung nach HGB und IFRS

Eine Kapitalflussrechnung nach IAS 7 ist gemäß IAS 1.10 (d) zwingender Bestandteil eines IFRS-Abschlusses, während nach HGB eine solche nur ausnahmsweise verlangt wird (§§ 264 Abs. 1, 297 Abs. 1 HGB). Alle drei Unternehmen veröffentlichen keine KFR für den Einzelabschluss, wozu sie auch nicht verpflichtet sind.

Sowohl nach den IFRS, den US-GAAP als auch DRS 21 ist die Grobstruktur von KFR gleich. Der DRS 21 hat zwar nur Empfehlungscharakter, aber da die Unternehmen sowieso IAS 7 anwenden, ist dies belanglos. Trotz der gleichen Grobstruktur sei darauf verwiesen, dass es im Detail zwischen den drei Formaten durchaus Unterschiede geben kann und auch innerhalb von IAS 7 gibt es gewisse Freiheitsgrade, die aber hier zunächst keine Rolle spielen.

❗ Demnach ergibt sich das folgende Schema:

	Operativer Cashflow (Betrieblicher Cashflow)
±	Investitions-Cashflow
=	Free Cashflow
±	Finanzierungs-Cashflow
=	Änderung des Fonds liquider Mittel

Die Idee des Free Cashflow ist es, den grundsätzlich entziehbaren Überschuss für alle Kapitalgeber darzustellen. Wie viel liquide Mittel bleiben nach dem operativen Geschäft und den getätigten Investitionen übrig um die Kapitalgeber bedienen zu können? Das beinhaltet, sowohl die Überschüsse für Fremdkapitalgeber (meist Zinsen) als auch die Überschüsse für Eigenkapitalgeber (z. B. als Dividende). Wie in der obigen Vereinfachung kann das die Summe des operativen Cashflows und des Investitions-Cashflows sein. Da sowohl der operative, als auch der Investitions-Cashflow bereits Zinszahlungen und Dividenden enthalten können (siehe nachfolgende Erläuterungen), ergeben sich hier mögliche Verzerrungen bei der Berechnung.

Es sei erwähnt, dass der Free Cashflow als Begriff nicht einheitlich definiert ist, ähnlich wie von Earnings-before-Kennzahlen bekannt gibt es hier Unterschiede der Berechnung in der Praxis. Insbesondere Justierungen, die Effekte der Kapitalstruktur bereinigen, sind häufig anzutreffen. Um den Free Cashflow im Unternehmensvergleich besser einsetzen zu können, wird häufig eine fiktive komplette Eigenfinanzierung unterstellt. Alle Fremdkapitaleffekte, insbesondere Zinszahlungen und entsprechende Steuerauswirkungen werden bereinigt. Anwender dieser Fremdkapitaleffektbereinigung würden den unbereinigten Free Cashflow dann als Total Cashflow bezeichnen.[38]

Für den IFRS-Konzernabschluss können die Daten problemlos den KFR entnommen werden. Allerdings gestaltet sich auch hier der Vergleich von Unternehmen aufgrund diverser Anpassungen und Gestaltungsmöglichkeiten nicht immer einfach. Das ist vor allem darauf zurückzuführen, dass Cashflows im IAS 7, neben dem Kohäsionsprinzip, aufgrund der zugrundeliegenden Tätigkeit abgegrenzt werden (Classification of Cash Flows by the Nature of the Activity), statt nach Ihrer Art.[39] Klassische Beispiele mit nicht einheitlicher Handhabung sind hier die Berücksichtigung von Ertragssteuern, Zinsen und Dividenden.

Bei den Zahlungen von Ertragssteuern ergeben sich gewisse zeitliche Spielräume und Verzerrungen. Die zeitliche Verzerrung ist relativ einfach dadurch ersichtlich, dass sich die Angaben zu Ertragssteuern in GuV und KFR üblicherweise nicht decken. Obwohl Ertragssteuern im Regelfall dem operativen Cashflow zugeordnet werden, können sie teilweise auch im Investitions- bzw. Finanzierungs-Cashflow ausgewiesen werden, solange sie sich diesen Tätigkeiten zuordnen lassen (IAS 7.35).

Bei Zinszahlungen ist die praktische Zuordnung zwischen operativem Cashflow, Investitions-Cashflow und Finanzierungs-Cashflow teilweise fließend. Als Beispiel wäre hier der IFRS 16 erwähnt, bei dem eine Leasingrate zunächst in einen Zins- und einen Tilgungsteil getrennt wird. Bereits hier ergeben sich Freiheiten bei der Abgrenzung. Die Tilgungszahlung ist im Finanzierungs-Cashflow zu erfassen, der Zinsanteil kann jedoch unter gewissen Voraussetzungen sowohl im Finanzierungs-Cashflow, als auch im operativen Cashflow erfasst werden. Solange die Zuordnung stetig erfolgt, besteht ein Wahlrecht. Ein einheitliches Vorgehen ist also nicht gegeben. Analog gilt für Dividenden, dass diese allen drei Cashflows zugeordnet werden können (IAS 7.34). Es gilt nach IAS 7.33 die Beschränkung, dass Zinsen und Dividenden, die in die Ergebnisrechnung einbezogen wurden, als operativer Cashflow auszuweisen sind, allerdings kann auch davon abgewichen werden, wenn es sich um Zahlungen handelt, die Investitionserträgen oder Finanzierungsaufwendungen zugeordnet werden können. Ein Vergleich zwischen Unternehmen erfordert folglich diverse Standardisierungen. Aufgrund des Stetigkeitsprinzips ist aber zumindest ein Vergleich eines Unternehmens im Zeitverlauf nicht beeinträchtigt.

---

38 Vgl. Kruschwitz und Löffler (2020, 99 ff.).

39 Vgl. Coenenberg, Haller und Schultze (2021, 867 ff.).

Beim Versuch HGB-Werte in die Strukturkapitalflussrechnung nach IAS 7 zu überführen, können die Größen nur mehr oder weniger genau indirekt geschätzt werden, indem Daten aus der GuV, Bilanz und Anhang genutzt werden. Beispielhaft seien hier einige Positionen erwähnt, die sich nicht genau übertragen lassen. Diese Liste ist nicht abschließend:

Beispiel (1) Eine genaue Ermittlung von unbaren Aufwendungen und Erträgen ist nicht immer vollständig möglich um GuV-Ergebnisse in Cashflows umzurechnen. Zwar lassen sich die vermutlich größten Positionen Abschreibungen, Wertberichtigungen und Erhöhungen bzw. Minderungen von Rückstellungen ermitteln, allerdings ist das bei sonstigen unbaren Aufwendungen und Erträgen nicht immer vollständig umzusetzen. Im Rahmen der Finanzanalyse werden Möglichkeiten den operativen Cashflow nach HGB zu schätzen detailliert vorgestellt.

Beispiel (2) Tatsächlich gezahlte Ertragssteuern lassen sich nur begrenzt ermitteln. Die Werte der GuV müssen nicht mit Werten der Steuerbilanz übereinstimmen, tatsächliche Zahlungszeitpunkte sind für Außenstehende nicht ermittelbar. Auch alternative Schätzmethoden über die Multiplizierung des Gewinns mit einem Steuersatz scheitern an nicht konstanten effektiven Steuersätzen.

Beispiel (3) Häufig sind angegebene GuV- und Bilanzpositionen Saldierungen von Aufwendungen und Erträgen, dies gilt insbesondere für Abschreibungen bzw. Zuschreibungen, Zinsen und andere Finanzergebnisse. Da bei der Ermittlung der Free Cashflows insbesondere Zinsaufwendungen für Fremdkapitalgeber nicht verrechnet sein sollten, Zinserträge aber schon, wären hier nicht saldierte Werte vorteilhaft.

Beispiel (4) Investitionen in das Anlage- und Umlaufvermögen können nicht, auch nicht grob durch einen Vergleich von Vorjahreswerten und diesjährigen Werten ermittelt werden. Der Anlagespiegel nach HGB ist natürlich grundsätzlich hilfreich hier. Der Spalte Zugänge im Geschäftsjahr können z. B. die Investitionen entnommen werden. Allerdings ist unklar, ob dies im gleichen Geschäftsjahr auch zu Investitionsauszahlungen führte. Bei geleastem Vermögen, Herstellungsvorgängen, Einlagen etc. ist dies sogar ausgeschlossen.

Beispiel (5) Desinvestitionen, also Einzahlungen aus dem Verkauf von Anlagevermögen können dem Anlagespiegel nicht entnommen werden. Die Spalte Abgänge des Geschäftsjahres gibt die Beträge der ursprünglichen Zugangswerte an. Zwar kann man den Buchwert der Abgänge ermitteln, indem von diesem Betrag die kumulierten Abschreibungen auf die Abgänge subtrahiert werden. Es ist aber völlig unklar, ob der Verkauf zu einem Gewinn oder Verlust geführt hat und ob es Zahlungen gab.

Beispiel (6) Finanzierungs-Cashflows sind ebenfalls überwiegend nur grob aus Differenzen zu Vorjahreswerten ermittelbar. Dabei stört es unseres Erachtens wenig, dass es in großem Umfang Umschichtungen geben kann, z. B. wenn eine Anleihe emittiert wird und damit ein Großkredit getilgt wird. Nur der Saldo zeigt die Änderung der Außenfinanzierung. Störend ist hingegen, dass die im Finanzierungs-Cashflow zu erfassenden Finanzschulden nicht präzise definiert sind. IAS 7.17 gibt zwar Beispiele an, wobei die Zahlungen von und an Eigentümer problemlos sind (Ausnahme: die Dividende an die Gesellschafter darf auch im operativen Cashflow gezeigt werden). Da aber Fremdkapital teilweise im operativen Cashflow abzurechnen ist und teilweise im Finanzierungs-Cashflow ist dies misslich.

Für die HGB-Abschlüsse ist zu beachten, dass nur ein operativer Cashflow derivativ aus GuV- und Bilanzdaten abgeleitet werden kann, wobei es eine Fülle an Literaturvorschlägen gibt, wie dies erfolgen kann. Für den Investitions-Cashflow kann versucht werden, die Daten aus dem Anlagespiegel zu schätzen, ein ebenfalls recht fehleranfälliges Vorgehen. Für den Finanzierungs-Cashflow ist dies ebenfalls problematisch, da zwar die Zahlungen von und an Eigentümer zu ermitteln sind, aber nicht der Anteil der Schulden, die hier und nicht im operativen Cashflow abzubilden sind.

Da diese Darstellung eigenständig zu begründen sind, werden sie erst im Rahmen der Finanzanalyse (Kapitel 9.3) ausführlich vorgestellt. Analog werden die Daten für die IFRS-KA dann an gleicher Stelle präsentiert.

8 Kennzahlen zur Vermögens- und Finanzlage

Auf Basis der vorgestellten Daten sollen nunmehr typische KPI zur Vermögenslage und deren Entwicklung vorgestellt werden. Dabei geht es im ersten Schritt um die Zusammensetzung des Vermögens und die Investitionen in das Vermögen, ergänzend um Kennzahlen zum Vermögensumschlag. Dieser erste Analyseschritt könnte auch unter der Überschrift Finanzlage subsumiert werden, da das Vermögen letztlich natürlich dazu da ist, Zahlungsströme zu generieren und die Zahlungsfähigkeit zu sichern.

8.1 Überblick

Gemäß §§ 264 Abs. 2, 297 Abs. 2 HGB sollen Abschlüsse ein den tatsächlichen Verhältnissen entsprechendes Bild der Vermögens-, Finanz- und Ertragslage vermitteln, allerdings unter Beachtung der GoB. Dieser GoB-Vorbehalt sorgt dafür, dass der geforderte Einblick recht engen Grenzen unterliegt. So würde man sich aus betriebswirtschaftlicher Sicht zur Messung der Ertragslage und vor allem der zukünftigen Ertragskraft wahrscheinlich andere Daten wünschen, als nach dem Vorsichtsprinzip in der GuV zu finden sind. Für die Finanzlage wären Zahlungsströme und im Idealfall ein vollständiger Finanzplan zweckmäßig. Nach HGB sind KFR nur selten verpflichtend und Cashflowprognosen höchstens im Lagebericht zu finden, was aber ebenfalls selten ist.

Für die **Vermögenslage** wären Daten zu Einzelveräußerungswerten des Vermögens (auch des nicht bilanzierten) aus Gläubigersicht insofern informativ, als sie zeigen könnten, was im schlimmsten Fall einer Insolvenz an Haftungsmasse vorhanden ist. Solche Werte wären allerdings sehr schwer zu schätzen und es müssten Annahmen getroffen werden über die Dauer des Verkaufsprozesses (sehr schnelle Notverkäufe bringen i. d. R. niedrigere Erlöse) und die Zerschlagungsintensität (kleinteilige Veräußerungen oder auch ein Verkauf von Teilbetrieben, Standorten etc.). Neben der geringen Verlässlichkeit der Informationen hätte eine solche Darstellung den gravierenden Nachteil, dass sie sinnlose Daten liefert, wenn eine Insolvenz gar nicht erfolgt oder angestrebt ist. Deshalb ist die Going-Concern-Annahme nach HGB und IFRS auch zweckmäßig.

Alternativ könnte eine Bewertung sämtlicher Bilanzposten zu Zeitwerten hilfreich sein, da dies die Verkaufswerte zum aktuellen Stichtag ohne Notverkäufe zeigt und die Werte von Kreditsicherheiten spiegeln kann. Naturgemäß würde auch dies nicht den Gesamtwert des Unternehmens abbilden, da Verbundeffekte u. ä. fehlen (Firmenwert, Bad Will). Allerdings sieht das HGB dies nicht vor, es gilt bis auf sehr wenige Ausnahmen das **Anschaffungskostenprinzip** (§ 253 Abs. 1) und auch nach den IFRS sind für viele Aktiva Anschaffungskosten zwingend vorgesehen oder sie sind zumindest erlaubt.

Deshalb ist der geforderte Einblick nur auf Basis der Rechnungslegungsdaten möglich, wobei ergänzende Anhanginformationen teilweise Korrekturen oder Verfeinerungen ermöglichen. Für die HGB-Daten bedeutet dies, dass für Aktiva und Passiva gleichermaßen das Realisations- und Imparitätsprinzip gelten, sodass zwar eine vorsichtsge-

https://doi.org/10.1515/9783110770551-008

prägt verzerrte Darstellung vorliegt, aber sie ist konsistent. Unter IFRS gibt es hingegen Vermögenswerte, die zu Anschaffungskosten, zum Fair Value, zu einem Wert nach der Equitymethode (Beteiligungen) oder nach der Percentage-of-Completion-Methode (POC-Methode) bewertet werden und Schulden werden teilweise mit Abschaffungswerten oder Fair Values angesetzt. Heterogene Wertansätze von verschiedenen Bilanzposten können natürlich zu einem Mismatch führen, d. h. bestimmte Kennzahlen können irreführende Relationen abbilden. Dies gilt sowohl für die vertikale als auch die horizontale Analyse (s. u.).

Im Weiteren werden im ersten Schritt Kennzahlen zur Vermögenslage und zum Investitionsverhalten vorgestellt (vertikale Zusammensetzung und Entwicklung des Vermögens, Kapitel 8.2). Da die Erfassung von Daten zu nur einem Stichtag anfällig für Bilanzpolitik sind und eventuell wenig repräsentative Zufallswerte darstellen, werden im nächsten Schritt sog. Umschlagskennzahlen ermittelt, die den ökonomischen Nutzen abbilden sollen, den Unternehmen aus dem Vermögen ziehen (Lagerreichweite, Forderungsreichweite, Kapitalumschlag etc., Kapitel 8.3).

8.2 Kennzahlen zur Vermögensstruktur und zum Investitionsverhalten

Schon der Begriff Vermögenslage deutet an, dass es um eine **substanzorientierte Sichtweise** geht, die auf die Vermögensgegenstände (HGB) und Vermögenswerte (IFRS) aus der Strukturbilanz abstellt. Damit ist klar, dass das bilanzierte Vermögen durch Ansatzverbote und -wahlrechte geprägt ist. Das Vermögen muss dem Bilanzierenden nicht zivilrechtlich gehören (wirtschaftliches Eigentum nach HGB oder Kontroll-/Verfügungsrechte nach IFRS genügen). Zudem werden die Posten durch diverse Bewertungsregeln und -wahlrechte beeinflusst. Da es um **Stichtagswerte** geht, bilden die KPI erst einmal nur eine Momentaufnahme. Deshalb ist immer zu bedenken, dass es sich nicht zwingend um eine für das Gesamtjahr repräsentative Darstellung handelt, die aufgrund der Einzelbewertung Synergieeffekte systematisch nicht erfasst und anfällig für Bilanzpolitik jeglicher Art ist.

Insofern ist es plausibel, dass die Vermögenslage und deren Analyse eher nachrangig ist, das Vermögen bildet eher die Basis zur Erzielung von Gewinnen und Cashflows oder zur Absicherung von Liquiditätsanforderungen („Erfolgserzielungsvermögen"[1]), denn Unternehmen sind gerade kein Museum, das Maschinen oder Grundstücke sammelt. Deshalb wird die **vertikale Vermögensstruktur** auch nur als Hilfsmittel zur Analyse der Finanzlage angesehen.[2]

---

1 Brösel (2017, 244).
2 Vgl. Küting und Weber (2015, 117 ff.).

Trotz aller Bedenken gegen die eingeschränkte Aussagefähigkeit von Vermögens-kennzahlen ist beachtenswert, dass sowohl zu hohes als auch zu niedriges Anlagever-mögen zu Agencykosten führen kann. Wann es genau zu viel oder zu wenig gebundenes Vermögen gibt, ist aber nicht allgemein, sondern nur für konkrete Unternehmen und eventuell Branchen bestimmbar.

> **!** **Die Bestimmung hängt eng mit dem jeweiligen Verschuldungsgrad des Unternehmens zusammen. Es geht hier nur um die Anreizstruktur,[3] die damit verknüpft ist und teilweise in Debt Covenants in Form von Grenzwerten[4] verankert wird:**
> - Das Risiko von Unterinvestitionen stellt auf die Situation ab, in der das Management aufgrund eines Schuldenüberhangs Projekte nicht realisiert, obwohl diese grundsätzlich rentabel sind, also einen positiven Kapitalwert haben. Obwohl diese Projekte die Ansprüche der Gläubiger decken, können sie sich aufgrund der vorrangigen Bedienung der Fremdkapitalgeber negativ auf den Shareholder Value auswirken, da sie den Verzinsungsansprüchen der Eigenkapitalgeber in nachrangiger Bedienung nicht genügen. Eine Mindestgrenze für Anlagevermögen kann dieses Risiko begrenzen.
> - Ein Überinvestitionsproblem kann entstehen, wenn es hohe Free Cashflows gibt, aber zu wenig Projekte, die rentabel genug sind, um die Kapitalkosten zu decken. Verfolgt das Management nicht das Ziel den Shareholder Value zu maximieren, sondern hat eigene Vorteile im Blick, kann es sein, dass die überschüssige Liquidität dann nicht an die Aktionäre ausgeschüttet wird. Ein bekannter Grund hierfür ist weiterhin die Empire Building Hypothese, die erstmals von Jensen angeführt wurde,[5] nach der Manager aufgrund von Prestige und verbesserter Entlohnung danach streben Unternehmen zu vergrößern. Oftmals wird aber auch dem Management einfach übermäßiger Optimismus bei der Rentabilitätsberechnung von Investitionsentscheidungen unterstellt. Das Vermögen des Unternehmens nimmt dabei zu, die buchmäßige Rendite kann positiv sein, genügt aber nicht um die Kapitalkosten (Hurdle Rate) zu decken und es erfolgt eventuell eine Risikodiversifikation. Diese kompensiert das hohe Arbeitsplatzrisiko des Managements, welches dieses nicht diversifizieren kann (sog. Free Cashflow-Problem). Natürlich könnte die Liquidität auch zur Tilgung von Fremdkapital genutzt werden, dies ist aber vielfach wenig sinnvoll, da die Kapitalstruktur anhand anderer Kriterien, wie Steueroptimierung, Insolvenzrisiko oder Agencykostenmiminierung gewählt werden sollte. Der alternative Aufbau von Barmitteln ist hingegen wenig rentabel und für jedermann direkt erkennbar.

Wie schon gesagt, folgt aus diesen Überlegungen nur, dass es sowohl nach oben als auch nach unten Grenzen für Investitionen in das Anlagevermögen geben kann. Dies erlaubt aber noch keine Aussage darüber, wo diese genau liegen. Immerhin ermöglicht es vielleicht ein Vergleich von Unternehmen einer Branche, Auffälligkeiten zu entdecken. Als wichtige Vermögensstrukturkennzahlen sind die Anlage- und die Umlaufintensität anzusehen (AV und UV in % der Bilanzsumme), sowie die Relation Anlage- zu Umlaufvermögen. Da in alle drei KPI die gleichen Informationen eingehen, handelt es sich um Komplementärkennzahlen.[6] Es genügt, nur eine zu ermitteln, die anderen haben keinen zusätzlichen Informationsgehalt.

3 Vgl. Wagenhofer und Ewert (2015, 224, 252 f.).
4 Vgl. Li und Mohanram (2019); Li (2016, 1183); Haghani, Voll und Holzamer (2008, 6).
5 Vgl. Jensen (1986, 323).
6 Vgl. Brösel (2017, 246).

Der Grund für diese Grobeinteilung liegt in der unterstellten Geldnähe oder Liquidierbarkeit der Vermögensgruppen. So wird Anlagevermögen nach § 247 Abs. 2 HGB
definiert als das Vermögen, das dauerhaft dem Geschäftsbetrieb dienen soll. Da die subjektive Zwecksetzung mitentscheidend ist, können Wertpapiere, Immobilien etc. demnach sowohl Anlage- als auch Umlaufvermögen sein. Dies verdeutlicht, dass das Kriterium Liquiditätsnähe nicht trennscharf ist. Das Gleiche gilt, wenn man die Forderungen
aus LuL betrachtet: diese sind Umlaufvermögen, auch wenn Kaufpreis- oder Leasingraten erst sehr viel später fällig werden. Typisierend wird gleichwohl unterstellt, dass
Anlagevermögen, speziell das Sachanlagevermögen, schwer zu veräußern ist und die
Fortführung der Unternehmenstätigkeit beeinträchtigt wäre ohne sie. Ergänzend ist zu
bedenken, dass speziell spezifisches AV regelmäßig nur niedrige Liquidationserlöse generieren wird, da es schwierig wird überhaupt potenzielle Käufer zu finden und Anlagen abgebaut, transportiert, eventuell umgerüstet werden müssen. Umgekehrt können
auch Sachanlagen wie Immobilien sehr gut liquidierbar sein. Es ist aber darauf zu verweisen, dass der einfache Umkehrschluss, Umlaufvermögen sei liquide, viel zu grob ist.

Das Zahlenbeispiel in Tabelle 8.1 verdeutlicht den erläuterten Sachverhalt. Obwohl
das Umlaufvermögen bei Unternehmen A und Unternehmen B gleich hoch ist, erkennt
man sofort, dass Unternehmen B sehr viel höhere liquide Mittel (Kasse/Bank) besitzt.
Auch Wertpapiere sind regelmäßig gut liquidierbar. Forderungen sind nur zum Teil zeitnah fällig oder können verkauft werden, sie unterliegen zudem Ausfallrisiken. Vorräte
hingegen müssen erst in Form von Fertigerzeugnissen vorliegen und verkauft werden,
bevor sie zu Forderungen und/oder Cash werden. Das Umlaufvermögen wird weiter unten noch detaillierter aufgefächert, um die Liquiditätseinschätzungen zu verbessern.

Tab. 8.1: Zahlenbeispiel Umlaufvermögen.

	Unternehmen A	Unternehmen B
Vorräte	200	100
Forderungen	100	50
Wertpapiere	30	100
Kasse/Bank	20	100
∑ **Umlaufvermögen**	350	350

Sollen Anlage- und Umlaufintensität Aussagen über Geldnähe und Bindungsdauer ermöglichen, liegt die Idee nahe, stattdessen auf das **betriebsnotwendige Vermögen** abzustellen, das dauerhaft gehalten werden muss, um die Unternehmensziele zu erreichen. Dann würden neben den notwendigen Produktionsanlagen auch eiserne Min-
destbestände an Vorräten und eventuell Liquiditätspuffer als betriebsnotwendiges und
deshalb dauerhaft zu finanzierendes Vermögen gelten. Dies ist aus mehreren Gründen
problematisch. Zunächst einmal ist den Bilanzposten selbst nicht immer zu entnehmen,
ob es sich um betriebsnotwendige Bestandteile handelt. So ist es plausibel, dass z. B. Finanzanlagen nicht direkt für die Produktion benötigt werden. Handelt es sich aber um

die Beteiligung an einer konzerneigenen Bank über die Leasinggeschäfte und Raten-verkäufe abgewickelt werden, kann man kaum behaupten, sie sei für das Geschäftsmo-dell nicht vonnöten. Vergleichbares gilt für eine Tochtergesellschaft, die den kompletten Immobilienbesitz inklusive der Verwaltungs- und Produktionsgebäude hält. Beachtlich ist zudem, dass die Unternehmensziele selbst durchaus nicht in Stein gemeißelt sind. Soll eine Sparte oder ein Standort abgegeben werden, sind sie gerade nicht mehr be-triebsnotwendig. Ebenfalls ist zu bedenken, dass auch betriebsnotwendiges Vermögen verkauft werden kann, wenn die Weiternutzung durch Miet- oder Leasingverträge ge-sichert wird.

Eine Abgrenzung innerhalb der Bilanzpositionen ist für Außenstehende ebenfalls kaum möglich. Als Beispiel seien hier liquide Mittel erwähnt. In Anlehnung an die Ter-minologie der Geldnachfragetheorie, können liquide Mittel zukünftigen Transaktionen, der Vorsicht oder der Spekulation dienen. Wie viele Mittel sich exakt der nicht betriebs-notwendigen Spekulation zuordnen lassen ist schwer ermittelbar. Aufgrund dieser Be-denken ist es pragmatisch sinnvoll, zunächst auf die großen Vermögensklassen aus der Bilanz abzustellen.

! **Im ersten Schritt soll die Anlageintensität für die Unternehmen ermittelt werden:**

$$\text{Anlageintensität} = \frac{\text{Anlagevermögen}}{\text{Bilanzsumme}} \times 100$$

Tabelle 8.2 zeigt die **Anlageintensität** von BMW, Mercedes-Benz und VW auf Basis der HGB-JA. Regelmäßig wird argumentiert, dass eine hohe Anlageintensität tenden-ziell schlecht ist.[7] Begründet wird dies mit der größeren Geldnähe bzw. Liquidität des Umlaufvermögens, das kontinuierlich Cash generiert, und damit für kurzfristige Zwecke oder Investitionen flexibel eingesetzt werden kann (Dispositionselastizität). Zudem wird angenommen, dass Anlagevermögen, das ja ex definitione dauerhaft dem Geschäftsbetrieb dienen soll, zu Fixkosten führt (Abschreibungen, Zinsen, Erhaltungs-aufwendungen etc.). Insbesondere bei rückläufigen Umsätzen oder Gewinnmargen, führt dies zu schnelleren Ertragseinbußen (Operating Leverage). Schließlich wird un-terstellt, dass eine niedrige Anlageintensität auf eine bessere Kapazitätsauslastung

Tab. 8.2: Anlageintensität nach JA HGB.

(In %)	2021	2020	2019	2018	2017	2016
BMW	30,2	31,4	31,8	36,1	40,3	43,8
Mercedes-Benz	49,6	60,6	57,6	47,0	43,0	41,8
VW	73,5	70,7	72,0	67,9	72,6	71,9

---

7 Vgl. Coenenberg, Haller und Schultze (2021, 1140); Gräfer und Wengel (2019, 77).

hindeutet: Das vorhandene Anlagevermögen geht einher mit hohen Vorräten und Forderungen (dahinter stehen Umsätze).

Allerdings sind diese Annahmen nicht immer zielführend. So würde ein sehr effizientes **Net Working Capital-Management** dazu führen, dass sich das Umlaufvermögen verringert, was c. p. mit einer erhöhten Anlageintensität einhergeht. Tatsächlich hat sich aber die ökonomische Situation natürlich nicht verschlechtert. Auch Neuinvestitionen in moderne Anlagen, die flexibel einsetzbar sind führen zwar zu einer schlechteren Quote im Vergleich zu Unternehmen mit älteren und abgeschriebenen Anlagen, aber auch dies kann man kaum als Nachteil bezeichnen. Insgesamt wird man fehlende Investitionen in langfristig nutzbare Vermögensgegenstände und damit in Erfolgspotenziale nicht ohne Weiteres als positiv einstufen können. Genauso kann ein hoher Fixkostenanteil die Rentabilität bei positiver Absatz- und Umsatzentwicklung deutlich steigern, da der Operating Leverage in beide Richtungen wirkt und nicht nur negative Auswirkungen hat.

Obwohl man dabei berücksichtigen muss, dass gerade diese KPI stark vom Alter der Unternehmen, der Fertigungstiefe und dem Automatisierungsgrad, der Bilanzpolitik (Aktivierung von immateriellem Vermögen, Abschreibungen usw.), der Nutzungsform (Kauf oder Leasing etc.) und anderen Faktoren abhängen kann, ist davon auszugehen, dass die hier im Fokus stehenden Unternehmen durchaus ähnliche Randbedingungen haben. Gleichwohl zeigt die Tabelle riesige Unterschiede. Dies liegt vor allem daran, dass bei VW und bei Mercedes-Benz seit 2019 die Aktivseite durch die sehr hohen Finanzanlagen geprägt sind (Holdingstruktur).

Für die Finanzanlagen gelten die o. a. möglichen Nachteile wie hohe Fixkosten, Indikator für Kapazitätsauslastung eher nicht. Auch die schwergängige Veräußerbarkeit trifft in erster Linie auf die spezifischen Investitionen in Sachanlagen und immaterielle Anlagen zu, während für Beteiligungen dies schlicht davon abhängt, in welcher Rechtsform die Unternehmen firmieren und ob eine (teilweise) Veräußerung zur Unternehmensstrategie passt.

Um den Einfluss der Finanzanlagen zu eliminieren, bieten sich zwei Varianten an. Zunächst kann das produktionsbezogene Vermögen (SAV und IAV) in Relation zur Bilanzsumme (BS) gesetzt werden. Da die Bilanzsummen der Unternehmen aber durch sehr unterschiedlich hohe Beteiligungen geprägt sind, könnte auch die Bezugsgröße BS um das Finanzanlagevermögen (FAV) gekürzt werden, sodass der Einfluss in Zähler und Nenner eliminiert wird. Tabelle 8.3 zeigt die Werte für die so bereinigten Anlageintensitäten der Unternehmen.

Tab. 8.3: Bereinigte Anlageintensität nach JA HGB.

(In %)	2021	2020	2019	2018	2017	2016
BMW	23,0	24,8	25,3	29,6	32,2	36,0
Mercedes-Benz	0,3	14,0	14,6	10,9	14,4	16,4
VW	15,8	14,0	14,6	10,9	14,4	16,4

! **Man kann zwar in diesen Variationen eine verbesserte Vergleichbarkeit sehen, aber dies ändert nichts an der allgemeinen Aussage, dass die Anlageintensität (und andere KPI) von Unternehmen wenig aussagefähig sind, wenn diese auf unterschiedliche Arten wachsen (von Desinvestitionen und Schrumpfungen sei abgesehen). Hierbei können folgende Möglichkeiten genutzt werden:**

- Internes Wachstum durch den eigenen Aufbau von Produktionskapazitäten. Dann werden Maschinen erworben, Personal eingestellt etc. Dieses Wachstum kann passgenau auf das Unternehmen abgestimmt werden, kann aber auch mit Zeitverlusten einhergehen. In Zeiten kürzerer Produktlebenszyklen und technischem Wandel ist dies ein gewichtiges Argument. Für den Abschluss steigen in der Folge sowohl die Sachanlagen als auch die Vorräte, sodass sich die Anlageintensität verändern kann, aber tendenziell zeitlich gestreckt.
- Externes Wachstum in Form eines Asset Deal bedeutet, dass ein Unternehmen oder ein Teilbetrieb erworben wird, wobei die wesentlichen Vermögensgegenstände und Schulden im Wege der Einzelrechtsnachfolge übernommen werden. Sie sind dann im Grundsatz zu Zeitwerten einzubuchen, sodass sich die Vermögensstruktur verschiebt, abhängig von der Struktur der neu hinzugekommenen Posten. Dabei ist auch das übernommene IAV einzubuchen und oftmals ist ein erworbener Firmenwert anzusetzen (§ 246 Abs. 1 S. 4 HGB). Damit hat der Erwerber sofort den möglichen Nutzen, generiert Umsätze, hat Personal-, Material- und Abschreibungsaufwand. Diese Aufwendungen sind oftmals höher als bei internem Wachstum, da das Vermögen zu Zeitwerten, d. h. ohne stille Reserven einzubuchen ist und auch der Firmenwert nach HGB abzuschreiben ist.
- Externes Wachstum in Form eines Share Deal heißt, dass die Anteile an einem weiterhin bestehenden Unternehmen erworben werden (GmbH-Anteile, Aktien etc.). Der Erwerber bucht dann die Finanzanlagen mit den Anschaffungskosten ein, es wird nur das Anlagevermögen vermehrt, was c. p. zu einer deutlich höheren Anlageintensität führt. In der Folge resultieren hier nur außerplanmäßige Abschreibungen und Erträge aus Beteiligungen, die aber im Finanzergebnis zu zeigen sind. Umsätze, Material- und Personalaufwand etc. fallen nicht (oder kaum) an.

Aufgrund dieser Unterschiede sind die o. a. KPI auf der Basis von Einzelabschlüssen wenig aussagefähig. Deshalb bietet es sich an, die Anlageintensität auf Basis der Konzernabschlüsse zu berechnen. Aufgrund der Einheitsfiktion werden darin sämtlich Vermögensgegenstände und Schulden aller Konzernunternehmen gezeigt und interne Kapital- und Schuldbeziehungen eliminiert. Statt der Beteiligung an der Tochtergesellschaft sind deshalb die Bilanzposten derselben ohne deren Eigenkapital (Ausnahme Minderheitenanteile, falls nicht 100 % der Anteile erworben wurden) anzusetzen. Im Kern wird damit der Share Deal wie ein Asset Deal im Konzernabschluss abgebildet. Entsprechend zeigt die Konzernbilanz sämtliche Sach- und immateriellen Anlagewerte und das gesamte Umlaufvermögen. Noch vorhandene Finanzanlagen betreffen dann nicht mehr Beteiligungen an konsolidierten Konzerntöchtern.

Tabelle 8.4 zeigt die Anlageintensitäten auf Basis der IFRS-KA. Ohne Zweifel sind diese KPI für die drei Unternehmen besser vergleichbar. Ein Vergleich mit Unternehmen, die nach HGB bilanzieren, ist demgegenüber nur sehr eingeschränkt möglich. Dies liegt daran, dass **unter IFRS wesentliche Unterschiede beim Anlagevermögen** zu beachten sind.

Tab. 8.4: Anlageintensität nach KA IFRS.

(In %)	2021	2020	2019	2018	2017	2016
BMW	62,4	62,2	60,3	59,9	63,0	64,5
Mercedes-Benz	60,4	59,7	57,7	56,8	58,2	58,0
VW	62,2	60,8	61,6	59,9	62,1	62,0

Die wichtigsten Unterschiede zwischen der Bilanzierung des Anlagevermögens nach HBG und IFRS sind:

- Selbst erstelltes IAV muss nach IAS 38 zwingend aktiviert werden. Dieses wird auch nicht zwingend planmäßig abgeschrieben und ein erworbener Firmenwert wird immer nur aufgrund des stark ermessensbehafteten Niederstwerttests nach IAS 36 zu Aufwand führen.
- Für Sachanlagen nach IAS 16 kann zwischen dem Anschaffungskostenmodell und einem Neubewertungsmodell gewählt werden. Bei komplexen Anlagen kann der sog. Komponentenansatz wesentlichen Einfluss auf die Abschreibungen haben.
- sog. Anlageimmobilien nach IAS 40 können mit AK oder dem Fair Value angesetzt werden. Beim Fair Value Model gibt es keine planmäßigen Abschreibungen.
- Werden Vermögenswerte geleast, so sind zwingend Nutzungsrechte am geleasten Vermögen als Anlagevermögen anzusetzen (Right-of-Use-Ansatz nach IFRS 16). Zwar gibt es diverse Ausnahmen, aber ab dem Jahr 2019 kann dies zu erheblichen Einflüssen führen, auch im Vergleich zu Vorjahren.

Da die hier betrachteten Unternehmen für das Produktivvermögen das Cost Model verwenden und das geleaste Vermögen nachrangige Bedeutung hat, resultieren die Unterschiede vor allem aus der Aktivierung von IAV (inklusive Firmenwerten), entweder nach IAS 38 oder im Rahmen der Kaufpreisallokation.

Die Analyse des Anlagevermögens wird ergänzt um KPI zur **Investitionstätigkeit**. Es soll erkennbar werden, ob das Unternehmen wächst oder schrumpft und in welche Assetklasse investiert wurde. Dabei ist aber die Datenbasis zu beachten: es handelt sich um die Buchwerte von Anlagevermögen in €. Dies impliziert, dass Preiseffekte, technischer Fortschritt, veränderte Produktionskapazitäten in Stückzahlen usw. nicht berücksichtigt werden können. Ergänzend zu Wachstum/Schrumpfung sollen Schlüsse auf künftige Investitionsbedarfe ermöglicht werden. Basis sind nach HGB regelmäßig die Informationen aus dem **Anlagespiegel** gemäß § 284 Abs. 3 HGB.

Sehr niedriges Anlagevermögen kann als Indikator für alsbald erforderliche Ersatzinvestitionen angesehen werden, da es schon weitgehend abgeschrieben wurde. Diese Begründung passt allerdings nur zu abnutzbarem Anlagevermögen. Deshalb sind Finanzanlagen hier auszuschließen. Bezüglich des immateriellen Anlagevermögens gibt es ebenfalls Besonderheiten, da dieses teilweise nicht abzuschreiben ist und insgesamt anderen Wertminderungsrisiken unterliegt als Sachanlagen. Deshalb werden die folgenden Kennzahlen nur für das Sachanlagevermögen berechnet und hierbei nur für die technischen Anlagen und Maschinen und die anderen Anlagen, Betriebs- und Geschäftsausstattung (Positionen A II. Nr. 2 und 3 aus § 266 Abs. 2 HGB). Immobilien werden nicht beachtet, da diese teilweise nicht abnutzbare Bestandteile enthalten können (Grund und Boden) und die Nutzungsdauern für Gebäude und andere Bestandteile extrem unterschiedlich angesetzt werden können.

❗ Für die o. a. Positionen können folgende KPI ermittelt werden.[8] (Gj. Abschreibungen sind die Abschreibungen des betrachteten Geschäftsjahres.)

$$\varnothing\text{ND des abnutzbaren AV} = \frac{\text{AHK}}{\text{Gj. Abschreibungen}} \times 100$$

Und ergänzend:

$$\text{Rest-ND} = \frac{\text{Buchwert}}{\text{Gj. Abschreibungen}}$$

$$\varnothing\text{Alter} = \frac{\text{kumulierte Abschreibungen}}{\text{Gj. Abschreibungen}}$$

$$\varnothing\text{Anlagenabnutzungsgrad} = \frac{\text{kumulierte Abschreibungen}}{\text{historische AHK}}$$

Die Schätzung der **Nutzungsdauer** (ND) setzt allerdings voraus, dass linear abgeschrieben wird, da sich bei degressiven Abschreibungen stark schwankende Geschäftsjahresabschreibungen ergeben können. Auch außerplanmäßige Abschreibungen würden stören und müssten gesondert eliminiert werden, z. B. aufgrund von Anhangangaben. Allerdings verändern solche Abschreibungen in den Folgejahren wiederum die Höhe der planmäßigen Abschreibungen, sodass „saubere" Werte dann auch nicht möglich sind. Zudem muss unterstellt werden, dass die planmäßigen Abschreibungen tatsächlich etwas mit der Wertminderung von den Anlagen zu tun haben und nach Ablauf der Nutzungsdauer tatsächlich eine Ersatzbeschaffung notwendig wird. Gerade in HGB-Abschlüssen dürften regelmäßig die AfA-Tabellenwerke der Finanzverwaltung für die Nutzungsdauern genutzt werden und diese sind im Durchschnitt deutlich kürzer als die realen Fristen. Dies wird erkennbar, wenn ein Unternehmen von HGB auf die IFRS umstellt und dabei regelmäßig längere Nutzungsdauern berücksichtigt werden. Zudem leidet der Aussagegehalt der Kennzahl dadurch, dass sehr heterogene Vermögensgegenstände zusammengefasst werden, die extrem unterschiedliche Nutzungsdauern haben und eine anteilsmäßige Gewichtung nicht möglich ist. So gibt VW für das Jahr 2019 an, dass technische Anlagen und Maschinen über 5 bis 20 Jahre abgeschrieben werden und die anderen Anlagen, Geschäftsausstattung über 4 bis 30 Jahre. Für die Rest-Nutzungsdauer greifen analoge Bedenken bezüglich der Aussagefähigkeit.

Da die o. a. KPI insgesamt stark angreifbar sind und die Ermittlung recht aufwändig werden kann, insbesondere wenn es auch außerplanmäßige Abschreibungen gab,

---

8 Vgl. Küting und Weber (2015, 125); Subramanyam (2014, 253).

soll nur der **Anlagenabnutzungsgrad** für die Unternehmen berechnet werden. Dieser drückt aus, wieviel Prozent der historischen Zugangswerte (AHK steht für Anschaffungs- oder Herstellungskosten) bereits durch Abschreibungen gemindert wurden und ist deshalb ein Indikator für das Alter des Vermögens und gibt entsprechend Hinweise auf allfällige Investitionsbedarfe der Zukunft. Da alle drei Unternehmen linear abschreiben und wahrscheinlich ähnliche Produktionsstrukturen haben, sollten die Werte in etwa vergleichbar sein. Auch von außerplanmäßiger Abschreibungen geht keine große Störwirkung aus, da die Unternehmen im Betrachtungszeitraum praktisch keine vorgenommen haben. Dies kann man so deuten, dass aufgrund der vorsichtig geschätzten Nutzungsdauern außerplanmäßige Abwertungen obsolet werden, eine typische Folge stiller Reserven und zugleich ein Indiz für verzerrte Ergebnisse in der Vergangenheit. Denkbar wäre auch, dass ein niedrigerer beizulegender Wert für diese Assetklasse nur mit Schwierigkeiten nachweisbar ist, vor allem da eine solche Wertminderung dauerhaft sein müsste.

Tab. 8.5: Anlagenabnutzungsgrad nach JA HGB.

(In %)	2021	2020	2019	2018	2017	2016
BMW	67,8	67,5	66,6	66,9	67,6	68,0
Mercedes-Benz	68,5	70,2	11,3	75,0	74,4	74,4
VW	82,0	82,2	82,2	83,5	82,3	80,2

Tabelle 8.5 zeigt den Anlagenabnutzungsgrad auf Basis der HGB-JA. Für Mercedes-Benz ist zu beachten, dass die Kennzahl seit der kompletten Auslagerung der Produktion sinnlos ist, da praktisch kein Sachanlagevermögen mehr vorhanden ist. BMW weist im gesamten Zeitraum einen deutlich niedrigeren Abnutzungsgrad als VW auf (10–12 Prozentpunkte) und vor dem Jahr 2019 auch im Vergleich zu Mercedes-Benz. Demnach hätte BMW tendenziell jüngere Anlagen, bei VW könnte der Bedarf an Ersatzinvestitionen früher auftreten. Auffällig ist, dass bei BMW und VW die Werte im Zeitablauf so gut wie nicht schwanken. Da linear abgeschrieben wird deutet dies darauf hin, dass es kaum spürbare Wachstums- oder Schrumpfungsprozesse gab.

Tabelle 8.6 zeigt den Anlagenabnutzungsgrad auf Basis der IFRS-KA. Hier erweist es sich als vorteilhaft, dass alle drei Unternehmen auch im IFRS-Abschluss die Angaben getrennt wie nach HGB vornehmen, sodass ebenfalls für technische Anlagen und

Tab. 8.6: Anlagenabnutzungsgrad nach KA IFRS.

(In %)	2021	2020	2019	2018	2017	2016
BMW	64,9	64,2	61,7	64,2	65,3	65,3
Mercedes-Benz	63,5	63,7	61,6	61,7	62,6	63,5
VW	67,5	65,9	63,9	65,1	64,5	63,6

Maschinen und andere abnutzbare Sachanlagen Daten vorliegen. Dies ist keine Selbstverständlichkeit und kann insbesondere bei länderübergreifenden Unternehmensvergleichen auch völlig anders aussehen. Unterschiede bestehen darin, dass teilweise das vermietete Vermögen (= die vermieteten Kraftfahrzeuge und LKW) einbezogen werden, teilweise nicht. Die Nutzungsdauern der verleasten Vermögenswerte sind kürzer als die Lebensdauer, da sie regelmäßig am Ende der Grundmietzeit verkauft werden.

Für den IFRS-Abschluss ist zu bedenken, dass trotz der Vereinheitlichung in der Handelsbilanz II aller Konzernglieder, die Vermögenswerte weltweit verteilt gehalten werden und es nationale oder auch klimatisch bedingte Unterschiede für die Bemessung von Abschreibungen geben kann. Keine Rolle spielen hingegen hier die Wahlmöglichkeiten das Anschaffungskosten- oder das Neubewertungsmodell anzuwenden, da alle drei Unternehmen das Anschaffungskostenmodell nutzen. Anderenfalls hätte ein Vergleich zwischen Einzel- und Konzernabschlüssen oder auch zwischen den Konzernabschlüssen wenig Sinn ergeben.

Für Mercedes-Benz ist die Kennzahl ohne die Nutzungsrechte an geleastem Vermögen berechnet worden. Da diese Rechte über die Leasingvertragsdauer abgeschrieben werden und sie nur Teil-Rechte abbilden, ist der Ausschluss sinnvoll. Bei den anderen beiden Unternehmen wurde der Einfluss der gemieteten Anlagen nicht korrigiert, da dies eine aufwändige Nebenrechnung verlangt hätte und der quantitative Einfluss gering wäre. Insofern sind verzerrende Effekte nicht zu erwarten.

Ausgeschlossen wurden auch die vermieteten Vermögensgegenstände. Bei diesen erfolgt die Abschreibung über die Leasingvertragsdauer und nur auf den erwarteten Restwert. Dies könnte die Quote verzerren. Außerdem liegt dem Vermögen ein anderes Geschäftsmodell zugrunde. Sachanlagen dienen der Herstellung von Produkten, während beim Leasinggeschäft bereits vorhandene Produkte verwertet werden.

Für die Konzerndaten ergeben sich nur geringfügige Unterschiede zwischen den Unternehmen und die Quote ist im Zeitablauf erstaunlich stabil. Im Vergleich zu den HGB-Daten resultieren spürbar niedrigere Abnutzungsgrade. Dies ist ein deutlicher Hinweis darauf, dass nach HGB vorsichtiger abgeschrieben wird. Da das Vermögen in beiden Abschlüssen mit den Anschaffungskosten bewertet und linear abgeschrieben wird, ist hierfür vor allem die unterschiedliche Nutzungsdauer verantwortlich. Die IFRS sehen für diese Nutzungsdauer ebenfalls eine vorsichtsgeprägte Herangehensweise vor, sodass man wohl unterstellen kann, dass nach HGB tendenziell zu vorsichtig bzw. pessimistisch abgeschrieben wird.

Exkurs: Einfluss der Wahl der Abschreibungsmethoden

Hier soll ausschließlich auf die Unterschiede von linearen und geometrisch degressiven Abschreibungen eingegangen werden. Beide Methoden sind nach HGB und IAS 16 zulässig. Zwar sieht IAS 16.60 vor, dass die Abschreibungsmethode zu wählen ist, die dem erwarteten Verbrauch des wirtschaftlichen Nutzens Rechnung trägt, aber diese Leerformel dürfte kaum restriktiv wirken. Die variable oder leistungsbezogene Abschreibung ist eher selten anwendbar.

Wird degressiv abgeschrieben, so werden im Vergleich zur linearen Abschreibung Aufwendungen zeitlich früher erfasst, regelmäßig werden stille Reserven gelegt. Das Risiko einer außerplanmäßigen Abschreibung sinkt. Damit wird ein neues Verlustrisiko nicht mehr im Jahr der Wertminderung sichtbar, eine unter Informationsaspekten ungünstige Folge der stillen Reserven (auch unbedingte Vorsicht genannt, da auch ohne negativen Schock Aufwand gebucht wird). Im Zeitablauf zeigen sich unter sonst gleichen Bedingungen immer bessere Ergebnisse, da die Abschreibungen immer niedriger werden. Dies könnte aber dadurch kompensiert werden, dass ältere Anlagen zu niedrigeren Umsätzen führen oder erhöhte Instandhaltungsaufwendungen verursachen. Allerdings sind Instandhaltungsaufwendungen vielfach Fixkosten für Personal, sodass dieser Effekt nicht selbstverständlich ist. Beachtenswert ist aber, dass diese Effekte zunächst einmal nur für einen Vermögenswert gelten. Gibt es eine gut gemischte Altersstruktur von vielen Anlagen, fallen hohe Anfangsraten zusammen mit niedrigeren Beträgen älterer Anlagen, sodass sich im Idealfall gleiche oder ähnliche Wirkungen ergeben können wie bei der Wahl der linearen Abschreibungen. Es ist aber plausibel, dass Sachinvestitionen eher gehäuft in einigen Perioden – also zyklisch – auftreten.

Wird linear abgeschrieben können sich aber im Zeitablauf ebenfalls zu gute Renditen aus der GuV ergeben, z. B. wenn die Absatzpreise im Lauf der Jahre steigen und die Abschreibungen auf Basis der historischen Anschaffungskosten verrechnet werden. Nach HGB sind kalkulatorische Abschreibungen auf gestiegene Wiederbeschaffungswerte grundsätzlich verboten (Nominalprinzip). Unter IAS 16 erlaubt das Neubewertungsmodell hingegen eine Werterhöhung auf den Stichtagswert und entsprechend erhöhen sich die folgenden planmäßigen Abschreibungen. Allerdings darf nicht auf den eigentlich relevanteren Zeitwert zum Termin der erwarteten Re-Investition abgestellt werden. Deshalb wird die Summe der verrechneten Abschreibungen bei Preissteigerungen im Zeitablauf auch nicht einem Wiederbeschaffungswert entsprechen.

Ein zweiter positiver Einfluss ergibt sich dadurch, dass der resultierende Gewinn auf immer niedrigeres Kapital bezogen wird, da das Vermögen einen immer geringer werdenden Buchwert aufweist. Extrem werden kann dies bei Immobilienunternehmen mit sehr alten vermieteten Beständen, die weitgehend abgeschrieben sind. Aktuell hohen Mieten stehen dann sehr niedrige oder gar keine Abschreibungen mehr gegenüber.

Versucht man nicht den Bedarf künftiger Neuinvestitionen zu schätzen, sondern richtet den Fokus auf die Investitionen der vergangenen Perioden, so soll ersichtlich werden, ob es **Wachstum oder Schrumpfung** gegeben hat oder auch Umschichtungen. Dabei steht die Annahme im Hintergrund, dass Investitionen in das Anlagevermögen Basis für künftige Gewinne und Cashflows sind und notwendig, um die Marktposition zu halten oder verbessern. Die folgenden KPI werden ebenfalls auf Basis des Anlagegitters ermittelt. Liegt eine KFR vor, so sind sehr wesentliche Informationen direkt aus dieser zu entnehmen (Investitions-Cashflow).

Investitionen in Finanzanlagen können direkt der Zugangsspalte des Anlagespiegels entnommen werden. Die Spalte Abgänge gibt hingegen die ursprünglichen Anschaffungskosten der veräußerten Anlagen an. Da Finanzanlagen nicht planmäßig abgeschrieben werden, kann man diese, unter der Annahme es habe keine außerplanmäßigen Abwertungen auf diese Abgänge gegeben, als **Desinvestitionen** ansehen. Allerdings ist dieser Saldo aus Zu- und Abgängen nur bedingt aussagefähig. Dies liegt daran, dass gerade bei Finanzanlagen im Zeitablauf stille Reserven aufgebaut werden können, sodass die Höhe der Desinvestitionen die tatsächlichen Abgangswerte nicht spiegelt. In Konzernen können solche Umschichtungen auch als konzerninterne

Restrukturierungen stattfinden, sodass trotz Abgängen auf der Ebene einzelner Gesellschaften für die Einheit Konzern gar nichts passiert ist.

Umgekehrt sind Investitionen in Finanzanlagen mehreren Deutungen zugänglich. So kann es sich schlicht um externes Wachstum in Form von Share Deals handeln, also letztlich um Investitionen in Produktionskapazitäten. Es kann aber auch Ausdruck fehlender Expansionschancen in Kernbereichen anzeigen.[9] Die Frage, ob es um Diversifikation und Risikostreuung geht oder Wachstum im Kerngeschäft kann man durch Sichtung und Analyse der Beteiligungsgesellschaften versuchen zu beantworten.

Bei (abnutzbarem) immateriellen Anlagevermögen sind Kennzahlen im Grundsatz genauso zu ermitteln wie für Sachanlagen (s. u.). Bedenkenswert ist aber, dass selbsterstelltes immaterielles Vermögen nur wahlweise aktiviert wird (ergänzt um diverse Verbote). Wird immaterielles Vermögen indirekt in Form eines Share Deals erworben, so taucht es ebenfalls nicht in der Bilanz des Erwerbers auf, sondern steckt im Beteiligungsbuchwert. Im Konzernabschluss wird dies dann durch die Kaufpreisallokation nach § 301 HGB ersichtlich gemacht.

Bei einem Ansatz bei Eigenerstellung sind die Herstellungskosten nach § 255 Abs. 2 a HGB der Wertmaßstab. Vielfach umfassen diese nur einen mehr oder weniger großen Teil der vollen Kosten, da erst ab dem Zeitpunkt Herstellungskosten aktivierbar sind, ab dem klar ist, dass ein Vermögensgegenstand in der Entstehung vorliegt. Dies schließt naturgemäß Forschungsaufwendungen aus, aber auch alle Entwicklungskosten in Vorjahren, wenn die Aktivierbarkeit erst später bejaht wird.

! Durch zwei KPI kann versucht werden, den Investitionscharakter der F&E-Anstrengungen abzuschätzen:

$$\text{F\&E-Intensität} = \frac{\text{F\&E-Leistung}}{\text{Umsatzerlöse}} \times 100$$

$$\text{Aktivierungsquote} = \frac{\text{im Gj. aktiviertes IAV}}{\text{F\&E Leistung im Gj.}} \times 100$$

Die **F&E-Intensität** gibt an, wie viel Prozent des Umsatzes im gleichen Jahr in die Stärkung der eigenen Wettbewerbskraft geflossen sind. Die F&E-Leistung entspricht dabei der Summe des in der GuV ausgewiesenen F&E-Aufwands im Geschäftsjahr (ohne Berücksichtigung der Abschreibungen für aktivierte F&E-Leistungen aus den Vorjahren) sowie der aktivierten F&E-Aktivitäten des Geschäftsjahres. Die **F&E-Leistung** soll ausdrücken, wie viele Mittel in diesem Jahr in F&E geflossen sind. Der Einbezug der Abschreibungen auf früher aktiviertes immaterielles Anlagevermögen stellt hingegen keine Periodenleistung im Sinne von Aufbau dar.

Voraussetzung zur Berechnung ist, dass die Unternehmen den F&E-Aufwand angeben, was nach HGB nur auf freiwilliger Basis erfolgt. Nur BMW weist diese Größe

---

9 Vgl. Gräfer und Wengel (2019, 108 f.).

gesondert in der GuV aus. Weiterführend ist anzumerken, dass die Annahme, dass F&E-Leistungen grundsätzlich wertschaffend sind, natürlich sehr pauschal und wahrscheinlich unzutreffend ist.[10] Dies gilt vor allem für Forschungsaufwendungen, die deshalb nicht aktivierbar sind (als Bestandteil der Herstellungskosten). Gleichwohl können sie den Unternehmenswert (genauer: den Firmenwert) erhöhen, aber eben nicht das bilanzielle Vermögen (Ausnahme: Erwerb). Bei der Deutung der Werte ist darauf zu achten, dass bei gleichem Input in F&E eine verminderte oder erhöhte Kennzahl resultiert, wenn die Umsätze steigen oder sinken, obwohl dies Folgen vergangener Aktivitäten oder Unterlassungen sind. Dann sagt die Kennzahl nur wenig über die Forschungsorientierung von Unternehmen aus.[11] Generell ist das zeitliche Auseinanderfallen von F&E-Aktivitäten und Umsätzen bei dieser Kennzahl problematisch. Deshalb sollten bei der Betrachtung Mehrjahresübersichten einfließen.

Tabelle 8.7 zeigt die Relation der F&E-Leistung zu Umsatzerlösen auf Basis der IFRS-KA. Nach HGB können die KPI nicht berechnet werden und wären möglicherweise auch wenig aussagefähig. Es kann nämlich nicht ausgeschlossen werden, dass die Obergesellschaften einen überproportional großen Anteil der F&E-Leistungen erbringen und die Tochterunternehmen davon profitieren in Form von Umsätzen ohne eigene F&E-Aktivitäten. Die Zahlen von BMW (Vergleich JA und KA) legen eine solche Arbeitsteilung z. B. nahe. Bei VW steigt die F&E-Leistung seit dem Jahr 2017 in € recht stetig an, genauso wie bei BMW. Die höheren Werte bei VW in den Jahren 2020 und 2021 sind den rückläufigen Umsätzen geschuldet. Dies zeigt eine Anfälligkeit der KPI-Werte: die Abhängigkeit von den Umsatzschwankungen, wobei man aber kaum unterstellen kann, dass z. B. die F&E-Anstrengungen der ersten Monate eines Jahres abhängig vom geplanten oder angestrebten Umsatzziel des Gesamtjahres realisiert werden. Bei Mercedes-Benz zeigt sich allerdings trotz spürbaren Umsatzschwankungen ein stetig steigender Kennzahlenwert, wobei die absoluten €-Beträge sehr volatil waren (2016: 7,6 Mrd. €, 2019: 9,7 Mrd. € und 2021: 7,8 Mrd. €).

Tab. 8.7: F&E-Leistung zu Umsatzerlösen nach KA IFRS.

(In %)	2021	2020	2019	2018	2017	2016
BMW	6,2	6,3	5,7	5,5	5,0	4,6
Mercedes-Benz	6,9	6,0	5,6	5,4	5,3	4,9
VW	6,2	6,2	5,7	5,8	5,7	6,3

Die **Aktivierungsquote** ist nach IAS 38.126 anzugeben, nach § 285 Nr. 22 HGB aber nur, wenn ein Unternehmen überhaupt vom Ansatzwahlrecht Gebrauch macht. Da die

---

10 Vgl. Küting und Weber (2015, 132).
11 Vgl. Krause und Arora (2008, 302).

hier untersuchten Unternehmen dies alle nicht tun, bleibt es dabei: Der F&E-Aufwand ist nicht zu ermitteln. Für die IFRS-Konzernabschlüsse soll die KPI gleichwohl berechnet werden, da diese Größe pressewirksam in der Vergangenheit heiß diskutiert wurde.[12]

Tabelle 8.8 zeigt die Aktivierungsquote auf Basis der IFRS-KA. Beim Unternehmensvergleich ist zu beachten, dass Mercedes-Benz in den Geschäftsberichten andere Werte angibt. Die genaue Berechnung ist dabei nicht nachvollziehbar. Folgt man der oben angegebenen Formel, ergeben sich die in Tabelle 8.8 angegebenen Werte. Bei VW und BMW entspricht die im Geschäftsbericht angegebene Aktivierungsquote der von uns errechneten.

Tab. 8.8: Aktivierungsquote nach KA IFRS.

(In %)	2021	2020	2019	2018	2017	2016
BMW	36,5	36,6	35,9	56,1	49,3	48,7
Mercedes-Benz	30,3	34,2	31,9	27,8	31,9	30,7
VW	50,3	46,6	36,2	38,4	40,1	42,1

Im Kern zeigt die Aktivierungsquote, inwieweit die F&E-Anstrengungen zu werthaltigem Vermögen geführt haben. Da aber sowohl die Aktivierungskriterien für das immaterielle Vermögen unter IAS 38 als auch die Abgrenzung der zugehörigen Herstellungskosten und deren Werthaltigkeit als stark anfällig für Ermessensentscheidungen gelten, wird eine hohe Quote vielfach kritisch gesehen. Sie ist dann Ausdruck einer progressiven Bilanzpolitik, zumindest wenn es auffällige Erhöhungen im Zeitablauf oder höhere Werte als bei Wettbewerbern gibt.

Diese sehr kritische Sicht muss man aber nicht teilen. Erinnert sei daran, dass für viele Unternehmen die Immaterialgüter wesentlich wichtiger sind als Lagerhallen und Verwaltungsgebäude. Unbestritten gibt es weite Ermessensspielräume, aber immerhin müssen Aufsichtsrat und Abschlussprüfer die Entscheidungen des Managements mittragen und im Zeitablauf gibt es bei zu optimistischem Vorgehen Abschreibungsrisiken.

Auch die schlichte Höhe der Quote ist nicht notwendig Ausdruck von Bilanzpolitik. Es ist auch möglich, dass Unternehmen sehr unterschiedliche Strategien verfolgen. So kann ein Unternehmen auch Grundlagenforschung in spürbarem Umfang betreiben und eine niedrige Quote angeben. Ein Wettbewerber überlässt diese Grundlagenarbeiten eher der spezialisierten Zulieferindustrie (in der Automobilbranche verbreitet) und realisiert nur Projekte selbst, die relativ nah am angestrebten Endprodukt sind. Dann

---

12 Vgl. Wagenhofer und Ewert (2015, 593): VW zeigt heute die Gewinne von morgen; Kosten als Vermögen bilanziert usw.

wird auch die Aktivierungsquote höher ausfallen. Ob man solche Unterschiede feststellen kann ist nicht generell zu beantworten. Hinweise können eventuell dem Lagebericht (§ 289 Abs. 2 Nr. 2 HGB: F&E-Bericht), Nachhaltigkeitsberichten, Pressemitteilungen etc. entnommen werden. Eine Quantifizierung von erfolgreichen Investitionen ermöglichen solche Informationen aber nicht.

Betrachtet man die Werte in Tabelle 8.8, so zeigt sich bei BMW eine stetig fallende Aktivierungsquote, während für Mercedes-Benz ziemlich stabile Werte in einem engen Korridor vorliegen der deutlich unter dem Niveau von BMW liegt. Bei VW zeigt sich von 2016 bis 2019 wie bei BMW eine fallende Tendenz, in Jahren 2020 und 2021 aber deutliche Anstiege. Die vorliegenden hoch aggregierten Daten lassen aber unseres Erachtens keine eindeutigen Rückschlüsse auf unterschiedliche Abschlusspolitik zu. Selbst die Tatsache, dass es bei VW in den Jahren 2020 und 2021 um fast 15 bis 20 Prozentpunkte höhere Aktivierungsquoten gab, kann schlicht auf diskontinuierlich anfallenden realen Ereignissen beruhen: In beiden Jahren konnten eventuell atypisch viele erfolgreiche Entwicklungen realisiert worden sein.

Für Posten des **abnutzbaren Sachanlagevermögens** können Kennzahlen berechnet werden, die einen Schluss darauf zulassen sollen, ob mehr oder weniger als die Wertminderungen des Geschäftsjahres und eventuell noch die Abgänge investiert wurde. Dabei gelten die Zugänge für technische Anlagen, Maschinen, andere Anlagen und Betriebs- und Geschäftsausstattung (BGA) als Investitionen.

Hier tritt zwar nicht das Problem auf, dass es Aktivierungswahlrechte gibt, die stören, aber es gibt gleichwohl Bedenken, dass die Zugänge des Anlagespiegels die Investitionen sinnvoll abbilden:
- Brösel verweist darauf, dass Instandhaltungsaufwendungen vielfach Investitionscharakter haben, da sie Nutzen für mehrere Perioden stiften.[13] Die in § 255 Abs. 2 HGB vorgegebene Trennung von Herstellung in Form von Erweiterungen oder wesentlichen Verbesserungen und Instandhaltung spiegelt den Investitionscharakter dann unzutreffend. Dieser Einwand ist berechtigt, insbesondere, wenn Instandhaltungsmaßnahmen in mehrjährigen Zyklen realisiert werden. Eine Korrektur durch zahlenmäßige Anpassungen ist aber nicht möglich. Nach IAS 16 sollte dieses Problem aufgrund des Komponentenansatzes hingegen weniger gravierend sein, da dieser zu gesonderten Aktivierungen von einzelnen Anlagenbestandteilen führt. Hierbei ist aber bedenkenswert, dass ziemlich unklar ist, ob und wie konsequent der Komponentenansatz in der Praxis wirklich umgesetzt wird. Auf jeden Fall gibt es hierzu keinerlei Erläuterungen in den Anhängen der Unternehmen.
- Soweit Unternehmen Vermögen leasen statt zu kaufen, hängt die Aktivierung nach HGB davon ab, wer wirtschaftlicher Eigentümer ist, was regelmäßig auf der Grundlage der steuerlichen Leasingerlasse bestimmt wird. Die Folge ist, dass der Leasingnehmer hierzulande eher selten die Leasingobjekte bilanziert. Dies kann man kompensieren, indem die Leasingraten kapitalisiert und aktiviert werden, wofür aber ein ganzer Kranz von Annahmen zu setzen ist (vgl. ausführlich Kapitel 15). Unter IFRS 16 sind hingegen Nutzungsrechte aus Leasingverträgen schon erfasst. Da die hier untersuchten Unternehmen als Leasingnehmer eher unwesentliche Geschäfte vorgenommen haben unterbleibt für den HGB-Abschluss eine Korrektur (erkennbar an den Anhangangaben zu künftigen Leasingraten gemäß § 285 Nr. 3 und 3 a HGB).

---

13 Vgl. Brösel (2017, 306).

– Die Finanzanlagen stellen ex definitione keine Sachinvestitionen dar, aber die Beteiligungsgesellschaften selbst verfügen vielfach über Sachanlagen, sodass mittelbare Sachinvestitionen vorliegen. Dies kann aber nur auf der Grundlage des konsolidierten Konzernabschluss gezeigt werden.

– Geringwertige Investitionen werden teilweise gar nicht aktiviert, sondern direkt als Aufwand erfasst.[14] Dieser Einwand sollte aufgrund der relativen Bedeutungslosigkeit der Posten nicht wesentlich zu Buche schlagen.

– Der Aufbau von verleastem Vermögen wird hier ebenfalls nicht einbezogen. Für den HGB-Abschluss ist dies problemlos, da die Muttergesellschaften die entsprechenden Fahrzeuge an die konzerneigenen Finanzierungsgesellschaften verkaufen, die das Leasinggeschäft dann abwickeln. In den IFRS-Konzernabschlüssen ist dieses Vermögen zwar enthalten, wird aber hier nicht einbezogen, da es nicht als produktives Sachanlagevermögen gedeutet werden kann, sondern eher als Finanzinvestition. Auch die eher nachrangigen Investment Properties nach IAS 40 werden nicht eingerechnet.

❗ Zwei Kennzahlen zum Investitionsverhalten werden regelmäßig ermittelt:

$$\text{Reinvestitionsquote I} = \frac{\text{Zugänge SAV}}{\text{Abschreibungen Gj.}} \times 100$$

$$\text{Reinvestitionsquote II} = \frac{\text{Zugänge SAV}}{\text{Abschreibungen Gj.} + \text{Abgänge SAV}} \times 100$$

Die **Reinvestitionsquote I** gibt an, ob mehr oder weniger als die Wertminderungen der Sachanlagen ersetzt wurden. Dabei ist die Annahme, dass die planmäßigen und außerplanmäßigen Abschreibungen zusammen eine echte Wertminderung des Vermögens zutreffend abbilden, problematisch. Mithilfe der planmäßigen Abschreibungen werden primär die AHK auf eine Nutzungsdauer verteilt, es handelt sich eher nicht um einen echten Bewertungsvorgang, der die Wertminderung einzelner Perioden abbildet.

Bei der **Reinvestitionsquote II** wird berücksichtigt, dass Vermögen nicht nur durch Wertminderungen, sondern auch durch Verkauf oder Stilllegung verschwinden kann. Wachstum wird nur dann angenommen, wenn beides überkompensiert wird. Die Abgänge aus dem Anlagespiegel können aber nicht direkt genutzt werden, da diese mit den historischen Zugangswerten angegeben sind und hier nur die Restbuchwerte interessieren. Diese können auf einfache Art ermittelt werden aus dem Anlagespiegel: Abgänge zu historischen AHK abzüglich der kumulierten Abschreibungen auf diese Abgänge.

Für die Reinvestitionsquote ist ein Mehrjahresvergleich zweckmäßig, da Investitionen oftmals in Zyklen realisiert werden.[15] Hier soll es ausreichen, nur die Reinvestitionsquote II zu ermitteln, da diese umfassender Informationen zu Vermögensminderungen erfasst.

Tabelle 8.9 zeigt die Reinvestitionsquote auf Basis der HGB-JA. Für Mercedes-Benz ist anzumerken, dass die KPI ab dem Jahr 2019 sinnlos sind, da das operative Geschäft

---

14 Vgl. Brösel (2017, 307).
15 Vgl. Gräfer und Wengel (2019, 112).

Tab. 8.9: Reinvestitionsquote II nach JA HGB.

(In %)	2021	2020	2019	2018	2017	2016
BMW	108	102	120	122	113	107
Mercedes-Benz	15	22	1	109	112	106
VW	117	112	131	89	72	99

komplett ausgegliedert wurde. In den Jahren zuvor wurde mehr als die Wertminderungen und Abgänge für Investitionen ausgegeben. Dabei gab es z. T. auch hohe Restbuchwerte, die kompensiert wurden (ca. 1,4 Mrd. € p. a.), was bei den anderen Unternehmen nicht der Fall war. Insgesamt lag die Quote aber nur relativ wenig über 100 %, sodass kaum von größerem Wachstum gesprochen werden kann. Auch bei BMW lagen die Werte durchgängig wenig über 100 %, indizieren also ein moderates Wachstum. Große Sprünge oder zyklische Investitionen werden nicht erkennbar. Bei VW lagen die Werte von 2016 bis 2018 unter 100 %, was auf Schrumpfung hindeutet – erst danach gab es Wachstum.

Allerdings ist bei den Aussagen aufgrund der o. a. Einschränkungen Vorsicht geboten. Immerhin kann auf der Ebene der Konzernabschlüsse das Problem behoben werden, dass der Erwerb von Beteiligungen an Tochterunternehmen deren Sachanlagen ausklammert.

Tabelle 8.10 zeigt die Reinvestitionsquoten auf Basis der IFRS-KA. Für die Konzernabschlüsse zeigt sich ein deutlich anderes Bild als für die Jahresabschlüsse, da sämtliche Sachinvestitionen der Konzernunternehmen erfasst sind. Zudem führen die abweichenden Bewertungsregeln nach HGB und IFRS zu Unterschieden. Da aber alle drei Unternehmen auch für die Sachanlagen nach IAS 16 das Anschaffungskostenmodell wählen, sind diese Einflüsse quantitativ wahrscheinlich eher weniger bedeutsam (aber nicht abschätzbar, insbesondere weil z. B. für die planmäßigen Abschreibungen unter IFRS längere Nutzungsdauern unterstellt werden). Ebenfalls dürfte IFRS 16 keine bedeutsame Rolle spielen, da die Unternehmen als Leasingnehmer recht kleine Posten als Nutzungsrecht bilanzieren (nach HGB wird i. d. R. kein Leasingobjekt beim Leasingnehmer aktiviert).

Tab. 8.10: Reinvestitionsquote II nach KA IFRS.

(In %)	2021	2020	2019	2018	2017	2016
BMW	104	81	121	133	128	105
Mercedes-Benz	93	91	140	157	154	134
VW	85	92	129	122	124	135

Für BMW zeigte sich seit dem Jahr 2016 ein deutlich ansteigendes Investitionsniveau, das in den Jahren 2020 und 2021 aber stark zurückging. Im Vergleich zu den HGB-Werten zeigen sich durchaus ähnliche Größenordnungen, was insbesondere daran liegen dürfte, dass die Muttergeslllschaft einen großen Teil des operativen Geschäftes selbst abwickelt. Mercedes-Benz investierte von 2016 bis 2019 mit Abstand am meisten, in den Jahren 2020 und 2021 gingen die Investitionen aber massiv zurück. Für VW zeigt sich ein ähnlicher Verlauf, allerdings auf niedrigerem Niveau. Auffallend ist, dass den rückläufigen Werten für den Konzern auf der Ebene der Muttergesellschaft zuletzt deutlich höhere Quoten gegenüberstehen.

Ein möglicher Einflussfaktor für die Entwicklung der Investitionen kann hier nicht eingeschätzt werden: Es ist durchaus denkbar, dass angesichts der aktuellen Entwicklungen zur Elektrifizierung und Automatisierung zu Lasten von konventionellen Sachanlagen neuerdings mehr in immaterielles Vermögen investiert wurde (egal, ob mit oder ohne Aktivierung). Auch dies schränkt naturgemäß den Aussagewert der KPI ein.

8.3 Umschlagskennzahlen für das Anlage- und Umlaufvermögen

Für das Anlagevermögen wird regelmäßig eine Umschlagskennzahl ermittelt, indem es in Relation zu den Umsatzerlösen (oder der **Gesamtleistung** = Umsätze + andere aktivierte Eigenleistung + Bestandsveränderung) gesetzt wird. Im Weiteren wird nur mit den Umsätzen gerechnet, da die hier betrachteten Unternehmen die GuV nach dem Umsatzkostenverfahren anwenden, sodass die Gesamtleistung gar nicht vollständig ermittelt werden kann. Zudem hat die Gesamtleistung den Nachteil, dass in diese sowohl Absatzpreise als auch Herstellungskosten für die Produkte eingehen. Es ist im Übrigen plausibel, dass der größte Teil der hergestellten Produkte auch verkauft wird, sodass größere Schwankungen der Fertigerzeugnisse oder der aktivierten Eigenleistungen vernachlässigt werden können. Das Anlagevermögen kann entweder mit dem Stichtagswert oder dem Durchschnittswert aus Anfangs- und Endbestand eines Geschäftsjahres ermittelt werden.

Das einfache Beispiel in Tabelle 8.11 verdeutlicht die Ratio der Kennzahl. Inhaltlich bedeuten die Werte, dass Unternehmen A mit 1,–€ Anlagevermögen 1,50 € Umsatz generiert und Unternehmen B nur 90 Cent. Diese Kennzahl für den Kapital- bzw. Vermögensumschlag verdeutlicht die Dauer der Vermögensbindung. Die Relevanz der Größe wird besonders in dem bekannten **ROI-Schema** von DuPont deutlich.

Tab. 8.11: Zahlenbeispiel: Umsatzerlöse.

	Unternehmen A	Unternehmen B
Umsatzerlöse/AV	1,5	0,9

Die im ROI-Schema verwendete Spitzenkennzahl $\frac{Gewinn}{Kapital}$ lässt sich multiplikativ erweitern in zwei **!** Kompenenten:

$$\frac{Gewinn}{Kapital} = \frac{Gewinn}{Umsatz} \times \frac{Umsatz}{Kapital}$$

Daran wird sofort erkennbar, dass bei gleicher Umsatzrendite (Gewinn zu Umsatz) ein Unternehmen mit höherem **Kapitalumschlag** einen höheren Wert für die Ratio $\frac{Gewinn}{Kapital}$ erreicht.

Es liegt in der Natur der Sache, dass die Umschlagszahlen stark von Branche und Geschäftsmodell (Fertigungstiefe, Automatisierung etc.) sowie von der Unternehmensstrategie geprägt sind. Strebt ein Unternehmen eher niedrige Gewinnspannen an, da der Markt nichts anderes zulässt, so kann dies durch erhöhten Kapitalumschlag kompensiert werden, also die Menge an verkauften Produkten.[16] Dabei können bereits relativ geringe Verbesserungen der Gewinnmarge (bezogen auf die Umsätze) bei einem hohen Kapitalumschlag große positive Auswirkungen auf den ROI entfalten, es ergibt sich ein Hebeleffekt.

Allerdings weist die o. a. Ausprägung der Kennzahl eine gravierende Schwäche auf. Eigentlich ist es erstrebenswert, die Umsätze in Relation zu dem Vermögen zu setzen, das auch für die Erzielung derselben eingesetzt wird, also das sog. betriebsnotwendige Vermögen. Hierzu zählen ökonomisch auch Teile der Vorräte, die aber nicht quantifizierbar sind. Auf der anderen Seite führen Finanzanlagen nicht direkt zu Umsatzerlösen, sondern zu Beteiligungserträgen. Deshalb bietet es sich an die Kennzahl wie folgt zu modifizieren: $\frac{Umsatzerlöse}{SAV+IAV}$

Dies ist aufgrund der Holdingstruktur von VW und Mercedes-Benz vor allem für die Jahresabschlüsse geboten. Im Konzernabschluss ist der störende Einfluss der Finanzanlagen zwar deutlich geringer, aber auch problemlos zu verhindern.

Tabelle 8.12 zeigt die Umschlagskennzahlen für das SAV/IAV nach HGB. Beachtenswert ist wiederum, dass die Mercedes-Benz-Werte nach der Ausgliederung sinnlos sind. Zudem gilt es zu berücksichtigen, dass die konzerninternen Verkäufe an die Finanzierungsgesellschaften als Umsätze eingehen. Vom Grundsatz ist dies natürlich auch korrekt, da die veräußerten Fahrzeuge mit dem vorhandenen Anlagevermögen produziert

Tab. 8.12: Umschlagskennzahlen Anlagevermögen nach JA HGB.

(In %)	2021	2020	2019	2018	2017	2016
BMW	6,6	5,8	6,6	6,4	6,7	6,6
Mercedes-Benz	12,9	8,1	7,0	10,1	10,6	10,8
VW	7,6	7,7	10,0	11,2	10,6	9,6

---

16 Vgl. Krause und Arora (2008, 107 f.).

wurden, egal an wen der Verkauf erfolgte. Probleme könnten dann auftreten, wenn die konzerninternen Transaktionen nicht Marktbedingungen entsprechen würden. Unangemessene Konzernverrechnungspreise würden allerdings erhebliche steuerliche Probleme hervorrufen, sodass dies wenig plausibel erscheint.

Tabelle 8.13 zeigt die Umschlagskennzahlen des AV für die IFRS-KA. Im Unterschied zur Kennzahlenermittlung nach HGB gehen in das Anlagevermögen hier auch das vermietete Vermögen und die Investment Properties (nur in geringem Umfang vorhanden) ein. Da die laufenden Erträge aus dem Leasinggebergeschäft auch in den Umsatzerlösen (und die Aufwendungen in den Umsatzkosten) erfasst werden, ist dies stimmig.

Tab. 8.13: Umschlagskennzahlen Anlagevermögen nach KA IFRS.

(In %)	2021	2020	2019	2018	2017	2016
BMW	1,4	1,3	1,3	1,4	1,5	1,5
Mercedes-Benz	1,5	1,6	1,7	1,8	1,8	1,8
VW	1,2	1,2	1,4	1,4	1,5	1,4

Beim Betrachten des modifizierten Verhältnisses von Umsatz zu Anlagevermögen der Automobilunternehmen fällt zunächst die erhebliche Diskrepanz zwischen dem Jahresabschluss und dem Konzernabschluss auf. Die faktoriellen Unterschiede bewegen sich in einer Spanne von 3,98 (BMW im Jahr 2013) bis zu 7,89 (VW im Jahr 2018). Das bedeutet, dass die Kennzahl nach HGB 3,98 bis 7,89 mal attraktiver wirkt als nach Konzernabschluss. Der faktorielle Unterschied ist unternehmensspezifisch, er liegt bei BMW zwischen 3,98 und 4,91, bei Mercedes-Benz zwischen 4,24 und 6,03 und bei VW zwischen 6,07 und 7,89. Es ist also zumindest eine begrenzte Konsistenz erkennbar, je nachdem, wie Umsätze und Anlagevermögen auf die Tochterunternehmen verteilt werden. Die geringere Streuung beim Konzernabschluss lässt eindeutig erkennen, dass dies die aussagekräftigere Kennzahl ist. Ein Vergleich zwischen Unternehmen ist mit den Jahresabschlussdaten nicht zielführend, jedoch kann ein Zeitreihenvergleich sinnvoll sein.

Sehr viel wichtiger sind unseres Erachtens aber **Umschlagskennzahlen zu diversen Posten des Umlaufvermögens**. Das Umlaufvermögen wird manchmal auch als (Brutto oder Gross) **Working Capital** interpretiert und es lassen sich entsprechende Kennzahlen dazu finden. In einer eher rechnungwesensorientierten Sichtweise betrachten wir den Begriff (Netto oder Net) Working Capital als die Differenz zwischen Umlaufvermögen und kurzfristigen Verbindlichkeiten bzw. Teilpositionen dieser Größen.

Als gängige Umschlagskennzahlen werden hier die **Forderungs- und die Vorratsreichweite** sowie die durchschnittliche **Debitorenlaufzeit** und das **Net Working Capital** (NWC) als Absolutbetrag vorgestellt. Die ersten drei genannten Größen werden auch zum sog. **Cash Conversion Cycle** (CCC) zusammengefasst.

Die **Forderungsreichweite** (auch **Debitorenlaufzeit**, **Days Sales Outstanding**, **DSO**) wird in Tagen gemessen: Wie lange dauert es im Durchschnitt, bis die Forderungen aus Lieferungen und Leistungen eingehen?

$$\text{Forderungsreichweite (DSO)} = \frac{\text{Forderungen aus LuL}}{\text{Umsatzerlöse}} \times 365$$

Es leuchtet sofort ein, dass ein niedriger Wert erstrebenswert ist, da die Forderungen regelmäßig unverzinslich sind (von Skonti sei abstrahiert), also Zinsverluste entstehen. Zudem nimmt mit steigendem Alter das Ausfallrisiko der Forderungen zu und es können Mahn- und andere Verwaltungskosten entstehen. Verlängert sich die Frist bis zum Zahlungseingang im Zeitablauf, so kann dies als Indikator für die Qualität der Kunden angesehen werden. Es müssen auch solche Kunden akzeptiert werden, die nicht alsbald bezahlen. Allerdings kann nicht unterstellt werden, dass auch bei längeren Fristen bis zur Rechnungsbegleichung die Schuldner bereits säumig sind, da die Vertragskonditionen unbekannt sind.

Zur Ermittlung der Kennzahl nach HGB ist zu beachten, dass die **Forderungen aus LuL** vollständig erfasst sind. Dies setzt voraus, dass die entsprechenden Größen, die als Bestandteile der Forderungen gegenüber verbundenen Unternehmen oder Beteiligungen ausgewiesen sind, miterfasst werden. Hierzu sieht § 265 Abs. 3 HGB im Anhang einen Mitzugehörigkeitsvermerk vor, wenn dies zur Klarheit und Übersichtlichkeit des Abschlusses erforderlich ist. Bei BMW wurde dieser Pflichtvermerk bis zum Jahr 2016 unterlassen, obwohl es um sehr hohe Beträge ging.

Störend sind des Weiteren folgende Einflüsse, die verhindern können, dass der Forderungsbestand zum Bilanzstichtag repräsentativ ist: Gegen Jahresende werden die Forderungen verstärkt angemahnt oder es gibt Forderungsverkäufe (echtes Factoring) oder es werden Forderungen mit Verbindlichkeiten saldiert. Während eine Jahresend-Rallye beim Mahnwesen nicht erkennbar ist, berichten die Unternehmen hingegen teilweise über Factoring und Saldierungen. Deshalb ist eine Verfeinerung der Kennzahl durch Mittelung von Anfangs- und Endbestand der Forderungen unseres Erachtens eine nicht weiterführende Feinjustierung. Diese wäre sowieso nur zweckmäßig bei extremen Umsatzschwankungen.

Ein Kritikpunkt an der gewählten Fassung der Kennzahl ist die teilweise Einbeziehung der Umsatzsteuer bei Forderungen LuL, nicht aber bei den Umsatzerlösen (vergleichbar bei den Verbindlichkeiten aus LuL und dem Materialaufwand, s. u.). Dadurch ergeben sich Verzerrungen in der Kennzahl, die sich aber durch Nettowerte korrigieren lassen, solange das Unternehmen einem einheitlichen Umsatzsteuersatz unterliegt. Liegt kein einheitlicher Umsatzsteuersatz vor, da beispielsweise das Unternehmen global aktiv ist, kann die Verteilung nur grob anhand einer regionalen Aufstellung der Umsätze geschätzt werden. Besonderheiten im Umsatzsteuerrecht, wie Reverse Charges innerhalb des EU-Handels, erschweren die Schätzungen.

Schließlich könnte die Kennzahl noch verfeinert werden, indem Vorauszahlungen der Kunden berücksichtigt werden, da auch diese für die Liquidität bedeutsam sein können. Das Geschäftsmodell von den drei Unternehmen legt allerdings nahe, dass Kundenanzahlungen wahrscheinlich unbeachtliche Größenordnungen haben, wenn es sie überhaupt gibt.

Tabelle 8.14 zeigt die Forderungsreichweiten für die HGB-JA. Deutlich wird, dass die Werte ab dem Jahr 2019 für Mercedes-Benz unbrauchbar sind, da es aufgrund der Auslagerung des operativen Geschäftes nur noch extrem niedrige Umsätze und Forderungen gibt. Dies ist bei VW anders, obwohl auch hier sehr viel Geschäftsvolumen durch die diversen Konzerntöchter erwirtschaftet wird. BMW zeigt für diese Kennzahl durchgängig niedrigere und damit bessere Werte als die Wettbewerber. Für BMW und VW zeigt sich im Zeitablauf ein deutlicher Trend zu immer längeren Zeiträumen. Es muss aber hier nochmals auf die teilweise wesentlichen und quantitativ nicht einschätzbaren Störfaktoren hingewiesen werden: Saldierungen, Factoring, atypische Stichtagswerte etc.

Tab. 8.14: Forderungsreichweiten (DSO) nach JA HGB.

(In Tagen)	2021	2020	2019	2018	2017	2016
BMW	36,3	30,0	21,2	15,7	15,6	15,9
Mercedes-Benz	64,5	49,8	48,8	29,9	33,8	31,3
VW	42,9	40,9	32,9	39,9	33,5	30,3

Die JA-Größen sind aber noch aus einem anderen Grund für sämtliche betrachteten Unternehmen nur eingeschränkt sinnvoll: Ein nicht geringer Teil des Umsatzes wird durch **Raten- oder Leasinggeschäfte** generiert. Diese werden aber jeweils durch konzerneigene Finanzierungsgesellschaften abgewickelt. Deshalb verkaufen die produzierenden Unternehmen die Produkte zunächst an die Finanzdienstleistungsunternehmen und buchen „per Forderung an Umsatzerlöse." Die o. a. Reichweiten betreffen deshalb in großem Umfang konzerninterne Umsätze, deren Volumen aber dem JA nicht zu entnehmen ist. Nur die noch offenen Forderungen LuL, die zugleich Forderungen gegenüber verbundenen Unternehmen sind, also die noch offenen Abrechnungsbeträge, sind dem Anhang zu entnehmen. Es ist deshalb keine Aussage darüber möglich, wann die Endkunden dann wirklich bezahlen. Gerade bei den Finanzierungsgeschäften wird das zu langen Fristen führen.

Es ist deshalb sinnvoll, auf die Konzerndaten zu schauen – hier sind die noch offenen Forderungen der Endkunden erfasst. Man kann zwar darüber streiten, ob bei Leasinggesellschaften o. Ä. die Forderungsreichweite besonders sinnvoll ist, da das (verzinsliche) Finanzierungsgeschäft ja gerade auf hohe Außenstände abstellt. Unter Liquiditäts- und Risikoaspekten (Ausfallrisiken) ist die Abbildung der tendenziell späten Zahlungen aber informativ.

Versucht man die Daten aus den Konzernabschlüssen zu erheben, zeigt sich aber ein gravierendes Problem: Während nach HGB alle Forderungen aus LuL gesondert anzugeben sind (in der Bilanz als Umlaufvermögen oder im Anhang), auch wenn sie

langfristig fällig sind, ist dies unter IFRS anders. Hier wird unterteilt in kurz- und langfristige Forderungen, wobei die Einjahresfrist im Allgemeinen die Trennlinie bildet.
Demnach werden später fällige Leasing- oder Preisforderungen in anderen Posten ausgewiesen. Alle drei Unternehmen weisen in den Konzernabschlüssen sehr hohe Beträge an kurz- und langfristigen Forderungen aus Finanzdienstleistungen aus. Neben den
Endkundenfinanzierungen und ausstehenden Raten aus Finance Leases nach IFRS 16
werden hier aber auch **Händlerfinanzierungen** einbezogen. Hierbei geht es teilweise
auch um die Finanzierung von Umsätzen, aber auch sonstige Kreditbeziehungen (z. B.
für Geschäftsausstattung usw.). Deshalb ist es nicht sauber möglich, die Forderungen
zu identifizieren, die direkt mit den Umsätzen verbunden sind. Nur wenn man die gesamten Forderungsposten als mehr oder weniger direkt mit dem Umsatz des Geschäftsjahres verknüpfte Darlehen ansieht, was wenig plausibel ist, genügt die Kennzahl dem
Entsprechungsprinzip, wonach Zähler und Nenner möglichst zusammenhängen sollen.
Gleichwohl kann man auch die Ansicht vertreten, dass die Forderungen insgesamt erforderlich für die Umsatzerzielung sind und sich dies über Jahre hinweg stimmig entwickelt.

Tabelle 8.15 zeigt die Forderungsreichweiten für die IFRS-KA. Bei BMW ist der starke
Anstieg der Jahre 2020 und 2021 auf die Zunahme der Forderungen aus Financial Leases
zurückzuführen. Betrachtet man die Kennzahlenwerte insgesamt, so zeigen sich für alle
drei Unternehmen tendenziell steigende Werte, wobei Mercedes-Benz und VW deutlich
niedrigere Reichweiten erreichen als BMW – gerade anders als auf der Ebene der Einzelabschlüsse. In diesen ist die Kennzahl aufgrund der Ermittlung zwar gut vergleichbar,
aber eben durch Leasing und die anderen o. a. Einflussfaktoren möglicherweise stark
verzerrt, sodass weder die zwischenbetriebliche noch die rein zeitliche Vergleichbarkeit
abgesichert ist. Auf Konzernebene sind hingegen der Einfluss der Händlerfinanzierungen und mögliche Unterschiede im Vertriebssystem für die Vergleichbarkeit störend.

Tab. 8.15: Forderungsreichweiten (DSO) nach KA IFRS.

(In Tagen)	2021	2020	2019	2018	2017	2016
BMW	508,4	553,5	332,6	337,5	307,4	314,0
Mercedes-Benz	210,9	373,1	194,9	191,3	176,6	173,6
VW	229,0	256,8	236,3	233,3	221,2	218,9

Eine zweite häufig genutzte Kennzahl ist die Vorratsreichweite (Days Inventory Outstanding, DIO). **!**
Analog zur Forderungsreichweite zeigt sie die Verweildauer des Vorratsvermögens in den Lagern an,
bis die Vorräte zu Umsätzen führen.

$$\text{Vorratsreichweite (DIO)} = \frac{\text{Vorräte}}{\text{Umsatzerlöse}} \times 365$$

Auch bei der **Vorratsreichweite** sind Verfeinerungen möglich. So könnte der Vorratsbestand wiederum als Jahresdurchschnittswert ermittelt werden, um eine bessere Repräsentativität zu erreichen. Dies kann nur begrenzt gelingen, da es nicht auszuschließen ist, dass zum Stichtag atypisch hohe bzw. niedrige Mengen vorliegen. Es muss auch geprüft werden, ob die Bilanzwerte durch Abschreibungen (selten: Zuschreibungen beim Umlaufvermögen) stark beeinflusst wurden. In solchen Fällen wären die niedrigen Werte wenig aussagefähig, da sie kaum für eine optimale Lagerhaltung sprechen.

Eine weitere Anpassung kann durch eine Aufgliederung erfolgen. So werden Roh-, Hilfs- und Betriebsstoffe zunächst zu Materialaufwand und danach die unfertigen und fertigen Erzeugnisse zu Umsatzerlösen. Eine solche Aufspaltung würde dem **Entsprechungsprinzip** besser Rechnung tragen. In der Literatur lassen sich entsprechend andere Definitionen der Kennzahl finden. Handelt es sich bei den Vorräten eher um Roh,- Hilfs- und Betriebsstoffe, wird häufig durch den Materialaufwand dividiert. Handelt es sich um unfertige bzw. fertige Erzeugnisse, sind die Umsatzerlöse, wie oben angegeben, die richtige Bezugsgröße. Sachlich am ehesten geeignet wäre eine klare Trennung der Vorräte mit separater Berechnung, das ist aber praktisch aufgrund der Datenpräsentation für Außenstehende schwer umsetzbar.

Die Interpretation der Kennzahlenausprägungen ist nur auf den ersten Blick trivial: So deutet eine **geringe Verweildauer der Vorräte** auf eine niedrige Kapitalbindung hin. Zudem gibt es geringe Lagerkosten und die Risiken von Verderb oder Beschädigungen sind vermindert. Auf der Gegenseite ist zu beachten, dass eine kurze Vorratsreichweite auch bedeutet, dass ein Unternehmen von Lieferanten abhängig ist, ein Effekt der aufgrund der Corona- und Ukrainekrise sehr deutlich zutage trat, gerade auch in der Automobilbranche. Neben der Lieferantenabhängigkeit und eingeschränkten eigenen Lieferfähigkeit ist zu bedenken, dass Großeinkäufe eventuell zu günstigeren Bezugskonditionen führen können, was naturgemäß erfreulich ist, aber eben auch zu vollen Lägern führt, wenn sie am Jahresende erfolgen.

Tabelle 8.16 zeigt die Werte der Vorratsreichweite für die HGB-JA. Die Verweildauern aller drei Unternehmen sind in der Tendenz steigend (Mercedes-Benz bis zum Jahr 2018, danach sind die Werte sinnlos). BMW weist dabei den schnellsten Umschlag aus, hat also c. p. die geringsten Lagerkosten und -risiken. Ein Grund für den Anstieg infolge der Coronakrise kann nicht ausgeschlossen oder verifiziert werden. So kann es sein, dass die Vorräte (ohne Fertigerzeugnisse) alleine deshalb zunehmen, weil be-

Tab. 8.16: Vorratsreichweiten (DIO) nach JA HGB.

(In Tagen)	2021	2020	2019	2018	2017	2016
BMW	30,0	28,0	25,8	22,4	21,4	20,6
Mercedes-Benz				34,1	30,7	30,9
VW	35,6	35,3	25,1	24,0	23,2	21,2

stimmte, eventuell wertmäßig sogar unbeachtliche aber notwendige Bauteile nicht bezogen werden konnten und für andere Bauteile feste Lieferverträge bestehen.

Für die Konzernabschlüsse nach IFRS kann die Kennzahl analog ermittelt werden, die Größen Vorräte und Umsatzerlöse sind immer anzugeben. Bezüglich der Umsätze ergibt sich aber im Vergleich zum HGB ein Störeffekt. Die Umsatzerlöse enthalten zurecht auch die (Finanz-)Erträge aus dem Leasinggeschäft (und die Umsatzkosten entsprechend die zugehörigen Zinsaufwendungen). Die Vorratsbestände stehen aber in keinem Zusammenhang zu den Verkäufen bzw. Verträgen aus Vorjahren, die nunmehr zu Umsätzen führen.

Tabelle 8.17 zeigt die Vorratsreichweiten auf Konzernebene nach IFRS. Für alle drei Konzerne zeigen sich im Zeitablauf schwankende Werte ohne eindeutigen Trend. Tendenziell weist BMW die kürzeste Vorratsbindung auf, VW die längste. Im Vergleich zu den Fristen in den Jahresabschlüssen der Mutterunternehmen ergeben sich aus den Konzernabschlüssen Verweildauern, die 20 bis 35 Tage länger sind. Neben den o. a. Effekten des Leasinggeschäftes können hierfür auch Länderunterschiede bei den ausländischen Tochtergesellschaften eine Rolle spielen. So weisen die Segmentberichte für China zwar hohe Umsätze aus, aber wenig Produktivvermögen. Werden die abgesetzten Produkte nicht vor Ort gefertigt, so können Transportzeiten für Fertigerzeugnisse eine Rolle spielen. Plausibel ist aber auch, dass die Vorräte gar nicht bilanziert werden, da sie auf Gemeinschaftsunternehmen entfallen und diese At Equity konsolidiert werden.

Tab. 8.17: Vorratsreichweiten (DIO) nach KA IFRS.

(In Tagen)	2021	2020	2019	2018	2017	2016
BMW	52,2	54,9	55,7	53,7	47,0	45,9
Mercedes-Benz	58,5	79,2	62,9	64,3	57,0	60,4
VW	63,8	71,8	67,5	70,8	63,9	65,5

Eine letzte Umschlagskennzahl betrifft die Passivseite. Die Kreditorenlaufzeit (Days Payables Outstanding, DPO) soll zeigen, wie viele Tage es im Durchschnitt dauert, bis ein Unternehmen seine eigenen Verbindlichkeiten begleicht. Es geht also um den umgekehrten Aspekt zur Forderungsreichweite, nämlich um die Frage: Wie lange wird das Geschäft von den Lieferanten vorfinanziert?

$$\text{Kreditorenlaufzeit (DPO)} = \frac{\text{Verbindlichkeiten LuL}}{\text{Materialaufwand}} \times 365$$

Es liegt auf der Hand, dass auch für die **Verbindlichkeiten aus LuL** sichergestellt sein muss, dass sämtliche Bestandteile erfasst werden, also auch solche, die als Verbindlichkeiten gegenüber verbundenen Unternehmen oder Beteiligungsunternehmen ausgewiesen sind. Nach HGB ist wiederum ein Mitzugehörigkeitsvermerk für wesentliche Beträge im Anhang vorgeschrieben.

Ähnlich wie bei den spiegelbildlichen Forderungen LuL ist die Repräsentativität der Beträge zum Stichtag nicht selbstverständlich. Zwar spielen Abschreibungen keine Rolle, aber verstärkte Zahlungen gegen Jahresende oder Saldierungen mit Forderungen gegenüber dem gleichen Vertragspartner sind möglich. Eine Durchschnittsbewertung für den hälftigen Anfangs- und Endbestand könnte eine Verbesserung darstellen, wird aber hier unterlassen, da es wichtigere Verzerrungen geben kann. Auch erhaltene Anzahlungen, die eine Vorfinanzierung des Unternehmens beinhalten, werden hier nicht korrigierend berücksichtigt.

Zu den möglichen Fehlerquellen gehört ebenfalls der oben für die Forderungen angesprochene Aspekt der Umsatzsteuer. Beachtlich ist zudem, dass nicht nur der Erwerb von Roh-, Hilfs- und Betriebsstoffen zu Verbindlichkeiten aus LuL führen, sondern auch der Erwerb von Sachanlagen, Verpflichtungen aus Werk- oder Dienstleistungsverträgen usw.[17] Diese können sowohl kurz- als auch langfristig sein. Der Bezug zu Materialaufwendungen kann demnach auch stark beeinträchtigt sein. Schließlich ist zu beachten, dass Abschreibungen auf Roh-, Hilfs- und Betriebsstoffe genauso wie Inventurdifferenzen als Materialaufwand auszuweisen sind. Während Inventurdifferenzen bei den hier relevanten Unternehmen vernachlässigbar sein dürften, ist dies für Abschreibungen nicht immer der Fall, sondern muss Jahr für Jahr anhand des Anhangs überprüft werden.

Tabelle 8.18 zeigt die **Kreditorenlaufzeit** für die Unternehmen auf Basis der HGB-JA. Bei BMW und VW ist die Laufzeit im gesamten Zeitraum spürbar angestiegen, wobei die Lieferanten von BMW in Durchschnitt 15 bis 30 Tage länger auf die Bezahlung ihrer Rechnungen warten müssen. Dies gilt natürlich nur unter der Prämisse, dass die Stichtagswerte der Verbindlichkeiten repräsentativ für das gesamte Jahr sind. Beachtenswert ist zudem, dass die Verbindlichkeiten aus LuL inbeachtlichem Umfang auch gegenüber verbundenen Unternehmen bestehen.

Tab. 8.18: Kreditorenlaufzeit (DPO) nach JA HGB.

(In Tagen)	2021	2020	2019	2018	2017	2016
BMW	59,9	56,3	57,0	56,1	44,8	46,0
Mercedes-Benz				31,6	30,7	28,9
VW	39,6	37,2	30,7	30,0	33,0	33,9

Bei der Interpretation der Kennzahlenwerte ist eine wichtige Stellschraube beachtlich. Auf den ersten Blick ist es natürlich erfreulich, wenn wir möglichst spät unsere Verbindlichkeiten tilgen müssen, uns die Lieferanten vorfinanzieren. Allerdings kann dies

---

17 Vgl. Schubert in Grottel u. a. (2018, § 266 HGB Rz. 228).

auch implizieren, dass Skontoabzüge nicht mehr möglich sind. Da dies dann eine extrem teure Form der Kreditfinanzierung wäre (bei 2 % geht es um einen Jahreszins von 36 %), kann man getrost davon ausgehen, dass eine Nichtinanspruchnahme ein echtes Krisensignal darstellt (zumindest Geldverschwendung). Allerdings sind weder die Skontobedingungen bekannt, noch kann ausgeschlossen werden, dass große Kunden auch dann Skonto ziehen, wenn vertragliche Fristen überschritten sind. Insbesondere bei langfristigen Vertragsbeziehungen ist dies denkbar. Deshalb wird hier unterstellt, dass eine späte Tilgung positiv ist. Gleichwohl ist damit nicht auszuschließen, dass Lieferanten solche Verluste in die Preisbildung einbezogen haben.

Für die IFRS-Konzernabschlüsse kann die Kennzahl hingegen nur mit Einschränkungen geschätzt werden. Zwar weisen alle drei Unternehmen in der Bilanz explizit Verbindlichkeiten aus LuL auf, aber nur die kurzfristigen Beträge. Deshalb kann nicht angenommen werden, dass Beträge, die nach HGB als Verbindlichkeiten LuL auszuweisen wären hier deckungsgleich erfasst werden.

Ein zweiter wahrscheinlich noch gewichtigerer Aspekt betrifft den **Materialaufwand**. Dieser muss **unter IFRS nicht gesondert** angegeben werden und alle drei Unternehmen tun dies auch nicht. Ersatzweise könnte auf die Umsatzkosten abgestellt werden, die in der GuV explizit erkennbar sind. Dies ist insofern unbefriedigend, als auch Löhne und Gehälter, Abschreibungen u. a. Aufwendungen unstrittig zu den Umsatzkosten gehören. Auf Konzernabschlussebene ist der Anteil des Materialaufwandes demnach nicht bekannt. Für die Muttergesellschaften kann aus den HGB-Jahresabschlüssen aber sehr wohl festgestellt werden, wie hoch der Materialaufwand und die Umsatzkosten eines Jahres sind. Zwar kann Materialaufwand auch die anderen Funktionsbereiche Verwaltung, Vertrieb, F&E, usw. betreffen, aber die Annahme, dass bei produzierenden Unternehmen der Löwenanteil auf die Umsatzkosten entfällt, ist vertretbar. Auf Basis der HGB-JA aller drei Unternehmen lässt sich für die vergangenen Jahre feststellen, dass der Materialaufwand ca. 75 % der Umsatzkosten entsprach.

Unterstellt man mutig, dass für alle Konzernunternehmen eine ähnliche Kostenstruktur vorliegt, so scheint es zweckmäßig für die IFRS-Konzernabschlüsse die Kreditorenlaufzeit zu modifizieren: !

$$\text{Kreditorenlaufzeit} = \frac{\text{Verbindlichkeiten}}{0,75 \times \text{Umsatzkosten}} \times 365$$

Tabelle 8.19 gibt eine Übersicht über die modifizierten Werte für die IFRS-KA. Auch auf Konzernebene zeigt sich, dass BMW spürbar längere Kreditorenlaufzeiten hat als die Wettbewerber, wobei Mercedes-Benz die Rechnungen am zügigsten begleicht. Auffällig ist, dass die Fristen im Konzernabschluss wesentlich länger sind als auf der Ebene der Jahresabschlüsse der Muttergesellschaften. Dies deutet darauf hin, dass die konzerninternen Verbindlichkeiten schneller beglichen werden als die Schulden gegenüber nicht verbundenen Unternehmen. Ein Grund hierfür könnte sein, dass bei unterstell-

Tab. 8.19: Kreditorenlaufzeit (DPO) nach KA IFRS.

(In Tagen)	2021	2020	2019	2018	2017	2016
BMW	73,6	66,0	70,6	73,7	75,4	68,0
Mercedes-Benz	50,2	59,3	43,1	51,4	46,7	46,4
VW	56,7	60,0	54,4	60,6	59,6	62,5

ter Zinslosigkeit der Verbindlichkeiten und einem konzernweiten Cash-Management-System aus einer späteren Bezahlung keine positiven Zinseffekte resultieren.

> **!** **Eine häufig verwendetes Kennzahlensystem mit Bezug zum Umlaufvermögen ist der Cash Conversion Cycle (CCC). Dieser Zyklus aggregiert im Grundsatz die zuvor angesprochenen Reichweiten:**
>
> $$CCC = DIO + DSO - DPO$$

Der **Cash Conversion Cycle** erfasst im Wesentlichen, wie viele Tage es dauert, bis eine Investition in Vorräte zu einer Einzahlung aus dem Umsatz des daraus entstandenen Produkts führt. Insbesondere für den Finanzierungsbedarf durch klassische Kapitalgeber wie Aktionäre und Banken ist diese Kennzahl bedeutend, da sie den Zeitraum angibt, der zwischenfinanziert werden muss. Ein geringer Zeitraum deutet auf einen geringeren Kapitalbedarf durch klassische Kapitalgeber hin und ist allgemein als positiv zu betrachten.

Der Cash Conversion Cycle ist stark **branchenabhängig**. In stationären Einzelhandelsunternehmen sind beispielsweise Zahlungsziele für Kunden unüblich, während es im B2B-Bereich durchaus gängig ist. Ebenso hat ein Serviceunternehmen kaum Vorräte und damit eine geringe Lagerdauer, während das produzierende Gewerbe längerer Zeiträume bedarf. Einige Unternehmen, z. B. im stationären deutschen Lebensmitteleinzelhandel, haben lange Zahlungsziele mit den Lieferanten vereinbart, kurze Lagerdauern und branchengemäß einen Kundenzahlungszeitraum von Null. Dadurch entsteht ein negativer CCC und damit eine Finanzierung über Verbindlichkeiten gegenüber Lieferanten. Diese Verschiebung bei der Finanzierung optimiert dann typische Rentabilitätskennzahlen der klassischen Kapitalgeber. Allerdings muss dazu erwähnt werden, dass die längeren Zahlungsziele der Lieferanten üblicherweise auch eingepreist werden, sich also eher in den Anschaffungskosten als den Finanzierungskosten widerspiegeln. Eine genaue Abgrenzung, welcher Teil der Anschaffungskosten der Finanzierung zuordenbar ist, ist für Außenstehende praktisch nicht möglich.

Bei Vorräten, Forderungen und Verbindlichkeiten soll auf die o. a. Daten rekurriert werden. Demnach gelten sämtliche Anmerkungen zu eventuellen Verzerrungen und möglichen Informationsverlusten für die einzelnen Daten auch hier (Umsatzsteuer, Anzahlungen, Wert- und Mengenänderungen nicht trennbar usw.). Dabei kann auch leider nicht unterstellt werden, dass sich solche Ermittlungsdefizite bezüglich der „richtigen" Werte ausgleichen, es kann auch verstärkende Effekte geben.

Tab. 8.20: Cash Conversion Cycle (CCC) nach JA HGB.

(In Tagen)	2021	2020	2019	2018	2017	2016
BMW	6,4	1,7	−10	−18	−7,8	−9,5
Mercedes-Benz				32,8	33,8	33,3
VW	38,9	39,0	27,3	33,9	23,7	17,5

Tabelle 8.20 zeigt die CCC-Werte der Unternehmen auf Basis der HGB-JA. Sowohl für BMW als auch VW zeigt sich im Zeitablauf eine fast stetig steigende Vermögensbindung, die Mercedes-Benz-Werte sind seit dem Jahr 2019 unbrauchbar. Allerdings erreichte BMW von 2016 bis 2019, dass die Lieferanten das Geschäft vorfinanziert haben – ein Bild das eher zu einem Handelsunternehmen passen würde. Demgegenüber stieg der Wert von VW von 17 Tagen im Jahr 2016 auf neuerdings fast 40 Tage an – eine spürbar längere Kapitalbindung.

Tab. 8.21: Cash Conversion Cycle (CCC) nach KA IFRS.

(In Tagen)	2021	2020	2019	2018	2017	2016
BMW	487,0	542,4	317,7	317,5	279,0	291,9
Mercedes-Benz	219,2	293,0	214,7	204,2	186,9	187,4
VW	236,1	268,6	249,4	243,5	225,5	221,9

Tabelle 8.21 zeigt die CCC-Werte für die IFRS-KA. Im gesamten Betrachtungszeitraum weisen alle drei Konzerne eine deutlich zunehmende Anzahl von Tagen auf. Anders als auf der Ebene der Muttergesellschaften weist hier BMW mit Abstand die höchste Anzahl an Tagen auf, die benötigt wird, um aus Cash wiederum Cash zu generieren. Wesentlich bessere Werte erreicht VW, noch übertroffen von Mercedes-Benz. Es muss aber daran erinnert werden, dass für die Konzerndaten nicht nur die Forderungen aus LuL eingehen, sondern auch die Forderungen aus Händlerfinanzierungen etc. Zudem gehen in die Forderungen an Kunden auch die Forderungen aus Finanzierungsgeschäften der Finanzunternehmen ein. Die Zahlen zwischen den JA und KA sind mithin nicht vergleichbar. Insgesamt dürften die Werte aus den Konzernabschlüssen eher zweckmäßige Daten liefern aufgrund der konzerninternen Verflechtungen und deren Folgen.

Zum Schluss dieses Kapitels sollen summarisch noch einige Aspekte der berechneten Umschlagskennzahlen angesprochen werden, die den Aussagegehalt der KPI (auch wesentlich) beeinträchtigen können:

– Der von Hause aus schon begrenzte Aussagewert (z. B. wegen Stichtagseffekten, Bewertungsmöglichkeiten) wird durch nicht quantitativ ermittelbare Saldierungen und Factoring noch weiter beeinträchtigt.

- Aufgrund der Gliederungsfreiheiten nach IFRS sind die KPI zwischen JA HGB und KA IFRS nicht vergleichbar. Sehr deutlich wird dies an den Größen Materialaufwand und Fordeungen LuL, die es nach den IFRS nicht (zwingend) gibt.
- Bei reinen Holdingstrukturen wie bei Mercedes-Benz sind alle produktionsbezogenen KPI sinnlos, da es kein operatives Geschäft mehr gibt.
- Bei Unternehmen mit einer ausgeprägten Holdingstruktur und noch umfänglichem eigenen Geschäft gilt dies nicht. Allerdings kann es hier Verwerfungen geben, weil es umfassenden konzerninternen Geschäftsverkehr gibt, der eventuell nicht zu Marktpreisen abgerechnet wird. Noch gravierender dürfte aber sein, dass die Abwicklung der Fahrzeugfinanzierung über die Finanzierungsgesellschaften für die Muttergesellschaften sofort zu Umsätzen und Forderungen gegenüber verbundenen Unternehmen (zugleich aus LuL) führen, sodass ohne Verkauf an Endkunden erheblich andere Werte resultieren als im KA. Letztlich dürften deshalb die Konzerndaten aussagefähiger sein, trotz teilweis unklarer Posteninhalte bei einzelnen JA-Posten.

9 Kennzahlen zur Finanzlage

Für Unternehmen ist die Finanzlage von besonderer Bedeutung, da Liquidität eine notwendige Voraussetzung für die Marktteilnahme ist und Flexibilität für das Management schafft. Zudem beeinflussen KPI zur Finanzlage die Bonitätsbeurteilung von Unternehmen und damit die Kapitalkosten oder auch die bloße Möglichkeit einer Kapitalaufnahme. Dabei werden regelmäßig Kapitalstrukturkennzahlen ermittelt (Kapitel 9.1) und KPI, die Vermögens- und Schuldposten in Beziehungen setzen (Kapitel 9.2). Diese Kennzahlen basieren auf Bilanzdaten und spiegeln Momentaufnahmen zum Stichtag (**statische KPI**). Deshalb werden sie ergänzt um zeitraumbezogene Kennzahlen, genauer **Cashflowgrößen** (Kapitel 9.3).

9.1 Kennzahlen zur Kapitalstruktur

Auf der Passivseite der Bilanz ist in einer ersten groben Übersicht das Verhältnis von Eigenkapital zu Fremdkapital meist ein Schwerpunkt der Analyse. Hier können entweder die Eigenkapitalquote, die Fremdkapitalquote oder der Verschuldungsrad herangezogen werden. Diese Kennzahlen sind komplementär. Daher erzeugt die Errechnung aller keinen zusätzlichen Mehrwert.

$$\text{Fremdkapitalquote} = \frac{FK}{\text{Bilanzsumme}} \times 100$$

$$\text{Eigenkapitalquote} = \frac{EK}{\text{Bilanzsumme}} \times 100$$

$$\text{Verschuldungsrad} = \frac{FK}{EK} \times 100$$

Nach den berühmten Theoremen von Modigliani und Miller wäre die Kapitalstruktur in einem vollkommenen und vollständigen Kapitalmarkt grundsätzlich irrelevant.[1] Entscheidend wäre nicht, woher das Kapital kommt, sondern was damit gemacht wird. Aufbauend auf dieser Grundannahme hat sich die Corporate Finance Literatur mit Marktunvollkommenheiten beschäftigt, die zu Abweichungen von der Irrelevanz führen. Es gibt im Wesentlichen drei größere Kräfte, die eine Entscheidung zwischen der Finanzierung mit Fremdkapital oder Eigenkapital beeinflussen: Steuervorteile, Insolvenzrisiken und Agency-Kosten.

Die **steuerlichen Betrachtungen** sprechen für ein erhöhtes Fremdkapital. Fremdkapitalzinsen sind im Gegensatz zu Auszahlungen an Eigenkapitalgeber Aufwand. Sie führen also zu einem geringeren Ertrag vor Steuern und somit geringeren Steuerzahlungen auf Unternehmensebene. Durch einen erhöhten Verschuldungsrad bleiben damit c. p. mehr Mittel zur Auszahlung an die Kapitalgeber übrig. Dies setzt natürlich voraus,

---

1 Vgl. Modigliani und Miller (1958).

https://doi.org/10.1515/9783110770551-009

dass tatsächlich auch Steuern fällig wären. Wäre der Zinsaufwand größer als der Ertrag vor Fremdkapitalzinsen und Steuern, würde der Effekt nur geschmälert eintreten, bei negativen Erträgen vor Zinsen und Steuern gar nicht. Deshalb setzt dieser Effekt auch nicht bei jüngeren, nicht oder wenig rentablen Wachstumsunternehmen ein. Eine Finanzierung dieser Unternehmen über Fremdkapital ist also weniger attraktiv. Wenn sich der Gewinn vor Steuern und Zinsen (Earnings Before Interest and Taxes, EBIT) und Zinsaufwendungen annähern, ist es auch wenig sinnvoll, neues Fremdkapital aufzunehmen. Aus steuerlicher Sicht, steuert also die Höhe der Gewinne den absoluten zinstragenden Fremdkapitalbestand. Genauso ist zu beachten, dass Steuern auf Ebene der Kapitalgeber den gesamten Steuerspareffekt verringern. Aufgrund des Steuervorteils auf Unternehmensebene kann mehr an Kapitalgeber ausgeschüttet werden, das bedeutet dann aber auch höhere Steuern auf Kapitalgeberebene. Der tatsächliche effektive Steuervorteil darf bei der Berechnung also nicht nur Unternehmenssteuern berücksichtigen. Zudem gibt es weitere Bestimmungen zu Steuergutschriften, Verlustvorträgen, begrenzter Abzugsfähigkeit usw. Die exakte Berechnung des Steuervorteils ist also schwierig, da er stark abhängig vom Unternehmen, dessen Anlegern und dem jeweils geltenden Steuerrecht ist. Insgesamt ist aber erkennbar, dass Unternehmen tendenziell lieber auf Fremdkapital als Eigenkapital bei der Außenfinanzierung zurückgreifen.

Im Gegensatz zu Steuervorteilen sprechen die **Insovenzrisiken** gegen einen hohen Fremdkapitalbestand. Eigenkapital steht üblicherweise langfristig zur Verfügung. Es gibt hier keine Bedienungspflicht wie beim Fremdkapital und damit auch keine zwangsläufigen Liquiditätsabflüsse bei angespannten Situationen. Entsprechend wirkt ein hohes Eigenkapital vorbeugend gegen Insolvenzen. Rein technisch betrachtet kann ein schuldenfreies und damit fremdkapitalfreies Unternehmen auch nicht insolvent sein. Fremdkapital erhöht also die Wahrscheinlichkeit einer Insolvenz. Die Kosten einer Insolvenz sind jedoch branchenabhängig. Dabei spielen die direkten Kosten (Insolvenzverwalter, rechtlicher Beistand) häufig eine geringere Rolle als die indirekten (Verlust von Kunden, Lieferanten, Mitarbeitern; Forderungsausfälle; Panikverkäufe). Grundsätzlich gilt, dass Branchen mit hohen Substanzwerten, z. B. Immobilienunternehmen, geringere Insolvenzkosten haben, da trotz Insolvenz größere liquidierbare Vermögenswerte existieren. Dies gilt aber nur, soweit die Vermögensposten gut drittverwertbar sind, also für spezifische Sachanlagen und immaterielle Anlagen nur begrenzt. Deutlich stärker sind die Effekte bei Unternehmen, deren Geschäftsmodell eher auf Dienstleistungen beruht, die z. B. auf Mitarbeitern basieren, die das Unternehmen im Insolvenzfall verlassen. Entsprechend findet sich bei diesen Unternehmen regelmäßig ein anderer Verschuldungsgrad.

Es ist also bereits hier der **Trade-off** erkennbar. Es gibt Gründe, die für und Gründe, die gegen einen hohen Verschuldungsgrad sprechen und diese Gründe sind für bestimmte Unternehmen unterschiedlich relevant. Die Branche und das jeweilige Steuerrecht spielen eine große Rolle. Im Zusammenhang mit Trade-offs sei auch auf den oft missverstandenen **Leverage-Effekt** verwiesen: Es ist weithin bekannt, dass eine Erhöhung des Fremdkapitalbestandes zu einer erhöhten Eigenkapitalrendite führen kann.

Dazu gehört aber auch, dass sich das Insolvenzrisiko erheblich erhöht. Dies wird deutlich, wenn die erwartete Investitionsrendite unter die Fremdkapitalkosten fällt und das ex definitione niedrige Eigenkapital dann schnell aufgezehrt wird. Die Eigenkapitalgeber erhalten also, wie generell am Finanzmarkt, lediglich eine Rendite, die dem übernommenen zusätzlichen Risiko entspricht. Eine zusätzliche Rendite gibt es also nicht umsonst. Ebenso ändern sich die durchschnittlichen Kapitalkosten (Weighted Average Cost of Capital, WACC) des Unternehmens nicht erheblich durch erhöhten Fremdkapitalbestand. Es wird häufig unterstellt, dass diese mit mehr Fremdkapital sinken, da Fremdkapital günstiger ist als Eigenkapital. Allerdings unterschlägt diese Betrachtungsweise, dass mit mehr Fremdkapital auch die Eigenkapitalkosten entsprechend steigen (Leverage = Hebelwirkung), sich also die Kosten ausbalancieren.

Die dritte Marktunvollkommenheit, die den Verschuldungsgrad beeinflusst, sind die **Agency-Kosten**. Basierend auf der Prinzipal-Agenten-Theorie wird davon ausgegangen, dass höhere Fremd- oder Eigenkapitalbestände erzieherische Effekte auf das Management haben. So führt ein Schuldenüberhang in Krisensituationen oft zu **Unterinvestitionen**, während der gegenteilige Fall zu **Überinvestitionen** führt. Annahme ist hier, dass die Pflicht zur Bedienung von Fremdkapital zu überhöhter finanzieller Vorsicht führt, bzw. ein Fehlen zu mangelnder Vorsicht (Hypothese der Free Cash Flow to Equity, Empire Building). Höhere Fremdkapitalbestände gehen auch häufig mit Kreditklauseln **(Covenants)** einher, die den Handlungsrahmen beschränken.[2] Das können beispielsweise Investitions- oder Ausschüttungsbeschränkungen sein. Andersherum kann ein hoher Fremdkapitalbestand als Signal verstanden werden, dass das Unternehmen davon überzeugt ist, die resultierenden Zahlungsverpflichtungen problemlos in der Zukunft leisten zu können. Es gibt also diverse Ansätze der Prinzipal-Agenten-Theorie, die sowohl für positive als auch für negative Effekte höherer Verschuldungsgrade sprechen.[3]

Je nach Verwendungszweck ergibt es durchaus Sinn, die Berechnung des Verschuldungsgrades bzw. der Fremdkapitalquote oder der Eigenkapitalquote zu modifizieren. Eine erste Grundfrage ist, ob zur Berechnung **Bilanzwerte oder Marktwerte** herangezogen werden sollten. Insbesondere beim Eigenkapital ergeben sich hier erhebliche Diskrepanzen. Zur Berechnung von Kapitalkosten bieten sich Marktwerte an, da auch eine Finanzierung zu Marktwerten erfolgt. Nachteilig an dieser Vorgehensweise ist in Bezug auf das Eigenkapital, dass die Marktwerte bei börsennotierten Unternehmen ständigen Schwankungen unterliegen. Beim Fremdkapital lassen sich Marktwerte häufig gar nicht bestimmen. Das ist für Anleihen sicherlich problemlos möglich, bei Bankdarlehen gibt es aber keinen eigentlichen Markt, auf dem das Darlehen gehandelt wird.

Hier wird deshalb nur für das Eigenkapital auch die Quote auf Marktwertbasis angegeben. Ermittelt wird diese durch Multiplikation der Aktienanzahl mit dem Bör-

---

2 Vgl. Kühnberger (2019, 233).
3 Vgl. Wagenhofer und Ewert (2015, 224 ff. und 252 ff.).

senkurs am Stichtag, bei mehreren Aktiengattungen anschließend summiert. Die Logik dahinter stellt darauf ab, dass die Preise der Aktien auch solche Informationen spiegeln, die die Abschlüsse aufgrund der Rechnungslegungsregeln gar nicht abbilden können, wie Wachstumsmöglichkeiten, Firmenwerte, Auftragslage, anstehende Personalwechsel etc. Aus Sicht der Anleger spiegeln die Börsenkurse auch ihr derzeit gebundenes Kapital. Unterstellt man, dass mit Zahlungen belegte Gewinnerwartungen der Kapitalmarktteilnehmer zumindest die öffentlich verfügbaren Informationen berücksichtigen, so hat der Börsenkurs Signalwert (halbstrenge Informationseffizienz des Kapitalmarktes). Aufgrund diverser Annahmen bezüglich der Rationalität der Marktteilnehmer etc. ist diese Annahme naturgemäß umstritten, aber gleichwohl eine tragfähige Basis, zumindest wenn es um nachhaltige (durchschnittliche) Börsenkursentwicklungen geht.[4] Beachtenswert ist hierzu ergänzend, dass Börsenkurse zunächst einmal nur die Einzelpreise für Aktien darstellen und es durchaus nicht selbstverständlich ist, dass die aufsummierten Einzelpreise dem Gesamtwert entsprechen. Paketzuschläge bei einem Kauf von Beteiligungen, die bestimmte Herrschaftsrechte schaffen (z. B. über 25, 50, 75 oder 90 %) belegen dies.

Eine weitere häufig anzutreffende Modifizierung ist eine Eingrenzung von Fremdkapital. Insolvenzen können durch verschiedenste Fremdkapitalpostionen ausgelöst werden, hier ist es also sinnvoll auf die Gesamtsumme abzustellen. Häufig wird aber nur die Nettoverschuldung betrachtet, d. h. liquide Mittel werden mit dem Fremdkapitalbestand saldiert. Dies ist aus Insolvenzgesichtspunkten zweckmäßig, da liquide Mittel einer Insolvenzgefahr entgegenwirken. Ebenso können aus diesen Gesichtspunkten nur Fremdkapitalpositionen mit bestimmten Fristigkeiten einbezogen werden. Bei der Betrachtung von Kapitalkosten sind nur die „zinstragenden" Fremdkapitalbestandteile relevant. Hier gibt es häufig Abgrenzungsschwierigkeiten. Puristen mögen nur Finanzschulden als solche betrachten, andere addieren auch Pensionsrückstellungen oder ähnliches hinzu. Im Zuge von Conversions werden auch häufig fremdkapitalähnliche Positionen, wie Leasing (vor Anpassung von IFRS 16) oder Factoring hinzugefügt, um eine bessere Vergleichbarkeit von Unternehmen herzustellen.

Beim Eigenkapital sind Eingrenzungen weit weniger verbreitet. Im Konzernabschluss ist das Einbeziehen von **Minderheitsanteilen** fraglich. Es handelt sich dabei um Anleger, die Anteile an einem Tochterunternehmen halten. Gesellschaftsrechtlich liegt deshalb unstrittig Eigenkapital vor, auch wenn die Stimm- und Herrschaftsrechte teilweise wenig Wert haben, da es einen beherrschenden Gesellschafter gibt. Dies gilt aber auch für Vorzugsaktien. Da die Minderheitsgesellschafter regelmäßig aber ebenfalls variable Vergütungen erhalten (Ausnahme: Garantiedividenden bei Beherrschungsverträgen) und vorrangig haften, spricht alles dafür, sie beim Eigenkapital zu belassen.

---

4 Vgl. Coenenberg, Haller und Schultze (2021, 1407 ff.) mit ausführlicher Diskussion.

Fraglich ist auch, ob eigenkapitalähnliche Positionen einbezogen werden sollten. Beispielsweise könnten Aktienoptionen im Umlauf sein, deren Ausübung wahrscheinlich ist („in the money"). Meist wird dem bei Verwendung von Marktwerten durch einen Rückgriff auf die verwässerte Aktienanzahl beigekommen. Zudem gibt es eine Fülle an **mezzaninen oder hybriden Finanzierungsformen**, die Elemente von Eigen- und Fremdkapital in verschiedenen Varianten mischen (Wandelanleihen, Genusskapital, stille Gesellschaften etc.). Sowohl nach HGB als auch nach IFRS ist eine bilanzielle Zuordnung zum Eigenkapital nur unter relativ strikten Bedingungen möglich, sodass solche Finanzinstrumente regelmäßig als Fremdkapital ausgewiesen werden. Hier wird der bilanziellen Zuordnung der Posten aus den Abschlüssen gefolgt. Eine Bereinigung wäre inhaltlich schwer zu begründen und quantitativ unbedeutend.

Auch beim Fremdkapital ist es möglich, Ergänzungen zu berücksichtigen. Dies könnte z. B. auf die sog. Eventualverbindlichkeiten gemäß § 251 HGB abzielen, also Verpflichtungen aus Bürgschaften, Patronatserklärungen, Garantieverträgen etc. Diese sind nur unter der Bilanz zu vermerken, da die Wahrscheinlichkeit einer Inanspruchnahme zu gering ist, um eine Rückstellung zu rechtfertigen. Unseres Erachtens ist es wenig zweckmäßig, solche Risiken in die Kennzahlen einzurechnen, da dies asymmetrisch zu den Chancen, die bilanzielle Abbildung über das Vorsichtsprinzip hinaus verzerren würde.

Sehr viel plausibler und in der Analysepraxis nicht unüblich ist hingegen die Einbeziehung von außerbilanziellen Verpflichtungen und sonstigen finanziellen Verpflichtungen gemäß § 285 Nr. 3 und 3 a HGB. Ein sehr prominentes Beispiel hierfür stellt die Kapitalisierung künftiger, weitgehend feststehender Leasingzahlungen dar, denen auf der Aktivseite dann entsprechend ein gleich hohes Leasingrecht entsprechen muss. Nach IFRS 16 ist in den IFRS-Abschlüssen der sog. Right-of-Use-Ansatz (mit Ausnahmen) bereits realisiert. Nach HGB könnte dies gesondert abgeschätzt werden. Dies erfolgt hier aus mehreren Gründen nicht. Pragmatisch kann man festhalten, dass es sich bei den hier untersuchten Unternehmen um tendenziell niedrige Beträge handelt. Gewichtiger ist, dass es nur schwer erklärbar ist, warum gerade diese schwebenden Geschäfte und Verpflichtungen einberechnet werden sollen und alle anderen nicht (vgl. zu kritischen Aspekten ausführlich Kapitel 15).

Aussagekräftiger ist beim Eigenkapital aber häufig die **Eigentümerstruktur.** Gibt es große Blockholder, Mehrheitsgesellschafter oder Anteile im Familienbesitz? Aus den Besitzverhältnissen lässt sich beispielsweise ableiten, welcher Steuergesetzgebung die Investoren unterstehen, welcher Einfluss genommen werden kann und welche Interessen durchgesetzt werden könnten.

Tabelle 9.1 zeigt die Entwicklung der **Eigenkapitalquoten** der Muttergesellschaften auf Basis der HGB-Jahresabschlüsse. Vereinfachend wird lediglich auf die bilanzierten Gesamtsummen von Eigenkapital und Fremdkapital abgestellt, ergänzt um die Marktwerte. Bei BMW besteht ein stetiger Abwärtstrend, was insgesamt eher negativ einzustufen sein kann. Der im Jahr 2021 erreichte Wert von ca. 30 % ist aber gleichwohl noch

Tab. 9.1: Eigenkapitalquoten nach JA HGB.

(In %)	2021	2020	2019	2018	2017	2016
BMW	29,3	26,4	27,1	33,5	36,4	39,0
Mercedes-Benz	40,3	42,3	38,3	36,9	39,2	41,3
VW	22,1	21,4	21,2	18,8	19,4	19,1

wesentlich höher als bei VW. Bei VW hat die EK-Quote auf relativ niedrigem Niveau stetig zugenommen, während sich bei Mercedes-Benz weitgehend stabile und hohe Werte ergeben. Für die letzten Jahre ist dies wenig überraschend, da eine reine Finanzholding keine Schulden für das operative Geschäft ausweist (z. B. Verbindlichkeiten aus LuL, Garantierückstellungen, Altersversorgungsrückstellungen für Produktionsmitarbeiter).

Es ist aber zu bedenken, dass die Kennzahl von einer Fülle von Sachverhalten geprägt ist, die einen Unternehmensvergleich und die Einschätzung des Informationsgehaltes beeinträchtigen. Hierzu gehören vor allem die hohen Verbindlichkeiten gegenüber verbundenen Unternehmen aufgrund von Cash-Pool-Systemen, die mehr oder weniger umfassende Auslagerung von Pensionsrückstellungen (vgl. Kapitel 18) und stille Reserven aufgrund der Rechnungslegungsvorgaben nach HGB. Sowohl die konzerninternen Beziehungen als auch diverse Effekte aus den HGB-Vorgaben sind in den Konzernabschlüssen (teilweise) korrigiert.

Tabelle 9.2 zeigt die EK-Quoten auf der Basis der IFRS-Konzernabschlüsse. Der Wert für BMW nimmt stetig zu und erreichte im Jahr 2021 fast 33 %. Für Mercedes-Benz resultiert eine etwas volatilere Entwicklung auf deutlich niedrigerem Niveau als im Jahresabschluss und VW erreicht eine stetig wachsende Quote auf einem etwas niedrigerem Niveau als BMW.

Tab. 9.2: Eigenkapitalquoten nach KA IFRS.

(In %)	2021	2020	2019	2018	2017	2016
BMW	32,7	28,4	26,3	27,7	28,2	25,1
Mercedes-Benz	28,2	21,8	20,78	23,5	25,6	24,3
VW	27,7	25,9	25,3	25,6	25,8	22,7

Fraglich ist, warum es zwischen JA und KA so deutliche Unterschiede gibt und ergänzend, welche Kennzahl denn nun die „richtige" oder „wichtigere" ist. Rein analytisch betrachtet wäre zunächst zu erwarten, dass die Eigenkapitalquote in den Konzernabschlüssen niedriger ausfällt als in den Einzelabschlüssen der Muttergesellschaften. Das liegt daran, dass im Rahmen der Erstkonsolidierung die Beteiligungsbuchwerte der Muttergesellschaft gegen das anteilige Eigenkapital der Konzerntöchter konsolidiert wird.

Demnach entspricht das Eigenkapital im Konzernabschluss im Grundsatz dem Eigenkapital der Obergesellschaft, ggf. zuzüglich von Minderheitenanteilen nicht kontrollierender Gesellschafter gemäß § 307 HGB. Diese sind bei den vorliegenden Unternehmen aber sehr gering. In den Folgejahren kann das Eigenkapital im Konzernabschluss naturgemäß auch stärker wachsen als im Einzelabschluss der Obergesellschaft, weil nicht ausgeschüttete Gewinne (im Wesentlichen Rücklagenerhöhungen) der Tochtergesellschaften in das Konzerneigenkapital eingehen. Eine weitere Ursache kann in Unterschieden zwischen der sog. **HB II der Konzernunternehmen** und dem Jahresabschluss, der veröffentlicht wird, liegen. In den der eigentlichen Konsolidierung vorgelagerten HB II-Anpassungen können für alle Konzernglieder (inklusive der Muttergesellschaft) bilanzpolitische Wahlrechte anders ausgeübt werden als im JA. Deshalb kann es sein, dass zugleich ein stark vorsichtsgeprägter JA zu einer HB II angepasst wird, der ein höheres Eigenkapital aufweist.

Sehr viel gravierender wird es aber sein, dass der Konzernabschluss nach den IFRS aufgestellt wird und hierdurch ein höheres Eigenkapital erreicht wird. Dies kann an vielen Einzelstandards liegen, z. B. der Pflicht immaterielles Anlagevermögen und aktive latente Steuern zu aktivieren, Nutzungsdauern von Anlagen weniger vorsichtig anzusetzen, Firmenwerte nur außerplanmäßig abzuschreiben, Begrenzungen bei den Rückstellungen, teilweise Fair Value-Bilanzansätze über die Anschaffungskosten hinaus usw. Gegenläufige Effekte sind ebenfalls möglich, z. B. erhöhte Schulden aufgrund der Leasingbilanzierung (vgl. Kapitel 15). Insgesamt resultiert aber unter IFRS regelmäßig ein höheres Eigenkapital, da es tendenziell weniger stille Reserven gibt.

Die letzte Aussage könnte man dann so deuten, dass die Konzernabschlüsse eher die tatsächliche Haftungsmasse zeigen als der HGB-Abschluss und insofern die Konzernkennzahl informativer ist. Allerdings gibt es auch unter IFRS ein ausgeprägtes Vorsichtsprinzip. Es muss auch berücksichtigt werden, dass das auf verschiedene Konzernunternehmen verteilte Vermögen rechtlich bei Weitem nicht immer als Haftungsmasse sämtlicher Konzernschulden anzusehen ist (vgl. Kapitel 3).

Bislang wurde ausschließlich auf die Eigenkapitalquote insgesamt abgestellt. Nach HGB (ähnlich nach den IFRS, aber ohne, dass damit Rechtsfolgen verknüpft sind) wird das Eigenkapital gemäß § 272 HGB sehr ausdifferenziert dargestellt. Dies ist wichtig, weil dadurch die Herkunft der diversen Anteile erkennbar wird, vor allem eine Trennung in Außenfinanzierung (gezeichnetes Kapital und Kapitalrücklagen) und Innenfinanzierung (vor allem Gewinnrücklagen). Noch gewichtiger ist, dass es (rechtsformbezogen) gesetzliche Vorgaben für die **Verwendbarkeit der diversen Eigenkapitalbestandteile** gibt. Demnach regeln §§ 257 Abs. 3, 258 AktG detailliert Zuständigkeiten und Begrenzungen der Gewinnausschüttungen. Zielt man auf die Frage ab, wie viel an Aktionäre mindestens oder höchstens ausgeschüttet werden kann, so wären nur die Eigenkapitalbestandteile des HGB-Einzelabschlusses bedeutsam. Hierzu müssen dann noch die besonderen Ausschüttungsrestriktionen nach §§ 268 Abs. 8, 253 Abs. 6 HGB berücksichtigt werden. Unter dem Aspekt des Gläubigerschutzes und der Kapitalbindung sind dies wichtige Informationen.

Eine weitere Rechtsfolge spielt in der Praxis hingegen kaum eine Rolle: der Zwang, eine sog. Verlustanzeigebilanz zu erstellen und die Eigentümer zu einer gesonderten Versammlung einzuberufen, wenn die Hälfte des gezeichneten Kapitals durch Verluste aufgezehrt wurde. Dies gilt als gesetzlich normiertes Krisensignal, das zu einer regelmäßig unerwünschten Öffentlichkeit führen kann und zwar bei AG, GmbH und eG (§ 92 Abs. 1 AktG, § 49 Abs. 3 GmbHG, § 33 Abs. 3 GenG).

Es gibt eine weitere Rechtsfolge, die an eine Eigenkapitalgröße anknüpft. Nach § 19 InsO ist eine Überschuldung (die Schulden übersteigen das Vermögen) ein Anlass für einen Inolvenzantrag, wenn einige weitere Voraussetzungen erfüllt sind. Allerdings ist die **insolvenzrechtliche Überschuldung** auf der Basis einer gesonderten Bilanz zu erstellen, die nichts mit dem HGB- oder IFRS-Abschluss zu tun hat. Insofern wäre eine bilanzielle Überschuldung im Rahmen der Regelpublizität eventuell ein Anlass zu prüfen, ob ein Überschuldung nach der InsO vorliegt, mehr aber auch nicht.

Oben wurde schon darauf verwiesen, dass auch unter IFRS stille Reserven und teilweise auch stille Lasten wahrscheinlich sind und die Eigenkapitalquote alternativ auch auf Basis der Marktwerte des Eigenkapitals ermittelt werden kann. Tabelle 9.3 zeigt die Werte für die HGB-JA, Tabelle 9.4 die Werte für die IFRS-KA. Auf der Ebene der Jahresabschlüsse resultieren wie zu erwarten deutlich höhere Eigenkapitalquoten, da die Börsenwerte tendenziell stille Reserven und Wachstumschancen einpreisen, z. B. auch Synergieeffekte, nicht bilanzierte Marken etc. Auffällig sind bei BMW die relativ stetig fallende Tendenz und bei Mercedes-Benz die starken Minderungen für die Jahre 2018 und 2019. Da Börsenkurse volatiler als Jahresabrechnungen sind, ist dies gleichwohl nicht sehr überraschend. Für die Konzernabschlüsse zeigen sich insgesamt stabilere Ausprägungen der Werte, aber auf deutlich niedrigerem Niveau. Dies liegt daran, dass in die Berechnung der KPI nur der Marktwert des Eigenkapitals der Muttergesellschaft eingeht, aber die Schulden sämtlicher Konzernunternehmen (nach Konsolidierungen).

Tab. 9.3: Eigenkapitalquoten auf Marktwertbasis nach JA HGB.

(In %)	2021	2020	2019	2018	2017	2016
BMW	56,1	52,9	54,2	60,6	68,4	72,5
Mercedes-Benz	59,3	53,7	46,3	39,9	53,7	56,8
VW	43,7	37,0	39,6	32,7	40,1	37,4

Tab. 9.4: Eigenkapitalquoten auf Marktwertbasis nach KA IFRS.

(In %)	2021	2020	2019	2018	2017	2016
BMW	27,5	23,5	22,3	23,5	29,1	29,2
Mercedes-Benz	27,9	21,7	18,1	18,6	28,5	29,2
VW	22,8	18,8	19,3	17,0	21,3	17,8

Zwischenfazit: Unseres Erachtens ist die Frage, ob die Marktwerte aussagefähigere Kennzahlen liefern und ob der Jahres- oder Konzernabschluss geeigneter ist, letztlich nicht klar zu beantworten. Unter Informationsaspekten mag man Marktwerte präferieren, wenn es um rechtsfolgenbehaftete Aspekte geht, sind die Buchwerte nach HGB relevant. **!**

9.2 Fristenkongruente Finanzierung und Liquiditätsgrade

Unter **Liquidität** versteht man im Allgemeinen, dass ein Unternehmen in der Lage ist, die fälligen Zahlungspflichten zu erfüllen. Ist dies nicht der Fall, spricht man von Zahlungsunfähigkeit. Sie ist rechtsformunabhängig ein Grund, einen **Insolvenzantrag** zu stellen (§ 17 InsO).[5] Legt ein Unternehmen aber einen Abschluss vor und veröffentlicht diesen, liegt es auf der Hand, dass das Unternehmen vor Monaten zum Bilanzstichtag noch zahlungsfähig war. Eine Liquiditätsanalyse aufgrund von Bilanzdaten stellt deshalb eher darauf ab, das Risiko einer künftigen Zahlungsunfähigkeit abzuschätzen.[6]

Sucht man eine zukunftsbezogene Begriffsabgrenzung, so kann man sagen, ein Unternehmen ist liquide, wenn für jeden zukünftigen Zeitpunkt t gilt: **!**

$$\text{Liquide Mittel heute} + \text{Einzahlungen bis } t - \text{Auszahlungen bis } t \geq 0$$

Aus dieser Definition wird deutlich, dass die Bilanz zum letzten Stichtag nur dann direkt zweckmäßige Daten liefern würde, wenn alle in der Bilanz angesetzten Aktiva und Schulden mit dem Betrag der künftigen Ein- und Auszahlungen angesetzt wären und alle Zahlungen nach dem Stichtag, die unvermeidbar sind, schon bilanziert sind. Die zweite Voraussetzung ist nicht erfüllt, weil Umsätze, Mieten, Personalaufwendungen etc. nach dem Stichtag ex definitione nicht bilanziert sein können, da es sich um Geschäftsvorfälle des neuen Jahres handelt. Die erste Bedingung würde hingegen voraussetzen, dass eine umfassende Fair Value-Bewertung realisiert wird. Deshalb bleibt es dabei, dass die künftige Liquidität nur aus Bilanzdaten nicht direkt erschlossen werden kann. Man könnte sogar sagen, es wäre wichtiger, dass ein Unternehmen ein funktionsfähiges Cashmanagement und eine gute Finanzplanung hat, als dass es bestimmten statischen Finanzierungskennzahlen genügt.

Für Kreditinstitute sehen die §§ 2 ff. LiquV vom 22.12.2017 eine dynamische Liquiditätsbedingung vor: Liquiditätskennzahlen sind zwingend einzuhalten, wobei für diverse Laufzeitbänder jeweils diverse Bilanzposten einzubeziehen sind. Auch hierbei werden (pauschal) Annahmen gesetzt, welche Aktiva und Schulden wahrscheinlich in-

---

5 Die drohende Zahlunsunfähigkeit als fakultativer Auslöser sei vernachlässigt.

6 Vgl. Coenenberg, Haller und Schultze (2021, 1155).

nerhalb eines bestimmten Zeitraumes (z. B. ein Monat) zu Ein- oder Auszahlungen führen können. Für andere Branchen gibt es hingegen keine regulativen Vorgaben. Es gibt allerdings eine ganze Reihe von KPI, die letztlich darauf abzielen, ob die Fristen der Kapitalüberlassung und der Kapitalanlage bestimmten normativen Anforderungen genügen. Dabei spielen Überlegungen zu einer **fristenkongruenten Finanzierung** und diversen Liquiditätsgraden die entscheidende Rolle.

Weitgehend unbestritten ist, dass die erstrebenswerten Ausprägungen der Kennzahlenwerte stark von der Branche und anderen Faktoren abhängen und die **theoretische Rechtfertigung für solche Normvorstellungen** sehr schwach sind. Allerdings kann man die Soll-Vorstellungen auch als eine Art von Spielregeln verstehen, die eben einzuhalten sind. Verfügt ein Unternehmen nicht über genügend Ressourcen hierzu und ist auch nicht in der Lage dies mittels Bilanzpolitik zu erreichen, stellt dies ein Krisensignal dar.[7] Dabei gilt das Signal als besonders zuverlässig, wenn es für gute Unternehmen einfach zu erreichen und für finanziell schwache Unternehmen sehr kostspielig ist. Selbst wenn das Signal für alle Unternehmen Geld kostet, kann es gesamtwirtschaftlich von Vorteil sein, da es erlaubt, gute und schwache Unternehmen zu identifizieren.

Sortiert man Aktiva und Passiva nach ihren Fristigkeiten und stellt sie einander gegenüber, so bietet es sich im ersten Schritt an, den kurzfristig fälligen Schulden die vorhandenen liquiden Mittel zuzuordnen. Dies kann in Form von Absolutbeträgen geschehen (z. B. liquide Mittel abzüglich kurzfristiges Fremdkapital) oder, was viel verbreiteter ist, in Form von prozentualen Liquiditätdgraden.

! **In der Basisvariante berücksichtigt die KPI nur die vorhandenen Barmittel:**

$$\text{Liquidität 1. Grades} = \frac{\text{Kasse + Bank}}{\text{kurzfristiges FK}} \times 100$$

Die Basisvariante dieser KPI wird vielfach variiert. So können statt des gesamten kurzfristigen Fremdkapitals auch das mittelfristig fällige Kapital einbezogen oder nur die Verbindlichkeiten berücksichtigt werden. Die kurzfristigen Rückstellungen und RAP wären dann nicht erfasst. Diese haben zwar Schuldqualität, führen aber nicht immer zu Liquiditätsabflüssen (z. B. bei Garantien, Instandhaltungen etc.).[8] Bezüglich der Rückstellungen sei daran erinnert, dass nach HGB keine Restlaufzeiten angegeben werden müssen, was in den Strukturbilanzen der drei Unternehmen zu erheblichen Beeinträchtigungen der Vergleichbarkeit geführt hat (vgl. Kapitel 7.2.2 und 7.2.3).

Da das kurzfristige Fremdkapital eine Laufzeit bis ein Jahr hat, leuchtet es ein, dass bis dahin auch noch andere Bilanzposten zu Geld gemacht werden können. Deshalb können auch solche Aktiva einbezogen werden, die alsbald zu Geld gemacht werden können.

---

7 Vgl. Küting und Weber (2015, 158 f.).
8 Vgl. Brösel (2017, 147).

Bezieht man die Wertpapiere des Umlaufvermögens mit ein, resultiert die !

$$\text{Liquidität 2. Grades} = \frac{\text{Kasse + Bank + Wp. UV}}{\text{kurzfristiges FK}} \times 100$$

Wertpapiere des Umlaufvermögens können i. d. R. jederzeit verkauft werden. Die Annahme, dass die Verkaufserlöse jedenfalls die Buchwerte decken, ist hingegen angesichts starker Börsenkursturbulenzen fragwürdig, selbst wenn für das Umlaufvermögen das strenge Niederstwertprinzip gilt.

Da es bei normalem Geschäftsverlauf innerhalb eines Jahres noch mehr Posten geben wird, die zu ! **Cash werden, gibt es weiterführend die**

$$\text{Liquidität 3. Grades} = \frac{\text{UV (ohne Vorräte)}}{\text{kurzfristiges FK}} \times 100$$

Mit der Liquidität 3. Grades werden insbesondere die regelmäßig kurzfristigen Forderungen aus LuL berücksichtigt, die auch unabhängig von der Fälligkeit nicht selten durch Factoring zu unmittelbaren Liquiditätszuflüssen führen können. Ob man die Vorräte einbeziehen sollte, hängt vom Geschäftsmodell ab. Immerhin sind sie mit Herstellungs- und Verkaufsrisiken behaftet und der Umschlag kann sehr kurzfristig sein oder im Durchschnitt mehrere Monate dauern.

Betrachtet man die Liquidität 1. Grades und fragt sich, ob diese anfällig für bilanzpolitische Eingriffe ist, lautet die Antwort: Ja. Unterstellt man, ein Unternehmen habe kurz vor dem Bilanzstichtag liquide Mittel von 10 und kurzfristiges Fremdkapital von 100, ergibt sich ein Wert von 10 %. Wird noch vor dem Stichtag ein kurzfristiger Kredit von 20 aufgenommen, der kurz nach dem Stichtag beglichen wird, so steigt die Kennzahl auf 25 % (= $\frac{10+20}{100+20} \times 100$). Werden noch Wertpapiere des Umlaufvermögens für 30 verkauft (zum Buchwert), die wiederum sofort im neuen Jahr zurückgekauft werden, steigt die Quote auf 50 % (= $\frac{60}{120} \times 100$). Ein solches, billiges **„Window Dressing"** mittels einfacher Maßnahmen entwertet den Informationsgehalt der Größe. Deshalb wird ergänzend mit Absolutbeträgen gerechnet.

Das sog. Net Working Capital (NWC oder Nettoumlaufvermögen) zeigt, inwieweit das kurzfristige ! **Vermögen größer oder kleiner als die kurzfristigen Schulden ist. Wiederum gibt es verschiedene Ausprägungen der Kennzahl, hier wird vorgegeben:**

$$\text{NWC} = \text{UV} - \text{kurzfristiges FK}$$

Üblich ist es auch, das Umlaufvermögen ohne Vorräte anzusetzen oder das mittelfristige Fremdkapital zusätzlich einzubeziehen. Berücksichtigt man nun, welchen Einfluss die o. a. Maßnahmen auf das **Net Working Capital** haben, so sieht man sofort, dass die Größe im ersten Fall unverändert bleibt, im zweiten aber nicht. So kann zumindest ein Teil des Window Dressings eingeschränkt werden. Andererseits gehen in das NWC die gleichen Rechengrößen wie in die Liquidität 3. Grades ein (abgesehen von den Vorräten). Wird der Input gleich abgegrenzt, so sind die Aussagen, der Liquiditätsgrad beträgt 100 % und das NWC ist Null identisch. Verbreitet ist diese Mindestanforderung unter den Namen **Cash Ratio** oder **Acid Test**, die man durchaus als „quick and dirty" bezeichnen kann – also einfach zu ermitteln und (theoretisch) wenig begründet.[9] Aus Finanzierungssicht bedeutet ein positives Net Working Capital bzw. eine Liquidität 3. Grades >100 %, dass ein Teil des Umlaufvermögens langfristig finanziert ist.[10] Das ist beispielsweise bei notwendigen Sicherheitsbeständen sinnvoll. Im Umkehrschluss bedeutet ein negatives Net Working Capital bzw. eine Liquidität 3. Grades <100 %, dass ein Teil des Anlagevermögens kurzfristig finanziert ist. Solange sich das Unternehmen jederzeit außenfinanzieren kann, ist das weniger dramatisch als oft angenommen. Ein Insolvenzrisiko tritt erst ein, wenn kein neues Kapital mehr beschafft werden kann.

Da das Net Working Capital in keinem Rechnungslegungsstandard definiert wurde, gibt es bis heute kein einheitliches Verständnis des Begriffs. In einer Sichtweise, die weniger auf das Liquiditätsrisiko abzielt, wird das NWC eher als Kapitalbestandteil interpretiert, der derzeit, für den operativen Zyklus des Unternehmens benötigt wird, also im operativen Geschäft gebunden ist und über klassische Finanzierungskanäle finanziert werden muss. Dabei werden im Unterschied zur vorangegangenen Berechnung auf der Aktivseite die liquiden Mittel (Kasse und Bank) nicht berücksichtigt und auf der Passivseite nur die kurzfristigen zinstragenden Verbindlichkeiten. Diese Sichtweise ist beispielsweise sinnvoll, wenn in Anlehnung an Investitionen in das Anlagevermögen auch Investitionen ins Net Working Capital betrachtet werden sollen. Eine bloße Erhöhung der liquiden Mittel ist keine Investition im eigentlichen Sinne, aus der sich zukünftige Cashflows ableiten lassen. Eine Erhöhung anderer Positionen des Umlaufvermögens (z. B. eine Erhöhung der Vorräte im Zuge geplanter Expansionen bzw. gesteigerter erwarteter zukünftiger Umsätze) kann als Zukunftsinvestition interpretiert werden. Analog finden sich auch Definitionen, die ausschließlich auf Barmittel verzichten, da diese als nicht betriebsnotwendiges Vermögen interpretiert werden. Dies ist insbesondere in Anwendungsfällen der Unternehmensbewertung mit Discounted Cash Flow Verfahren der Fall, da hier nur die Cashflow-generierenden Bestandteile des Vermögens mit abgezinsten Cashflows verglichen werden können (Enterprise Value oder operativer Unternehmenswert). Aufgrund der Orientierung an Liquiditätsgraden, lassen wir diese grundsätzlich sinnvolle Betrachtungsweise außen vor.

Insgesamt ist zu berücksichtigen, dass in die Liquidität 2. und 3. Grades auch Vermögensgegenstände eingehen, die bezüglich der Liquidierbarkeit bzw. Geldnähe unter-

---

9 Vgl. Brösel (2017, 147).

10 Ein NWC von 0 impliziert eine Liquidität 3. Grades von 100 % nur, wenn das Vorratsvermögen in beide Rechnungen eingeht, was hier nicht der Fall ist.

schiedliche Qualitäten haben. Deshalb wird auch vorgeschlagen, dem durch Abschichtungen stufenweise Rechnung zu tragen und diverse Zwischensummen in Form von Absolutbeträgen zu entwickeln.[11] Dies wird hier nicht weiterverfolgt.

Regelmäßig wird unterstellt, dass das NWC auf jeden Fall positiv sein muss und die finanzielle Stabilität positiv mit der Höhe korreliert. Aus den Ausführungen zum Cash Conversion Cycle oben wurde jedoch deutlich, dass es für Unternehmen durchaus positiv sein kann, wenn Lieferanten den Produktions- und Verkaufsprozess vorfinanzieren und die Lagerbestände sehr niedrig sind (vgl. Kapitel 8.3).

Tabelle 9.5 zeigt die Liquiditätskennzahlen für die Unternehmen auf der Basis der HGB-JA in Bandbreiten für den Betrachtungszeitraum 2016 bis 2021 (Erläuterungen zur Entwicklung werden im Text referiert). Für BMW zeigt die Liquidität 1. Grades zwar (mäßig große) Sprünge, aber keinen Trend, während die Liquidität 2. Grades zuletzt leicht abgenommen hat. Demgegenüber stieg die Liquidität 3. Grades von 76 % im Jahr 2016 auf 83 % im Jahr 2021. Demnach war das Net Working Capital in allen Jahren negativ.

Tab. 9.5: Liquiditätsgrade und Net Working Capital nach JA HGB.

(In % bzw. Mrd. €)	BMW	Mercedes-Benz	VW
Liquidität 1. Grades	12,7 bis 22,1	5,0 bis 30,3	8,0 bis 18,9
Liquidität 2. Grades	24,2 bis 35,8	25,8 bis 50,6	8,0 bis 18,9
Liquidität 3. Grades	76,5 bis 82,7	135,1 bis 146,1	49,5 bis 66,9
NWC	−0,2 bis −2,4	10,4 bis 25,2	−11,5 bis −31,2

Ein negatives Net working Capital (und ein Liquiditätsgrad 3 unter 100 %) wird teilweise als unzureichend angesehen. Offenbar ist ein Teil des kurzfristigen Fremdkapitals langfristig investiert. Die Fristenkongruenzanforderung, dass langfristiges Vermögen auch langfristig finanziert sein soll, ist verletzt. Die kurzfristigen Vermögensgegenstände reichen zum Stichtag dann auch nicht, um die kurzfristigen Schulden zu decken. Allerdings sind solche statischen, auf einen Bilanzstichtag abstellenden KPI wenig aussagefähig, wird die Liquiditätslage doch laufend durch Zahlungsvorgänge beeinflusst.

Die Zahlen für Mercedes-Benz für die Liquidität 1. und 2. Grades lagen vor der Ausgliederung des operativen Geschäftes auf sehr niedrigem Niveau, während die Liquidität 3. Grades durchgängig bei rund 140 % lag. Entsprechend war das Net working Capital stets positiv, nahm aber seit dem Jahr 2017 von 25 Mrd. € auf 12 Mrd. € im Jahr 2021 absolut gesehen stark ab. Beachtenswert ist natürlich, dass die Muttergesellschaft als reine Holding nunmehr völlig anderen Liquiditätsanforderungen unterliegt als ein produzie-

---

11 Vgl. Coenenberg, Haller und Schultze (2021, 1158 f.).

rendes Unternehmen, das bei schwankenden Umsätzen laufend Marktpreisrisiken für Rohstoffe, Maschinen, Personal etc. ausgesetzt ist.

Für VW gibt es mangels Wertpapieren eine identische Liquidität 1. und 2. Grades. Diese schwankte im Zeitablauf beachtlich (2017: 8 %; 2018: 19 %; sonst 12 bis 15 %). Die Liquidität 3. Grades hat sich von knapp 50 % (2016) auf 64 % (2021) verbessert. Das Net working Capital war demnach immer negativ (2016: −32 Mrd. €; 2020: −11,5 Mrd. €; 2021: −17 Mrd. €). Wie für BMW wären dies Indikatoren für eine angespannte Finanzlage, wenn die KPI denn ernstzunehmende Grenzwerte erfordern oder zumindest als einzuhaltende Spielregeln allgemein akzeptiert würden.

Bedenkenswert ist hier aber, dass alle drei Muttergesellschaften in Konzerne integriert sind, die ein **konzernweit aktives Liquiditätsmanagement** betreiben. So gesehen ist dann die Liquidität für den Gesamtkonzern relevant, da Finanzbedarfe und Finanzüberschüsse primär durch konzerninterne Transaktionen ausgeglichen werden. Die entsprechenden KPI für die IFRS-KA decken sich aber nicht ganz mit den HGB-Kennzahlen. Zum einen, weil die Trennung in lang- und kurzfristiges Vermögen nach IFRS nicht deckungsgleich mit der HGB-Unterscheidung in Anlage- und Umlaufvermögen ist. Zum anderen, weil das Fremdkapital nur in kurzfristig (bis 1 Jahr) und langfristig zu trennen ist, wobei auch für Rückstellungen die korrekten Fristen anzusetzen sind, die fehlerhaften HGB-Zuordnungen entfallen.

Tabelle 9.6 zeigt die Liquiditätsgrade und das NWC für die IFRS-KA, wiederum über den Betrachtungszeitraum hinweg zusammengefasst. Die Liquidität 1. Grades steigt dabei stetig für alle drei Konzerne. Die Liquidität 2. Grades folgt einem ähnlichen Trend, ist aber bei BMW zum Ende rückläufig (2021: 21 %). Die Liquidität 3. Grades schwankte bei BMW und Mercedes-Benz im Wesentlichen zwischen 80 und 95 %. Für VW ergab sich seit dem Jahr 2016 (66 %) eine stetige Zunahme auf 95 % im Jahr 2021. Das Net Working Capital bei BMW und VW hat sich von Negativbeträgen im Jahr 2016 sehr stark zu positven großen Absolutbeträgen entwickelt. Bei Mercedes-Benz gab es immer hohe Positivbeträge mit Schwankungen ohne positiven Trend.

Tab. 9.6: Liquiditätsgrade und Net Working Capital nach KA IFRS.

(In % bzw. Mrd. €)	BMW	Mercedes-Benz	VW
Liquidität 1. Grades	12,0 bis 20,0	13,0 bis 26,4	10,9 bis 24,2
Liquidität 2. Grades	21,0 bis 26,0	24,4 bis 34,0	20,7 bis 37,9
Liquidität 3. Grades	81,0 bis 98,0	89,0 bis 94,0	65,8 bis 95,3
NWC	−3,1 bis 12,9	15,2 bis 23,7	−21,8 bis 36,0

Vergleicht man die HGB-Werte mit den IFRS-Kennzahlen zeigen sich für die KA stabilere Zeitreihen und tendenziell bessere (höhere) Werte. Dies ist plausibel aufgrund des konzernweiten Cash-Managements. Soweit es sich um Vertragskonzerne (i. S. d. AktG) handelt, ist eine beliebige Liquiditätsverlagerung auch völlig unproblematisch. Ansonsten müssen die konzerninternen Kreditierungen einem Drittvergleich standhalten (Arm's Length Principle). Unter diesen Voraussetzungen ist die Liquidität auf Konzernebene dann wichtiger als die auf der Ebene der Einzelgesellschaften, da Liquiditätsprobleme einfach gelöst werden können. Für die größere Bedeutung der Konzernabschlüsse spricht zudem, dass aufgrund der unterschiedlich stark ausgeprägten Holdingstrukturen der Muttergesellschaften deren Liquiditätsbedarfe sehr unterschiedlich sein können. Die Konzernmütter haben zudem die Möglichkeit durch Ausschüttungsbeschlüsse für die Konzerntöchter Liquidität zu generieren, ohne eigene wirtschaftliche Leistungen erbracht zu haben.

Exkurs: Zur Beurteilung liquider Mittel

Für die bisherigen Kennzahlen wurde deutlich, dass liquide Mittel positiv sind, da sie für die Überlebensfähigkeit der Unternehmen von elementarer Bedeutung sind. Gleichwohl ist anzumerken, dass liquide Mittel in Form von Kassen- und Bankbeständen unter Renditeaspekten wenig attraktiv sind (bei Wertpapieren sind die Renditen durch Kurssteigerungen eventuell besser). Für das Management schaffen hohe liquide Mittel die Möglichkeit, schnell auf Investitionschancen zu reagieren, ohne auf eine zeitraubende Außenfinanzierung angewiesen zu sein. Allerdings kann man die Notwendigkeit, externe Kapitalgeber von der Attraktivität einer Investition überzeugen zu müssen, auch positiv sehen, dies zwingt zu einem ökonomischen Kalkül.

Deshalb besteht durchaus ein Konflikt zwischen finanzieller Stabilität und Flexibilität für das Management und Rentabilität und es resultiert die Frage, wie hoch die liquiden Mittel sein sollen. Dies hängt von einer ganzen Reihe von Faktoren ab. Hierzu gehört vor allen Dingen die Einschätzung, wie dynamisch sich das Wettbewerbsumfeld entwickelt und wie groß die entsprechenden Risiken sind. Bei einem Unternehmen, das schon längere Zeit eine stabile Wettbewerbsposition aufgebaut hat, sind ungeplante hohe Liquiditätsbedarfe eher niedrig. Das Gleiche gilt für große und diversifizierte Unternehmen, da sich bei diesen Abweichungen von den Planungen nach oben und unten tendenziell ausgleichen können.

Bei Konzernstrukturen ist es von besonderer Bedeutung, ob es umfangreiche konzerninterne Finanzierungsmaßnahmen gibt, z. B. in Form von Cash-Pool-Systemen. Da die hier untersuchten Unternehmen sehr hohe Posten an Forderungen und Verbindlichkeiten gegenüber verbundenen Unternehmen in den Jahresabschlüssen ausweisen, kann dies eine große Rolle spielen. Dies wirkt dann ähnlich für den Liquiditätsbedarf wie Größe und Diversifikation. Umgekehrt ist es bei wachsenden Unternehmen zweckmäßig, höhere Bestände an Liquidität zu halten, um über eine Kriegskasse zu verfügen. Beachtenswert ist zudem das Geschäftsmodell: So kann es sein, dass Unternehmen liquide Mittel als Sicherheiten für Schulden von Dritten halten müssen.[12] Teilweise lassen sich auch Cashflows besser planen, z. B. weil es langfristige Verträge gibt, wie Miet- oder Leasingvereinbarungen oder Auszahlungen für zahlreiche Mitarbeiter im Rentenstand.

Die Entwicklung der liquiden Mittel (Kasse/Bank/Wertpapiere) in €-Beträgen zeigt für BMW und Mercedes-Benz für die HGB-Einzelabschlüsse eine stetige Zunahme von 2016 bis 2021. Starke Schwankungen weist hier VW auf, was möglicherweise mit den erhöhten Risiken aus der Abgasaffäre zu tun hat. Für die IFRS-Konzernabschlüsse zeigt sich, dass die Liquidität für alle drei Konzerne stetig und recht stark zugenommen hat (über 70 %, bei Mercedes-Benz noch wesentlich mehr).

Wie bereits bei den Liquiditätskennzahlen festgestellt, scheinen die liquiden Mittel tendenziell über die letzten Jahre in den Konzernen deutlich erhöht worden sein. Das kann durchaus mit zukünftigen Investitionsvorhaben zusammenhängen. Insbesondere die Trends zu mehr Klimafreundlichkeit und Elektromobilität führen zu einer Veränderung des Geschäftsmodells, die Zukunftsinvestitionen durchaus rechtfertigen kann.

---

12 Vgl. Subramanyam (2014, 230).

In einem stabilen Geschäftsumfeld würde dies eher als nicht notwendiges gebundenes Kapital betrachtet werden. Ebenso kann die Liquiditätserhöhung im Jahr 2020 als ein Stabilitätssignal gedeutet werden. Aufgrund der Coronakrise gab es einige Liquiditätsengpässe bei europäischen Unternehmen. Die Erhöhung der Liquidität kann hier als Signal der Stärke gedeutet werden.

Zum Abschluss dieses Abschnitts seien die Defizite der statischen, auf einen Bilanzstichtag rekurrierenden KPI angesprochen. So ist unmittelbar einleuchtend, dass die Aussage, das kurzfristige Fremdkapital beträgt 100 und die aktuellen liquiden Mittel 20, noch keine Aussage über eine Finanzierungslücke zulässt. Hierfür gibt es eine Reihe von Gründen. So können die kurzfristigen Schulden in wenigen Tagen oder eben erst in knapp 12 Monaten fällig sein. Nicht liquide Aktiva können bis zum Zahlungszeitpunkt auch schon quasi automatisch (Forderungen, Vorräte) zu Geld geworden sein, oder sie werden es durch Verkauf und andere Maßnahmen (Factoring, Verkauf von nicht betriebsnotwendigem Vermögen etc.). Es dürfte zudem üblich sein, dass viele Schulden revolvierend, also letztlich gar nicht zahlungsbelastend sind, da ein Lieferantenkredit oder eine Urlaubsrückstellung bei Inanspruchnahme sofort wieder passiviert wird. Insgesamt liefert eine Bilanz demnach keine zuverlässigen Hinweise auf die Zahlungen nach dem Stichtag. Hierfür sind Stromgrößen aus der GuV oder Kapitalflussrechnung geeigneter. Auch hier ist aber beachtlich, dass in den Abschlüssen die Daten für das abgelaufene Geschäftsjahr abgebildet werden und eine schlichte Extrapolation für die Zukunft nur unter unrealistischen Annahmen eine gute Prognosebasis liefert.

9.3 Cashflow-Kennzahlen

Wie bereits erwähnt (vgl. Kapitel 4.4) unterliegt die **Kapitalflussrechnung** einer Drei-Stufen-Logik. Diese bildet folgende Gedankenschritte ab: Erstens soll ermittelt werden, wie viele Zahlungsmittel im operativen Geschäft tatsächlich erwirtschaftet wurden **(operativer Cashflow, OCF)**. Danach sollen, zweitens, die **Zahlungen für Ersatz- und Erweiterungsinvestitionen** ermittelt werden. Drittens wird im **Finanzierungs-Cashflow** angegeben, welche Zahlungsströme vom Unternehmen an die Kapitalgeber bzw. von den Kapitalgebern an das Unternehmen geflossen sind. Wie bereits erwähnt wird diese Grundlogik jedoch teilweise gestört, da Positionen anhand der zugrundeliegenden Tätigkeit abgegrenzt werden (Classification of Cash Flows by the Nature of the Activity).

Ersatzinvestitionen sollten im Sinne einer Going-Concern-Annahme auf Dauer gesehen zwingend getätigt werden und sind keine freie Managemententscheidung. Deshalb erfolgt bei der Kennzahlenberechnung häufig eine Trennung zwischen Ersatz- und Erweiterungsinvestitionen. Die Rechnungslegungssysteme sehen diese Trennung aber nicht vor und weisen keine entsprechenden Werte aus. Häufig werden deshalb die Abschreibungen auf Anlagevermögen als Indikator für die wahrscheinliche Höhe der Ersatzinvestitionen verwendet. Die Differenz zwischen Gesamtinvestitionen (gleich Bruttoinvestitionen) und Abschreibungen sind dann die geschätzten Erweiterungsinvestition (gleich Nettoinvestitionen). Ergänzend kann berücksichtigt werden, dass es auch Abgänge beim Anlagevermögen geben kann (Desinvestitionen). Diese sind im Anlagespiegel aber nur mit den ursprünglichen Zugangswerten angegeben. Unter Einbeziehung der kumulierten Abschreibungen auf die Abgänge kann zudem der Restbuchwert ermittelt werden, den das Anlagevermögen zum Zeitpunkt des Abganges hatte. Die Annahme, dass dies auch einer **Einzahlung aus Desinvestitionen** entspricht, ist natürlich nicht abgesichert. In vielen Fällen, z. B. bei Immobilien oder Finanzanlagen dürfte sie sogar grob falsch sein. Der Investitions-Cashflow ist noch aus einem anderen Grund problematisch. Grundsätzlich werden Zahlungen nur hier zugeordnet, wenn bilanziertes Anlagevermögen vorliegt. Im Umkehrschluss bedeutet dies, dass nicht aktiviertes immaterielles Anlagevermögen oder Erhaltungsaufwendungen gemäß § 255 Abs. 2 HGB, die für mehrere Jahre Nutzen stiften, nicht als Investitionszahlungen erfasst werden.

Nachdem durch den operativen Geschäftsprozess im positiven Fall ein Einzahlungsüberschuss erwirtschaftet wurde und die Investitionen getätigt wurden (negativer Cashflow bei Investitionen), bleibt üblicherweise der **Free Cashflow (FCF)** als Summe übrig. Dieser Betrag ist theoretisch derjenige, der nach den üblichen Geschäftsausgaben und Investitionsentscheidungen noch übrig ist und für Auszahlungen an Kapitalgeber verwendet werden kann.

Entscheidende Kennzahlen befassen sich häufig mit dem Verhältnis der drei Bestandteile der KFR zueinander. Das betrifft vor allem das Verhältnis von operativem Cashflow zu Investitionstätigkeiten als Differenz oder Quotient. Quotienten haben den Vorteil, dass sie standardisiert sind und nicht wie absolute Zahlen von der Unternehmensgröße beeinflusst werden.

$$\text{Free Cashflow I} = \text{OCF} - \text{Investitionscashflow (ICF)}$$

$$\text{bzw. als Quotient} \quad \frac{\text{OCF}}{\text{Bruttoinvestitionen}} \times 100$$

$$\text{Free Cashflow II} = \text{OCF} - \text{CF für Ersatzinvestitionen}$$

$$\text{bzw. als Quotient} \quad \frac{\text{OCF}}{\text{Nettoinvestitionen}} \times 100$$

$$\text{Nettoinvestitionen} = \text{Bruttoinvestitionen (bzw. ICF)} - \text{Abschreibungen AV}$$

$$\text{bzw. als Quotient} \quad \frac{\text{Bruttoinvestitionen}}{\text{Abschreibungen AV}} \times 100$$

Die Bezeichnung **Free Cashflow** deutet an, dass ein frei verfügbarer Betrag dargestellt wird. Legt man die Definition des FCF II zugrunde, so wäre die mögliche Verwendung aufzufächern in: Zahlungen an Aktionäre (Dividenden, Aktienrückkäufe), Tilgung von Fremdkapital, Aufbau von Liquidität oder Vornehmen von Erweiterungsinvestitionen. Beim FCF I sind die zuletzt genannten bereits abgesetzt.

Der Zeitvergleich von Investitionen wird häufig durch nicht organisches Wachstum (z. B. M&A) erschwert. Diese Investitionen treten eher unregelmäßig und sprunghaft auf, während organisches Wachstum (z. B. Investitionen in Sachanlagen) eine stärkere Regelmäßigkeit aufweist. Eine Trennung der beiden Investitionsarten kann daher angebracht sein, um eine bessere Vergleichbarkeit herzustellen (vgl. Kapitel 16). Weiter unten wird lediglich die Relation operativer Cashflow zu den Bruttoinvestitionen zahlenmäßig abgebildet. Die Nettoinvestitionen sind nach HGB nur auf sehr unzuverlässige Art zu schätzen und die saubere Trennung in Ersatz- und Erweiterungsinvestitionen gelingt extern auch nicht.

Ein weiterer Cashflow-Kennzahlenblock zielt auf den Vergleich zwischen GuV und KFR. Zum einen werden klassische Kennzahlen auf GuV-Basis durch KFR-Werte ersetzt oder es findet ein direkter Vergleich der Werte von GuV und KFR statt, um die **Zahlungswirksamkeit (also Qualität) der GuV** zu prüfen. Diese Kennzahlen sind also direkt der altbekannten Diskussion zuzuordnen, ob Buchführungskennzahlen das Unternehmen besser abbilden oder, ob „cash king" ist.[13]

! Im Folgenden sind einige Beispiele für Kennzahlen auf KFR-Basis aufgeführt, die sich mit ähnlichen Grundgedanken auch auf GuV-Basis errechnen lassen, indem der operative Cashflow durch eine Gewinnkennzahl ersetzt wird:

$$\text{Entschuldungsdauer} = \frac{\text{Nettoverschuldung}}{\text{OCF}}$$

$$\text{bzw. als Quotient} \quad \frac{\text{OCF}}{\text{Nettoverschuldung}} \times 100$$

$$\text{CF-Umsatzrentabilität} = \frac{\text{OCF}}{\text{UE}}$$

$$\text{CF-Eigenkapitalrentabilität} = \frac{\text{OCF}}{\text{EK}}$$

Die **Nettoverschuldung (auch Effektivverschuldung)** ist das (zinstragende) Fremdkapital abzüglich Barmittel. Diese Kennzahl soll erfassen, wie lange es dauern würde, bis die Schulden aus operativen Einzahlungen beglichen werden könnten, bzw. wie viel Prozent der Schulden aus operativen Einzahlungen beglichen werden könnten. Auch hier stellt sich die Frage, ob nicht im Sinne einer Going-concern-Annahme die Ersatzinvestitionen vom operativen Cashflow abgezogen werden sollten. Ohne Ersatzinvestitionen wäre es auch unwahrscheinlich, dass zukünftig ein vergleichbarer operativer Cashflow erzielt werden könnte.

Ergibt sich für die Cashflow-Umsatzrentabilität z. B. ein Wert von 5 %, so bedeutet dies inhaltlich, dass auf einen Umsatz von 100 € ein Liquiditätsüberschuss von 5 €

---

13 Vgl. Kühnberger und Thurmann (2015, 30); Mölls und Strauß (2007, 968) für eine Übersicht zu Studien zum Thema.

erwirtschaftet wurde. Unterstellt man vergleichbare Verhältnisse im Zeitablauf, kann man versuchen abzuschätzen, wie sich die künftige Liquidität durch Umsatzänderungen verbessern bzw. verschlechtern könnte.

Die Cashflow-Eigenkapitalrentabilität ersetzt die übliche Eigenkapitalrendite durch den operativen Cashflow. Dieser wird teilweise als **Indikator für die Ertragskraft** eines Unternehmens angesehen. Ein Grund für diese Sicht besteht darin, dass die Unterschiede zwischen Gewinn und Cashflow regelmäßig auf sog. Abgrenzungsbuchungen beruhen (also Abschreibungen, Rückstellungen etc.), die anfällig für Bilanzpolitik und/oder Prognosefehler, also möglicher Weise verzerrt sind. Demgegenüber reagiert der operative Cashflow gerade nicht auf veränderte Abschreibungen oder Rückstellungen und ist insoweit robust. Allerdings darf der operative Cashflow keinesfalls als der „richtige" Gewinn verstanden werden. Hinter Abschreibungen stehen natürlich auch echte Wertminderungen und Rückstellungen spiegeln auch echte Risiken wider. Nur ist deren Höhe unbekannt.

Das Verhältnis zwischen KFR und GuV Positionen kann z. B. durch die folgende Kennzahl beschrieben werden: !

$$\text{Qualität der UE} = \frac{\text{Umsatzeinzahlungen}}{\text{UE}} \times 100$$

Diese Kennzahl misst, welcher Anteil der Umsatzerlöse (UE) wirklich zahlungswirksam wird, eine Größe, die auf die Qualität der Umsätze schließen lässt, mit der ähnlichen Logik wie bei der Forderungsreichweite: Je höher der Anteil unmittelbarer Zahlungen, desto besser. Die Qualität der Umsatzerlöse bleibt im Rahmen der Abschlussanalyse für BMW, Mercedes-Benz und VW jedoch außen vor. Auf Basis der HGB-Einzelabschlüsse zeigt sich für alle drei Unternehmen durchgängig, dass die Quote sehr nahe bei 100 % liegt. Dies überrascht auch wenig, da die Leasinggeschäfte etc. durch Verkauf an die Finanzunternehmen realisiert werden, sodass letztlich die Forderungen aus LuL geringer ausfallen und die Schwankungen des Finanzierungsgeschäftes gar nicht bei den Muttergesellschaften anfallen. Für die IFRS-Konzernabschlüsse kann die Kennzahl hingegen nicht konsequent ermittelt werden, da der Posten Forderungen aus LuL nicht immer gesondert ausgewiesen wird.

Wie bereits in Kapitel 7.2.5 besprochen sind die Daten, wenn auch mit kleineren Unterschieden wegen diversen Zuordnungsfreiheiten (z. B. Dividenden, Ertragsteuern, Zinsen) dem KA nach IFRS grundsätzlich entnehmbar. Die Darstellung unter IFRS ist dabei (aus unserer Sicht: unnötig) komplex bezüglich der Struktur des operativen Cashflow. Diese könnte auf direkte Art erfolgen, also z. B. Einzahlungen aus Umsätzen abzüglich der Auszahlungen für Lieferanten, Mitarbeiter etc. Stattdessen ist es weltweit verbreitete Praxis, **den Cashflow indirekt darzustellen**. Ausgehend von einer Gewinngröße (Jahresüberschuss, EBT, Net Income usw.) werden Erträge und Aufwendungen korrigiert, die nicht zahlungswirksam waren oder die einem anderen Bereich zugerechnet werden müssen. Hierunter fallen z. B. Gewinne aus dem Verkauf von Anlagen, die zum Investitions-Cashflow gehören, wenn es denn Zahlungen überhaupt gab. Auf jeden Fall gehören sie nicht zum operativen Cashflow. Vergleichbar kann es Korrekturen geben, weil der Finanzierungs-Cashflow betroffen ist. Eine solche indirekte Darstellungsform ist unseres Erachtens wesentlich weniger verständlich als die direkte Form. Für den Investitions- und den Finanzierungs-Cashflow sieht IAS 7 hingegen zwingend die direkte Darstellung vor, also z. B. Einzahlungen aus Desinvestitionen abzüglich Auszahlungen für Investitionen oder Einzahlungen aus der Begebung von Anleihen abzüglich Auszahlungen für die Tilgung von Anleihen.

Die Frage des Darstellungsformates muss aber strikt getrennt werden von der **Art der Datenerhebung (originär oder derivativ)**. So können die relevanten Zahlungsströme originär ermittelt werden, am einfachsten, wenn jeder Geschäftsvorfall neben der üblichen Buchung sofort bezüglich seiner Zahlungswirksamkeit erfasst wird, wobei auch die Zugehörigkeit zu den Aktivitätsbereichen vermerkt ist. Dann können die entsprechenden Cashflows originär aus dem Abrechnungssystem entnommen werden. Alternativ können die tatsächlichen Zahlen auch derivativ aus den Bestands- und Erfolgskonten gefiltert werden, wobei naturgemäß diverse Arbeitsschritte einzubauen sind, um Fehler zu vermeiden. So könnten Investitionen z. B. aus der Spalte Zugänge des Geschäftsjahres abgeleitet werden. Es muss dann aber noch geprüft werden, ob diese Investitionen im laufenden Geschäftsjahr tatsächlich zu Auszahlungen geführt haben. Bei einem Ratenkauf oder Selbsterstellung (Bewertung mit den Herstellungskosten), Bezahlung mit eigenen Aktien etc. ist dies gerade nicht der Fall. Trotzdem gilt: unabhängig von der Ermittlung der Daten, originär oder derivativ, kann oder muss die Darstellung in direkter oder indirekter Form erfolgen. Klar muss sein, dass die Datenqualität bei originärer Ermittlung besser sein sollte. Allerdings geben Unternehmen regelmäßig nicht an, wie die Daten generiert wurden. Für Konzernabschlüsse ergibt sich ein Zusatzproblem, da alle Zahlungsvorgänge zwischen den Konzernunternehmen konsolidiert werden müssen. Dies kann erfolgen, indem die Daten derivativ aus Konzernbilanz und -GuV abgeleitet oder, indem alle Kapitalflussrechnungen der Konzernglieder aufaddiert und anschließend die internen Zahlungen korrigiert werden.

Für die IFRS-Konzernabschlüsse liegen KFR vor, sodass deren Daten unverändert übernommen werden. Nach HGB hingegen fehlen diese, sodass der operative und der Investitions-Cashflow zwingend aus Bilanz- und GuV-Daten geschätzt werden müssen. Dies soll für den operativen Cashflow ausführlich vorgestellt werden.

! **Die grundlegendste Cashflow-Formel lautet:**

CF = JÜ + Abschreibungen AV + Aufwand aus RSt-Erhöhung

Beispiel: Von einer sehr vereinfachten GuV ausgehend kann die Grundlogik anhand des Zahlenbeispiels in Tabelle 9.7 einfach erklärt werden: Was rechtfertigt die Annahme, dass der Cash-Bestand des Unternehmens am Ende des Jahres um 400 (= 150 + 100 + 150) zugenommen hat? Vorliegen tun ja nur Ertrags- und

Aufwandsgrößen. Deshalb versucht man anhand der diversen GuV-Größen deren Zahlungswirksamkeit abzuschätzen. Unterstellt man zunächst einmal, dass alle Umsatzerlöse auch zu Einzahlungen von Kunden geführt haben und die Material- und Personalaufwendungen zu Auszahlungen in gleicher Höhe, so beträgt der Saldo 400. Klar ist, dass die GuV-Posten Abschreibungen, Rückstellungsänderungen und JÜ keine Zahlungen repräsentieren. Letztlich wird im ersten Schritt der Gewinn um zahlungsunwirksame Erträge und Aufwendungen korrigiert.

Tab. 9.7: Zahlenbeispiel: Ableitung des Cashflows aus der GuV.

GuV eines Unternehmens für das Jahr X (vereinfacht)	
Umsatzerlöse	1.000
– Materialaufwand	400
– Personalaufwand	200
– Abschreibungen	100
– Aufwand für Rückstellungserhöhungen	150
= **Jahresüberschuss**	**150**

In der Literatur wird teilweise vorgeschlagen, nur die Änderungen der langfristigen Rückstellungen, insbesondere der Pensionsverpflichtungen zu korrigieren.[14] Dem wird hier nicht gefolgt, da **sämtliche Rückstellungsänderungen** nicht zahlungswirksam waren. Einen Grund für die Beschränkung auf langfristige Posten könnte man vielleicht darin sehen, dass hier regelmäßige und betriebsbezogene Sachverhalte erfasst werden, sodass dies zu einer nachhaltigen, typisierten Cashflowberechnung führt. Inhaltlich ist dies aber nicht gerechtfertig, da auch Garantie-, Urlaubs-, Prüfungskostenrückstellungen etc. betriebstypisch und regelmäßig sind.

Auffällig ist zudem, dass nur die **Ab- und Zuschreibungen auf das Anlagevermögen** eingehen. Auch hierfür gibt es unseres Erachtens keinen plausiblen theoretischen Grund. Die Korrektur um Abschreibungen auf das Umlaufvermögen (Zuschreibungen sind hier eher nicht zu erwarten) scheitert schlicht daran, dass diese in sehr verschiedenen GuV-Posten stecken können. Für das Gesamtkostenverfahren wären möglich: Bestandsveränderungen für die Abschreibungen auf unfertige und fertige Erzeugnisse, Materialaufwand bei Roh-, Hilfs- und Betriebsstoffen, sonstiger betrieblicher Aufwand bei Forderungen etc. Aufgrund der teilweise fehlenden Anhangangaben sind diese nur aufwändig oder gar nicht zu ermitteln. Beim Umsatzkostenverfahren sind die Abschreibungen in diversen Funktionsbereichsaufwendungen enthalten, mit vergleichbaren Ermittlungsproblemen.

Nun liegt es auf der Hand, dass die Umsätze nicht immer in voller Höhe zahlungswirksam waren. Ist in einem Geschäftsjahr etwas auf Ziel verkauft worden, so haben

---

14 Vgl. Coenenberg, Haller und Schultze (2021, 1165 f.), in Anlehnung an einen Vorschlag der DVFA.

entsprechend die Forderungen aus LuL zugenommen. Haben umgekehrt die Forderungen aus LuL abgenommen, so haben entweder Kunden aus der Vorperiode bezahlt oder Forderungen wurden zahlungsunwirksam abgewertet. In beiden Fällen sind die **Umsatzerlöse um die Abnahme der Forderungen aus LuL zu erhöhen**.

Vergleichbar kann nicht davon ausgegangen werden, dass die Roh-, Hilfs- und Betriebsstoffe im gleichen Geschäftsjahr zu Auszahlungen geführt haben. Die Vermögensgegenstände können auch gegen den Posten Verbindlichkeiten aus LuL gebucht worden sein. Deshalb ist der **Materialaufwand auch um die Veränderung der Verbindlichkeiten aus LuL zu korrigieren**, um die Materialauszahlungen zu schätzen. Die so ermittelte Größe ist aber störanfällig, da auch ein Erwerb von Sachanlagen auf Ziel zu Verbindlichkeiten aus LuL führt. Dies darf aber eigentlich keinen Einfluss auf den operativen Cashflow haben, sondern wäre im Investitions-Cashflow zu berücksichtigen.

Bei der Änderung von Rückstellungen kann regelmäßig unterstellt werden, dass diese nicht Cash-wirksam waren. Eine Ausnahme kann es bei der **Nettobilanzierung von Pensionsrückstellungen** geben, also wenn Planvermögen gemäß § 246 Abs. 2 HGB ausgesondert wurde. Dann taucht in der Bilanz des auslagernden Unternehmens nur ein Saldo auf, der als Pensionsrückstellung oder aktiver Unterschiedsbetrag aus der Vermögensrechnung bezeichnet wird. Die Änderung dieses Saldos kann aber für das Trägerunternehmen zahlungswirksam oder zahlungsunwirksam gewesen sein, was nur durch eine sehr mühselige Analyse der Anhangangaben erkennbar wird. So sind z. B. Wertänderungen des Planvermögens keine Zahlungen, sehr wohl aber Zuführungen zum Planvermögen teilweise. Ergänzend ergeben sich Schwierigkeiten in der Zuordnung: Änderungen können theoretisch im operativen Cashflow (als Art Personalaufwand) abgerechnet werden, im Investitions-Cashflow oder im Finanzierungs-Cashflow (die Mitarbeiter stunden dem Unternehmen Arbeitslohn bis zu den Rentenzahlungen).[15]

! **Der operative Cashflow für die weiter zu ermittelnden Kennzahlen wird hier deshalb wie folgt berechnet:**

> Jahresüberschuss bzw. Jahresfehlbetrag
>
> ± Abschreibungen bzw. Zuschreibungen auf Anlagevermögen
>
> ± Erhöhungen bzw. Verminderungen der Rückstellungen
>
> ± Minderungen bzw. Erhöhungen der Forderungen aus LuL
>
> ± Erhöhungen bzw. Minderungen der Verbindlichkeiten aus LuL
>
> = Operativer Cashflow (OCF)

Selbstverständlich kann dieses Berechnungsschema durch Einbezug weiterer Abschlussposten, z. B. Änderungen der Vorräte oder des gesamten Net Working Capital,

---

15 Vgl. Kapitel 18.3.

Ausgrenzung von Veräußerungserfolgen aus dem Verkauf von Anlagevermögen usw. oder auch die Eliminierung außergewöhnlicher Sachverhalte verfeinert werden. Dies wird hier nicht gemacht.

Die Tabellen 9.8 bis 9.10 zeigen den operativen Cashflow, den Free Cashflow I, die Cashflow-Umsatzrentabilität und -Eigenkapitalrentabilität sowie die Entschuldungsdauer für die drei Unternehmen auf Basis der Jahresabschlüsse nach HGB. BMW (Tabelle 9.8) generiert erwartungsgemäß in allen Jahren einen operativen Cashflow in Milliardenhöhe. Dieser ist durchgängig höher als der negative Investitions-Cashflow (jeweils über 100 % Deckung) und entsprechend ist der FCF I in allen Jahren positiv, obwohl Erhaltungs- und Erweiterungsinvestitionen bereits abgezogen wurden. Demnach hat BMW auch keinen Bedarf an Außenfinanzierung in Form von Fremdkapital (Anleihen, Schuldscheindarlehen, andere Finanzschulden) oder an Eigenkapital. Bezogen auf die Umsätze weist der operative Cashflow eine relativ stabile Quote zwischen 6 bis 8 % auf, mit Ausnahme im Jahr 2019 (13,9 %).

Tab. 9.8: Cashflow-Kennzahlen für BMW nach JA HGB.

(In Mio. €, %, Jahren)	2021	2020	2019	2018	2017	2016
OCF	7.120	3.375	5.151	6.826	4.782	6.065
FCF I	2.663	462	1.638	3.849	1.786	3.661
FCF I prozentual	159,7	115,8	146,6	229,0	160,0	252,0
CF-Umsatzrentabilität	8,0	4,5	13,9	8,7	6,0	8,0
CF-Eigenkapitalrentabilität	37,6	22,2	77,8	44,7	31,7	42,9
Entschuldungsdauer	4,7	10,3	5,8	2,9	3,8	2,6

Die Entschuldungsdauer schwankt zwischen 2,6 und 10 Jahren, d. h. rein rechnerisch könnte BMW in solchen Zeiträumen sämtliche Schulden tilgen. Dies ist natürlich nicht zweckmäßig, da damit das im Vergleich zum Eigenkapital billigere Fremdkapital verringert würde. Zudem müsste berücksichtigt werden, dass bei einer solchen Tilgungsstrategie noch Investitionen vorzunehmen wären, um den operativen Cashflow auch künftig erwirtschaften zu können. Die Kennzahl kann man deshalb eher als Art von Risikomaß aus der Sicht von Gläubigern interpretieren. Die Fähigkeit zur Schuldentilgung ist bei niedrigeren Werten besser, obwohl sie wahrscheinlich gar nicht angestrebt wird.

Für Mercedes-Benz (Tabelle 9.9) zeigt sich wiederholt, dass auf ein produzierendes Unternehmen zugeschnittene KPI seit der Schaffung der Holdingstruktur wenig aussagefähig sind. Im Jahr 2019 führte die Ausgliederung zu Werten, die nicht sinnvoll nutzbar sind und danach prägen ausschließlich das Finanzergebnis und die Beteiligungserträge die Gewinne und operativen Cashflows der Holding. Allerdings hatte es auch in den Jahren zuvor die Situation gegeben, dass die operativen Cashflows nicht ausreichten, um die Gesamtinvestitionen zu finanzieren. Wenn es in diesen Jahren keine hier nicht erfassten Einzahlungen aus Desinvestitionen gab oder entsprechend hohe Bestände an

Tab. 9.9: Cashflow-Kennzahlen für Mercedes-Benz nach JA HGB.

(In Mio. €, %, Jahren)	2021	2020	2019	2018	2017	2016
OCF	9.991	2.715	−20.487	9.096	10.517	4.875
FCF I	−1.606	−6.518	−56.081	−24.487	2.565	−2.782
FCF I prozentual	86,2	29,4		27	132,3	63,7
CF-Umsatzrentabilität				8,1	9,3	4,5
CF-Eigenkapitalrentabilität				21	25	12
Entschuldungsdauer				6,6	5,3	10

liquiden Mitteln, so war eine Kapitalaufnahme von außen notwendig. Dies war bei BMW nicht der Fall.

Die Relation operativer Cashflow zu Umsätzen ist nur in den Jahren 2016 bis 2018 sinnvoll, es ergaben sich positive, aber auch schwankende %-Sätze, genauso wie für die Relationen zum Eigenkapital. Die fiktive Entschuldungsdauer konnte in diesen drei Jahren deutlich verkürzt werden, sodass man Mercedes-Benz nach dieser KPI aus Gläubigersicht als risikoarm einstufen kann.

Bei VW (Tabelle 9.10) fällt zunächst auf, dass die operativen Cashflows stark schwanken, die meisten weiteren KPI für das Jahr 2017 sind unsinnig, da es einmalig einen negativen Wert gab. Die Schwankungen zeigen sich auch in den Relationen zu den Umsatzerlösen und dem Eigenkapital. Allerdings ist bei VW im Vergleich zu BMW zu berücksichtigen, dass die Beteiligungsergebnisse der Tochterunternehmen in ganz wesentlichem Umfang die Gewinne und operativen Cashflows beeinflussen. Insoweit täuscht die Bezeichnung operativer Cashflow hier, da es gerade nicht nur um Cashflows aus dem Kerngeschäft Herstellung und Verkauf von Fahrzeugen geht. Insofern ist auch die Entschuldungsdauer kritisch zu sehen, da die Gewinnausschüttungen der Tochterunternehmen die Werte prägen.

Tab. 9.10: Cashflow-Kennzahlen für VW nach JA HGB.

(In Mio. €, %, Jahren)	2021	2020	2019	2018	2017	2016
OCF	8.091	8.711	11.755	4.402	−1.135	6.010
FCF I	−1.113	−4.986	−20.475	−5.577	−36.631	−18.371
FCF I prozentual	87,9	36,5	36,5	51,5		24,6
CF-Umsatzrentabilität	11,4	12,9	14,6	7,3		8
CF-Eigenkapitalrentabilität	19,6	22	33	17,8		22,2
Entschuldungsdauer	4,2	15,6	10,6	13,8		17,6

Sehr auffällig ist, dass der operative Cashflow trotzdem in keinem Jahr ausreichend war, um die Bruttoinvestitionen zu finanzieren, der Free Cashflow I ist immer negativ. Fraglich ist nur, ob dies ein schlechtes Zeichen ist. Zunächst einmal bedeutet dies, dass eine

Außenfinanzierung erforderlich ist, das Management muss bei Kapitalgebern Finanz-
mittel einwerben. Dies geht zu Lasten der Flexibilität und kann mit aktivem Monitoring
der Financiers verknüpft sein. Letzteres ist aus der Perspektive des Managements vielleicht unerwünscht, kann aber durchaus positive, disziplinierende Wirkung entfalten,
insbesondere auch Überinvestitionen begrenzen.

Es ist darüber hinaus auch kein negatives Zeichen, wenn ein wachsendes Unternehmen, das viel investiert, auch die Schulden erhöht (oder das EK). Zwar führt eine
Eigenkapitalaufnahme in der Regel zu einer Minderung des Börsenkurses, selbst wenn
es um die Realisierung hochrentabler Investitionen geht, da nicht auskömmliche operative Cashflows als Ursache vermutet werden. Bei der Aufnahme von Fremdkapital greift
dieses negative Signal weniger oder gar nicht. Deshalb kann man auch umgekehrt fragen, warum z. B. BMW nicht mehr investiert hat, nicht stärker gewachsen ist. Schließlich
gab es hohe FCF und eine weitere Verschuldung wäre wahrscheinlich möglich gewesen.
Unterstellt man, dass höhere Investitionen wegen zu niedriger Net Present Values un-
terblieben, sind hohe FCF schon viel weniger positiv oder gar negativ zu sehen.

Für die Konzernabschlüsse werden die Daten unkorrigiert entnommen und auch
der Finanzierungs-Cashflow (da bekannt) im Gegensatz zum HGB eingefügt. Die Ergebnisse sind in den Tabellen 9.11 bis 9.13 zusammengefasst.

Tab. 9.11: Cashflow-Kennzahlen für BMW nach KA IFRS.

(In Mio. €, %, Jahren)	2021	2020	2019	2018	2017	2016
OCF	15.903	13.251	3.662	5.051	5.909	3.173
Investitions-CF	−6.389	−3.636	−7.248	−7.363	−6.163	−5.863
Free Cashflow	9.514	9.615	−3.586	−2.312	−254	−2.690
Finanzierungs-Cashflow	−6.735	−8.254	4.790	4.296	1.572	4.393
CF-Umsatzrentabilität	14,3	13,4	3,5	5,2	6,0	3,4
CF-Eigenkapitalrentabilität	21,2	21,5	6,1	8,7	10,8	6,7
Entschuldungsdauer	8,7	10,7	42,6	27,7	22,0	42,0

Bei BMW (Tabelle 9.11) ist zunächst der riesige Sprung des operativen Cashflow von 3,6
auf 13,3 Mrd. € im Jahr 2020 sehr auffällig. Während es in den Vorjahren bis 2019 immer
negative Free Cashflows gab, resultierten in den Jahren 2020 und 2021 sehr hohe liquide
Überschüsse. Entsprechend gab es in den Vorjahren auch einen Bedarf an Außenfinanzierung und in den letzten Perioden hohe Zahlungen an die Kapitalgeber. Die Relationen
operativer Cashflow zu EK, Umsätzen und Effektivschulden weisen aufgrund des stark
veränderten operativen Cashflows in den Jahren 2020 und 2021 natürlich extrem bessere Werte auf. Bis zum Jahr 2019 zeigten sich deutlich schlechtere Werte als auf der Basis
des HGB-Abschlusses der Muttergesellschaft.

Mercedes-Benz (Tabelle 9.12) verzeichnete im Jahr 2017 einen negativen operativen
Cashflow, der seitdem jährlich deutlich zugenommen hat. Es ist deshalb erstaunlich,

Tab. 9.12: Cashflow-Kennzahlen für Mercedes-Benz nach KA IFRS.

(In Mio. €, %, Jahren)	2021	2020	2019	2018	2017	2016
OCF	24.549	22.332	7.888	343	−1.652	3.711
Investitions-CF	−6.226	−6.421	−10.607	−9.921	−9.518	−14.666
Free Cashflow	18.323	15.911	2.719	−9.578	−11.170	−10.955
Finanzierungs-Cashflow	−19.059	−10.747	5.628	13.226	13.129	12.009
CF-Umsatzrentabilität	18,3	18,3	4,6	0,2	−1,0	2,4
CF-Eigenkapitalrentabilität	33,5	35,9	12,5	0,5		6,3
Entschuldungsdauer	6,4	8,7	27,0	556,4		44,0

dass der Saldo der Investitionsauszahlungen im Betrachtungszeitraum nahezu stetig abgenommen hat, infolgedessen sich der von 2016 bis 2018 hohe negative Free Cashflow zu inzwischen sehr hohen positiven Werten entwickelte. Die Zeitreihe der Finanzierungs-Cashflows ist daher wenig überraschend. Bis zum Jahr 2019 wurden Einzahlungen aus der Außenfinanzierung benötigt, während in den Jahren 2020 und 2021 hohe Zahlungen an Financiers erfolgten. Warum das Investitionsniveau deutlich abgesenkt wurde, wird nicht erläutert.

Die weiteren KPI (OCF in Relation zu den UE und dem EK, sowie die Entschuldungsdauer) haben sich aufgrund der sehr positiven Entwicklung des operativen Cashflows allesamt verbessert und lagen zuletzt über den Werten von BMW. Ein Vergleich von JA- und KA-Daten ist bei Mercedes-Benz für die letzten Jahre sinnlos, da die Holdingstruktur keine sinnvollen Daten für die AG selbst zulässt.

Auch für VW (Tabelle 9.13) zeigt sich seit dem negativen oprativen Cashflow im Jahr 2017 eine ständige sehr hohe Steigerung desselben in den Folgeperioden. Anders als bei Mercedes-Benz gab es aber in allen Jahren hohe negative Investitionsauszahlungen. In der Folge war der Free Cashflow von 2016 bis 2019 negativ. Seit dem Tiefstwert von −17,7 Mrd. € im Jahr 2017 ist er aber stetig auf +12,5 Mrd. € im Jahr 2021 gestiegen. Außenfinanzierungsbedarf gab es vor allem bis ins Jahr 2019 in großem Umfang, danach zeigten sich schwankende Finanzierungs-Cashflows positiver und negativer Art

Tab. 9.13: Cashflow-Kennzahlen für VW nach KA IFRS.

(In Mio. €, %, Jahren)	2021	2020	2019	2018	2017	2016
OCF	38.633	24.901	17.983	7.272	−1.185	9.430
Investitions-CF	−26.128	−22.690	−21.146	−21.590	−16.508	−20.679
Free Cashflow	12.505	2.211	−3.163	−14.318	−17.693	−11.249
Finanzierungs-Cashflow	−7.754	7.637	−865	24.566	17.625	9.712
CF-Umsatzrentabilität	15,4	11,2	7,1	3,1	−0,5	4,3
CF-Eigenkapitalrentabilität	26,4	19,3	14,5	6,2		10,1
Entschuldungsdauer	8,2	12,6	17,8	40,5		26,7

auf niedrigerem Niveau. Die positive Entwicklung des operativen Cashflows hat für die anderen drei KPI im Zeitablauf stetig bessere Werte zur Folge.

Im Vergleich zu den Jahresabschlusswerten zeigen sich wesentliche Unterschiede vor allem auch in der Entwicklung der Free Cashflows und der Höhe der Investitionen im Zeitablauf. Während letztere für die Muttergesellschaft alleine stark schwankten, ergab sich für den Konzern ein eher stabil hohes Niveau. Da auch bei VW die HGB-Größe operativer Cashflow ganz wesentlich durch das Finanzergebnis geprägt wurde, also letztlich durch die stark ausgeprägte Holdingstruktur, kann analog zu Mercedes-Benz davon ausgegangen werden, dass eigentlich nur die Konzerndaten sinnvolle KPI liefern. Bestätigt wird dies dadurch, dass der Investitions-Cashflow für die Muttergesellschaft auf Basis des HGB-JA nur aufgrund einer Fülle von Annahmen geschätzt werden kann. Der Finanzierungs-Cashflow fehlt völlig.

10 Maßgrößen für die Periodenleistung: Einführung und normierte Größen

Für erwerbswirtschaftliche Unternehmen ist auf Dauer die Gewinnerzielung notwendige Voraussetzung für die Marktteilnahme und letztlich eine natürliche Zielgröße, auch wenn soziale und ökologische Ziele mitberücksichtigt werden. In der Betriebswirtschaftslehre ist aber die Größe Gewinn gerade nicht einheitlich definiert, sondern es gibt nahezu unübersehbar viele Definitionsansätze. In diesem und dem folgenden Kapitel werden einige davon abgehandelt, die auf Daten der externen Rechnungslegung beruhen oder damit verknüpft sind. Ausgeklammert bleiben deshalb z. B. kostenrechnerische Gewinne. Eine wichtige hier vorgenommene Trennung ist die in normierte Gewinngrößen und solche, die nicht durch HGB oder IFRS vorgegeben sind, sondern von Unternehmen oder Nutzern (subjektiv) definiert werden.

10.1 Einführung und Kapitelübersicht

Die Überschrift Kennzahlen zur **Ertragslage oder Performance** signalisiert, dass es um Gewinne geht, die bilanziell regelmäßig als Saldo von Ertrags- und Aufwandsgrößen ermittelt werden, obwohl im Weiteren ergänzend auch auf Cashflow- und andere Größen rekurriert wird. HGB und IFRS haben gemeinsam, dass es keine eigenständige Definition von Ertrag und Aufwand gibt, sondern diese Stromgrößen letztlich als positive oder negative Änderungen von Vermögens- und Schuldposten interpretiert werden. Die Erfolgsrechnung stellt deshalb ein Sammelkonto für diverse Eigenkapitaländerungen dar, die durch die Ansatz- und Bewertungsregeln der Bilanzposten geprägt werden, inklusive der diversen Wahlrechte, Ermessensspielräume und auch Inkonsistenzen. Auch aus diesem Grunde werden im Rahmen von Abschlussanalysen vielfach Bereinigungen vorgenommen, um zweckmäßige Kennzahlen berechnen zu können.

! Mit „Ertragslage" können in zeitlicher und funktionaler Hinsicht zwei Begriffsausprägungen gemeint sein:

1. Es kann restrospektiv darum gehen, den Erfolg des abgelaufenen Geschäftsjahres zu bestimmen. Diese Sichtweise prägt vor allem das HGB (und das Steuerbilanzrecht): der ausgewiesene Gewinn ist die Basis für Gewinnausschüttungen bzw. Entnahmerechte und aufgrund der Maßgeblichkeit auch (mittelbar) der Belastung mit Ertragsteuern. Weitergehend kann der Gewinn auf vertraglicher Basis Grundlage für Debt Covenants in Kreditverträgen, Gratifikationen usw. sein, allgemein: für Vertrags- oder Contractingzwecke genutzt werden. Diese Zwecke implizieren, dass die Rechnungslegung tendenziell gut nachprüfbare und vorsichtige Gewinnermittlungsregeln beinhaltet. Zwar haben auch Bilanzposten nach HGB vielfach einen Zukunftsbezug, wie Rückstellungen oder die Bemessung außerplanmäßiger Abschreibungen auf Finanzanlagen auf Basis von DCF-Kalkülen. Diese prägen die GuV aber nur in Grenzen und

https://doi.org/10.1515/9783110770551-010

wenn, dann imparitätisch.[1] Gleichwohl hat auch nach HGB die GuV (samt Anhang) eindeutig nur eine Informationsfunktion, soll sie doch das Zustandekommen des Ergebnisses zeigen, um weitergehende Einsichten zu ermöglichen.

2. Prospektiv kann mit Ertragslage auch gemeint sein, dass die Fähigkeit eines Unternehmens darzustellen ist, künftige Gewinne oder Cashflows zu erwirtschaften. Diese Ertragskraft zielt eindeutig auf künftige Größen ab, sie wird als Informations- oder Bewertungsfunktion der externen Rechnungslegung bezeichnet. Diese Funktion steht im Fokus der IFRS-Rechnungslegung. Im Rahmenkonzept (OB 17) gibt der IASB vor, dass es darum geht, dass der gesamte IFRS-Abschluss darauf ausgerichtet ist, die Höhe, zeitliche Verteilung und das Risiko künftiger Cashflows zu prognostizieren. Dabei wird unterstellt, dass gegenwärtige und vergangene Gewinne (als Saldo von Erträgen und Aufwendungen) eine geeignetere Prognosebasis liefern als gegenwärtige und vergangene Cashflows, eine diskussionsbedürftige Annahme. Können künftige Cashflows und deren Risiken prognostiziert werden, so liegen wesentliche Daten für eine Unternehmensbewertung mittels DCF-Methode vor. Alternativ kann vereinfacht mit Multiplikatoren für Erfolgsmaße gerechnet werden, z. B. das a-fache des Gewinns, das b-fache des Rohgewinns oder das c-fache des EBIT usw. Aufgrund der Zukunftsorientierung der Aufgabe leuchtet es ein, dass die geeigneten Rechnungslegungsregeln weniger Gewicht auf nachprüfbare und vorsichtig ermittelte Gewinngrößen legen als für die Vertragsfunktionen.

Pragmatisch ist allerdings festzuhalten, dass weder das HGB und schon gar nicht die IFRS einer reinen Lehre folgen und ein konsistente Basis für die Gewinnermittlung ohne Wahlrechte und ähnliches liefern. Es handelt sich um **gewachsene Rechnungslegungssysteme**, die Informationen liefern, die nicht immer geeignet sind für die o. a. Zwecke. Deshalb leuchtet es ein, dass die auf den Rechnungslegungsvorgaben beruhenden Gewinne (sog. **GAAP-Größen**) seitens der Unternehmen in Publikationen vielfach bereinigt oder ergänzt werden, um die Ertragslage zutreffender darstellen zu können (oder auch: um sie aufgrund bilanzpolitischer Ziele zu verfälschen). Hierzu gehört es z. B. dass Sondereinflüsse oder Einmaleffekte eliminiert werden oder auch sonstige Faktoren, z. B. bei den sog. Earnings-before-Größen oder bereinigten Gewinne. Solche **Non-GAAP-Maße** sind weit verbreitet und heiß diskutiert, beruhen sie doch auf Entscheidungen des Managements und können deshalb sinnvolle (private) Informationen offenlegen oder Verfälschungen sein **(Informations- versus Opportunismus-Hypothese)**. Auf der anderen Seite führen auch Analysten extern Korrekturen durch, um bilanzpolitische oder Sondereinflüsse zu eliminieren oder geeignete Kennzahlen für Unternehmensvergleiche ermitteln zu können.

Ein ganz wichtiger Grund für solche Bereinigungen liegt darin, dass aus den vergangenen Erfolgen auf künftige Erfolge (oder Cashflows) geschlossen werden soll. Dies ist schon deshalb ein sehr gewagtes Unterfangen, weil die ökonomischen und rechtlichen Randbedingungen der Unternehmen nicht stabil sind und das Management laufend durch eigene Zielanpassungen und Maßnahmen Veränderungen verursacht. Gleichwohl ist es üblich, durch Bereinigungen vergangener Größen möglichst eine geeignete Basis für Prognosen abzuleiten, also hochrechenbare, betriebstypische oder

---

1 Vgl. Coenenberg, Haller und Schultze (2021, 1179).

nachhaltige Kennzahlen (im angelsächsischen: **Core Earnings**).[2] Neben der Korrektur von Einmaleffekten oder bilanzpolitischen Einflüssen kann es dabei auch um Folgen der GoB gehen, z. B. das ausgeprägte Vorsichtsprinzip nach HGB (und teilweise auch IFRS) und dessen Folgen für die Erfolge heute und später aufgrund der Legung und Auflösung stiller Reserven.

! Eine ganz entscheidende Rolle für die Einschätzung der Ertragslage spielt naturgemäß die Gewinnkonzeption, die mehr oder weniger eng mit verschiedenen Bilanztheorien verknüpft ist.[3] In der Betriebswirtschaftslehre werden (zumindest) vier Kapitalerhaltungs- oder Gewinnkonzepte unterschieden:

1. Der Gewinn wird auf der Grundlage nominaler Größen ermittelt und damit wird gesichert, dass das Kongruenzprinzip gilt. Demnach ist die Summe der Erträge bzw. Aufwendungen über die Gesamtlebensdauer identisch mit der Summe von Einzahlungen bzw. Auszahlungen. Diese Eigenschaft schlägt sich z. B. im Anschaffungskostenprinzip nieder, die Abschreibungen decken sich letztlich mit den Anschaffungskosten. Auch zu hohe bzw. niedrige Rückstellungen werden im Jahre der Inanspruchnahme GuV-wirksam abgewickelt. Diese Eigenschaften disziplinieren das Management im Hinblick auf Bilanzpolitik, da die buchhalterischen Umkehreffekte mehr oder weniger zeitnah eintreten. Außerdem ist eine nominelle Abrechnung einfach und gut nachprüfbar. Auf der anderen Seite kann es zu Scheingewinnen (oder Scheinverlusten) kommen, weil Preissteigerungen für Vermögen nicht korrigiert werden. Das HGB und das Bilanzsteuerrecht beruhen auf dem Nominalprinzip.
2. Die Vermeidung von Scheingewinnen könnte erreicht werden, indem eine Inflationsbereinigung mit dem allgemeinen Kaufpreisindex vorgenommen wird. Als Gewinn wird nur ausgewiesen, was über die Inflationsrate hinaus erwirtschaftet wurde. Dieses Konzept hat weder im externen noch im internen Rechnungswesen große Bedeutung.
3. Das liegt vor allem auch daran, dass Unternehmen Produktionsfaktoren einsetzen (Rohstoffe, Maschinen, Arbeitskraft usw.), deren Preisentwicklung sich vielfach nicht mit der Teuerungsrate für Konsumgüter deckt. Um eine zielgericht (Real-)Kapitalerhaltung zu erreichen kann deshalb die Abrechnung auf Basis künftiger Wiederbeschaffungswerte erfolgen. Kalkulatorische Abschreibungen oder Rohstoffkosten sind typische Anwendungen. Allerdings ist ein solches Vorgehen wesentlich komplexer und mit subjektiven Preisprognosen behaftet. Zudem ist es eine sehr naive Form einer Realkapitalerhaltung, da Zinseffekte, technischer Fortschritt, veränderte Unternehmensziele etc. nicht berücksichtigt werden.
4. Die ambitionierteste Form der Kapitalerhaltung verwendet den sog. ökonomischen Gewinn, der nur vorliegt, wenn der Gesamtwert des Unternehmens in einer Periode gesteigert wurde. Explizit werden hier Eigenkapitalkosten berücksichtigt und eine Wertsteigerung nur angenommen, wenn mehr verdient wurde. Der Unternehmenswert kann als Marktwert (bei börsennotierten AG) oder DCF-Wert geschätzt werden. Diese Art der Wert- oder Gewinnermittlung ist jenseits der Rechnungslegung nach HGB oder IFRS, da diese auf einer substanzorientierten Einzelbewertung beruhen, ohne den originären Firmenwert anzusetzen.

Während die HGB-Bilanzierung dem **Nominalkonzept** entspricht, beruhen die IFRS auf einem **Mixed Model Approach**: Für viele Bilanzposten gilt das Anschaffungskostenprinzip, für andere kann oder muss ein Zeitwert angesetzt werden (aber kein künftiger

---

2 Vgl. Lachnit und Müller (2017, 167).
3 Vgl. Brösel (2017, 189 ff.); Küting und Weber (2015, 221 ff.).

Wiederbeschaffungswert!). Werden Vermögensposten mit dem beizulegenden Zeitwert (Fair Value) angesetzt, hat dies auch Bedeutung für die weiteren planmäßigen Abschreibungen und ggf. Veräußerungserfolge. Für das wahlweise zulässige Neubewertungsmodell nach IAS 16 (oder IAS 38) wird die Werterhöhung im OCI, also außerhalb der GuV gebucht (nach Korrektur latenter Steuern), während die folgenden planmäßigen Abschreibungen in der GuV auszuweisen sind und das Net Income (in etwa: den Jahresüberschuss) belasten. Damit werden wichtige Kennzahlen zur Ertragslage wie die Eigenkapitalrendite oder der Gewinn je Aktie (EPS) schlechter ausfallen.

Dies ist aber bei weitem nicht der einzige **Stilbruch der IFRS**: Neben Gewinnen nach dem Cost Model und auf Basis von beizulegenden Zeitwerten gibt es noch Gewinne nach der PoC-Methode bei Auftragsfertigung, Erfolgseinflüsse aus der Nichtabzinsung latenter Steuern oder aufgrund der Nettobilanzierung von Pensionsrückstellung. Damit stellt der IFRS-Gewinn letztendlich ein Resultat aus verschiedensten Konzepten dar, die für verschiedene Unternehmen mit sehr unterschiedlichen Gewichten bedeutsam sind. Damit ist ein Vergleich von Ertragskennzahlen mit anderen Unternehmen und selbst im Zeitablauf für ein Unternehmen wesentlich komplexer als nach HGB. Naturgemäß weist auch das relativ einfache HGB-Konzept Schwachstellen auf, insbesondere weil die Legung und Auflösung stiller Reserven Probleme verursacht, es sind aber andere Probleme.

Die weiteren Abschnitte behandeln folgende Aspekte: Zunächst geht es um Erfolgsmaße nach HGB (Kapitel 10.2), die weitgehend auf den Rechnungslegungsdaten basieren: Jahresüberschuss, Bilanzgewinn, bereinigte Gewinne nach DVFA, operative Cashflows (sog. GAAP-Größen). Danach werden Erfolgskennzahlen nach IFRS vorgestellt (Kapitel 10.3), wobei wichtig ist, dass es zwei GuV-Rechnungen gibt, sodass neben dem Net Income auch das OCI und das Gesamtergebnis relevant sind. Auch hier gibt es Anhaltspunkte für eine Bereinigung (um IFRS 5-Komponenten). Anschließend (Kapitel 11) geht es um weit verbreitete Non-GAAP-Kennzahlen, deren Notwendigkeit vorab zu klären ist. Hier spielen insbesondere die Kennzahlen aus der Earnings-before-Familie eine wichtige Rolle. Zudem werden Dividenden und die Market-to-Book-Ratio als Indikatoren für die Ertragslage vorgestellt. Kapitel 12 ist der sog. strukturellen Ertragsanalyse gewidmet: Untersucht werden sowohl die Erfolgsquellen (Betriebs-, Finanzergebnis etc.) als auch die Aufwandsstruktur, ergänzt um eine Wertschöpfungsrechnung und Aspekte der Segmentberichterstattung. Danach (Kapitel 13) werden konventionelle Renditemaße (inkl. des ROI) behandelt, sowie die insbesondere für Anlageentscheidungen sehr wichtigen Größen Earnings per Share (Gewinn je Aktie) und Price-Earnings-Ratio (Kurs-Gewinn-Verhältnis, KGV). Erst danach werden die ein- und mehrperiodischen wertorientierten KPI vorgestellt, die explizit Eigenkapitalkosten und Shareholder Value-Aspekte einbeziehen (Kapitel 14).

10.2 Normierte Stromgrößen nach HGB

Wichtig ist zunächst der **Jahresüberschuss bzw. Jahresfehlbetrag**, die letzte (und prominente) Größe der GuV, die den Gesamtsaldo der Erträge und Aufwendungen angibt, unabhängig davon, ob diese betriebsbezogen, nachhaltig, periodengerecht o. ä. sind. Obwohl dieser Saldo demnach durch Sondereinflüsse, Bilanzpolitik und die Gewinnermittlungsregeln verzerrt sein kann, ist er Basisgröße für die Ableitung der Steuerbilanz und die Erfolgsverteilung der Gesellschafter. Allein schon deshalb ist die Größe wichtig.

Bei AG hat der Vorstand die Pflicht, einen **Gewinnverwendungsvorschlag** zu machen (§ 170 Abs. 2 AktG) und der Aufsichtsrat hat dazu Stellung zu nehmen (§ 171 Abs. 1 AktG). Wichtig ist, dass die Erstellung oder Aufstellung des Abschlusses durch den Vorstand erfolgt und dieser im Regelfall mit der Billigung durch den Aufsichtsrat festgestellt ist (§ 171 AktG), also Bestandskraft erlangt. Damit ist die zu verteilende Gesamtgröße fixiert, es kann nur noch über deren Verwendung entschieden werden. Wer dies in welchem Umfange tun darf, ist detailliert in § 58 AktG geregelt. Diese Kompetenzregelungen führen in der Praxis nahezu immer dazu, dass der Jahresabschluss zwingend (!) unter Berücksichtigung der teilweisen Gewinnverwendung nach § 268 Abs. 2 HGB aufzustellen ist. Dann ist die Größe Jahresüberschuss bzw. Jahresfehlbetrag auf die Größen **Bilanzgewinn bzw. Bilanzverlust** überzuleiten. Hierbei sind Ergebnisvorträge und Rücklagenzuführungen oder –entnahmen zu berücksichtigen. Geht es um einen Bilanzgewinn (als Regelfall), so entscheidet die Hauptversammlung letztlich über dessen Verwendung. Aufgrund des Gewinnverwendungsvorschlags des Vorstandes wird dieser standardmäßig im Folgejahr als Dividende ausgezahlt. Deshalb hat der Bilanzgewinn in der Regel keinen über die Dividende hinausgehenden Informationsgehalt.

Aufgrund der Heterogenität und Beeinflussbarkeit der Saldogröße leuchtet es ein, dass es eine Fülle von Vorschlägen gibt, wie diese durch diverse Bereinigungsschritte in eine nachhaltige, betriebstypische usw. Ergebnisgröße übergeleitet werden kann.[4] Dabei unterscheiden sich die Vorgaben hierzu aufgrund teilweise verschiedener Analyseziele, aber auch, weil die erforderlichen Anhangangaben (insbesondere in quantitativer Form) nicht immer vorliegen. Mithin sind die Korrekturen durchaus subjektiv und teilweise unvollständig. Bis zum BilRUG (2015) war es immerhin möglich, der GuV ein sog. **außerordentliches Ergebnis** direkt zu entnehmen. Seit dieser Zeit ist eine Bereinigungsrechnung nur noch über Anhanginformationen möglich. Ob damit ein Informationsverlust einhergeht sei dahingestellt, da das außerordentliche Ergebnis nach HGB regelmäßig Null betragen hatte. In Kapitel 12.1 werden einige Bereinigungsmöglichkeiten ausführlicher vorgestellt.

---

4 Vgl. Coenenberg, Haller und Schultze (2021, 1198 ff.); Lachnit und Müller (2017, 171 ff.) mit sehr ausführlichen Vorschlägen.

Eine Art Normierung stellt das **Ergebnis nach DVFA/SG** dar. Die Deutsche Vereinigung für Finanzanalyse und Asset Management (DVFA) ist eine sehr mitgliederstarke Organisation von Finanzanalysten, die sich der Aufgabe verschrieben hat, eine vergleichbare und transparente Kapitalmarktkommunikation zu fördern. Zu diesem Zwecke wurden standardisierte Gewinn- und Cashflowgrößen definiert. Dabei stellt der DVFA-Gewinn auf die Größe Gewinn je Aktie auf der Grundlage des Konzernabschlusses ab. Dieser ist von kapitalmarktorientierten Unternehmen nach den IFRS zu erstellen. Dies und die teilweise sehr allgemein gehaltenen Formulierengen (Eliminierung von „Sondereinflüssen", außerordentlichen, einmaligen oder dispositionsbedingten Komponenten) führten letztlich dazu, dass aktuell der Gewinn nach DVFA in Deutschland eine eher nachrangige Bedeutung hat. Das Ziel einer flächendeckend vergleichbaren Gewinngröße konnte nicht erreicht werden. Beachtenswert ist zudem, dass es sich streng genommen auch um keine normierte Größe handeln kann, sondern es liegt eine (unverbindliche) Empfehlung einer Privatorganisation vor.[5]

In der Analysepraxis wird vielfach auch ein operativer Cashflow als Ertragsindikator genutzt. Als Begründung kann man anführen, dass Gewinne durch bewertungs- und ermessensbehaftete Entscheidungen beeinflusst oder verzerrt sein können, z. B. durch Abschreibungen, Rückstellungen, Änderungen des Working Capital usw. Diese sind demnach anfällig für Bilanzpolitik, aber auch inhärente Fehleinschätzungen.

Wird der Gewinn deshalb um Abschreibungen bzw. Zuschreibungen und Rückstellungsänderungen korrigiert, erreicht man eine insoweit robuste Kennzahl, die die Ertragskraft spiegeln kann. Diese Argumentation ist aber beachtlichen Einwänden ausgesetzt:[6]

- So kann man in den o. a. Abgrenzungsbuchungen gerade die Stärke der Rechnungslegung sehen, die Periodisierungen der Zahlungen (sog. Accruals) sorgen für eine periodengerechte Gewinnermittlung. So führen die Abgrenzungen von Forderungen und Verbindlichkeiten aus LuL dazu, dass die Umsätze und Materialaufwendungen in der „richtigen" Periode gewinnwirksam werden, unabhängig von den Zahlungszeitpunkten (§ 252 Abs. 1 Nr. 5 HGB). Auch die Erfassung der Garantierisiken mittels Rückstellungen „passen" zu den Umsätzen des abgelaufenen Geschäftsjahres (Grundsatz der sachlichen Abgrenzung, Matching Principle).
- Cashflows sind oftmals zufallsabhängig und volatiler als Erträge bzw. Aufwendungen, sodass sie als Indikator für die nachhaltige Ertragskraft eher ungeeignet sind. Tatsächlich gibt es eine Fülle von empirischen Arbeiten, die zumindest überwiegend bestätigen, dass Gewinne persistenter sind als Cashflows.
- Die angesprochene und kritisch beäugte Bilanzpolitik kann (theoretisch) auch dazu genutzt werden, das überlegene Managementwissen in die Gewinnermittlung einfließen zu lassen.
- Der Cashflow ist systematisch als Kennzahl zur Finanzlage konzipiert. Werden sämtliche Abschreibungen und Rückstellungsänderungen bei der Ableitung aus dem Gewinn korrigiert, werden nicht nur bilanzpolitisch verzerrte (diskretionäre) Größen einbezogen, sondern eben auch echte Wertminderungen und Rückstellungsrisiken in unbekannter Höhe. Insofern stellt der Cashflow dann nicht den „richtigen" Gewinn dar, sondern bestenfalls eine Ersatzkennzahl, die die Entwicklung der Ertragskraft signalisieren kann.[7]

---

5 Vgl. Brösel (2017, 195 ff.); Coenenberg, Haller und Schultze (2021, 1194 ff.).

6 Vgl. Kühnberger und Thurmann (2015, 30).

7 Vgl. Coenenberg, Haller und Schultze (2021, 1190).

Auch für den Cashflow hat die DVFA/SG einen Standardisierungsvorschlag entwickelt, wiederum auf Basis des Konzernabschlusses:[8]

> Konzern-JÜ bzw. -JF vor außerordentlichen Posten
>
> ± Abschreibungen bzw. Zuschreibungen auf Anlagevermögen
>
> ± Änderungen der langfristigen Rückstellungen
>
> ± Sonstige zahlungsunwirksame Aufwendungen bzw. Erträge
>
> ± Außergewöhnliche zahlungswirksame Aufwendungen bzw. Erträge
>
> = Cashflow nach DVFA/SG

Erneut ist zu beachten, dass für den Konzernabschluss die IFRS gelten und deshalb zwingend eine Kapitalflussrechnung nach IAS 7 vorliegt. Für die Einzelabschlüsse nach HGB sind KFR hingegen nicht zwingend vorgesehen und die drei Unternehmen veröffentlichen auch keine auf freiwilliger Basis. Deshalb muss ein operativer Cashflow extern aus GuV- und Bilanzdaten rekonstruiert werden. Dabei weist der DVFA-Vorschlag aber Schwächen auf, sodass wir eine andere Vorgehensweise präferieren. So gibt es nach HGB kein außerordentliches Ergebnis mehr, sodass der JÜ bzw. JF den Ausgangspunkt darstellt. Bei den Wertänderungen des Vermögens fällt auf, dass lediglich Posten des Anlagevermögens einbezogen werden. Hierfür gibt es kein theoretisch starkes Argument, da auch Abschreibungen auf das Umlaufvermögen nicht zahlungswirksam waren und auch nicht per se als transitorisch eingestuft werden können. Aus praktischen Gründen muss aber beachtet werden, dass die Abschreibungen auf Umlaufvermögen in verschiedenen GuV-Posten stecken können und die Höhe vielfach nicht erkennbar ist. Deshalb erfolgt hier keine Korrektur. Auch bei den Rückstellungen ist unklar, warum eine Begrenzung auf langfristige Posten erfolgt, da gerade viele Rückstellungen kurzfristiger Art wie Garantie-, Urlaubs-, Prüfungsrückstellungen revolvierend anfallen und damit betriebstypisch und nachhaltig sein können.

! **Die weitergehenden beiden Korrekturschritte sind insofern problematisch, als sie detaillierte Anhangangaben voraussetzen, die nicht bei allen Unternehmen gleichermaßen vorliegen, sodass eine vergleichbare Kennzahl zur Ertragskraft nicht erreicht wird. Deshalb soll nur eine vereinfachte Variante eines Ertrags-Cashflows ermittelt werden:**

> JÜ bzw. JF
>
> ± Abschreibungen bzw. Zuschreibungen AV
>
> ± Änderung sämtlicher Rückstellungen
>
> = Cashflow (vereinfacht)

---

8 Vgl. Brösel (2017, 163); Coenenberg, Haller und Schultze (2021, 1165).

Tab. 10.1: Erfogsmaße für BMW nach JA HGB.

(In Mio. €)	2021	2020	2019	2018	2017	2016
JÜ bzw. JF	4.910	1.702	2.107	2.801	3.197	3.227
Bilanzgewinn	3.827	1.253	1.646	2.303	2.630	2.300
(In % des JÜ)	(78)	(74)	(78)	(82)	(82)	(71)
Cashflow	7.851	5.681	5.631	4.701	6.456	5.510

Tabelle 10.1 zeigt die Entwicklung der Größen Jahresüberschuss, Bilanzgewinn und (vereinfachter) Cashflow für BMW. Während die JÜ von 2016 bis 2020 jährlich rückläufig waren und erst im Jahr 2021 stark anstiegen, blieb der Bilanzgewinn als Prozentsatz des JÜ über alle Jahre recht stabil. Entsprechend verlief er im Zeitablauf ähnlich wie der JÜ. Die vereinfacht ermittelten Cashflows schwanken hingegen deutlich weniger stark als die Gewinngrößen. Daraus die Aussage abzuleiten, dass deshalb ein aussagefähiger Indikator für die nachhaltige Ertragskraft vorliegt, halten wir für unbegründet. Dies würde voraussetzen, dass der „richtige" Gewinn und seine Entwicklung bekannt sind. Dass ein weniger volatiler Erfolg die reale Entwicklung besser spiegelt ist somit nicht begründbar. Beachtlich ist zudem, dass die Erfolgsgrößen für das Unternehmen insgesamt gelten, also auch Verschiebungen zwischen einzelnen Erfolgskomponenten (z. B. Betriebs- und Finanzergebnis) nicht deutlich werden, genauso wenig wie bilanzpolitische Einflüsse und Sondereffekte.

Tabelle 10.2 zeigt die Erfolgsmaße nach HGB für Mercedes-Benz. Die JÜ betrugen vor der Ausgliederung 5–6 Mrd. € bei schwankendem Verlauf, während die Cashflows stetig und kräftig zunahmen. Das Jahr 2019 ist durch die Sondereinflüsse der Ausgliederung stark beeinflusst und passt nicht in eine Entwicklungsreihe. Danach stiegen die JÜ sehr schnell und stark, genauso wie die Cashflows. Hier ist aber zu beachten, dass dies fast komplett durch die Erträge und Zahlungen aus dem Finanzbereich, insbesondere den Beteiligungserträgen aus verbundenen Unternehmen gespeist wurde. Diese setzen voraus, dass die zugehörigen Beteiligungsunternehmen entsprechende Gewinne erzielten und Ausschüttungsbeschlüsse getroffen wurden, es sei denn, es gibt Beherrschungs- oder Gewinnabführungsverträge. Gibt es keine solchen Unternehmensverträge, hat die Konzernmutter es jedes Jahr und für jedes Unternehmen in der Hand, die Ausschüttung festzulegen. Von einem Verzicht auf Dividenden bis zur Auflösung sämtlicher frei ver-

Tab. 10.2: Erfogsmaße für Mercedes-Benz nach JA HGB.

(In Mio. €)	2021	2020	2019	2018	2017	2016
JÜ bzw. JF	9.538	2.133	−1.678	5.022	4.982	5.868
Bilanzgewinn	5.349	1.444	963	3.477	3.905	3.477
(In % des JÜ)	(56)	(68)		(69)	(78)	(59)
Cashflow	9.761	2.364	−16.413	10.500	9.990	6.791

fügbarer Eigenkapitalpositionen (insbesondere Gewinnrücklagen) kann das Ergebnis deshalb sehr stark gesteuert werden.

Tabelle 10.3 gibt analog die HGB-Erfolgsgrößen für VW wieder. Hier zeigt der JÜ von 2016 bis 2020 ein stetiges, aber moderates Wachstum und erst im Jahr 2021 gab es ein rückläufiges Ergebnis. Die Dividende betrug von 2016 bis 2018 rund 50 % des JÜ und stieg danach auf ca. 65 %. Im Jahr 2021 gab es einen drastischen Sprung: Rund 13,5 Mrd € wurden den Gewinnrücklagen entnommen und ausgeschüttet. Die vereinfachten Cashflows entwickelten sich nicht parallel mit den JÜ und waren im Zeitablauf wesentlich volatiler. Wie für Mercedes-Benz gilt, dass der sehr große Einfluss des Finanzergebnisses die Gesamtentwicklung wesentlich prägt.

Tab. 10.3: Erfogsmaße für VW nach JA HGB.

(In Mio. €)	2021	2020	2019	2018	2017	2016
JÜ bzw. JF	4.041	6.338	4.958	4.620	4.353	2.799
Bilanzgewinn	19.101	4.028	3.273	2.419	2.181	1.402
(In % des JÜ)	(473)	(64)	(66)	(52)	(50)	(50)
Cashflow	8.343	8.849	10.213	6.829	−1.805	5.923

10.3 Normierte Stromgrößen nach den IFRS

Eine **Befragungsstudie mit professionellen Nutzern von Abschlüssen** in den USA (Investoren und Finanzanalysten) ergab, dass diese weniger an den (Markt)Werten von Bilanzposten interessiert waren, als an Stromgrößen wie Gewinnen und Cashflows, um die Performance der Unternehmen beurteilen zu können.[9] Ein Grund besteht darin, dass die Bilanzposten Verbundeffekte nicht abbilden können. Diese gehen aber in die GuV ein. Kritisch anzumerken ist aber, dass Investitionen in den originären Firmenwert weder aktiviert noch abgeschrieben werden, sodass insoweit die Erfolgsmessung gleichwohl unvollständig bleibt. Der Befund ist wenig überraschend, da die Bewertung von Unternehmen praktisch immer als Barwert künftiger Cashflows vorgenommen wird. Vergangene und aktuelle **Gewinne und Cashflows sind dann naheliegenderweise bessere Indikatoren für künftige Stromgrößen als einzelne Bilanzposten.** Wie sich aus den Rahmenkonzepten von IASB und FASB ergibt, sehen auch die Standardsetter dies so.

Allerdings schlagen sich viele Änderungen von Bilanzposten als Aufwand bzw. Ertrag in der Gewinnermittlung nieder (nicht: Aktivtausch etc.), sodass diese natürlich von Ansatz- und Bewertungsentscheidungen abhängt. Geht man davon aus, dass einige Änderungen von Bilanzposten, insbesondere Fair Value-Schwankungen oder ein-

---

9 Vgl. Georgiou (2018, 1297).

malige Schocks, den Gewinn beeinflussen können, besteht das Risiko, dass die GuV-Resultate wenig geeignete Performancemaße sein können. Nach dem **Clean-Surplus-Concept** müsste dies hingenommen werden, da alle Erträge und Aufwendungen in die GuV zu übernehmen sind. Dies hat den Vorteil, dass das Kongruenzprinzip uneingeschränkt gilt, was letztlich auch die Anfälligkeit für Bilanzpolitik mildert. Nach dem alternativen **Dirty-Surplus-Concept** werden in der GuV hingegen nur die betriebstypischen, nachhaltigen Erträge und Aufwendungen erfasst und die übrigen im OCI (Other Comprehensive Income, sonstiges Ergebnis). Dieses **OCI** würde dann volatile, transitorische betriebsfremde Erträge und Aufwendungen umfassen, die eine Performancemessung stören. Sowohl die US-GAAP als auch die IFRS folgen diesem Konzept. Dieses wird ergänzt, da einige Bestandteile des OCI zu einem späteren Zeitpunkt (bei Realisation) in die GuV zu übernehmen sind **(Recycling/Reklassifikation)**, andere werden direkt in Gewinnrücklagen umgebucht. Demnach sollen zwei Vorgaben die GuV-Qualität für Abschlussnutzer verbessern: Erstens die Zuordnung von Erträgen bzw. Aufwendungen zum **Net Income** (GuV) oder zum OCI und zweitens die Vorgaben, welche OCI-Bestandteile reklassifiziert werden und welche nicht.

Obwohl der IASB davon ausgeht, dass die drei Bestandteile **NI, OCI und Comprehensive Income (CI = NI + OCI)** den Informationsgehalt der Erfolgsrechnung(en) erhöhen, so gibt es auch gravierende Bedenken. So gibt es im Rahmenkonzept keinerlei systematischen Hinweise, wie die beiden Entscheidungen zu treffen sind, sondern dies wird auf der Ebene der Einzelstandards festgelegt. Eindeutig und dem IASB auch sehr wohl bewusst ist, dass der derzeitige Stand unbefriedigend ist, da es kein klares Trennungskriterium gibt. So sind zwar alle OCI-Komponenten (Ausnahme: Pensionsrückstellungänderungen) nicht realisierte Erfolge, aber solche gibt es auch in der GuV. Auch Merkmale wie Betriebsbezug, Regelmäßigkeit oder Volatilität helfen nicht. So sind OCI-Bestandteile wie Währungserfolge, versicherungstechnische Erfolge aus Pensionsrückstellungen, Cashflow-Hedges usw. natürlich mit dem Kerngeschäft verknüpft und werden auch wiederkehrend auftreten. Man kann auch nicht unterstellen, dass diese mehr oder weniger durch das Management beeinflussbar sind als GuV-Größen. Insbesondere wird dies bei Finanzinstrumenten und Immobilien deutlich, bei denen Fair Value-Schwankungen teilweise in die GuV eingehen, teilweise in das OCI, manche werden reklassifiziert, andere nicht.

Alles in allem muss man festhalten, dass die Annahme, dass das realisierte Konzept des IASB die optimistische Annahme des gesteigerten Informationsgehaltes mangels Systematik nicht unterstützt.[10] Man kann sogar davon ausgehen, dass die Systematik den Spielraum für Bilanzpolitik deutlich erweitert hat. Dies betrifft z. B. die Klassifikation von Finanzinstrumenten oder Immobilien (IAS 16 oder 40; nur in Grenzen), die

---

10 Vgl. ausführlich Kühnberger (2017, 317 ff.) zur Entwicklungsgeschichte; Küting und Weber (2015, 222 f.); Pellens, Fülbier u. a. (2021, 190 ff.).

Realisation von Sachverhalten, um eine Reklassifikation vornehmen zu können, die Umbuchung der Neubewertungsrücklage nach IAS 16 ratierlich oder uno actu, etc.

Gibt es **konzeptionelle Bedenken**, so könnte es gleichwohl sein, dass „**intelligente**" **Nutzer** von Abschlüssen mit der Komplexität gut umgehen und die Daten sinnvoll interpretieren können. Es gibt hierzu eine große Menge an empirischen Studien, die sich mit der Frage befasst haben, ob z. B. die einzelnen Bestandteile des OCI Wertrelevanz haben oder die Prognoseeignung bzw. Persistenz der Erfolgsrechnung verbessert haben. Hierbei zeigt sich ein durchaus gemischtes Bild mit sowohl positiven als auch negativen Befunden.[11] Vor dem Hintergrund, dass das OCI sehr beachtliche Größenordnungen erreichen kann und es auch im Durchschnitt wesentlich volatiler ist als das Net Income ist, bleibt das Konzept stark angreifbar. In einer sehr umfassenden Erhebung für europäische Unternehmen machte das OCI ca. ein Drittel des Gesamtergebnisses aus.[12] Beachtenswert ist dabei aber, dass die Volatilität, insbesondere aufgrund von Fair Value-Schwankungen, selbst teilweise positiven Informationsgehalt hatte.[13]

Auch die aktuellere und nur auf europäische Unternehmen zugeschnittene Studie von Günther macht deutlich, dass das **Gesamtergebnis mehr Wertrelevanz** als das Net Income hatte, wobei Einzelkomponenten des OCI sehr unterschiedliche Bedeutung hatten. Er konnte zudem zeigen, dass OCI-Größen auch die Preisprognosen von Analysten prägten.[14]

Bleibt die praktische Frage, welche Folgen sich für eine Abschlussanalyse ergeben können. Hierzu wurde kürzlich ein detaillierter Vorschlag entwickelt. Ausgehend von der Deutung, dass das OCI letzlich eine Art Zwischenspeicher für Erfolge darstellt für Sachverhalte, die letzlich reklassifiziert werden, wurde dafür plädiert, dass diese Bestandteile bereits bei der Entstehung als Element der Ertragskraft behandelt werden, sie sind prognosegeeignet.[15] Umgekehrt hätten OCI-Bestandteile, die letzlich in Gewinnrücklagen umgebucht werden, keine Eignung als Bestandteil des Erfolgspotenzials.

Dem wird hier nicht gefolgt, da u. E. die unsystematischen, fallweisen Festlegungen auf der Ebene der Einzelstandards kein gutes Fundament bieten. Diese Bedenken werden durch eine Fülle empirischer Studien bestärkt, die für verschieden OCI-Bestandteile Persistenz oder Wertrelevanz bestätigen oder widerlegen konnten. Die Unterscheidungen der Sachverhalte erfolgte aber regelmäßig nicht entlang der Trennungslinie reklassifizierbar oder nicht.[16] Zudem trägt diese Unterscheidung keinem der üblichen Trennungskriterien für die Qualität von Ergebnisgrößen Rechnung, als da wären: Regel-

---

11 Vgl. Günther (2015); Kühnberger (2017, 319 ff.); Rees und Shane (2012, 789) jeweils mit detaillierten Literaturreviews.
12 Vgl. Goncharov und Hodgson (2011, 27).
13 Vgl. Krishnan und Zhang (2019, 1); Yao u. a. (2018, 47).
14 Vgl. Günther (2015).
15 Vgl. Coenenberg, Haller und Schultze (2021, 1187 ff.).
16 Vgl. Black (2013); Günther (2015).

mäßigkeit, Zahlungswirksamkeit, Beeinflussbarkeit durch das Management, Betriebs-bezogenheit usw.

Unter dem Sammelbegriff **Formateffekte** wurde vielfach untersucht, ob die Art der Präsentation von Informationen Einfluss auf die Entscheidungen von Adressaten hat. Unterstellt man, dass der **Kapitalmarkt informationseffizient** in einem halbstrengen Sinne ist, eine übliche und nicht unplausible Annahme, so sollte eine Adressatenbeeinflussung nicht möglich sein. Gerade auch zur Präsentation von diversen Eigenkapitaländerungen gibt es hierzu einige Möglichkeiten, die auch empirisch untersucht wurden. So kann es eine Abbildung im Eigenkapitalspiegel geben (nur früher unter US-GAAP), eine Darstellung als eine einzige Gesamtergebnisrechnung oder zwei getrennt Erfolgsrechnungen.

Für die Frage, ob eine ein- oder zweistufige Erfolgsrechnung zweckmäßiger sei, wurde teilweise angeführt, dass sog. Bottom-Line-Numbers besondere Aufmerksamkeit genießen. Bei einer einstufigen GuV stellt das Net Income lediglich eine Zwischensumme dar, deren Bedeutung demnach unterschätzt werden könnte. Obwohl es durchaus auch empirische Evidenz für Formateffekte gibt, wird dies hier nicht weiter verfolgt. Die Bedeutung des Net Income wird schon dadurch unvermeidbar und prominent klargestellt, weil die Pflichtangabe zu den **Gewinnen je Aktie (Earnings per Share nach IAS 33)** nur auf diese Größe abstellt. Eher besteht u. E. die Gefahr, dass das OCI nicht als Element der Ertragslage identifiziert wird, sondern als eine Art Rücklage. Ansonsten wird hier unterstellt, dass Formateffekte eher bei naiven Adressaten auftreten und Fehldeutungen von Informationen eher der Komplexität und Unsystematik der IFRS geschuldet sind.

Im Weiteren werden die wichtigsten normierten Erfolgsgrößen nur summarisch und ohne Korrekturrechnung angegeben. Die einzige Besonderheit betrifft Erfolge und Cashflows nach **IFRS 5**. Hierbei handelt es sich um Bestandteile aus zur Veräußerung gehaltenen langfristigen Vermögenswerten oder aufgegebenen Geschäftsbereichen. Nur unter sehr restriktiven Voraussetzungen (alsbaldiger Verkauf sehr wahrscheinlich) dürfen und müssen in Bilanz, GuV und KFR solche Posten gesondert angegeben werden. Sie sind ex definitione keine wiederkehrenden Größen und deshalb gerade nicht prognosegeeignet, eher einmalige Sondereinflüsse. Nach HGB wären dies nach altem Recht teilweise außerordentliche oder nach neuem Recht außergewöhnliche Erfolge.

Demnach wären anzugeben: Net Income, Net Income ohne IFRS 5-Erfolge, OCI, CI (Gesamtergebnis) und der OCF mit und ohne IFRS 5-Bestandteile (aus der KFR). Da es aber nur einmal bei allen drei Konzernen in einem einzigen Jahr IFRS 5-Bestandteile mit wesentlichen Beträgen gab (Mercedes-Benz 2021: Gewinn von 12.364 Mio.€) entfällt die Differenzierung hier. Für den operativen Cashflow ist zu beachten, dass er inhaltlich anders als die sehr vereinfachte HGB-Variante bestimmt ist, da er aus der Kapitalflussrechnung entnommen wird und damit (hoffentlich) sämtliche Ein- und Auszahlungen korrekt abbildet. Diese Größe ist ohne Zweifel ein guter Indikator für die Finanzkraft. Ob er zugleich ein Indikator für die Ertragsentwicklung ist, sei dahingestellt. Ergänzend wird aber die **Relation des Bilanzgewinns nach HGB zum Net Income** dargestellt. Der

Grund besteht darin, dass aufgrund einer Befragungsstudie die Ansicht geäußert wurde, dass der Konzernerfolg nach IFRS die Basis für die Höhe der Dividende bilden würde
und nicht der HGB-Jahresabschluss der Obergesellschaft.[17]

Tabelle 10.4 zeigt die Daten für BMW auf Basis der IFRS-KA. Für das Net Income
zeigt sich seit dem Jahr 2017 eine deutlich abnehmende Tendenz, aber im Jahr 2021 ein
kräftiger Anstieg auf 12,4 Mrd. €. Bis auf das Jahr 2021 ist das OCI eher nachrangig, wech-
selt aber teilweise das Vorzeichen. Letztlich ist das CI deshalb volatiler als das NI. Man
kann daher davon ausgehen, dass das OCI nicht bilanzpolitisch instrumentalisiert wurde, um eine Erfolgsglättung beim NI zu erreichen oder Verlustquellen an der GuV vorbei
zu führen. Der OCF ist insgesamt starken Schwankungen ausgesetzt, die aber nicht mit
den Erfolgsgrößen und deren Entwicklungen korrelieren. Die Relation Bilanzgewinn
(als Maß der geplanten Dividende) bewegt sich bei BMW tatsächlich in einem engen
Korridor knapp über 30 %, sodass die angesprochene Orientierung am IFRS-Abschluss
plausibel ist.

Tab. 10.4: Normierte Erfolgsgrößen für BMW nach KA IFRS.

(In Mio. € bzw. in %)	2021	2020	2019	2018	2017	2016
NI	12.463	3.857	5.022	7.064	8.706	6.910
OCI	2.401	−616	−694	−604	630	−189
CI	14.864	3.241	4.328	6.460	9.336	6.721
OCF	15.903	13.251	3.662	5.051	5.909	3.173
Bilanzgewinn/NI	30,7	32,4	32,8	32,6	30,2	33,3

Tabelle 10.5 zeigt die entsprechenden Daten für Mercedes-Benz. Hier schwankte das NI
im Zeitablauf erheblich und war von 2017 bis 2020 deutlich rückläufig, stieg im Jahr 2021
aber sehr stark an. Das OCI wies bis auf das Jahr 2021 negative Beträge auf, die tendenziell immer größer wurden. Einzig im Jahr 2021 gab es einen sehr großen positiven
Betrag. Demnach könnte zumindest in den Jahren bis 2020 eine gezielt Verlusterfassung
im OCI vorgelegen haben (insbesondere bei Finanzinstrumenten). Der OCF entwickelt
sich im Zeitablauf nicht parallel zu den Erfolgsgrößen. Seit dem Jahr 2017 ist ein stetiger
positiver Trend erkennbar. Wiederum gilt, dass eine allgemeine Aussage, der Cashflow
spiegele die Erfolgsentwicklung zutreffender als die Gewinngrößen, nicht möglich ist.
Die Relation Bilanzgewinn zu NI streut weiter als bei BMW. Für das Jahr 2021 zeigt sich jedoch ein Ausreißer: Die extreme Gewinnsteigerung führte nicht zu einer vergleichbaren
Zunahme des Bilanzgewinnes. Eine solche wäre aufgrund des hohen Jahresüberschusses nach HGB allerdings problemlos möglich ohne die aktienrechtlichen Vorgaben des
§ 58 AktG zu verletzen.

---

17 Vgl. Pellens und Schmidt (2014, 44).

Tab. 10.5: Normierte Erfolgsgrößen für Mercedes-Benz nach KA IFRS.

(In Mio. € bzw. in %)	2021	2020	2019	2018	2017	2016
NI	23.396	4.009	2.707	7.582	10.864	8.784
OCI	5.775	−3.353	−2.158	−2.516	−1.010	−490
CI	29.171	656	551	5.066	9.854	8.294
OCF	24.549	22.332	7.888	343	−1.652	3.711
Bilanzgewinn/NI	22,9	36,0	35,5	45,9	35,9	39,6

Tab. 10.6: Normierte Erfolgsgrößen für VW nach KA IFRS.

(In Mio. € bzw. in %)	2021	2020	2019	2018	2017	2016
NI	15.428	8.824	14.029	12.153	11.638	5.379
OCI	6.529	−3.575	−6.947	−2.701	2.305	−449
CI	21.958	5.249	7.055	9.452	13.943	4.930
OCF	38.633	24.901	17.983	7.272	−1.185	9.430
Bilanzgewinn/NI	123,8	45,6	23,3	19,9	18,7	26,1

Tabelle 10.6 zeigt abschließend die Werte für VW. Das NI weist bis auf das Jahr 2020 ein kontinuierliches Wachstum auf, wobei der größte Sprung schon im Jahr 2017 gelang. Das OCI erreicht bei VW insgesamt sehr viel höhere Absolutbeträge als bei den Wettbewerbern, wobei es mehrfach positive und negative Beträge gab. Letztlich war die Volatilität sehr viel höher als beim NI, was sich entsprechend auf das Gesamtergebnis auswirkte. Kompensatorische Effekte zur Glättung der schwankenden Größe NI sind aber eindeutig nicht erreicht worden. Hier zeigt sich deshalb sehr deutlich, dass eine klare Antwort auf die Frage, welches Ergebnis unter IFRS denn nun das „zutreffende" sei, sehr wichtig ist. Insbesondere Schlüsse auf eine nachhaltige Entwicklung oder Zufallsschwankungen sind so nicht möglich. Der OCF hat sich seit dem Jahr 2017 stetig und deutlich verbessert. Mit der Entwicklung der Gewinngrößen hat er nichts zu tun. Die Relation Bilanzgewinn zu NI weist seit dem Jahr 2017 eine deutlich steigende Quote auf, wobei das Jahr 2021 mit der extrem hohen Dividende einen Ausreißer darstellt. In Relation zum HGB-Jahresüberschuss hatten sich sehr viel stabilere Relationen ergeben, was nahelegt, dass die Dividende sich eher am HGB-Abschluss ausrichtet.

Zum Abschluss dieses Kapitels sollen die Größen **Jahresüberschuss und Net Income der Unternehmen im Zeitablauf gegenübergestellt** werden. Damit wird letztlich die jeweils prominenteste Gewinngröße (Bottom Line Number) der beiden Rechnungslegungsinstrumente nebeneinandergestellt. Tabelle 10.7 zeigt die Gewinne nach HGB und IFRS.

Sehr deutlich wird, dass die Konzerngewinne auch ohne das OCI durchgängig höher ausfallen als die HGB-Gewinne und das vielfach sehr deutlich. Dies macht deutlich, dass die Annahme, dass die Konzerngewinne letztlich alle bei den Aktionären der Kon-

Tab. 10.7: Gewinne nach JA HGB und KA IFRS.

(In Mio. €)	2021	2020	2019	2018	2017	2016
BMW JÜ	4.910	1.702	2.107	2.801	3.197	3.227
BMW NI	12.463	3.857	5.022	7.064	8.706	6.910
Mercedes-Benz JÜ	9.538	2.133	−1.678	5.022	4.982	5.868
Mercedes-Benz NI	23.396	4.009	2.707	7.582	10.864	8.784
VW JÜ	4.041	6.338	4.958	4.620	4.353	2.799
VW NI	15.428	8.824	14.029	12.153	11.638	5.379

zernmutter landen, so nicht zutrifft. Das NI der Konzerne ist deshalb auch keine Basis für Dividendenansprüche. Das weite Auseinanderfallen hat mehrere Gründe.

Zunächst einmal könnte man annehmen, dass die Größen zumindest im Zeitablauf „passen", da sowohl für die HGB-Rechnungslegung als auch (wenn auch mit Einschränkungen) für die IFRS-Abschlüsse das Kongruenzprinzip gilt. Werden letztlich Cashflows (unterschiedlich) periodisiert, müsste zumindest bei einem längeren Zeitraum aggregiert in etwa eine gleiche Summe resultieren. Dies trifft hier offenbar nicht zu.

Ein Grund besteht gleichwohl in der unterschiedlichen Periodisierung der Cashflows nach HGB und IFRS. Bedeutsamer ist aber die Tatsache, dass der KA die Erfolge der Konzerntöchter und der Assoziierten unternehmen (soweit At Equity bewertet) enthält und der JÜ nur den Erfolg der Muttergesellschaft. Nur, wenn sämtliche Gewinne der Tochterunternehmen und Assoziierten Unternehmen ausgeschüttet werden, könnten die Gewinne übereinstimmen.

Dies gilt aber wiederum nur, wenn die Gewinne nicht durch Konsolidierungsmaßnahmen auseinanderfallen. Sowohl die Kapital- als auch die Schulden- und Zwischenerfolgskonsolidierung zeitigen aber Erfolgswirkungen. Gleichwohl gilt aber auch hier, dass diese letztlich auf Zahlungen basieren und spätestens bei Realisationstatbeständen wieder ein Ausgleich erfolgen müßte. Werden z. B. Zwischengewinne aus konzerninternen Geschäften in einem Jahr eliminiert, werden diese wieder ergebniserhöhend in den KA übernommen, wenn die entsprechenden Vermögenswerte veräußert werden (oder in Form verringerter planmäßiger Abschreibungen bei abnutzbarem AV). Innerhalb welcher Zeitfenster eine solche Kompensation erfolgt ist aber offen, insbesondere bei der Kapitalkonsolidierung.

Ein Blick auf die Unternehmen zeigt deutliche Unterschiede: Für BMW ergibt sich im Zeitablauf ein weitgehend parallel verlaufendes Auf und Ab, wenn auch mit unterschiedlichen Absolutbeträgen, die sich nicht im Betrachtungszeitraum ausgleichen. Bei Mercedes-Benz zeigten sich von 2016 bis 2018 gegenläufige Gewinnentwicklungen im JA und KA. Ab dem Jahr 2019 ist der Vergleich sinnlos, da Mercedes-Benz als reine Finanzholding in der GuV primär die ausgeschütteten Gewinne der Konzerntochter ausweist. Für VW läuft die Gewinnentwicklung bis zum Jahr 2019 zwar parallel, aber die Absolutbeträge und die Wachstumsraten waren sehr unterschiedlich p. a. In den Jahren 2020 und 2021 entwickeln sich die Gewinne nicht mehr gleichgerichtet.

Letztlich stellt sich die Frage, ob man gut begründet beantworten kann, welche der beiden Gewinngrößen für Adressaten die wichtigere ist. Unseres Erachtens ist diese leider nicht allgemein zu beantworten. Zumindest bezüglich der Vertragsfunktion (Dividenden und Ertragsteuern speziell) dürfte der JÜ entscheidend sein. Unter Informationsaspekten ist dies unklar, da der „richtige" Gewinn gerade nicht bekannt ist. Immerhin kann man feststellen, dass es bei den hier fokussierten Unternehmen auch dauerhaft (bzw. zumindest im Betrachtungszeitraum von sechs Jahren) keine Konvergenz oder Kompensation durch Umkehreffekte gab.

11 Nicht normierte Erfolgsgrößen nach HGB und IFRS

Aus vielerlei Gründen wurden in Theorie und Praxis diverse nicht durch Rechnungs-legungsstandards vorgegebene Erfolgsmaße entwickelt. Diese sind durchaus als impli-zite Kritik an den GAAP-Größen interpretierbar, da sie konzeptionelle Schwachpunkte kompensieren sollen. Damit sind sie letztlich geprägt durch spezifische Interessenlagen der Beteiligten und durch eine imanente Subjektivität oder fehlende Standardisierung. Zunächst wird in diesem Kapitel die Notwendigkeit solcher Ergänzungen behandelt, be-vor es um verbreitete Beispiele geht (KPI der Earnings-before-Gruppe, Dividenden und marktbasierte Größen).

11.1 Zur Verbreitung und Wünschbarkeit von alternativen Erfolgsmaßen

Viele börsennotierte Unternehmen publizieren **auf freiwilliger Basis** eine Fülle von In-formationen in Form rechtlich **nicht normierter KPI**. Dabei ist zu bedenken, dass die Trennung von normiert und nicht normiert nicht verdecken darf, dass die Qualitätsun-terschiede bezüglich der Zuverlässigkeit und Prüfbarkeit vielfach nicht groß sind. Dies liegt daran, dass auch normierte Abschlussgrößen durch Bilanzpolitik oder qualitativ sehr unterschiedliche Anhangerläuterungen unterschiedlich sein können. So sind z. B. um außergewöhnliche Erfolge gemäß § 285 Nr. 31 HGB bereinigte Jahresüberschüsse für alle Kapitalgesellschaften ermittelbar. Allerdings ist die Interpretation der Sachverhal-te, die einer Angabepflicht unterliegen nicht einheitlich.

Die freiwilligen Zusatzinformationen können sowohl finanzielle als auch nichtfi-nanzielle KPI umfassen. Oftmals werden sie außerhalb des Jahresabschlusses im La-gebericht oder in völlig ungeprüften Dokumenten publiziert („Geschäftsberichte" be-inhalten vielfach sog. Kennzahlenübersichten für mehrere Perioden). Allerdings sind im Lagebericht nach DRS 20 die **tatsächlich genutzten Steuerungskennzahlen** anzu-geben. Hierzu gehören vor allen Dingen Umsatzerlöse und Earnings-before-Kennzahlen (s. u.).

Hier soll es ausschließlich um finanzielle Größen gehen, die als Indikatoren zur Ertragslage eingesetzt werden können. Solche Non-GAAP Performancegrößen sind hier-zulande und weltweit stark verbreitet.[1] Eine besonders verbreitete Gruppe betrifft die sog. **Earnings-before- oder Als-ob-Kennzahlen**. Auch die Bezeichnung Alternative Per-formance Measures (APM) ist inzwischen weit verbreitet. Gerade diese werden vielfach

---

[1] Vgl. Bieker und Moser (2011, 163): Babylonische Sprachverwirrung; Gehring, Hebertinger und Sedlarik (2020, 457): Kennzahlendschungel; Ruhwedel, Hähn und Röper (2018, 508). Aus den Stichworten wird deutlich, dass solche KPI durchaus sehr kritisch gesehen werden.

https://doi.org/10.1515/9783110770551-011

kritisch gesehen, da sie mangels Normierung sehr unterschiedliche Inhalte umfassen können. Zudem werden sie regelmäßig um ungewöhnliche (Non-Recurring) Komponenten bereinigt. Dabei geht es überwiegend um die Eliminierung von Verlusten oder Aufwendungen, was den Verdacht nährt, dass Unternehmen die KPI einsetzen, um ein positives Bild der Unternehmensentwicklung zu zeichnen, während die normierten Größen schlechter ausfallen **(Opportunismus-Hypothese)**.

Auf der anderen Seite ist es möglich, dass solche KPI genutzt werden, um die Leistung der abgelaufenen Periode angemessener darstellen zu können oder die Schätzbasis für künftige Gewinne bzw. Cashflows zu verbessern **(Informations-Hypothese)**.[2] Ganz entscheidend für die Qualität solcher freiwilligen Offenlegungen ist naturgemäß die Corporate Governance (sowohl interne als auch externe Mechanismen), die für entsprechende Anreize sorgen kann und soll.

Für die Aussagefähigkeit der KPI ist wiederum die zeitliche Perspektive bedeutsam:
- Geht es retrospektiv um die Messung der Leistung, z. B. um die Vergütung des Managements zu bestimmen oder die Einhaltung von Financial Debt Covenannts, kann es zweckmäßig sein, außerordentliche oder zufallsabhängige Komponenten zu bereinigen.
- Soll der Informationsgehalt der Rechnungslegung verbessert werden, steht die Prognoseeignung und Wertrelevanz der KPI im Fokus. In einigen Erhebungen zeigte sich, dass freiwillig publizierte Performancegrößen mehr Entscheidungsrelevanz als die normierten GAAP-Größen aufweisen konnten, also offenbar von Investoren mehr berücksichtigt wurden.[3]

Trotz aller Bedenken gegen solche unternehmensspezifischen freiwilligen Kennzahlen aufgrund der fehlenden Vergleichbarkeit und eines möglichen Missbrauchs durch Bereinigungen ist festzuhalten, dass die praktische Verbreitung und Nutzung unbestreitbar sind. So werden sie, auch mit Bereinigungen, von Kreditgebern in Debt Covenants, von Ratingagenturen, Finanzanalysten und in Finanzdatenbanken eingesetzt. Dabei werden sie sowohl für Zielprognosen des Managements genutzt als auch die sog. **Street Earnings**, also die externen Prognosen durch Analysten. Hierbei ist zu beachten, dass diese Analysten durchaus vom Management gesteuert werden können und werden, z. B. durch die Publikation von Informationen (Analyst Guidance). Praktisch ist es oftmals erwünscht, dass die **Analystenprognosen** aus Sicht des Managements realistisch sind und auch erreicht oder etwas übertroffen werden, um negative Marktreaktionen zu vermeiden. Dies kann einen durchaus effektiven Mechanismus darstellen, um die Qualität der freiwilligen KPI zu sichern. Deshalb ist es keineswegs überraschend, dass sie vielfach bessere Informationen liefern als GAAP-KPI.[4]

---

2 Vgl. Hitz (2010, 127).

3 Vgl. z. B. Ribeiro, Shan und Taylor (2019, 6).

4 Vgl. Bentley u. a. (2018, 1039): Nutzung in Datenbanken; Kühnberger (2017, 42 ff.) mit Literaturübersicht; Lang (2018, 23) zu Analystenprognosen und Streetearnings; Thielemann, Dinh und Kang (2019, 169): umfassende Erhebung für US-Unternehmen.

Diese positiven Befunde sind zwar nicht durchgängig, es gibt durchaus auch Gegenevidenz. Gleichwohl liegt die Frage nahe, warum offenbar ein großer Bedarf an von den GAAP abweichenden Größen besteht. Für solche sog. **Alternative Performance Measures (APM)** gibt es gleich mehrere gute Gründe, die letztlich auch als Konstruktionsdefizite der Rechnungslegungssysteme interpretiert werden können. Für die IFRS kann z. B. die zunehmende Komplexität und Inkonsistenz des Regelwerkes angeführt werden. Zu nennen ist z. B. der Mixed-Model Approach und die Aufgliederung der Erfolge in das Net Income und das OCI, mit oder ohne Reklassifikation. In der Summe resultieren Gewinngrößen, die schwer deutbar sind, da das Zustandekommen von vielen, nicht gut (oder mit erheblichem Aufwand) quantifizierbaren Einflüssen abhängt.

Das bilanziell nach HGB und den IFRS wichtige Vorsichtsprinzip kann ein weiterer Störfaktor sein, auch wenn der Stellenwert und die Art der Normierung der Vorsicht in den Rechnungslegungssystemen nicht gleich ausfällt. Insbesondere das Imparitätsprinzip kann dazu führen, dass Verluste frühzeitig und umfassend zu berücksichtigen sind, entweder als außerplanmäßige Abschreibungen oder Drohverlustrückstellungen. Damit werden Verluste erfasst, die nicht nachhaltig sind, sondern transitorisch (vorübergehend). In den Folgeperioden fallen verminderte planmäßige Abschreibungen an und auch die Verluste aus mehreren Jahren bei schwebenden Geschäften entfallen. Werden allfällige Ermessensspielräume ebenfalls vorsichtig ausgefüllt, wird die abgelaufene Periode ebenfalls zu sehr belastet und in späteren Jahren resultieren Erträge aus der Rückstellungsauflösung oder dem Verkauf unterbewerteter Vermögensposten. Auch die vorsichtsgeprägte Nicht-Aktivierung von immateriellem Anlagevermögen (oder gar des originären Firmenwertes) löst Folgen aus, da kein Abschreibungspotenzial besteht.

Eine praktische Folge kann sein, dass **Korrekturen** bei freiwilligen KPI eben **überwiegend Aufwendungen oder Verluste** treffen, da diese konstruktionsbedingt eher nicht nachhaltig sind. Dies sieht zwar auf den ersten Blick verdächtig aus, kann aber durchaus den Informationsgehalt der Erfolgsgrößen verbessern.[5] Ein weiterer Grund kann in der zunehmend detaillierten Normierung bestehen, bei den IFRS und US-GAAP durch die Standardsetter, hierzulande auch durch die Bilanzrechtsprechung. Dazu gehört z. B. die restriktive Interpretation oder gar das Verbot außerordentliche Erfolge gesondert auszuweisen, sodass ein Bedarf an Bereinigungen für atypische, nicht wiederkehrende Bestandteile entstehen kann.

Eine weitere Folge ist, dass die Normierungen vielfach nach dem Motto „**one size fits all**" erfolgt und dies wenig Rücksicht auf Branchenbesonderheiten oder bestimmte Geschäftsmodelle nimmt. Für HGB-Bilanzierer gibt es zwar Branchenregeln für Banken und Versicherungen, aber ansonsten nicht.[6] Als Musterbeispiel für viel diskutier-

---

5 Vgl. Leung und Veenman (2018, 1038), die dies für US-amerikanische Unternehmen mit bilanziellen Verlusten für den Zeitraum 2006 bis 2014 zeigen konnten.

6 Die IFRS sind zwar diesbezüglich ausdifferenzierter wie der IFRS 15 zeigt, aber gleichwohl tendenziell prinzipienbasiert, zumindest im Vergleich zu den US-GAAP.

te Probleme kann auf den Streit verwiesen werden, ob das Realisationsprinzip nach HGB die Methode der Teilgewinnrealisierung bei langfristiger Auftragsfertigung immer ausschließt oder nicht. Immobilienunternehmen betonen oft, dass die planmäßigen Abschreibungen zu völlig verzerrten Gewinngrößen führen, da die Gebäude bei Bestandshaltern regelmäßig im Wert steigen und nicht abnehmen. Durch Kennzahlen wie das FFO (Funds from Operations) oder die EPRA-Earnings soll diese Schwäche behoben werden.[7]

Die zunehmende Regulierung kann auch zur Folge haben, dass dem Management die Möglichkeit genommen wird, die aus seiner Sicht zutreffende Performance abzubilden. Dem könnte durch Bilanzpolitik entgegengewirkt werden, was durchaus auch erfolgt. Alternativ könnte die Managementperspektive aber auch durch bereinigt KPI vermittelt werden, eine vielleicht billigere Variante.

Gleichwohl haben die Non-GAAP-Maße unbestritten den Nachteil, dass sie für **externe Unternehmensvergleiche** nur eingeschränkt hilfreich sind. Hinzu kommt, dass selbst wenn man die überwiegend positiven Befunde bezüglich der Informationsqualität akzeptiert, dies doch nur bedeutet, dass im Durchschnitt oder überwiegend gute Qualität geliefert wird. Ein Rückschluss darauf, dass dies auch für ein bestimmtes Unternehmen gilt, das gerade analysiert werden soll, ist deshalb nicht möglich.

Für die USA, für die sehr viel mehr empirische Studien zur Wirkungsweise von Non-GAAP-Größen vorliegen wurde vielfach deutlich gemacht, dass die Qualität stark vom ökonomischen und rechtlichen Umfeld abhängt. Hier spielt vor allen Dingen das Risiko möglicher Sanktionen bei Irreführungen eine Rolle, die Bedeutung des Reputationskapitals der Manager und die Einbettung in die Rechnungslegung, z. B. ob solche KPI ausführlich begründet und erläutert werden müssen, ob es Überleitungen zu GAAP-Maßen gibt etc.[8] Insofern ist es plausibel, dass sich diverse Regulierungsinstanzen wie die ESMA, der IASB usw. in den letzten Jahren vermehrt damit befasst haben, Guidelines für die APM vorzugeben, aber auch die DVFA hat hierfür einen Vorschlag entwickelt.[9]

Für Unternehmen, die einen Lagebericht erstellen sind nach DRS 20 zentrale, tatsächlich eingesetzte Steuerungskennzahlen zu erläutern. Dies können nichtfinanzielle KPI sein, regelmäßig dominieren aber (noch?) finanzielle KPI. Diese Informationen zeigen, welche Performance das Unternehmen aus der Sicht des Managements erreicht hat und lässt auch Schlüsse auf die installierte Anreizstruktur zu, insbesondere, ob diese „intelligent" erwünschte Strategieanreize auslöst. Im Jahre 2015 zeigte sich für 145 deutsche Unternehmen, dass neben den Umsätzen vor allem KPI aus der Earnings-before-Gruppe am häufigsten verwendet werden.[10] Um diese geht es im Folgeabschnitt.

---

7 Vgl. ausführlich Kühnberger (2017, 39 ff.); Boochs (2019, 511) mit weiteren Beispielen für Pharmaunternehmen und Versicherungen.

8 Vgl. Cazier u. a. (2017); Leung und Veenman (2018, 1083); Thielemann, Dinh und Kang (2019, 163).

9 Vgl. DVFA Kommission Unternehmensanalyse (2018).

10 Vgl. Göck und Dresp (2017, 8).

11.2 Familie der Earnings-before-Kennzahlen

Zu den wohl am häufigsten genutzten und auch umstrittensten APM gehören die **Earnings-before-Maße**. In der Literatur finden sich auch wenig positiv besetzte Übersetzungen wie „earnings before I tricked the damned auditor" oder „earnings before all the bad stuff."[11] Sie werden auch als Als-ob- oder Pro-forma-Kennzahlen bezeichnet, da sie bestimmte Erfolgskomponenten ausschließen, wie Steuern oder Zinsen, und zeigen wie das Ergebnis ausgefallen wäre, wenn es keine Steuern und Fremdkapitalkosten für das Unternehmen gegeben hätte. Die Ratio und Präzisierungen dieser Ausschlüsse soll hier vorgestellt werden. Dabei werden weitere Ausschlüsse um ungewöhnliche, nicht nachhaltige Bestandteile nicht berücksichtigt, obwohl in der Praxis sehr häufig bereinigte APM eingesetzt werden. Es geht also nur um die nicht korrigierten KPI. Dabei wird der Aufbau bis zum EBITDASO skizziert, obwohl verschiedenste Kombinationen von Eliminierungen möglich sind (EBTSO, EBITDA, EBITSO usw.).

Als Ausgangsgröße E für **Earnings** fungiert nach HGB die Größe Jahresüberschuss bzw. Jahresfehlbetrag und nach IFRS das Net Income. Hier wäre mangels Normierung auch der Gesamterfolg (Comprehensive Income) möglich, aber dies ist völlig ungebräuchlich. EBT korrigiert diesen Erfolg um den Einfluss der Ertragsteuern **(Tax)**. Es wäre möglich hier auch Kosten- und Verbrauchsteuern zu eliminieren, aber die Kennzahl hätte dann keinen plausiblen Inhalt mehr für eine ökonomische Deutung. Die Korrektur um die Ertragsteuern verbessert hingegen die Vergleichbarkeit der Leistung zwischen Unternehmen. Selbst innerhalb Deutschlands unterscheiden sich die Steuerlasten durch regionale Unterschiede (Gewerbesteuer) und Rechtsform (Kapital- versus Personengesellschaften). Nach HGB spielt es auch eine Rolle, dass zumindest in Jahresabschlüssen die Ertragsteuerlast massiv durch die wahlweise Korrektur um aktive latente Steuern gemäß § 274 HGB verzerrt sein kann. Insgesamt ist es aber möglich, dass Besteuerungsunterschiede mangels umfassender Abgrenzung aller Steuerlatenzen zu Verwerfungen führen können. Über Landesgrenzen hinweg werden Einflüsse der nationalen Steuersysteme korrigiert. Die Größe Gewinn zuzüglich Ertragsteuern stellt natürlich nicht den „richtigen" Gewinn oder gar Cashflow dar, da damit echte Aufwendungen und Auszahlungen addiert werden. Es wird eben ein Erfolgsmaß berechnet, als ob es keine Ertragsteuern gäbe, um die Vergleichbarkeit zwischen Unternehmen zu verbessern. Als Führungskennzahl kann sie zweckmäßig sein, weil die verantwortlichen Führungskräfte nicht für das Steuersystem oder die Steuerbilanzpolitik zuständig sind. Das Gleiche gilt für die weiteren Korrekturen.

Beim EBIT wird zusätzlich der **Zinsaufwand (Interest)** addiert. Damit kann der Erfolg ohne den Einfluss der Kapitalstruktur gezeigt werden. Klar ist natürlich, dass Zinsen betriebsbedingt, typisch und wiederkehrend sind und deshalb kann man nicht annehmen, sie hätten nichts mit dem Kerngeschäft zu tun. Dass EBIT ein sinnvolles Maß

---

11 Wagenhofer und Ewert (2015, 603).

für ein Betriebsergebnis darstellt, kann ebenfalls bestritten werden. Es geht ja auch um Zinsen für die Finanzierung von Maschinen und Vorräten, die ohne Wenn und Aber für die Herstellung und den Vertrieb von Automobilen entstehen. Zu beachten ist bei der Eliminierung und Deutung der Kennzahl, dass die Zinsen nicht immer vollständig erkennbar sind oder nur über den Anhang. Dies kann einmal an sog. verdeckten Zinsen liegen, z. B. wenn Vorfinanzierungen von Kunden zu geringeren Absatzpreisen führen. Zinsaufwendungen können aber auch in Funktionskosten wie den Umsatz- oder Herstellungskosten verrechnet sein. Bei ausgelagerten Pensionsrückstellungen (Netto-bilanzierung nach § 246 Abs. 2 HGB) werden sie mit Erträgen aus Planvermögen saldiert.

Weitergehend kann unter Interest auch das **Zinsergebnis** (Zinserträge und Zins-aufwendungen) oder das gesamte **Finanzergebnis** verstanden werden. Insbesondere kann argumentiert werden, dass Erträge aus Beteiligungen nichts oder wenig mit dem operativen Erfolg zu tun haben. Dies gilt besonders ausgeprägt, wenn Unternehmen eine mehr oder weniger deutliche Holdingstruktur realisiert haben. Da dies bei den hier untersuchten Unternehmen der Fall ist, wird unter Interest sinnvoller Weise **das gesamte Finanzergebnis** bereinigt. Die resultierende Kennzahl eliminiert demnach nicht nur den Einfluss von Finanzierungsvorgängen der Passivseite, sondern auch andere Komponenten. Auf der Ebene von Konzernabschlüssen ist dies hingegen weniger sinnvoll, da die konzerninternen Finanzierungen und Beteiligungserträge und deren Folgen bereits konsolidiert sind.

Das EBITDA umfasst mit **Depreciation und Amortisation** zusätzlich die Abschrei-bungen auf (in der Regel) das immaterielle und materielle Anlagevermögen (also oh-ne Finanzanlagen). Diese Abschreibungen sind nicht zahlungswirksam, was aber nicht zu der Fehldeutung führen darf, das EBITDA sei eine Art Cashflow. Der Bereinigungs-schritt sorgt dafür, dass das Alter des Anlagevermögens, Neuinvestitionen und die Ab-schreibungspolitik der Unternehmen keinen Einfluss auf die Ergebnishöhe mehr haben. Damit wird demnach eine Vergleichbarkeit zwischen Unternehmen hergestellt, die ins-besondere Altersfaktoren korrigiert. Hat ein Unternehmen einen sehr alten Immobili-enbestand ergeben sich völlig andere Einflüsse auf den unkorrigierten Gewinn als bei Unternehmen mit neuen Gebäuden.

Fraglich ist, ob hier nur planmäßige oder auch außerplanmäßige Abschreibungen sinnvollerweise zu korrigieren sind. Da beide Abschreibungen nicht unabhängig von-einander sind (außerplanmäßige Abwertungen vermindern die künftigen planmäßigen Abschreibungen) und vom Alter der Anlagen und bilanzpolitischen Vorgaben beein-flusst sein können, werden sämtliche Abschreibungen korrigiert. Es sei aber angemerkt: für eine Steuerungskennzahl für Führungskräfte könnte es zweckmäßig sein, die au-ßerplanmäßigen Wertminderungen nicht zu korrigieren, wenn die Ursachen nicht in ihrem Verantwortungsbereich liegen. Auf der anderen Seite wäre auch zu überlegen, ob **Zuschreibungen** ebenfalls korrigiert werden müssten, da sie ebenfalls von der Ab-schreibungspolitik abhängen und wiederum künftige Abschreibungen beeinflussen. Bei den hier betrachteten Unternehmen sind Zuschreibungen allerdings durchgängig un-wesentlich oder gar nicht vorhanden.

Das in Deutschland eher unübliche EBITDASO korrigiert ergänzend den Einfluss von **Stock Options (SO)**, die Bestandteil der Vergütung der Führungskräfte sein können. Die Berechtigung der Eliminierung ist umstritten. Auf der einen Seite stellen diese Vergütungen eine Verwässerung der Gewinne der Eigenkapitalgeber dar, was gegen eine Addition spricht. Auf der anderen Seite wird argumentiert, dass diese Vergütung einen sinnvollen Anreiz für das Management im Sinne der Shareholder schafft, eine langfristige Wertsteigerung anzustreben. Hohe Vergütungen heute sind dann ein Indikator für erwartete spätere Gewinnsteigerungen, sodass unter Informations- oder Bewertungsgesichtspunkten eine Eliminierung sinnvoll ist.[12]

Für unsere Zwecke kann die Korrektur aus zwei Gründen unterbleiben. Zum einen sind die Erfolgswirkungen von Stock Options in Deutschland quantitativ aus Sicht der Shareholder relativ unbedeutend. Da es zudem eine beachtliche Fülle an Vergütungssystemen und Abbildungsvarianten gibt,[13] wäre eine unternehmensübergreifende Vergleichbarkeit der Kennzahl nur mit erheblichem Aufwand zu erreichen. Insbesondere kann es sein, dass der Aufwand für Phantom Stock Options bereits als Personalaufwand erfasst werden und bei echten Programmen völlig abweichend.

❗ Insgesamt sind deshalb für die HGB-JA und IFRS-KA folgende KPI zu berechnen:

JÜ bzw. JF (HGB) oder NI (IFRS)

+ Ertragsteuern

= EBT

+ Finanzergebnis

= EBIT

+ Sämtliche Abschreibungen SAV/IAV (IFRS: inkl. vermietetes Vermögen)

= EBITDA

Im Folgenden werden nicht sämtliche KPI für sämtliche Abschlüsse explizit dargestellt, da dies sehr unübersichtlich würde. Die wichtigsten Inhalte und Besonderheiten werden gleichwohl besprochen. Diese KPI sollen die zeitliche und zwischenbetriebliche Vergleichbarkeit der Performancemessung besser abbilden als die unkorrigierten Saldogrößen der GuV. Streng genommen müsste man zur Fundierung einer solchen Aussage aber wissen, wie der richtige Erfolg war oder mit welchen Erfolgen künftig wirklich zu rechnen ist. Dies könnte z. B. geprüft werden, indem untersucht wird, ob diese Erfolgsgrößen bessere Prognosequalität haben oder Marktpreise und Aktienrenditen besser erklären können (vgl. Kapitel 14). Am Beispiel soll hier aber zunächst die Qualität und die Aussagekraft der extern ermittelten KPI in Bezug zu von den Unternehmen bereitgestellten Erfolgsgrößen ermittelt werden. Damit könnte festgestellt werden, ob diese

---

12 Vgl. Leung und Veenman (2018, 1093); sehr kritisch: Brösel (2017, 196 ff.).
13 Vgl. Pellens, Fülbier u. a. (2021, 571 ff.).

subjektiven Ergänzungen eher die Opportunismus- oder der Informations-Hypothese stützen.

Zuerst wird das **EBT** betrachtet. Wenn man sich sehr naiv den Beispielunternehmen nähert, könnte davon ausgegangen werden, dass die Steuerlast ähnlich sein müsste. Alle Unternehmen haben Ihren Hauptsitz in Deutschland und die Rechtsformen sind, steuerlich betrachtet, nicht zu unterschiedlich. Ein Blick auf den EBT verwirft diese Annahme. Dieser beträgt bei BMW im Schnitt 143 % des Jahresüberschusses (JA HGB), bzw. 140 % des Net Incomes (KA IFRS). Bei Mercedes-Benz betragen die Werte 119 % (JA HGB) bzw. 140 % (KA IFRS). Bei VW betragen sie 126 % in beiden Abschlussarten. Es ist also klar erkennbar, dass sich die berichtete Steuerlast erheblich unterscheidet. Dies ist wahrscheinlich auf diverse Wahlrechte zurückzuführen. Die Unterschiede machen deutlich, dass die Kennzahl einen Informationsmehrwert bietet, da die Ergebnisverschiebung aufgrund der erheblichen Diskrepanzen klarer deutlich wird. Während Bei BMW und VW der Eindruck entstehen kann, dass eine gewisse Vergleichbarkeit zwischen JA und KA bestehen kann, wird dieses spätestens am Beispiel Mercedes-Benz wieder verworfen.

Für das **EBIT** sei hier erneut auf die verschiedenen Verwendungszwecke der Kennzahl hingewiesen. Das EBIT wird häufig als Kennzahl betrachtet, welche Effekte der Kapitalstruktur bereinigt. In diesem Fall, würde sich das I in EBIT nur auf Zinsaufwendungen für Fremdkapital beziehen. Die Datenpräsentation der Beispielunternehmen erlaubt eine entsprechende Errechnung leider nicht. Häufig findet sich nur ein verrechnetes Finanzergebnis in dem Zinsaufwendungen und –erträge zusammengefasst sind und es kann verdeckte Zinsen geben (z. B. in Form von veränderten Preisen). Die problematische Ermittelbarkeit ist insbesondere dahingehend interessant, da dieser Zweck in der Finanzierungsliteratur gerne hervorgehoben wird, sich praktisch aber nur begrenzt realisieren lässt, da die Datengrundlage nicht eindeutig ist. Der eigentliche angedachte Zweck, Kapitalstruktureffekte zu beseitigen, lässt sich praktisch also nur begrenzt umsetzen.

Eine zweite Sichtweise auf das EBIT ist die Annahme, es würde sich um ein operatives Betriebsergebnis handeln, welches das Kerngeschäft abbildet. In diesen Fällen ergibt es Sinn, das gesamte Finanzergebnis, also entsprechende Aufwendungen und Erträge, abzugrenzen. Dies erscheint beim Einzelabschluss der Muttergesellschaft schwierig, da diese häufig die Finazierungsaufgaben der Töchter zentralisiert. Auch ist nicht klar, in welchem Tochterunternehmen die Überschüsse aus dem Kerngeschäft ausgewiesen werden. Die jeweilige Konzernstruktur verfälscht hier die Ergebnisse enorm. Das Finanzergebnis in Prozent vom Jahresüberschuss der Einzelunternehmen nach HGB beträgt im Schnitt 15 % bei BMW, 27 % bei Mercedes-Benz und –164 % bei VW. Während die Werte von BMW und Mercedes-Benz schon außergewöhnlich hoch erscheinen für etwas, das nicht Kerngeschäft ist, macht spätestens der Wert von VW klar, dass die Abgrenzung für ein Einzelunternehmen eines Konzerns hier nicht zielführend ist, um den Erfolg im operativen Geschäft abzubilden. Der Konzernabschluss nach IFRS scheint hier

deutlich sinnvollere Ergebnisse liefern zu können, mit durchschnittlichen Finanzergeb-
nissen in % vom Net Income von −2 % für BMW, −6 % für Mercedes-Benz und 7,27 % für
VW. Eine Bereinigung um das Finanzergebnis scheint also nur sinnvoll für den Konzernabschluss im aufgeführten Beispiel.

Die Bereinigung um **Abschreibungen** von immateriellen und materiellem Anlagevermögen scheint in gewissem Umfang gerechtfertigt zu sein. Auffällig bei allen Unternehmen und Abschlüssen ist die Streuung der absoluten Werte. Bei VW und BMW lässt
sich ein klarer Trend zu zunehmend erhöhten Abschreibungen erkennen. Bei Mercedes-
Benz ergibt sich ein inverser U-Verlauf. Die Höhe der Abschreibungen ist im Verhältnis
zum Jahresüberschuss bzw. Net Income sehr hoch. Entsprechend bestätigt sich, dass der
Jahresüberschuss wesentlich von der Abschreibungspolitik beeinflusst wird.

Insgesamt lässt sich sagen, dass die Effekte der Bereinigung sehr weit streuen. Als
Extremwerte beträgt das EBITDA als Prozent vom Jahresüberschuss im Schnitt bei VW
(JA HGB) rund 15 %, bei BMW aber 245 % (JA HGB). Nach IFRS ergeben sich ebenso erhebliche Bandbreiten. Bei VW beträgt das EBITDA als Prozent vom Net Income im Schnitt
148 %, bei Mercedes-Benz aber 291 %. Eine Bereinigung erscheint also sinnvoll, da die
kombinierten Effekte von Steuern, Finanzergebnis und Abschreibungen zu erheblichen
Unterschieden im Jahresabschluss bzw. Net Income führen können.

In Tabelle 11.1 sind nur die Größen Jahresüberschuss nach HGB und EBITDA der
Unternehmen dargestellt. Betrachtet man zunächst VW, so fällt auf, dass trotz der Addition von Steuer- und Abschreibungsaufwand fast durchgängig ein negatives EBITDA
resultiert. Die Ursache besteht darin, dass neben dem Zinsaufwand das gesamte stark
positive Finanzergebnis korrigiert wurde. Dies deutet darauf hin, dass das sog. Betriebsergebnis nicht gerade erfreulich ausfällt. Ein solches Betriebsergebnis kann auch der
GuV entnommen werden, sodass man fragen kann, ob ein Ersatz durch das EBITDA sehr
hilfreich ist. Für Mercedes-Benz ist ein EBITDA seit dem Jahr 2019 nicht mehr sinnvoll. In
den Jahren zuvor resultierte wie bei VW ein EBITDA, das unter dem JÜ lag, ebenfalls dem
Finanzergebnis geschuldet. Am Ehesten ist das EBITDA noch bei BMW aussagefähig, da
das Beteiligungsergebnis wesentlich unbedeutender ist als bei den anderen beiden Unternehmen. Dabei zeigt sich, dass das EBITDA insgesamt größere Sprünge von Jahr zu
Jahr aufweist als die JÜ, ein Ergebnis, das durchaus überraschend ist. Einmal weil die

Tab. 11.1: Non-GAAP-Größen nach JA HGB.

(In Mio. €)	2021	2020	2019	2018	2017	2016
BMW NI	4.190	1.702	2.107	2.801	3.197	3.277
(BMW EBITDA)	(5.379)	(1.758)	(4.448)	(3.343)	(2.874)	(3.194)
Mercedes-Benz NI	9.538	2.133	−1.678	5.022	4.982	5.868
(Mercedes-Benz EBITDA)	(−1.041)	(−540)	(−1.111)	(1.550)	(3.791)	(4.493)
VW NI	4.041	6.338	4.958	4.620	4.353	2,799
(VW EBITDA)	(−1.260)	(−460)	(1.679)	(−468)	(−1.581)	(−2.970)

nicht zum JÜ passenden Ertragsteuern korrigiert wurden, was c. p. erfolgsglättend sein sollte und, weil die planmäßigen Abschreibungen eher zeitstabil sind, wenn es keine riesigen Investitionsschübe gab und diese deshalb ebenfalls glättend wirken sollten (außerplanmäßige Abschreibungen haben die Unternehmen nicht).

Insgesamt wird aber deutlich, dass die HGB-Daten doch wesentlich davon beeinflusst sind, inwieweit Geschäft auch von Tochterunternehmen abgewickelt wird und damit als Bestandteil des Finanzergebnisses eliminiert wird. Deshalb sind in Tabelle 11.2 zusätzlich die Konzerndaten nach IFRS präsentiert, bei denen dieses Problem nicht auftritt.

Tab. 11.2: Non-GAAP-Größen nach KA IFRS.

(In Mio. €)	2021	2020	2019	2018	2017	2016
BMW JÜ	12.463	3.857	5.022	7.064	8.706	6.910
(BMW EBITDA)	(25.158)	(16.806)	(18.204)	(17.501)	(18.335)	(17.498)
Mercedes-Benz JÜ	23.396	4.009	2.709	7.582	10.864	8.784
(Mercedes-Benz EBITDA)	(41.056)	(23.038)	(20.232)	(25.138)	(27.068)	(24.256)
VW JÜ	15.428	8.824	14.029	12.153	11.638	5.379
(VW EBITDA)	(47.334)	(36.546)	(42.170)	(36.573)	(35.912)	(28.013)

Für alle drei Konzerne zeigt sich, dass das **EBITDA jeweils wesentlich größer als das Net Income** ist und die relativen **Schwankungen sehr viel geringer** ausfallen. Beide Effekte sind zu erwarten. Deshalb kann man durchaus sagen, dass zumindest die Größen EBITDA und EBIT bei ausgeprägten Holdingeinflüssen nur auf der Ebene der Konzernabschlüsse sinnvolle Daten liefern können. Dies lässt aber keine Aussage darüber zu, ob die Earnings-before-Größen bessere Performancemaße sind als Gewinne nach den GAAP-Vorgaben. Auch die angesprochene Vergleichbarkeit der Erfolgsgrößen zwischen den Unternehmen wird mit den vorliegenden Zahlen nicht direkt deutlich. Werden diese auf Umsätze (EBITDA-Marge) oder das Eigenkapital der Unternehmen bezogen, wäre dies vielleicht deutlicher erkennbar.

Eine Fragestellung wird hier nicht weiter verfolgt, obwohl sie spannend wäre. Oben war das Thema angesprochen, dass unternehmensseitige Bereinigungen üblich sind (vor allem im Lagebericht oder sonstigen Bestandteilen des Geschäftsberichtes außerhalb der Abschlüsse selbst). Deshalb wäre es sehr interessant zu prüfen, welche Bereinigungen vorgenommen werden und ob diese hinreichend transparent sind (z. B. durch Überleitungsrechnungen). Zudem wäre es spannend, ob die Bereinigungen zu einer Informationsverbesserung führen oder eher bilanzpolitischen Zielen folgen (Opportunismus- versus Informations-Hypothese). Dies könnte man z. B. daran messen, ob die bereinigten Daten positive Zeitreiheneigenschaften aufweisen oder Wertrelevanz haben.

11.3 Dividenden als mögliches Performancemaß

Dividenden stellen insofern eine Besonderheit dar, als sie letztlich auf normierten GAAP-Größen basieren und in Deutschland für AG ergänzend sehr umfassende Kompetenzregelungen für die Bemessung vorliegen (insbesondere § 58 Abs. 2 und 2 a AktG, aber auch HGB-Ausschüttungssperren wie § 268 Abs. 8). Gleichwohl verbleiben der Unternehmensleitung regelmäßig ausreichend Spielräume, um die **Dividendenhöhe** zu beeinflussen. So können auch in Verlustjahren z. B. Dividenden ausgeschüttet werden, wenn es ausreichend frei verfügbares Eigenkapital gibt. Und es ist möglich, dass die Dividendenhöhe eher vom IFRS-Konzernerfolg abhängt als vom HGB-Jahresüberschuss. So gibt Mercedes-Benz an, dass 40 % des Net Income des Konzernabschlusses ausgeschüttet werden soll. So gesehen kann man Dividenden auch als Non-GAAP-Größen interpretieren, mit denen das Management Informationen über künftige Entwicklungen oder den „wirklichen" Letztjahreserfolg offenlegt.

Laut zwei etwas älteren Befragungsstudien soll die Dividendenhöhe mehr oder weniger direkt durch die Höhe des IFRS-Erfolges bestimmt sein.[14] Allerdings zeigt eine spätere Monographie[15] deutlich komplexere Muster und die Dividendenstudie 2020 für 160 Unternehmen ebenfalls (für den Zeitraum 2003–2020).[16] In der zuletzt genannten Erhebung werden entscheidende Randbedingungen aufgeführt, wie der Vorjahres-Bilanzgewinn, die aktuelle finanzielle Situation (es geht um alsbaldige Liquiditätsabflüsse), die aktuelle und erwartete Entwicklung und die politische und gesellschaftliche Vertretbarkeit. Dies wird deutlich, wenn Unternehmen staatliche Zuschüsse zur Krisenbewältigung (Finanzmarktkrise, Coronapandemie) bekommen und zugleich Dividenden ausschütten.

Da Dividenden wichtig für die Anleger, den Börsenkurs, die Kapitalstruktur der Unternehmen und die Cashflows sind, überrascht es wenig, dass die Dividendenpolitik von Unternehmen seit vielen Jahrzehnten Gegenstand theoretischer und empirischer Untersuchungen ist.

! **Aus Dividendentheorien können ggf. Folgerungen gezogen werden, ob Dividenden als Performancemaß der abgelaufenen Periode oder als Indikator für künftige Gewinne oder Cashflows anzusehen sind. Aus der Fülle von Erklärungsmustern sollen hier nur die zwei wichtigsten skizziert werden:**[17]

1. Ein aus den 1950er Jahren stammender Ansatz geht davon aus, dass die Dividende weniger vom Vorjahreserfolg abhängt als von der Vorjahresdividende. Festgestellt wurde, dass eine Dividendenerhöhung zwar den Börsenkurs eines Unternehmens erhöht, aber eine Dividendenkürzung diesen wesentlich stärker negativ beeinflusst. Um die asymmetrischen Börsenkursausschläge zu vermeiden, bietet sich

---

14 Vgl. Pellens und Schmidt (2014).

15 Vgl. Fischer (2011).

16 Vgl. DSW, FOM/isf und Dividendenadel (2020).

17 Vgl. Basner und Hirth (2011, 92); Kühnberger und Richter (2017, 173). Catering- und Klientelansätze werden z. B. damit ausgeklammert.

eine Politik der Dividendenglättung an (Smoothing). Ergänzend kann eine stabile Dividende wegen der guten Planbarkeit sowohl für Aktionäre als auch das Unternehmen zweckmäßig sein. Stabilität suggeriert eventuell auch ein geringes Risiko mit entsprechenden Folgen für die Kapitalkosten. Wird aber die ansonsten stabile Dividende erhöht, so wird dies als Signal interpretiert, dass die höhere Dividende auch nachhaltig ausgeschüttet werden kann und sinkende Dividenden sind ein Krisensignal. Die Dividende kann also als Ausdruck der Erwartungen des Managements angesehen werden.[18]

2. Die Prinzipal-Agententheorie basiert auf einer Begründung, bei der vor allem die Free Cashflow-These im Vordergrund steht. Demnach hat das opportunistische und besser informierte Management Interesse, liquide Mittel einzubehalten, selbst wenn Investitionen mit positivem Net Present Value nicht möglich sind. Damit werden entweder unnötig hohe Cashbestände aufgebaut oder unrentable Beteiligungen erworben (sog. Empire Building). Da Investoren ein solches Verhalten abstrafen würden, sorgen hohe Dividenden dafür, dass es eingeschränkt wird. Sie mildern damit Informationsasymmetrien und Fehlanreize. Wird dann in späteren Jahren wiederum Kapital für rentable Investitionen benötigt, ist aber eine externe Finanzierung über Kredite oder Eigenkapital erforderlich, was wiederum von (erwünschten?) Kontroll- und Monitoringaktivitäten der Financiers begleitet wird. Nach diesem Erklärungsansatz hängt die Dividendenhöhe von der Höhe der FCF ab und nicht der Vorjahresdividende. Diese Verknüpfung ist aber dann nicht vonnöten, wenn ein Unternehmen über lukrative Investitionsalternativen verfügt, die eine Thesaurierung auch aus Sicht der Aktionäre vorteilhaft macht (Outcome Model).[19] Unnötig wäre sie zudem, wenn es wenig Informationsasymmetrien gibt und einen starken Minderheitenschutz für Aktionäre. So kam eine sehr umfassende Studie mit Unternehmen aus 49 Ländern für den Zeitraum 1993 bis 2008 zum Ergebnis, dass ein effektives Insiderhandelsverbot und die Pflichteinführung von IFRS zu signifikant niedrigeren Dividenden führten.[20]

Offenbar führen beide Theorien zu unterschiedlichen Dividendenstrategien, die als rational anzusehen wären. Tatsächlich gibt es auch für beide Theorien empirische Bestätigungen, die aber konzeptionell nur für die jeweils gerade untersuchten Länder und Zeiträume gelten.[21] Deshalb ist es höchst plausibel, dass die Dividendenpolitik von der Finanzierungstradition, dem Steuersystem (werden Dividenden genauso besteuert wie Kursgewinne?), der Aktionärsstruktur und anderen Einflussfaktoren abhängt. So ist ein Signallingansatz bei einem kontrollierenden Mehrheitsaktionär wenig zweckmäßig (da er über Insiderinformationen verfügen wird) und kleine Streubesitzaktionäre haben möglicherweise andere Dividendenwünsche als institutionelle Blockholder.

Nicht viel einfacher wird die Deutung von Dividendenpolitik dadurch, dass mit dem Instrument der **Aktienrückkäufe** eine Alternative oder Ergänzung zu Dividendenzahlungen besteht. So gibt es in den USA vor allem viele Aktiengesellschaften, die noch nie oder schon sehr lange keine Dividende ausgezahlt haben, aber Aktienrückkäufe regelmäßig in Milliardenhöhe vornehmen. Auch in Deutschland gibt es seit einigen Jahren solche Share Buy Backs, aber in wesentlich geringerem Umfang als in den USA.[22] Dies

---

18 Von Alternativen wie explizit markierte Sonderdividenden oder Aktienrückkaufprogrammen wird hier abgesehen.

19 Vgl. Koo, Ramalingegowda und Yu (2017, 754).

20 Vgl. Hail, Tahoun und Wang (2014, 403).

21 Vgl. Floyd, Li und Skinner (2015, 299), die zusätzlich Branchenabhängigkeit feststellten.

22 Vgl. Kühnberger und Richter (2017, 173).

ist durchaus erstaunlich, da es weder steuerlich noch gesellschaftsrechtlich wesentliche Vorteile für Dividenden gibt. Vielmehr sind Rückkaufprogramme mit **Flexibilitätsvorteilen** verbunden, sowohl in zeitlicher als auch in betragsmäßiger Hinsicht. Durch die Möglichkeit eines späteren Verkaufes können zudem Mittelzuflüsse (eventuell auch steuerfreie Gewinne) erreicht werden, ohne eine umständliche und teure Eigenkapitalerhöhung. Zudem mindern eigene Anteile das **Übernahmerisiko** und erhöhen die wichtige Kennzahl **Earnings per Share**, selbst wenn der Total Return für die Aktionäre rückläufig ist.[23] Dies kann zudem opportunistisch motiviert sein, wenn die Vorstandsvergütung von den EPS abhängt.[24] Recht flächendeckend waren die Feststellungen zu kurz- und mittelfristigen Kursgewinnen bei Aktienrückkaufprogrammen.[25]

Da Dividenden offenbar durchaus national und durch Tradition geprägt sind und die Performance eines Unternehmens nur unvollständig spiegeln, werden sie hier nicht ausführlich behandelt. Das Thema wird aber später nochmals aufgegriffen im Rahmen der Ermittlung von Aktienrenditen (Kapitel 13).

11.4 Marktbezogene Kenngrößen

Diverse Kennzahlen verknüpfen normierte Buchwerte mit Marktwerten. Ein besonders prominentes Beispiel ist hier das **Marktwert zu Buchwert Verhältnis des Eigenkapitals**, das sich in verschiedenen Varianten finden lässt und in diversen theoretischen Ansätzen zur Vorhersage von zukünftigen Aktienrenditen verwendet wird. Häufig wird es als **Kurs-Buchwert-Verhältnis** (KBV; auch Markt-Buchverhältnis, englisch: **Market-to-Book-Ratio**, MTB) bezeichnet. Vergleichbar findet es im Finanzbereich äußerst prominente Anwendung in Fama-French-Mehrfaktorenmodellen zur Ermittlung von Aktienrenditen als HML (High Minus Low) Faktor. Hier allerdings mit umgekehrtem Zähler und Nenner. High bezieht sich auf ein hohes Buchwert-Marktwert–Verhältnis des Eigenkapitals, also eine Value-Aktie. Low bezieht sich auf ein geringes Buchwert-Marktwert-Verhältnis, also eine Growth Aktie. Fama und French haben empirisch belegt, dass Value-Aktien überwiegend bessere Aktienrenditen erzielen als Growth Aktien, gemessen mit dem HML Faktor.[26] Ein hohes Buchwert-Marktwert-Verhältnis (und damit ein geringes KBV) repräsentieren also eine potentielle Unterbewertung und damit eine attraktive Anlagemöglichkeit. Das Modell wurde mehrfach in verschiede-

---

23 Vgl. Ezekoye, Koller und Mittal (2016): für 250 Nicht-Finanzunternehmen aus dem S&P 500 für den Zeitraum 2004–2014 erhoben.

24 Vgl. Geiler und Renneboog (2015, 178) mit einer großzahligen Untersuchung für Unternehmen aus dem UK.

25 Vgl. Köstlmeier und Röder (2019, 10): für deutsche AG; Manconi, Peyer und Vermaelen (2019, 1899): für Unternehmen aus 31 Ländern außerhalb der USA.

26 Vgl. Fama und French (1993, 3).

nen Märkten getestet und ein Großteil der Studien, wenn auch nicht alle, haben die Erkenntnisse bestätigt.

Die Bedeutung des Marktwert-Buchwert-Verhältnisses, war aber auch schon lange vor Fama und French von Bedeutung. Ein Beispiel hierfür ist beispielsweise **Tobin's Q**. Hier wird der Marktwert des Gesamtunternehmens (also Eigenkapital und Fremdkapital) ins Verhältnis zum Wiederbeschaffungswert der Vermögensgegenstände gesetzt. Auch wenn ausdrücklich zwischen Wiederbeschaffungswert und Buchwert unterschieden werden soll, wird praktisch häufig der Wiederbeschaffungswert mit dem Buchwert gleichgesetzt oder dieser zumindest aus modifizierten Buchwerten abgeleitet, da sich ein tatsächlicher Wiederbeschaffungswert praktisch kaum ermitteln lässt. Diverse empirische Untersuchungen bestätigen hohe Korrelationen bei Verwendung von Buchwerten und Wiederbeschaffungswerten.[27] Ähnlich wie bei Fama und French gilt auch hier ein besonders geringes Marktwert-Buchwert-Verhältnis als erstrebenswert. Insbesondere ein Tobin's Q kleiner als 1, also ein höherer Buchwert als Marktwert erscheint als sichere Anlage, da selbst im Insolvenzfall das Unternehmen mehr Substanz bzw. Liquidationsmasse hat, als ursprünglich investiert werden musste. Andererseits argumentieren einige auch gegenteilig. Wenn ein Unternehmen trotz dieses bekannten Effekts ein Tobin's Q kleiner als 1 ausweist, bedeutet dies, dass der Markt bereits sein Vertrauen in das Unternehmen verloren hat. Genauso äußern Anhänger dieser Argumentationskette, dass ein hoher Wert ein Zeichen für ein Vertrauen des Marktes in das Unternehmen ist. Da Marktwerte von Fremdkapital weniger stark von Buchwerten des Fremdkapitals abweichen, lassen sich die Effekte vor allem durch Wertunterschiede im Eigenkapital erklären. Die Interpretation von Tobin's Q und KBV sind also vergleichbar.

Die Bandbreite für angemessene KBV ist stark branchenabhängig. Das leuchtet intuitiv ein. Buchwerte sind häufig von physischer Substanz bestimmt. Entsprechend ist es wahrscheinlich, dass ein Dienstleistungsunternehmen geringere Buchwerte (z. B. Produktionsanlagen etc.) ausweist als ein Produktionsunternehmen. Für Dienstleistungsunternehmen relevantere Werte, wie Humankapital, Image und Markenname spiegeln sich nur begrenzt in Buchwerten wieder. Dies ist selbstverständlich stark vom Rechnungslegungssystem und dessen Anfälligkeit für stille Reserven abhängig. Die Einbeziehung von Goodwill, Fair Values etc. und damit eine teilweise Offenlegung dieser Werte haben einen starken Einfluss. Marktwerte werden hingegen eher von zukünftigen Cashflows bestimmt. Deshalb sind KBVs nur innerhalb einer Branche bzw. im Zeitverlauf des Unternehmens vergleichbar. Entsprechend sind Momentum-Effekte bei der Änderung des KBV beobachtbar. Gerade deshalb sind Änderungen im KBV teilweise bedeutender als das eigentliche KBV an sich. Insbesondere die gewählten Automobilunternehmen sind in diesem Zusammenhang interessante Beispiele.

---

27 Vgl. Chung und Pruitt (1994, 70).

> **!** Das Marktwert-Buchwert-Verhältnis (KBV) des Eigenkapitals kann naturgemäß auf Basis des Jahres-
> abschlusses der Obergesellschaft (HGB) oder auf Basis des Konzernabschlusses berechnet werden:
>
> $$\text{KBV des Eigenkapitals} = \frac{\text{Marktwert des EK}}{\text{Buchwert des EK}}$$

Auf Basis der HGB-Jahresabschlüsse ergeben sich Werte zwischen 3 und 5 für BMW, für Mercedes-Benz schwanken die Zahlen von 1,1 bis 2,2 und für VW von 2 bis 3,5. Auf eine detaillierte Darstellung wird verzichtet, da es üblich ist, die Kennzahl nur auf Basis der Konzerndaten zu ermitteln. Sowohl die Unternehmen selbst, als auch Datenbänke wie Bloomberg gehen so vor.

Das Marktwert-Buchverhältnis des Eigenkapitals im KA nach IFRS der Automobilunternehmen zum Stichtag fällt deutlich niedriger aus. Das Eigenkapital enthält hier zwar nicht die Minderheitenanteile (nicht-kontrollierender Gesellschafter an den Konzerntöchtern), ist aber absolut gesehen höher als das HGB-Eigenkapitel, da es weniger stille Reserven gibt. Da aber in die Konzernbilanz das gesamte Vermögen und sämtliche Schulden aller Konzernglieder eingehen (korrigiert um Konsolidierungsvorgänge), ist die EK-Quote systembedingt deutlich geringer. Es sei auch auf das Problem verwiesen, dass es durchaus zu Verzerrungen kommen kann, wenn der Börsenwert der Obergesellschaft in Relation zu Rechnungslegungsdaten aus dem gesamten Konzern gesetzt werden (vgl. Kapitel 3.3). Die Ergebnisse sind in Tabelle 11.3 zusammengefasst.

Tab. 11.3: Kurs-Buchwert-Verhältnis des Eigenkapitals nach KA IFRS.

	2021	2020	2019	2018	2017	2016
BMW	0,80	0,78	0,82	1,08		
Mercedes-Benz	1,00	1,02	0,86	0,76	1,18	1,31
VW	0,78	0,64	0,72	0,60	0,77	0,73

Es lässt sich anhand des geringen KBV erkennen, dass es sich bei den Automobilunternehmen überwiegend um Value Aktien handelt. Insbesondere ist beachtenswert, dass bei allen Unternehmen der eher seltene Fall eingetreten ist, dass der Buchwert nach IFRS den Marktwert häufig, bei VW sogar durchgängig übersteigt. Nach IAS 36.7 ist dies ein externer Hinweis darauf, dass die im KA bilanzierten Firmenwerte (oder immateriellen Vermögenswerte) im Wert gemindert sind. Dies ist ein Krisensignal! Es kann also argumentiert werden, dass die Unternehmen, wenn man sich nur auf das KBV stützt, besonders günstig gehandelt werden und attraktive Anlagemöglichkeiten wären. Geht man davon aus, dass das Unternehmen ungefähr zum Buchwert liquidiert werden kann, wäre eine Investition sehr risikoarm. Aus psychologischer Sicht wird also nach IFRS ein besonders bedeutsamer Schwellenwert überschritten. Nach HGB ist dies hier nicht der Fall.

In gegenteiliger Argumentation kann behauptet werden, dass die Anleger bereits das Vertrauen in die Unternehmen verloren haben, da sie trotz des vermeintlichen Schnäppchens nicht zugreifen und damit den Kurs nicht wieder über den Buchwert korrigieren. Der Sonderfall lässt sich mit der derzeit öffentlichkeitswirksam postulierten Verkehrswende erklären. Spätestens seit dem Dieselskandal, der auch das frühere Absinken des KBV bei VW erklärt, herrscht eine gewisse Unsicherheit über die Zukunft der Automobilbranche. Verstärkt wird dies durch die umweltpolitischen Randbedingungen und starke technologische Anforderungen (Entwicklungen von Antriebsmotoren, Digitalisierung und autonomes Fahren etc.). Aufgrund der hohen physischen Substanz der Branche, die sich in höheren Buchwerten widerspiegelt ist das KBV generell geringer als in Dienstleistungsbranchen.

Wie bereits erwähnt ist mit Ausnahme des Sonderfalls, dass der Buchwert den Marktwert übersteigt, die absolute Zahl an sich weniger aussagekräftig, da sie stark branchenabhängig ist. Die Entwicklung im Zeitverlauf ist jedoch ein relevanter Indikator. Hier zeigt sich nach IFRS und HGB qualitativ eine vergleichbare Entwicklung. Positive und negative Entwicklungen werden in Ihrer Richtung ähnlich abgebildet.

12 Strukturelle Ertragsanalyse nach HGB und IFRS

Bislang ging es um die Messung des Erfolges für die gesamte Berichtseinheit, also entweder die Muttergesellschaft (JA) oder den Konzern insgesamt. Um die Prognoseeignung der Erfolgsgrößen zu verbessern, wird auf verschiedene Arten versucht, einzelne Komponenten der Ergebnisse differenziert darzustellen oder zu isolieren. Hierzu gibt es diverse Vorschläge für eine Erfolgsspaltung nach Teilergebnissen der Art nach, oder es wird die Aufwandsstruktur detaillierter analysiert. Auf Basis des IFRS-KA ist es zudem möglich, das Gesamtergebnis auf einzelne Segmente (Geschäftsfelder) aufzuteilen.

12.1 Erfolgsspaltung

Bei der **Erfolgsspaltung** geht es nicht darum, einen „richtigen" Gewinn zu ermitteln, sondern das ausgewiesene Ergebnis (nach HGB: Jahresüberschuss oder Jahresfehlbetrag) soll aufgegliedert werden, um das **Zustandekommen besser verstehen** und die Ertragskraft zuverlässiger einstufen zu können. Aus betriebswirtschaftlicher Sicht kann eine Aufgliederung nach vielen Kriterien sinnvoll sein, z. B. nach der Betriebsbezogenheit, der Regelmäßigkeit, nach Produkten oder Regionen, nach der Beeinflussbarkeit durch das Management und der Zahlungswirksamkeit etc.[1] Allerdings erlaubt die Erfolgsrechnung (nach HGB und den IFRS) eine Aufgliederung nur in Grenzen und die möglichen Aufgliederungen sind nicht durchgängig zweckmäßig und trennscharf.

Sehr verbreitet ist die Trennung in ein **Betriebs- und ein Finanzergebnis**, sowie ein ungewöhnliches oder **außerordentliches Ergebnis**, teilweise ergänzt um ein Vorsteuerergebnis (EBT) und ein Verbundergebnis (Erträge und Aufwendungen aus Transaktionen mit verbundenen Unternehmen). Dabei liegt regelmäßig die Überlegung zugrunde, dass die **Betriebsbezogenheit und Regelmäßigkeit** der Erfolge von wesentlicher Bedeutung sind.

Der Trennung in einen Betriebs- und ein Finanzergebnis liegt die Annahme zugrunde, dass die Erträge und Aufwendungen aus Kapitalanlagen und der Kapitalbeschaffung eher ein Anhängsel des operativen Kerngeschäftes sind, z. B. der Herstellung und dem Verkauf von Autos, die den eigentlichen Betriebszweck darstellen. Dies ist keineswegs immer plausibel, wie ein einfaches Beispiel zeigt, die Ausweitung des Geschäftes durch einen Unternehmenskauf. Erfolgt dies durch einen Asset Deal, bei dem die wesentlichen Aktiva und Passiva des Zielunternehmens im Wege der Einzelrechtsnachfolge erworben werden, so gehen die Umsätze, Materialaufwendungen etc. in das sog. Betriebsergebnis ein. Bei einem Share Deal bleibt das erworbene Unternehmen erhalten und nur ausgeschüttete Gewinn desselben tauchen in der GuV des Erwerbers auf und zwar als Bestandteil des Finanzergebnisses. Ökonomisch kann man durchaus die Erträge und

---

1 Vgl. Küting und Weber (2015, 244 f.).

https://doi.org/10.1515/9783110770551-012

Aufwendungen aus Beteiligungen, die aus strategischer Sicht gehalten werden, als Bestandteil des Betriebsergebnisses ansehen. Gerade bei horizontal und vertikal aufgegliederten Unternehmensstrukturen oder Holdings ist die Trennung wenig überzeugend. Das eigentliche operative Geschäft ist dann eher in der Konzern-GuV erkennbar, bei dem zumindest die konzerninternen Erträge und Aufwendungen aus den konsolidierten Tochterunternehmen eliminiert wurden.[2]

Es gibt aber noch weiterführende Gründe, warum die Aufteilung von zweifelhaftem Informationsnutzen ist. So fallen **Zinsaufwendungen** auch an, um Maschinen und Rohstoffe zu finanzieren und haben demnach direkten Bezug zum operativen Geschäft. Zinserträge können ebenfalls direkt damit verknüpft sein, z. B. wenn sie für Zwischenanlagen in Wertpapieren aufgrund temporärer Liquiditätsüberschüsse anfallen. Extern ist aber eine Trennung von Fremdkapital das dem operativen Geschäft dient und anderen Finanzierungen kaum möglich (und auch intern nur auf eher fragwürdige Art).[3]

Resultieren aus einem **Verkauf von Wertpapieren**, Kapitalanlagen oder auch dem Rückkauf von Anleihen Gewinne oder Verluste, so werden diese in der Regel als sonstige betriebliche Aufwendungen oder Erträge innerhalb des Betriebsergebnisses ausgewiesen. In der Literatur wurde zwar vorgeschlagen, solche Erfolge zumindest wahlweise im Finanzergebnis zu zeigen, aber dieser Vorschlag konnte sich nicht als herrschende Meinung durchsetzen.[4]

Störend kann zudem sein, dass **personelle und sächliche Aufwendungen** aus dem Finanzierungs- und Kapitalanlagebereich im Betriebsergebnis ausgewiesen werden, obwohl sie zum Finanzbereich gehören. Insofern ist die nachfolgende Trennung in ein Betriebs- und ein Finanzergebnis unsauber. Letztlich ist für die hier analysierten Unternehmen festzustellen, dass Zinsen – und zwar durchaus zutreffend – in den Umsatzerlösen und den Umsatzkosten enthalten sein können, z. B. aus dem Leasinggeschäft stammende Posten.

Das Betriebsergebnis umfasst alle regelmäßig anfallenden Erträge und Aufwendungen aus der Produktion und dem Vertrieb von Produkten und Leistungen und stellt den nachhaltigen, gewöhnlichen Erfolg dar.[5] Dies gilt aber nur, wenn außerordentliche Bestandteile eliminiert werden (s. u.). Im Grundsatz umfasst das Betriebsergebnis nach HGB die aufsummierten Erträge und Aufwendungen nach § 275 Abs. 1 Nr. 1 bis 8 HGB (beim Gesamtkostenverfahren) oder nach § 275 Abs. 2 Nr. 1 bis 7 HGB nach dem Umsatzkostenverfahren.

Innerhalb des Betriebsergebnisses spielen die **sonstigen betrieblichen Erträge und Aufwendungen** eine besondere Rolle, da sehr heterogene und wesentliche Ge-

---

2 Vgl. Küting und Weber (2015, 279 f.).

3 Für Kapitalflussrechnungen ist eine solche Aufgliederung von z. B. Zinsen zu den Bereichen operatives Geschäft, Investions- und Finanzierungs-Cashflow vorgesehen.

4 Vgl. Kühnberger (2017, 460).

5 Vgl. Coenenberg, Haller und Schultze (2021, 1203).

schäftsvorfälle eingehen können. Hierzu gehören z. B. Erträge aus der Auflösung zu hoher Rückstellungen, Eingänge auf abgeschriebene Forderungen, Wertaufholungen als Korrektur früherer außerplanmäßiger Abschreibungen und Veräußerungserfolge aus dem Abgang von Anlagevermögen oder Finanzinstrumenten. Dies waren letztlich alles Beispiele für die Auflösung stiller Reserven, die freiwillig oder zwingend aufgebaut wurden. Dementsprechend ist es möglich, dass hierbei starke bilanzpolitische Motive eine Rolle spielen. Dies gilt vor allem, wenn die Erfolge aus dem Kerngeschäft volatil sind und das Ergebnis dadurch geglättet werden kann. Beachtenswert ist, dass einige der angeführten Beispiele nach HGB teilweise als **außergewöhnlich oder periodenfremd** im Sinne von § 285 Nr. 31 und 32 anzusehen sein können.

Die Positionen § 275 Abs. 1 Nr. 9 bis 13 oder § 275 Abs. 2 Nr. 8 bis 12 HGB werden als **Finanzergebnis** bezeichnet, das regelmäßig anderen Einflüssen unterliegt, wie das Kerngeschäft.[6] Das Finanzergebnis umfasst (regelmäßige?) Erträge und Aufwendungen aus der Anlage in Wertpapiere, Beteiligungen, Darlehen etc., sowie aus der Kapitalaufnahme (mit den o. a. Verwerfungen). Beachtlich ist, dass das Finanzergebnis und das Betriebsergebnis beim **Umsatz- und Gesamtkostenverfahren** (trotz vielfach identischer Postenbezeichnungen) **nicht gleich sein muss**. Dies liegt z. B. daran, dass beim Umsatzkostenverfahren die sonstigen Steuern und auch Zinsen innerhalb des Betriebsergebnisses abgerechnet werden können, während dies beim Gesamtkostenverfahren unzulässig ist. Tatsächlich verfahren die hier untersuchten Unternehmen verschieden, obwohl alle drei das UKV anwenden. Weiter unten werden die jeweiligen Betriebs- und Finanzergebnisse zusammen mit dem sog. Verbundergebnis dargestellt.

Aus dem Betriebs- und Finanzergebnis waren bis zum BilRUG 2015 sog. **außerordentliche Erträge und Aufwendungen** zu eliminieren und gesondert in der GuV auszuweisen und **periodenfremde Erträge und Aufwendungen** waren im Anhang anzugeben (§ 277 Abs. 4 HGB a. F.).

> **Beispiel:** Tabelle 12.1 stellt exemplarisch die Ratio der Aufteilung von außerordentlichen und periodenfremden Erfolgen dar. Lassen sich aus den Angaben Abstufungen bezüglich der Ertragskraft ablesen, obwohl alle drei Unternehmen den gleichen Jahresüberschuss erzielt haben? Offenbar hat Unternehmen C mit 1.200 das beste (nachhaltige) Betriebsergebnis und der außerordentliche Aufwand ist eher einmaliger Natur, ein Betriebsunfall. Damit wird suggeriert, dass die Ertragsaussichten besser als bei Unternehmen A und Unternehmen B sind. Ein einmaliger Verlust ist weniger schädlich als nachhaltig schwache Betriebsergebnisse. Auch Unternehmen B könnte reklamieren, dass seine Performance durch periodenfremde Verluste verzerrt wurde, eigentlich steht das Unternehmen besser da. (Unternehmen B vermerkt im Anhang, dass das Betriebsergebnis durch periodenfremde Aufwendungen von 200 belastet wurde).

Diese Argumentation zeigt, dass es einen Anreiz geben kann, Verluste als außerordentlich, nicht repräsentativ darzustellen, um eine nachhaltig gute Ergebnislage zu signali-

---

6 Vgl. Lachnit und Müller (2017, 103 f.).

Tab. 12.1: Zahlenbeispiel: Außerordentliche und periodenfremde Erfolge.

	Unternehmen A	Unternehmen B	Unternehmen C
Betriebsergebnis	1.000	1.000	1.200
Finanzergebnis	300	300	300
Außerordentliches Ergebnis			−200
Jahresüberschuss	1.300	1.300	1.300

sieren. Entscheidend dafür, ob dies gelingt, ist natürlich, ob es möglich ist, auch gewöhnliche Aufwendungen als außerordentlich zu verkaufen oder umgekehrt: den Begriff außerordentlich trennscharf zu definieren. Da dies nicht möglich ist, hat der amerikanische Standardsetter FASB vorgegeben, dass nur in extrem seltenen Fällen etwas als außerordentlich bezeichnet werden kann. Der IASB war noch konsequenter: Es ist verboten, Erfolge oder Cashflows als außerordentlich zu bezeichnen, weder in der GuV bzw. KFR, noch im Anhang. Damit soll verhindert werden, dass falsche Signale veröffentlicht werden.

Bis zum BilRUG 2015 war es nach § 277 Abs. 4 und § 275 HGB vorgesehen ein außerordentliches Ergebnis in der GuV auszusondern. Nach ganz h. M. waren die entsprechenden Erträge und Aufwendungen sehr eng abzugrenzen.[7] Praktisch zeigte sich auch, dass es in Deutschland nur sehr selten zum Ausweis solcher Posten kam. Es wurde also ein Problem in Anpassung an die IFRS neu geregelt, das es in Deutschland nicht gab, das o. a. Missbrauchsrisiko existierte nicht.

Seit dem BilRUG gibt es keinen Sonderausweis in der GuV mehr, sondern der Art oder Höhe nach **außergewöhnliche Erträge und Aufwendungen** sind im Anhang zu erläutern (§ 285 Nr. 31 HGB). Hierunter fallen jedenfalls die vormals außerordentlichen Posten, aber auch weitere Sachverhalte, z. B. besonders hohe Umsätze oder Materialaufwendungen im Vergleich zu Vorjahren. Zudem sind **periodenfremde Erträge und Aufwendungen** im Anhang anzugeben (§ 285 Nr. 32 HGB). Sämtliche Erläuterungspflichten gelten aber nur für wesentliche Beträge, eine Vorgabe, die Ermessensspielräume schafft.

Eine exemplarische Durchsicht zu HGB-Kommentierungen zeigt, welche Sachverhalte unter den Begriff außergewöhnlich (§ 285 Nr. 31 HGB) fallen können: Gewinne bzw. Verluste aus dem Verkauf von Wertpapieren oder Finanzanlagen, Währungserfolge, außerplanmäßige Abschreibungen oder Wertaufholungen bei Sachanlagen, Beteiligungserträge, Stilllegungskosten, Sozialplankosten, außergewöhnlich hohe Umsätze oder Rückstellungsänderungen etc. Unter § 285 Nr. 32 HGB werden vielfach Erfolge aus der Aufdeckung früher unzutreffend geschätzter Posten erfasst, wie Erträge aus Rückstellungsauflösungen, Eingänge auf abgeschriebene Forderungen, außerplanmä-

---

7 Vgl. Küting und Weber (2015, 250).

ßige Abschreibungen und Wertaufholungen, Veräußerungsgewinne etc.[8] Die Beispiele zeigen, dass es zu Überschneidungen kommen kann und vor allen Dingen, dass es sich durchaus auch um regelmäßig anfallende Geschäftsvorfälle handeln kann, auch wenn diese betragsmäßig volatil sein können. Es ist zudem unklar, ob die Unternehmen ein gleiches inhaltliches Verständnis der Normen haben und wie die Wesentlichkeitsschwellen operationalisiert werden. Dass hier erhebliche Probleme bestehen können wird z. B. daran deutlich, dass VW im JA 2015 die Aufwendungen aus der Abgasaffäre weder als außerordentlich noch als periodenfremd klassifiziert hat.[9] Für die praktische Analyse kommt erschwerend hinzu, dass die Erläuterungen nicht an einer Stelle im Anhang zusammengefasst dargestellt werden müssen, sondern verteilt bei den Angaben zu einzelnen GuV-Posten gemacht werden können.

Seit vielen Jahren gibt es im einschlägigen Schrifttum verschiedene Vorschläge, welche Erträge und Aufwendungen aus betriebswirtschaftlicher Sicht als außerordentliche, verzerrende Größen anzusehen sein können.[10] Diese decken sich weitgehend mit den o. a. Beispielen. Sie lassen sich untergliedern in Bewertungserfolge (außerplanmäßige Abschreibungen, Zuschreibungen etc.), Liquidationserfolge aus der Realisation stiller Reserven, periodenfremde und sonstige Komponenten. Für die praktische Umsetzung bei den drei Unternehmen wurden hier Sachverhalte ausgewählt, die diesen Vorschlägen entsprechen und zugleich erkennbar sind. Damit geht ein beachtliches Maß an Subjektivität und eingeschränkter Vergleichbarkeit einher.

Tabelle 12.2 zeigt die Ermittlung des bereinigten Ergebnisses für die BMW AG, wobei für die Ergebnisunterschiede eine fiktive Steueranpassung nicht erfolgte. Auffällig ist, dass außerplanmäßige Abschreibungen fast keine Rolle spielen (bei Sach- und Immaterialvermögen: Null), im Gegensatz zur Prominenz in der Literatur. Auch die periodenfremden Aufwendungen sind eher unwesentlich, während die entsprechenden Er-

Tab. 12.2: Bereinigtes Ergebnis für BMW nach JA HGB.

(In Mio. €)	2021	2020	2019	2018	2017	2016
Jahresüberschuss	4.910	1.702	2.170	2.801	3.197	3.277
Ab-/Zuschreibungen FAV	91	33	31	119	−70	64
Periodenfremder Ertrag	−1.489	−368	−614	−539	−200	−175
Periodenfremder Aufwand	30	29	23	58	42	36
Kartellverfahren	−1.021		1.394			
Methodenänderungen				−599	−646	
Bereinigter Erfolg	**2.521**	**1.396**	**2.941**	**1.940**	**2.323**	**3.272**

---

8 Vgl. Grottel in Grottel u. a. (2018, § 285 Rz. 860); Müller in Bertram u. a. (2019, § 285 Rz. 181 ff.).

9 Vgl. kritisch Kühnberger (2017, 460).

10 Vgl. Coenenberg, Haller und Schultze (2021, 1199); Küting und Weber (2015, 266 f.); Lachnit und Müller (2017, 188).

träge deutlich höher ausfallen. Dies ist plausibel, da es sich vielfach um Erträge aus der Auflösung von (ex post zu hohen, also vorsichtig bemessenen) Rückstellungen handelt. Als tendenziell außerordentliche Einflüsse sind das Kartellverfahren und Methodenänderungen erkennbar. Insgesamt ist aber kein deutlicher Trend oder eine Systematik erkennbar, dass die Bereinigungen den Erfolg verbessern oder verschlechtern. Beachtenswert ist hierbei allerdings, dass andere Sachverhalte, wie Währungserfolge oder aus der Bilanzierung von Pensionsrückstellungen, nicht korrigiert wurden, obwohl man auch diese als atypisch einstufen könnte. Desgleichen konnten mangels quantitativer Erläuterungen keine (einmaligen) Effekte aus Sachverhaltsgestaltungen eliminiert werden.

Für die Mercedes-Benz AG wurden im Rahmen der Überleitung folgende Sachverhalte berücksichtigt: außerplanmäßige Abschreibungen und Zuschreibungen auf Anlagevermögen, Abgangserfolge aus Finanzanlagen, periodenfremde Erträge und periodenfremde Aufwendungen sowie Aufwendungen aus einem Kostenoptimierungsprogramm (für die Jahre 2017 bis 2019 ca. 160–190 Mio. €). Ansonsten ergaben sich bei den Abschreibungen auf Finanzanlagen in den Jahren 2017 bis 2010 Beträge von 230–374 Mio. € und im Jahr 2016 ein Betrag von 1.283 Mio. €. Die periodenfremden Erträge waren wiederum spürbar höher als die entsprechenden Aufwendungen und erreichten in drei Jahren wesentliche Größenordnungen: 463 Mio. € im Jahr 2016, 574 Mio. € im Jahr 2017 und 1.046 Mio. € im Jahr 2018. Zudem gab es im Jahr 2016 außergewöhnliche Aufwendungen von 563 Mio. €. Tabelle 12.3 zeigt den Jahresüberschuss und das um die angegebenen Komponenten bereinigte Ergebnis (zusammengefasst). Auffällig ist wiederum, dass die Ergebnisse relativ nah beieinanderliegen (Ausnahme 2016) und keine systematischen Relationen erkennbar werden.

Tab. 12.3: Bereinigtes Ergebnis für Mercedes-Benz nach JA HGB.

(In Mio. €)	2021	2020	2019	2018	2017	2016
Jahresüberschuss	9.538	2.133	−1.678	5.022	4.982	5.868
Bereinigter Erfolg	**9.895**	**2.412**	**−1.364**	**4.611**	**5.121**	**7.523**

Für VW (Tabelle 12.4) sind die erhobenen Daten für ein bereinigtes Ergebnis wieder komplett angegeben, da es hier in allen Jahren beachtliche Größenordnungen gab. Anders als bei den Wettbewerbern sind die bereinigten Erfolge mit Ausnahme des Jahres 2020 deutlich höher als die Jahresüberschüsse. Während Abschreibungen wiederum nahezu unbedeutend sind, hinterlässt die Abgasaffäre deutliche Spuren. Ob die recht hohen periodenfremden Erträge ebenfalls davon beeinflusst wurden, kann nur vermutet werden. Zudem gab es in den Jahren 2018 und 2019 hohe außergewöhnliche Sachverhalte. Hält man die bereinigten Erfolge für die nachhaltigeren, weniger verzerrten Daten, so

Tab. 12.4: Bereinigtes Ergebnis für VW nach JA HGB.

(In Mio. €)	2021	2020	2019	2018	2017	2016
Jahresüberschuss	4.041	6.338	4.958	4.620	4.353	2.799
Abschreibungen SAV/IAV		21	110	37		
Abschreibungen FAV		690	1.523			305
Periodenfremder Ertrag	1.900	1.800	1.500	2.000	1.500	3.200
Periodenfremder Aufwand			100	200	100	200
Abgasaffäre	700	800	1.800	2.000	2.800	5.600
Umstrukturierung			2.400	1.600		
Bereinigter Erfolg	**2.841**	**6.049**	**9.391**	**6.457**	**6.359**	**5.704**

wäre VW im Betrachtungszeitraum erfolgreicher als es die ausgewiesenen Jahresüberschüsse zeigen. Allerdings hat die Dieselaffäre zu echten Verlusten und aufgrund der Schätzprobleme zu erheblich mehr Unsicherheiten geführt. Dabei ist noch nicht einmal endgültig abzusehen, ob VW nicht durch neuere Rechtsprechung nochmals mit neuen Risiken rechnen muss (eventuell auch in Form einer Haftung für Tochtergesellschaften wie Audi).

Insgesamt zeigt sich für alle drei Unternehmen: Einige Sachverhalte scheinen weniger bedeutsam als zu vermuten ist und die **Art der Datenaufbereitung** durch die Unternehmen könnte spürbar verbessert werden, z. B. durch explizite und zusammengefasste Übersichten zu Sachverhalten gemäß § 285 Nr. 31 und 32 HGB. Bei einer Beurteilung der Entwicklungen muss beachtet werden, dass es keineswegs sichergestellt ist, dass die Unternehmen jeweils gleiche Inhalte mit den Normen verbinden. Zudem sind bei weitem nicht alle möglichen bilanzpolitischen Effekte berücksichtigt. Bislang weist auch nur VW große Einflüsse der Abgasaffäre auf, was bei den anderen Unternehmen aber möglicherweise noch kommen kann. Angesichts der **immanenten Schwächen der Bereinigungsrechnungen** und der vielfach unwesentlichen Beträge lohnt sich u. E. im Einzelfall ein selektives Vorgehen, um wesentliche Sondereinflüsse zu korrigieren, aber auch nur diese.

Eine weitere Besonderheit stellen **Erträge und Aufwendungen aus Transaktionen mit verbundenen Unternehmen** dar. Der Begriff verbunden Unternehmen gemäß § 290 HGB setzt ein Mutter-Tochterverhältnis voraus, das seinerseits die Möglichkeit der Beherrschung voraussetzt. Bei diesen Transaktionen fehlt noch eine Marktbestätigung durch unabhängige Geschäftspartner, sodass das Risiko besteht, dass keine marktüblichen Konditionen vorliegen. Die möglichen Verlagerungen von Erfolgen, Chancen und Risiken usw. innerhalb eines Konzerns waren einer der Hauptgründe, warum eine Konzernrechnungslegungspflicht eingeführt wurde. Selbst wenn solche Geschäfte zu üblichen Bedingungen abgewickelt werden, sind aus Konzernsicht noch keine Erfolge realisiert. Verkauft z. B. die VW AG ein Kraftfahrzeug an die VW-Bank, die dieses an Privatkunden weiter verleast, wird dies bei VW als Verkauf gebucht (per Forderung an Umsatzerlöse), obwohl der Konzern insgesamt keine Umsätze erzielte.

In den Einzelabschlüssen der Konzernglieder sind zur Herstellung der **Transparenz über interne Verflechtungen** zu einigen Bilanz- und GuV-Posten Vermerke zu machen, wenn sie verbundene Unternehmen betreffen. Für die GuV ist dies aber nur für Erträge und Aufwendungen vorgeschrieben, die im Finanzergebnis auszuweisen sind (Beteiligungserträge, Zinsen usw.). Dies bedeutet zugleich, dass für den o. a. Umsatzerlös der VW AG gerade keine Angabe erforderlich ist. Sämtliche horizontalen und vertikalen Transaktionen mit verbundenen Unternehmen, die das Betriebsergebnis betreffen, sind demnach nicht zu identifizieren (Verkäufe von Produkten oder Dienstleistungen, Kostenumlagen etc.). Damit fehlen vielfach sehr wichtige Informationen.

Einen Ausgleich könnten die Vermerke der Forderungen und Verbindlichkeiten gegenüber verbundenen Unternehmen darstellen, die zugleich Forderungen bzw. Verbindlichkeiten aus LuL darstellen und gesondert zu vermerken sind. Für die VW AG ergeben sich für den Zeitraum 2016 bis 2020 z. B. **Forderungen aus LuL** von 3,8–5,0 Mrd. € und **Verbindlichkeiten aus LuL** von 2,1–2,6 Mrd. €. Da diese Forderungen und Verbindlichkeiten regelmäßig kurzfristiger Art sind, werden wahrscheinlich keine oder nur geringe Zinsen zu verrechnen sein, sodass ein Niederschlag im Finanzergebnis nicht erfolgen muss. Leider kann auch kein Rückschluss auf das gesamte intern erbrachte Leistungsvolumen begründet werden, da in der Bilanz zum Stichtag nur noch die offenen Saldi auftauchen. Für BMW und Mercedes-Benz ergaben sich ebenfalls offene Abrechnungsposten über Milliardenbeträge. Für Mercedes-Benz ab dem Jahr 2019 gilt dies nicht mehr, da die AG nur noch als Finanzholding fungiert und insoweit ein umfassender Austausch von Lieferungen und Leistungen fehlt. Insgesamt muss man jedoch feststellen, dass das unten ermittelte **Verbundergebnis** manchmal nur Bruchteile der konzernintern geschaffenen Erfolge spiegelt.

An dieser Stelle sei noch ein kurzer Blick auf einige Bilanzrelationen geworfen. Dazu werden die Vermögenswerte gegenüber verbundenen Unternehmen (Forderungen, Beteiligungen etc.) und die Schulden gegenüber verbundenen Unternehmen in Relation zur Bilanzsumme gesetzt. Dabei zeigten sich für den Zeitraum von 2016 (linker Wert) bis 2020 (rechter Wert) die in Tabelle 12.5 dargestellten Bandbreiten.

Tab. 12.5: Vermögen und Verbindlichkeiten verbundener Unternehmen in Relation zur Bilanzsumme.

(In %)	BMW	Mercedes-Benz	VW
Vermögen/Bilanzsumme	24,8–39,9	75,6–75,5	82,7–62,3
Verbindlichkeiten/Bilanzsumme	16,3–40,6	41,9–48,9	28,6–7,2

Mercedes-Benz verweist darauf, dass der größte Teil der Forderungen bzw. Verbindlichkeiten aus dem zentralen Finanz- und Liquiditätsmanagement stammen. Bei den beiden anderen Unternehmen fehlen Erläuterungen. Die Relationen machen sehr deutlich, dass die konzerninternen Verflechtungen bei VW und Mercedes-Benz (weniger bei

BMW) von überragender Bedeutung sind. Dass die resultierenden Erfolge und Cashflows nur eingeschränkt erkennbar werden, ist umso unbefriedigender. Letztlich wird bei solchen Konstellationen der Konzernabschluss besonders wichtige Informationen liefern, nämlich inwieweit Erfolge oder Cashflows mit fremden Dritten erzielt werden konnten.

Die Tabellen 12.6 bis 12.8 zeigen das Betriebs-, das Finanz- und das Verbundergebnis der drei Unternehmen nach HGB. Dabei handelt es sich jeweils um die Erfolge vor Ertragsteuern. Das Ergebnis der gewöhnlichen Geschäftstätigkeit umfasst das Betriebs- und Finanzergebnis vor Steuern (EBT).

Tab. 12.6: Teilergebnisse für BMW nach JA HGB.

(In Mio. €)	2021	2020	2019	2018	2017	2016
Betriebsergebnis	3.430	−870	999	2.800	4.236	3.605
Finanzergebnis	2.565	2.804	1.897	892	540	980
EBT	5.995	1.934	2.896	3.692	4.760	4.585
Verbundergebnis	2.993	3.081	1.812	2.308	1.051	889

BMW (Tabelle 12.6) hatte bis zum Jahr 2017 (einschließlich mehrerer hier nicht dargestellter Vorjahre) regelmäßig relativ hohe Betriebsergebnisse. Ab dem Jahr 2018 sind diese stark rückläufig, im Jahr 2020 gab es einen negativen Betrag. Gleichzeitig hat das Finanzergebnis gegenläufig seit dem Jahr 2017 deutlich zugenommen, sodass sich ein durchgängig positiver Saldo aus der gewöhnlichen Geschäftstätigkeit (EBT) ergab. Betrachtet man die Entwicklung der letzten Zeile wird deutlich, wie wichtig das Verbundergebnis ist und wie stark dessen Bedeutung in den letzten Jahren gestiegen ist. Es lässt sich sogar erkennen, dass das Finanzergebnis sich nahezu gegenläufig zum abnehmenden Betriebsergebnis entwickelt hat. Eine gewinnglättende Bilanzpolitik ist nicht auszuschließen. Geht es z. B. um Beteiligungserträge setzt dies voraus, dass die Tochterunternehmen Gewinne erzielen (oder frei verfügbare Gewinnrücklagen haben) und es entsprechende Ausschüttungsbeschlüsse gab. Der letztgenannte Aspekt entfällt bei Gewinnabführungsverträgen. Es sei aber nochmals darauf verwiesen, dass das Verbundergebnis nur Erträge und Aufwendungen innerhalb des Finanzergebnisses abbildet, also unvollständig ist. Der tatsächliche Einfluss kann noch sehr viel größer sein.

Auch bei Mercedes-Benz (Tabelle 12.7) ist das Betriebsergebnis im gesamten Zeitraum rückläufig und aufgrund der Umstrukturierung in eine Finanzholding seit dem Jahr 2019 wird es immer unwichtiger werden. Allerdings ist auch das Finanzergebnis vom hohen Niveau im Jahr 2018 ausgehend dramatisch eingebrochen. Wie man in allen Jahren außer 2019 sehen kann, kommt das positive Ergebnis der gewöhnlichen Geschäftstätigkeit in sehr großem Umfang nur aufgrund des Verbundergebnisses zustande.

VW (Tabelle 12.8) erreicht seit vielen Jahren (auch vor der Abgasaffäre) negative Betriebsergebnisse. Überspitzt formuliert sieht es auf den ersten Blick so aus, als ob die

Tab. 12.7: Teilergebnisse für Mercedes-Benz nach JA HGB.

(In Mio. €)	2021	2020	2019	2018	2017	2016
Betriebsergebnis	−1.078	−604	−1.176	−1.241	1.134	1.860
Finanzergebnis	11.271	2.878	−546	7.318	5.866	5.430
EBT	10.193	2.274	−1.722	6.077	7.000	7.290
Verbundergebnis	10.404	1.967	−1.069	10.744	6.096	4.783

Tab. 12.8: Teilergebnisse für VW nach JA HGB.

(In Mio. €)	2021	2020	2019	2018	2017	2016
Betriebsergebnis	−3.413	−2.756	−2942	−2.740	−3.882	−5.256
Finanzergebnis	8545	9.787	9.115	8.264	8.644	8.725
EBT	5.132	7.031	6.173	5.527	4.762	3.469
Verbundergebnis	9.721	12.163	11.989	8.447	8.619	8.039

Muttergesellschaft hervorragende Bankgeschäfte macht – das Finanzergebnis ist deutlich im Plus – und sich die Herstellung und den Verkauf von Autos einiges kosten lässt. Dies ist allerdings wenig plausibel. Denkbar wäre es, dass die Muttergesellschaft einige Investitionen in Know-how und andere nicht aktivierte Posten steckt, die eventuell auch den Konzerntöchtern zugute kommen. Betrachtet man die Relation von Finanz- und Verbundergebnis wird deutlich, dass das Finanzergebnis ohne die Beiträge der Konzerntöchter nahezu Null oder sogar stark negativ wäre. Da in das Verbundergebnis vor allem auch Gewinne der Konzerntöchter einfließen, die ebenfalls Autos herstellen und verkaufen, drängt sich die Frage auf, warum die Töchter gerade in den Jahren so erfolgreich sind, in denen es der Muttergesellschaft schlecht geht. Auch hier liegt der Verdacht einer Gewinnglättung auf der Hand.

Mit Blick auf die Entwicklungen der Unternehmen insgesamt ist durchaus erkennbar, dass Verbundergebnisse sehr wesentlich und – vor allem bei VW und seit den letzten Jahren auch bei Mercedes-Benz – inzwischen sogar entscheidend sind. Sobald Unternehmen eine ausgeprägte Holdingstruktur haben, spielt das Betriebsergebnis eine eher unwichtige Rolle. Selbst wenn es noch bedeutsam ist, kann nicht ausgeschlossen werden, dass auch dieses durch die Konzerntöchter stark beeinflusst wurde. Deshalb ist es in solchen Fällen dringend notwendig, auch die Entwicklungen in den Konzernabschlüssen zu analysieren.

Die **Ergebnisspaltung für den Konzernabschluss nach IFRS** kann im Kern analog erfolgen. Zwar gibt es nur Minimalvorgaben für die getrennt anzusetzenden GuV-Posten (IAS 1.82), aber aufgrund der sehr detaillierten Pflichtangaben im Anhang können letztlich sehr viel mehr Detailkorrekturen als nach HGB vorgenommen werden. Als nachteilig erweist sich jedoch, dass eine dem HGB vergleichbare Aufgliederung vielfach nicht möglich ist und die Anhänge unter IFRS sind vielfach recht umfangreich bei keinesfalls immer gut vergleichbaren Aufbereitungen.

Im Schrifttum gibt es sehr umfangreiche Vorschläge, wie „Verzerrungseffekte"[11] aufgrund der unterschiedlichen Vorgaben von HGB und IFRS oder auch aufgrund von Bilanzpolitik korrigiert werden können. Dabei geht es vor allem um die **Bereinigung von außerordentlichen, periodenfremden oder bewertungsabhängigen Erfolgen.**

Regelmäßig zielen die Bereinigungen darauf ab, sehr wesentliche Unterschiede zwischen HGB und IFRS zu eliminieren. So wird darauf verwiesen, dass die **Fair Value-Bewertung** zu „bizarren Verwerfungen"[12] in der GuV (samt OCI) führen kann. Da aber Fair Value-Schwankungen nicht als betriebsfremd oder außerordentlich angesehen werden können, geht es eher um die schwache Vorhersehbarkeit oder Planbarkeit, sowohl der Höhe als auch der Vorzeichen der Wertänderungen. Deshalb wird vorgeschlagen, einen Durchschnittswert der Schwankungen über einige Perioden zu bilden und daraus eine Art Soll-Wert als Vergleichsmaßstab abzuleiten.[13]

Dem wird hier aus mehreren Gründen nicht gefolgt. Einmal wäre eine Kalibrierung notwendig, um unterschiedlichen Zusammensetzungen der entsprechenden Aktiva und Passiva Rechnung zu tragen, eventuell auch, um Kompensationseffekte bei Zeitwertschwankungen durch Bildung von Bewertungseinheiten zu korrigieren. Eine Korrektur scheitert zudem, da die eliminierten Schwankungen auch Einfluss auf andere Aufwendungen und Erträge haben können, die nicht eliminiert werden können (z. B. andere planmäßige Abschreibungen, andere Veräußerungserfolge usw.). Dies gilt u. E. auch für die Firmenwertabschreibungen. Bekanntlich greift nach IAS 36 der Impairment-only-Approach, es gibt nur außerplanmäßige Wertminderungen, während nach § 253 Abs. 3 HGB ein Firmenwert zwingend planmäßig über eine Nutzungsdauer abzuschreiben ist. Allerdings erreichen die Firmenwerte in den Einzelabschlüssen oftmals nur niedrige Größenordnungen, weil externes Wachstum durch Share Deals realisiert wird. Dies führt dann zu sehr hohen Goodwills in den Konzernabschlüssen. Letztlich ist auch die Annahme, dass es eine Art Trend gibt oder Mean-Reverse-Effekte für Fair Value-Schwankungen gäbe und deshalb ein Mehrjahresdurchschnitt hilft, keineswegs für alle Assetklassen plausibel.

Letztlich wird hier auch auf **eher kleinteilige Korrekturen verzichtet**, weil man auch argumentieren kann, dass die Rechnungslegungsunterschiede ja gerade ein anderes Bild der Ertragslage vermitteln können und es unklar ist, welches System einen **Informationsmehrwert** generiert. Insofern könnte eine Anpassung der IFRS-Daten in Richtung HGB schlicht zu einer schlechteren Datenbasis führen. Dies schließt nicht aus, dass abhängig von der konkreten Situation oder dem Analyseziel, es sinnvoll sein kann, Korrekturen der einen oder anderen Art vorzunehmen. Dabei ist aber auch zu bedenken, dass es sehr viele, auch gravierende Unterschiede geben kann, die nichts mit

11 Vgl. Lachnit und Müller (2017, 201).
12 Küting und Weber (2015, 262).
13 Vgl. Coenenberg, Haller und Schultze (2021, 1208).

den Fair Values zu tun haben. Es kann auch um Leasing, die Percentage-of-Completion-Methode bei Auftragsfertigung, Lifo versus Fifo für Vorräte, den Komponentenansatz und Rekultivierungskosten nach IAS 16 usw. gehen.

Für den IFRS-Abschluss wird hier nur sehr grob eine Abschichtung in das Betriebsergebnis und das Finanzergebnis vorgenommen, ergänzt um **IFRS 5-Erfolge**. Diese sind ex definitione einmalig und wären nach HGB zumindest bei wesentlichen Beträgen als außergewöhnlich (früher außerordentlich) zu qualifizieren. Für die hier untersuchten Unternehmen zeigt sich jedoch, dass IFRS 5-Erfolge insgesamt sehr gering ausfallen, sodass eine gesonderte Darstellung unterbleiben kann. Ein Verbundergebnis macht für den Konzernabschluss keinen Sinn, da es systembedingt nur um Erfolge aus Transaktionen mit nicht konsolidierten Tochterunternehmen handeln könnte, eine seltene Situation.

Für die Aufteilung in ein Betriebs- und Finanzergebnis sind aber zwei wichtige Abgrenzungsfragen zu entscheiden:

1. Ergebnisse aus assoziierten Unternehmen, die nach der Equitymethode konsolidiert werden können als Finanzergebnis gedeutet werden, wie andere Beteiligungserträge auch. Es kann sich jedoch auch um strategische Beteiligungen handeln (z. B. um Anteile an Lieferanten), die man dem Betriebsergebnis zurechnen kann.[14] Hier werden sie im Finanzergebnis erfasst, nicht zuletzt, da sie anders ermittelt werden als betriebliche Erfolge und der Bilanzposten als Finanzanlagevermögen erfasst wird. Insofern ist es stimmig auch die Erfolge analog zu behandeln. Insbesondere für die Gemeinschaftsunternehmen in China ist dies nicht ganz unproblematisch, da es sich um strategische Beteiligungen handelt, weil Konzerntochterunternehmen in China nicht zulässig sind.

2. Anlageimmobilien (Investment Properties) nach IAS 40 stellen eine Mischung aus Finanzanlagen und Sachanlagen dar. Wie andere Finanzanlagen dienen sie der Erzielung von Renditen und gelten als jederzeit veräußerbar ohne das übrige Geschäft zu stören. Anders als andere Finanzinstrumente führen sie jedoch zu Fixkosten (Instandhaltungen etc.) und sind weniger fungibel. Wendet ein Unternehmen das Cost Model für die Bewertung an, so sind die Mieterträge, Abschreibungen etc. im Betriebsergebnis erfasst, eine Korrektur ist weder möglich noch sinnvoll. Wenn das Fair Value Model angewendet wird, wäre eine Zuordnung zum Finanzergebnis nicht unplausibel. Allerdings verbleiben diverse immobilienbezogene Aufwendungen (Verwaltung etc.) dann gleichwohl im Betriebsergebnis, es gäbe Inkonsistenzen. Für das weitere Vorgehen stellt sich das Problem nicht, da bei den Unternehmen Investment Properties unwesentlich sind und nach dem Cost Model bewertet werden.

Die Tabellen 12.9 bis 12.11 zeigen die Ergebnisspaltung von BMW, Mercedes-Benz und VW für die IFRS-Konzernabschlüsse. Für alle drei Konzerne ergibt sich systembedingt, dass das Betriebsergebnis stark dominiert und dieses ist zudem durchgängig positiv. Das Finanzergebnis hat tendenziell akzessorischen Charakter, da insbesondere die in den Einzelabschlüssen sehr gewichtigen Erträge und Aufwendungen aus verbundenen Unternehmen entfallen. Auch die zeitlichen Entwicklungen der Betriebsergebnisse verlaufen für die drei Konzern recht ähnlich (Ausnahme Mercedes-Benz im Jahr 2019 wegen Sondereffekten).

---

14 Vgl. Coenenberg, Haller und Schultze (2021, 1213).

Tab. 12.9: Ergebnisspaltung für BMW nach KA IFRS.

(In Mio. €)	2021	2020	2019	2018	2017	2016
Betriebsergebnis	13.400	4.830	7.411	8.933	9.880	9.386
Finanzergebnis	2.660	392	−293	694	775	279
EBT	16.060	5.222	7.118	9.627	10.655	9.665

Tab. 12.10: Ergebnisspaltung für Mercedes-Benz nach KA IFRS.

(In Mio. €)	2021	2020	2019	2018	2017	2016
Betriebsergebnis	14.359	5.667	4.096	10.251	13.401	12.113
Finanzergebnis	1.452	290	−266	344	900	461
EBT	15.811	5.667	3.830	10.595	14.301	12.574

Tab. 12.11: Ergebnisspaltung für VW nach KA IFRS.

(In Mio. €)	2021	2020	2019	2018	2017	2016
Betriebsergebnis	19.275	9.675	16.960	13.920	13.818	7.103
Finanzergebnis	851	1.991	1.396	1.723	94	189
EBT	20.126	11.667	18.356	15.643	13.913	7.292

Die Frage, ob die Daten der JA oder der KA sinnvolle Ergebnisse liefern, ist einfach zu entscheiden, wenn wesentliches Geschäftsvolumen durch Tochtergesellschaften abgewickelt wird wie bei VW und seit 2019 bei Mercedes-Benz. Die Einzelabschlüsse weisen dann ein relativ niedriges oder gar kein Betriebsergebnis auf und das Finanzergebnis dominiert. Da das zuletzt genannte gerade nicht das „eigentliche" Geschäft abbildet, die Herstellung und den Verkauf von Fahrzeugen, und durch Gewinnverwendungsentscheidungen stark beeinflusst sein kann, hilft nur ein Blick auf die Konzerndaten weiter. Gleichwohl: die Erfolge können dann auch aus Konzerngliedern oder Assoziierten Unternehmen stammen, auf die die Obergesellschaft rechtlich keinen Zugriff hat.

12.2 Analyse der Aufwandsstruktur

Eigentlich könnte die Überschrift auch lauten Analyse der Aufwands- und Ertragsstruktur. Nach HGB sind innerhalb des Betriebsergebnisses aber die Umsatzerlöse und sonstigen betrieblichen Erträge wichtig, andere Ertragsarten gibt es nur innerhalb des Finanzergebnisses und diese sollen hier nicht weiter behandelt werden, da dieses bereits im vorigen Abschnitt erfolgte. Deshalb ist bei den folgenden Kennzahlen auch zu bedenken, dass z. B. im Personalaufwand auch solche Bestandteile enthalten sind, die den Bereich Finanzierung bzw. Kapitalanlage betreffen können usw. D. h., die o. a. Kritikpunkte bezüglich der sauberen Aufspaltung in Betriebs- und Finanzergebnis greifen auch hier. Es geht also vor allem darum, welchen **relativen Anteil wichtige Aufwandsgrößen haben**, z. B., um die Anfälligkeit für Faktorveränderungen wie Rohstoffpreise oder Löhne und Gehälter abzuschätzen.

Als Bezugsgröße könnte die Summe der Aufwendungen gewählt werden (was sehr unüblich ist) oder die **Umsätze oder die sog. Gesamtleistung**. Bei einem Automobilhersteller wären diese z. B. die Summe aus den Umsatzerlösen, den Bestandserhöhungen an fertigen und unfertigen Erzeugnissen und die als Anlagevermögen selbst genutzten PKW (andere aktivierte Eigenleistungen). Betrachtet man die Relation Materialaufwand zu Umsatzerlösen oder Materialaufwand zu Gesamtleistung, so wird deutlich, dass nur die Gesamtleistung dem **Entsprechungsprinzip** genügt, da Rohstoffe in sämtlichen hergestellten Produkten enthalten sind, nicht nur in den abgesetzten. Ein praktisches Problem rührt daher, dass die aktivierten Eigenleistungen nur beim Gesamtkostenverfahren erkennbar sind. Die Bestandsänderungen könnten hingegen auch beim Umsatzkostenverfahren durch den Vergleich der Bilanzposten einigermaßen plausibel ermittelt werden (wegen möglicher Abschreibungen oder Zukäufe nicht genau). Allerdings werden Umsätze mit den Absatzpreisen bewertet und die Bestände und selbst genutzten PKW mit den Herstellungskosten, sodass es zu (i. d. R. kleineren) Verwerfungen kommen könnte. Aus pragmatischen Gründen und weil die Bestandsveränderungen und aktivierten Eigenleistungen bei den hier untersuchten Unternehmen quantitativ wenig Bedeutung haben sollten, wird nur auf die Umsätze abgestellt.

Es liegt auf der Hand, dass die Möglichkeiten der Aufwandsaufgliederung davon abhängen, ob das Gesamtkostenverfahren mit der Strukturierung nach **Aufwandsarten (Primärprinzip)** oder das Umsatzkostenverfahren mit der Gliederung nach **Funktionsbereichen (Sekundärprinzip**, eine Art grobe Kostenstellenrechnung) genutzt wird. Wird das Umsatzkostenverfahren nach HGB angewendet, so sind aber dem Anhang neben den Funktionsbereichsaufwendungen auch wichtige Aufwandsarten zu entnehmen. Dazu gehören die Abschreibungen auf Sachanlagen und immaterielle Anlagen (samt Firmenwert) aus dem Anlagespiegel und die Material- und Personalaufwendungen (§ 285 Nr. 5 HGB). Umgekehrt können beim Gesamtkostenverfahren keine Anhaltspunkte für die Bereichsaufwendungen gewonnen werden. Insofern sind beim Umsatzkostenverfahren, das alle drei Unternehmen verwenden, mehr wichtige Informationen verfügbar als beim Gesamtkostenverfahren.

Bei den typischerweise verwendeten **Intensitätskennzahlen**, z. B. Material- oder Personalaufwand zu Umsatzerlösen, kann man pragmatisch zunächst einmal mit einer pauschalen Annahme arbeiten, nämlich einer konstanten Entwicklung im Zeitablauf: Steigen die Umsätze in einem Jahr um 5 %, so liegt es zunächst einmal nahe, dass auch der Material- oder Personalaufwand um 5 % steigt.[15] Veränderungen könnten demnach erklärungsbedürftig sein, wie andere Auffälligkeiten auch.

---

15 Vgl. Lachnit und Müller (2017, 218).

Allerdings ist diese Argumentation durchaus fehleranfällig. Steigt beispielsweise der Materialaufwand stärker als der Umsatz, könnte dies auf gestiegenen Preisen oder einer schlechteren Effizienz beruhen. Dies wäre in der Tat bedenklich. Solche veränderten Relationen können aber auch schlicht darauf beruhen, dass manche Aufwände fix, sprungfix oder variabel sind. Extern ist eine **Aufwandsspaltung in fix und variabel** kaum möglich. Man kann zwar davon ausgehen, dass der Materialverbrauch tendenziell variabel ist, während Personalaufwand und Abschreibungen eher Fixkosten sind, aber zuverlässig sind solche Aussagen nicht. Dies wird deutlich, wenn es um Akkordlöhne geht oder verschleißbedingte außerplanmäßige Abschreibungen. Außerdem setzt eine solche Kostenauflösung immer einen Zeithorizont voraus. Beträgt dieser mehrere Monate können auch Fixkosten variabel werden.

Ein wesentlich gravierenderer Einwand zielt darauf ab, dass die Aufwandsarten zumindest teilweise in einem **Substitutionsverhältnis** stehen können. Dies sei an einem stark vereinfachten Beispiel dargestellt.

Tab. 12.12: Zahlenbeispiel: GuV.

	Unternehmen A	Unternehmen B
Umsatzerlöse	100	100
– Materialaufwand	20	50
– Personal	40	30
– Abschreibungen	30	10
= Jahresüberschuss	**10**	**10**

Beispiel: Unternehmen A beschäftigt acht Mitarbeiter, Unternehmen B fünf. Der Blick auf die Größen Umsatz und Jahresüberschuss zeigt gleiche Werte. Auffällig sind jedoch die stark unterschiedliche Aufwandszusammensetzung und das relativ höhere Lohnniveau bei Unternehmen B. Eine naheliegende Erklärung hierfür könnte die unterschiedliche Fertigungstiefe sein. Unternehmen A versucht mit einer großen Fertigungstiefe Synergiepotenziale zu heben. Entsprechend sind die Materialaufwendungen relativ gering, aber es wird mehr Personal benötigt und auch mehr Produktionsvermögen, was zu höheren Abschreibungen führt. Unternehmen B hat hingegen einige Produktionsstufen outgesourct und benötigt entsprechend weniger Produktionsanlagen und Mitarbeiter. Entsprechend werthaltiger sind aber die eingekauften Materialien bzw. Bauteile. Damit hat Unternehmen B tendenziell Fixkosten durch variable Kosten ersetzt und sieht flexibler und weniger anfällig für Risiken von Auslastungsschwankungen aus. Zudem kann die Spezialisierung auf Kernkompetenzen ökonomisch sinnvoll sein. Dem steht aber gegenüber, dass die Lieferantenabhängigkeit steigt und eventuell Know-how-Verluste auftreten und Marktkompetenzen verloren gehen.[16] Gerade bei komplexen Lieferbeziehungen müssen zudem technologisches Wissen und spezifische Investitionen der Lieferanten manchmal geteilt werden (z. B. in Form privater Investitionszuschüsse verbreitet), was ebenfalls Risiken bergen kann. Auch das unterschiedliche Lohnniveau der beiden Unternehmen wäre mit einer geringeren Fertigungstiefe erklärbar. Unterstellt man,

---

16 Vgl. Gladen (2014, 271 ff.) zu weiteren Vorteilhaftigkeitserwägungen.

dass Rationalisierungen bzw. Auslagerungen zunächst repetitive, einfache Tätigkeiten umfassen, ist es auch plausibel, dass eher geringer bezahlte Mitarbeiter entfallen können. Die komplexeren, eventuell auch markenbildenden Aktivitäten verbleiben dann beim Unternehmen und müssen entsprechend vergütet werden.

Sind solche Substitutionsbeziehungen plausibel, so leuchtet es natürlich sofort ein, dass es besonders kritisch ist, wenn zwei oder mehr Faktorkosten stärker als die Umsätze steigen.[17] Auch solche Entwicklungen könnten durchaus branchenbedingt typisch sein, aber dies sollte auch bei einem Vergleich von Unternehmen mit ähnlichen Geschäftsmodellen erkennbar werden. Ein Vergleich von Unternehmen verschiedener Branchen dürfte hier wenig aussagefähig sein.

Die Tabellen 12.13 und 12.14 zeigen die wichtigsten Intensitätskennzahlen für BMW und VW auf Basis der HGB-Jahresabschlüsse. Mercedes-Benz bleibt ausgeklammert, da nur die Daten vor dem Jahr 2019 sinnvoll wären. Neben den Intensitätskennzahlen wer-

Tab. 12.13: Intensitätskennzahlen für BMW nach JA HGB.

(In % bzw. in €)	2021	2020	2019	2018	2017	2016
Materialintensität	74,8	76,5	74,9	73,7	70,8	71,5
Personalintensität	11,3	11,4	10,2	11,0	10,9	11,1
Abschreibungsintensität	3,2	3,5	3,0	3,1	3,0	3,0
Umsatzkostenintensität	81,6	84,9	82,9	81,5	79,3	80,9
Vertriebskostenintensität	4,4	5,4	4,7	5,2	5	4,8
Verwaltungskostenintensität	3,7	3,7	3,3	3,6	3,4	3,3
F&E-Intensität	7,3	7,2	6,5	7,5	6,5	6
Produktivität (in T€)	1.058,2	867,4	947,3	879,6	910,7	950,0
Lohnniveau (in €)	119,3	99,0	96,5	96,5	99,3	105,2

Tab. 12.14: Intensitätskennzahlen für VW nach JA HGB.

(In % bzw. in €)	2021	2020	2019	2018	2017	2016
Materialintensität	71,1	71,5	70,3	70,2	73,5	71,2
Personalintensität	16,3	15,7	14,8	14,8	14,1	13,3
Abschreibungsintensität	3,0	3,4	2,6	2,9	3,0	3,0
Umsatzkostenintensität	95,1	93,9	92,6	93,2	95,6	93,2
Vertriebskostenintensität	7,4	8,0	7,4	7,4	7,4	9,6
Verwaltungskostenintensität	2,4	2,7	2,4	2,4	1,9	1,5
Produktivität (in T€)	580,9	555,7	662,6	639,4	642,4	640,7
Lohnniveau (in €)	94,9	87,1	97,9	94,9	90,4	85,3

---

17 Vgl. Coenenberg, Haller und Schultze (2021, 1223).

den auch die **Produktivität** (Umsatzerlöse je Mitarbeiter in €) und das **Lohnniveau**, d. h. der Personalaufwand je Mitarbeiter (in €) angegeben.

Betrachtet man zunächst die Anteile der Aufwandsarten so fällt sofort auf, dass die **Materialaufwendungen** mit Abstand am Wichtigsten sind. Dies ist ein deutlicher Hinweis auf eine **geringe Fertigungstiefe** und damit relativ hohe Flexibilität der Unternehmen. Die stetige Zunahme bei BMW könnte ein Hinweis darauf sein, dass steigende Materialkosten nicht an die Kunden weitergegeben werden konnten.

Theoretisch könnten auch andere Einflussfaktoren eine Rolle spielen. So enthält der Materialaufwand nicht nur die Verbräuche der Roh-, Hilfs- und Betriebsstoffe, sondern gegebenenfalls auch Abschreibungen und Inventurdifferenzen. Letztere dürften bei den hier untersuchten Unternehmen keine Rolle spielen und für hohe, volatile Abschreibungen gibt es keine Anhaltspunkte im Anhang. Auch Einflüsse von Lifo oder Fifo entfallen, da alle drei Unternehmen mit der Durchschnittsmethode arbeiten. Deshalb dürften Preisschwankungen nicht zur sprunghaften Bildung oder Auflösung stiller Reserven/Lasten führen.

Die **Abschreibungsintensität** gilt als Indikator für Rationalisierungsmaßnahmen, da bei hohen Investitionen in neue Anlagen auch hohe Abschreibungsbeträge zu erwarten sind.[18] Wichtig könnten hierbei aber die Abschreibungspolitik und mögliche außerplanmäßige Abschreibungen sein. Die Unternehmen schreiben jedoch linear ab und außerplanmäßige Abschreibungen auf das Produktivvermögen sind quantitativ gering oder fehlen ganz. Demnach kann gefolgert werden, dass die Unternehmen – passend zu der geringen Fertigungstiefe – nicht sehr kapitalintensiv sind.

Drei mögliche Sondereinflüsse können gleichwohl eine Rolle spielen: Es ist erstens durchaus plausibel, dass die **Investitionen zyklisch** anfallen und deshalb im Betrachtungszeitraum niedrige Quoten zu beobachten waren. Angesichts der geringen Investitionen in Sachanlagen und immaterielles Anlagevermögen und dem recht hohen Anlagenabnutzungsgrad (vgl. Kapitel 8.2) ist dies plausibel. Denkbar wäre darüber hinaus zweitens, dass Investitionen auf eher indirekte Art erfolgten, durch Zuschüsse an Lieferanten zu deren Anlagevermögen. Solche Zuschüsse sind aber ihrerseits beim leistenden Unternehmen als immaterielles Vermögen zu aktivieren und werden planmäßig abgeschrieben (z. B. VW AG). Schließlich ist drittens der Einfluss der Nichtaktivierung von selbsterstelltem IAV gegeben, der aber nicht quantifiziert werden kann.

Bei der **Personalaufwandsintensität** zeigt BMW (Tabelle 12.13) eine konstante Quote, die niedriger als die von VW ist. VW (Tabelle 12.14) zeigt dagegen eine stetige Zunahme. Hier ist es aber möglich, dass der Einfluss von Leiharbeit den Vergleich zwischen den Unternehmen und im Zeitablauf stört. Als Personalaufwand ist, vereinfacht gesprochen, der Aufwand zu erfassen, der Entgelt für Arbeitsleistungen eigener Mitarbeiter darstellt (also manchmal auch Abfindungen umfassen kann, vielfach aber nicht, da sie kein Entgelt für vergangene Leistungen darstellen). Ergänzend kann es sein, dass durch

---

18 Vgl. Küting und Weber (2015, 302).

die Auslagerung oder Kürzung von Pensionsrückstellungen Einflüsse auftreten (vgl. Kapitel 18).

Interessant sind auch die Entwicklungen der **Produktivität** (Umsatzerlöse je Mitarbeiter) und des **Lohnniveaus** (Personalaufwand je Mitarbeiter). Bezüglich der Produktivität weist BMW durchwegs höhere Werte als VW auf. Dies ist aufgrund der tendenziell höheren Preise der Produkte nicht überraschend. Bei VW war die Produktivität relativ konstant im Betrachtungszeitraum, ging im Jahr 2020 aber stark zurück. Der Personalaufwand je Mitarbeiter ist hingegen in den Jahren 2016 bis 2019 stärker gestiegen als die Produktivität und im Jahr 2020 gab es ebenfalls einen deutlichen Rückgang. Bei BMW verliefen die Produktivitätszahlen sehr viel volatiler und das Lohnniveau entwickelte sich nicht parallel, besonders in den letzten drei Jahren.

Die **Umsatzkostenquote** ist eine besonders wichtige Kennzahl. In Absolutbeträgen zeigt der Unterschied von Umsatzerlösen zu Umsatzkosten den **Rohgewinn**, aus dem noch alle anderen Aufwendungen zu decken sind (Verwaltung, Vertrieb etc.). Die Kennzahl hängt von mehreren Einflussfaktoren ab: den abgesetzten Stückzahlen, den Absatzpreisen und den Preisen für die Produktionsfaktoren.[19] Diese Liste muss jedoch ergänzt werden: Es kann auch schlicht Einflüsse aufgrund der Rechnungslegungsstandards geben.

Küting und Weber verweisen diesbezüglich auf die diversen Wahlrechte nach HGB für die Bestimmung der Herstellungskosten nach § 255 Abs. 2 und 3 HGB.[20] Dies ist nicht zutreffend, da nach h. M. die Abgrenzung der Herstellungskosten der abgesetzten Produkte für die GuV unabhängig von der gewählten Bewertungsmethode für die Vorratsbestände erfolgt. Insofern sind nur relativ geringe Einflüsse zu erwarten, wenn es Lageraufbau und Lagerabbau gibt.[21] Im zuletzt angesprochenen Fall gehen als Aufwand die Herstellungskosten der bilanzierten Fertigerzeugnisse ein.

Sehr viel gravierender ist es zumindest für die zwischenbetriebliche Vergleichbarkeit, dass es **Abgrenzungsprobleme zwischen den Funktionen** Produktion, Verwaltung und Vertrieb geben kann und die **Kostenschlüsselungen** unterschiedlich ausfallen können.[22] Außerdem gibt es Unterschiede in der Frage, ob auch außerplanmäßige Abschreibungen zu den Umsatzkosten gehören und wenn ja, in welchem Umfang. Auch sonstige Steuern und Zinsaufwendungen können in den Umsatzkosten verrechnet werden oder als gesonderte Aufwendungen außerhalb des Betriebsergebnisses ausgewiesen werden.

Zudem weist VW die **F&E-Aufwendungen** als Umsatzkosten aus und BMW hat diese in einer gesonderten GuV-Position separiert. Stellt man Vergleichbarkeit zwischen den

---

19 Vgl. Subramanyam (2014, 475).
20 Vgl. Küting und Weber (2015, 304).
21 Vgl. Coenenberg, Haller und Schultze (2021, 572 f.).
22 Vgl. Küting und Weber (2015, 304).

Unternehmen her, müssten die F&E-Aufwendungen deshalb auch für BMW den Umsatzkosten zugeschlagen werden. Gleichwohl wäre die Quote durchgängig etwas niedriger als die von VW. Es sei zudem darauf verwiesen, dass der F&E-Aufwand des abgelaufenen Geschäftsjahres regelmäßig in keinem sinnvollen Zusammenhang mit den Umsätzen steht, sodass diese Anpassung den Aussagewert der Kennzahl verschlechtern würde.

Aufgrund der Neudefinition der Umsatzerlöse durch das BilRUG 2015 gab es eine Ausweitung des Begriffes, sodass nunmehr auch Nebeneinkünfte, die zuvor als sonstige betriebliche Erträge erfasst wurden, Umsatzerlöse sind. Analog musste der Begriff der Umsatzkosten ausgeweitet werden. Da die Rohgewinnmargen für die verschiedenen Produkte und Dienstleistungen sehr verschieden sein können, besteht die Gefahr, dass die Marge aufgrund dieser Heterogenität an Aussagekraft verliert. Für die hier untersuchten Unternehmen dürfte diese Gefahr eher gering sein, da das Gewicht der Nebengeschäfte gering sein wird.

Zu den **Vertriebskosten** gehören Provisionen, Kosten für Vertriebsläger und Verkaufsbüros, Marktforschungskosten und Marketingmaßnahmen etc. Deshalb können diese Aufwendungen sowohl fix als auch variabel sein, was für den Aussagewert der Kennzahl Vertriebskostenintensität wichtig ist. Leider ist der jeweilige Anteil extern nicht zu identifizieren. Eine weitere Störgröße resultiert daraus, dass Marketingmaßnahmen eher mit künftigen Umsätzen verknüpft sind als mit denen der Vergangenheit. Sie können jedoch nicht aktiviert und mittels Abschreibungen periodisiert werden. Insofern können steigende Vertriebskosten ein Hinweis auf Absatzstockungen sein oder für die Erschließung neuer Märkte (bezüglich Region oder Produkten) anfallen. Angesichts der wenig umfassenden Erläuterungen zu den Vertriebskosten im Anhang ist der Aussagewert der Quote nur beschränkt.

Als **Verwaltungskosten** sind vor allem zentrale und allgemeine Funktionskosten anzusehen, z. B. für das Topmanagement, Steuer- und Rechtsabteilung, Rechnungswesen etc. Dies schließt nicht aus, dass z. B. die Kosten des Vertriebsvorstandes oder der Provisionsberechnungen aus dem Rechnungswesen als Vertriebsaufwand auszuweisen sind. Unter IFRS sind explizit nur sehr produktionsferne Aufwendungen zu subsumieren, während andere als Umsatzkosten anzusetzen sind.[23] Tendenziell sind Verwaltungskosten **Fixkosten**. Sowohl bei BMW als auch VW steigen die Verwaltungskosten im Zeitablauf insgesamt etwas an, bei VW stärker, aber von einem niedrigeren Startniveau im Jahr 2016 aus. Im Jahr 2020 kann dies z. B. durch die rückläufigen Umsätze bedingt sein. Gleichwohl fällt natürlich auf, dass die Unternehmen relativ niedrige Quoten erreichen. Das hängt sicher auch damit zusammen, dass es wenig attraktiv ist, hohe Verwaltungskosten zu zeigen. Insofern spricht einiges dafür, Aufwendungen soweit möglich, den Bereichen Umsatzkosten oder Vertriebskosten zuzurechnen.

Für die vergleichbaren **IFRS-Kennzahlen** sind mehrere Dinge zu beachten. Wichtig ist, dass der Materialaufwand nicht pflichtgemäß anzugeben ist, genauso wie die Mit-

---

23 Vgl. Coenenberg, Haller und Schultze (2021, 607).

arbeiterzahl. Der F&E-Aufwand ist hingegen anzugeben (IAS 38.126), genauso wie die Aktivierungsquote. Der Personalaufwand enthält teilweise auch Erträge und Aufwendungen aus aktienbasierten Vergütungen[24] und die Abschreibungen auf die Produktionsanlagen beruhen auf IAS 16, 38 und 36 und decken sich nicht mit den HGB-Vorgaben. Insoweit sind die Jahres- und Konzerndaten nicht direkt vergleichbar, teilweise sind Annahmen erforderlich.

Für die Konzernabschlüsse wird auf eine detaillierte Darstellung sämtlicher Kennzahlen verzichtet, es werden aber zusamengefasste Erläuterungen gegeben. Der **Personalaufwand** bei BMW schwankt im gesamten Zeitraum um die 12 % der Umsätze, bei Mercedes-Benz um die 14 % und 17 % im Jahr 2021. Bei diesen Unternehmen sind die Schwankungen primär durch die Volatilität der Umsatzerlöse zu erklären. Demgegenüber weist VW im Konzernabschluss eine leicht steigende Tendenz im Zeitablauf aus (von knapp 15 % im Jahr 2016 bis auf 18 % im Jahr 2020. Vergleicht man die Werte mit den Daten aus den Jahresabschlüssen der Muttergesellschaften, gibt es nur geringe Unterschiede.

Dies gilt nicht für die **Abschreibungsintensität**, also die Relation der Abschreibungen auf Sachanlagen, immaterielle Anlagen und vermietete Vermögenswerte zu den Umsatzerlösen. Diese liegt (bis auf sehr wenige Ausnahmen) bei knapp 9 bis 12 % und ist damit wesentlich höher als in den Einzelabschlüssen. Dies liegt einmal daran, dass auch die Abschreibungen auf die vermieteten Fahrzeuge eingehen, die bei den Muttergesellschaften gar nicht bilanziert sind. Zum Anderen tauchen in der Konzernbilanz nicht mehr die Beteiligungen an verbundenen Unternehmen auf, sondern die Sachanlagen und immateriellen Vermögenswerte der Tochterunternehmen.

Die **Umsatzkostenintensität** bewegt sich bei allen drei Konzernen mit leichten Schwankungen um die 80 %. Dies deckt sich in etwa mit dem Niveau bei BMW im Jahresabschluss. Demgegenüber weist VW im Einzelabschluss wesentlich höhere Prozentsätze aus, was dann regelmäßig zu negativen Betriebsergebnissen führt. Daraus lässt sich folgern, dass bei den konsolidierten Konzerntöchtern die Umsatzkostenquote deutlich niedriger als bei der Muttergesellschaft ist. Die Vertriebskostenintensität liegt bei BMW zwischen knapp 5 bis 6,5 %, bei Mercedes-Benz zwischen 7 bis 8 % und bei VW zwischen 10,4 bis 7,7 % und sinkt bei allen drei Konzernen im Zeitablauf leicht, aber stetig.

Die **Verwaltungskostenintensität** ist bei allen drei Konzernen relativ konstant auf niedrigem Niveau (BMW ca. 3,5 %, Mercedes-Benz 2,2 % und VW knapp 4 %). Während sich dies bei BMW in etwa mit dem Niveau der Verwaltungskosten der AG übereinstimmt, weist VW im Jahresabschluss eine Quote auf, die zwischen 1,5 bis 2,5 % liegt, also deutlich niedriger ist.

Der Umsatz je Mitarbeiter **(Produktivität)** steigt bei BMW von ca. 760 T€ im Jahr 2016 stetig auf 938 T€ im Jahr 2021, also etwa um 23 % an. Für die Muttergesellschaft selbst lag die Produktivität etwas höher. Zugleich hat der **Personalaufwand je**

---

24 Vgl. Coenenberg, Haller und Schultze (2021, 1223).

Mitarbeiter im gleichen Zeitraum um ca. 11 % von 93 T€ auf knapp 104 T€ zugelegt, wobei auch hier im Einzelabschluss etwas höhere Personalaufwendungen zu verzeichnen sind. Insgesamt hat die Produktivität mehr zugenommen als die Lohnkosten.

Für VW zeigt sich auf Konzernebene eine deutlich niedrigere Produktivität von 400 bis 430 T€ ohne Trend während der Personalaufwand um ca. 9 % auf knapp 76 T€ im Jahr 2021 angestiegen ist. Beide Werte liegen deutlich unter dem Niveau der Muttergesellschaft selbst. Insbesondere beim Lohnniveau sind hier deutlich niedrigere Beträge bei ausländischen Tochtergesellschaften verantwortlich. Bei Mercedes-Benz schwanken die Umsätze je Mitarbeiter im Betrachtungszeitraum um die 550 T€ ohne Trend, während die Aufwendungen je Mitarbeiter stetig von 74 T€ auf 91 T€ gestiegen sind.

Die **F&E-Intensität** kann den Konzernabschlüssen nach IFRS entnommen werden und zwar unabhängig davon, in welchen GuV-Posten diese erfasst wurden. Für VW ergibt sich eine recht konstante Quote von ca. 5,2 %. Für BMW und Mercedes-Benz zeigen sich stetig, aber langsam steigende Quoten im Zeitablauf (2021: BMW 5,7 %, Mercedes-Benz 4,1 %). Dabei lässt sich feststellen, dass der F&E-Aufwand bei BMW nahezu komplett bei der Muttergesellschaft anfiel (die Daten werden im HGB-Jahresabschluss freiwillig angegeben). Seltsam ist auf den ersten Blick, dass der Aufwand der Muttergesellschaft in Absolutbeträgen in einzelnen Jahren sogar höher ist als für den gesamten Konzern. Als Ursache könnten unterschiedliche Abschreibungen auf aktivierte selbst erstellte Vermögenswerte in Frage kommen.

Fragt man, welche Kennzahlen für die Einschätzung der wirtschaftlichen Entwicklungen der Unternehmen besser geeignet sind – diejenigen aus den Jahres- oder den Konzernabschlüssen – so kann dies nicht auf einfache Art beantwortet werden. Klar ist jedenfalls, dass bei einer reinen Holding wie Mercedes-Benz nur der Konzernabschluss sinnvoll ist. Für die Aufwandsintensitäten, die Produktivität und das Lohnniveau hingegen haben die Jahresabschlüsse von VW und BMW sehr wohl Informationsgehalt, zeigen sie doch die Entwicklungen bei der Muttergesellschaft (im Inland). Die Konzernabschlussdaten sind hingegen bei VW stark durch die Verhältnisse bei ausländischen und inländischen Tochtergesellschaften geprägt, sodass sie sehr unterschiedliche Wertausprägungen und Relationen zu einem Gesamtwert aggregieren. Wie sich diese entwickeln, wenn der Absatz oder die Produktion in anderen Regionen stattfinden, kann damit nicht abgeschätzt werden.

Auf der anderen Seite ist natürlich zu beachten, dass die Einzelabschlüsse eher durch die nationalen Randbedingungen geprägt und deshalb vielleicht besser einzuordnen sind, es gibt aber Störeffekte durch konzerninterne Transaktionen und eventuell durch Übernahme von F&E- oder Verwaltungsfunktionen der Konzernmutter für alle Konzernglieder.

> Ein Analyse-Tool zur Ertragslage wird hier nicht weiterverfolgt, die sog. Wertschöpfungsrechnung. **!** Anders als die anderen Herangehensweisen wird hierbei die Leistung des Unternehmens nicht nur aus der Sicht der Kapitalgeber analysiert, sondern einem erweiterten Stakeholder-Ansatz gefolgt.[25] Im Kern besteht die Rechnung aus zwei Bestandteilen:
> 1. Die Entstehungs- oder Wertschöpfungsrechnung wird als Differenz der Unternehmensleistung (Umsätze, Lageraufbau etc.) und den erhaltenen Vorleistungen ermittelt (z. B. Materialaufwand). Der Wertzuwachs durch die Unternehmen soll dabei weiter unterteilt werden, in Anlehnung an die Trennung von Betriebs-, Finanz- und außergewöhnlichem Ergebnis, in eine betriebliche, eine finanzwirtschaftliche und neutrale Wertschöpfung.[26]
> 2. Die Verteilungsrechnung ordnet den Wertschöpfungsbetrag diversen Stakeholdern zu: den Eigenkapitalgebern (Gewinn), den Fremdkapitalgebern (Zinsaufwand), den Mitarbeitern (Personalaufwand) und der Allgemeinheit (Steuern). Daraus soll ersichtlich werden, welche Anteile am produzierten Wertzuwachs auf welche Stakeholder entfallen.

Auf Basis einer solchen **Wertschöpfungsrechnung** lassen sich einige vertiefte Einsichten in Fertigungstiefe, Arbeits- und Kapitalproduktivität usw. ermitteln.[27] Gleichwohl wird diese Möglichkeit hier nicht ausgeschöpft. Schon bei der Anwendung auf Basis von HGB-GuV nach dem Gesamtkostenverfahren können vor allem bezüglich der Entstehungsrechnung erforderliche Daten teilweise nur geschätzt werden. Beim Umsatzkostenverfahren ist dies noch problematischer. Küting und Weber gehen so weit zu sagen, dass „das UKV konzeptionell nicht als Grundlage für Wertschöpfungsrechnungen geeignet"[28] ist. Für IFRS-Abschlüsse stellt sich dies noch schwieriger dar, da für wesentliche Daten keine Angabepflicht besteht (besonders Materialaufwand) und für weitere Mischpositionen keine umfassenden Erläuterungen verlangt werden.[29]

12.3 Analyse der Segmentberichterstattung

Segmentberichte nach IFRS 8 sind von börsennotierten Unternehmen zu veröffentlichen. Nach den §§ 264 Abs. 1, 297 Abs. 1 HGB sind sie in Deutschland hingegen nur in seltenen Fällen wahlweise vorgesehen. Mit DRS 28 liegt ein nicht zwingend einzuhaltender Standard vor, der aber hier keine Bedeutung erlangt, da die Unternehmen nur im IFRS-Konzernabschluss einen Bericht veröffentlichen. Mit dem Segmentbericht sollen aggregierte Daten aus dem Konzernabschluss aufgeteilt werden. Dies ist insbesondere dann bedeutsam, wenn **sektoral oder regional diversifizierte Geschäftsfelder** vorliegen. „Durch diese umfangreichen Angaben je Geschäftssegment ist die Segmentanalyse

---

25 Vgl. Brösel (2017, 207 ff.); Lachnit und Müller (2017, 256 ff.).

26 Vgl. Brösel (2017, 209).

27 Vgl. Coenenberg, Haller und Schultze (2021, 1260 ff.).

28 Küting und Weber (2015, 343).

29 Vgl. Coenenberg, Haller und Schultze (2021, 1257 f.); Küting und Weber (2015, 345 f.).

zu einem Kernbestandteil"[30] der Jahresabschlussanalyse geworden. Sie gibt Einblick in die **Struktur des Geschäftsportfolios**. Ein Segment liegt vor, wenn a) ein Unternehmensbestandteil Umsätze und Aufwendungen generiert, b) das Betriebsergebnis von Hauptentscheidungsträgern überwacht wird und Entscheidungen über die Ressourcen und Performance der Einheit getroffen werden und c) eigenständige Finanzinformationen vorliegen.[31]

Während im Konzernabschluss die konsolidierten Größen aller Konzernglieder zusammengefasst werden, werden sie für die Segmentberichte wieder disaggregiert, aber nicht nach der Struktur der rechtlichen Einheiten. Der Standard enthält hierfür zwar sehr umfangreiche Vorgaben, aber diese sind insofern nur eingeschränkt hilfreich, als der sog. **Management Approach** umfassend und konsequent anzuwenden ist. Dieser stellt darauf ab, dass sowohl die **Segmentabgrenzungen** als auch die zu berichtenden **Segmentinformationen** sich danach richten, wie die Einheiten tatsächlich gesteuert werden. Der Vorteil dieser Herangehensweise besteht darin, dass Externe das Unternehmen durch die Brille des Managements betrachten können und die Entscheidungsgrundlagen erkennbar werden. Zudem liegen die Daten (in prüfbereiter Form) vor und es wird unterstellt, dass sie qualitativ hochwertig sind, da sie eben auch für die interne Steuerung genutzt werden. Bilanzpolitische Verzerrungen wären hier dysfunktional.

Der Ansatz hat aber natürlich auch gravierende Nachteile, insbesondere bezüglich der **externen Vergleichbarkeit**. Selbst für Zeitvergleiche kann es Schwierigkeiten bei Reorganisationsmaßnahmen geben (wie für Mercedes-Benz 2019/2020). Eine weitere Folge besteht darin, dass nur solche **Daten** anzugeben sind, **die auch für die Steuerung eingesetzt werden**. Demgemäß entfallen andere Informationen, auch wenn diese für externe Adressaten wichtig sein könnten. Hierzu gehören vielfach Cashflowgrößen, aber auch Investitionen, Segmentschulden etc. Von den drei Unternehmen gibt z. B. nur Mercedes-Benz die Schulden je Segment an. Für die anderen beiden kann die Nicht-Angabe inhaltlich natürlich korrekt sein, wenn über die Kapitalstruktur nicht auf der Segmentebene entschieden wird, sondern nur für den Konzern insgesamt. Dann wären das Fremdkapital samt der zugehörigen Fremdkapitalkosten auch keine sinnvollen Größen, um die Leistung eines Segmentes zu messen. Auf der anderen Seite ist aber auch einleuchtend, dass heterogene Segmente auch sehr verschiedene Kapitalbedarfe haben können und sich die risikoadjustierten Zinssätze ebenfalls deutlich unterscheiden können. Insofern gehen durch den Management Approach auch wichtige Informationen unter.[32]

---

30 Coenenberg, Haller und Schultze (2021, 1218).

31 Vgl. Pellens, Fülbier u. a. (2021, 977).

32 BMW gibt zu Bilanz, Gesamterfolgsrechnung und Kapitalflussrechnung zu jedem Posten eine Aufteilung auf Geschäftssegmente an, mit dem expliziten Hinweis, dass es sich um ungeprüfte informationen handelt. Diese sind nicht Bestandteil des Segmentberichtes nach IFRS 8.

Alle drei Konzerne verwenden zwei Segmentierungskriterien (die aber inhaltlich nicht jeweils gleich sind). Einmal eine umfassendere **Aufgliederung nach Geschäftsfeldern** und zum anderen eine **regionale Aufgliederung** nach dem Bestimmungslandprinzip (Ort der Umsatzerlöse). Alle drei haben ein **Segment Finanzdienstleistungen** abgegrenzt, das Finanzierungs- und Versicherungsleistungen anbietet (speziell Leasing und Händlerfinanzierungen), aber auch noch weitere Geschäfte abwickelt.

Alle drei Konzerne verweisen des Weiteren darauf, dass IFRS-Daten segmentiert werden und stellen **Überleitungsrechnungen** zu den Konzerngrößen dar. Bezüglich der **Intersegmentumsätze** geben sie jeweils an, dass diese zu Preisen erfolgen, die auch mit fremden Dritten vereinbart worden wären (arm's length principle). Oben wurde für die Jahresabschlüsse kritisch angemerkt, dass beim sog. Verbundergebnis auf der Ebene der Mutterunternehmen nur bestimmte Erfolge aus dem Finanzergebnis erkennbar werden, die sonstigen horizontalen und vertikalen Leistungsverflechtungen sind nicht erkennbar (z. B. Umsätze, Dienstleistungen, Kostenverrechnungen etc.). Der Segmentberichterstattung sind immerhin die Intersegmentumsätze zu entnehmen.

Tabelle 12.15 gibt die **Intersegmentumsätze** für die Jahre 2019 bis 2021 wieder. Diese stellen aber nicht einmal die gesamten Umsätze zwischen den verbundenen Unternehmen dar, da die Segmente selbst aus mehreren, teilweise auch sehr vielen Konzernunternehmen bestehen. Deshalb ist es möglich, dass die Intersegmentumsätze lediglich einen **Bruchteil des konzerninternen Leistungsaustausches** ausmachen.

Tab. 12.15: Intersegmentumsätze der Konzerne.

(In Mrd. € bzw. in %)	2021	2020	2019
BMW	19,8	14,2	19,4
(Anteil am Gesamtumsatz)	(17,9)	(14,3)	(15,7)
Mercedes-Benz	4,4	5,2	6,6
(Anteil am Gesamtumsatz)	(3,2)	(4,1)	(4,1)
VW	20,3	19,9	20,0
(Anteil am Gesamtumsatz)	(7,5)	(8,2)	(7,5)

Gleichwohl wird aus den Größenordnungen deutlich, dass hier ein beachtliches Potenzial zur Gestaltung von Verrechnungspreisen besteht. Wenn es Anreize für Erfolgsverlagerungen und Bilanzpolitik gibt, ist dies bedeutsam. Dies gilt vor allen Dingen, wenn der Leistungsaustausch auch Know-how-Überlassungen oder die Nutzung von immateriellem Vermögen betrifft, da Marktpreise hierfür schwer zu finden sind.

Geht man auf die Ebene der Segmentinhalte über, wird schnell deutlich, dass die Berichte der drei Konzerne nicht vergleichbar sind. Schon auf der Ebene der Segmentierung ergeben sich Unterschiede für die Konzerne – die jeweiligen Abgrenzungen sind in Tabelle 12.16 dargestellt.

Tab. 12.16: Segmentierung der Konzerne.

BMW	Mercedes-Benz	VW
PKW	PKW	PKW
Motorräder	Vans	Nutzfahrzeuge
Finanzdienstleistungen	Trucks	Finanzdienstleistungen
Sonstige	Busses	Power Engineering
	Finanzdienstleistungen	

Die Finanzdienstleistungssegmente werden teilweise unterschiedlich bezeichnet und tätigen verschieden andere Aktivitäten zusätzlich. Bei Mercedes-Benz wurden zwischenzeitlich die Segmente *PKW* und *Vans* sowie *Busses* und *Trucks* zusammengefasst, sodass es nur noch drei Segmente gab. Seit dem Jahr 2021 wird das Segment *Busses/Trucks* gar nicht mehr separiert und es gibt nur noch die Segmente *PKW/Vans* sowie *Mobility*.

Aus der Darstellung wird deutlich, dass die berichtspflichtigen Segmente sehr groß und sehr heterogen sind. Bei VW werden z. B. alle PKW und leichte Nutzfahrzeuge zusammengefasst. Es ist dabei klar, dass ein Passat oder Golf bezüglich der Profitabilität und der Kapitalbindung völlig andere Merkmale aufweisen dürfte wie ein Lamborghini, Bugatti oder Porsche. VW erläutert hierzu, dass es ein hohes Maß an technologischen und wirtschaftlichen Verzahnungen im Produktionsverbund gibt und Zusammenarbeit in zentralen Bereichen wie Einkauf, F&E oder Treasury. Bei Mercedes-Benz hatte sich in früheren Jahren gezeigt, dass das eigenständige Segment *Vans* im Jahr 2016 noch einen Erfolg von 8,8 Mrd. € erreichte, der stetig rückläufig war, im Jahr 2019 gab es einen Verlust von 3,1 Mrd. € (auch durch Sondereinflüsse). Ab dem Jahr 2020 gingen solche Informationen durch die Zusammenfassung mit allen PKW unter.

Der Blick auf die segmentierten Daten ergibt, dass zwar alle drei Konzerne die **Umsatzerlöse je Segment** angeben und **eine Erfolgsgröße**. Bezüglich der Bilanzdaten ergeben sich deutliche Unterschiede: Mercedes-Benz gibt das langfristige Vermögen und die Schulden je Segment an. VW gibt nur die jährlichen Investitionen für Sachanlagen, immaterielle Anlagen und Anlageimmobilien nach IAS 40 an, aber keine Bestandswerte.[33] Für das Segment *Finanzdienstleistungen* wird das **verleaste Vermögen** nicht angegeben und auch nicht die Investitionen dazu. Dieses ist wahrscheinlich sehr hoch, zumindest zeigen das die Daten der anderen beiden Konzerne (BMW 43–51 % des Gesamtvermögens aller Segmente; Mercedes-Benz ca. 60 %).

Auch bei der **Erfolgsgröße**, die alle drei Unternehmen angeben, gibt es erhebliche Unterschiede: VW vermerkt nur, dass die Steuerung auf Basis des operativen Ergebnis-

---

33 Da aber die planmäßigen und außerplanmäßigen Abschreibungen auf das Vermögen segmentiert werden, muss (intern zumindest) auch das Vermögen Segmenten zugeordnet sein. Warum das Vermögen nicht steuerungsrelevant ist, aber die zugehörigen Abschreibungen, ist wenig verständlich.

ses erfolgt, ohne dessen Inhalt zu erläutern. Mercedes-Benz gibt als Steuerungsgröße das EBIT an (operatives Ergebnis zuzüglich des Ergebnisses aus der Equitybewertung und dem übrigen Finanzergebnis). Für das Segment *Mobility*, das auch das Geschäft mit den Finanzdienstleistungen enthält, wird hingegen auf eine im Bankgeschäft übliche Eigenkapitalrendite verwiesen. Damit kann natürlich die Profitabilität der Segmente nicht direkt verglichen werden. Ab dem Jahr 2021 werden offenbar alle Segmente nach dem EBIT gesteuert, ohne dass der Übergang selbst erläutert wird. BMW macht die mit Abstand umfassendsten Erläuterungen. Für die Segmente *PKW* und *Motorräder* wird auf ein ROCE (Return on Capital Employed) abgestellt, also ein Ergebnis vor Finanzergebnis in Relation zum operativen Anlage- und Umlaufvermögen abzüglich eines Abzugskapitals. Das Segment *Finanzdienstleistungen* wird nach der Größe ROE (Return on Equity) gesteuert, präzisiert als EBT in Relation zum Gesamtvermögen abzüglich des gesamten Fremdkapitals.

Angesichts der Unterschiede und der Datenverfügbarkeit ist die o. a. Einschätzung von Coenenberg u. a. für die Anwendung hier zu optimistisch. Die von ihnen vorgeschlagenen, sehr aussagefähigen KPI wie Segmentrenditen, Segmentwertbeiträge (Erfolge unter Berücksichtigung sämtlicher Kapitalkosten bezogen auf das Segmentvermögen) oder Free Cashflow je Segment,[34] können für die drei Konzerne entweder gar nicht oder zumindest nicht auf vergleichbare Art bestimmt werden. Stark vergröbert sollen aber gleichwohl einige Aussagen aus den Segmentberichten herausgefiltert werden.

Bei BMW entfallen die Umsätze zum großen Teil (70–76 %) auf die *PKW*-Sparte, die *Motorräder* verharren recht stabil bei 2 %, der Rest entfällt auf die *Finanzdienstleistungen*. Der Erfolgsanteil der *PKW* nimmt von 76,5 % im Jahr 2017 stetig ab auf 61,5 % im Jahr 2021 (Vorjahr 54,2 %). Die *Motorräder* sind auf niedrigem Niveau leicht steigend und die größeren Zuwächse entfallen auf die *Finanzdienstleistungen*. Die **Profitabilität der Segmente** hat sich demnach deutlich **verschoben** (wird aber mit unterschiedlichen Größen gemessen!). Dies ist durchaus plausibel, da die Finanzierungsgeschäfte regelmäßig für mehrere Jahre abgeschlossen werden und Umsatzrückgänge entsprechend zeitverzögert zu Buche schlagen können.

Bei VW liegt der Anteil der *PKW* an den Umsätzen recht stabil zwischen 70,6 und 74 %, der Anteil der *Nutzfahrzeuge* ist von 13,9 % im Jahr 2017 auf 9,7 % im Jahr 2020 gesunken (2021: 11,6 %). Das Segment *Power Engineering* liegt stabil bei nur 1,5 %. Die Umsatzanteile des Segmentes *Finanzdienstleistungen* steigen tendenziell. Bezüglich der Ergebnisanteile zeigt sich, dass *Power Engineering* durchgängig Verluste aufweist (Ausnahme: erstmals 2021 ein kleiner Gewinn) und *Nutzfahrzeuge* volatile Erfolge, seit dem Jahr 2017 eher rückläufige Zahlen. Auf die Sparte *PKW* entfallen 64 bis 77,4 % der Gewinne, in den meisten Jahren ein höherer Anteil als an den Umsätzen. Auch das Segment *Finanzdienstleistungen* weist eine solche Relation aus, sodass man sagen kann, dass die beiden großen Sparten profitabler sind als die beiden kleinen. Bei den Sachinvestitionen

---

34 Vgl. Coenenberg, Haller und Schultze (2021, 1219 f.).

steigt der Anteil der *PKW*-Sparte von 84 auf über 90 %, die Zahlen für *Nutzfahrzeuge* sind von 13,2 % im Jahr 2017 auf 7,6 % im Jahr 2020 deutlich gefallen, im Jahr 2021 aber wieder leicht gestiegen (8,8 %). *Power Engineering* ist konstant bedeutungslos und für die *Finanzdienstleistungen* ergeben sich Anteile von 1,2 bis 2,7 %. Diese Werte sind aber nicht aussagefähig, da die Investitionen in das verleaste Vermögen fehlen. Dies verzerrt natürlich auch die Investitionsquoten der anderen Segmente.

Bei Mercedes-Benz sollen nur die Daten für die Jahre 2019 und 2020 mit der Segmenteinteilung angesprochen werden, die zuvor und nachher anders ausfiel. Bei den Umsätzen dominiert das Segment *PKW/Vans* mit 60–65 %, *Busses/Trucks* liegen bei 21–24 % und das Segment *Mobility* (inklusive Finanzdienstleistungen) hat einen stetigen Zuwachs von 13,5 auf 16,7 % (seit 2016!) erreicht. Der Löwenanteil der Gewinne entfiel auf *PKW/Vans* und lag mehrfach oberhalb der Umsatzanteile. Das Segment *Busses/Trucks* erreichte für den Zeitraum 2016 bis 2020 zusammen volatile und deutlich niedrigere Anteile als den Umsatzquoten entsprechen würde. Somit kann davon ausgegangen werden, dass PKW im Durchschnitt das profitabelste Geschäftsfeld war. Die Zahlen der Einzelsegmente vor der Zusammenlegung (2016 bis 2019) zeigen zudem, dass PKW und Vans sehr unterschiedlich profitabel waren, was für die Busse und Trucks auch galt. Durch die Zusammenfassung gehen solche Informationen jetzt unter. Für das Vermögen und die Schulden ist festzustellen, dass der Hauptanteil (Vermögen 60 %, Fremdkapital 67–73 %) auf das Segment *Mobility* entfällt, was dem Finanzierungsgeschäft geschuldet ist. Ein Vergleich mit den anderen Segmenten ist deshalb wenig sinnvoll. Hier wäre eher eine Abstimmung mit anderen Banken bzw. Versicherungen zweckmäßig.

Alle drei Konzerne nehmen **zusätzlich eine regionale Segmentierung** nach dem Bestimmungslandprinzip vor (Sitz der Kunden). Dabei werden im Wesentlichen die Regionen Deutschland, übriges Europa, USA und Asien (besonders China) erkennbar. Angegeben werden jeweils die Umsatzerlöse je Region und das langfristige Vermögen. Dabei lassen sich einige Entwicklungslinien erkennen: Bezüglich der Umsatzerlöse sind Deutschland und Europa für alle drei Unternehmen die wichtigsten Absatzmärkte mit relativ stabilen Anteilen: BMW 45 %, Mercedes-Benz 41 %, VW 60 %. Demgegenüber befinden sich aber sehr viel höhere Anteile am Produktivvermögen in diesen Regionen: BMW 75 %, Mercedes-Benz 70 %, VW 80 %. Ein Grund für diese Disproportionen liegt auch darin, dass alle drei Unternehmen in China trotz beachtlicher Umsätze kaum Anlagevermögen haben. Dies liegt schlicht daran, dass die operativen **Aktivitäten in China durch Gemeinschaftsunternehmen** betrieben werden, die als Beteiligungen At Equity bilanziert werden. Welche anteiligen Sachinvestitionen dahinterstehen, ist dann nicht ersichtlich.

Bei VW ist für Asien ein leicht aber stetig steigender Umsatzanteil erkennbar (von 16,6 % auf knapp 20 % im Jahr 2021), während der Anteil in Nordamerika stabil bei 16 bis 18 % lag. Allerdings hat das Vermögen dort von 17,6 % im Jahr 2017 auf 13 % im Jahr 2020 abgenommen. Ob dies schon den Schluss auf verminderte Investitionen in Nordamerika zulässt, sei dahingestellt, da im Jahr 2021 ein Wert von 17 % erreicht wurde. Auch für Mercedes-Benz ergeben sich für Asien leicht steigende Umsatzanteile (30 % im Jahr 2021) und für die USA eher stabile Anteile von 28 bis 30 % (im Jahr 2021 aber nur noch 22 %). Rückläufig ist auch hier das investierte Vermögen, von einem Anteil in Höhe von 31,5 % (2016) auf 23 % (2021). Bei BMW hat sich der Umsatzanteil in China von 17,6 % (2016) auf 22,7 % (2021) stetig erhöht und in den USA schwankt er ohne Trend zwischen 16 und 19 %. Der Anteil des dortigen Vermögens nahm von 36,8 % (2016) auf nur noch 19,7 % im Jahr 2020 deutlich ab, kletterte im Jahr 2021 aber wieder auf 26 %. Für alle drei Konzerne zeigen sich demnach in den wichtigsten Absatzländern außerhalb Europas ähnliche Trends.

Versucht man abschließend eine Würdigung, ob die Segmentberichterstattung nützliche Informationen liefert, so ist Zurückhaltung angebracht. Dies liegt auch daran, dass die Segmente selbst sehr große und auch heterogene Geschäftszweige umfassen und die externe Vergleichbarkeit nur eingeschränkt möglich ist. Auch die publizierten Daten je Segment fallen – dem Management Approach entsprechend – verschieden aus, und werden teilweise zu wenig erläutert. Wichtige Segmentinformationen fehlen, da sie offenbar für die interne Steuerung nicht eingesetzt werden. Dies könnte man versuchsweise durch Abstimmungen mit Daten aus den Jahresabschlüssen oder Teilkonzernabschlüssen wichtiger Unternehmensbereiche verbessern. Dies ist aber nicht nur sehr aufwändig, sondern die dort publizierten Daten haben eventuell andere Definitionen und sind nicht konsolidiert. Aus Lageberichten, sonstigen Unternehmens- oder Branchenpublikationen könnten ergänzend Daten generiert werden, die vorhandene Schwächen kompensieren helfen. Eine systembedingte Schwäche haben Segmentdaten aber immer, sie können **Verbundeffekte nicht abbilden**. So sind die Erfolge und Umsätze der Bereiche Finanzdienstleistungen ohne die Herstellung und den Absatz der PKW-Sparte nicht möglich. Ob es innerhalb der Sparten Wissenstransfers gibt, wird ebenfalls nicht deutlich und Größeneffekte z. B. durch gemeinsame Nutzung von Fertigungsplattformen für verschiedene Produkte sind ebenfalls nicht aufzuteilen.

13 Renditen und Gewinn je Aktie

In den vorherigen Kapiteln ging es um die Höhe diverser Gewinngrößen und deren Zusammensetzung und Zustandekommen. Nunmehr sollen verschiedene Renditen vorgestellt werden. Diese sind intuitiv gut verständlich, sie sind als Verzinsung einer Inputgröße konzipiert. Dies hat den Vorteil, dass Größenunterschiede von Unternehmen keine Rolle spielen. Gleichwohl ist natürlich zu beachten, dass es bei niedrigen Absolutbeträgen zu Verzerrungen im Unternehmensvergleich kommen kann. Ergänzend wird die wichtige Kennzahl Gewinn je Aktie behandelt, obwohl diese streng genommen gar keine Rendite misst.

13.1 Vorüberlegungen

Bei der Berechnung von **Renditen** (hier gleichgesetzt mit **Rentabilitäten**) wird eine Gewinngröße in Relation gesetzt mit einer anderen Größe, die in möglichst engem Zusammenhang steht, wie Investitionen, Kapital oder Umsatz. Dabei handelt es sich weniger um strikt funktionale Verknüpfungen als um vermutete Kausalitäten.[1] Da es nicht um Absolutbeträge geht, sondern um **Beziehungskennzahlen** in Prozent, sind sie intuitiv gut verständlich und eliminieren Größenunterschiede. Es liegt in der Natur der Sache, dass Renditen stark vom Geschäftsmodell und den Unternehmensrisiken abhängen, sodass eine externe Vergleichbarkeit nur eingeschränkt möglich ist. Für Investoren ist es z. B. selbstverständlich, dass die Renditeerwartungen davon abhängen, ob es sich um Eigenkapital oder Fremdkapital handelt. Dabei muss die Eigenkapitalrendite (EKR) zumindest auf Dauer höher sein, da Eigentümer als Residualanspruchsberechtigte höhere Risiken tragen als Gläubiger.

Als **Erfolgsgrößen** können nach HGB vor allem Jahresüberschuss, EBT, EBIT, EBITDA, Cashflow etc. dienen – jeweils in unbereinigter oder adjustierter Form.[2] Welche Größe genutzt wird, hängt vom Analyseziel ab, also z. B. davon, ob etwaige Einflüsse des Rechnungslegungssystems, nationale Besonderheiten oder Finanzierungsunterschiede eliminiert werden sollen.

Auch als **Bezugsgrößen** kommen verschiedene Kennzahlen in Betracht:[3] Die Umsatzerlöse (Return on Sales, ROS bzw. **Umsatzrendite**) drücken aus, wie viel Gewinn bzw. Cashflow je € Umsatz generiert wurde. Wichtig ist, dass Zähler und Nenner in einem sinnvollen Zusammenhang stehen **(Entsprechungsprinzip)**. Deshalb wird vielfach das Betriebsergebnis oder der operative Cashflow angesetzt, da z. B. Beteiligungserträge (-einzahlungen) regelmäßig keine Verbindung zum Umsatz aufweisen. Das für

---

1 Vgl. Brösel (2017, 212).
2 Vgl. Krause (2019, 186).
3 Vgl. Coenenberg, Haller und Schultze (2021, 1227 ff.); Sellhorn, Hahn und Lerchenmüller (2015, 88 ff.).

https://doi.org/10.1515/9783110770551-013

die Erfolgserzielung **eingesetzte Kapital** (Return on Capital Employed, ROCE) oder das **Eigenkapital** kann ebenfalls angesetzt werden, wenn der Bezug zur Erfolgsgröße stimmig ist. Die EKR darf nur solche Erfolge umfassen, die auch auf die Eigentümer entfallen, nicht auch die Vergütung für Fremdkapitalgeber (Zinsaufwand). Deshalb ist die Kennzahl ($\frac{\text{JÜ+Zinsaufwand}}{\text{Eigenkapital}}$) wenig sinnvoll. Wichtig ist es zudem, dass die Größe Eigenkapital zweckmäßig bestimmt wird. So ist es in den USA üblich, nur Stammaktien (Common Stock) als Eigenkapital anzusehen, und Vorzugsaktien (Preferred Stock) als Fremdkapital. Dann muss natürlich auch der auf die Vorzugsaktien entfallende Gewinnanteil als Zinsaufwand behandelt werden.[4] Für deutsche Verhältnisse ist dies nicht zweckmäßig. Vorzugsaktien stellen gesellschaftsrechtlich unstrittig Eigenkapital dar und sie weisen nach den §§ 139 ff. AktG auch wesentliche Eigenkapitalmerkmale auf, wie die variable Verzinsung und die Voraushaftungsfunktion. Nur das Stimmrecht fehlt, kann aber bei Dividendenausfall aufleben. Nicht zuletzt stellt auch das für die Erfolgserzielung eingesetzte Vermögen, z. B. der **Return on Investment** (ROI), der Return on Assets (ROA) oder **Return an Net Assets** (RONA), eine mögliche Bezugsgröße dar.

Die Sichtweise, ob die Bezugsgröße von der Aktivseite (dem Vermögen) oder der Passivseite (dem Kapital) hergeleitet wird, sollte auf den ersten Blick eigentlich keine Rolle spielen. Das gilt aber nur, wenn die Bilanzsumme unkorrigiert übernommen wird. Regelmäßig werden aber durchaus unterschiedliche Anpassungen bei der Ermittlung von Kennzahlen vorgenommen. So wird vom Gesamtkapital teilweise das unverzinsliche Fremdkapital subtrahiert (sog. **Abzugskapital**) oder das **liquide Vermögen**. Beim Gesamtvermögen werden kurzfristige, unverzinsliche Schulden abgezogen oder es wird nur das **betriebsnotwendige Vermögen** angesetzt, Firmenwerte, Bilanzierungshilfen können eliminiert werden usw.

In Literatur und Praxis existiert deshalb eine Fülle an Vorschlägen zur Abgrenzung von Zähler- und Nennergrößen. Teilweise stellen Anpassungen darauf ab, Einflüsse des Rechnungslegungssystems, der Bilanzpolitik, von Sondereffekten oder des Geschäftsmodells sinnvoll zu erfassen. Die Vielfalt wird dabei auch davon getrieben, dass die Performancemaße für interne Steuerungszwecke genutzt werden oder/und von großen Beratungsgesellschaften vermarktet werden (z. B. Stern Steward, BCG). Eine gewisse Unübersichtlichkeit muss also festgestellt werden.[5] Gerade deshalb ist es von großer Bedeutung, dass die Aussagefähigkeit der KPI durch Einhaltung des Entsprechungsprinzips nicht beeinträchtigt wird, und möglichst Kausalitäten abgebildet werden. Dies impliziert, dass keine Vor- und Nachsteuergrößen vermischt werden, Korrekturen für Zähler und Nenner synchron erfolgen und eindeutige Vorgaben/Definitionen vorliegen, z. B., ob es sich um Buchwerte oder Marktwerte handelt usw.[6]

---

4 Vgl. Subramanyam (2014, 469 ff.).

5 Vgl. Lachnit und Müller (2017, 229 ff.).

6 Vgl. Coenenberg, Haller und Schultze (2021, 1228).

Im Weiteren werden zunächst einige Kennzahlen zur Gesamtrendite und Umsatzrendite vorgestellt (Kapitel 13.2). Ergänzend wird eine Aufgliederung durch Umschlagskennzahlen behandelt und die Logik des DuPont-Schemas erläutert (Return on Investment). Danach geht es um Kennzahlen, die die Rendite nur aus der Sicht der Aktionäre darstellen auf der Basis von Rechnungslegungsdaten (Kapitel 13.3). In Kapitel 13.4 werden dann, ebenfalls aus Shareholdersicht, zusätzliche eigenkapitalbezogene KPI behandelt, die zumindest partiell auf Marktdaten abstellen, wie die Price Earnings Ratio (Kurs-Gewinn-Verhältnis oder KGV).

13.2 Gesamtkapitalrendite und Umsatzrendite

Die Gesamtkapitalrendite (GKR) soll die Profitabilität der gesamten Investitionen (Aktivseite) oder des gesamten Kapitals (Passivseite) zeigen. Dabei muss als Gewinngröße sowohl der auf die Anteilseigner entfallende Anteil (Jahresüberschuss o. ä.) angesetzt werden, als auch die Vergütung der Fremdkapitalgeber (Zinsaufwand), um dem Entsprechungsprinzip zu genügen. Als Basis wird das durchschnittlich eingesetzte Vermögen oder Kapital verwendet, approximiert als $\frac{1}{2}$(Anfangsbestand + Endbestand).

! **Als einfachste Varianten für die Gesamtkapitalrendite ergeben sich:**

$$GKR = \frac{J\ddot{U} + Zinsaufwand}{\varnothing \, Gesamtkapital} \times 100$$

oder

$$GKR = \frac{J\ddot{U} + Zinsaufwand}{\varnothing \, Gesamtvermögen} \times 100$$

Die Ergebnisse sind zwingend identisch, wenn es keine unterschiedlichen Korrekturen der Bilanzsummen gibt.

Es kann zweckmäßig sein, Ertragsteuereffekte explizit zu berücksichtigen, weil ansonsten ein Vergleich von Unternehmen verschiedener Rechtsform oder Nationalität scheitert und weil die Höhe der Steuerlast vom Verschuldungsgrad abhängt.[7] Damit kann das EBIT als Maßgröße für die operative Ertragskraft unabhängig von der Finanzierung und dem Steuersystem verwendet werden. Es spiegelt quasi die Rendite eines unverschuldeten Unternehmens wieder.[8]

Es wird vielfach vorgeschlagen, statt des Gesamtkapitals nur das verzinsliche Fremdkapital anzusetzen, also das sog. (unverzinsliche) **Abzugskapital** zu kürzen. Dem wird hier aus mehreren Gründen nicht gefolgt. So ist es aus externer Sicht schwer

---

7 Vgl. Krause (2019, 194); Küting und Weber (2015, 324).
8 Vgl. Coenenberg, Haller und Schultze (2021, 1240).

möglich, verzinsliches und unverzinsliches Fremdkapital sauber zu trennen.[9] Dies betrifft z. B. Rückstellungen, bei denen die Verzinslichkeit von der Restlaufzeit abhängt (§ 253 Abs. 2 HGB), aber auch Verbindlichkeiten aus LuL, die sowohl kurzfristig und unverzinslich sein können, als auch langfristig und verzinslich (z. B. Ratenkauf oder Leasing). Zudem ist auch unverzinsliches Fremdkapital Folge eines guten bzw. schlechten Finanzmanagements, sodass eine Ausgrenzung nicht sinnvoll erscheint.

Noch entscheidender ist u. E., dass auch formal unverzinsliches Fremdkapital mit verdeckten Zinsen belastet sein kann. Zwei einfache Beispiele belegen dies:

> **Beispiel (1)** Erhaltene Anzahlungen für einen langfristigen Fertigungsauftrag sind unverzinslich, werden sich aber in einem vergleichsweise niedrigeren Absatzpreis niederschlagen.
>
> **Beispiel (2)** Wird bei Lieferantenverbindlichkeiten das Zahlungsziel ausgeschöpft und kein Skonto abgezogen, ergeben sich höhere Anschaffungskosten der Rohstoffe und später ein höherer Materialaufwand.

In beiden Fällen haben sich die verdeckten Zinsen, die mitkalkuliert wurden, in einem verminderten Jahresüberschuss (Betriebsergebnis) niedergeschlagen. Deshalb enthält die Summe JÜ + Zinsaufwand alle offenen und verdeckten Zinsen und ist eine zweckmäßige Ausgangsgröße.

Ergänzend wird vorgeschlagen, **Leasingeffekte** einzubeziehen, wenn der Leasingnehmer nicht als wirtschaftlicher Eigentümer anzusehen ist und deshalb weder das Leasingobjekt noch eine Leasingverbindlichkeit bilanziert. Nach HGB ist dies der Regelfall, während nach IFRS 16 (seit 2019) der Right-of-Use-Ansatz regelmäßig eine Bilanzierung erzwingt. Begründet wird eine Einbeziehung in die Bilanz damit, dass sonst vertraglich feststehende Auszahlungsverpflichtungen nicht passiviert werden. Dem wird hier nicht gefolgt, da das Thema „**Off-Balance-Sheet-Finanzierungen**" und Nicht-Bilanzierung schwebender Geschäfte nur punktuell erfasst wird, wenn auch anhand eines sehr prominenten Beispiels. Es ist auch durchaus zweifelhaft, ob mit eine Einbeziehung tatsächlich bessere, aussagefähigere Kennzahlen ermittelt werden können.[10] Schließlich ist zu berücksichtigen, dass die Mutterunternehmen, die hier im Fokus stehen, wahrscheinlich eher unwesentliche Größenordnungen als Leasingnehmer erreichen[11] und in den Konzernabschlüssen sind die Folgen des o. a. Leasingstandard IFRS 16 bereits berücksichtigt.

Die Gesamtkapitalrendite kann demnach berechnet werden als:
!

$$GKR\,I = \frac{EBIT}{\varnothing\,Gesamtkapital}$$

---

9 Vgl. Hommel und Rammert (2012, 67).

10 Vgl. Stangor, Kühnberger und Zander (2020, 212 ff.), detaillierte Ausführungen in Kapitel 15.

11 Erkennbar an den Anhangangaben zu § 285 Nr. 3 und 3 a HGB.

Tabelle 13.1 enthält die so abgegrenzte **Gesamtkapitalrendite I** für die HGB-JA. Bei BMW fällt auf, dass es, abgesehen vom Jahr 2021, eine stetig rückläufige Tendenz gibt. Mercedes-Benz zeigte bis zur Ausgliederung demgegenüber recht stabile Werte, VW ebenfalls, aber auf wesentlich niedrigerem Niveau. Allerdings ist es einleuchtend, dass diese KPI praktisch nur für BMW einen Aussagewert haben können, da im EBIT auch das Beteiligungsergebnis enthalten ist und somit eine Aussage über ein betriebliches Ergebnis nicht möglich ist.

Tab. 13.1: Gesamtkapitalrendite I nach JA HGB.

(In %)	2021	2020	2019	2018	2017	2016
BMW	10,8	4,0	6,1	11,7	14,0	14,0
Mercedes-Benz	12,9	3,4	−0,7	9,8	8,4	8,8
VW	4,7	6,2	5,8	5,5	5,1	3,9

Für die Gesamtkapitalrendite II wird berücksichtigt, dass es wenig sinnvoll ist, das EBIT auf das gesamte Vermögen zu beziehen. Stattdessen wird es auf das für den operativen Erfolg genutzte, betriebsnotwendige Vermögen abgestellt.

Fraglich ist, welche Vermögensbestandteile nicht „betriebsnotwendig" sind und wie dies extern erkannt werden kann. Dazu ist anzumerken:
- Naheliegend ist, dass das Finanzanlagevermögen (FAV) und der aktive Unterschiedsbetrag aus der Vermögensverrechnung (§ 246 Abs. 2 HGB) wenig bis gar nichts mit der Herstellung und dem Verkauf von Autos zu tun hat. Bei strategischen Beteiligungen kann es aber sehr wohl mittelbare Einflüsse geben. Wird das FAV in die Basis eingerechnet, muss natürlich auch beim EBIT der Erfolg aus den Beteiligungen berücksichtigt werden. Umgekehrt gilt aber auch: Wird das FAV ausgeschlossen, müssen auch die Erträge und Aufwendungen aus diesem Vermögen aus dem EBIT eliminiert werden.
- Immaterielle und Sachanlagen stellen im Allgemeinen Produktionsvermögen dar. Es ist zwar denkbar, dass es Reservegrundstücke oder nicht genutzte Patente usw. gibt, aber dies ist jedenfalls extern nicht erkennbar. Zudem können auch solche Vermögensgegenstände mittelbar dem Betriebszweck dienen, z. B. durch Sperrwirkungen für Wettbewerber oder als Kreditsicherheit.
- Cash, Wertpapiere des Umlaufvermögens, sonstige Vermögensgegenstände können als quasi natürliche Folgen des Kerngeschäftes angesehen werden, wenn sie keine ungewöhnliche Größenordnung erreichen. Eine untypische Ausprägung dürfte extern kaum sinnvoll zu quantifizieren sein.

Es ist zu konzedieren, dass es sowohl bezüglich der Zähler- als auch der Nennergröße noch eine Fülle weiterführender Korrekturvarianten gibt, die im Einzelfall auch zweckmäßig sein können.

Hier werden aus pragmatischen Gründen und um die externe Vergleichbarkeit nicht zu beeinträch- **!**
tigen nur wenige Anpassungen vorgenommen:

$$GKR\ II = \frac{EBIT - Erfolge\ aus\ FAV}{Gesamtvermögen - FAV}$$

Dabei ist nicht generell davon auszugehen, dass die GKR I größer oder kleiner als die
GKR II ist, da der Einfluss in Zähler und Nenner korrigiert wurde. Ist die Rendite des FAV
aber größer als die GKR II, ist zwingend die GKR I höher. Sie ist aber dann auch insofern
verzerrt, als das Gesamtkapital auch zur Finanzierung des FAV eingesetzt wurde und
die zugehörigen Erfolge das EBIT erhöht haben, obwohl z. B. Gewinnabführungen kein
Bestandteil des operativen Geschäfts sind.

Tabelle 13.2 zeigt die **Gesamtkapitalrendite II** auf Basis der HGB-JA. Ein systematisch verzerrender Effekt wurde hier nicht weiter korrigiert. Beim EBIT wird der gesamte Zinsaufwand addiert, obwohl die Fremdkapitalkosten auch auf das eliminierte
Finanzanlagevermögen entfällt. Hier hätte man zur Verfeinerung auch nur anteilige
Zinsen einbeziehen können.

Tab. 13.2: Gesamtkapitalrendite II nach JA HGB.

(In %)	2021	2020	2019	2018	2017	2016
BMW	6,4	−2,9	2,7	6,8	12,3	12,2
Mercedes-Benz	−1,3	0,5	0,6	−0,4	2,5	5,8
VW	−5,2	−5,2	−6,9	−4,1	−7,2	−11,2

Für BMW zeigt sich eine fast durchgängig positive, aber stark rückläufige operative
Rendite. Für Mercedes-Benz gibt es ebenfalls eine rückläufige Tendenz, aber seit dem
Jahr 2019 sind die Kennzahlen sinnlos, da das operative Geschäft fast komplett entfallen
ist. VW weist durchgängig hohe und negative Renditen auf, dem negativen Betriebsergebnissen geschuldet und durch die zusätzliche Einbeziehung der Zinsaufwendungen
noch verschärft. Man kann davon ausgehen, dass zumindest für VW und Mercedes-Benz
praktisch nur die Konzernabschlüsse zweckmäßige Daten liefern können.

Beide Gesamtrenditen zielen letztlich auf das sog. Betriebsergebnis ab, das durch
Größen wie Umsatzerlöse, Herstellungs-, Verwaltungs- und Vertriebskosten etc. geprägt
wird. Fallen dabei aufgrund überschüssiger Liquidität Kapitalanlagen mit Zinserträgen
an oder sind zur Finanzierung von Rohstoffen, Maschinen etc. Kapitalaufnahmen erforderlich, so sind die zugehörigen Erfolge eher Anhängsel des eigentlichen Geschäftes
und deshalb weniger bedeutsam.[12] Es muss allerdings geprüft werden, ob diese Sicht
die Realität der Unternehmen tatsächlich plausibel spiegelt.

---

12 Vgl. Subramanyam (2014, 464).

Für die IFRS-Konzernabschlüsse sollen die KPI analog berechnet werden. Ausgangspunkt ist statt des Jahresüberschusses das Net Income. Wie die Diskussion oben gezeigt hat, ist dies nicht gut begründbar, da auch Bestandteile des OCI betriebsbedingt und regelmäßig sein können. Zudem werden hier auch keine Erfolge nach IFRS 5 eliminiert, obwohl diese ex definitione nicht nachhaltig sind. Ohne Zweifel handelt es sich aber um betriebsbedingte Erfolge und für die HGB-Kennzahlen erfolgte ebenfalls kein Versuch, außerordentliche oder periodenfremde Bestandteile zu eliminieren. Sollten die IFRS 5-Erfolge ausnahmsweise sehr hoch sein, sind gesonderte Analysen ergänzend möglich.

Die Ertragsteuern werden komplett in das EBIT einbezogen, also inklusive der **latenten Steuern**. Dies ist zwar auch nach HGB erfolgt, aber in den Einzelabschlüssen wird von allen drei Unternehmen der Aktivsaldo nicht bilanziert, sodass auch der in der GuV ausgewiesene Erstragsteueraufwand erheblich verzerrt ist. Er entspricht bei weitem nicht ca. 30 % des Gewinns vor Steuern, obwohl dies ein repräsentativer Steueraufwand für deutsche Kapitalgesellschaften ist. Insofern sind die o. a. KPI für die HGB-Abschlüsse verfälscht in unbekannter, aber nicht ohne Weiteres unbedeutender Weise.

Die Größe I (Interest) umfasst nur den Zinsaufwand. Es ist zwar beachtlich, dass Zinserträge und Zinsaufwendungen bereits teilweise im operativen Betriebsergebnis erfasst sind (zum Teil als Umsatzerlöse und Umsatzkosten), aber damit sind sie auch schon im Net Income enthalten. Demgegenüber werden Erträge bzw. Aufwendungen aus Beteiligungen und der Anwendung der Equitymethode für Gemeinschafts- und assoziierten Unternehmen im NI nicht korrigiert, letztere durchaus in beachtlichem Umfang. Dies ist insofern konsistent, als die entsprechenden Aktiva ebenfalls in der (durchschnittlichen) Bilanzsumme (BS) verbleiben, allerdings mit relativ niedrigen Werten.

Für die IFRS-KPI sind zwei Annahmen plausibel: Da das Vermögen zumindest teilweise höher bewertet wird und das OCI ebenfalls in die Bezugsgröße eingeht, könnten die Gesamtkapitalrenditen geringer als nach HGB ausfallen. Der Einfluss des Finanzanlagevermögens sollte aufgrund der Konsolidierungen hingegen wesentlich geringer sein oder gar verschwinden.

Deshalb wird auf Basis der IFRS-KA nur eine Gesamtkapitalrendite berechnet:

$$GKR = \frac{EBIT}{\varnothing BS}$$

Tabelle 13.3 zeigt die GKR auf Basis der IFRS-KA. Bei BMW zeigt sich von 2017 bis 2020 eine fallende Tendenz und im Jahr 2021 eine kräftige Steigerung. Dabei waren die Renditen insgesamt etwas höher als bei den Wettbewerbern, wobei VW zumeist die schlechtesten Werte aufweist, aber am stabilsten und mit leicht steigender Gesamttendenz. Im Vergleich zu den Einzelabschlüssen fallen zwei Besonderheiten auf: Die Werte sind durchgängig positiv, während es auf Basis der Einzelabschlüsse vielfach negative Werte gab, insbesondere bei der GKR II. Zudem sind die Werte wesentlich weniger volatil. Dies

Tab. 13.3: Gesamtkapitalrendite nach KA IFRS.

(In %)	2021	2020	2019	2018	2017	2016
BMW	7,3	2,6	3,5	5,0	5,8	5,6
Mercedes-Benz	10,4	2,1	1,6	4,2	6,0	5,7
VW	4,3	2,8	4,4	3,9	3,9	2,6

kann an der größeren Berichtseinheit liegen, bei der kompensatorische Effekte plausibler sind, aber auch daran, dass das Geschäftsmodell letztlich im Konzernabschluss adäquater abgebildet wird.

Der Einblick in die Ertragslage kann vertieft werden, indem die Gesamtkapitalrendite bezüglich ihrer Ursachen aufgegliedert wird. In einem ersten Schritt bietet es sich an, die Größen EBIT und Gesamtkapital in Zähler und Nenner mit den Umsatzerlösen zu multiplizieren und aufzuspalten. Daraus ergibt sich:[13]

$$\text{GKR I} = \frac{\text{EBIT}}{\varnothing\text{GK}} \times 100 = \frac{\text{EBIT}}{\text{UE}} \times \frac{\text{UE}}{\varnothing\text{GK}} \times 100$$

Aus dieser Aufgliederung werden zwei wichtige Einflussfaktoren erkennbar: die **Umsatzrendite** ($\frac{\text{EBIT}}{\text{UE}} \times 100$, auch EBIT-Marge genannt) und der **Kapitalumschlag** ($\frac{\text{UE}}{\varnothing\text{GK}}$). Der Kapitalumschlag zeigt, wie effizient das (betriebsnotwendige?) Vermögen eingesetzt wurde, die Gewinnmarge beschreibt die Ertragskraft.[14] Selbst bei einer geringen Gewinnmarge kann durch hohen Kapitalumschlag eine gute Rendite erzielt werden und umgekehrt. Die jeweiligen Relationen hängen naturgemäß von der Branche, aber auch der Unternehmensstrategie ab. So ist es beim Einzelhandel für Alltagsgüter plausibel, dass geringe Margen und ein hoher Umschlag vorliegen. Bei hochwertigen Gütern wie Luxusuhren, Kraftfahrzeugen wird dies eher umgekehrt sein. Entsprechend führt eine Strategie der Kostenführerschaft eher zur Beschleunigung des Umschlages, während eine Strategie der Produktdifferenzierung eher auf große Margen abzielt.[15] Insgesamt ist es plausibel, dass die beiden Komponenten in einem **Trade-off-Verhältnis** stehen. Deshalb lassen sich auch graphisch Kurven für Kombinationen von Umsatzrenditen und Kapitalumschlagsgrößen zeigen, die zu einer identischen Gesamtkapitalkurve führen.[16]

13 Vgl. Coenenberg, Haller und Schultze (2021, 1241). Es wird auch vorgeschlagen, statt auf die Umsätze auf die sog. Gesamtleistung abzustellen (vgl. Brösel (2017, 220)). Angesichts der geringen Bedeutung von Eigenleistungen und Bestandsveränderungen wird dies nicht verfolgt.
14 Vgl. Brösel (ebd., 221); Coenenberg, Haller und Schultze (2021, 1244); Krause (2019, 188 f.).
15 Vgl. Sellhorn, Hahn und Lerchenmüller (2015, 88 ff.).
16 Vgl. Subramanyam (2014, 471).

Die angegebene Aufgliederung der Rendite ist die Basis des berühmten und „griffigsten"[17] Kennzahlensystems **Return on Investment** (ROI) oder **DuPont-System**. Dieses wurde in den 1920er Jahren von der Firma DuPont entwickelt, um das stark divisionalisierte Unternehmen besser analysieren zu können.[18] Der Charme des Systems besteht darin, dass die mathematische Aufspaltung und (beliebig weitreichende Untergliederungen) sehr flexible Systemanpassungen ermöglicht, die gleichwohl gut intuitiv verständlich sind. Sowohl die Ergebnisgröße, als auch das Gesamtkapital bzw. Gesamtvermögen kann detailliert aufgefächert werden, um Unterschieden der Renditen von Unternehmen auf die Spur zu kommen und eventuell Stellschrauben für Verbesserungspotenziale sichtbar werden zu lassen. Hierzu können sämtliche Abschlussgrößen aufgefächert werden, das System kann aber auch mit kalkulatorischen Kosten samt Aufspaltung in fixe und variable Bestandteile konfiguriert werden.[19] Insofern ist das Schema für externe Analysen und für interne Steuerungszwecke nutzbar. Allerdings wird das System auch kritisiert, da es ausschließlich finanzielle Kennzahlen einbezieht, mithin einseitig sei und zudem eine Kurzfristorientierung fördere.[20] Außerdem kann es als Steuerungssystem zu Fehlallokationen führen,[21] was nicht zuletzt auf der Verwendung von traditionellen Rechnungslegungsgrößen beruht oder auf der Tatsache, dass zu aggregierte Unternehmensbereiche analysiert werden.

Nicht selten wird das ROI-System auf der Grundlage der Spitzenkennzahl Jahresüberschuss bzw. Gesamtkapital entwickelt.[22] Dies generiert die Möglichkeit, auch den Verschuldungsgrad als Werttreiber explizit durch multiplikative Erweiterung zu integrieren.[23] Allerdings ist der Startpunkt des Systems fragwürdig, da die Relation JÜ zu Gesamtkapital bzw. Gesamtvermögen nicht dem Entsprechungsprinzip genügt und schwer zu interpretieren ist.

Deshalb werden im Weiteren nur die folgenden beiden KPI verwendet:

$$\text{Umsatzrendite} = \frac{\text{EBIT} - \text{Beteiligungsergebnis}}{\text{Umsatzerlöse}} \times 100$$

$$\text{Kapitalumschlag} = \frac{\text{Umsatzerlöse}}{\varnothing\text{Betriebsnotwendiges Vermögen}} = \frac{\text{Umsatzerlöse}}{\varnothing(\text{BS} - \text{Finanzanlagen})}$$

17 Reichmann, Kißler und Baumöl (2017, 82).
18 Vgl. Merchant und Van der Stede (2017, 406).
19 Vgl. Brösel (2017, 216 ff.); Krause (2019, 24); Lachnit und Müller (2017, 223 ff.).
20 Vgl. Vanini, Krolak und Langguth (2019, 313 f.).
21 Vgl. Merchant und Van der Stede (2017, 408 ff.).
22 Vgl. Hommel und Rammert (2012, 71); Lachnit und Müller (2017, 223); Sellhorn, Hahn und Lerchenmüller (2015, 88 f.).
23 Vgl. Sellhorn, Hahn und Lerchenmüller (ebd., 88 f.).

Tab. 13.4: EBIT-Marge und Kapitalumschlag nach JA HGB.

(In Mio. €)	2021	2020	2019	2018	2017	2016
BMW EBIT-Marge	4,1	−2,1	1,5	3,5	5,5	5,3
BMW Kapitalumschlag	1,6	1,4	1,8	2,0	2,2	2,3
Mercedes-Benz EBIT-Marge	−34,0	−10,8	−18,0	−0,3	1,6	3,4
Mercedes-Benz Kapitalumschlag	0,0	0,0	0,0	1,5	1,6	1,7
VW EBIT-Marge	−4,4	−4,6	−5,1	−3,0	−4,6	−7,0
VW Kapitalumschlag	1,2	1,1	1,4	1,4	1,6	1,6

Tabelle 13.4 zeigt die EBIT-Marge und den Kapitalumschlag auf Basis der HGB-JA. Für BMW zeigt sich eine rückläufige EBIT-Marge (Ausnahme 2021) und die Ergebnisverschlechterung wird durch den abnehmenden Kapitalumschlag noch verstärkt. Bei Mercedes-Benz gab es bis im Jahr 2019 eine positive EBIT-Marge, die aber unter dem Niveau von BMW lag. Dies gilt auch für den Kapitalumschlag. Für VW schlagen wiederum die durchgängig negativen EBIT-Beträge zu Buche. Die Umschlagskennzahlen sind im Zeitablauf rückläufig und liegen deutlich unter den Werten von BMW, während sie von 2016 bis 2018 immerhin mit Mercedes-Benz auf einer Höhe lagen.

Tabelle 13.5 zeigt die EBIT-Marge und den Kapitalumschlag auf Basis der IFRS-KA. Insgesamt weist BMW die höchsten EBIT-Margen auf, hatte von 2018 bis 2021 aber auch recht hohe Schwankungen. Bei Mercedes-Benz sind die Ausschläge insgesamt noch größer, aber ohne eindeutige Tendenz. VW zeigte bis zum Jahr 2019 stetig steigende Werte und konnte den kleinen Einbruch im Jahr 2020 wieder gut auffangen. Wiederum zeigen sich im Verhältnis zu den Jahresabschlusswerten der Muttergesellschaften durchgängig positive Werte und deutlich geringere Schwankungen. Bezüglich des Kapitalumschlages fällt die fast schon erstaunliche Stabilität und Übereinstimmung der Werte auf. Lediglich bei Mercedes-Benz zeigt sich im Betrachtungszeitraum eine leichte Verschlechterung, allerdings ausgehend von einem besseren Ausgangswert im Jahr 2016. Im Vergleich zu den Einzelabschlüssen ist der Kapitalumschlag aber wesentlich niedriger.

Tab. 13.5: EBIT-Marge und Kapitalumschlag nach KA IFRS.

(In Mio. €)	2021	2020	2019	2018	2017	2016
BMW EBIT-Marge	14,6	5,7	7,3	10,3	11,2	10,8
BMW Kapitalumschlag	0,5	0,4	0,5	0,5	0,5	0,5
Mercedes-Benz EBIT-Marge	21,3	5,2	2,7	6,8	9,1	8,6
Mercedes-Benz Kapitalumschlag	0,5	0,4	0,6	0,6	0,7	0,7
VW EBIT-Marge	8,8	6,2	8,3	7,3	7	4,7
VW Kapitalumschlag	0,5	0,4	0,5	0,5	0,5	0,5

13.3 Eigenkapitalrendite aus Shareholdersicht

Die **Eigenkapitalrendite** (EKR) stellt die „eigentliche Zielgröße der erwerbswirtschaftlich orientierten Unternehmung" dar.[24] Obwohl diese Sicht der auf dem Vormarsch befindlichen Stakeholder-Perspektive für AG (sowohl nach dem DCGK, als auch dem AktG) nicht gerade Rechnung trägt, ist die EKR für Investoren von Risikokapital von entscheidender Bedeutung. Sie soll zeigen, ob angemessene Gewinne erzielt wurden, um Investitionen und Risiken zu tragen.

Als Gewinngröße können der Jahresüberschuss, ein EBT, das Betriebsergebnis oder adjustierte Gewinnvarianten verschiedenster Ausprägung genutzt werden. Da aus Sicht der Eigentümer der gesamte Jahresüberschuss (HGB) letztlich den ausschüttbaren Betrag begrenzt, wird auf diesen abgestellt. Soll ein Vergleich mit Unternehmen anderer Rechtsform oder mit anderem Sitzstaat angestrebt werden, bietet sich alternativ der Gewinn vor Ertragsteuern an (EBT). Die möglichen und üblichen Thesaurierungen von JÜ-Bestandteilen werden damit nicht berücksichtigt, obwohl den Aktionären (später) nur die Dividenden zufließen.[25] Dies kann man damit rechtfertigen, dass thesaurierte Gewinne eben die künftigen Jahresüberschüsse erhöhen und sich positiv auf den Börsenkurs auswirken. Allerdings ist die Annahme, diese positiven Effekte seien quantitativ genauso hoch aus Aktionärssicht wie Vollausschüttungen natürlich nicht zu belegen. Als Bezugsgröße wird regelmäßig das durchschnittliche Eigenkapital angesetzt, ermittelt als $\frac{1}{2}$(Anfangsbestand + Endbestand).[26] Eine weitergehende Korrektur für die Dividende halten wir für nicht zielführend, da diese im Endbestand des EK enthalten ist.[27]

! Ähnlich wie beim ROI kann die Eigenkapitalrendite als Spitzenkennzahl genutzt und analytisch aufgegliedert werden:

$$\text{EKR} = \frac{\text{JÜ}}{\text{EK}} = \frac{\text{JÜ}}{\text{UE}} \times \frac{\text{UE}}{\text{BS}} \times \frac{\text{BS}}{\text{EK}}$$

Damit wird deutlich erkennbar, dass die EKR eine Funktion der Umsatzrendite, des Gesamtkapitalumschlages und des Verschuldungsgrades und damit der EK-Quote ist. Diese Möglichkeit wird hier nicht weiterverfolgt, da auf der Ebene der Jahresabschlüsse die Kennzahlen $\frac{\text{JÜ}}{\text{UE}}$ und $\frac{\text{UE}}{\text{BS}}$ für die hier untersuchten Unternehmen wenig sinnvoll sind. So ist bei VW und Mercedes-Benz die erste Relation aufgrund der Holdingstruktur nicht aussagefähig, da der JÜ ganz überwiegend nicht aus dem Umsatzgeschäft stammt, sondern dem Finanzergebnis. Für diese Unternehmen ist auch die Relation $\frac{\text{UE}}{\text{BS}}$ verzerrt, da

---

24 Küting und Weber (2015, 327).

25 Vgl. Coenenberg, Haller und Schultze (2021, 1229).

26 Vgl. Krause (2019, 192).

27 Vgl. Brösel (2017, 213), der eine solche vornimmt. Dies ist zweckmäßig, wenn anders als hier der Bilanzgewinn als FK und nicht als EK in die Strukturbilanz übernommen wird.

die Bilanzsumme durch das hohe Finanzanlagevermögen geprägt ist und diese haben nichts oder nur wenig um den Umsätzen zu tun.

Der Einfluss des Verschuldungsgrades (oder gleichbedeutend: der EK-Quote) auf die EKR kann aber auch ohne die o. a. Aufgliederung untersucht werden (der sog. Leverage-Effekt) durch die Gleichung:

$$EKR = \frac{J\ddot{U} + Zinsaufwand}{\varnothing GK} + \left(\frac{J\ddot{U} + Zinsaufwand}{\varnothing GK} - \frac{Zinsaufwand}{\varnothing FK} \right) \times \frac{FK}{EK}$$

Die Eigenkapitalrendite hängt demnach von der Gesamtkapitalrendite, der Fremdkapitalrendite (FKR) und dem Verschuldungsgrad bzw. der EK-Quote ab.[28] Dabei wird deutlich, dass es ganz entscheidend ist, ob a) die Gesamtkapital- oder Investitionsrendite größer oder kleiner als die Fremdkapitalrendite ist und b) wie hoch die EK-Quote ist. Ist die GKR größer als die FKR, so steigt die EKR mit zunehmender Verschuldung an. Allerdings verändert sich auch das Risiko mit der Verschuldung. Die Fremdkapitalzinsen sind regelmäßig vertraglich fixiert, während die Gesamtkapitalrendite von der Leistung der Periode abhängt, unsicher ist. Sinkt diese unter die Zinsen, so wird das (niedrige) Eigenkapital vermindert, das Insolvenzrisiko steigt. Bei dieser Argumentation ist aber zu berücksichtigen, dass die Insolvenzordnung die Antragspflicht nicht an buchhalterische Größen anknüpft und praktisch vor allem die Zahlungsunfähigkeit Auslöser für Insolvenzen ist. Unterstellt man, dass GuV-Größen und Zahlungen auf Dauer übereinstimmen (Kongruenzprinzip), ist die Aussage gleichwohl plausibel: Mit zunehmendem Leverage steigt das Insolvenzrisiko, nicht zuletzt auch, weil die Kapitalbeschaffung wegen geringer Bonität erschwert und verteuert wird.

Tabelle 13.6 zeigt die **Eigenkapitalrenditen für die HGB-JA.** Die Ergebnisse legen nahe, dass BMW im Durchschnitt die höchsten Eigenkapitalrenditen erzielen konnte. Allerdings sind die Werte aus mehreren Gründen nur schlecht vergleichbar. So gehen in die Jahresüberschüsse bei VW und Mercedes-Benz die hohen Beteiligungserträge der Konzerntöchter ein, es handelt sich nicht um operative Erfolge. Die Basis bilden zudem die Buchwerte des Eigenkapitals. Es ist dabei aufgrund der Vorgaben des HGB und der Bilanzpolitik der Unternehmen (z. B. keine aktiven latenten Steuern, selbsterstelltes IAV nicht aktiviert etc.) von hohen stillen Reserven auszugehen. Deshalb ist einmal das

Tab. 13.6: Eigenkapitalrenditen nach JA HGB.

(In %)	2021	2020	2019	2018	2017	2016
BMW	28,8	11,2	13,9	18,5	21,9	24,2
Mercedes-Benz	26,2	5,5	−4,1	11,8	12,0	14,9
VW	10,0	16,8	14,4	14,5	15,1	10,9

---

28 Vgl. Coenenberg, Haller und Schultze (2021, 1249).

buchmäßige Eigenkapital tendenziell niedrig bewertet und die Gewinne werden nicht durch hohe Aufwendungen (z. B. auf zu Zeitwerten bilanzierte Aktiva) belastet. Da bei Mercedes-Benz und VW die Aktivseite der Bilanz jeweils durch sehr hohe Finanzanlagen ohne planmäßige Abschreibungen geprägt sind, ist ein Unternehmensvergleich kaum möglich. Insgesamt zeigt sich aber, dass in den letzten Jahren die Zielwerte, die sich in der Bloomberg Datenbank finden – nach dem Capital Asset Pricing Model (CAPM) ermittelt – unterschritten wurden. Stand September 2021 wären Eigenkapitalrenditen von 13,8 % bei BMW, 16,7 % bei Mercedes-Benz und 14,2 % bei VW risikoadäquat. Die historischen Renditen sprechen hier also weniger für die Unternehmen.

Tabelle 13.7 zeigt die Fremdkapitalrenditen ($\frac{\text{Zinsaufwand}}{\varnothing\text{FK}} \times 100$) und die Gesamtkapitalrenditen ($\frac{\text{JÜ+Zinsaufwand}}{\varnothing\text{GK}} \times 100$) für die HGB-JA. Sowohl bei BMW als auch bei Mercedes-Benz gab es bei den **Fremdkapitalkosten** im Jahr 2018 Sondereffekte aus der Nettobilanzierung von Pensionsrückstellungen. Diese in unterschiedlichem Umfang mit Planvermögen gedeckten und deshalb partiell nicht bilanzierten Pensionslasten prägen aber in sämtlichen Jahren den Zinsaufwand der Unternehmen in unterschiedlichem Umfang. Ansonsten bewegen sich die Fremdkapitalrenditen bei allen drei Unternehmen auf einem relativ stabilen eher niedrigen Niveau. Dabei gilt es aber zu beachten, dass die Werte stark beeinflusst sind durch **unverzinsliche Fremdkapitalbestandteile** in großem Umfang: Verbindlichkeiten LuL, erhaltene Anzahlungen, kurzfristige Rückstellungen usw.

Tab. 13.7: Fremd- und Gesamtkapitalrenditen nach JA HGB.

(In %)	2021	2020	2019	2018	2017	2016
FKR BMW	1,4	0,7	0,6	4,9	2,8	1,8
GKR BMW	9,0	3,5	4,6	9,6	9,9	10,3
FKR Mercedes-Benz	2,2	1,8	1,4	7,1	2,6	1,8
GKR Mercedes-Benz	12,1	3,3	−0,7	8,9	6,4	7,3
FKR VW	1,2	1,3	1,0	1,0	1,0	1,0
GKR VW	3,1	4,6	3,6	3,6	3,7	2,8

Dass die Fremdkapitalrendite keinen klaren Trend nach unten zeigt, ist etwas verwunderlich. Seit dem Jahr 2013 sind Fremdkapitalkosten bei vielen Unternehmen aufgrund der anhaltenden Niedrigzinsphase häufig gesunken. Laut der Bloomberg Datenbank wäre es möglich, dass sich alle drei Unternehmen zum Stand September 2021 zu Nullprozent fremdkapitalfinanzieren könnten. Da Fremdkapital häufig einen langfristigen Vertragsbindungscharakter hat, können positive Entwicklungen nicht unmittelbar abgeschöpft werden. Dies erklärt vielleicht die Entwicklung. Alternativ wäre es möglich, dass die Unternehmen als riskanter eingeschätzt werden als im Jahr 2013 und die Reduktionseffekte daher nicht nutzen können. Für Fremdkapitalgeber waren die Unternehmen also eine attraktive Anlage. Aus Unternehmenssicht gibt es hier sicherlich Optimierungspotential.

Die Gesamtkapitalrenditen liegen systembedingt zwischen den höheren Eigenkapital- und den Fremdkapitalrenditen und weisen geringere Schwankungen auf. Zur Einordnung der Größen muss zunächst eine Bezugsgröße ermittelt werden: Wie erwähnt, wird am Kapitalmarkt eine risikoadäquate Rendite erwartet. Im englischen Sprachraum hat sich der Begriff **Hurdle Rate** etabliert. Also eine Hürde (Mindestgröße), die übersprungen werden muss, um als risikoadäquat zu gelten. Je höher das Risiko, desto höher die Hurdle Rate. **Risikokriterien** sind u. a. der Verschuldungsgrad (bzw. analog die Eigenkapital- bzw. Fremdkapitalquoten) oder die Sensitivität der Börsenkurse eines Unternehmens für Änderungen des Gesamtmarktes (Beta). Alle Unternehmen geben explizit Kapitalkostensätze an, die als Hurdle Rate für die Gesamtkapitalrendite betrachtet werden können. Diese sind in den Konzernlageberichten aufgeführt, die zwangsweise die wichtigsten Steuerungskennzahlen enthalten müssen. Sie sind aber ausdrücklich für die Gesamtkonzerne ausformuliert.

Bei Volkswagen ist auch explizit erkennbar, dass die Hurdle Rate nach einer kapitalmarktüblichen Methode ermittelt wurde, dem CAPM für das Segment Automobile. Dabei wird ein operatives Ergebnis nach Steuern auf das investierte Vermögen nach einer Variante des EVA von SternStewart & Co genutzt und auf die Kapitalstruktur umgerechnet (WACC). Demgegenüber verweist BMW auf eine andere Erfolgsgröße: Gewinn vor Steuern und Zinsaufwand (nur teilweise) in Relation zum Eigenkapital zuzüglich Finanzverbindlichkeiten und Pensionsrückstellungen. Mercedes-Benz nutzt einen bereinigten Erfolg vor Steuern in Relation zu den durchschnittlichen Net Assets (Return on Net Assets, RONA). Demnach sind alle drei Hurdle Rates nicht vergleichbar und bei BMW und Mercedes-Benz spielen unterschiedliche Kapitalstrukturen und Kapitalkosten keine Rolle.

Tabelle 13.8 gibt die **Hurdle Rates (Kapitalkostensätze)** der drei Unternehmen an. Demnach schaffen es alle drei Unternehmen durchgängig oder zumindest in vielen Jahren nicht, die eigenen Kapitalkostensätze zu erreichen und haben in diesen Perioden nach den eigenen Maßstäben Werte vernichtet. Bei dieser Aussage ist aber zu bedenken, dass die Sollgrößen für den Gesamtkonzern gelten sollen und die Festlegungen stark auf Buchwerten und Rechnungslegungszahlen beruhen (wie adjustierten Gewinngrößen und ausgewählten Bilanzposten).

Tab. 13.8: Kapitalkostensätze der Konzerne.

(In %)	2021	2020	2019	2018	2017
BMW	——————— immer 12,0 ———————				
Mercedes-Benz	——————— immer 8,0 ———————				
VW	6,2	6,5	6,3	6,2	6,0

Für die Ermittlung der **Eigenkapitalrendite auf Basis der IFRS-Konzernabschlüsse** sind einige zusätzliche Festlegungen erforderlich. So ist in einem ersten Schritt notwendig, die Behandlung sog. **Minderheitsgesellschafter** (Fremdgesellschafter, Andere Gesellschafter nach § 307 HGB) zu klären. Einerseits haben auch diese dem Konzern letztlich Eigenkapital zur Verfügung gestellt, aber auf der Ebene von Tochterunternehmen. Die Verzinsung ihres Risikokapitals hängt deshalb nicht unbedingt vom Konzernerfolg ab. Für deutsche Konzerntöchter wäre dies davon abhängig, ob eine Garantiedividende vereinbart wurde (§ 304 AktG) oder nur ein faktisches Konzernverhältnis vorliegt. Aus der Sicht der Konzernmutter und deren Aktionäre ist eine Eliminierung der Gewinn- und Eigenkapitalanteile deshalb sinnvoll. Auf der anderen Seite handelt es sich unstrittig um Eigenkapital und deren Gewinnanteile sind in der GuV auch als Gewinn ausgewiesen und nicht als Zinsaufwand. Aus diesem Grund (und weil die Beträge bei den untersuchten Konzernen sowieso niedrig sind) wird keine Korrektur des im KA ausgewiesenen EK vorgenommen.

Ein weiteres Problem können **Hybridkapitalgeber** darstellen. Diese stellen dem Konzern zwar kein gesellschaftsrechtliches Eigenkapital zur Verfügung, aber ihre Position weist ökonomisch so viel Ähnlichkeit mit der von Eigentümern auf, dass sie zu einem Ausweis als Eigenkapital führen und deren Vergütung (i. A. gewinnabhängig) wird in der GuV auch als Bestandteil des Konzernjahresüberschusses erfasst.[29] Im VW-Konzern ist dies erkennbar. Eine Korrektur wird hier nicht vorgenommen, da die entsprechenden Posten geringfügig sind. Anderenfalls müsste eine Anpassung erfolgen, insbesondere, wenn ein Vergleich mit anderen AG oder mit Marktrenditen der Aktionäre erfolgen soll.

Oben wurde auf die Besonderheit der IFRS hingewiesen, dass es zwei Ergebnisse gibt, das Net Income und das Comprehensive Income (= NI + OCI). Ohne Zweifel gehört das OCI in die Bezugsgröße als EK-Bestandteil ein. Wird als Gewinngröße nur das Net Income verwendet, ergibt sich deshalb eine tendenziell niedrige EKR. Hält man das **OCI oder einzelne Komponenten davon** aber für einen Bestandteil der Jahresperformance, wäre dies wenig sinnvoll. Deshalb wird auch eine differenzierte Behandlung angemahnt.[30] Eine solche wird hier nicht realisiert. Dies liegt daran, dass es keine systematischen Kriterien gibt, die die Frage klären, welche Bestandteile des Gesamterfolges in das NI und welche in das OCI einfließen und auch der Reklassifikationsmechanismus keine Systematik aufweist. Eine differenzierte, auf Dauer durchgeführte Schattenrechnung wäre deshalb argumentativ schwer zu unterlegen und mit einem erheblichen Aufwand verknüpft.

---

29 Dies kann auch im HGB-Jahresabschluss ein Problem werden, das aber bei den drei Unternehmen nicht auftritt. Zwar unterscheiden sich die Definitionen von wirtschaftlichem EK nach HGB und IFRS etwas, aber dies ändert nichts an der Systematik. Nach HGB kann sich aber ein zusätzlich störender Effekt ergeben, da die Vergütung von als EK bilanziertem hybriden Kapital in der GuV vielfach als Zinsaufwand ausgewiesen wird. Diese Inkonsistenz kann bei Wesentlichkeit zu Fehlschlüssen führen.
30 Vgl. Coenenberg, Haller und Schultze (2021, 1230).

> Aus pragmatischen Gründen werden hier nur zwei Varianten für die Eigenkapitalrendite auf Basis der IFRS-KA vorgestellt: ❗
>
> $$EKR\ I = \frac{NI}{\varnothing EK} \times 100$$
>
> $$EKR\ II = \frac{CI}{\varnothing EK} \times 100$$

Tabelle 13.9 zeigt die so berechneten Eigenkapitalrenditen der Konzerne. Auffällig ist zunächst, dass die Renditen auf Basis des Gesamtergebnisses (EKR II) in den meisten Fällen schlechter ausfallen als auf Basis des Net Income (EKR I) und zugleich volatiler sind. Die EKR I entwickelten sich seit dem Jahr 2017 für alle drei Konzerne tendenziell rückläufig, im Jahr 2021 gab es einen kräftigen Gewinnsprung. Die stabilste Entwicklung zeigt dabei VW, erreicht aber auch nicht die zum Teil sehr hohen Renditen der Wettbewerber. Vergleicht man die EKR I aus den Konzernabschlüssen mit der EKR aus den HGB-Abschlüssen der Muttergesellschaften ergibt sich ein gemischtes Bild: Bei BMW zeigen die HGB-Abschlüsse deutlich bessere Renditen trotz oder auch wegen des ausgeprägten Vorsichtsprinzips nach HGB. Dieses beeinflusst die Größe Eigenkapital (nach unten wegen der stillen Reserven) und den Gewinn (nach oben oder unten, je nach Situation). Bei VW sind die Relationen schwankend und bei Mercedes-Benz sind die Renditen auf der Grundlage der Konzernabschlüsse häufig größer als in den HGB-Abschlüssen.

Tab. 13.9: Eigenkapitalrenditen nach KA IFRS.

(In %)	2021	2020	2019	2018	2017	2016
BMW EKR I	18,2	6,3	8,5	12,6	17,1	15,3
BMW EKR II	21,7	5,3	7,3	11,5	18,3	14,9
Mercedes-Benz EKR I	34,5	6,4	4,2	11,5	17,4	15,4
Mercedes-Benz EKR II	43,1	1,0	0,8	7,7	15,8	14,6
VW EKR I	11,2	7,0	11,6	10,7	11,5	5,9
VW EKR II	16,0	4,1	5,8	8,3	13,8	5,4

Situationsabhängig wären für die IFRS-Abschlüsse weiterführende Anpassungen erwägenswert, um repräsentative, nachhaltige Gewinngrößen zu schätzen. Dies betrifft zunächst einmal **Erfolge nach IFRS 5**, die immer gesondert auszuweisen sind. Diese sind ex definitione nicht nachhaltig, wiederkehrend und beeinflussen die Rendite mit Sondereffekten. Darüber hinaus können Bewertungserfolge, insbesondere Fair Value-Erfolge einen Renditevergleich stören.[31] Dies gilt vor allen Dingen, wenn Unternehmen

---

31 Vgl. Coenenberg, Haller und Schultze (2021, 1230).

Wahlrechte zwischen Fair Value und Cost Model verschieden ausüben. Dann müssen aber wiederum Zähler und Nenner angepasst werden und die Einflüsse sind im Zeitablauf nachzuverfolgen. Für eine umfassende Schattenrechnung fehlen teilweise die Daten, sodass eine solche nur unvollständig möglich ist. Deshalb sollte dies nur in Sonderfällen vorgenommen werden. Bei den hier untersuchten Unternehmen optieren alle soweit möglich für das Anschaffungskostenmodell, sodass eine Anpassung obsolet ist.

Es ist ergänzend darauf zu verweisen, dass bei einer solchen Korrektur nicht nur mögliche Unterschiede zwischen Unternehmen oder HGB- und IFRS-Abschlüssen eliminiert werden, sondern zugleich auch eine Anpassung an das schlechtere Modell möglich ist. Bekanntlich führt das Cost Model häufig zu stillen Reserven und im Zeitablauf zu steigenden Renditen, auch wenn sich die fundamentale ökonomische Entwicklung von Unternehmen gar nicht verändert hat. Um solche Effekte und eventuell auch bilanzpolitische Verzerrungen oder Zufallseffekte erkennen zu können, werden im folgenden Abschnitt einige EK-bezogene Kennzahlen für die EK-Perspektive vorgestellt, die dies (partiell) vermeiden oder abschwächen.

Tabelle 13.10 zeigt abschließend zunächst Gesamtkapitalrenditen für die Konzernabschlüsse, die ermittelt wurden, indem zum Net Income der Zinsaufwand aus der GuV addiert und auf das durchschnittliche Gesamtkapital bezogen wurde. Dabei wurde eine systematische Ungenauigkeit nicht korrigiert. In den Umsatzkosten der drei Konzerne sind auch Zinsaufwendungen enthalten, passend zur Tatsache, dass auch in den Umsatzerlösen Zinserträge enthalten sind (aus Leasing u. a. Finanzierungsgeschäften). Insofern sind die berechneten Gesamtkapitalrenditen niedriger als die bei einer umfassenderen Berechnung.

Tab. 13.10: Gesamtkapitalrenditen nach KA IFRS.

(In %)	2021	2020	2019	2018	2017	2016
BMW	5,7	1,9	2,5	3,7	4,8	4,1
Mercedes-Benz	8,7	1,5	1,2	3,1	4,6	4,0
VW	3,4	2,3	3,5	3,1	3,3	2,1

Für alle drei Konzerne ergeben sich Renditen auf nahezu durchgängig niedrigem Niveau, regelmäßig deutlich unterhalb der Werte aus den Jahresabschlüssen der Obergesellschaften. Im Vergleich zu den Zielvorgaben (Hurdle Rates), die aus den Lageberichten der Konzerne entnommen wurden, werden sehr viel niedrigere Renditen erreicht. Selbst wenn man berücksichtigt, dass der Zinsaufwand oben nicht vollständig erfasst wurde und dass sowohl die Erfolgsgrößen, als auch das zu verzinsende Kapital abweichend ermittelt wurden, dürften die Konzerne den eigenen Ansprüchen in vielen Jahren der Betrachtungsperiode nicht gerecht geworden sein.

13.4 Alternative Eigenkapitalkennzahlen

An Stelle der o. a. Eigenkapitalrendite aus der Sicht des gesamten Unternehmens, kann auch eine Anlagenverzinsung aus der Perspektive der Aktionäre ermittelt werden.

Um die angesprochenen buchhalterischen Verzerrungen auszuschließen, eignet sich z. B. die Dividendenrendite: !

$$\text{Dividendenrendite} = \frac{\text{Dividende}}{\text{Börsenkurs je Aktie}} \times 100$$

Vor allem in der US-Praxis wird diese Kennzahl ergänzt um den Dividenden-Deckungsgrad:

$$\text{Dividenden-Deckungsgrad} = \frac{\text{Ergebnis je Aktie}}{\text{Dividende je Aktie}}$$

Der **Dividenden-Deckungsgrad** ist die Umkehrung der auch hierzulande genutzten Ausschüttungsquote, die es erlauben soll, die Wahrscheinlichkeit von Dividendenzahlungen abzuschätzen.[32] Beide Kennzahlen sind u. E. wenig geeignet, die **Rendite des Aktionärsinvestments** zu spiegeln oder Unternehmensvergleiche zu fördern. Dies liegt einmal daran, dass es dividendenzahlende Unternehmen gibt und solche, die dies unabhängig von ihrer Performance nicht tun. Dies hat natürlich direkte Folgen für die Börsenkurse der Unternehmen. So sinkt der **Börsenkurs** von Unternehmen zum Zeitpunkt der **Dividendenzahlung** regelmäßig um diesen Betrag. Zahlen Unternehmen wenig oder gar keine Dividende, haben sie c. p. einen höheren Börsenkurs, sodass sich eine sehr niedrige Rendite (oder gar Null) ergibt. Des Weiteren ist beachtlich, dass **Aktienrückkäufe** als Surrogat für Dividenden angesehen werden können, es handelt sich ebenfalls um Zahlungen an die Aktionäre. Diejenigen Eigentümer, die nicht verkaufen, haben danach Aktien mit einem höheren Börsenkurs.[33] Insgesamt ist deshalb festzuhalten, dass Dividenden nur einen Teil der Aktienperformance abbilden (und zwar den zahlungswirksamen),[34] aber Börsenkursschwankungen und Aktienrückkäufe werden nicht erfasst. Dabei ist davon auszugehen, dass zumindest für die hier untersuchten Unternehmen Kursgewinne jederzeit ohne große Transaktionskosten realisierbar sind, also fast so gut sind wie Cash.

Insofern bietet es sich an, als Gewinn aus der Aktionärssicht, den sog. **Total Return to Shareholders** (TRS), die Dividende und die Börsenkursänderung (ΔBK) eines Jahres anzusetzen.[35] Dabei wird für jedes Jahr die Veränderung des Börsenkurses und

---

32 Vgl. Coenenberg, Haller und Schultze (2021, 1235 f.).

33 Vgl. Penman (2010, 265).

34 Vgl. Krause (2019, 259).

35 Auf die Einbeziehung von Aktienrückkäufen kann hier verzichtet werden, da dies eine in Deutschland noch unübliche Form der Aktionärspflege ist (vgl. Kühnberger und Richter (2017, 173)). Bei allen drei untersuchten Unternehmen sind diese bedeutungslos.

die gezahlte Dividende (also die für das Vorjahr beschlossene Zahlung) genutzt. Dies ist wichtig, weil z. B. im Jahr 2020 ein Aktionär sowohl eine Dividendenzahlung erhält, als auch eine Börsenkursänderung erfährt, die u. a. von dieser Dividende abhängt.[36] Damit wird seine Rendite durch eine Zahlung und eine jederzeit realisierbare Zahlung bestimmt.

Als Bezugsgröße sollte auf den Börsenkurs (BK) zu Beginn des Jahres (oder den Durchschnittskurs) abgestellt werden, da dieser die **aktuelle Kapitalbindung** des Aktionärs zeigt. Der Rückgriff auf die tatsächlichen Anschaffungskosten eines Aktionärs ist sowieso unmöglich, wenn es mehrere Aktionäre gibt oder ein Aktionär mehrere Käufe und Verkäufe getätigt hat. Die Quote wäre auch wenig aussagefähig, da der aktuelle Erfolg auf eine historische Basis bezogen wird. Im Regelfall führt dieser zeitliche Mismatch zu einer verzerrten Rendite, die zu hoch ausfällt. Diese Schwäche der Rechnungslegungszahlen auf der Basis von Anschaffungskosten kann für die Bilanzierung zwar damit gerechtfertigt werden, dass Anschaffungswerte durch tatsächliche Zahlungen objektiviert sind. Es handelt sich gleichwohl um historische (Zufalls-)Kurse und auch die aktuellen Börsenkurse sind durch Zahlungen belegt und objektiviert.

Demnach ergibt sich die (für jede Aktiengattung zu ermittelnde) Aktienrendite (AR):

$$AR = \frac{\Delta BK + \text{Dividende}}{BK \text{ zu Jahresbeginn}} \times 100$$

Dieses Renditemaß beruht auf **realisierten Zahlungen** und ist insofern nur bedingt vom Rechnungslegungssystem beeinflusst, nämlich soweit dieses mittelbar die Dividende oder den Börsenkurs prägt. Börsenkurse spiegeln aber weit mehr und aktuellere Informationen als die Rechnungslegung. So verändern rechtliche oder ökonomische Schocks, Gesetzesvorhaben, Wechsel im Führungspersonal usw. den Börsenkurs. Dieser spiegelt aktuelle Gewinn- und Risikoerwartungen, fundiert durch Markttransaktionen.

Gerade deshalb bietet es sich an, die **buchhalterischen Renditemaße** mit diesen mehr **marktbezogenen Renditen** zu vergleichen. Dabei kann aber nicht unterstellt werden, dass eine der beiden KPI die „richtigere" Gewinnerwartung darstellt. Dies liegt daran, dass es teilweise fast schon eine Glaubensfrage ist, ob man den Kapitalmarkt für informationseffizient zumindest in einem halbstrengen Sinne hält oder nicht. Einerseits ist bei einem Vergleich zu bedenken, dass die Rechnungslegungsrenditen vielfachen Schwächen ausgesetzt sind. Andererseits können auch Börsenkurse, obwohl sie mehr und aktuellere Informationen abbilden als das bilanzielle Eigenkapital, zumindest kurzfristig verzerrt sein, auf Spekulationen oder Fehldeutungen beruhen. Insgesamt unterstellen wir aber, dass zumindest für Aktien auf hinreichend liquiden Märkten die

36 Vgl. Coenenberg, Haller und Schultze (2021, 1230).

Börsenkurse bessere Indikatoren der Markterwartungen liefern als Rechnungslegungsdaten. Unter dieser Annahme wäre es auch ein Merkmal für die Güte eines Rechnungslegungssystems, inwieweit es die Marktrendite mehr oder weniger bestätigt.

Tabelle 13.11 zeigt die **Aktienrenditen der Unternehmen** (nur Stammaktien). Auffällig ist natürlich die bei allen drei Unternehmen sehr gute Rendite für das Jahr 2021 und die sehr schlechte im Jahr 2018. Ansonsten zeigt sich jeweils eine beachtliche Volatilität, die vor allem auf die starken Börsenkursschwankungen zurückgeht, während die Dividendenzahlungen die Entwicklung eher ausgleichen. Von allen drei Unternehmen weist tendenziell BMW die schlechtesten Werte auf. Es ist zwar möglich, auch für einen längere (oder kürzere) Periode den TRS zu ermitteln. Dann muss man aber Annahmen über die Dividendenverwendung seitens der Aktionäre treffen. Im Regelfall wird eine Reinvestition im gleichen Unternehmen unterstellt. Dies wird hier nicht weiter verfolgt, da auch die Rechnungslegungszahlen jeweils auf die Kalenderjahre bezogen sind.

Tab. 13.11: Aktienrenditen der Unternehmen.

(In %)	2021	2020	2019	2018	2017
BMW	25,1	2,2	8,4	−14,1	2,3
Mercedes-Benz	41,0	20,5	16,2	−29,1	5,5
VW	54,1	0,9	28,0	−15,2	24,8

Für die Investor Relationspolitik und die fundamentale Aktienanalyse spielt die Kennzahl **Gewinn je Aktie (Earnings per Share, EPS)** eine überragende Rolle. Laut einer Befragungsstudie mit US-amerikanischen CFO handelt es sich sogar um die wichtigste Zielgröße überhaupt, die es zu managen gilt.[37] Diese Größe wird üblicher Weise vom Management und Finanzanalysten prognostiziert und ein Unterschreiten der Prognosewerte wird durch Kursabschläge bestraft. Deshalb sind solche Prognosewerte, aber auch die Erreichung der Vorjahreswerte häufig ein zentrales bilanzpolitisches Ziel (sog. **Target Beating**). Statistische Zusammenhänge zwischen Börsenkursen und EPS sind mehrfach empirisch belegt.[38]

Wie so oft stellt sich die Frage, welche Daten – insbesondere welche Gewinngröße – in die Kennzahl eingehen sollten. Nach IAS 33 (ähnlich wie nach den US-GAAP) gibt es hierfür einen Standard, der für die IFRS-Konzernabschlüsse der drei Unternehmen greift. Für HGB-Abschlüsse hat die DVFA einen Vorschlag entwickelt.[39] Dieser sieht vor, dass der Jahresüberschuss um außerordentliche und andere ungewöhnliche Bestandteile zu korrigieren ist. Demgegenüber sieht IAS 33 vor, dass das unkorrigierte Net

---

37 Vgl. Graham und Harvey (2001, 187).

38 Vgl. Pellens, Fülbier u. a. (2021, 952 f.).

39 Vgl. Coenenberg, Haller und Schultze (2021, 1231).

Income (ohne die Gewinnanteile der Minderheitsgesellschafter)[40] zugrunde zu legen ist. Nur für den Fall, dass es Erfolge nach IFRS 5 gibt, sind zwei EPS anzugeben: die Basisvariant Net Income und die Variante mit einem Net Income aus fortzuführenden Tätigkeiten.

Der IAS 33 ist anzuwenden auf Stammaktien. Hierbei ist aber zu beachten, dass Stammaktien und Vorzugsaktien im Sinne des deutschen AktG hierunter fallen. Aus IAS 33.5 und 33.66 ergibt sich dies mittelbar.[41] Entsprechend sind die EPS eventuell für mehrere Aktiengattungen zu ermitteln. IAS 33 ist insgesamt ein recht komplexer Standard und erfordert fallweise komplexe Berechnungen. Dies liegt einmal daran, dass bei unterjährig nicht konstanter Anzahl an Aktien (Kapitalmaßnahmen, Aktienrückkäufe) zeitlich gewichtete Werte je Aktie zu ermitteln sind. Viel wichtiger ist jedoch, dass auch ein **verwässerter Gewinn je Aktie** zu ermitteln ist, wenn es Finanzinstrumente oder Verträge gibt, die zu einer künftigen Verwässerung (niedrigeren EPS) führen können. Dies kann aus Wandelanleihen, Optionen (insbesondere Stock Options für das Topmanagement), Mitarbeiteraktien usw. resultieren. Die Kennzahl signalisiert dann den heutigen Aktionären mit welchen Minderungen sie eventuell künftig zu rechnen haben.

!   **Wie der ROI und die EKR kann auch die Kennzahl EPS durch multiplikative Erweiterungen aufgespalten werden, um tiefere Einblicke zu gewinnen:**[42]

$$EPS = \frac{NI}{Aktienzahl} = \frac{NI}{UE} \times \frac{UE}{Vermögen} \times \frac{Vermögen}{EK} \times \frac{EK}{Aktienzahl}$$

Deutlich wird, dass die EPS eine Funktion der Gewinnmarge, des Vermögensumschlages, des Leverage und der Stückelung der Aktien ist. Mit diesen Aufgliederungen können Änderungen im Zeitablauf und Unterschiede zwischen Unternehmen besser interpretiert werden.

Trotz der weiten Verbreitung der Kennzahl, wird sie auch stark kritisiert. Konzeptionell handelt es sich nicht um eine Renditegröße.[43] Der Gewinn wird auch nicht in Relation zum gesamten Eigenkapital gesetzt, sondern nur zum gezeichneten Kapital und genauer noch: der Aktienanzahl. Demnach ist für den Wert entscheidend, ob das EK aus gezeichnetem Kapital oder eher aus Rücklagen besteht und wie die Stückelung der Aktien erfolgt ist.[44] Dies wird deutlich, wenn man annimmt, eine AG führt einen Aktiensplit durch, um die Liquidität der Aktie zu verbessern. Werden damit aus einer 50 €-Aktie

---

40 Die Frage, ob es nicht zweckmäßig sei, das Gesamtergebnis inklusive OCI zu verwenden, wird vom IASB nicht einmal diskutiert, obwohl es sich ex definitione beim OCI ebenfalls um Gewinngrößen handelt.

41 Vgl. Pellens, Fülbier u. a. (2021, 957).

42 Vgl. Fridson und Alvarez (2011, 322 ff.).

43 Küting und Weber (2015, 309).

44 Vgl. Hommel und Rammert (2012, 111).

10 Aktien mit einem Nennwert von 5 €, so sinken die EPS auf ein Zehntel, obwohl sich an der Rentabilität und Ertragskraft überhaupt nichts geändert hat.

Tabelle 13.12 enthält die Entwicklung der **unverwässerten EPS der Stammaktien**. Sowohl Verwässerungseffekte sind vernachlässigbar klein, als auch die Unterschiede zu den EPS für Vorzugsaktien (falls es solche gibt). Da die Absolutbeträge von der Aktienstückelung und anderen Störfaktoren abhängen, ist ein Vergleich zwischen Unternehmen nicht gut möglich.

Tab. 13.12: Earnings per Share je Stammaktie.

(In €)	2021	2020	2019	2018	2017	2016
BMW	18,77	5,73	7,47	10,70	13,12	10,45
Mercedes-Benz	25,50	3,39	2,22	6,78	9,84	7,97
VW	29,95	16,60	26,60	23,57	22,28	10,24

In der Praxis wird die Kennzahl deshalb regelmäßig mit dem Kurs-Gewinn-Verhältnis (KGV bzw. Price-Earnings-Ratio, PER) betrachtet. Dies kann so ausgedrückt werden: **!**

$$KGV = \frac{BK}{EPS}$$

Hierbei ist aber zu beachten, dass es für das **KGV** keinerlei Normierung gibt. Das bedeutet, dass die KPI entweder selbst zu berechnen oder bei einer Veröffentlichung durch Unternehmen zu prüfen ist, wie sie ermittelt wurde. Die Kennzahl soll Auskunft darüber geben, ob eine Aktie teuer (überbewertet) oder günstig (unterbewertet) ist.

Beispiel: Unternehmen A hat ein KGV von 15, Unternehmen B ein KGV von 10. Dies impliziert, dass sich die Aktie von Unternehmen B bei konstanten Verhältnissen und ohne Beachtung von Zinsen in 10 Jahren amortisiert hat, die Aktie von Unternehmen A dagegen erst in 15 Jahren. Entsprechend sind die Renditen verschieden.[45] Demnach wäre Aktie A „teurer" als Aktie B.

Auf einem einigermaßen funktionierenden Kapitalmarkt müssten Anleger sich daran orientieren und die KGV aller Unternehmen konvergieren, was aber empirisch nicht zu beobachten ist. Dafür gibt es mehrere plausible Gründe: Einmal könnten rationale Kapitalmarktteilnehmer an der Qualität des Net Income als Maßgröße für die ökonomische Leistungsfähigkeit zweifeln. Wichtiger ist jedoch, dass das Net Income den Gewinn des abgelaufenen Jahres darstellt und der Börsenkurs die **Gewinnerwartungen der Zukunft**. In diese gehen Wachstumspotenziale und die Unternehmens- und andere Risiken ein. Der o. a. Unterschied im KGV kann demnach schlicht dadurch gerechtfertigt sein,

---

45 Vgl. Brösel (2017, 225).

dass Unternehmen B ein risikoreicheres Geschäftsmodell hat oder vom Kapitalmarkt ein höheres Wachstumspotenzial bei Unternehmen A vermutet wird. Deshalb wird es auch dauerhaft unterschiedliche KGV geben und es ist wenig sinnvoll, diese für Unternehmen aus verschiedenen Branchen oder in verschiedenen Lebensphasen (z. B. junges Wachstumsunternehmen versus alteingesessenes Unternehmen) zu vergleichen.

Tabelle 13.13 gibt die KGV der drei Unternehmen auf Basis der **Börsenpreise zum Gewinn je Aktie** aus den IFRS-Konzernabschlüssen wieder. Hier werden nur die Daten für Stammaktien angegeben. Für Vorzugsaktien ergeben sich deutliche Abweichungen, da zwar die Gewinne je Aktie für alle Aktiengattungen fast gleich sind, aber nicht deren Börsenkurse. Für alle drei Unternehmen ergeben sich im Betrachtungszeitraum riesige Bandbreiten, die bei VW noch am geringsten sind. Ein eindeutiger Trend ist für keines der Unternehmen zu identifizieren. Betrachtet man nur die Jahre 2017 bis 2020 so weisen allerdings alle drei Konzerne tendenziell steigende KGV auf. Angesichts des seit dem Jahr 2020 extrem unsicheren Umfeldes (Corona, technologischer Wandel, Lieferschwierigkeiten, Krieg gegen die Ukraine) dürfte eine stabile Entwicklung in den kommenden Jahren auch nicht zu erwarten sein.

Tab. 13.13: Kurs-Gewinn-Verhältnisse der Stammaktien.

(In %)	2021	2020	2019	2018	2017	2016
BMW	4,7	13,4	9,8	5,7	7,3	8,3
Mercedes-Benz	3,1	14,1	18,5	5,6	6,0	7,4
VW	8,7	10,2	6,5	5,9	7,5	13,3

14 Wertorientierte Kennzahlen und der Informationsgehalt von Erfolgsgrößen

In der Betriebswirtschaftslehre wird eine Fülle sog. wertorientierter KPI genutzt. Diese zielen regelmäßig darauf ab, gewisse Defizite aus den bislang vorgestellten Performance-KPI aus der Rechnungslegung auszugleichen. Hierzu gehört vor allem die Auslassung von Eigenkapitalkosten, die nicht als (kalkulatorischer) Zinsaufwand in den Erfolgsrechnungen abgebildet werden. Zudem geht dieses Kapitel der schwierigen Frage nach, wie die Qualität der Rechnungslegungsgrößen festgestellt werden kann. Dazu ist es erforderlich, einen Maßstab zu finden, mit dem diese Qualität quantitativ beschrieben werden kann. Hierzu sind u. E. Marktdaten besonders geeignet.

14.1 Ein- und mehrperiodische wertorientierte KPI

Wertorientierte Kennzahlensysteme sind eng mit dem Konzept des wertorientierten Managements verknüpft. Die Grundidee ist es, ein Controlling-Gesamtsystem zu etablieren, mit einer an den Interessen der Kapitalgeber orientierten Gesamtkennzahl. Die Wirkungsrichtung und Adressaten sind daher eher intern als extern. Da es sich um ein Kennzahlensystem handelt, ist nicht nur die Globalkennzahl entscheidend, sondern ebenfalls die darunterliegenden Werttreiber.[1] In das wertorientierte Management fließen Erkenntnisse des internen und externen Rechnungswesens ein, es dient zur Bewertung strategischer und operativer Maßnahmen und es bedient sich diverser Instrumente des Bereichs Investition und Finanzierung. Für Kapitalgesellschaften besteht eine Verpflichtung, im Lagebericht über die finanziellen KPI zu berichten, die für die interne Unternehmenssteuerung tatsächlich genutzt werden (sog. Managementapproach gemäß DRS 20.102).[2] Diese KPI dienen nicht nur der Darstellung der Ertragskraft, sondern sollen auch zeigen, welche Anreiz- bzw. Steuerungssysteme ein Unternehmen einsetzt. Dies soll nicht zuletzt auch deutlich machen, ob es „intelligente", mit einer guten Corporate Governance vereinbare Zielgrößen sind.

Kurz gesagt umfasst das System ein breites Spektrum der Betriebswirtschaftslehre. Es muss erwähnt werden, dass der starke Fokus auf die Kapitalgeberinteressen (Shareholder Value) das System etwas in Verruf gebracht hat und wertorientiertes Management teilweise zu einem negativ besetztem Begriff geworden ist. Insbesondere durch die zunehmende öffentlichkeitswirksame Orientierung der Unternehmen an anderen Interessengruppen (Stakeholder Value) sind diese Kennzahlensysteme in der Außendarstellung nicht mehr ganz so präsent, auch wenn sie weiterhin Anwendung finden.

---

1 Vgl. Gladen (2014, 113 ff.) mit sehr ausführlicher Darstellung.
2 Vgl. Grottel in Grottel u. a. (2018, § 315 HGB Rn. 90 ff.).

https://doi.org/10.1515/9783110770551-014

Diverse Beratungsunternehmen haben eigene urheberrechtlich geschützte wertorientierte **KPI-Systeme** entwickelt. Populär waren und sind insbesondere die Konzepte Economic Value Added (EVA) von Stern Steward, Economic Profit (EP) von McKinsey, Cash Value Added (CVA) von Boston Consulting und Earnings less Riskfree Interest Charge (ERIC) von KPMG. Die Grundstruktur der Konzepte ist ähnlich.

!   **Um den Periodenerfolg zu messen wird üblicherweise wie folgt ein Mehrwert abgeleitet:**

Geschaffener Mehrwert = (Ist-Rendite − Soll-Rendite) × Eingesetztes Kapital

---

Es handelt sich also um eine **Überrendite**: Wie viel Rendite wurde tatsächlich erzielt, die über die Erwartungen der Kapitalgeber hinausgeht? Die Erwartung der Kapitalgeber wird üblicherweise mit den aus dem Investitionsmanagement bekannten **Kapitalkostensätzen** ermittelt. Diese stellen die durchschnittliche Rendite von Unternehmen mit ähnlichem Risikoniveau dar. Im Sinne von Opportunitätskosten wird unterstellt, dass Wert vernichtet wird, wenn die Kapitalkosten nicht mindestens erzielt werden, da eine Investition in alternative Anlagen diese erbracht hätte. Die Kapitalkosten stellen also die erwartete Mindestverzinsung dar, im englischsprachigen Raum ist der Begriff Hurdle Rate gebräuchlich (vgl. Kapitel 13.3).

Die Konzepte der verschiedenen Beratungsunternehmen unterscheiden sich in der Operationalisierung der Ist-Rendite und des eingesetzten Kapitals. Populäre **Operationalisierungen der Ist-Rendite** sind Rentabilitätskennzahlen wie Return on Investment, Return on Invested Capital, Cash Flow Return on Investment, Return on Net Assets oder Return on Capital Employed. Ähnlich werden auch beim **eingesetzten Kapital** diverse Operationalisierungen verwendet, wie beispielsweise Net Assets, Bruttoinvestitionsbasis oder Invested Capital. Diese unterscheiden sich teilweise erheblich. Einige sind näher am Zeitwert (also beispielsweise abzüglich Abschreibungen), andere orientieren sich eher an den Anschaffungskosten (ohne Berücksichtigung historischer Abschreibungen).

Die geschaffenen Mehrwerte innerhalb einzelner Perioden können auch zu einer **Mehrperioden- Gesamtkennzahl** aggregiert werden. Die Logik entspricht dabei dem Vorgehen bei DCF-Verfahren der Unternehmensbewertung. Bei der Unternehmensbewertung werden zukünftige Cashflows auf einen Barwert abgezinst um einen Unternehmenswert zum jetzigen Zeitpunkt zu ermitteln. Analog dazu werden bei wertorientierten Kennzahlen die geschätzten Überrenditen zukünftiger Perioden auf einen jetzigen Barwert abgezinst. Es wird also im Gegensatz zur klassischen Unternehmensbewertung nicht der Unternehmenswert ermittelt, sondern die Differenz des heute unterstellten Unternehmenswertes und des heute dazu eingesetzten Kapitals, sprich der geschaffene Mehrwert. Beim Konzept von Stern Steward ist beispielsweise der Market Value Added (MVA) der abgezinste Wert zukünftiger EVA.

Ein wesentliches Unterscheidungsmerkmal innerhalb der Kennzahlensysteme, aber auch zwischen Unternehmen, die auf das gleiche Gesamtsystem zurückgreifen, ist die **Datengrundlage**. Die Daten basieren grundsätzlich auf denen des **externen Rechnungswesens**, allerdings gibt es eine Vielzahl unternehmensindividueller **Conversions**. Provokant könnte bei Conversions von der Einführung eigener alternativer Rechnungslegungsstandards gesprochen werden, in denen natürlich auch immer etwas Kritik an bestehenden Regeln mitschwingt. Bestimmte Positionen werden einfach anders verbucht als es die jeweilige Rechnungslegungsnorm vorsieht. Beim Konzept **EVA** lassen sich **vier Gruppen von Conversions** finden. Die Operating Conversions dienen der Bereinigung von außerbetrieblichen und aperiodischen Einflüssen. Funding Conversions sollen versteckte Finanzierungsformen aufdecken. Shareholder Conversions sollen Ergebnisgrößen besser an die Eigenkapitalgebersicht anpassen. Tax Conversions sollen Steuerlasten korrigieren.[3]

Um ein Beispiel zu nennen, warum Conversions als alternative Rechnungslegungsstandards betrachtet werden können sei hier das Beispiel Leasing erwähnt. Eine beliebte Funding Conversion war die Aktivierung von künftigen Leasingzahlungen, da diese als versteckte Finanzierungsform gewertet wurden. Mit Einführung des aktualisierten IFRS 16 ist diese ursprüngliche Conversion praktisch zum Rechnungslegungsstandard geworden. Ein weiteres Beispiel wäre die Bereinigung außerordentlicher Aufwendungen und Erträge in den Operating Conversions. Nach HGB gab es bis Ende 2015 den Ausweis von außerordentlichen Aufwendungen. Diese Position wurde gestrichen, lässt sich aber häufig als Conversion finden. Conversions können also häufig als alternative Verfahrensweise umstrittener Regelungen des Rechnungswesens betrachtet werden. Diese Regelungen sollen **unternehmensindividuelle Besonderheiten** besser abbilden. Da diese für Externe nicht immer nachvollziehbar sind und auch nicht immer alle möglichen Conversions durchgeführt werden, führen sie aber nicht immer zu einer besseren Vergleichbarkeit zwischen Unternehmen. Es lassen sich beispielsweise beim EVA Konzept maximal 164 Conversions im Vergleich zu den US-GAAP finden, diese werden aber nicht alle von allen Unternehmen verwendet. Insgesamt ist eine sparsame und nachvollziehbare Anpassung wünschenswert und auch nur, wenn diese den EVA wesentlich beeinflusst und durch das Management beeinflussbar ist.

Die betrachteten Unternehmen verwenden alle wertorientierte Kennzahlensysteme zur internen Steuerung und geben darüber grob im Lagebericht Auskunft. VW erklärt, das EVA Konzept zu benutzen um einen periodengerechten Wertbeitrag zu ermitteln. Die Ist-Rendite wird mit dem RoI operationalisiert (2020: 6,5 % im Bereich Automobile, Zielstellung ist 9 %). Wobei das operative Ergebnis nach Steuern Berechnungsgrundlage ist (2020: 7.450 Mio. € Bereich Automobile). Es ist erkennbar, dass VW auf Tax Conversions zurückgreift und mit einem einheitlichen Steuersatz von 30 % rechnet, auch wenn dies nicht dem effektiven Steuersatz der verschiedenen Geschäftsbereiche

---

3 Vgl. Gladen (2014, 142 ff.).

entspricht. Das investierte Kapital wird als Durchschnitt des End- und Anfangsbestands verschiedener Vermögenspositionen ermittelt (2020: 114.907 Mio. € Bereich Automobile). Grundlage für die Einbeziehung bestimmter Vermögenspositionen ist die selbst definierte Zugehörigkeit zum eigentlichen Betriebszweck. Konkret werden Sachanlagen, immaterielle Vermögenswerte, Forderungen, Vorräte, aber auch vermietete Vermögenswerte einbezogen. Dabei könnte man in Frage stellen, ob Vermietung ein eigentlicher Betriebszweck ist. Das kann man angesichts des damit erreichten Geschäftsvolumens eindeutig bejahen, es ist ein etabliertes Geschäftsmodell. Vermindert wird das investierte Kapital um nicht zinstragende Kapitalbestände, wie Verbindlichkeiten aus Lieferungen und Leistungen und erhaltene Anzahlungen. Die Kapitalkosten von VW werden mit 9 % angegeben und entsprechend dem WACC (Weighted Average Cost of Capital) Modell berechnet, wobei die Eigenkapitalkosten auf Grundlage des CAPM (Capital Asset Pricing Model) ermittelt werden. Alle Berechnungskomponenten werden transparent angegeben. Der Wertbeitrag EVA ist im Bereich Automobile im Jahr 2020 leicht negativ. Im Geschäftsbericht wird sehr übersichtlich auf weitere Publikationen verlinkt, die das wertorientierte Gesamtkonzept sehr transparent darstellen. Es ist daran zu erkennen, dass Volkswagen auch mithilfe der Barwertmethode mehrperiodische Beitragskennzahlen ermittelt. Diese werden aber nicht angegeben.

Bei Mercedes-Benz wird das wertorientierte Managementkonzept ebenfalls im Lagebericht dargestellt. Es gibt ein allgemeines Schema zur Ermittlung eines Value Added (2020: –591 Mio. € geschaffener Mehrwert für den Gesamtkonzern), allerdings ist nicht ganz deutlich, ob Mercedes-Benz auf ein bestimmtes Konzept einer Beratungsgesellschaft zurückgreift oder auf eine allgemeine Grundidee. Die Ist-Rendite wird mithilfe eines bereinigten EBIT operationalisiert, das sowohl für Geschäftsbereiche als auch den Gesamtkonzern (2020: 7.133 Mio. €) ausgewiesen wird. Bereinigungen erfolgen u. a. für rechtliche Verfahren, Restrukturierungen und M&A. Mercedes-Benz scheint damit dem Conversion-Prinzip zu folgen, welches in ähnlicher Form im HGB bis 2015 existiert hat. Nach Abzug von Steuern wird ein Net Operating Profit (2020: 4.199 Mio. € über alle Segmente) ermittelt. Je nach Geschäftsbereich wird die Rendite auf Grundlage des bereinigten EBIT als Prozentsatz vom Umsatz oder Eigenkapital (im Bereich Mobility) angegeben. Es wird darüber hinaus auch der Return on Net Assets (RONA) ermittelt. Der Kapitalkostensatz wird mit konstant 8 % angegeben und liegt damit über dem Wert von Volkswagen. Die durchschnittlichen Net Assets werden anders als bei VW nicht aus einem Durchschnitt von Anfangs und Endbestand ermittelt, sondern aus Quartalswerten. Wie die Net Assets der Segmente genau ermittelt werden ist nicht ganz nachvollziehbar dargestellt.

Bei BMW ist im Gegensatz zu den anderen beiden Unternehmen sofort im Lagebericht ersichtlich, dass der Kritik an der Shareholder Value Orientierung Rechnung getragen wird, und zumindest verbal versucht wird, andere Stakeholdergruppen ebenso in den Vordergrund zu stellen. Im Stakeholdersinne wird auf das IIRC-Framework zurückgegriffen, welches nicht nur an finanziellem Kapital ausgerichtet ist (vgl. Kapitel 19.4).[4] Trotz dessen wird eine klassische (finanzielle) Wertbeitragskennzahl ermittelt, ähnlich wie bei Mercedes-Benz auf Konzern- und Segmentebene. Eine weitere Ähnlichkeit zu Mercedes-Benz ist, dass nicht unmittelbar erkennbar ist, ob auf ein generisches Modell oder ein Konzept einer bestimmten Beratungsgesellschaft zurückgegriffen wird. Als Ist-Rendite dienen die Kennzahl Return on Capital Employed (RoCE) oder Return on Equity (RoE, nur im Finanzdienstleistungsbereich), die scheinbar aus einem an das DuPont-Schema erinnerndes Werttreibersystem ermittelt werden. Der RoCE wird aus dem Ergebnis vor Finanzergebnis (2020: 2.162 Mio. € im Bereich Automobile) ermittelt und dem durchschnittlich eingesetzten Kapital. Der strategische Zielwert des RoCE im Bereich Automobile wird mit 40 % angegeben, erreicht wurden 12,7 %. Ähnlich wie bei VW wird das durchschnittlich eingesetzte Kapital als operative Vermögenswerte abzüglich nicht zinstragender Verbindlichkeiten (sonstige Rückstellungen, Verbindlichkeiten aus Lieferungen und Leistungen) bestimmt (2020: 17.062 Mio. € im Bereich Automobile). Die Kapitalkosten werden mit über die Jahre konstanten 12 % für die Bereiche Automobile und Motorräder und 13,4 % für Finanzdienstleistungen angegeben und liegen damit deutlich über den Werten von VW und Mercedes-Benz. Für den gesamten Konzern war der Wertbeitrag negativ (2020: –2.597 Mio. €).

Es ist deutlich erkennbar, dass alle drei Konzerne keine attraktiven einperiodischen Wertbeitragskennzahlen im Jahr 2020 ausweisen. Im Sinne des wertorientierten Managements wurden Werte vernichtet. Aufgrund der Corona-Krise und der generellen Unsicherheit im Automobilsegment aufgrund der postulierten Verkehrswende ist dies grundsätzlich nicht überraschend. Im Sinne einer positiven Darstellung könnte im Berichtswesen auf mehrperiodische Wertbeitragskennzahlen, also Barwerte zukünftig erwarteter Wertbeiträge zurückgegriffen werden. Es konnten keine entsprechenden Werte ermittelt werden, es ist aber zumindest im Fall von VW ersichtlich, dass diese Kennzahlen intern ermittelt werden. Da insbesondere am Kapitalmarkt vor allem zukünftige Erwartungen gehandelt werden, wäre eine Offenlegung interessant. Es sei allerdings erwähnt, dass sich insbesondere das externe Rechnungswesen dadurch auszeichnet, vergangene Zeiträume korrekt darzustellen und keine mit großer Unsicherheit behafteten Zukunftsprognosen zu tätigen. Zumindest für den Lagebericht gilt diese Sichtweise natürlich nicht.

Auffällig ist natürlich auch die sehr unterschiedliche Verankerung der Vorgaben. Damit ist nicht nur gemeint, dass verschiedene Erfolgs- und Bezugsgrößen genutzt werden und diese unterschiedlich hohe Hurdle Rates generieren. Erstaunlich ist vielmehr, dass nur VW periodisch neue Raten vorgibt, während bei BMW und Mercedes-Benz fixe

---

4 Das im Jahr 2013 vom IIRC (International Integrated Reporting Council) herausgegebene Framework soll einen allgemein akzeptierten Rahmen für die Bilanzierung der Nachhaltigkeit schaffen, in dem Finanz-, Umwelt-, soziale und staatliche Informationen in einem „integrierten" Format zusammengebracht werden.

Sollvorgaben existieren, obwohl das Zinsniveau und die Eigenkapitalquoten über die Jahre nicht konstant waren.

Es bestätigt sich ebenfalls, dass wertbeitragsorientierte Kennzahlen eher dem internen Rechnungswesen dienen. Die Kennzahlen können innerhalb eines Unternehmens im Zeitvergleich sinnvolle Informationen liefern, ein Vergleich zwischen Unternehmen ist aber kritisch zu sehen. Es wurde deutlich, dass die Kennzahlensysteme der Unternehmen zwar im Grundkonzept ähnlich sind, sich die Operationalisierungen aber erheblich unterscheiden und auch die jeweiligen Anpassungen nicht im Detail für Außenstehende nachvollziehbar sind. Auch ein brancheninterner Vergleich scheint kaum möglich, wie hier deutlich ersichtlich.

14.2 Erklärungskraft der Stromgrößen für Börsenkurse und Aktienrenditen

Die **Börsenkurse** kann man als **Barwert geschätzter künftiger Cashflows** interpretieren. Unklar ist aber, ob Rechnungslegungsinformationen hilfreich sind, solche Bewertungen zu unterstützen und welche Informationen aus den Abschlüssen hierbei geeignet sind, z. B. historische Gewinne oder Cashflows etc. In der **evidenzbasierten Forschung** ist es ein übliches Vorgehen, die Qualität der Rechnungslegung daran zu messen, ob die Informationen geeignet sind, Börsenkurse und Aktienrenditen zu erklären. Mit sog. **Wertrelevanzstudien** werden statistische Zusammenhänge auf der Basis verschiedenster Modellspezifikationen untersucht. Hierzu werden regelmäßig umfassende Datensätze und ein Kranz von Modellannahmen benötigt.[5] Insbesondere in der angelsächsischen Rechnungslegungstheorie sind solche empirischen Arbeiten sehr weit verbreitet, in den hoch gerateten Fachjournals sogar schon sehr dominant (z. B. *Journal of Accounting and Economics, Accounting Review, Journal of Accounting Research, Review of Accounting Studies* usw.). Für Deutschland sind vor allem die *Zeitschrift für internationale und kapitalmarktorientierte Rechnungslegung* (KoR) und die *European Accounting Review* wichtige Publikationsorgane. Ein solches Vorgehen ist aber angesichts von nur drei Unternehmen natürlich nicht möglich. Stattdessen werden ansatzweise **zeitnahe Börsenkursreaktionen** untersucht und anschließend sollen schlichte Korrelationen zwischen Aktienrenditen und Rechnungslegungsgrößen vorgestellt werden.

Die Veröffentlichung der Geschäftsberichte löst üblicherweise eine Reaktion im Aktienkurs aus. Das ist insbesondere dann der Fall, wenn überraschende Ergebnisse präsentiert werden und Erwartungen über- bzw. untertroffen wurden. Ein zentrales Problem bei der Beurteilung von Ursachen für die jeweilige Aktienkursentwicklung sind sog. **Confounding Events**. Das sind parallel stattfindende Ereignisse. Es lässt sich nicht

---

5 Vgl. Coenenberg, Haller und Schultze (2021, 1403 ff.); Dücker (2009, 90 ff.); Kühnberger (2017, 166 ff.); jeweils mit ausführlichen Erläuterungen.

genau ermitteln, welcher der vielen parallel gesendeten Informationen bzw. Events den Aktienkurs wie stark beeinflusst hat. Der Geschäftsbericht enthält üblicherweise Rechnungslegungsdaten nach IFRS und HGB. Er enthält auch alle wichtigen Kennzahlen in einem Paket. Zusätzlich wird der Bericht durch den Vorstand vorgestellt und es wird dabei die zukünftige Strategie umrissen. Es kann also nur beurteilt werden, welche Gesamtkonsequenzen sich ergeben, einzelne Effekte sind nicht isolierbar.

Die Tabellen 14.1 bis 14.3 zeigen die **prozentuale Aktienkursentwicklung** der Unternehmen um den Veröffentlichungszeitpunkt der Geschäftsberichte für die Jahre 2013 bis 2020. Hier werden Schlusskurse verglichen. Ein bekannter Diskussionspunkt bei der Verwendung von **Eventstudien** ist die Länge des Ereigniszeitraums. Dies ist auch abhängig von der angenommenen Markteffizienz. Wird davon ausgegangen, dass die neu veröffentlichten Informationen direkt eingepreist werden, würde es genügen den Schlusskurs des Veröffentlichungstages ($t = 0$) mit dem Schlusskurs des Vortages ($t = -1$) zu vergleichen. Man kann diesen Zeitraum kritisch sehen: Zum einen enthält ein Geschäftsbericht umfangreiche Informationen, die zunächst gesichtet und analysiert werden müssen. Dafür ist ein Tag eine sehr sportliche Annahme. Zudem sind Reaktionen von Aktionären möglicherweise träge. Es kann also zu einer nach hinten verschleppten Reaktion kommen. Zum anderen ist aber auch eine verfrühte Korrektur des Aktienkurses vor Veröffentlichung möglich, da Insiderinformationen durchsickern können. Daher sind auch **Ereignisfenster** von −3 bis +3 Tagen gängig.[6] Um Diskussionen darüber vorzubeugen, decken die Tabellen jeweils mehrere Zeitfenster ab.

Tab. 14.1: Aktienkursentwicklung für BMW um den Veröffentlichungstag des Geschäftsberichts.

Bericht	vom	Kursentwicklung um den Veröffentlichungstag (in %)			
		$t \in [-3; 0]$	$t \in [-1; 0]$	$t \in [-1; +3]$	$t \in [-3; +3]$
2020	17.03.2021	10,30	6,87	3,32	6,64
2019	18.03.2020	−17,79	−2,94	−0,15	−15,42
2018	20.03.2019	−2,90	−4,57	−8,39	−6,79
2017	21.03.2018	−0,37	−0,52	0,09	0,24
2016	21.03.2017	−1,22	0,37	0,98	−0,62
2015	16.03.2016	5,12	4,18	1,81	2,74
2014	18.03.2015	−2,69	−4,26	−6,64	−5,11
2013	19.03.2015	−2,85	−1,61	−0,89	−2,15

Zunächst ist auffällig, dass Mercedes-Benz (Tabelle 14.2) deutlich weniger volatil erscheint, als die beiden Wettbewerber. Eventuell sind einige Informationen hier bereits vorher bekannt. Es ist ebenfalls auffällig, dass die Interpretation der Ergebnisse in

---

6 Vgl. Holler (2012).

Tab. 14.2: Aktienkursentwicklung für Mercedes-Benz um den Veröffentlichungstag des Geschäftsberichts.

Bericht	vom	Kursentwicklung um den Veröffentlichungstag (in %)			
		$t \in [-3; 0]$	$t \in [-1; 0]$	$t \in [-1; +3]$	$t \in [-3; +3]$
2020	18.02.2021	3,16	2,22	0,61	1,54
2019	21.02.2020	0,29	−2,63	−8,14	−5,38
2018	15.02.2019	2,48	2,66	4,99	4,81
2017	22.02.2018	−1,37	−0,43	0,04	−0,90
2016	14.02.2017	1,22	0,32	−0,41	0,48
2015	18.02.2016	3,06	−0,22	−3,10	0,08
2014	05.02.2015	1,93	0,18	−0,57	1,17
2013	07.02.2014	4,70	1,70	6,67	9,82

Tab. 14.3: Aktienkursentwicklung für VW (Vorzugsaktie) um den Veröffentlichungstag des Geschäftsberichts.

Bericht	vom	Kursentwicklung um den Veröffentlichungstag (in %)			
		$t \in [-3; 0]$	$t \in [-1; 0]$	$t \in [-1; +3]$	$t \in [-3; +3]$
2020	16.03.2021	8,23	6,71	13,69	15,31
2019	17.03.2020	−11,74	1,74	−3,35	−16,15
2018	12.03.2019	−3,97	−1,83	−1,60	−3,75
2017	13.03.2018	−1,40	−2,56	2,23	3,45
2016	14.03.2017	0,14	−1,91	−3,85	−1,84
2015	28.04.2016	7,43	2,16	−5,21	−0,32
2014	12.03.2015	3,96	−0,35	4,21	8,72
2013	13.03.2014	0,00	−0,86	−0,03	0,84

Abhängigkeit der **Ereignisfensterwahl** sehr unterschiedlich ausfallen kann. Beispielsweise ist die Aktienkursentwicklung bei VW (Tabelle 14.3) am Veröffentlichungstag im Jahr 2020 (Geschäftsbericht 2019) positiv, während ein erweitertes Zeitfenster nur negative Interpretationen erlaubt. Das kann an Confounding Events liegen. VW hat grundsätzlich zufriedenstellende Zahlen geliefert. Ein Pressebericht der FAZ hebt den hohen „operativen Ertrag" und die steigenden Absatzzahlen hervor. Allerdings wurden diverse Corona-Pandemie-bedingte negative Nachrichten verkündet, wie vorübergehende Werksschließungen, nachhaltige Konjunktureinflüsse und noch anstehende Strafzahlungen. Das könnte die Schwankungen erklären. Jedoch gibt es auch eindeutigere Jahre. Beispielsweise scheint es im Jahr 2021 (Geschäftsberichte 2020) eine durchgehend positive Einpreisung der Geschäftsberichtsdaten aller Unternehmen zu geben. Die Veröffentlichungen des Geschäftsberichts 2019 im Jahr 2020 bei Mercedes-Benz und BMW (Tabelle 14.1) scheint sich negativ auf den Aktienkurs ausgewirkt zu haben. Enthält ein Geschäftsbericht keine überraschenden Informationen, wird davon ausgegangen, dass sich keine oder nur eine geringe Reaktion des Aktienkurses feststellen lässt. So scheint z. B. der Geschäftsbericht 2017 (veröffentlicht im Jahr 2018) von BMW kaum zu Reaktionen geführt zu haben.

Eine genauere Analyse der Presseberichterstattung mag in Einzelfällen erklären, welche Information besonders den Aktienkurs getrieben hat. Leider sind aber die Rückschlüsse aufgrund der **Oberflächlichkeit vieler Presseberichte** begrenzt. Obwohl umfangreiche Daten zur Verfügung gestellt werden, scheint die Berichterstattung **nur auf einige Teilaspekte** fokussiert. Das gilt insbesondere für Publikationen, die sich nicht an ein Fachpublikum richten. Im Jahr 2021 (Geschäftsberichte 2020) wurde bei VW auf die starke Abhängigkeit von China (Mitteldeutsche Zeitung), den für Corona-Verhältnisse vergleichsweise guten Gewinn (Neue Osnabrücker Zeitung), die Einführung eines elektrischen Modells in den USA (Forbes), Vergleiche mit Tesla (Business Insider) oder die generelle Elektrostrategie (FAZ, NTV, Manager Magazin, Qatar Tribune, Irish Examiner) hingewiesen. Es wurden also eher **qualitative Informationen** und weniger quantitative Informationen verwertet, was überrascht, erlaubt doch der Veröffentlichungstag ausnahmweise viel mehr quantitative Tiefe als üblich. Viele der Informationen wurden bereits vorher anhand von Strategievorstellungen erläutert. Man könnte unterstellen, dass mehr darüber berichtet wird, dass etwas veröffentlicht wurde, als über die Inhalte der Veröffentlichungen.

Eher kapitalmarktorientierte Veröffentlichungen erreichen etwas mehr Tiefe. So berichtet die Börsen-Zeitung Umsatzrenditen, freie Cashflows und Absatzzahlen. Es scheint hier also tatsächlich um die Inhalte der Geschäftsberichte zu gehen. Der Fokus liegt dabei auf IFRS-Kennzahlen. Allerdings ist dies eher die Ausnahme. Das Handelsblatt berichtet über unterschiedliche Entwicklungen von Stamm- und Vorzugsaktie nach der Veröffentlichung, Umsatzzahlen, Unterschiede in den Segmenten bzw. Marken und Regionen von VW, den operativen Gewinn, die operative Rendite und die strategische Ausrichtung. Es geht hier also deutlich tiefer in die Berichterstattung. Interessant ist auch, dass der **Fokus auf „operativen" Gewinnen und Renditen** liegt, die im Rechnungswesen nicht immer sauber abgegrenzt sind.

Es ist verständlich, dass die Fülle der Informationen erst gesichtet werden muss, bevor berichtet wird. Dennoch findet die Presseberichterstattung fasst auschließlich am Veröffentlichungstag bzw. am Folgetag statt – vertiefte Berichte in den Folgetagen bleiben aus. Mehr Tiefe scheint also nicht interessant zu sein und es scheint eher darum zu gehen zeitnah zu berichten. Dabei wird sich scheinbar an leicht zugänglichen Informationen orientiert, die auch der uninformierte Leser schnell einordnen kann. Zeit spielt also eine wichtigere Rolle als Tiefe. Ähnliche Muster lassen sich für die anderen Unternehmen und Jahre finden. Während also die akademische Fachwelt streitet, welche Kennzahlen besonders relevant sind, scheint die Öffentlichkeit und damit vermutlich auch der Kleinanleger eher an einfachen, leicht zugänglichen, schnellen, qualitativen Informationen interessiert.

14.3 Vergleich der Rechnungslegungsdaten mit Aktienrenditen als Maßstab für Datenqualität

Oben wurde ausgeführt, dass aus der Sicht der Eigentümer der Total Shareholder Return (Dividende plus Börsenkursänderungen in Relation zum aktuellen Börsenkurs) eine sinnvolle Maßgröße ist, um die Verzinsung des eingesetzten Kapitals in einer Periode zu messen. Da die IFRS-Rechnungslegung vorrangig und die HGB-Rechnungslegung zumindest nachrangig einen Informationswert für die Investoren und damit auch die Eigner liefern soll, liegt es nahe zu prüfen, ob die Rechnungslegungsdaten mit dieser Renditegröße verknüpft sind. Die Qualität der Performancegrößen aus der Rechnungslegung kann nur beurteilt werden, wenn ein Maßstab, also der „richtige" Erfolg bekannt ist. Deshalb kann ein buchhalterischer Gewinn nicht mit einer anderen Rechnungslegungsgröße verglichen werden, um eine bessere oder schlechtere Messung des Erfolges zu erkennen. Teilweise wird die Formulierung „fundamentale Entwicklung" verwendet, aber dies darf nicht zu dem Trugschluss verleiten, eine solche sei durch ein (beliebiges) Abbildungssystem eindeutig feststellbar. Die Aktienrendite hat demgegenüber den Vorteil, dass ausschließlich Marktdaten eingehen, die alle auf Zahlungsgrößen beruhen und zugleich aktuell sind.

Verwendet man die **Aktienrendite als quasi unabhängiges Eichmaß** für die möglichen Rechnungslegungsgrößen, so bedeutet dies nicht, dass Börsenkurse und Dividenden unabhängig von der Finanzberichterstattung sind und nicht von der Strategie des Managements beeinflusst werden können. Gerade Dividenden hängen in Deutschland z. B. zwingend von diversen Rechnungslegungsgrößen ab (Jahresüberschuss, freie Rücklagen etc.), aber Dividenden und Börsenkurse (als Marktpreise) sind verknüpft. Natürlich kann man auch argumentieren, dass Börsenkurse als **Stichtagswerte** zufallsabhängig und durch irrationales Verhalten beeinflusst sein können. Hierbei ist aber zu bedenken, dass es um die Börsenkursentwicklung eines ganzen Jahres geht und solche Verzerrungen nur dann plausibel sind, wenn die Stichtagswerte atypisch sind (was für die hier untersuchten Unternehmen nicht der Fall war). Insofern wäre die Aktienrendite nur dann verzerrt, wenn man die mit Preisen dokumentierten Einschätzungen der Marktteilnehmer über einen längeren Zeitraum für verfehlt hält. Da der Aktienmarkt für die drei Unternehmen liquide ist und keine Anhaltspunkte für Fehler bestehen, halten wir dies für wenig wahrscheinlich.

Möchte man die Aktienrendite eines Unternehmens mit Renditegrößen aus der Rechnungslegung abgleichen, so tritt das Problem auf, **für welchen Zeitraum** die Aktienrendite ermittelt werden soll, um als Maß für die Rechnungslegungsrendite zu fungieren. In der Literatur wird regelmäßig der Grundsatz „Prices leads Earnings" unterstellt, also angenommen, dass die Börsenkurse Informationen früher abbilden als die Rechnungslegung.[7] So werden Wechsel im Topmanagement, Strategiewechsel,

---

7 Vgl. Kothari (1992, 173); Lee (2018, 935).

Marktentwicklungen, Lieferprobleme, politische Risiken etc. zeitnah in Börsenkursen eingepreist, obwohl noch keine Transaktion (kein Geschäftsvorfall) die Rechnungslegung tangiert hat. Demnach ist es plausibel, dass die Börsenkursentwicklung den Rechnungslegungszahlen zeitlich vorausläuft, die Rechnungslegung dient dann nur der späteren **Bestätigung oder Revision der Erwartungen**. Auch diese etwas reduziert wirkende Aufgabe von Rechnungslegung ist aber bedeutsam. Das liegt daran, dass das Management durchaus durch gezielte Informationen die Erwartungen der Marktteilnehmer steuern kann. Werden diese Erwartungen später nicht erreicht, was anhand der Rechnungslegung (in Grenzen) abgeschätzt werden kann, so verliert das Management an Glaubwürdigkeit. Insofern wirkt die Finanzberichterstattung disziplinierend. Nach dem Gesagten könnte man deshalb die Aktienrendite eines Jahres mit den Rechnungslegungsrenditen späterer Jahre abgleichen, das wäre jedoch ein unübliches und auch hier nicht weiter verfolgtes Vorgehen.

Im Weiteren werden drei Alternativen betrachtet:
1. Man kann (trotz der o. a. zeitlichen Abfolge der Informationsabbildung) schlicht die Aktienrendite mit der des Rechnungslegungszeitraumes synchronisieren, da sämtliche Informationen den Zeitraum 1.1. bis 31.12. betreffen und dies eben unterschiedlich abbilden.
2. Die zweite, sehr häufig genutzte Variante unterstellt sehr wohl, dass die Rechnungslegungsinformationen Neuigkeitswert für Adressaten haben können und deshalb die Börsenkurse verändern (oder bestätigen) können. Es ist aber nicht einheitlich für alle Unternehmen, wann die Rechnungslegungsdaten genau publiziert werden (s. Tabellen 14.1 bis 14.3). Darüber hinaus ist unklar, ob schon vorab Informationen bekannt wurden oder ob sofort oder erst verspätet sämtliche Informationen zutreffend verarbeitet werden. Zudem sind „Confounding Effects" eher plausibel als das Fehlen solcher Effekte. Deshalb wird vielfach auf einen 3-Monatszeitraum abgestellt, die Geschäftsjahresrendite der Rechnungslegung also mit der Aktienrendite vom 1.4. des Jahres bis zum 31.3. des Folgejahres verglichen.[8]
3. Aus den o. a. Erläuterungen zu diversen Zeitfenstern für Eventstudien um den tatsächlichen Veröffentlichungszeitpunkt wurde deutlich, dass es zwar teilweise sehr schnelle Marktreaktionen gab, aber durchaus unklar blieb, ob dies reichte, um alle Informationen wirklich zu nutzen. Auch die 3-Monatsfrist ist diesbezüglich durchaus mit einer gewissen Willkür behaftet. Deshalb soll ergänzend eine Aktienrendite berücksichtigt werden, die um ein ganzes Jahr zeitversetzt ist.

Auf der Basis dieser drei Varianten zur Ermittlung der Aktienrenditen werden **Korrelationen zu Performancemaßen** aus der Rechnungslegung ermittelt, um allfällige statistisch signifikante Verknüpfungen erkennen zu können. Dabei handelt es sich aber keinesfalls um die Identifikation von Kausalzusammenhängen. Zudem sind der geringe Umfang an Datenpunkten und die fehlende Möglichkeit, andere Informationen und deren Einflüsse auszusondern, störend. Ermittelt werden die Korrelationen für zwei Gruppen von Daten: Für die IFRS-KA werden das Net Income, das Other Comprehensive Income und das Comprehensive Income, sowie der operative Cashflow aus der KFR genutzt. Für die HGB-JA werden die Größen Betriebsergebnis, Finanzergebnis, EBT,

---

8 Vgl. Kühnberger (2017, 166 f.).

Verbundergebnis, Bilanzgewinn, Jahresüberschuss, EBITDA und der (selbst ermittelte) operative Cashflow verwendet. Leider ermöglicht es diese Datenlage nicht, der Frage nachzugehen, ob HGB oder IFRS bessere Daten liefern oder der JA oder KA, da der Einfluss der einzelnen Merkmale nicht getrennt erfasst werden kann.

Tabelle 14.4 zeigt die Korrelation zwischen Aktienrenditen und den IFRS-KPI. Fett gedruckt sind Werte, die zu einem Signifikanzniveau von 5 % zufallskritisch abgesichert werden können. Deutlich wird, dass es kaum statistisch auffällige Verknüpfungen gibt. Betrachtet man zunächst die verschiedenen zeitlichen Varianten für die Ermittlung der Aktienrenditen, so zeigen die zeitversetzten Messungen schlechtere Relationen als die zeitkongruente Abbildung. Zwar ergeben sich bei einem Versatz um ein ganzes Jahr in drei von vier Fällen statistisch signifikante Beziehungen, aber in zwei Fällen mit negativem Vorzeichen. Demnach gehen gute Aktienrenditen einher mit schlechten Rechnungslegungserfolgen und vice versa. Dies gilt nur für den operativen Cashflow aus der KFR nicht, der aber für alle Zeitfenster plausible und bedeutsame Korrelationen aufweist. Ob dies schon reicht die Aussage „Cash is King" zu rechtfertigen oder die These „Prices leads Earnings" abzulehnen, steht aber auf einem anderen Blatt.

Tab. 14.4: Korrelation zwischen Aktienrenditen und KPI nach KA IFRS.

Aktienrendite	Gleicher Zeitraum	+ 3 Monate	+ 1 Jahr
NI	0,30	−0,20	**−0,52**
OCI	0,44	−0,15	−0,33
CI	0,41	−0,28	**−0,69**
OCF	**0,60**	0,69	**0,67**

Betrachtet man die Spalte mit den plausibelsten Ergebnissen, also ohne zeitliche Verschiebungen, so zeigen sich positive Korrelationen, zumeist aber auf statistisch schwachem Niveau. Immerhin wird deutlich, dass das OCI und vor allem das Gesamtergebnis besser abschneiden als das Net Income. Dies spricht nicht gerade für die Erfolgskonzeption der IFRS mit der Betonung des Net Income (z. B. bei den EPS).

Tabelle 14.5 zeigt die Korrelation zwischen Aktienrenditen und den HGB-KPI. Deutlich wird, dass für nahezu sämtliche Performancemaße nach HGB keine oder gar negative Zusammenhänge zu den Aktienrenditen bestehen. Vergleicht man im ersten Schritt die Korrelationen je Zeitfenster (also je Spalte), so zeigt sich, dass es jeweils nur einmal eine Korrelation >0, 4 gibt (Spalte 1 für den Bilanzgewinn, Spalte 2 und 3 für das EBITDA).

Geht man zeilenweise vor, so wird zunächst erkennbar, dass die Betriebsergebnisse der Obergesellschaften negativ und statistisch nicht signifikant mit den Aktienrenditen verknüpft sind. Bei ausgeprägten Konzernstrukturen ist dies nicht ganz überraschend, wenn es viele konzerninterne Transaktionen und Arbeitsteilung gibt. Eine (teilweise) Kompensation könnte durch das Finanzergebnis erfolgen, das ja in beachtlichem Umfang die Betriebsergebnisse der Konzerntöchter enthält, allerdings abhängig von den

Tab. 14.5: Korrelation zwischen Aktienrenditen und KPI nach JA HGB.

Aktienrendite	Gleicher Zeitraum	+ 3 Monate	+ 1 Jahr
Betriebsergebnis	−0,09	−0,11	−0,34
Finanzergebnis	0,18	0,14	−0,06
EBT	0,17	0,08	−0,49
Verbundergebnis	0,05	0,08	−0,11
Bilanzgewinn	0,44	0,01	−0,41
Cashflow	0,17	0,18	−0,39
Jahresüberschuss	0,12	0,19	−0,40
EBITDA	−0,02	0,43	0,41

Gewinnausschüttungen derselben. Dies trifft hier jedoch nicht zu und auch die Performancemaße, die beide Teilergebnisse umfassen, weisen keine signifikanten Korrelationen zu den Marktrenditen auf (EBT, JÜ, EBITDA). Desgleichen hat der Bilanzgewinn als Indikator der Dividende keine Signalfunktion für den „richtigen Gewinn". Um endgültige Ernüchterung zu schaffen: Auch der selbst geschätzte operative Cashflow weist so gut wie keine oder gar negative Verknüpfungen mit der Marktrendite auf.

Insgesamt muss deshalb festgehalten werden, dass die Rechnungslegungsgrößen nach HGB so gut wie nichts mit den Aktienrenditen zu tun haben. Für die IFRS-Daten sieht dies etwas besser aus, aber zumeist auf statistisch nicht signifikantem Niveau. Hierbei bleibt aber offen, ob dies am Rechnungslegungsstandard liegt oder der unterschiedlichen berichterstattenden Einheit (Obergesellschaft oder Konzern).

15 Einfluss der Leasingbilanzierung auf die Kennzahlenanalyse

Die Ermittlung und Deutung der Kennzahlen bisher zeigte an einigen Stellen, dass es fallweise wichtig ist, besonderen Sachverhalten und Entwicklungen detaillierter nachzugehen. Solche Sonderthemen können durch die Geschäftsmodellbesonderheiten, Rechnungslegungsvorgaben und deren Änderungen etc. notwendig werden. Ein besonders prägnantes Beispiel stellt die Bilanzierung von Leasingverhältnissen dar, die für die Automobilindustrie besonders wichtig ist. Da es ab dem Jahr 2019 mit dem IFRS 16 gravierende und heiß diskutierte Neuerungen gab, lohnt es sich dieses Thema hier ausführlich aufzugreifen.

15.1 Überblick

Leasinggeschäfte stellen für Leasinggeber und –nehmer weit verbreitete **Alternativen** zu einem (Raten-)**Kauf** dar oder auch zu konventionellen **Mietverhältnissen**. Beachtlich ist dabei, dass nach IFRS 16 (und dem Vorgängerstandard IAS 17) auch schlichte Mietverträge als Leasing gelten. Die übliche **Definition von Leasing** als die Gebrauchsüberlassung eines Vermögenswertes gegen Entgelt für eine bestimmte Zeit (z. B. IFRS 16.9) verdeutlicht dies. Für viele Leasingverhältnisse ist es jedoch üblich, dass sie weitergehende Vertragsbestimmungen für die Verteilung von Chancen und Risiken beinhalten. Hierzu gehören z. B. Optionen und Andienungsrechte, Verhaltenspflichten und Servicevereinbarungen etc.

Traditionell konnte Leasing als Vertragstyp auch deshalb erfolgreich sein, weil vielfach eine sog. **Off-Balance-Sheet-Bilanzierung** beim Leasingnehmer erreicht werden konnte und zwar nach HGB und dem alten IAS 17 (und den US-GAAP). Für die DAX 30-Unternehmen ohne die Unternehmen der Finanzbranchen ergaben sich für das Jahr 2018 Beträge von 87 Mrd. € an weitgehend feststehenden Zahlungsverpflichtungen aus Leasing, die aber als **schwebende Geschäfte** behandelt werden und deshalb nicht als Schulden passiviert wurden. International wurde bei einer Erhebung bei 30.000 Unternehmen, die nach IFRS oder US-GAAP bilanzierten ein Off-Balance-Sheet-Anteil von 85 % angegeben.[1]

Vielfach wird die Möglichkeit der Off-Balance-Sheet-Bilanzierung umschrieben als Schonung des Eigenkapitals, teilweise werden auch Liquiditätsvorteile reklamiert. Beachtlich ist, dass das EK nicht berührt wird, sondern nur die EK-Quote, da es um die Frage geht, ob die Schulden verändert werden. Liquiditätsvorteile hat Leasing hingegen nur, wenn es mit einem Kauf gegen Barzahlung verglichen wird. Bei einem fremdfinanzierten Kauf können sich hingegen gleiche Zahlungsströme ergeben.

---

[1] Vgl. Stangor, Kühnberger und Zander (2020, 212).

https://doi.org/10.1515/9783110770551-015

Gerade im Bereich der Nutzung von PKW und LKW ist der Anteil von Leasing und anderen Finanzierungsmodellen am Neugeschäft sehr hoch, wobei regelmäßig **konzerneigene Finanzierungsunternehmen** (sog. Captives) eingesetzt werden. Dies können unselbständige Zweigniederlassungen oder, sehr viel verbreiteter, rechtlich selbständige Unternehmen sein, vielfach mit einer Bankzulassung. Solche Unternehmen können diverse Vorteile bezüglich Refinanzierung, Spezialisierung, Möglichkeiten der Kundenbindung usw. aufweisen. Für die drei hier untersuchten Konzerne ist festzustellen, dass sie über solche rechtlich selbständigen Finanzierungsgesellschaften verfügen. Für die Hersteller der PKW führt dies dazu, dass sie vielfach die Produkte an diese Unternehmen verkaufen und deshalb sofort Umsatzerlöse buchen können und alsbaldige Liquiditätszuflüsse erhalten, die für Investitionen, Schuldentilgung etc. einsetzbar sind. Die Finanzierungsgesellschaft wickelt dann die Leasinggeschäfte ab, was vielfach mit hohen Forderungsbeständen verknüpft sein kann, die ihrerseits per Verkauf (oder ABS-Transaktionen) zu Liquidität werden können. Eine Folge des Geschäftsmodells ist, dass in den Jahresabschlüssen der Muttergesellschaften (produzierenden Unternehmen) das Leasinggeschäft wenig Spuren hinterlässt. Werden die **Finanzdienstleistungsunternehmen im Konzernabschluss** als Tochterunternehmen vollkonsolidiert werden die Leasingfolgen aber erkennbar.

Neben der Funktion als Verkäufer/Leasinggeber können die Unternehmen aber auch als **Leasingnehmer** fungieren, wenn sie ihrerseits (Sach-)Anlagevermögen leasen statt zu kaufen. Des Weiteren können sich Abschlussfolgen aus **Sale-and-lease-back-Transaktionen** ergeben. Diese hinterlassen in den Einzelabschlüssen der Vertragsparteien regelmäßig Spuren, im Konzernabschluss jedoch nur, wenn eine Vertragspartei nicht Konzernglied ist.

Angesichts der Komplexität und des quantitativen Umfanges der Leasinggeschäfte, sowie der verschiedenen Regeln der Leasingbilanzierung sind wesentliche Einflüsse auf die Abschlüsse nach HGB und IFRS zu erwarten. Damit stellt sich natürlich die Frage, wie diese Folgen aussehen und welche Konsequenzen sich für wichtige KPI ergeben können. Hierbei spielen sicher auch bilanzpolitische Möglichkeiten eine wesentliche Rolle. Zudem ist zu untersuchen, ob die KPI zwischen den Unternehmen und zwischen Jahres- und Konzernabschlüssen vergleichbar sind oder vergleichbar gemacht werden können.

Die entsprechende Analyse ist aus verschiedenen Gründen sehr komplex, da verschiedene Einflussfaktoren beachtlich sind: Geht es um den Leasinggeber oder Leasingnehmer, wird der Abschluss nach HGB oder IFRS erstellt, geht es um den Einzel- oder Konzernabschluss? Deshalb wird zunächst auf die HGB-Bilanzierung abgestellt (Kapitel 15.2), dann auf die Abbildung unter IFRS (Kapitel 15.3), wobei aber eine tiefergehende Aufgliederung vonnöten ist. Kapitel 15.4 geht auf die Konsequenzen in den KA der drei Unternehmen ein und Kapitel 15.5 ist dann Sale-and-lease-back-Geschäften gewidmet. Kapitel 15.6 geht der Frage nach, ob und wie die Vergleichbarkeit von Abschlüssen hergestellt werden kann, wenn unterschiedliche Leasingregeln gelten.

15.2 Bilanzielle Folgen nach HGB

Leasingverträge können sehr vielfältig sein und bewegen sich letztlich in einer Bandbreite von einfachem Mietvertrag bis zu einem verdeckten Ratenkauf unter Eigentumsvorbehalt. Das HGB enthält keinerlei konkrete Bilanzierungsnormen hierzu. Deshalb wird in der nationalen Praxis regelmäßig auf die von der Rechtsprechung und Finanzverwaltung entwickelten Vorgaben zum Bilanzsteuerrecht zurückgegriffen, die in mehreren **Leasingerlassen** verankert sind.

Diese stellen darauf ab, wer als **wirtschaftlicher Eigentümer** die wesentlichen Chancen und Risiken des Leasingobjektes innehat. Steht im Vertragsfokus die entgeltliche Nutzungsüberlassung auf bestimmte Zeit, ähnelt der Vertrag eher einem Mietverhältnis und wird entsprechend abgebildet. Geht es primär um die Finanzierung des geleasten Objektes und liegt eher ein verdeckter Erwerb vor, so bilanziert der Leasingnehmer demnach auch das Objekt. Wer als wirtschaftlicher Eigentümer anzusehen ist, hängt von der Konkretisierung der Kriterien für die Chancen-Risiko-Verteilung ab.

! **Die steuerliche Kasuistik unterscheidet drei Konstellationen in den Leasingerlassen: Voll- und Teilamortisationsverträge über mobile Objekte und Immobilienleasing. Ohne detaillierte Analyse seien die wichtigsten Aspekte für die Zuordnungen kurz angesprochen:**

- Handelt es sich um Spezial-Leasing oder ist nach dem Ablauf der Grundmietzeit ein Erwerb durch den Leasingnehmer vorgesehen, wird dieser wirtschaftlicher Eigentümer und zwar zu Beginn des Leasingverhältnisses. Insbesondere bei Hersteller-Leasing ohne finanzierende Bank kann es zu Spezial-Leasing kommen.
- Werden gewisse zeitliche Grenzwerte der Relation Grundmietzeit zu AfA-Nutzungsdauer überschritten (mehr als 90 %) oder unterschritten (weniger als 40 %), so bilanziert ebenfalls der Leasingnehmer, falls es sich um Vollamortisationsverträge handelt.
- Bei Vollamortisationsverträgen können auch aus Sicht des Leasingnehmers günstige Optionen zum Kauf oder für die Verlängerung der Mietzeit zu wirtschaftlichem Eigentum führen.
- Bei Teilamortisationsverträgen ist die Verteilung der Chancen bzw. Risiken aus der Verwertung des Objektes nach Anlauf der Grundmietzeit entscheidend.

Die entsprechenden Kriterien sind in den Erlassen in Form **fester Grenzwerte** („bright lines") verankert. Für die steuerliche Beurteilung, die auf Rechtssicherheit und (formale) Gleichbehandlung abzielt, ist diese Regelungstechnik zweckmäßig. Eine praktische Folge ist aber, dass sich die Vertragspraxis sehr gut auf diese Vorgaben einstellen und eine erwünschte Bilanzierung erreichen kann. In der Praxis ist es weitgehend üblich, dass die Zuordnung des Objektes beim Leasinggeber erfolgt. Die o. a. Off-Balance-Sheet-Zahlen belegen, wie erfolgreich dies gelungen ist. Warum die Zuordnung zum Leasinggeber seitens der Leasingnehmer i. A. erwünscht ist, wird schnell deutlich, wenn man sich die zwei möglichen bilanziellen Folgen der Zuordnung vergegenwärtigt.

Fall (1): Leasinggeber bleibt wirtschaftlicher Eigentümer

Bleibt der **Leasinggeber** wirtschaftlicher Eigentümer, so wird das verleaste Objekt weiterhin bei ihm als Anlagevermögen bilanziert und nach den üblichen HGB-Regeln über die Nutzungsdauer (nicht die Grundmietzeit!) abgeschrieben. Auf der Passivseite der Bilanz steht dem Eigen- oder Fremdkapital gegenüber. Ist der Leasinggeber ein Finanzinstitut, was häufig der Fall ist, so kann dies zumindest teilweise zu Restriktionen führen, wenn Eigenkapitalvorgaben in Folge von regulatorischen Grenzwerten (Stichwort: Basel II/III etc.) zu beachten sind. In der GuV des Leasinggebers sind die Abschreibungen und bei Fremdfinanzierung auch die Fremdkapitalzinsen zu erfassen und die (vielfach linearen) Leasingraten als Erträge. Da die Buchwerte des Leasingobjektes im Zeitablauf abnehmen, sinkt auch der Zinsaufwand. Dies kann zur Folge haben, dass es **Frontloading-Effekte** gibt: Zu Beginn des Vertrages sind die Zinsen und Abschreibungen zusammen höher als die Leasingraten (Anlaufverluste) und später kehrt sich das Verhältnis um. Wird eine Kapitalflussrechnung (freiwillig) erstellt, so schlagen sich die Einzahlungen im operativen Cashflow nieder und die Zahlungen für die Kredittilgung und die Zinsen im Finanzierungs-Cashflow.

Spiegelbildlich bilanziert der Leasingnehmer weder einen Vermögensgegenstand noch Schulden, sondern erfasst die (konstanten) Leasingraten als betrieblichen Aufwand in der GuV und ggf. in einer Kapitalflussrechnung als operativen Cashflow. Entscheidend ist dann, dass der Leasingvertrag **nicht zu einer Erhöhung des Fremdkapitals** führt, obwohl die Zahlungsverpflichtungen vertraglich feststehen. Es handelt sich um nicht zu bilanzierende schwebende Geschäfte. Zudem kann es für den Leasingnehmer auch erwünscht sein, kein zusätzliches Anlagevermögen auszuweisen, da dies zu einer schlechteren **Anlageintensität** oder ungünstigeren Kennzahlen einer fristenkongruenten Finanzierung führen kann. Geht es um größere Objekte wie Flugzeuge, so wird aus der Bilanz auch kein Auslastungsrisiko erkennbar, obwohl ein solches während der vertraglichen Grundmietzeit jedenfalls besteht. In der GuV werden die **Leasingraten innerhalb des Betriebsergebnisses** als Aufwand verrechnet in der Kapitalflussrechnung als operative Cashflowminderung. Soweit Leasingraten nicht linear sind (mietfreie Zeiten, Anreizvereinbarungen, degressive oder progressive Raten etc.) sind für die GuV eventuell Anpassungen geboten.

Für die fehlende Bilanzierung beim Leasingnehmer enthält das HGB einen (eher schwachen) **Informationsausgleich**. Gemäß § 285 Nr. 3 und 3 a HGB sind zwingend quantitative Angaben zu bilanzunwirksamen Geschäften und sonstigen finanziellen Verpflichtungen zu machen. Diese Angaben sind aber nur vorgeschrieben, soweit es sich um wesentliche Beträge handelt, die zusätzlich für die Beurteilung der Finanzlage bedeutsam sind. Ob und wann detaillierte Aufgliederungen der zugrundliegenden Sachverhalte und eine zeitliche Aufgliederung für die nächsten Jahre notwendig sind, ist umstritten. Solche Daten wären z. B. notwendig, um es Externen zu ermöglichen, solche Leasingverträge in die Bilanz einzurechnen, um die Off-Balance-Sheet-Wirkung zu eliminieren (s. u.).

Fall (2): Leasingnehmer wird wirtschaftlicher Eigentümer

Geht hingegen das wirtschaftliche Eigentum auf den Leasingnehmer über, so erfasst der Leasinggeber dies als Verkauf und realisiert sofort einen Veräußerungsgewinn oder –verlust. Dabei wird dies regelmäßig als Umsatzerlöse und Forderung aus Lieferung und Leistung ausgewiesen. Bewertet wird dies mit dem **Barwert der** feststehenden oder wahrscheinlichen **Leasingzahlungen**. Die laufenden Leasingraten sind dann auf-zuspalten in einen Zinsanteil und einen Tilgungsanteil für die Forderungen. Aus dieser Abbildung wird deutlich, dass Leasing als reiner Finanzierungsvorgang nach dem Ver-kaufsgeschäft behandelt wird. Wiederum gibt es einen Degressionseffekt für die GuV, da mit zunehmender Tilgung der Zinsaufwand immer geringer wird. In der Kapital-flussrechnung werden die Leasingzahlungen nicht im operativen Cashflow, sondern im Finanzierungs-Cashflow ausgewiesen.

Der Leasingnehmer bucht spiegelbildlich das Leasingobjekt ein, wobei die Anschaf-fungskosten aus dem Barwert der Leasingzahlungen besteht. Dabei kann es wegen An-schaffungsnebenkosten und einem abweichenden Zinssatz zu (kleineren) Unterschie-den zum Verkaufswert des Leasinggebers kommen. Das Leasingobjekt wird als **Anlage-vermögen aktiviert** und in gleicher Höhe wird eine Verbindlichkeit eingebucht. Damit ergibt sich im Vergleich zum Fall (1) ein höherer Verschuldungsgrad und eine höhere Anlageintensität.

In der GuV erfasst der Leasingnehmer die Abschreibungen auf das Leasingobjekt und die Zinsanteile aus den laufenden Leasingraten, die wiederum in Zins- und Til-gungsanteile aufzuspalten sind. Aufgrund der Tilgungen ergibt sich ebenfalls ein degres-siver Aufwandsverlauf. Für die Kapitalflussrechnung sind mehrere Aspekte beachtlich. So wird zu keinem Zeitpunkt eine Auszahlung im Investitions-Cashflow gezeigt und auch der operative Cashflow nicht belastet. Tilgungs- und Zinszahlungen werden kom-plett im Finanzierungs-Cashflow ausgewiesen. Deshalb werden der operative Cashflow und der Free Cashflow besser ausfallen als bei Fall (1).

Diese Ausführungen machen deutlich, dass es, abhängig von der Zurechnung des Lea-singobjektes, zu gravierenden Unterschieden in Bilanz, GuV und Kapitalflussrechnun-gen kommen kann. Daneben kann es zu Frontloading-Effekten kommen. Diese können jedoch verschwinden, wenn es ein Vertragsportfolio gibt, das nur geringen Schwankun-gen unterliegt. Dann gleichen sich Verträge jüngeren und älteren Datums in etwa aus.

Wirft man einen Blick auf die Jahresabschlüsse der drei Unternehmen, so zeigt sich, dass alle drei praktisch nicht als Leasinggeber auftreten. Dies liegt daran, dass sie jeweils die Fahrzeuge an eine Finanzierungsgesellschaft verkaufen und diese das nachfolgende Leasinggeschäft abwickeln und bilanzieren. In welchem Umfang solche konzerninternen Umsätze generiert werden, kann dem Einzelabschluss jedoch nicht entnommen werden. Die einzigen Spuren, die auf solche Leasingverhältnisse hindeuten sind die hohen Forderungen aus Lieferungen und Leistungen, die zugleich als Forde-rungen gegenüber verbundenen Unternehmen zu kennzeichnen sind. Diese spiegeln aber nur offene Abrechnungssalden und müssen keineswegs nur Leasingtransaktionen betreffen. Zudem weisen alle drei Unternehmen Risiken für **Restwertgarantien oder Rücknahmeverpflichtungen** gegenüber den Finanzdienstleistungsunternehmen aus. Bei BMW geht es in Jahren 2020 und 2021 um 3,6–3,9 Mrd. €, bei VW um 0,2 Mrd. €. Bei Mercedes-Benz entfällt dies seit der Umstrukturierung, im Jahr 2018 ging es noch um 5,3 Mrd. €

Für die Funktion als Leasingnehmer weisen alle drei Unternehmen keine erläuterten Abschlussposten auf. Dies kann daran liegen, dass das Volumen unwesentlich war und/oder immer nur eine Bilanzierung beim Leasinggeber erfolgte. Darauf deuten auch die Anhangangaben zu den ausstehenden nicht bilanzierten Zahlungspflichten gemäß § 285 Nr. 3 und 3 a HGB hin. Die für die Jahre 2018 bis 2021 ausgewiesenen Zahlen sind in Tabelle 15.1 zusammengefasst. Die jeweils in weniger als einem Jahr fälligen Zahlungen sind dabei in Klammern vermerkt (BMW untergliedert diese noch weitergehend nach Fälligkeiten).

Tab. 15.1: Nicht bilanzierte finanzielle Verpflichtungen aus Leasingverträgen.

(In Mio. €)	2021		2020		2019		2018	
BMW	2.495	(823)	2.671	(929)	2.922	(1.112)	3.055	(1.257)
Mercedes-Benz	33	(10)	537	(123)	573	(123)	2.813	(1.096)
VW	1.271	(431)	1.275	(438)	77	(73)	892	(212)

Bei Mercedes-Benz sind seit der Auslagerung der produktiven Aktivitäten auch die vermerkten Beträge nahezu unwesentlich geworden. Es wäre zwar möglich, die ausstehenden Leasingzahlen über geschätzte Vertragsdauern zu diskontieren und die Barwerte als Vermögensposten zu aktivieren, samt gleich hoher Leasingverbindlichkeiten. Angesichts der Größenordnungen kann aber davon ausgegangen werden, dass es zu keinen wesentlich veränderten KPI für die Jahresabschlüsse kommen würde.

15.3 Leasingbilanzierung nach IFRS 16

Nach 10-jähriger Entwicklung mit einigen inhaltlichen Wendungen ist seit dem Jahr 2019 der Leasingstandard IFRS 16 anzuwenden. Das Ziel des IASB bestand darin, vollständigere und vergleichbare Rechnungslegungsdaten und entscheidungsrelevante Informationen zu sichern. Das Hauptmotiv dabei war, wie beim US-Standardsetter FASB auch, die verbreitete Off-Balance-Sheet-Bilanzierung beim Leasingnehmer zu unterbinden. Es wurde als störend empfunden, dass unter dem Vorläuferstandard IAS 17 inhaltlich sehr ähnliche Leasingvereinbarungen sehr unterschiedlich bilanziert werden konnten und durch Verträge feststehende Zahlungsverpflichtungen nicht passiviert wurden. Der IAS 17 hat, wie die steuerlichen Leasingerlasse zu einem **All-or-nothing-Konzept** geführt, wobei die Kriterien zur Identifikation des wirtschaftlichen Eigentümers durchaus Ähnlichkeiten aufgewiesen haben.

Mit dem sog. **Right-of-Use-Ansatz** wurden die Neuerungen umgesetzt. Der Leasingnehmer muss nunmehr grundsätzlich ein Nutzungsrecht am geleasten Objekt aktivieren und zugleich eine Schuld in Höhe des Barwertes der erwarteten Leasingzahlungen passivieren. Dabei kann der Aktivposten als Recht bilanziert werden oder als Bestandteil der Assetklasse zu der das Leasingobjekt gehört, was aber im Anhang anzugeben ist. Der Vermögenswert wird dann abgeschrieben und bewertet nach dem Standard, der für das Leasingobjekt bei einem normalen Kauf gelten würde. Praktisch wird damit eine Abbildung erreicht wie nach HGB, wenn der Leasingnehmer als wirtschaftlicher Eigentümer anzusehen ist.

Die Folgen des Übergangs von IAS 17 auf den IFRS 16 wurden in der Literatur vielfach untersucht. Mittels diverser Simulationsrechnungen wurde versucht abzuschätzen, wie sich der Wechsel auf die Abschlüsse auswirken könnte. Dabei stand vielfach im Fokus, welche wichtigen Abschlusskennzahlen sich positiv oder negativ verändern werden und ob diese Änderungen zu einer informativeren Rechnungslegung führen werden.

! **Als typische Folgen sind zu erwarten:**
- Bilanzsumme und Anlagevermögen steigen um das aktivierte Nutzungsrecht, was die Anlageintensität erhöht, regelmäßig eher ein negativer Einfluss.
- Auf der Passivseite nimmt das kurzfristige und das langfristige Fremdkapital zu, d. h. die Eigenkapitalquote sinkt.
- Der Anlagendeckungsgrad I (EK zu AV) verschlechtert sich.
- Der betriebliche Aufwand sinkt, das Betriebsergebnis fällt besser aus. Zwar gehen die zusätzlichen Abschreibungen auf das Nutzungsrecht ein, aber dafür entfallen die bisherigen Leasingraten in voller Höhe.
- Entsprechend fallen EBIT und EBITDA besser aus.
- Das Finanzergebnis verschlechtert sich hingegen, da der Zinsanteil aus den Leasingraten hinzukommt. Dieser entwickelt sich im Zeitablauf degressiv (Frontloading, s. o.) und nicht wie die Leasingraten selbst linear.
- Das Gesamtergebnis wird aber verbessert, da der Tilgungsanteil an den Leasingraten nicht mehr die GuV belastet.
- Der operative Cashflow wird ebenfalls höher ausfallen, da die laufenden Leasingzahlungen entfallen. Der Tilgungsanteil wird zu Lasten des Finanzierungs-Cashflows ausgewiesen (IAS 7.17 e). Der Zinsanteil kann im Finanzierungs- oder im operativen Cashflow erfasst werden (IAS 7.31).
- Beachtenswert ist, dass zwar ein langfristiger Vermögenswert bilanziert wird, aber der Investitions-Cashflow in keiner Periode belastet wird. Dies ist zwingend, da die Tilgung der Verbindlichkeiten im Finanzierungs-Cashflow zu zeigen ist. Da der operative Cashflow steigt, nimmt deshalb auch der Free Cashflow zu.

Weitere Einflüsse können dadurch auftreten, dass das Nutzungsrecht nach den Standards für das geleaste Objekt zu bewerten ist. Für Anlageimmobilien und Sachanlagen kann demnach zwischen dem Anschaffungskostenmodell und dem Zeitwert gewählt werden. Sämtliche weiteren Wahlrechte und Ermessensentscheidungen, die die Standards (IAS 16, 36, 38, 40) enthalten, können genutzt werden.

Klar ist, dass aufgrund dieser Einflüsse eine ganze Reihe positiver und negativer Folgen für die Unternehmen möglich sind. Dies betrifft z. B. die Tatsache, dass wichtige Steuerungskennzahlen verändert werden, was auch Folgen für das Vergütungssystem, die Einhaltung von Debt Covenants, das Controlling usw. entfalten kann.

Werden Unternehmenswerte (extern) auf der Basis von DCF-Kalkülen oder Multiples (z. B. von EBIT, EBITDA) ermittelt, ist zu beachten, dass durch IFRS 16 wichtige Inputgrößen verändert werden, **ohne** dass **realwirtschaftliche Veränderungen** stattgefunden haben. Dies betrifft nicht nur Cashflow- und Erfolgsgrößen, sondern eventuell auch Diskontierungssätze wegen veränderter Risikoeinschätzungen bei einem Rating. Simulationsrechnungen für ausgewählte DAX-Unternehmen zeigten teilweise beachtliche Wertänderungen.[2]

Solche Einflüsse wären natürlich zu vermeiden, wenn schon zuvor operate Leases im Rahmen von Unternehmensratings oder –analysen in die Bilanz eingerechnet worden wären **(Kapitalisierung)**. Teilweise wird unterstellt, dass Ratingagenturen und Kapitalmarktteilnehmer dies machten, allerdings auf der Basis Internationaler Abschlüsse, da HGB-Daten nicht ausreichen dürften (s. u.).

Gleichwohl wurden die Neuerungen des IFRS 16 vielfach positiv als Qualitätsverbesserung gewürdigt. So wurde argumentiert, dass eine Off-Balance-Sheet-Bilanzierung vormals fast für jedes Unternehmen möglich war, während dies unter IFRS 16 regelmäßig **teure Ausweichhandlungen** erfordert, die sich nur renditestarke Unternehmen leisten können. Deshalb erleichtert der IFRS 16 eine erwünschte Differenzierung. Zudem wird eine bessere Vergleichbarkeit zwischen den Unternehmen unterstellt.[3]

Dem muss man nicht unbedingt folgen. Dies liegt daran, dass es auch durchaus relativ billige Varianten von Sachverhaltsgestaltungen geben kann, z. B. verkürzte Leasingdauern mit der Folge niedrigerer Barwerte der Leasingzahlungen. Oder es werden nicht konkrete Vermögenswerte geleast (z. B. bestimmte LKW), sondern eine Dienstleistung vereinbart, dass zehn LKW nutzbar sind. Auch hier gilt dann: Wirtschaftlich sehr ähnliche Verträge lösen sehr unterschiedliche bilanzielle Folgen aus. Genau das sollte durch IFRS 16 vermieden werden.

Unseres Erachtens fehlt auch eine systematische Begründung, warum gerade und ausschließlich Leasinggeschäfte (und dies mit vielen Ausnahmen) kapitalisiert werden und für alle anderen schwebenden Geschäfte die Nichtbilanzierung weiterhin gilt. So beinhalten auch Abnahmeverträge feststehende Zahlungsverpflichtungen, die nicht passiviert werden und das Recht auf die Belieferung wird nicht aktiviert. Dass dies inkonsistent ist, wird auch bei einem Unternehmenskauf nach IFRS 3 deutlich, da im Rahmen der Kaufpreisallokation schwebende Geschäfte durchaus bilanzierungspflichtig sein können.

---

2 Vgl. Stangor, Kühnberger und Zander (2020, 219 f.).
3 Vgl. Labrenz und Thorand (2017, 387).

Ergänzend ist beachtenswert, dass der IFRS 16 eine ganze Palette von Wahlrechten enthält. Dies betrifft zunächst die diversen Umstellungsvarianten für bereits bestehende Verträge, die als operative Leases bislang nicht bilanziert wurden. Daneben sind kurzfristige Verträge und Verträge über eher geringwertige Vermögenswerte (Grenze 5.000 €) oder über immaterielle Anlagewerte nur wahlweise zu bilanzieren. Enthalten Verträge Servicekomponenten sind die zugehörigen Anteile an den Leasingraten eigentlich auszusondern, können aber gleichwohl in das Nutzungsrecht und die Verbindlichkeit einbezogen werden. Für die Diskontierung sieht IFRS 16 den Zinssatz vor, der dem Leasingvertrag zugrunde liegt. Der Leasingnehmer wird diesen regelmäßig nicht kennen, sodass auf Alternativen, wie einen **Grenzfremdkapitalzins** zurückzugreifen ist. Eine einheitliche Bilanzierung wird schließlich dadurch erschwert, dass diverse Standards für eine Umsatzrealisierung einschlägig sein können (IFRS 11, 15 oder 16), sodass eine einheitliche Abbildung ähnlicher Verträge eher nicht erreicht werden kann. Ergänzt wird der Handlungsspielraum durch die Fülle an möglichen Ermessensspielräumen, z. B. bei der (laufenden) Einschätzung der Ausübung von Optionen usw.

Während für Leasingnehmer IFRS 16 erhebliche Änderungen vorsieht, konnte die **ursprünglich spiegelbildliche Abbildung** beim Leasinggeber nicht realisiert werden. Es wäre konsequent, wenn dem Erwerb eines Nutzungsrechtes auf der einen Seite, der Verkauf eines solchen beim Geber entsprochen hätte, während die verbleibenden Eigentümerrechte an dem Objekt weiterhin bilanziert würden. Dies hätte allerdings eine **Aufteilung** und sehr komplexe Bewertung **der diversen Teilrechte** (Nutzung, Veränderung, Verkauf, als Sicherheit nutzen, weitervermieten usw.) am Leasingobjekt erfordert. Stattdessen hat das Board im Wesentlichen die Bilanzierungsregeln aus dem Vorläufer IAS 17 beibehalten. Demnach muss der Leasinggeber wie gehabt nach dem All-or-nothing-Ansatz entscheiden, ob ein Operate Lease oder ein Finance Lease vorliegt.

Die Unterscheidungskriterien von Operate und Finance Leases weisen durchaus Ähnlichkeiten mit den Zurechnungskriterien für das wirtschaftliche Eigentum in den Leasingerlassen auf. Es wird auf ein Grundmietzeitkriterium, die Günstigkeit von Optionen, einen geplanten Erwerb oder Spezialleasing etc. abgestellt. Allerdings gibt es durchaus zwei gravierende Unterschiede.

Zum einen wird nach dem Steuerlass für Vollamortisationsverträge u. a. darauf abgestellt, dass die Grundmietzeit des Vertrages größer als 90 % der Nutzungsdauer nach Maßgabe der AfA-Tabellen ist, um eine Zurechnung beim Leasingnehmer vorzunehmen. IFRS 16.63 c stellt hingegen auf den größten Teil der **wirtschaftlichen Nutzungsdauer** ab. Der IASB verzichtet ausdrücklich auf feste Grenzwerte, um Ausweichhandlungen zu vermeiden und der wirtschaftlichen Betrachtungsweise mehr Raum zu geben. Dabei kann im Beispiel aber nicht pauschal unterstellt werden, dass die Leasingerlasse eine längere Vertragslaufzeit voraussetzen. Das liegt daran, dass die Grundlage, die AfA-Tabellenwerte, vielfach deutlich kürzer sind als die realen Nutzungsdauern. Beträgt die AfA-Dauer 10 Jahre, wäre die Grenze bei einer mehr als 9-jährigen Grundmietzeit erreicht. Liegt die tatsächlich erwartete Nutzungsdauer bei 14 Jahren, wäre der tatsächliche Grenzwert 65 % der Dauer. Zum anderen enthält IFRS 16.63 d ein Kriterium, das den

Leasingerlassen fremd ist: Entspricht der **Barwert der Mindestleasingzahlungen** in etwa dem beizulegenden Zeitwert des Leasingobjektes, so wird ein Finanzierungsleasing unterstellt. Die Annahme, dass bei Übernahme der Investitionskosten der Leasinggeber praktisch nur unwesentliche Chancen behält, ist natürlich angreifbar.

Fazit: Trotz der konzeptionellen Ähnlichkeiten kann davon ausgegangen werden, dass IFRS 16 in deutlich mehr Fällen zu einer Ausbuchung des Leasingobjektes beim Leasinggeber führt als auf der Basis der Leasingerlasse.

15.4 Folgen in den Konzernabschlüssen der Unternehmen

Es werden hier lediglich die Konzernabschlüsse der Jahre 2019 bis 2021 betrachtet, da IFRS 16 erst ab 2019 anzuwenden war. Dabei wurden die Umstellungseffekte von allen drei Unternehmen im Abschluss für das Jahr 2019 sehr ausführlich dargestellt. Zudem wurden recht detaillierte Angaben zur Ausübung von Erleichterungen und Wahlrechten gemacht. Eine Gemeinsamkeit ist, dass diese Erleichterungen weitgehend in Anspruch genommen wurden: keine Kapitalisierung von kurzfristigen und geringwertigen Leasingverträgen, keine retrospektive Anpassung, keine Aussonderung von Servicekomponenten aus den Leasingraten, keine Anwendung auf immaterielles Anlagevermögen (nur VW). Soweit hierzu auch quantitative Angaben gemacht wurden, zeigte sich, dass es um eher unwesentliche Beträge ging.

Als Leasingnehmer treten alle drei Konzerne auf, wobei es insbesondere um Immobilien geht, in geringerem Umfang auch um Büroausstattung und Produktionsmittel. Da IFRS 16 gerade die Bilanzierung für Leasingnehmer verändert hat, ist der Niederschlag in den Abschlüssen interessant. Die Angaben zu den Nutzungsrechten (und den zugehörigen Verbindlichkeiten) werden sehr detailliert gemacht (bei BMW als gesonderte Posten in einem Anlagespiegel, bei VW in einem eigenen Abschnitt des Anhangs).

Dabei ergeben sich sehr niedrige Einflüsse auf die Bilanz der Leasingnehmer. So betragen die aktivierten Nutzungsrechte für die Jahre 2019 bis 2021 immer zwischen 1,0 und 1,4 % der Bilanzsumme und die korrespondierenden Leasingverbindlichkeiten rangieren zwischen 0,7 und 1,7 % des jeweiligen Fremdkapitals. Dies macht sehr deutlich, dass die Änderungen durch den IFRS 16 für die hier untersuchten Konzerne keine wesentliche Bedeutung erlangt hat. Ursächlich ist natürlich die geringe **Leasingintensität** der drei Konzerne. In anderen Branchen oder bei einer abweichenden Unternehmensstrategie kann dies völlig anders aussehen.

Bezüglich der Erfolgswirkungen und der Einflüsse auf die Kapitalflussrechnung durch die veränderte Leasingnehmerbilanzierung zeigen sich für alle drei Konzerne die o. a. Verschiebungen zu einem besseren operativen Ergebnis und Cashflow zu Lasten des Finanzierungs-Cashflows. Allerdings bleiben die Größenordnungen ganz überwiegend bescheiden, sodass auf eine detaillierte Darstellung verzichtet wird. So belaufen sich

z. B. die Zinsaufwendungen aus den Leasingverträgen auf 54 Mio. € (BMW), 217 Mio. €
(VW) und 98 Mio. € (Mercedes-Benz).

Sehr viel gewichtiger sind die Einflüsse aufgrund der Leasinggeberposition, die
zwar in den Einzelabschlüssen der Muttergesellschaften nicht auftauchen, aber in den
Abschlüssen der Finanzierungsgesellschaften und im konsolidierten Konzernabschluss.
Hier ist zu beachten, dass sich durch den IFRS 16 praktisch keine Änderungen gegen-
über den Vorjahren ergeben haben. Tabelle 15.2 zeigt die wichtigsten Positionen aus der
Aktivseite der Bilanzen, nämlich das verleaste Vermögen (aus Operate Leases) und die
Forderungen aus Finance Leases in Mio. € für die Jahre 2019 bis 2021. In Klammern ist
der prozentuale Anteil an der Bilanzsumme vermerkt.

Tab. 15.2: Aktiva aus der Leasinggeberposition.

(In Mio. €)	2021		2020		2019	
BMW	45.185	(19,7)	41.565	(19,2)	42.227	(18,5)
Mercedes-Benz	63.656	(24,5)	70.032	(24,5)	81.816	(27,1)
VW	113.775	(21,5)	103.778	(20,9)	103.128	(21,1)

Die Größenordnungen zeigen die Relevanz des Leasinggeschäftes für alle drei Konzerne
sehr deutlich. Dem tragen alle drei Rechnung, indem sie die Fristigkeiten für die erwarteten Einzahlungen auf die Forderungen detailliert im Anhang auffächern. Die Zahlen
machen aber auch sehr deutlich, wie stark die Einzelabschlüsse der produzierenden
Konzernglieder (speziell der Muttergesellschaften) durch die Verkäufe an die Finanz-
dienstleistungsgesellschaften der Konzerne beeinflusst werden.

Für die Konzernerfolgsrechnungen sollen hier die **Einflüsse auf die Umsatzerlöse** der drei Konzerne dargestellt werden. In diese gehen die Leasingraten aus Operate
Leases ein, die als Verkäufe an Leasingnehmer erfassten Erträge aus Finance Leases
und die Zinsen aus Finance Leases. Tabelle 15.3 zeigt den Anteil dieser Erträge an den
Umsatzerlösen der Konzerne. Nicht dargestellt, aber natürlich auch von großer Bedeutung sind die mit dem Leasinggeschäft verknüpften Aufwendungen. Dazugehören z. B.
die Refinanzierungsaufwendungen, die zu den Umsatzkosten gehören, soweit die korrespondierenden Erträge als Umsatzerlöse ausgewiesen werden.

Tab. 15.3: Anteil der Leasingerträge an den Umsatzerlösen.

(In %)	2021	2020	2019
BMW	25,8	26,3	24,7
Mercedes-Benz	9,7	11,5	8,3
VW	6,8	7,0	6,2

Die Größenordnungen verdeutlichen natürlich auch, dass die Einzelabschlüsse der Muttergesellschaften, in denen die Leasinggeschäfte als Verkäufe an die konzerneigenen Finanzdienstleistungsunternehmen bilanziert sind, wenig aussagefähig sind.

15.5 Sale-and-lease-back-Transaktionen

Sale-and-lease-back-Geschäfte stellen ein weit verbreitetes und manchmal sehr wirksames Vehikel von Sachverhaltsgestaltungen (Real Earnings Management) dar. Betrachtet man die direkt verknüpften Buchungssätze, so wird sehr deutlich, worin die bilanzpolitischen Ziele bestehen können (Zahlen sind gegriffen):

Schritt	Buchung
(1)	Per Bank 100 an Sachanlagen 60 und Ertrag 40
(2)	Per Verbindlichkeiten an Bank 100

Im ersten Schritt wird eine stille Reserve vom 40 gehoben und entsprechend der Periodenerfolg verbessert. Im zweiten Schritt wird der Liquiditätszufluss von 100 dazu genutzt, Verbindlichkeiten zu tilgen. Damit werden die Gewinne, die Eigenkapitalquote und die Anlageintensität besser dargestellt. Voraussetzung dafür ist jedoch, dass der Verkauf auch als solcher nach HGB oder IFRS 15 abzubilden ist. Dies setzt voraus, dass der Erwerber und künftige Leasinggeber die Kontrolle über den Vermögenswert erhält. Dem könnten z. B. Rückkaufoptionen entgegenstehen.

Wird ein solcher Verkauf unterstellt, so führen die Leasingregeln des IFRS 16 aber dazu, dass das **Lease-back** zu einem Nutzungsrecht beim Leasingnehmer führt und der Barwert der Mindestleasingzahlungen zu passivieren ist. Das Nutzungsrecht ist dabei in Höhe des vormaligen Buchwertes des veräußerten Vermögenswertes anzusetzen (IFRS 16.100). Damit wird per Saldo der Veräußerungsgewinn neutralisiert, wodurch die Transaktion weniger attraktiv wird. Auch die Minderung der Anlageintensität wird durch das Nutzungsrecht abgeschwächt.

Wird hingegen ein Verkauf nicht unterstellt, geht also das wirtschaftliche Eigentum gar nicht über, so wird der zivilrechtliche Eigentumsübergang des Vermögenswertes als Sicherung für eine Kreditaufnahme behandelt (per Bank an Verbindlichkeiten). Damit gibt es gerade keine direkte Erfolgswirkung und eine verschlechterte Eigenkapitalquote. Deutlich wird insgesamt, dass unter IFRS das Geschäftsmodell an Attraktivität verloren hat, wenn es nur aus bilanzpolitischen Motiven genutzt werden soll.

Nach HGB (den Leasingerlassen) ist eine **Gewinnrealisierung** ebenfalls nicht möglich, wenn das wirtschaftliche Eigentum nicht übertragen wird, also weiterhin der Leasingnehmer den Vermögensgegenstand bilanziert. Aufgrund der Vorgaben ist dies aber relativ einfach zu vermeiden (s. o.).

Erfolgt die Zurechnung des Leasingobjektes zum Leasinggeber, so kann ein Veräußerungsgewinn realisiert werden. Eine Begrenzung ergibt sich jedoch, wenn der Kaufpreis über dem beizulegenden Zeitwert liegt („überhöhter Kaufpreis"). Ein überschießender Betrag wäre als Verbindlichkeit zu passivieren und die Laufzeit des Leasingvertrages als Ertrag zu vereinnahmen.

Zu beachten sind aber einige weitere Aspekte: So führt die Transaktion ggf. zu Steuerbelastungen (z. B. auf den Veräußerungsgewinn oder weil Grunderwerbsteuer anfällt) und der Leasinggeber möchte einen hohen Kaufpreis natürlich in Form entsprechend hoher Leasingraten amortisieren, sodass dem heutigen Liquiditätszufluss beim Leasingnehmer bzw. Verkäufer dann hohe Leasingzahlungen in der Zukunft gegenüberstehen. Gleichwohl kann es aber auch weitere positive Aspekte geben, wie ein verbessertes Rating, Trennung von Vermögen, dessen Verwaltung nicht zu den Kernkompetenzen zählt (z. B. Immobilien), Einhaltung von Debt Covenants usw.

15.6 Möglichkeiten der Vergleichbarkeit der Rechnungslegungsdaten

Geht es um den Vergleich von Abschlüssen nach HGB und IFRS ist zunächst wieder zu unterscheiden, ob es sich um die Funktion eines Leasinggebers oder Leasingnehmers handelt. Oben wurde bereits darauf verwiesen, dass es in der (internationalen) Analyse- und Bewertungspraxis schon vor der Geltung von IFRS 16 verbreitet war, die Off-Balance erfassten Operate Leases in das Zahlenwerk einzurechnen als ob es sich um ein Finance Lease handelte. Um dies zu realisieren, müssen die künftigen Zahlungen des Leasingnehmers bekannt sein und die noch offenen Vertragslaufzeiten. Beide Größen sind nicht unabhängig voneinander, wenn es Optionen, variable Raten, Kündigungsrechte etc. gibt. Welches künftige Verhalten dann ökonomisch sinnvoll und wahrscheinlich ist, hängt von einigen externen und internen Faktoren ab. Schon für den Leasingnehmer selbst mit seinem Insiderwissen besteht hier teilweise beachtliche Unsicherheit. Voraussetzung für eine Schätzung der Größen sind Anhangangaben zu künftigen Auszahlungsverpflichtungen aus Leasingverträgen und deren zeitliche Verteilung. Werden z. B. Zahlungsverpflichtungen unter einem Jahr, zwischen einem und 5 Jahren und über 5 Jahren angegeben, so konnte dies pauschaliert in Restlaufzeiten von 0,5 Jahren, 3 Jahren und 10 Jahren übersetzt werden.[4]

Im nächsten Schritt ist dann ein Barwert der Leasingzahlungen zu ermitteln. Eigentlich ist hierfür der dem Leasingverhältnis zugrundeliegende Kalkulationszins sinnvoll, der regelmäßig aber unbekannt ist. Deshalb werden alternativ der Grenzfremdkapitalzins des Leasingnehmers, sein Zinssatz für die Diskontierung von Pensionsrückstellungen, aus Ratingnoten abgeleitete Zinssätze usw. genutzt. Der Barwert der Zahlungsverpflichtungen wurde dann als Aktivposten Anlagevermögen und als Leasingverbindlich-

---

4 Vgl. Stangor, Kühnberger und Zander (2020, 216 ff.) mit Musterrechnung und detaillierten Nachweisen für andere Schätzmethoden.

keit in die Bilanz übernommen. Um konsistent zu bleiben müssen dann aber auch die GuV-Folgen und ggf. die Konsequenzen für die Kapitalflussrechnung angepasst werden, um Verzerrungen von Kennzahlen zu vermeiden. So wäre es wenig plausibel das ursprüngliche Betriebsergebnis in Relation zum Produktivvermögen zu setzen, das um den Barwert der Leasingzahlungen hochgerechnet wurde.

Eine solche Simulation war auf der Basis des vormaligen IAS 17 durchaus möglich. Nach HGB sind aber die Anhangangaben nach § 285 Nr. 3 und 3 a HGB nicht zwingend nach den zugrundeliegenden Geschäften (hier Leasing) detailliert aufzufächern und Restlaufzeiten werden nur empfohlen, aber nicht vorgeschrieben. Insofern gelingt die **Integration in die Bilanz** vielfach nicht, sodass eine unternehmensübergreifende Vergleichbarkeit nicht hergestellt werden kann. Wenn entsprechende Daten vorliegen, so wäre der Aufwand nur vertretbar, wenn es um hinreichend wichtige Leasingverträge handelt.

Theoretisch könnte man natürlich auch umgekehrt vorgehen und den IFRS-Abschluss mit seinem RoU-Ansatz versuchen in Operate Leases umzurechnen und auch die wenigen HGB-Fälle, in denen der Leasingnehmer als wirtschaftlicher Eigentümer fungiert aus der Bilanz zu eliminieren. Wiederum müssten dann viele Annahmen getroffen werden, um die Stromgrößenrechnungen konsistent anzupassen, eine fast unmögliche Aufgabe. Letztlich bleibt der unbefriedigende Befund, dass Leasingnehmerverhältnisse nach HGB und IFRS nicht sinnvoll vergleichbar gemacht werden können. Für die vorliegend betrachteten Unternehmen ist dies nicht so gravierend, da in den Jahresabschlüssen der Muttergesellschaften nach HGB erkennbar wird, dass relativ wenig Vermögensgegenstände geleast wurden (s. o.).

Betrachtet man die Position des Leasinggebers, so kann im ersten Schritt zwar festgestellt werden, dass nach HGB und IFRS 16 ein Chancen-Risiken-Ansatz gilt und die Bilanzierung als Verkauf gegen Ratenzahlungen oder schlichtes Mietverhältnis sich stark ähneln. Allerdings kann es sehr wohl zu **unterschiedlichen Zuordnungen des wirtschaftlichen Eigentums** kommen und dies ist extern nicht erkennbar, da die Inhalte von Verträgen nicht bekannt sind. Vergleichbarkeit könnte deshalb hergestellt werden, indem sämtliche Bilanz- und GuV-Posten, die aus Leasingverhältnissen resultieren, eliminiert werden. Dies wäre eine völlig unsinnige Herangehensweise, da damit große Bestandteile des Kerngeschäftes schlicht entfallen würden.

Im vorliegenden Fall kommt hinzu, dass bei den Muttergesellschaften die Besonderheit auftritt, dass sie gar nicht als Leasinggeber auftreten, sondern an die konzerneigenen Finanzierungsgesellschaften verkaufen. Deshalb spielt der zugrundeliegende Rechnungslegungsstandard für die Obergesellschaft überhaupt keine Rolle. Die Relevanz des Leasinggeschäftes kann nur aus dem Konzernabschluss und da für alle Konzernglieder zusammen erkannt werden. Wie ein konsolidierter HGB-Konzernabschluss ausgesehen hätte, ist naturgemäß auch nicht in Ansätzen rekonstruierbar. Dazu wäre u. a. die Information vonnöten, wie viele der ausgewiesenen Umsatzerlöse auf Verkäufe an die Finanzunternehmen entfielen, die dann mittels Leasing an Kunden vermittelt wurden.

16 Einfluss von Wachstum auf Abschlussgrößen

Unternehmen passen sich auf verschiedenste Arten den laufend veränderten Randbedingungen an, wozu insbesondere Wachstums- und Schrumpfungsprozesse gehören können. Dabei können Schrumpfungsprozesse zu Veräußerungsgewinnen (oder Verlusten) aus dem Abgang von Vermögen (insbesondere auch Anlagevermögen) führen. Sie können aber auch zu hohen Stilllegungskosten und hohen Abfindungen führen. Im weiteren Kapitel werden gleichwohl nur Wachstumsphasen behandelt, für die es sehr verschiedene Formen geben kann. Daraus resultieren insbesondere Bilanzierungsprobleme für Firmenwerte und immaterielles Vermögen.

16.1 Überblick

Der Markt- oder Börsenwert von AG übersteigt den Buchwert des Eigenkapitals vielfach deutlich. Als Ursachen für diese Marktwert-Buchwert-Lücke wird regelmäßig auf stille Reserven und einen nicht bilanzierten **Firmenwert** (Goodwill) verwiesen. Dabei sind stille Reserven oftmals durch immaterielle Vermögenswerte verursacht. Auf materielle und finanzielle Aktiva und **stille Reserven** in Rückstellungen wird im Weiteren nicht eingegangen, obwohl gerade Immobilien und Beteiligungen hohe stille Reserven enthalten können. Dies ist insofern gerechtfertigt, da für viele Unternehmen das immaterielle Vermögen immer wichtiger wird. Für die Unternehmen des S&P 500-Index in den USA konnte die Lücke im Jahr 1970 noch zu 80 % mit stillen Reserven des Sachanlagevermögens erklärt werden, im Jahr 2016 nur noch zu 16 %, der Rest wurde durch Immaterialvermögen (Marken, Patente, Unternehmenskultur, Mitarbeiterkompetenzen, Prozesswissen etc.) und Firmenwerte verursacht.[1]

Es wird teilweise argumentiert, dass Sachverhalte, die weder die Kriterien der Rechnungslegungsstandards für Vermögensgegenstände noch die Kriterien für Vermögenswerte erfüllen, bilanziell gezeigt werden sollten. "Bislang nämlich können Nachhaltigkeitsmaßnahmen oft nur als Aufwand verbucht werden, was Finanzierungen erschwert."[2] Damit sollen Anreize geschaffen werden, in nachhaltige oder andere sozialpolitisch erwünschte Maßnahmen zu investieren. Dies bedeutet einmal mehr, dass die Rechnungslegung nicht unbedingt Informations- und Zahlungsbemessungsaufgaben dienen soll, sondern anderen Zwecken. Es spricht u. E. nichts dagegen sog. **„Intellectual Capital"** beliebiger Art publizitätspflichtig zu machen (im Anhang, Lagebericht oder Nachhaltigkeitsberichten), aber deshalb das Zahlenwerk der Finanzberichterstattung zu ändern, ist ein zweifelhaftes Unterfangen. Dies gilt umso mehr, als angestrebte Finanzierungsvorteile nur dann möglich wären, wenn sich das Kreditrating

---

1 Vgl. Wulf und Özcan (2018, 173).

2 Geiger und Wendel, Tagesspiegel vom 20.09.2021, 14.

https://doi.org/10.1515/9783110770551-016

etc. daraufhin ändert. Da bereits jetzt solche eher weichen Faktoren berücksichtigungs-fähig sind, kann dies nicht unterstellt werden.

Zumindest unter der Prämisse, dass Börsenkurse auf Dauer den Unternehmenswert spiegeln, ist es unbefriedigend, wenn Bilanzen nur einen Bruchteil des Reinvermögens abbilden, selbst wenn die Rechnungslegungsstandards für Vertragszwecke, Besteue-rung, Gewinnausschüttungen etc. sinnvoll sind. Gleichwohl tauchen aber auch schon de lege lata in Jahres-, aber vor allem auch in Konzernabschlüssen Immaterialgüter und Firmenwerte in beachtlichem Umfang auf.[3] Für diese Posten enthalten HGB und IFRS jeweils Sonderregelungen.

Für den **Firmenwert** ist dies auf den ersten Blick plausibel, da er weder direkt ein-zelbewertbar ist (er wird als Residualgröße ermittelt), noch ist er einzelverkehrsfähig. Insofern stellt er keinen Vermögensgegenstand nach HGB dar und die Assetqualität nach den IFRS ist zumindest diskussionsbedürftig. In Insolvenz- oder Liquidationsverfahren ist er deshalb schwer verwertbar und taugt als Kreditsicherheit wenig. Allerdings wer-den Abschlüsse i. d. R. unter der Annahme der Unternehmensfortführung erstellt und selbst bei der Auflösung von Unternehmen können Firmenwerte zu Einzahlungen füh-ren, wenn (Teil-)Unternehmen insgesamt veräußert werden können.

Für die anderen **immateriellen Werte** mag als Rechtfertigung für eine Sonder-behandlung gelten, dass sie vielfach schwer isolierbar bzw. identifizierbar (mangels teilweise fehlender physischer Substanz) sind. Die Bewertung ist ebenfalls schwierig, da es regelmäßig um Unikate geht. Für die Bewertung betrifft dies vor allem das selbster-stellte Vermögen, die Schätzung von Nutzungsdauern und die Ermittlung (niedrigerer) Zeitwerte. Zudem gelten Intangibles als besonders riskant. Die Einbindung in Unterneh-men und ihre spezifische Ausgestaltung machen sie teilweise zu wenig liquiden Posten. Hierbei ist aber zu bedenken, dass in den Fällen, in denen Firmenwert, Patente etc. plötzlich wertlos werden, auch unternehmensspezifische Sachanlagen zugleich an Wert verlieren können. Unabhängig, ob man diese Argumente teilt oder nicht, können Im-materialgüter die Vergleichbarkeit von Abschlüssen sehr stark begrenzen aufgrund der normativen Vorgaben.

Die Rechnungslegungsregeln nach HGB und IFRS führen in unterschiedlichem Ma-ße dazu, dass Abschlusskennzahlen von Unternehmen nur eingeschränkt vergleichbar sind. Ursächlich sind diverse Wahlrechte und erhebliche Ermessensspielräume und, vorgelagert, die unterschiedlichen Formen von **Unternehmenswachstum**. Hier spielt es zunächst einmal eine ganz entscheidende Rolle, ob ein Unternehmen **intern/orga-nisch** wächst oder **extern/anorganisch** (durch Kauf von Unternehmen oder Unterneh-mensgesamtheiten). Gerade in Zeiten verkürzter Produktlebenszyklen und dem Druck, schnell zu agieren, ist externes Wachstum stark verbreitet. Dies kann zu erheblichen Schüben und schlagartig veränderten Kennzahlenwerten führen.

---

3 Vgl. Frey (2011, 194) für DAX-Unternehmen im Zeitraum 2005–2009.

Durch die Übernahme von Porsche im Jahr 2012 erhöhte sich im Jahresabschluss der VW AG die Bilanzsumme und das Finanzanlagevermögen drastisch. Bei Anschaffungskosten von über 27 Mrd. € erhöhten sich im Konzernabschluss die Posten Marken um 14 Mrd. € und der Firmenwert um 19,5 Mrd. €. Die Bilanzsumme stieg um ca. 58 Mrd. €.[4] Im Jahr zuvor hatte bereits der Kauf von MAN in den Abschlüssen starke Sprünge verursacht. Klar ist, dass die KPI vor und nach solchen Transaktionen nicht mehr vergleichbar sind, selbst wenn für das Übergangsjahr eine Anpassung des Vorjahres offengelegt wird. Für die Zukunft ist mit anderen Daten zu rechnen. Dies ist aber kein reiner buchhalterischer Effekt, sondern die ökonomische Basis der Unternehmen, samt Chancen und Risiken hat sich uno actu wesentlich verändert.

! **Die folgende Liste zeigt die diversen Wachstumsvarianten, deren bilanzielle Folgen kurz aufzugreifen sind:**

- Einzelne immaterielle Vermögensposten sind beim Kauf mit den Anschaffungskosten anzusetzen – ein Firmenwert kann nicht isoliert erworben werden. Werden hingegen mehrere Vermögensgegenstände auf einmal erworben, kann dies als Einzelerwerb oder schon als Unternehmenserwerb eingestuft werden (abhängig vom Rechnungslegungssystem). Gilt es als Gesamtkauf, so muss der Gesamtkaufpreis den einzelnen Vermögensgegenständen zugerechnet werden, ein Firmenwert entsteht nicht, selbst wenn ein „Überpreis" bezahlt wurde. Auf der Ebene der Einzelabschlüsse ist zu berücksichtigen, dass auch der Erwerb von verbundenen Unternehmen ein Kauf ist und Anschaffungskosten entstehen.
- Bei selbsterstelltem immateriellen Anlagevermögen sieht IAS 38 unter bestimmten Bedingungen eine Aktivierungspflicht vor, die Bewertung erfolgt mit den Herstellungskosten (Entwicklungskosten). In § 248 Abs. 2 HGB ist für vergleichbare Fälle ein Aktivierungswahlrecht vorgesehen. Deshalb können HGB-Abschlüsse untereinander und in Relation zu IFRS-Abschlüssen vielfach nicht direkt verglichen werden. Ein selbst hergestellter (originärer) Firmenwert ist dagegen niemals aktivierbar.
- Bei einem Unternehmenskauf in Form eines Asset Deals werden Vermögens- und Schuldposten per Einzelrechtsnachfolge erworben. In diesem Fall sind die Anschaffungsposten im Rahmen einer **Kaufpreisallokation** (Purchase Price Allocation, PPA) auf die einzelnen Vermögensgegenstände und Schulden zu verteilen. Ein verbleibender Aktivbetrag stellt einen bilanzierungspflichtigen Firmenwert (Goodwill) dar. Hierbei ergeben sich trotz vergleichbarer Systematik oftmals Unterschiede zwischen HGB- und IFRS-Abschlüssen, insbesondere auch im Hinblick auf die Folgebewertungen. Resultiert aus der PPA hingegen (eher selten) ein passiver Unterschiedsbetrag ist dieser nach IFRS 3 als Ertrag zu buchen (bargain purchase) und nach HGB nach sehr komplexen Auflösungsregeln weiter zu behandeln.
- Wird ein Beteiligungskauf in Form eines **Share Deals** realisiert, steigt im Einzelabschluss die Position Beteiligung an verbundenen Unternehmen, es liegt nicht abnutzbares Finanzanlagevermögen vor. Implizit enthält der Beteiligungswert natürlich gekauftes immaterielles Anlagevermögen und den Firmenwert, aber dies wird nicht ersichtlich. GuV-Folgen beim Erwerber gibt es nur, wenn die Beteiligungsgesellschaft Gewinne erwirtschaftet und ausschüttet, was der Erwerber i. d. R. steuern kann (im Finanzergebnis auszuweisen). Oder der Wert der Beteiligung ist dauerhaft oder vorübergehend im Wert gemindert (§ 253 Abs. 3 HGB). Abhängig von Rechtsform und Größe muss bei einem Share Deal aber ein Konzernabschluss erstellt werden. In diesem wird der Share Deal wie ein Asset Deal abgebildet, indem der Beteiligungsbuchwert gegen das (anteilige) Eigenkapital der Tochtergesellschaft verrechnet wird. Es ist eine PPA wie bei einem Asset Deal vorzunehmen. Deshalb sind JA und KA regelmäßig nicht vergleich-

---

4 Dem Abschluss ist aber keine detaillierte Erläuterung zu entnehmen, wie die Bewertung von Marke und Firmenwert erfolgte, die Aufteilung bleibt ein Geheimnis.

bar, wenn es wesentliche Tochterunternehmen gibt. Konzernabschlüsse nach HGB und IFRS folgen zwar einer sehr ähnlichen Systematik, aber es gibt im Detail auch Unterschiede, die in Einzelfällen auch gravierende Folgen haben können (s. u.).

– Für sog. **Umwandlungsfälle** (vor allem Fusionen) gibt es in IFRS 3 keine Besonderheiten, sie sind zu behandeln wie Unternehmenserwerbe. Nach § 24 UmwG ist es nach HGB aber wahlweise erlaubt, die Buchwerte fortzuführen oder einen Anschaffungsvorgang abzubilden (im Ergebnis wie zuvor). Die Buchwertverknüpfung führt hingegen dazu, dass stille Reserven und ein allfälliger Firmenwert nicht aufzudecken sind, sondern Ansatz- und Bewertungsentscheidungen des übertragenden Rechtsträgers sind fortzuführen. In der Folge können dann Verschmelzungsverluste auftreten, selbst wenn die Transaktion ökonomisch erfolgreich war. Im Gegenzug entfallen Abschreibungen auf aufgelöste stille Reserven und den Firmenwert in den Folgejahren. Dies ist naturgemäß eine wenig sinnvolle Form der Abbildung, für die man bestenfalls Vereinfachungsaspekte und eine Gleichbehandlung mit dem UmwStG anführen kann. Die Argumentation, es läge nur ein Tausch und kein Anschaffungsvorgang vor, halten wir für ökonomisch wenig belastbar, da der Zugang auch „bezahlt" wurde, aber eben nicht mit Bargeld.

Im Weiteren sollen Umwandlungsvorgänge mit Buchwertfortführung ausgeklammert werden. In Kapitel 16.2 geht es um die viel diskutierten Firmenwerte und danach (Kapitel 16.3) um das übrige immaterielle Vermögen. Hierbei ist auch auf bilanzpolitische Aspekte und die Literatur zur freiwilligen Offenlegung von Informationen einzugehen. Abschließend (Kapitel 16.4) werden die entsprechenden Posten der drei Unternehmen und einige KPI dazu vorgestellt.

16.2 Firmenwerte als Sonderposten

Sogenannte derivative, entgeltlich erworbene Firmenwerte sind nach HGB, IFRS und EStG zwingend zu aktivieren. Sie stellen nach HGB keinen Vermögensgegenstand dar, werden aber durch die Fiktion in § 246 Abs. 1 S. 4 HGB für die bilanzielle Behandlung als abnutzbares immaterielles Anlagevermögen qualifiziert. Voraussetzung für eine Aktivierung ist immer ein Erwerb eines (Teil-)Unternehmens. Wie eine solche Transaktion vom Kauf mehrerer Aktiva zu trennen ist, wird in IFRS 3 (komplex) geregelt, nicht aber nach HGB, eine erste bilanzpolitische Stellschraube.

Ermittelt wird der Firmenwert (FW) immer als Residualgröße: **!**

$$
FW = AK\ Beteiligung - \begin{cases} (Vg. - Schulden) & (\S\,246\ Abs.\,1\ HGB) \\ (Vg. - Schulden \pm RAP \pm Sonderposten) & (\S\,301\ Abs.\,1\ HGB) \\ (Vw. - Schulden) & (IFRS\ 3) \end{cases}
$$

Trotz des unterschiedlichen Wortlautes wird deutlich, dass die **Logik der Firmenwertermittlung** gleich ist. Natürlich kann es im Detail Unterschiede geben, z. B. wegen der Sonderposten, Unterschiede im Schuldenbegriff nach HGB und IFRS (speziell Rückstellungen und Eventualschulden) oder Unterschiede der Begriffe Vermögenswert (Vw.) und Vermögensgegenstand (Vg.). Dies wird hier nicht vertieft.

Grundsätzlich kann man die in der Klammer angeführten Posten als Substanzwert des gekauften Unternehmens deuten, da diese Posten mit dem beizulegenden Zeitwert (Fair Value) anzusetzen sind. Hierzu gibt es zwar nach HGB und IFRS Ausnahmen (latente Steuern und Rückstellungen), aber deren Einfluss auf den **Saldoposten Firmenwert** ist aufgrund mangelnder Erläuterungen regelmäßig nicht erkennbar. Unterstellt man die Anschaffungskosten der Beteiligung entsprechen dem Ertrags- oder DCF-Wert, so wäre der Firmenwert Ausdruck von Synergieerwartungen, Restrukturierungspotenzialen, Realoptionen, nicht bilanzierbaren Sachverhalten wie Mitarbeiterstamm, Prozess-Knowhow, Übernahmeprämie[5] oder schlicht auch einer Fehlkalkulation. Die Höhe von Übernahmeprämien, die einen beherrschenden Einfluss und eventuell Sondervorteile ermöglichen, lagen bei vielen Transaktionen bei über 50 %,[6] erreichen demnach beachtliche Volumina (abhängig von Branche, Land u. a. Einflussfaktoren).

Zusätzlich zu den o. a. Unterschieden können sich zwischen den Rechnungslegungsregeln nach HGB und IFRS 3 weitere, auch gravierende Unterschiede ergeben, z. T. aufgrund von Wahlrechten und Ermessensspielräumen. Hierzu einige Beispiele:

Beispiel (1) Die in der Definition angegebene Gegenüberstellung erfolgt nicht zum Stichtag der Anschaffung, sondern zeitversetzt, z. B. bei mehrstufigen Erwerben.

Beispiel (2) Die Anschaffungskosten der Erwerbe stimmen nicht überein, insbesondere, wenn mit eigenen Aktien bezahlt wird (zuvor erworben oder mittels Kapitalerhöhungsbeschluss neu geschaffen). Auch Earn-out-Klauseln können zu Verwerfungen führen.

Beispiel (3) Besonders umstritten ist, welche Sachverhalte als eigenständige Aktiva anzusetzen sind und welche in die Restgröße Firmenwert eingehen. So wurde der Verdacht geäußert, dass Marken, die eigentlich eigenständige Vermögensgegenstände sind, zu Unrecht im Firmenwert aufgingen.[7] Dies dürfte auch bezüglich anderer Sachverhalte gelten, da immaterielles Vermögen nicht rechtlich geschützt sein muss und beim Verkäufer oft nicht bilanziert wurde. Wird der Goodwill deshalb oder wegen einer verzerrten Fair Value-Schätzung falsch ermittelt, entfaltet dies GuV-Wirkungen in Folgeperioden, wenn einzelne Vermögensgegenstände anders als ein Firmenwert abzuschreiben sind. Dies gilt insbesondere, wenn es um außerplanmäßige Abschreibungen nach IAS 36 geht, da dieser vorschreibt, dass es gar keine planmäßigen Abschreibungen gibt.

Beispiel (4) Auch für andere Bilanzposten sind Fair Values bei weitem nicht immer gut beobachtbare Werte, sondern müssen mit mehr oder weniger subjektiven Annahmen geschätzt werden.

Insgesamt ist deshalb festzustellen, dass bereits die Ermittlung von Firmenwerten vom Rechnungslegungsstandard und erheblichen Ermessensspielräumen geprägt wird. An-

---

5 Vgl. Haaker und Freiberg (2015, 255).

6 Vgl. Kümpel, Pollmann und Kaiser (2017, 372).

7 Vgl. Situm, Vogt und Sorrentino (2017, 645).

gesichts der üblicherweise sehr zurückhaltenden Anhangerläuterungen sind solche Einflüsse extern so gut wie nie erkennbar.

Wurde ein Firmenwert angesetzt, so ist er nach § 253 Abs. 3 HGB planmäßig über die **geschätzte Nutzungsdauer** (ND) abzuschreiben (die lineare Methode ist üblich, aber nicht im HGB vorgeschrieben). Kann eine solche ND nicht verlässlich geschätzt werden, wird pauschal über zehn Jahre abgeschrieben. Anhaltspunkte für eine Nutzungsdauerprognose können aufgrund erwarteter Synergieeffekte intern plausibilisiert werden. Ergänzend sind außerplanmäßige Abschreibungen bei einer dauerhaften Wertminderung vorgesehen, eine spätere Wertaufholung ist hingegen untersagt (§ 253 Abs. 5 S. 2 HGB). Wie ein solcher Wertminderungstest aussehen soll, wird im HGB nicht geregelt. DRS 23 enthält Vorgaben, die sich deutlich an IAS 36 orientieren.

In HGB-Jahresabschlüssen sind außerplanmäßige Firmenwertabschreibungen selten. Dies liegt auch daran, dass die Posten durch die planmäßigen Abschreibungen bereits so niedrige Buchwerte aufweisen, dass dauerhaft niedrigere Zeitwerte unwahrscheinlich sind. In allen Fällen, wo der Unternehmenskauf als Share Deal abgewickelt wurde, ist dagegen gar kein Firmenwert isoliert bilanziert. In solchen Fällen ist stattdessen zu prüfen, ob eine Beteiligungsabschreibung geboten oder zulässig ist. Selbst wenn der implizit erworbene Goodwill seit dem Kauf nicht mehr vorhanden ist, könnte eine Beteiligungsabschreibung durch neue stille Reserven oder einen originären Firmenwert der Beteiligungsgesellschaft obsolet sein. Bei den drei hier im Fokus stehenden Unternehmen spielen Firmenwerte und deren Abschreibung in den HGB-Abschlüssen praktisch keine Rolle.

Nach IAS 36 ist der erworbene Firmenwert nicht planmäßig abzuschreiben, sondern einem anlassbezogenen, periodischen Niederstwerttest zu unterziehen (**Impairment-only-Approach**, IOA). Seit vielen Jahren ist heiß umstritten, ob dies ein sinnvolles Konzept ist.[8] Obwohl es unwahrscheinlich ist, dass der IASB zu einer planmäßigen Abschreibung zurückkehren wird, lohnt sich ein Blick auf die Argumente, warum vor Jahren der IOA eingeführt wurde. Diese geben Hinweise darauf, ob es sinnvoll ist, im Rahmen von Abschlussanalysen Korrekturen von Bilanz oder GuV vorzunehmen, z. B. fiktive planmäßige Abschreibungen einzurechnen.

Als wesentliche Gründe wurden seinerzeit angeführt:[9]

1. Es käme zu einer doppelten Aufwandsverrechnung, wenn der Firmenwert planmäßig abgeschrieben wird und zugleich Instandhaltungsaufwendungen zum Erhalt desselben GuV-wirksam zu verrechnen sind. Diese Argumentation könnte man naturgemäß auch auf Gebäude und Maschinen übertragen. Letztlich ist sie aber falsch, da sowohl bei internem als auch externem Wachstum immer nur pagatorische, also zahlungswirksame Größen als Aufwand erfasst werden. Dass die Periodisierungen unterschiedlich sind, steht dem nicht entgegen. Zudem haben Unternehmen dann eben verschiedene Wachstumspfade eingeschlagen, mit unterschiedlichen Risiken und Periodenerfolgen.

8 Vgl. Zülch und Stork genannt Wersborg (2017, 362).

9 Vgl. Kühnberger (2005, 697) mit detaillierten Nachweisen.

2. Sehr viel belastbarer ist der Einwand, dass planmäßige Abschreibungen und Nutzungsdauerprognosen nur willkürlich festzulegen sind. Dies gilt insbesondere, wenn der Firmenwert verschiedenartige Komponenten beinhaltet. Selbst wenn es plausibel ist, dass die konkret erworbenen Wettbewerbsvorteile im Zeitablauf verloren gehen, muss dies nicht zu planmäßigen Abschreibungen führen. Werden diese durch stille Reserven oder einen zwischenzeitlich neu geschaffenen Firmenwert (über-)kompensiert, so hat das Unternehmen eben auch keine Wertminderung erlitten. Interpretiert man Abschreibungen auf den Firmenwert als Signal für Verlusterwartungen (im Sinne des Imparitätsprinzips), so ist es wenig sinnvoll, ein solches Signal zu senden, wenn gar keine Verluste drohen.

3. Ergänzend wurde angeführt, dass planmäßige Abschreibungen aufgrund der angeführten Willkür keine Kapitalmarktrelevanz hätten und auch für interne Steuerungskennzahlen bedeutungslos seien (EBITDA, Cashflow-Kennzahlen etc.). Es gibt aber sehr wohl auch Steuerungsgrößen, die die Abschreibungen nicht korrigieren und die Kapitalmarktrelevanz ist eine empirische Frage. Da es diesbezüglich keine zeitstabilen und länderübergreifenden Befunde gibt, ist dies zumindest nicht erwiesen.

4. Wird im Rahmen eines IOA hingegen in einer bestimmten Periode eine Wertminderung erfasst, so hat dies den Vorteil, dass auch in diesem Jahr der Verlust oder die Verlusterwartung aufgetreten ist. Dies wäre aus Adressatensicht eine wichtige Information, die durch laufende planmäßige Abschreibungen untergehen könnte. Hier wird das typische Problem stiller Reserven exemplarisch deutlich: Sie können Verlustsignale unterdrücken helfen.

Ob das zuletzt genannte Argument überzeugt, hängt vor allem davon ab, ob der IOA nach IAS 36 sinnvoll konstruiert ist und Überbewertungen und **Bilanzpolitik** zuverlässig unterbindet. Gerade dies wird vehement bestritten. Nicht umsonst stellt die Goodwillbilanzierung seit Jahren einen Prüfungsschwerpunkt der DPR[10] und einen häufig erläuterten KAM (Key Audit Matter) im Bestätigungsvermerk des Abschlussprüfers dar.[11] Auf der Ebene der Einzelabschlüsse geht es dann um die Werthaltigkeit der Beteiligungen. Zweifel an der Effizienz äußerte auch der langjährige IASB-Vorsitzende Hoogervorst im Jahr 2012, der die getätigten Firmenwertabschreibungen als zu niedrig und verspätet kritisierte. Sie folgen eher Börsenkursminderungen als umgekehrt.[12]

Der **Niederstwerttest** wird nahezu durchgängig als komplex, teuer und sehr anfällig für Bilanzpolitik eingestuft. Zu den Stellschrauben gehört die Abgrenzung der sog. Cash Generating Units, die Wahl der Methode (Nutzwert versus Nettoveräußerungswert), die Planung der Cashflows und die Festlegung des risikoadjustierten Zinssatzes. Neben der mangelhaften Testeffektivität wird kritisiert, dass die Erläuterungen im Anhang unzureichend sind, um das Vorgehen des Managements ausreichend beurteilen zu können.[13]

Festzustellen ist, dass Firmenwerte teilweise erhebliche Beträge (auch in Relation zum Eigenkapital oder der Bilanzsumme) erreichen können und dass außerplanmäßige Abschreibungen eher selten auftreten. Wenn es dabei tatsächlich um quantita-

---

10 Vgl. Bischof, Link und Staß (2020, 1).
11 Vgl. Ruprecht und Weingartner (2017, 267).
12 Vgl. Zülch und Stork genannt Wersborg (2017, 362).
13 Vgl. Mehnert und Rupertus (2018, 162).

tiv wesentliche Beträge geht, entfallen diese typischer Weise auf wenige Einzelfälle. Rechnet man die durchschnittlichen außerplanmäßigen Abschreibungen von 1–4 % in Nutzungsdauern um, würde man bei 25–100 Jahren landen. Selbst während der Finanzmarktkrise haben Firmenwertminderungen nur wenig Spuren bei deutschen AG hinterlassen.[14]

Gerade die Tatsache, dass Firmenwertwertminderungen eher geballt mit großen Beträgen anfallen, nährt den Verdacht, dass Bilanzpolitik im Spiel sein kann. Dabei kann es um **Gewinnglättung** gehen, vor allem aber um **Big Bath Accounting** oder eine „Cleaning-the-deck-Strategie". Ein Big Bath bietet sich an, wenn ein Verlustjahr oder ein Verfehlen bestimmter Benchmarks sowieso nicht zu vermeiden ist. Ein einmaliger großer Verlust ist dann besser zu vermarkten als eine nachhaltige Ertragsschwäche. Bei einem Managementwechsel (i. A. geht es um den CEO oder den CFO) bietet es sich ebenfalls an, die bilanzielle Basis zu bereinigen. Die Wertminderung liegt dann noch in der Verantwortung des ausgeschiedenen Managers und der neue Vorstand liefert bessere Ergebnisse. Zum einen, weil keine Abschreibungen mehr erfolgen und zum anderen, weil die c. p. höheren Gewinne auf ein durch die Abschreibung gemindertes Eigenkapital bezogen werden, die Eigenkapitalrendite steigt. Tatsächlich konnten auch bei deutschen AG zeitlich auffällige Zusammenhänge von **Firmenwertabschreibungen und Managementwechseln** festgestellt werden.[15]

Die Erklärung für diese Korrelationen könnten aber auch darin bestehen, dass das neue Management Firmenwertabschreibungen nachholt, die Vorgänger zu Unrecht unterlassen hatten oder die Synergien entfallen, weil eine neue Unternehmensstrategie eingeschlagen wird. In beiden Fällen geht es nicht um Bilanzpolitik, sondern es werden sinnvolle Informationen abgebildet.

Ein weiterer Grund, warum ausbleibende Goodwillabschreibungen kritisch beäugt werden, liegt darin, dass die seit sehr vielen Jahren untersuchten Motive und Erfolge von M&A-Aktivitäten sehr oft zum Ergebnis kamen, dass die Vorstandsmotive zumindest in Teilen opportunistisch sind (z. B. Empire Building sowie Free Cashflow- und Hybristhese) und damit häufig wertvernichtend.[16]

Bei Fehlinvestitionen wäre zu erwarten, dass es Firmenwertabschreibungen gibt. Hierfür ist aber zu bedenken, dass die **Messung des Erfolges** nur indirekt und auf problematische Weise erfolgen kann. Zudem gibt es auch einige empirische Studien, die deutlich machen, dass die Erfolgswahrscheinlichkeit von M&A-Transaktionen von einer ganzen Reihe von Einflussfaktoren abhängt: Größe des Zielunternehmens, Sitz der Unternehmen und Ähnlichkeit des Geschäftsfeldes, Eigentümerstruktur usw.[17] Insofern kann auch nicht pauschal von Wertvernichtung ausgegangen werden. Schließlich ist

---

14 Vgl. Wulf und Hartmann (2013, 590).

15 Vgl. Dinh, Stenzel und Candreja (2020, 22); Pilhofer u. a. (2018, 31).

16 Vgl. Jansen (2016).

17 Vgl. Jesse und Mehlhorn (2016, 278).

beachtlich, dass bilanzielle Verluste und Investitionen mit einem negativen Net Present Value wegen der unterschiedlichen Behandlung der Eigenkapitalkosten nicht das Gleiche sind. Selbst wenn der Shareholder Value in großem Umfang gemindert ist, heißt dies nicht, dass es bilanzielle Verluste gibt. Zudem kann durch die Zuordnung von erworbenen Firmenwerten zu großen CGU (Cash Generating Unit) mit hohen stillen Reserven eine Abwertung vermieden werden.

Exkurs: Zur Messung der Erfolge von M&A-Aktivitäten

Hierzu haben sich im Schrifttum sehr viele Varianten herausgebildet, die knapp skizziert werden sollen:

1. Die Wiederverkaufsrate stellt darauf ab, ob das erworbene Unternehmen innerhalb eines vorgegebenen Zeitrahmens wiederverkauft wird (= Fehlinvestition) oder nicht. Die Schwäche dieses Indikators liegt auf der Hand, da die Beteiligungsgesellschaft bis zum Verkauf eventuell wesentliche Benefits erbracht hat oder mit Gewinn verkauft wurde. Umgekehrt können auch Fehlinvestitionen lange gehalten werden.

2. Der Vergleich von Performance-KPI vor und nach der Transaktion leidet darunter, dass Rechnungslegung durch Bilanzpolitik beeinflusst werden kann und unklar ist, wie die Werte ohne die Transaktion ausgesehen hätten.

3. Eine zweckmäßige Verfeinerung besteht darin, die KPI von Unternehmen eines Bieterwettbewerbs zu vergleichen, die des Erwerbers und des ersten Verlierers. Für 231 Fälle in den USA (1985–2012) erreichte der Erwerber deutlich schlechtere Renditen in den drei Folgeperioden (ca. 30 % niedriger).[18] Die Methode hat den gravierenden Nachteil, dass sie nur selten anwendbar ist und die Transaktionen eventuell besondere Merkmale aufweisen.

4. Die mit Abstand verbreitetste Methode sind Eventstudien, die Börsenkursreaktionen vor und nach der Publikation der geplanten Aktion untersuchen. Hierbei geht es sowohl um sehr kurzfristige Zeitfenster von wenigen Tagen oder auch mehrjährige Fristen. Basis für die Frage, ob abnormale Renditen vorliegen ist ein Marktmodel aus dem der Verlauf ohne Transaktion abgeleitet wird. Bei längeren Zeitfenstern ist die Zurechenbarkeit der realisierten Werte zur M&A-Transaktion fraglich. Bei kurzen Zeitfenstern wird hingegen nur die erste Reaktion (veränderte Erwartungen) von Kapitalmarktteilnehmern abgebildet und nicht ein ökonomischer Erfolg danach. Es handelt sich also um eine perzeptive Meßgröße und nicht um tatsächlich realisierte (Miss-)Erfolge.

5. Die beste Möglichkeit könnte die Befragung des agierenden Managements sein, das die Synergieerwartungen (hoffentlich) detailliert geplant hat und über deren Realisation Auskunft geben könnte. Dies setzt ein ausgebautes Berichtswesen voraus und die Ehrlichkeit der Befragungsteilnehmer. Da es um sensible Informationen gehen kann, treten zusätzliche Störgrößen auf. Immerhin ergab eine empirische Erhebung, dass Unternehmen, die ausführlich Synergieerwartungen kommunizierten eine deutlich bessere Performance erreichen konnten als andere, sowohl kurzfristig (Eventstudien) als auch langfristig (Total Shareholder Return).[19] Ein Sample Bias ist hier aber möglich, da es naheliegt, dass nur Unternehmen solche Ziele vorab offenlegen, die relativ sicher sind, diese zu erreichen.

6. Eine Reihe von Studien macht den Erfolg der Transaktion vom Erreichen bestimmter, zuvor definierter Anteilsquoten abhängig. Die US-Befunde sind aber wegen der abweichenden rechtlichen Bedingungen in Deutschland (AktG: Sperrminorität, satzungsändernde Mehrheit, Squeeze-out-Hürden; WpÜG: Pflichtangebot) kaum übertragbar.[20]

---

18 Vgl. Malmendier, Moretti und Peters (2018, 3212).

19 Vgl. Keienburg u. a. (2019, 76).

20 Vgl. Aders, Schnell und Bernhard (2018, 53).

Insgesamt muss deshalb festgehalten werden, dass die Verbindung zwischen dem Erfolg von M&A-Transaktionen und Firmenwertabschreibungen eher schwach ist und einfache Kausalitäten eher nicht erkennbar werden.

Zum Abschluss dieses Abschnitts noch eine Anmerkung zu Einflüssen auf die **Kapitalflussrechnungen**, ein Thema, das wenig behandelt wird. Hier soll es nur um den direkten Vergleich von internem und externem Wachstum gehen: Bei internem Wachstum werden isoliert erworbene Immaterialgüter als Investitionsauszahlungen erfasst. Bei Selbsterstellung ist dies nur der Fall, wenn das Aktivierungswahlrecht nach HGB oder die Pflicht nach IAS 38 greift. Nicht aktivierte Beträge und Auszahlungen für den Aufbau eines originären Firmenwertes belasten den operativen Cashflow.

Bei externem Wachstum in Form eines Share Deals stellt die Auszahlung für die Beteiligung eine Investitionsauszahlung dar und bei einem Wiederverkauf eine Investitionseinzahlung. Bei einem Asset Deal werden alle Zahlungen (ohne die erworbenen liquiden Mittel) als Investitionsauszahlungen erfasst, auch wenn Vorräte oder sonstiges Umlaufvermögen bezahlt wurde. Der spätere Verkauf dieser geht aber in den operativen Cashflow ein und wird nicht als Desinvestition gezeigt. Letztlich wird der operative Cashflow bei internem Wachstum schlechter ausfallen als bei externem Wachstum und der Investitions-Cashflow ebenfalls niedriger sein, beides eher ein Signal für eine schlechtere Entwicklung.[21]

16.3 Sonstiges immaterielles Anlagevermögen

Anders als beim Firmenwert sind immaterielle Vermögensgegenstände nach HGB nur zu bilanzieren, wenn sie einige Objektivierungsvoraussetzungen erfüllen: sie müssen werthaltig sein, einzelbewertbar und einzelverkehrsfähig. Bei Selbsterstellung muss eine Trennung von Forschungs- und Entwicklungskosten möglich sein (§ 255 Abs. 2 a HGB). Unter IFRS sorgt insbesondere IAS 38.57 für eine Objektivierung: das Unternehmen muss diverse Nachweise führen, dass technische, ökonomische u. a. Voraussetzungen erfüllt sind, um künftige Cashflows erzielen zu können.

Aufgrund der Tatsache, dass die genannten Voraussetzungen interpretationsbedürftig sind und das Unternehmen es in der Hand habe, entsprechende Nachweise zu führen oder auch nicht, wird vielfach gefolgert, es handle sich trotz der Aktivierungspflicht de facto um ein Ansatzwahlrecht. Ob dies immer plausibel ist, sei dahingestellt, da der Abschlussprüfer (und der Aufsichtsrat) die Entscheidung mittragen müssen und es Stetigkeitsregeln gibt, die restriktiv wirken können. Zumindest wenn aktiviert wird, kann unterstellt werden, dass die Voraussetzungen bei wesentlichen Posten sorgfältig geprüft wurden.

---

21 Vgl. Kühnberger (2005, 697).

In einer Erhebung für Unternehmen aus 21 Ländern für den Zeitraum 2005 bis 2014 (mit 11.702 Datenpunkten) zeigte sich eine positive Korrelation von Aktivierungen und Wirtschaftsprüferhonoraren. Diese Steigerung kann auf der gestiegenen Komplexität der Prüfung beruhen, aber auch eine Prämie für eventuelle Reputations- oder Haftungsrisiken sein. Da die Verbindung in Ländern mit gutem Investorenschutz schwächer war, weist dies darauf hin, dass es in diesen Ländern insgesamt weniger Anreize für das Management gab für Bilanzpolitik und nur tatsächlich erwartete Vorteile durch die Aktivierung signalisiert wurden.[22]

Nach HGB besteht gemäß § 248 Abs. 2 ein **Aktivierungswahlrecht** (ergänzt durch diverse Ausschlüsse für Marken, Druckrechte etc. ähnlich denen in IAS 38). Begrenzt wird das Wahlrecht durch das Stetigkeitsgebot in § 246 Abs. 3 HGB, das aber nur restriktiv wirkt, wenn es um vergleichbare Vermögensgegenstände mit vergleichbaren Nutzungsbedingungen handelt. Eine formelle Interpretation einer Gleichbehandlung ist nicht geboten und gerade im Bereich der tendenziell einzigartigen Intangibles nicht immer zu erwarten. Eine Produktionssoftware hat wahrscheinlich ein wesentlich anderes Chancen-Risiko-Profil als eine Weiterentwicklung von E-Motoren. In begründeten Ausnahmefällen kann außerdem auch die Stetigkeit unterbrochen werden (mit Erläuterungspflicht). Dies gilt vor allen Dingen, wenn von einer Aufwandsverrechnung zu einer Aktivierung gewechselt werden soll, da letztere geeignet ist, Informationsasymmetrien abzubauen.

Aktiviertes Vermögen ist nach HGB regelmäßig über eine geschätzte Nutzungsdauer planmäßig abzuschreiben. Ist eine solche nicht verlässlich zu ermitteln, sind 10 Jahre anzusetzen, wobei die lineare Methode zwar üblich, aber nicht zwingend ist. Bei einer voraussichtlich dauerhaften Wertminderung sind ergänzend außerplanmäßige Abschreibungen zwingend (§ 253 Abs. 3 HGB), ein eher seltener Fall.[23]

Nach IAS 38.75 ist neben dem Anschaffungskostenmodell auch eine jährliche Neubewertung möglich, wenn ein **aktiver Markt** gegeben ist. Der Anwendungsbereich hierfür ist sehr gering, z. B. bei CO_2-Zertifikaten und wird hier vernachlässigt. Hat ein Vermögenswert eine begrenzte Nutzungsdauer, so ist er planmäßig abzuschreiben, bei unbegrenzter Nutzungsdauer ist er wie der Firmenwert regelmäßig einem Impairmenttest nach IAS 36 zu unterwerfen. Liegt eine begrenzte, aber nicht zuverlässig abschätzbare Nutzungsdauer vor, gelten die Regeln für nicht abnutzbares Vermögen (IAS 38.88).

Insgesamt ist davon auszugehen, dass **F&E-Projekte** anfällig für konventionelle Bilanzpolitik sind, aber auch für Sachverhaltsgestaltungen (Real Earnings Management). So kann die Beschleunigung oder Verschiebung von Projekten zielgerichtet eingesetzt werden, um Gewinne und Cashflows zu verlagern. Ein solches Verhalten konnte für die deutsche Automobilindustrie belegt werden.[24] Für US-Unternehmen

---

22 Vgl. Kuo und Lee (2018, 57).

23 Vgl. Kessler (2010, 33); Stork genannt Wersborg und Emmerich (2019, 61).

24 Vgl. Schwartz und Kühnberger (2018, 332).

konnte Shroff ebenfalls „real effects" belegen, wenn es Änderungen von US-GAAP gab, deren Folgen durch alternative Investitionsmöglichkeiten kompensiert werden konnten. Grundsätzlich sind nach den US-GAAP eigene Entwicklungsprojekte regelmäßig aufwandswirksam zu buchen und nur in Sonderfällen aktivierbar. Entsprechend gab es Verschiebungen zwischen aktivierbaren und nicht aktivierbaren Investitionen.[25] Ein ähnlicher Trade-off wurde in einer anderen Erhebung für den Zeitraum 1988 bis 2013 für die USA ermittelt, wenn Schwellenwerte für Gewinne sonst verfehlt würden, obwohl insgesamt das Investitionsvolumen gleich blieb.[26] Solche Rückwirkungen von Rechnungslegungsstandards auf realwirtschaftliche Entscheidungen sind praktisch kaum zu vermeiden. Unseres Erachtens ist es aber durchaus zweifelhaft, ob die Standards so entwickelt werden sollten, dass ein bestimmtes „Wohlverhalten" gezielt angesteuert wird. Dies setzt nämlich voraus, dass ein als wünschenswert angesehenes Niveau für z. B. F&E bekannt wäre.

Aufgrund der Fülle an Gestaltungsmöglichkeiten liegt die Frage auf der Hand, wovon es abhängt, ob Unternehmen eine Aktivierung oder eine Aufwandsverrechnung präferieren und wie die Verteilung der Aufwendungen gesteuert wird. Für HGB-Abschlüsse ist klar, dass durch eine freiwillige Aktivierung nach § 248 Abs. 2 jedenfalls steuerliche Überlegungen keine Rolle spielen (es gibt ein Aktivierungsverbot gemäß § 5 EStG) und auch die Dividende ist aufgrund der Ausschüttungssperre in § 268 Abs. 8 HGB nicht direkt beeinflussbar. Faktisch mag es Einflüsse geben, wenn Unternehmen die Dividende freiwillig am Jahresüberschuss oder gar am Net Income des Konzernabschlusses orientieren. Ob es Einflüsse für die Gratifikationen oder ein Kreditrating gibt, kann nicht allgemein beantwortet werden.

Relevant unter Informationsaspekten ist natürlich, ob eine Aktivierung für Investoren wichtig ist. Einige Pressezitate belegen ein erhebliches Misstrauen. „VW zeigt heute Gewinn von morgen." – „Entwicklungskosten fast vollständig zu aktivieren und damit das aktuelle Ergebnis zu schonen, ist verlockend. Nach heftiger Kritik aus den Finanzmärkten hat VW dieser Versuchung zuletzt widerstanden." – „Kosten als Vermögen zu verbuchen, klingt abenteuerlich ... "[27]

Fundierter sind hier aber doch einige Studien aus der Literatur, die mögliche Vor- und Nachteile für die bilanzierenden Unternehmen und deren Nutzer analysieren. Hierzu gibt es sehr unterschiedliche Ansätze:

(a) Wertrelevanzstudien stellen darauf ab, ob es statistisch auffällige Zusammenhänge zwischen Rechnungslegungsinformationen und Börsenkursreaktionen gibt. Verändern aktivierte Entwicklungskosten das Entscheidungsverhalten von Anlegern, hat dies offenbar Informationsgehalt. Auch verbesserte Analystenprognosen können ein Indikator sein, dass die Informationen helfen. Es gibt hierzu eine ganze

---

25 Vgl. Shroff (2017, 1).

26 Vgl. Canace, Jackson und Ma (2018, 265).

27 Zitiert nach Wagenhofer (2015, 593).

Fülle an nicht immer einheitlichen Befunden. Tendenziell dürfte aber die Aussage, dass die Aktivierung Informationswert hat, überwiegen.[28]

(b) Nach dem Signaling-Ansatz liefern die Managemententscheidungen für Adressaten glaubwürdige Informationen, wenn sie mit Kosten verbunden sind. Dann können und werden sich nur solche Unternehmen das teure Signal leisten, die profitabel sind. Dazu eine kurze Matrix für die Frage der Aktivierung selbsterstellter Werte:[29]

F&E führt wahrscheinlich ...	Aktivierung	Verrechnung als Aufwand
... zu künftigem Nutzen	Wahres Signal	Falsches Signal
... nicht zu künftigem Nutzen	Falsches Signal	Wahres Signal

Entscheidend ist nun, mit welchen Kosten ein Signal verbunden ist. Dabei ist es durchaus möglich, dass diese für das Management auch bei falschen Signalen gering sind, wenn es ex post gute Exkulpationsmöglichkeiten gibt. Auf der anderen Seite ist zu bedenken, dass eine Aktivierung durch die oben benannten Hürden durchaus gewissen Objektivierungsanforderungen genügen muss. Auch die Kosten für ein falsches Signal (es liegen keine positiven Prognosen vor), dürften für Vorstand und Abschlussprüfer eher hoch sein.

(c) Andere Cost-benefit-Analysen stellten fest, dass eine Aktivierung offenbar attraktiver wird, wenn ansonsten bestimmte Schwellenwerte nicht erreichbar waren (Vorjahresgewinn, schwarze Null etc.). Auch Branchenbesonderheiten oder ein Entwicklungsstadium wie bei Start-ups können eine Rolle spielen.[30]

Bei der Diskussion um die bilanzpolitischen Spielräume und Anreize für Unternehmen für die betrachtete Situation sollten einige Aspekte nicht aus den Augen gelassen werden. So ist die Trennung von selbsterstellten und angeschafften Immaterialgütern teilweise schwierig: „Dies gilt z. B. bei Entwicklungskosten in der Automobilindustrie aufgrund eng miteinander verbundener Wertschöpfungsketten."[31] Auch die Trennung von materiellen und immateriellen Gütern ist nicht immer trivial, da viele Intangibles sehr wohl eine physische Substanz haben können (z. B. Prototypen) und in materiellen Gütern teilweise das Knowhow für die Gesamtkosten entscheidend ist.[32] Klar ist zudem, dass immaterielles Vermögen für einige Branchen die eigentlich wesentlichen Werttreiber darstellt, eine Nichtbilanzierung wäre wenig hilfreich.

Die möglichen positiven Folgen können verbessert werden, wenn durch **freiwillige Mehrpublizität** in Anhang oder Lagebericht (oder anderen Dokumenten) die Unsicherheit der Adressaten vermindert wird. Es gibt hierzu eine beachtliche Fülle an Literatur, unter welchen Bedingungen eine solche Transparenz den Unternehmen helfen

---

28 Vgl. Dinh, Kang und Schultze (2016, 373); Duscher (2014, 149); Hälker u. a. (2018, 335); Maaloul, Ben Amar und Zeghal (2016, 421); Wulf und Özcan (2018, 173).

29 In Anlehnung an Dinh, Kang und Schultze (2016, 373).

30 Vgl. Quick und Hahn (2016, 1125).

31 Prinz (2019, 809).

32 Vgl. Castilla-Polo und Gallardo-Vázquez (2016, 323).

kann. Gerade bei aktiviertem immateriellem Vermögen, das bestimmte Prüfungsstufen erfolgreich absolviert haben muss, können Investoren davon ausgehen, dass das Management positives Wissen über den möglichen Nutzen hat. Wird dieser nicht offengelegt, so kann dies als negatives Signal gedeutet werden („Assume the worst").[33] Dies entspricht dem **Unraveling-Prinzip**. Dieses unterstellt, dass ein Unternehmen freiwillig Mehrinformationen über Sachverhalte offenlegt, die positiv sind und eine bessere Wettbewerbsposition begründen können. Einer solchen Strategie könnten dann auch andere überdurchschnittlich gute Unternehmen folgen, sodass letzten Endes nur noch solche Unternehmen nichts publizieren, die unterdurchschnittlich sind.[34] Gegenläufig kann wirken, dass es um die Offenlegung wettbewerbssensibler Informationen gehen kann oder die Risiken eines falschen Signals für das Management sehr hoch sind.

Insgesamt gibt es hierzu, aber auch zu für die Unternehmen günstigen ökonomischen Folgen einer freiwilligen Mehrpublizität, inklusive der CSR-Publizität (vgl. ausführlich Kapitel 19), in der Summe tendenziell positive Befunde. Dies kann eine Folge teurer, und deshalb glaubwürdiger, Signale oder verminderter Informationsasymmetrien sein. Die hierzu vorgelegten empirischen Studien müssen aber vielfach auf Scoringmodelle und Offenlegungsindices zurückgreifen, um die **Qualität der Mehrpublizität** zu messen und die positiven Folgen können auch durch andere Unternehmensmerkmale erreicht worden sein. Auch die Kausalitätsfrage ist kritisch: Publizieren profitable Unternehmen mehr Informationen oder führen Mehrinformationen zu höherer Profitabilität?[35]

16.4 Analyse der Unternehmen

Wirft man einen Blick in die „Geschäftsberichte" der Unternehmen, so fällt auf, dass Themen wie F&E in vielen nicht normierten Dokumenten behandelt werden. Dies betrifft z. B. Mehrjahresübersichten zu wesentlichen Kennzahlen, Briefe an die Aktionäre, Berichte von Vorstand und Aufsichtsrat etc. Regelmäßig werden hier strategische Schwerpunkte benannt wie Digitalisierung, automatisiertes Fahren, Elektrifizierung. Quantitative Angaben zu Input oder Output fehlen jeweils. Die entsprechenden Informationen haben kaum Überraschungswert und sind keinesfalls geeignet, Wettbewerbsnachteile zu verursachen.

Auf der Ebene der **HGB-Jahresabschlüsse** wird deutlich, dass immaterielles Anlagevermögen und Firmenwerte absolut und in Relation zu Eigenkapital oder Bilanzsumme sehr niedrig sind (bei Mercedes-Benz seit der Schaffung der Holdingstruktur völlig

---

33 Chen, Gavious und Lev (2017, 677).

34 Vgl. Wagenhofer und Ewert (2015, 360 ff.).

35 Vgl. Beyer u. a. (2010, 296); Christensen, Hail und Leuz (2018); Christensen, Hail und Leuz (2021, 1176); Castilla-Polo und Gallardo-Vázquez (2016, 323), jeweils mit ausführlicher Literaturauswertung.

entfallen). Hierfür sind zwei Gründe ausschlaggebend: Zum einen wird das Wahlrecht des § 248 Abs. 2 HGB zur Aktivierung nicht ausgeübt, obwohl der F&E-Aufwand sich im Mrd.-Bereich befindet. Entsprechend entfallen Erläuterungen zur Aktivierungsquote (§ 285 Nr. 22 HGB) oder zu Bilanzposten. Zum anderen wird externes Wachstum überwiegend als Share Deal realisiert, sodass die implizit mitbezahlten immateriellen Werte und Firmenwerte in unbekannter Höhe in den Anschaffungskosten der Beteiligung stecken.

Bezüglich der GuV-Darstellung ist für das Gesamtkostenverfahren anzumerken, dass die F&E-Aufwendungen in den zugehörigen Aufwandsarten (vor allem Personalaufwand, Abschreibungen auf immaterielles Anlagevermögen etc.) zu erfassen wäre, ein Sonderausweis gemäß § 265 Abs. 5 HGB wäre aber wohl ebenfalls zulässig. Die Unternehmen wenden aber das Umsatzkostenverfahren an, für das feste Vorgaben fehlen.[36]

! **Folgende Möglichkeiten kommen in Betracht:**
- Eine differenzierte Zuordnung zu den Funktionsbereichen: demnach wären z. B. Markenaufwendungen als Vertriebskosten, Abschreibungen auf Buchhaltungssoftware als Verwaltungskosten, Abschreibungen auf produktionsnahes Immaterialvermögen als Umsatzkosten etc zuordenbar. Diese theoretisch saubere Darstellungsform verfolgt keines der Unternehmen.
- BMW wählt den Weg, einen Sonderposten in der GuV einzufügen. Auch wenn dies grundsätzlich sinnvoll ist, wäre eine Ausgliederung bestimmter Komponenten, die einem bestimmten anderen Funktionsbereich zugeordnet werden können vorziehenswürdig (z. B. Abschreibungen auf aktiviertes immaterielles Anlagevermögen als Umsatzkosten).
- Die Subsumtion unter den Sammelposten sonstiger betrieblicher Aufwand, mit oder ohne detaillierte Anhangerläuterungen. Diesen Weg wählt keines der Unternehmen.
- Eine vollständige Zuordnung zu den Umsatzkosten, wie VW dies macht. Dies ist zwar durch die Kommentarliteratur gedeckt, aber sehr unbefriedigend. Ein großer Teil der heutigen F&E-Aufwendungen hat nichts mit den Herstellungskosten der im Geschäftsjahr abgesetzten Produkte zu tun. Da VW keinerlei quantitative oder inhaltliche Angaben macht, ist dies nicht informativ.
- Eine Zuordnung zu den Umsatzkosten und quantitative Angaben im Anhang, wie dies Mercedes-Benz bis zum Jahr 2018 machte. Dann können Nutzer bei Bedarf Umgliederungen nach eigenen Vorstellungen vornehmen.

Aber nicht nur die Vielfalt der Varianten stört hier erheblich. Vergleicht man die F&E-Aufwendungen der Muttergesellschaften mit den Größen aus den Konzernabschlüssen, so lässt sich für BMW und für Mercedes-Benz (bis 2018) feststellen, dass der mit Abstand größte Teil der F&E-Aufwendungen bei den Muttergesellschaften anfiel. Der sehr geringe Anteil an freiwilliger Information ist deshalb besonders misslich.

IFRS-Anwender müssen einen **Lagebericht** nach §§ 289, 315 HGB publizieren, der auch einzugehen hat auf die Bereiche **F&E**, soweit diese für die Unternehmen bedeutsam sind. Alle drei Konzerne nutzen hierbei die Möglichkeit, den Lagebericht der Obergesellschaft und dem Konzernlagebericht zusammenzufassen (§ 315 Abs. 5 HGB). Die

---

36 Vgl. Roos (2018, 183).

Durchsicht der Lageberichte zeigt allerdings wenig neue Informationen, die nicht schon auch an anderer Stelle offengelegt wurden. Wenn es quantitative Angaben gibt, sind diese teilweise identisch mit den Anhangangaben im IFRS-Abschluss, haben also einen Informationsgehalt von Null. Vor dem Hintergrund möglicher Vorteile freiwilliger Offenlegung von Informationen, insbesondere wenn es sich um positive Signale handelt, ist diese Zurückhaltung erstaunlich.

Erwartungsgemäß spielt immaterielles Vermögen (inklusive Firmenwerten) in den **IFRS-Bilanzen** eine wesentlichere Rolle als in den HGB-JA. Das IAV wird von den Unternehmen zumindest grob untergliedert und die Bewertungsregeln werden erläutert. Das Neubewertungsmodell wird nicht verwendet. Die Erläuterungen zu den Bewertungen verbleiben in größerem Umfang auf der Ebene, dass die normativen Vorgaben der Standards wiederholt werden. Für den Impairmenttest nach IAS 36 gilt dies nur eingeschränkt, hier werden teilweise auch unternehmensbezogene Daten zu Zinssätzen, Zeithorizonten für die Detailplanung der Cashflows etc. angegeben. Gleichwohl bleiben diese recht allgemein, sie könnten deutlich ausführlicher sein.

Tabelle 16.1 stellt das gesamte **immaterielle Anlagevermögen in Relation zum Konzerneigenkapital** dar. Erkennbar ist bei VW ein stark rückläufiger Trend, wobei das Ausgangsniveau sehr viel höher als bei den Konkurrenten war. Bei diesen zeigt sich demgegenüber eine leicht steigende Tendenz. Würde man in einem Bilanzrating das immaterielle Vermögen mit dem Eigenkapital verrechnen, ergäbe sich für VW eine dramatische Eigenkapitalminderung von über 50 %, die Werte der anderen beiden Unternehmen liegen zwischen 20 und 30 %. Dies entspräche aber einer extrem vorsichtigen Herangehensweise, die die ökonomische Realität der Unternehmen kaum zutreffend abbilden dürfte. Erinnert sei hier nochmals an die teilweise strikten Ansatzvoraussetzungen für das Vermögen. Problematisch ist es eher, wenn das IAV in den HGB-Jahresabschlüssen fast keine Bedeutung hat. Hier sei jedoch angemerkt, dass dieses mittelbar in unbekannter Höhe in den Anteilen an verbundenen Unternehmen enthalten ist. Erstaunlicherweise gilt dies nicht als unvorsichtig und es ist nicht üblich, Finanzanlagen aus Vorsichtsgründen mit dem Eigenkapital zu verrechnen.

Tab. 16.1: Relation des immateriellen Anlagevermögens zum Eigenkapital.

(In %)	2021	2020	2019	2018	2017	2016
BMW	17,2	20,0	19,6	20,0	17,5	17,2
Mercedes-Benz	20,5	26,3	25,4	22,4	27,1	20,5
VW	53,1	52,8	53,5	55	58,1	67,3

Da die oben vorgestellte Quote stark von der Eigenkapitalausstattung abhängt, stellt Tabelle 16.2 das IAV zusätzlich in Relation zum Gesamtvermögen dar. Für BMW und Mercedes-Benz zeigt sich hier eine leicht steigende Tendenz, was vor dem Hintergrund der aktuellen technologischen Herausforderungen plausibel ist. Allerdings ist ein Anteil

Tab. 16.2: Relation des immateriellen Anlagevermögens zum Gesamtkapital.

(In %)	2021	2020	2019	2018	2017	2016
BMW	5,6	5,7	5,1	5,2	4,8	4,3
Mercedes-Benz	5,8	5,7	5,2	5,2	6,9	4,9
VW	14,7	13,7	13,6	14,1	15,0	15,2

am Gesamtvermögen von rund 5 % nicht gerade dramatisch hoch, die bilanziellen Folgen von Wachstum und F&E sind für die Bilanz wahrscheinlich weniger gewichtig als für die GuV, wenn ein Großteil der „Investitionen" als Aufwand verrechnet wird. Bei VW zeigt sich hingegen eine rückläufige Tendenz (im Jahr 2021 wieder ein leichter Anstieg), auch wenn der Anteil des IAV wesentlich höher als bei den Wettbewerbern ist. Daraus kann aber nicht unbedingt gefolgert werden, dass VW wesentlich mehr für die Ertragskraft tut als die Konkurrenz. Dies liegt daran, dass die verschiedenen Wachstumspfade eben auch sehr unterschiedliche bilanzielle Folgen haben können, insbesondere externes und internes Wachstum nicht gleichbehandelt werden. Da alle Unternehmen keine Zeitbewertung vornehmen und eine Reihe bilanzpolitischer Spielräume besteht, ist ein direkter Vergleich zusätzlich erschwert. Es ist auch möglich, dass die Unternehmen in unterschiedlichem Umfang F&E-Leistungen selbst erbringen oder in Kooperation mit Lieferanten. Im letztgenannten Fall sind dann wahrscheinlich die Einstandskosten für Bauteile teurer, aber es wird kein immaterielles Vermögen aktiviert, auch wenn der Abnehmer ökonomisch Chancen und Risiken trägt.

Prüft man ergänzend, wie sich F&E-Anstrengungen auf das Ergebnis auswirken, so geht es um eigene F&E-Projekte, da Erwerbsvorgänge regelmäßig GuV-neutral eingebucht werden und nur Abschreibungen in späteren Perioden relevant werden können. Da sämtliche Unternehmen das Anschaffungskostenmodell nutzen, kann das OCI ausgeklammert werden. Einflüsse auf die Kapitalflussrechnungen können kaum untersucht werden, da hierzu die Erläuterungen zu wenig umfassend sind.

Eine gebräuchliche Kennzahl stellt die **F&E-Intensität** dar, die den Aufwand in Relation zu den Umsatzerlösen stellt (vgl. Kapitel 8.2). Die Größe F&E-Aufwand ist aber nicht immer gleich definiert. So können Abschreibungen auf aktiviertes immaterielles Vermögen dem F&E-Aufwand zugerechnet werden oder nicht.[37] IAS 38.126 stellt hingegen auf F&E-Ausgaben ab, die aufwandswirksam verrechnet wurden. Demnach wären Abschreibungen nicht enthalten, aber auch die F&E-Ausgaben, die durch die Aktivierung selbsterstellter Vermögenswerte ergebnisneutral bleiben, wären nicht erfasst. Dies ist wenig sinnvoll und für die unten behandelte Aktivierungsquote regelrecht absurd.

Tatsächlich verfahren die drei Unternehmen hier gleich und geben eine F&E-Leistung oder F&E-Aufwand an ohne die Abschreibungen und einschließlich aktivierter

---

[37] Vgl. Grottel in Grottel u. a. (2018, § 285 Rz. 690).

Beträge. Die Daten wurden bereits in Tabelle 8.7 angegeben. Für alle drei Unternehmen zeigt sich eine relativ stabile Entwicklung im Zeitablauf. Bei VW gab es im Jahr 2020 eine deutliche Steigerung, obwohl in Absolutbeträgen der F&E-Aufwand rückläufig war. Umsatzschwankungen können zu Veränderungen führen, insbesondere wenn die F&E-Aufwendungen tendenziell Fixkosten sind. Jedenfalls ist ein Einfluss von Sachverhaltsgestaltungen (Real Earnings Management, REM) in der Form von Verschiebungen von Projekten anhand der Kennzahl nicht erkennbar, aber natürlich auch nicht ausgeschlossen.

Die sog. **Aktivierungsquote** drückt die Relation der aktivierten Beträge zu den gesamten Aufwendungen für F&E im oben angegebenen Sinne aus (also inklusive der aktivierten Beträge).[38] Diese ist auch nach § 285 Nr. 22 HGB anzugeben, aber nur, wenn überhaupt aktiviert wurde. Unternehmen, die dies nicht tun, wie die hier betrachteten, genießen dann das Privileg, auch den F&E-Aufwand nicht angeben zu müssen, eine wenig verständliche Regelung. Die Kennzahl gilt insofern als bedeutsam, als die Aktivierung von selbst erstelltem IAV insgesamt nicht von allen als erstrebenswert angesehen wird und durch eine unvorsichtigere Bewertungspraxis GuV-Entlastungen möglich sind. Die Aktivierungsquote könnte deshalb auch unter IFRS als Indiz für eine vorsichtigere oder aggressivere Bilanzpolitik gewertet werden.

Die Aktivierungsquoten für die IFRS-Konzernabschlüsse wurden in Tabelle 8.8 wiedergegeben. Dabei zeigt sich bei BMW eine leicht rückläufige Gesamttendenz von ca. 40 % im Jahr 2016 auf 36 % im Jahr 2021 und bei Mercedes-Benz ein recht konstanter Wert um die 30 %. Bei VW ergibt sich seit dem Jahr 2016 mit 42 % hingegen eine steigende Tendenz auf 50 % im Jahr 2021.

Vorschnelle Einschätzungen, dass VW offenbar weniger vorsichtig agiere und die Anforderungen des IAS 38.57 weniger ernst nähme als die Wettbewerber, oder die Herstellungskosten großzügiger bemesse oder weniger Abschreibungen vornehmen würde, sind zu hinterfragen. Das bei BMW und Mercedes-Benz niedrigere Niveau kann schlicht auch davon abhängen, um welche F&E-Projekte es geht, eher Grundlagenforschung oder produktnahe Entwicklungen. Es kann auch sein, dass diese Unternehmen eher extern wachsen als durch Eigenerstellung. Selbst die doch starken Schwankungen bei VW sind nicht unbedingt ein Signal für eine veränderte Bilanzpolitik. Sie können auch verursacht werden, weil die Aktivierungshürden des IAS 38 nicht in allen Perioden vergleichbar erstmals überschritten werden. Nachaktivierungen von früher als Aufwand verrechneten Beträgen sind unzulässig. Leider sind den Erläuterungen in Anhang und Lagebericht keine Hinweise auf mögliche Gründe für die Unterschiede bei den Unternehmen oder für die Volatilität zu entnehmen.

---

38 In den seltenen Fällen, in denen Abschreibungen auf IAV ihrerseits in wesentlichem Umfang in die Herstellungskosten der aktivierten Vermögenswerte eingehen, ist ein verzerrender Einfluss möglich.

Fazit: Insgesamt ist bezüglich des Wachstums festzustellen, dass die verschiedenen Formen (externes vs. internes Wachstum, Share Deal versus Asset Deal usw.) es erschweren, Unternehmensvergleiche sinnvoll durchzuführen. Sehr deutlich werden für die Unternehmen aber drei Dinge.

1. Die umfassende Aufwandsverrechnung von F&E-Investitionen in den HGB-Abschlüssen ist ein echter Störfaktor, zumindest, wenn man zwei plausible Annahmen trifft. Nämlich, dass der Großteil von F&E durch die Muttergesellschaft geleistet wird und die Aktivierungsmöglichkeiten in etwa denen nach den IFRS entsprechen. Dann wird deutlich, dass sowohl die Vermögens-, aber auch die Ertragslage ziemlich verzerrt werden.

2. Gibt es externes Wachstum in wesentlichem Umfang in Form von Beteiligungskäufen, ist fast nur noch der Konzernabschluss in der Lage, sinnvolle Informationen zu liefern. Hier lässt sich auch ein Vorteil der IFRS gegenüber dem HGB erkennen: unabhängig, ob es um Kauf oder Fusion etc. geht, wird gleich vorgegangen.

3. Alle drei Konzerne nutzen weder im Anhang noch im Lagebericht die Möglichkeit, positive Ergebnisse ihrer F&E-Anstrengungen explizit darzustellen. Die im Schrifttum überwiegend als nützlich angesehene positive Einschätzung freiwilliger Mehrpublizität teilen die Unternehmen nicht. Dies gilt auch für erwartete Synergiepotenziale bei M&A-Aktivitäten.

17 Notwendigkeit von Branchenstandards

Es wurde im Rahmen der Kennzahlenanalyse teilweise darauf verwiesen, dass Unternehmensbesonderheiten und hier insbesondere Branchen- oder Geschäftsmodellvarianten durch die allgemeinen Rechnungslegungsnormen nicht immer plausibel abgebildet werden. Zumindest die Höhe der KPI ist vor diesem Hintergrund kritisch zu reflektieren. Tatsächlich enthalten sowohl das HGB als auch die IFRS einige Differenzierungsmöglichkeiten. Dieses Kapitel stellt sie vor und erläutert an einem Anwendungsfall (der Immobilienbranche) ausführlich Ergänzungen.

17.1 Vorüberlegungen und der normative Rahmen

Unternehmen unterscheiden sich in vielerlei Hinsicht, insbesondere was den regulatorischen Rahmen, unterschiedliche Geschäftsmodelle, Chancen-Risiken-Profile usw. angeht. Entsprechend stellt sich die Frage, ob Standardsetter oder Nutzer von Rechnungslegung einem strikt **prinzipienbasierten Konzept des „One-size-fits-all"** folgen, also einheitliche Regeln für Bilanzansatz-, Ausweis- und Bewertung sowie Erläuterungen vorgeben sollten. Für Nutzer wäre ergänzend zu überlegen, ob und wie die verschiedenen Ausprägungen von Kennzahlenwerten über die unterschiedlichen Unternehmen hinweg vergleichbar zu machen wären. So kann ein Liquiditätsgrad 1 von (gegriffenen) 20 % für eine sehr risikoarme Branche völlig ausreichend, aber für Wachstumsunternehmen in einer dynamischen Umwelt unzureichend sein.

Die Alternative wäre eine differenzierte Vorgehensweise, die zu Normen und Kennzahlen führt, die der konkreten Situation besser Rechnung tragen. Dies schafft naturgemäß mehr Komplexität und Vielfalt und erschwert die Vergleichbarkeit von Unternehmen. Dies gilt auch ausdrücklich für die Perspektive von Investoren: So kann ein Betriebsergebnis eines Industrieunternehmens nicht (direkt) mit dem Ergebnis einer Bank oder dem FFO (s. u.) eines Immobilienunternehmens verglichen werden. Es gibt noch nicht einmal die Möglichkeit, diese Größen sinnvoll überzuleiten. Alleine deshalb sind Multiplikatorenmodelle zur Bewertung von Unternehmen über Branchengrenzen hinweg nicht sinnvoll auf einer einheitlichen Basis möglich.

Hier hilft es auch nicht ohne Weiteres auf Cashflowgrößen abzustellen. Diese sind zwar weniger abhängig von den konkreten Rechnungslegungsnormen und weniger anfällig für Bilanzpolitik. Gleichwohl sind sie diesbezüglich nicht komplett robust und die Zahlungsströme selbst hängen zudem auch von Branchen- oder Geschäftsmodellen ab. So wird bei einem Leasingnehmer z. B. niemals der Investitionscashflow betroffen, obwohl Investitionen getätigt und bezahlt werden. Risiken, zeitliche Verteilungen und Zukunftsbezüge von Cashflows sind des Weiteren der Finanzberichterstattung nur bedingt zu entnehmen, sodass risikoadjustierte Zinssätze nicht einfach zu ermitteln sind. Fraglich wäre dabei auch, ob das Risiko einer gesamten Einheit (z. B. Konzern) oder diverser Segmente als Grundlage dienen sollte. Schließlich sei darauf verwiesen, dass

https://doi.org/10.1515/9783110770551-017

zumindest die Standardsetter selbst unterstellen, dass Gewinngrößen entscheidungsrelevanter für die Prognose künftiger Cashflows sind.

In Literatur und Praxis wird schon seit langem Rücksicht auf **Branchenbesonderheiten** genommen. So werden bei empirischen Arbeiten zur Rechnungslegung regelmäßig Finanzunternehmen (Banken und Versicherungen) eliminiert, da sie Ergebnisse und Kennzahlenwerte wesentlich beeinflussen können oder unterschiedlichen Rechnungslegungsnormen folgen müssen (siehe alsbald). Vielfach werden auch sogenannte Versorgungsunternehmen (Utilities) ausgeklammert wie Verkehrs-, Wasser-, Abfallunternehmen usw. Diese haben teilweise eine monopolähnliche Marktstellung und unterliegen Preisregulierungen, sodass sie kaum mit wettbewerblichen Privatunternehmen vergleichbar sind.

Wirft man einen Blick auf die normativen Rahmenbedingungen, muss natürlich zwischen HGB und den IFRS unterschieden werden. Letztere sehen derzeit nur für drei Branchen Sonderbestimmungen vor: IAS 41 für landwirtschaftliche Unternehmen, IFRS 4 für Versicherungsverträge und IFRS 6 für die Exploration und Evaluation von Bodenschätzen. Auffällig ist dabei, dass jeweils nur bestimmte Teile der Finanzberichterstattung solchen Sondernormen unterliegen und im Übrigen die anderen Standards gelten.

Es gibt aber andere Standards, die differenzierte Vorgaben machen und zwar nicht für bestimmte Branchen, aber verschiedene Geschäftsmodelle, die ihrerseits aber in manchen Branchen große oder eben geringe bis keine Bedeutung haben. Hierzu gehört z. B. IAS 40 Anlageimmobilien (Investment Properties). Vor allem sogenannte Bestandshalter müssen diesen anwenden, also solche Unternehmen, deren Kerngeschäft die Vermietung von Wohn- und Gewerbeimmobilien ist, auch wenn es mehr oder weniger regelmäßig Verkäufe gibt. Theoretisch und praktisch können Unternehmen jeglicher Branche solche Anlageimmobilien halten, z. B. Wohnungsbestände für Mitarbeiter. Hierbei handelt es sich dann aber nicht um das Kerngeschäft und solche Unternehmen wenden regelmäßig das Anschaffungskostenmodell für die Bewertung an, während Immobilien-AG in Deutschland nahezu durchgängig das Fair Value-Modell nutzen.

Ein weiteres Beispiel liefert IFRS 15 (Erlöse), der ausdifferenzierte Realisationstatbestände für normale Umsatzgeschäfte, Auftragsfertigung und Mehrkomponentengeschäfte enthält. Diese **Geschäftsmodelle** haben ebenfalls keinen strikten Branchenbezug, betreffen aber bestimmte Branchen sehr viel stärker als andere. Das gleiche dürfte für den Leasingstandard IFRS 16 gelten, zumindest was die Position des Leasinggebers betrifft. Die Standards IAS 32 und IFRS 9 Finanzinstrumente befassen sich sehr ausführlich mit Sachverhalten, die vor längerer Zeit vielleicht bankentypisch waren, inzwischen aber Unternehmen jeglicher Branche treffen können, wie z. B. Hedge Accounting.

Die IFRS orientieren sich demnach derzeit mehr an bestimmten Geschäftsmodellen als an Branchen. Demgegenüber gibt es in den **USA** eine sehr lange Tradition von solchen Branchenstandards, die **Taxonomie sieht 32 Industrien vor**, wie Casinos, Filmindustrie, Landwirtschaft, Radiosender, Gesundheit, Non-Profit-Unternehmen etc. Auch die Deutsche Bundesbank veröffentlicht regelmäßig eine Kundensystematik von A bis T mit weiterreichenden Untergliederungen. In den USA gibt es aufgrund der Existenz großer und umfassender Datenbänke seit vielen Jahrzehnten sehr umfassende empirische Studien zu Fragen der Rechnungslegung und Prüfung. In diesen werden häufig Branchendifferenzierungen vorgenommen, die aber nicht auf die FASB-Unterteilungen abstellen, sondern auf drei andere weit verbreitete Klassifikationssysteme: SIC (Standard Industry Classification System), FF 48 (Fama-French 48 Classification) und GICS (Global Industry Classification System), jeweils mit detaillierten Untergliederungen. Es dürfte kaum verwundern, dass sich diese Systeme teilweise auch deutlich unterscheiden. Dies bedeutet natürlich, dass es unklar ist, für wen welche Befunde insgesamt dann gelten, die Nutzer von Rechnungslegungsdaten müssen dann jeweils selbst entscheiden, welcher Klassifikation sie jeweils den Vorzug geben. Vergleichbare und verallgemeinerbare Befunde sind eher nicht zu erwarten.

Eine solche **Vielfalt ohne eindeutige Taxonomie** stellt für Ersteller, Prüfer und Nutzer von Informationen deshalb ein beachtliches Problem dar. Soweit man Erkenntnisse und Branchenstandards für eine größere Anzahl von Unternehmen gewinnen möchte, ist eine enge Branchenabgrenzung dysfunktional, da es jeweils nur eine begrenzte Anzahl von Unternehmen je Branche gibt. Auf der anderen Seite ist ein Datensatz, der für Unternehmen mit aus sehr unterschiedlichen Branchen stammenden Unternehmen stammt, eventuell wenig aussagefähig. Deshalb kann man die IASB-Strategie, eher auf Geschäftsmodelle als auf Branchen abzustellen, durchaus als vorziehenswürdig ansehen. Allerdings kann dies dazu führen, dass bei einem Unternehmen dann bestimmte Erträge einem rigiden Realisationsprinzip unterliegen, andere nach der Methode der Teilgewinnrealisation erfasst werden und wiederum andere ohne jeglichen Realisationsakt in die GuV eingehen. Die Größe Gesamtgewinn ist dann natürlich schwer zu deuten, zumal sich das Gewicht und der Grad an Zuverlässigkeit der Gewinne kaum entschlüsseln lassen.

Das HGB liefert ebenfalls eine ausdifferenzierte Systematik. Zunächst einmal bietet § 330 eine Ermächtigungsklausel für sogenannte **Formblattunternehmen** wie Wohnungsgesellschaften, Pflegeeinrichtungen, Verkehrsunternehmen, Banken und Versicherungen etc. gesonderte Schemata für Bilanz, GuV und Anhangpflichten zu schaffen. Dies bedeutet zunächst einmal nur, dass die Ebene Ausweis und Erläuterungen von Abschlussposten unterschiedlich sind, die Ansatz- und Bewertungsregeln des HGB gelten im Übrigen weiterhin. Aber alleine daraus resultiert schon das Problem, dass bestimmte Abschlusskennzahlen der Unternehmen kaum vergleichbare Inhalte haben können oder gleich gar nicht ermittelbar sind. Des Weiteren geben die §§ 340 ff. HGB Sondernormen für bestimmte Geschäftszweige vor. Dies betrifft einmal bestimmte **Unternehmen des Rohstoffsektors**, die ergänzend zu allen anderen Informationen einen (Konzern)Zahlungsbericht erstellen und publizieren müssen (§§ 341 q–y HGB). Alle anderen Rechnungslegungsnormen bleiben für diese Gruppe unberührt. Das Ziel dieser Sondernorm ist die Bekämpfung von Korruption und illegaler Rohstoffgewinnung in manchen Ländern. Durch die Offenlegung bestimmter Zahlungen in diese Länder soll die Transparenz verbessert werden, was zu positiven Verhaltensanreizen führen soll.

Eine völlig andere Qualität haben hingegen die Sonderbestimmungen für **Kredit- bzw. Finanzdienstleistungsinstitute** (§§ 340–340 o HGB) und für **Versicherungen bzw. Pensionsfonds** (§§ 341–342 p HGB). Diese Unternehmen müssen zwar ebenfalls als Formblattunternehmen besondere Ausweisformate beachten. Es gibt aber darüber hinaus auch weitergehende materielle Rechnungslegungsunterschiede. Für Kreditinstitute bedeutet dies z. B., dass in der Erfolgsrechnung andere Teilergebnisse als bei anderen Unternehmen auftauchen (Zins- und Provisionsergebnis, außerordentliches Ergebnis) und es explizit Saldierungsmöglichkeiten für bestimmte Aufwendungen und Erträge gibt (§ 340 c HGB). Ergänzend dürfen gezielt stille Reserven ohne Erläuterungspflicht gelegt werden (sog. Vorsorgereserven gemäß § 340 f HGB) und es gibt einen passiven Sonderposten für allgemeine Bankrisiken (§ 340 g HGB). Für Pensionsgeschäfte enthält § 340 b HGB eine explizite Norm, die man als Ausfluss allgemeiner GoB auch auf andere Unternehmen ausdehnen könnte, aber nicht muss. Dies gilt aber auf keinen Fall für die Regelung in § 340 e HGB, wonach Finanzinstrumente des Handelsbestandes ohne Anschaffungskostenrestriktion zum beizulegenden Zeitwert zu bilanzieren sind.

Bei Versicherungsunternehmen gibt es neben gesonderten Ausweisregeln vor allem für die sehr bedeutsamen versicherungstechnischen Rückstellungen Sonderbestimmungen. So ist auf die Wertverhältnisse am Bilanzstichtag abzustellen und eine Abzinsung unterbleibt (§ 342 e HGB). Als zusätzlichen Verlustpuffer sind Schwankungsrückstellungen zu bilden, ein branchenspezifisches Instrument (§ 341 h HGB).

Insgesamt liegt es deshalb in der Natur der Sache, dass Abschluss- und Steuerungskennzahlen bei solchen Finanzunternehmen nicht mit denen anderer Branchen vergleichbar sind. Dies wird auch anhand der Finanzberichte der drei untersuchten Automobilkonzerne deutlich. Im Rahmen der Segmentberichte haben sie alle ein Segment identifiziert, das vornehmlich Finanzdienstleistungen erbringt. Für alle drei ist festzustellen, dass jeweils eigene Performancemaße angegeben werden. Auch in den üblichen Kennzahlenberichten mit Mehrjahresentwicklungen wird regelmäßig sofort deutlich, dass Banken und Versicherungen andere KPI angeben als Unternehmen anderer Branchen.

Es gibt aber noch weiterführende Ursachen für die Branchenbesonderheiten. Nicht erst seit der Finanzmarktkrise gelten die Finanzunternehmen als besonders vertrauenssensibel und systemrelevant. Eine Folge dieses Sonderstatus sind die o. a. Bilanzierungsbesonderheiten und **zusätzlich die Aufsicht durch die BAFin**, sowie sehr umfassende Melde- und Informationspflichten. Besonders wichtig sind in diesem Kontext regulatorische Vorgaben zur Risikovorsorge und Solvabilität. Bei Banken sind auf der Basis der Baseler Vereinbarungen Mindestvorgaben für ein regulatorisches Eigenkapital einzuhalten. Zudem verlangt die europarechtlich verankerten Capital Requirement Regulation (CRR) die Einhaltung bestimmter Schwellenwerte für bestimmte Kennzahlen. Die Liquidity Coverage Ratio (LCR) soll für einen Liquiditätspuffer sorgen: erstklassige, lastenfreie und liquide Aktiva sollen für eine 30-Tagesfrist den allfälligen Liquiditätsbedarf decken. Die Net Stable Funding Ratio (NSFR) soll eine stabile Refinanzierung absichern helfen, dem Gedankengut der fristenkongruenten Finanzierung folgend.

Es leuchtet unmittelbar ein, dass die Einhaltung der regulatorischen Vorgaben von großer Bedeutung ist. Allerdings führt die Anbindung der Sollvorgaben an Rechnungslegungsgrößen (HGB oder IFRS) zu einem gravierenden Anreizproblem. Besteht das Risiko, bestimmte Schwellenwerte nicht erreichen zu können, ist es rational durch abbildende oder sachverhaltsgestaltende Bilanzpolitik dem entgegen zu wirken. Der Informationswert und Nutzen für Abschlussadressaten wird dann eher unwichtig.

Ein fast schon dramatischer Fall solcher Fehlanreize wurde im Rahmen der Diskussion zur **Finanzmarktkrise** diskutiert. So wurde argumentiert, dass die Möglichkeiten mit geschätzten Fair Values für Immobilien zu gute Ergebnisse und zu hohes Eigenkapital darstellen zu können, als Brandbeschleuniger der Krise fungierte. Detaillierte Analysen aus den USA kamen zum Ergebnis, dass die Fair Value-Politik, wenn überhaupt, nur eingesetzt wurde, um das regulatorische Eigenkapital von Banken darstellen zu können. Für Europa kam die umfassende Studie des ICAEW zu dem Ergebnis, dass die Bankenkrise durch unterlassene Forderungsabschreibungen und Off-balance-Sheet-Finanzierungen und nicht die Fair Values getrieben wurde.[1]

Unabhängig welcher Ansicht man hier folgt, verdeutlicht das Beispiel, dass es sehr starke bilanzpolitische Anreize geben kann, wenn Normsetzer die Finanzberichterstattung für Zwecke nutzen, die nicht immer mit den Informationsaufgaben vereinbar sind. Gerade in Deutschland gibt es hierzu zwei wichtige Beispiele:

Beispiel (1) Zu Zeiten der formellen Maßgeblichkeit (Umkehrmaßgeblichkeit), also bis zum BilMoG 2009, war es eine weit verbreitete Form der Bilanzpolitik, durch die Legung stiller und offener (Sonderposten mit Rücklageanteil) Reserven Steuern zu sparen. Dazu dienten auch eindeutig nicht mit den GoB vereinbare Abschreibungen, was den Informationsgehalt solcher Abschlüsse deutlich beeinträchtigte. Soweit noch schlichte Maßgeblichkeit de lege lata besteht, sind solche Anreize für eine steueroptimierte Abschlusspolitik nach wie vor vorhanden.

Beispiel (2) Zusagen für betriebliche Altersversorgungen als Ergänzung zu staatlichen Renten sind aus vielerlei Gründen politisch sehr erwünscht. Um Unternehmen einen Anreiz zu bieten, solche Zusagen zu machen, wurde das Bilanzrecht mehrfach mit Regelungen versehen, die es erlauben, solche Verpflichtungen teilweise gar nicht (Art. 28 EGHGB) oder mit zu niedrigen Werten zu passivieren (Art. 67 EGHGB). Auch die Verlängerung des Durchschnittszeitraumes von 7 auf 10 Jahre, um den Rechnungszins zu ermitteln, wurde ausdrücklich auch damit begründet, dass den Unternehmen zu negative Einflüsse auf die Höhe der Rückstellungen erspart werden sollten. Sozialpolitisch ist das angestrebte Ziel nicht angreifbar, aber die Qualität der Finanzberichte wurde durch solche Eingriffe nicht verbessert (vgl. Kapitel 18).

17.2 Besonderer Anwendungsfall: Immobilienunternehmen

Sogenannte Immobilienunternehmen stellen in vielerlei Hinsicht eine besondere Assetklasse für Investoren dar. Der Begriff selbst kann sehr weit gefasst werden und neben Vermietungsgesellschaften auch Makler, Projektentwickler, Dienstleistungsunter-

---

1 Vgl. Kühnberger (2017, 119 f.) mit detaillierten Nachweisen.

nehmen usw. umfassen. Hier soll es primär um **Bestandshalter** gehen, deren Geschäft im Wesentlichen aus der Vermietung von Wohn- und Gewerbeimmobilien besteht, was natürlich nicht ausschließt, dass regelmäßig Portfolioanpassungen durch Zugänge und Verkäufe stattfinden. Für solche Unternehmen sind immobiliennahe Dienstleistungen und Aktivitäten zudem regelmäßige (Ergänzungs)Aktivitäten.

Für HGB-Abschlüsse wären solche Unternehmen als Formblattunternehmen gehalten, eine von den Vorgaben der §§ 266 und 275 abweichende Gliederung zu beachten. Unter IFRS gibt es hingegen keine umfassenden und vergleichbar rigiden Strukturen, aber deutsche Immobilien-AG orientieren sich vielfach an den HGB-Vorgaben. Im Weiteren sollen IFRS-Konzernabschlüsse (und konkret derjenige der Vonovia AG) fokussiert werden, da hierbei bilanzielle Besonderheiten drastisch zutage treten. Als Besonderheit der Branche ist aber immer auch zu beachten, dass die börsennotierten AG nur einen relativ kleinen Anteil des Gesamtmarktes ausmachen, da es neben Kirchen, Gemeinden, Stiftungen usw. noch eine sehr große Anzahl an privaten Vermietern gibt und auch Unternehmen anderer Branchen vielfach über Immobilienbesitz verfügen.

! **Fragt man nach Besonderheiten der Branche, die zu atypischen KPI-Werten führen und eventuell die Notwendigkeit eigener Kennzahlen begründen könnten, gibt es eine ganze Reihe von Argumenten:**

– Zunächst einmal stellen **Anlageimmobilien** (Investment Properties) nach IAS 40 die mit Abstand **wichtigste Assetklasse** dar, die mit Zeitwerten anzugeben sind. Im Regelfall in Form von Bilanzposten, alternativ (und eher selten) im Anhang, wenn ausnahmsweise das Cost Model zur Anwendung gelangt. Die Schätzung der Fair Values erfolgt regelmäßig auf der Basis von Level 3-Inputaktoren, sodass von einem durchaus beachtlichen Ermessensspielraum des Managements auzugehen ist. Dies darf aber nicht falsch eingeschätzt werden: im Vergleich zu (spezifischen) Sachanlagen oder immateriellen Anlagen liegt eine relativ gute Datenlage für die Schätzung von DCF- oder Vergleichswerten vor. Es gibt viel Wissen über Transaktionen am Markt, etablierte Sachverständigenvereinigungen, ausgereifte Bewertungshandbücher usw. Eine unmittelbare Folge ist natürlich, dass sich in der Bilanz eine sehr hohe **Anlageintensität** ergibt. Zwar stimmt die naheliegende Folgerung, dass dies mit eingeschränkter Flexibilität und hohen Fixkosten einhergeht. Aber Anlageimmobilien können auch jederzeit veräußert werden (ex definitione!), ohne die verbleibenden Geschäftsaktivitäten wesentlich zu beeinträchtigen. Erwartbar sind zudem mehr oder weniger **volatile Bewertungserfolge** in der GuV, die aber nicht den operativen Cashflow beeinflussen. Gleichwohl zeigte eine Erhebung zur Ergebnisqualität von deutschen Immobilien-AG für die Jahre 2005 bis 2015 eine insgesamt laufend verbesserte Entwicklung.[2]

– Im Vergleich zu anderen Branchen sind **immaterielle Anlagewerte** und auch erworbene **Firmenwerte** relativ nachrangig, da F&E-Aktivitäten kaum eine Rolle spielen und Synergien eher aus Größeneffekten bestehen als aus technologischen und intellektuellen Wettbewerbsvorteilen. Typisch sind des Weiteren **niedrige liquide Mittel** vor allem wegen dem relativ geringen Risiko des Geschäftsfeldes (viele diversifizierte Mieter, gute Kreditsicherheiten, Drittverwertbarkeit der Immobilien etc.) und den vertraglich fixierten operativen Cashflows.

– Für die Passivseite ist zu beachten, dass die langfristige Kapitalbindung des Vermögens zu **hohem langfristigen Kapital** führen kann. Da Immobilienunternehmen als relativ sichere Anlage angesehen werden können und Immobilien vom Charakter her gute Kreditsicherheiten darstellen, ist prima facie von hohem langfristigen Fremdkapital auszugehen. Allerdings führen Immobilien zu relativ hohen

---

2 Vgl. Eisenschmidt und Kühnberger (2017, 268).

Fixkosten, können aber auch relativ unabhängig von anderen Cashflows liquidiert werden. Tatsächlich weisen deutsche Immobilien-AG im Vergleich zu anderen Branchen relativ hohes Eigenkapital auf und sehr hohe **Verbindlichkeiten gegenüber Kreditinstituten** aus (regelmäßig durch Grundschulden besichert). Zunehmend sind Anleihefinanzierungen bedeutsam – ein Effekt, der durchaus für sämtlich IFRS-Bilanzierer in Deutschland seit Jahren zu beobachten ist.[3]

– Die Erfolgsrechnungen sind geprägt durch die laufenden Mieterträge und -abhängig von den Verkaufsaktivitäten- Buchgewinnen (-verlusten). Soweit das Fair Value-Modell genutzt wird (=Regelfall) sind **hohe und volatile Bewertungserfolge** typisch. Beim Anschaffungskostenmodell treten stattdessen planmäßige Abschreibungen (fallweise, eher selten, auch außerplanmäßige Abschreibungen) auf und die Verkaufserfolge fallen wegen stiller Reserven noch deutlich höher aus.

– Für die Kapitalflussrechnung sind zunächst einmal relativ hohe und stabile operative Einzahlungen plausibel, die volatilen Bewertungserfolge gehen gerade nicht ein. Der **Investitions-Cashflow** ist durch teilweise auch sehr hohe Einzahlungen aus Desinvestitionen und Investitionsauszahlungen geprägt, die oftmals sprunghaft anfallen, da Portfoliokäufe üblicher sind als Erwerbe einzelner Objekte. Anders als z. B. bei produzierenden oder Handelsunternehmen sind insbesondere Bestandsveräußerungen nicht unüblich. Der **Finanzierungs-Cashflow schwankt naturgemäß stark** mit der Höhe der (Des-)Investitionen. Dass externes Wachstum in größerem Umfang auch extern finanziert wird (Bankkredite, Anleihen, Eigenkapitalerhöhungen) ist plausibel. Zudem sind Umfinanzierungen typisch, z. B. die Ausgabe von Anleihen, die später durch besicherte Immobilienkredite abgelöst werden.

Exemplarisch soll anhand der IFRS-Konzernabschlüsse der Vonovia SE für die Jahre 2019, 2020 und 2021 vorgestellt werden, ob diese Annahmen zutreffen. Tabelle 17.1 zeigt die Struktur der Aktiva bzw. Passiva in Mio. €. In Klammern ist der prozentuale Anteil an der Bilanzsumme vermerkt.

Tab. 17.1: Struktur der Aktiva und Passiva für Vonovia.

(In Mio €)	2021		2020		2019	
Langfristige Vw.	99.544	(96,0)	60.632	(97,0)	55.045	(97,0)
IAV	3.005	(2,9)	1.612	(2,6)	1.504	(2,7)
EK	36.545	(35,5)	24.832	(39,8)	21.124	(37,4)
Langfristiges FK	60.783	(59,0)	34.670	(55,0)	31.762	(56,0)
Kurzfristiges FK	9.062	(9,0)	2.916	(5,0)	3.590	(6,0)
Bilanzsumme	103.320		62.417		56.476	

Die Daten für die Bilanzen bestätigen die o. a. Vermutungen. Bei der recht hohen Eigenkapitalquote von 37–40 % ist zu bedenken, dass diese auch auf die Tatsache zurückzuführen ist, dass die Immobilienbestände mit beizulegenden Zeitwerten angesetzt wurden. Des Weiteren wird deutlich, dass die relativen Werte der Kennzahlen durch die außergewöhnlich hohen Investitionen im Jahr 2021 (Kauf der Deutsche Wohnen) nur

---

3 Vgl. Eisenschmidt, Kühnberger und Setzpfand (2019, 328); Eisenschmidt, Kühnberger und Setzpfand (2022, 241).

relativ geringe Ausschläge hervorrief (am ehesten noch bei der Eigenkapitalquote, da die Aufnahme von neuem EK geringer ausfiel als die Zunahme am Vermögen und dem Fremdkapital). Nachrangig bleiben aber (trotz des Unternehmenserwerbs) die immateriellen Vermögenswerte. Zudem entsprach dem sehr hohen langfristigen Vermögen auf der Aktivseite auch sehr hohes langfristiges Fremdkapital und Eigenkapital, was dem Gedanken einer fristenkongruenten Finanzierung Rechnung trägt.

Tabelle 17.2 zeigt die (ausgewählten) Daten für die Gesamterfolgsrechnungen. Deutlich wird, dass das OCI unwesentlich ist und die Bewertungserfolge (Fair Value-Schwankungen der Bestandsimmobilien) höher ausfallen als die laufenden Erträge und Verkaufsgewinne aus dem Kerngeschäft. Dies kann man kritisch sehen, da sie auf ermessensbehafteten Fair Value-Schätzungen basieren (regelmäßig Level 3-Inputfaktoren für die DCF-Kalküle), nicht realisiert und nicht zahlungswirksam sind. Ohne die Bewertungserfolge hätte die Vonovia hohe Fehlbeträge ausgewiesen. Bei den auffallend niedrigen Verkaufsgewinnen ist zu berücksichtigen, dass die Verkaufspreise gegen die Fair Values gerechnet werden und nicht mit Buchwerten auf abgeschriebene Gebäude zu vergleichen sind. Die Gewinne kann man dann als Indiz dafür nehmen, dass die Fair Value-Schätzungen sehr nahe an den (späteren) Verkaufspreisen lagen.

Tab. 17.2: Struktur der Ergebnisrechnung für Vonovia.

(In Mio. €)	2021	2020	2019
Erlöse Immobilienbewirtschaftung	3.465	3.069	2.841
Veräußerungsgewinne	165	182	129
Bewertungsgewinne Inv. Properties	7.394	3.720	4.131
Periodenergebnis (NI)	2.831	3.340	1.147
Sonstiges Ergebnis (OCI)	28	167	10

Tab. 17.3: Struktur der Kapitalflussrechnung für Vonovia.

(In Mio. €)	2021	2020	2019
Operativer Cashflow	1.824	1.430	1.556
Einzahlungen Desinvestitionen	1.085	587	703
Auszahlungen Inv. Properties	−1.957	−1.724	−2.092
Einzahlungen Finanzschulden	23.945	4.189	533
Auszahlungen Finanzschulden	−11.534	−3.721	−3.627
Einzahlungen EK	8.080	1.003	

Tabelle 17.3 zeigt die wichtigsten Zahlen aus der Kapitalflussrechnung. Während die Investitions-Cashflows systembedingt nicht stetig sind, muss hier noch berücksichtigt werden, dass der Erwerb der Deutsche Wohnen nicht als Auszahlung für einzelne Vermögensposten in der KFR ausgewiesen wurde, sondern als Erwerb eines Konzernun-

ternehmens. Anders als bei einer erstmaligen Kapitalkonsolidierung gilt keine Einzel-erwerbsfiktion, sondern der (indirekte) Kauf von Investment Properties, Forderungen, Vorräten etc. wird als Investition in Finanzanlagen dargestellt. Darüber hinaus fällt vor allem auf, dass die externe Finanzierung und hier insbesondere die Umschichtungen ganz zentrale Bedeutung haben.

Aus den bisherigen Ausführungen lässt sich zunächst folgern, dass die **Ausprägung von Kennzahlenwerten Besonderheiten aufweisen**, die einen Vergleich mit den Daten anderer Branchen wenig sinnvoll erscheinen lassen. Es gibt aber zudem ausschließlich für die Immobilienbranche eine Reihe von ganz spezifischen KPI, die ausschließlich für diese Unternehmen entwickelt wurden. Treiber dieser Entwicklung ist in Europa die EPRA (European Public Real Estate Association), die das Verständnis für Immobilieninvestitionen in börsennotierten Unternehmen erweitern möchte. Hierzu wurden Vorschläge für eine standardisierte Anwendung der IFRS entwickelt und vor allen Dingen Best Practice Recommendations (BPR) für diverse **EPRA-Kennzahlenwerte**. Mitglieder der EPRA (wie die Vonovia) sind verpflichtet, diese Empfehlungen zu befolgen. Die entsprechenden KPI können Bestandteil von Abschluss und Lagebericht sein oder (ergänzend) in einem EPRA-Bericht publiziert werden, wie bei der Vonovia.

Dabei gibt es eine Fülle von finanziellen und nicht finanziellen KPI, die teilweise direkten Branchenbezug haben (z. B. Leerstandsquote), aber auch für in vielen Branchen genutzte Earnings-before- und Cashflow-KPI. Bezüglich der Finanzlage ist z. B. die Kennzahl **Loan-to-Value** (LTV) besonders wichtig. Sie drückt die Relation von (Hypo-theken)Schulden zum Zeitwert einer Immobilie und stellt ein Risikomaß dar und lässt (unter Setzung bestimmter Annahmen) Rückschlüsse auf Vermögenspuffer zu, die als Kreditsicherheiten noch vorhanden sind. Für die Branche sehr viel wichtiger sind jedoch zwei weitere KPI zur Ertragslage **(EPRA Earnings)** und Vermögenslage (**Net Asset Value**, NAV).

Ein besonderes Performancemaß für Bestandshalter wurde für erforderlich gehalten (zunächst in den USA), weil Gebäude nach den US-GAAP i. A. linear abgeschrieben werden, während die Mieterträge im Zeitablauf steigen, sodass sich für Erträge und Aufwendungen ein zeitlicher Mismatch ergibt. Noch gewichtiger ist, dass planmäßige Abschreibungen gerade bei Gebäuden vielfach keine realen Wertminderungen spiegeln, da die beizulegenden Zeitwerte eher im Zeitablauf steigen. Damit vergrößert sich die Marktwert-Buchwert-Lücke der Immobilien und die Performancemaße sind wenig aussagefähig. Als Besonderheit zeigte sich zudem, dass Immobilienunternehmen in wesentlich größerem Umfang Sachanlagen verkaufen als andere Unternehmen und dabei insgesamt sehr hohe Buchgewinne realisieren konnten. Da solche Gewinne aber nicht kontinuierlich anfallen und gezielte Ertragsverbesserungen erlauben, sollten sie eliminiert werden.[4]

---

4 Vgl. Kühnberger und Thurmann (2013, 281).

Die US-amerikanische Immobilienorganisation NAREIT (National Association of Real Estate Investment Trusts) hat deshalb mit dem White Paper (überarbeitet im Jahr 2004) ein Kennzahl entwickelt, die als Leistungsmaß sinnvoller sein soll als US-GAAP-Größen, das **FFO (Funds From Operations)**. Ausgehend vom Net Income nach den US-GAAP sind zwingend einige Anpassungen geboten, wobei insbesondere die Korrektur um planmäßige Abschreibungen und Veräußerungserfolge bedeutsam sind. Ergänzend kann ein AFFO (Adjusted FFO) ermittelt werden, bei dem weitere Sonder-einflüsse korrigiert werden. Für die USA kann unterstellt werden, dass die Kennzahl FFO per Share die branchenunabhängigen KPI Earnings per Share oder Dividends per Share verdrängt hat.[5]

Für Europa hat die EPRA ein stark an den FFO angelehntes Performancmaß entwickelt, die **EPRA Earnings**. Diese Kennzahl basiert aber auf einem IFRS-Abschluss in dem die Immobilien mit dem beizulegenden Zeitwert bilanziert werden und die laufenden Wertänderungen in die GuV eingehen. Dies hat zur Folge, dass es keine planmäßigen Abschreibungen gibt. Stattdessen werden die (volatilen) Bewertungserfolge eliminiert, sodass die Grobstruktur dem Anschaffungskostenmodell ohne planmäßige Abschrei-bungen entspricht.

Entsprechend betont die EPRA die weitgehende Übereinstimmung von FFO und EPRA Earnings. Es gibt aber eine ganze Reihe von zwingenden Unterschieden. Dies liegt einmal schon an der Ausgangsgröße Net Income, die nach IFRS und US-GAAP aus sehr vielen Gründen nicht übereinstimmt, unabhängig von Immobilienerfolgen. Nach den IFRS ergeben sich auch systematisch andere Veräußerungserfolge als nach den US-GAAP, da der Veräußerungswert entweder mit dem Fair Value (IFRS) oder dem ab-geschriebenen Buchwert verglichen wird. Zudem sind Fair Value-Minderungen unter IFRS (die eliminiert werden) ökonomisch teilweise identisch mit den außerplanmä-ßigen Wertminderungen nach den US-GAAP, die nach dem NAREIT-Vorschlag nicht korrigiert werden. Die Beträge werden aber wegen der unterschiedlichen Bilanz-werte (Fair Value versus fortgeführte Anschaffungskosten) sowieso unterschiedlich sein.

Erstaunlich ist es deshalb, dass die Vonovia, wie andere Immobilienunternehmen auch, sowohl ein EPRA-Ergebnis als auch ein FFO veröffentlichen. Zwar wird die Ablei-tung des FFO ausführlich im Lagebericht (2020, S. 96 ff.) erläutert, aber diese Kennzahl hat nichts mit dem FFO nach dem Schema der NAREIT zu tun. Da es für die USA seit vielen Jahrzehnten eine umfassende evidenzbasierte Forschung zum positiven Infor-mationsgehalt des FFO gibt, besteht hier die Gefahr, dass diese Ergebnisse zu Unrecht auf die **völlig unstandardisierte Kennzahl der deutschen Unternehmen** übertragen werden.

---

5 Vgl. Kühnberger und Thurmann (2013, 281).

Eine sehr interessante bilanzielle Kennzahl stellt der **Net Asset Value** (NAV) dar.[6] Die Grundidee des NAV ist einfach: werden vom gesamten Vermögen auf Zeitwertbasis sämtliche Schulden auf Zeitwertbasis subtrahiert, ergibt sich das Reinvermögen (= Eigenkapital) auf Zeitwertbasis, allerdings als Substanzwert. Da bei Bestandshaltern für die wesentliche Assetklasse Anlageimmobilien die Fair Values der Bilanz oder dem Anhang zu entnehmen sind kann der NAV näherungsweise geschätzt werden. Allerdings gibt es eine ganze Reihe von Vermögens- und Schuldposten, bei denen die Buchwerte nicht mit dem beizulegenden Zeitwert übereinstimmen. Neben Sachanlagen, Vorräten, Forderungen und latenten Steuern kann dies insbesondere die Rückstellungen betreffen. Insofern ist der extern ermittelbare NAV nur mehr oder weniger angenähert an die eigentliche Zielgröße.

Heiß diskutiert wird seit Jahrzehnten, ob der NAV dem Marktwert des Eigenkapitals entspricht. Der Letztgenannte wird im Allgemeinen als DCF-Wert für das gesamte Unternehmen ermittelt und nicht über die aufsummierten Einzelwerte der Bilanzposten. Da aber die Zeitwerte der Anlageimmobilien ebenfalls als DCF-Werte geschätzt werden, kann der Substanzwert als Näherung akzeptiert werden, wenn es keine wesentlichen Verbund- oder Synergieeffekte gibt (Grundsatz der Wertadditivität). Dies ist nicht unplausibel, da Forschungs- und Entwicklungskosten für die Branche in der Tat eher nachrangig sind und Firmenwerte in den Konzernabschlüssen tendenziell unwesentliche Größenordnungen erreichen.

Bei börsennotierten Unternehmen ist es aber möglich, den NAV mit dem Börsenwert des Eigenkapitals zu vergleichen, der ja üblicherweise als Marktwert des Eigenkapitals interpretiert wird. Empirisch zeigt sich jedoch über viele Jahrzehnte und Ländergrenzen hinweg, dass es ganz erhebliche **NAV-Spreads** gibt und zwar sowohl Premiums als auch Discounts. Zudem wechseln die Vorzeichen für gleiche Länder durchaus im Zeitablauf. Hierfür wurde eine Vielzahl potenzieller Erklärungsfaktoren sehr ausführlich getestet: neben verzerrenden Einflüssen der Besteuerung, von Zinssätzen, allgemeinen Managementkosten, werden auch Marktunvollkommenheiten und verzerrte Fair Value-Schätzungen durch Sachverständige usw. herangezogen. Ohne diese Diskussion im Detail nachzuvollziehen[7] (zumal es hier gerade keine konsensfähigen Ergebnisse gibt), kann festgehalten werden, dass der NAV eine weithin akzeptierte Kennzahl ist. Dies aber vor allem unter der Bedingung, dass der ganz überwiegende Teil des Vermögens aus Anlageimmobilien besteht, deren Zeitwerte bekannt sind.

---

6 Die ergänzenden Varianten des NNAV und NNNAV berücksichtigen ergänzend Zeitwertanpassungen und latente Steuern und sollen hier nicht behandelt werden. Im Fokus von Wissenschaft und Praxis steht sowieso der NAV und der NAV per Share.

7 Vgl. ausführlich Kühnberger (2017, 283 ff.).

! **Fazit:** Letztlich kann für die gesamte Fragestellung, ob branchenbezogene KPI sinnvoll sind festgehalten werden, dass

1. die zahlenmäßigen Ausprägungen auch übergreifender, allgemeiner Größen auf jeden Fall vom Geschäftsmodell u. a. Randbedingungen abhängen.
2. es durchaus zweckmäßig sein kann, für bestimmte Geschäftsmodelle auch eigene KPI zu entwickeln.
3. Standardisierungen sehr zweckmäßig sind, was aber nicht zwingend bedeutet, dass Gesetzgeber bzw. Standardsetter sie herbeiführen – dies kann auch durch Branchenorganisationen erfolgen (oder als Marktlösung).
4. ein Bezug zum Geschäftsmodell wahrscheinlich noch wichtiger wird, soweit die Berichterstattung auch nicht finanzielle KPI umfasst. So ist etwa der Wasserverbrauch eine wichtige Größe bei Industrieunternehmen, aber kaum im Handel.

18 Einfluss der betrieblichen Altersversorgung auf die Kennzahlenanalyse

Bei der Ermittlung der Eigenkapitalquote (und auch an anderen Stellen) hat sich gezeigt, dass es teilweise gravierende Unterschiede gibt, weil die Altersversorgungsverpflichtungen nicht gleiche bilanzielle Folgen hatten. Ursache ist einmal, dass es verschiedene Formen der Zusagen geben kann, die teilweise auch nur zu laufenden Aufwendungen führen und die Bilanz gar nicht berühren. Viel gewichtiger ist jedoch, dass auch bei sog. direkten Pensionszusagen zwei Wege offen stehen. Zum einen ist es möglich, dass das Unternehmen die Rückstellung komplett bilanziert. Zum anderen könnten die Pensionsverpflichtungen samt Plan- oder Deckungsvermögen auf eine Treuhand ausgelagert werden. Dies verkürzt die Bilanz und zeigt deutliche Spuren in der GuV.

18.1 Überblick

Die betrieblichen Systeme der Altersversorgung für Mitarbeiter spielen gerade auch hierzulande eine große Rolle. Dies hat sowohl sozialpolitische Hintergründe als auch aus Unternehmenssicht eine wichtige Bedeutung für die Gewinnung und Bindung von qualifiziertem Personal. Dabei gibt es sehr unterschiedliche **Verfahrenswege**, die für Unternehmen und Mitarbeiter auch unterschiedlich attraktiv bzw. ggf. nachteilig sind. Im ersten Schritt muss entschieden werden, ob es überhaupt ein Versorgungssystem geben und wie der Begünstigtenkreis definiert werden soll.

Danach ist die Grundsatzfrage zu klären, ob es ein **beitragsfinanziertes System** sein oder ob eine **leistungsorientierte Zusage** erfolgen soll (von Mischformen sei hier abgesehen). Ein Beitragssystem ist kalkulatorisch und für die Abbildung in den Abschlüssen grundsätzlich trivial. Das Unternehmen leistet periodische, festgelegte Zahlungen an z. B. eine Lebensversicherung, die als Personalaufwand erfasst werden. Das Risiko der Langlebigkeit der Berechtigten (wenn es um eine Rente geht), das Kapitalanlagenrisiko usw. hat das Unternehmen damit übertragen.

Bei Leistungszusagen garantiert hingegen das Unternehmen eine bestimmte Leistung, z. B. eine betriebliche Rente in Höhe von X € ab einem bestimmten Zeitpunkt. Dabei gibt es eine Fülle von Berechnungsparametern, die vertraglich vereinbart werden können (frühester Beginn der Rente, Einbeziehung von Ehepartnern, fixe Beträge oder Renten, die von Endgehältern im Berufsleben abhängen usw.). Wird eine leistungsorientierte Zusage vorgenommen, so ist des Weiteren eine Unterscheidung in **direkte und indirekte Systeme** zu treffen. Bei den indirekten Varianten werden externe Rechtsträger zwischengeschaltet wie Pensionskassen, Unterstützungskassen usw. Das Unternehmen zahlt an diese Rechtsträger laufende Beiträge und diese verwalten das Vermögen, um die späteren Rentenzahlungen leisten zu können. Insofern ähnelt das Verfahren einer beitragsorientierten Zusage. Allerdings besteht hier eine Subsidiärhaftung des Un-

https://doi.org/10.1515/9783110770551-018

ternehmens, d. h. wenn der Rechtsträger die zugesagten Leistungen nicht erbringen kann, muss das Unternehmen einstehen.[1] Insofern verbleiben einige wesentliche Risiken beim Unternehmen. Gleichwohl sieht Art. 28 EGHGB vor, dass solche **mittelbaren Verpflichtungen** nicht zu passivieren sind.[2] Insofern sind auch hier regelmäßig nur die laufenden Beiträge als Aufwand zu erfassen.

Sehr viel riskanter und bilanziell sehr anspruchsvoll sind hingegen die **direkten Pensionszusagen**, bei denen die Unternehmen das Mortalitäts-, Kapitalanlagen-, Inflations- und das Zinsrisiko direkt tragen. Hierbei ist zu beachten, dass auch für Berechtigte in der Rentenphase erhöhte Auszahlungen üblich sind, um eine Anpassung an das steigende Lohnniveau der noch aktiven MitarbeiterInnen zu sichern.

! **Auch bei direkten Zusagen gibt es aber diverse Ausgestaltungsformen:**

1. Die rückstellungsgedeckte Zusage war das traditionell übliche Verfahren in Deutschland. Dabei zahlt das Unternehmen keine laufenden Beiträge, sondern spart den für die späteren Renten benötigten Betrag durch die Bildung von Pensionsrückstellungen im Zeitablauf an. Der **Innenfinanzierungsaspekt** war gerade in den ersten Jahren des Aufbaus der Wirtschaft bedeutsam, da die Aufwandsbuchungen erst in sehr viel späteren Perioden zu Auszahlungen führten. In der Bilanz steht den Pensionsrückstellungen dann das gesamte Vermögen aus der Aktivseite gegenüber. Da es nunmehr bereits sehr viele Rentenempfänger gibt und damit eine erhebliche Liquiditätsbelastung einhergeht, wird sehr deutlich, wie bedeutsam die o. a. Risiken werden können. Verstärkt wurde zudem deutlich, dass aufgrund der Bilanzierungsvorgaben nach HGB und EStG diese Risiken nur unvollständig in den Abschlüssen abgebildet wurden (speziell durch die formale Anwendung des Stichtagsprinzips und die hohen Zinssätze, s. u.). Da zudem das Vermögen maximal mit den fortgeführten Anschaffungskosten bewertet werden darf, ergaben sich auch unangenehme bilanzielle Folgen: Selbst wenn das vorhandene Vermögen problemlos ausreichte die Pensionslasten abzudecken, war dies bilanziell aufgrund der stillen Zwangsreserven nicht erkennbar. Es gab deshalb einige Fälle, in denen deutsche AG von Ratingagenturen herabgestuft wurden und spürbar erhöhte Kapitalkosten tragen mussten.[3]
2. Eine zweite, quantitativ eher unbedeutende Variante, besteht aus **wertpapiergebundenen direkten Zusagen**. Bei diesen hängt die spätere Rentenzahlung von der Entwicklung eines Wertpapierportfolios ab, typischerweise nach unten gedeckt durch eine Mindestrente. Dies hat für die Berechtigten den Vorteil, dass sie an den positiven Marktentwicklungen der Wertpapiere teilnehmen können. Dabei ist es nicht vonnöten, dass ein Unternehmen die entsprechenden Wertpapiere tatsächlich besitzt. Aber selbst wenn dies so ist, kann dies zu einem bilanziellen Risiko werden, da die Pensionslasten eine positive Wertentwicklung der Wertpapiere durch höhere Schulden abbilden müssen, aber die Aktiva nach wie vor zu Anschaffungskosten bilanziert werden.[4]

---

1 Hier nicht weiter relevant ist die ergänzende Absicherung über den Pensionssicherungsverein, der dann für die Renten einsteht, wenn auch das Unternehmen selbst ausfällt. Dieser Verein erhält laufend Beiträge von den (Zwangs-)Mitgliedsunternehmen und deckt seine finanziellen Bedarfe mittels Umlagen.

2 Ein weiteres Wahlrecht in Art. 28 betrifft die sog. Altzusagen, die vor dem 01.01.1987 erfolgt sind. Auch diese sind hier inzwischen irrelevant, da das Volumen rein altersbedingt nicht mehr groß sein kann.

3 Vgl. Neuhaus (2009, 1 ff.).

4 Dies kann durch die Bildung von Bewertungseinheiten nach § 254 HGB oder die Auslagerung von Planvermögen allerdings vermieden werden. Deshalb sind solche wertpapiergebundenen Zusagen praktisch nur bei einem solchen Planvermögen zweckmäßig.

3. Eine sehr viel bedeutsamere Modifikation stellt die sog. **Nettobilanzierung** der Pensionsrückstellungen dar, bei denen ein sog. **Planvermögen** ausgesondert wird, das ausschließlich dazu dient, die Ansprüche der Berechtigten zu decken. Dies führt dazu, dass sowohl die Pensionsrückstellungen als auch das Planvermögen ausgegliedert werden und auf eine Treuhandeinheit (Contractual Trust Arrangement, CTA) übertragen werden. Diese Einheit bilanziert dann die Rückstellungen und das Planvermögen, das aber, anders als beim Unternehmen selbst, mit beizulegenden Zeitwerten nach § 255 Abs. 4 HGB zu bewerten ist. Die entsprechende Bewertungsnorm orientiert sich sehr stark an der Fair Value-Definition unter IFRS 13. Für die Bilanz und GuV des Unternehmens ist dann nur noch der **Saldo des Reinvermögens und der Erfolge der CTA** in die eigene Bilanz und GuV zu übernehmen (§ 246 Abs. 2 HGB; daher der Name Netto-Bilanzierung). Resultiert ein Passivüberhang, so ist dieser als Pensionsrückstellung auszuweisen, ein Aktivsaldo hingegen als aktiver Unterschiedsbetrag aus der Vermögensverrechnung gesondert zu zeigen.

Es leuchtet unmittelbar ein, dass Unternehmen mit vollständiger, teilweiser oder ohne Deckung durch Planvermögen sehr unterschiedliche Abschlusskennzahlenwerte haben. Dann stellt sich naturgemäß die Frage, ob die Unternehmensinformationen vergleichbar gemacht werden können und welche Darstellung den offenbar inhärenten Risiken der Pensionszusagen angemessen Rechnung tragen. In Kapitel 18.2 wird zunächst die HGB-Bilanzierung vorgestellt mit einem Schwerpunkt auch auf bilanzpolitischen Aspekten. In Kapitel 18.3 werden Besonderheiten der IFRS vorgestellt. In beiden Abschnitten werden die konkreten Unternehmenszahlen eingearbeitet.

18.2 Bilanzierung nach HGB

Bis zum BilMoG 2009 war es in Deutschland üblich, dass die steuerlichen Vorgaben zu den Pensionsrückstellungen aus § 6 a EStG auch handelsbilanziell berücksichtigt wurden, nicht zuletzt aus Vereinfachungsgründen. Mit dem BilMoG wurden jedoch gravierende Unterschiede generiert. So müssen Rückstellungen generell mit dem **Erfüllungsbetrag** bewertet werden, was bei Pensionsansprüchen beinhaltet, dass künftige Gehalts- und Karrieretrends bei dynamischen Zusagen zwingend einzurechnen sind, während steuerlich sehr formal auf die Stichtagsverhältnisse abgestellt wird. Zudem ist der steuerliche **Diskontierungssatz** von 6 % ersetzt worden durch einen Zinssatz, den die Bundesbank ermittelt (§ 253 Abs. 2 HGB). Dieser orientiert sich an der Verzinsung von sehr sicheren Anlagen, d. h., er ist wesentlich niedriger als die steuerlichen 6 %. Um die Volatilität der Rückstellungen zu mildern enthält das HGB die Vorgabe, dass der HGB-Zins aus einem Durchschnitt der letzten 7 Jahre gebildet und laufend fortgeschrieben wird. Ergänzend (aber ohne Zwang) wurde von vielen Unternehmen die vormals übliche steuerliche Teilwertmethode aus diesem Anlass durch das (international und vor allem nach IFRS gebotene) **Anwartschaftsbarwertverfahren** ersetzt.

Die sehr spürbaren Umstellungseffekte spielen aktuell praktisch keine Rolle mehr. Es gab aber zudem auch Anpassungen für die GuV: So war es bis zum Jahr 2010 üblich, dass die gesamten Aufwendungen für die Pensionsrückstellungen als Personalaufwand das Betriebsergebnis belastet haben. Die Zuführungen bestehen aber neben den neu erdienten Ansprüchen vor allem auch aus dem Zinsaufwand auf den Wert der Rückstellung zu Beginn des Jahres. Dieser ist nun zwingend als Zinsaufwand im **Finanzergebnis** auszuweisen, was zu einer entsprechenden Entlastung des **Betriebsergebnisses** geführt hat.

Diese Vorgaben führten im Regelfall dazu, dass die HGB-Rückstellungen durch die Umstellung deutlich höher als zuvor ausfielen. Der Aufstockungsbetrag durfte zur Vermeidung von Härten für die Unternehmen auf maximal 15 Jahre gestreckt zugeführt werden (Art. 67 Abs. 1 HGB), eine Erleichterung, die inzwischen keine wesentliche Bedeutung mehr hat, für die drei hier fokussierten Unternehmen gar keine mehr. Im Jahr 2015 wurde dann aufgrund der langanhaltenden Niedrigzinsphase für Pensionsrückstellungen der Zeitraum für die Durchschnittsbildung des Zinssatzes auf 10 Jahre verlängert, was c. p. zu einer geringeren Rückstellung führt. Auffällig ist an den diversen HGB-Vorgaben, dass, anders als sonst üblich, das **Vorsichtsprinzip** eine offenbar geringere Bedeutung hat, da es mehrfach ermöglicht wurde, Schulden gar nicht oder zu niedrig anzusetzen. Der Gläubigerschutz wurde deshalb zumindest zum großen Teil durch Ausschüttungssperren abgesichert (§ 268 Abs. 8 für einen aktiven Unterschiedsbetrag und § 253 Abs. 6 für den angepassten Durchschnittszins). Die Frage des Informationsnutzens durch die Vorgaben wurde hingegen nicht ernsthaft diskutiert.

Für die Pensionsrückstellungen (PRS) sind diverse **Bewertungsparameter** festzulegen. Dabei greifen die betrachteten Unternehmen alle auf die Sterbetafeln nach Heubeck zurück, auf interne Daten zu **Fluktuation** und **Gehalts- bzw. Karrieretrends** usw. Bezüglich der Dynamik ergeben sich aber spürbare Unterschiede. Während Mercedes-Benz seit dem Jahr 2015 immer mit einem Trend von 3,0 % rechnet, schwankt die Vorgabe bei BMW zwischen 2,6 und 3,4 % und bei VW zwischen 3,3 und 3,7 %. Auch diese Stellschraube hat deutlichen Einfluss auf den Wert der Rückstellung.[5]

Alle nutzen das Wahlrecht, nicht mit **individuellen Laufzeiten** zu rechnen, sondern pauschal eine solche von 15 Jahren zu unterstellen (§ 253 Abs. 2 S. 2 HGB). Dies kann zu durchaus spürbaren Ungenauigkeiten führen, da der Bundesbankzins von der Restlaufzeit abhängt. So gibt z. B. BMW im Konzernabschluss an, dass unter IFRS für inländische Mitarbeiter etwas über 20 Jahre Restlaufzeit angesetzt wurde. Vereinfachte Modellrechnungen lassen die Vermutung zu, dass dies durchaus nicht nur geringe Einflüsse auf die Höhe der Rückstellung hat.[6] Es ist u. E. nicht ganz klar, warum die Bewertungserleichterung nach HGB genutzt wird, wenn für die gleichen Ansprüche für den Konzernabschluss sowieso genauer gerechnet werden muss.

---

5 An dieser Stelle sei auf eine Besonderheit verwiesen: Nach IAS 19 sind für diverse Berechnungsparameter Sensitivitätsanalysen zu machen, die in den Konzernabschlüssen auch ausführlich vorgenommen werden. Nach HGB fehlt eine solche Vorgabe und entsprechend gibt es in den HGB-Abschlüssen auch keinerlei Hinweise auf Parametervariationen und deren mögliche quantitative Effekte.

6 Vgl. Kühnberger und Wohlgemuth (2021a, 1182).

Die wichtigsten Effekte auf die Jahresabschlüsse nach HGB resultieren aber daraus, dass Unternehmen die Pensionsrückstellungen selbst bilanzieren oder nur teilweise, weil Teile durch Planvermögen unterlegt sind oder eine komplette Deckung (oder gar einen aktiven Saldo) erreichen. Dies verändert natürlich die Höhe der Schulden und damit die wichtige Eigenkapitalquote, aber auch die Struktur der Aktiva, je nachdem, welches Vermögen als Planvermögen ausgesondert wurde. Dabei ist noch zu beachten, dass damit die Auflösung stiller Reserven gezielt angesteuert werden kann und auch in Folgeperioden wahlweise Zuführungen in beliebiger Höhe zulässig sind. Damit einher geht dann die Umstellung auf die Zeitbewertung für das Vermögen, sodass auch bei einer Unterdeckung zwar eine Pensionsrückstellung resultiert, aber diese ist im Regelfall niedriger als ohne Auslagerung.

Für die GuV ist zu berücksichtigen, dass die Erträge aus dem Planvermögen und die Zinsaufwendungen aus der Aufstockung der Pensionsrückstellungen bei der CTA zu verrechnen sind und nur der Saldo in das Finanzergebnis bei der auslagernden Gesellschaft eingeht. Die neu erdienten Anwartschaften sind hingegen als Personalaufwand auszuweisen. Tabelle 18.1 zeigt die Höhe der Pensionsverpflichtungen insgesamt, die erreichte Deckung durch Planvermögen und die resultierende Pensionsrückstellung (oder den aktiven Unterschiedsbetrag, UB) für die Unternehmen und die Jahre 2020 und 2021.

Tab. 18.1: Ermittlung der Pensionsverpflichtungen nach JA HGB.

(In Mio. €)	BMW		Mercedes-Benz		VW	
	2021	**2020**	**2021**	**2020**	**2021**	**2020**
Ausgelagerte RS	13.297	11.283	1.440	1.455	9.131	7.399
Planvermögen	13.961	12.315	1.312	1.262	6.040	5.307
Sonstige PRS					18.169	16.938
Aktiver UB	1.086	1.261				
Bilanzierte PRS	422	229	128	193	21.260	19.030

Bei Mercedes-Benz sind aufgrund der Ausgliederung seit dem Jahr 2019 die Pensionen sowieso nahezu bedeutungslos und im Übrigen weitestgehend mit Planvermögen gedeckt, sodass der bilanzielle Saldo und die GuV-Wirkungen vernachlässigbar sind. Bei BMW zeigt sich (auch schon in Vorperioden), dass das mit Zeitwerten angesetzte Planvermögen die Pensionsverpflichtungen übersteigt, sodass ein Aktivsaldo verbleibt. Entsprechend wird das Finanzergebnis durch die Saldierung der Erträge aus dem Planvermögen mit den Zinsaufwendungen für die Pensionsrückstellungen nur relativ geringfügig beeinflusst (2021: 359 Mio. €; 2020: 204 Mio. €). Bei VW zeigt sich hingegen, dass die ausgelagerten Pensionsverpflichtungen noch nicht vollständig durch Planvermögen ausfinanziert sind, sodass ein passiver Saldo verbleibt, der in die bilanzierte

Pensionsrückstellung eingeht. Anders als die (hohen) nicht ausgelagerten Pensionsverpflichtungen, die es zusätzlich gibt, wird der Saldo aber ermittelt durch Vergleich mit den Zeitwerten des Planvermögens. Den anderen Rückstellungen wird hingegen Vermögen auf der Basis von fortgeführten Anschaffungskosten bilanziell gegenübergestellt. Für die GuV weist VW entsprechend sehr viel höhere Finanzierungsaufwendungen aus den Altersversorgungsverpflichtungen auf (2–2,3 Mrd.€). Es leuchtet sofort ein, dass die drei Unternehmen damit unvergleichbare Bilanz- und GuV-Kennzahlen aufweisen. Deshalb stellt sich die Frage, ob und ggf. wie die Unternehmen vergleichbar gemacht werden können.

! **Um die Vergleichbarkeit der Kennzahlen zu den Pensionsverpflichtungen zu steigern, gibt es eine Reihe von Vorschlägen:**[7]

- Es wird nur der Saldo aus der Verrechnung der ausgelagerten Größen korrigiert, wobei es genau genommen nur um einen allfälligen aktiven Unterschiedsbetrag geht. Dieser stellt streng genommen kein Vermögen der Unternehmen dar (weder liegt Einzelübertragbarkeit vor, noch liegt das wirtschaftliche Eigentum bei den Unternehmen aufgrund der Zweckexklusivität des Planvermögens). Deshalb bietet sich eine Verrechnung mit dem Eigenkapital an. Dies soll auch deshalb geboten sein, weil der Posten auch auf der Zeitbewertung des Vermögens basiert, die nach den normalen GoB unzulässig ist. Diese Lösung halten wir für unbefriedigend, da jeder Saldo bei Auslagerung durch solche Zeitwerte geprägt ist. So kann die Unterdeckung bei VW auf einer Anschaffungskostenbasis sehr viel höher sein.
- Alternativ könnte man versuchen, die Bilanzen aller Unternehmen auf der Basis einer unterstellten Auslagerung und Volldeckung abzubilden. Allerdings ist dies kaum sinnvoll zu präzisieren, da völlig unklar wäre, welche Vermögensposten aus der Bilanz fiktiv auszulagern wären und für diese sind auch nur Anschaffungskosten verfügbar und gerade keine Zeitwerte.
- Schließlich könnte man die Verpflichtungen wieder in die Bilanzen aufnehmen und für die Aktivseite auch das ausgelagerte Planvermögen. Diese könnte man auf der Basis der Anschaffungskosten oder der Zeitwerte ansetzen und müsste es wohl dem Anlagevermögen zuordnen. Aus den Abschlüssen sind nur die historischen Anschaffungskosten und nicht die fortgeführten Anschaffungskosten erkennbar. Unterstellt man, dass das Planvermögen überwiegend aus nicht abnutzbarem Vermögen besteht, vor allem aus Finanzvermögen, so ist der Unterschied wahrscheinlich nicht sehr groß. Auf dieser Grundlage könnten dann Unternehmen wiederum einigermaßen vergleichbar gemacht werden bezüglich solcher Kennzahlen wie Eigenkapitalquote und Anlageintensität. Allerdings hat dieses Vorgehen einen gravierenden Nachteil: die Re-Integration in die Bilanz mag zu vergleichbaren KPI führen, aber diese sind durch (teilweise hohe) stille Reserven im Vermögen verzerrt. Durch die Auslagerung war ja gerade angestrebt worden, die Netto-Belastung der Unternehmen realistischer, nämlich auf einer Zeitwertbasis, abzubilden. Dieser Informationsvorteil würde damit entfallen. Zudem gilt: Das bilanzierte Vermögen insgesamt ist Haftungsmasse für alle Pensionsverpflichtungen, da durch die Auslagerungen sich weder die steuerliche noch die arbeitsrechtliche oder Haftungssituation der Unternehmen verändert hat. Nur wird die Haftungsmasse zumindest partiell aktuell bewertet.

Tatsächlich zeigen einfache Modellrechnungen für die Vergangenheit, dass sich für die drei Unternehmen und die Jahre 2016 bis 2019 recht unterschiedliche Auswirkungen bei einer Re-Integration der Daten für die Eigenkapitalquote und die Anlageintensität erge-

---

7 Vgl. Kühnberger und Wohlgemuth (2021a, 1182).

ben (auf Basis der Zeitwerte des Planvermögens). Dabei hängt die Höhe des Einflusses natürlich vom Umfang der Auslagerung und vom Grad der Ausfinanzierung ab, ist also tatsächlich bei BMW wesentlich bedeutsamer als bei VW.[8]

Für die GuV ist eine Anpassung hingegen weniger trivial, insbesondere Zinsaufwendungen und die Erträge aus dem Planvermögen (auch reine Zeitwertschwankungen) wären zu übernehmen, der Personalaufwand aus im Geschäftsjahr neu erdienten Versorgungsansprüchen hingegen müsste gleichbleiben. Einflüsse aus der Zuführung von neuem Planvermögen wären aber zu berücksichtigen, was aber aufgrund nicht vorgeschriebener Anhangangaben kaum möglich wäre.

Insgesamt werden Altersversorgungsverpflichtungen in HGB-Abschlüssen den Informationsgehalt und die Vergleichbarkeit von Abschlüssen regelmäßig negativ beeinflussen. Dies liegt einmal daran, dass es sehr unterschiedliche Versorgungssysteme gibt, die auf unterschiedliche Weise in das Zahlenwerk eingehen. Für die Zukunft wird dies auch dadurch deutlich werden, dass direkte Versorgungszusagen von den drei Unternehmen nicht mehr gemacht werden. Störend sind zudem diverse Wahlrechte und Ermessensentscheidungen.

Der Gesetzgeber hat eine weitere Störgröße selbst eingebaut: Das **Vermögen** wird immer zum Stichtag bewertet, was insbesondere bei ausgelagertem Planvermögen zu einer erheblichen **Volatilität** führen kann. Zugleich wurde für die Passivseite, die Pensionsrückstellungen, mit dem Durchschnittszins aus 10 Jahren ein **Glättungsmechanismus** vorgegeben. Warum dies zu einem aussagefähigen Saldo führen soll, ist unklar. Angesichts der Vorgaben zu den Zinssätzen ergeben sich auch wesentliche Unterschiede zum aktuellen Zinsniveau, was direkt aus dem Vergleich der HGB-Zinsen mit denen aus den IFRS-Konzernabschlüssen erkennbar wird. Es ist auch weder konzeptionell noch pragmatisch erklärbar, warum ein niedriger Zinssatz für bestimmte Finanzanlagen mit sehr guter Bonität die Unternehmenslage zutreffend spiegeln kann, wenn die Unternehmen diese Kapitalanlagen gar nicht halten. Deutlich gesprochen: Die **Funktion des Diskontierungsfaktors** für die Rückstellung ist unklar.

Denkbar ist die Deutung als Fremdkapitalzins, da die Mitarbeiter den Unternehmen ein Darlehen geben, indem die Gehaltszahlungen auf später verschoben werden. Oder es handelt sich um die Verzinsung der beim Unternehmen vorhandenen Aktiva, sei es das Gesamtvermögen oder, bei Auslagerung, des Planvermögens. Für die in der Steuerbilanz zwingend zu verwendenden 6 % wurde auch argumentiert, es sei eine durchschnittliche, pauschalierte Eigenkapitalrendite als Opportunität zu unterstellen. Schließlich könnte man einen sinnvollen Zinssatz auch aus der Kalkulation einer Rentenversicherung ableiten.[9] Solange aber unklar ist, welche Opportunitäten mit der Diskontierung abgebildet werden sollen, ist der Aussagewert der diskontierten Erfüllungsbeträge nicht sinnvoll zu beurteilen.

---

8 Vgl. Kühnberger und Wohlgemuth (2021a, 1182).
9 Vgl. Kühnberger und Wohlgemuth (ebd., 1182).

18.3 Bilanzierung nach IAS 19

Hier gilt es zunächst zu berücksichtigen, dass im Konzernabschluss sämtliche Versorgungsverpflichtungen weltweit abzubilden sind, unabhängig davon, dass es nationale Besonderheiten gibt (z. B. Arbeitsrecht, Pensionierungsregeln, Lebenserwartung, Fluktuation etc.). Obwohl IAS 19 weit mehr Themenfelder normiert, soll es hier nur um Pensionsansprüche gehen, wobei wiederum **nur direkte Leistungszusagen** behandelt werden, mit oder ohne Bildung von Planvermögen.

Das Planvermögen entspricht in etwa der HGB-Abgrenzung und wird ebenfalls mit dem Fair Value angesetzt. Die Pensionsrückstellungen werden mit dem abgezinsten Erfüllungsbetrag bewertet. Insofern gibt es deutliche Parallelen zum HGB. Der **Zinssatz** für die Bewertung ist aber nicht als Durchschnittswert für mehrere Jahre vorgegeben, sondern es ist ein jeweils aktueller Stichtagswert für Wertpapiere mit sehr guter Bonität vom Unternehmen selbst festzulegen. Diese Zinsen sind seit Jahren deutlich niedriger als die Werte der Deutschen Bundesbank nach § 253 Abs. 2 HGB, was c. p. zu spürbar höheren Rückstellungen führt.

Nach IAS 19 wird mit dem Bezug auf einen Stichtagszins in Kauf genommen, dass bei schwankendem Zinsniveau auch die Pensionsrückstellungen und die Erfolge aus der Pensionsbilanzierung volatil sind. Bezüglich der Erfolge gibt es aber einen Ausweg. Sowohl das Planvermögen als auch die Pensionsrückstellungen sind mit dem gleichen Zinssatz zu diskontieren, egal welche Aktiva vorhanden sind. Dies impliziert, dass **praktisch nur der Saldo aus Planvermögen und Rückstellung** letztlich mit diesem Stichtagszins bewertet wird und als Nettozinsaufwand oder -ertrag in die GuV eingeht. Weichen die tatsächlichen Erfolge aus dem Planvermögen ab, nach oben oder nach unten, so werden diese Erfolge im **sonstigen Ergebnis (OCI)** erfasst und auch später niemals GuV-wirksam. Damit werden sehr wesentliche Erfolgsgrößen, die eng mit dem Kerngeschäft verknüpft sind dauerhaft an der GuV vorbeigeführt. Dies sorgt dafür, dass das Net Income und die wichtige Kennzahl Earnings per Share (oder auch das Kurs-Gewinn-Verhältnis) nicht beeinflusst werden.[10]

Insgesamt sind die GuV-Wirkungen auf eher unbefriedigende Art normiert. Plausibel ist, dass der Dienstzeitaufwand, die nachzuverrechnende Dienstzeitaufwendungen und Planabgeltungen als Personalaufwand auszuweisen sind oder in den Funktionsbereichsaufwendungen, also im Betriebsergebnis. Unverständlich ist hingegen, dass ein **Nettozinsaufwand** im Finanz- oder Betriebsergebnis ausgewiesen werden kann. Sogenannte **versicherungstechnische Erfolge** (z. B. aufgrund veränderter biometrischer Annahmen, veränderten Gehaltstrends und von der Kalkulation abweichenden Erfolgen des Planvermögens) werden hingegen komplett im OCI abgerechnet. Dies mag man begründen mit dem schwankenden Charakter der entsprechenden Erfolge oder auch mit Mean-and-Reverse-Effekten, dass also letztlich die Erfolge um Durchschnittswerte

---

10 Vgl. Kühnberger und Wohlgemuth (2021b, 1246).

oszillieren und per Saldo nur vorübergehende Erfolge auftreten. Dies ist schon für ein Finanzergebnis wenig überzeugend, für Trends in der Mortalität oder Fluktuation u. ä. ist diese Annahme überhaupt nicht zu vertreten.

Letztlich resultieren aus den Vorgaben auch Effekte, die direkt mit dem Grad der Ausfinanzierung verbunden sind. Wurde bislang wenig Planvermögen gebildet, ist der Nettozinsaufwand tendenziell hoch, aber aufgrund des niedrigen Stichtagszinses gleichwohl begrenzt. Das nicht als Planvermögen deklarierte Vermögen des Unternehmens wird nach den üblichen Standards bewertet, also nach dem Anschaffungskostenmodell, fallweise auch mit Fair Values. Welche Erfolge hierbei anfallen ist abhängig von der Assetklasse, genauso wie die Frage, ob diese im Net Income oder dem OCI verrechnet werden. Insofern sind auch die IFRS-Abschlüsse untereinander nur sehr bedingt vergleichbar, wenn die Deckungsgrade verschieden sind.

Soll Vergleichbarkeit für die Bilanzen hergestellt werden, bietet es sich wiederum an, dass die Pensionsrückstellungen und das Planvermögen in die Ausgangs-Konzernbilanz integriert werden. Dabei muss das Planvermögen aber zwingend mit dem Zeitwert übernommen werden, da die Anschaffungskosten unbekannt sind. Hier nicht detailliert vorgestellte Berechnungen zeigen, dass es wie nach einer HGB-Korrektur geringere Eigenkapitalquoten gibt, der Effekt ist aber niedriger als im Jahresabschluss nach HGB. Dies kann daran liegen, dass insgesamt die relative Bedeutung der Pensionsrückstellungen an der Bilanzsumme geringer ist oder auch daran, dass auch Nicht-Planvermögen bereits mit Zeitwerten angesetzt wurde.

Um die Erfolgsgrößen vergleichbar zu machen wird hier vorgeschlagen, die OCI-Komponenten aus der Altersversorgungsbilanzierung mit dem Net Income zu einem bereinigten Erfolg zusammen zu fassen. Diese OCI-Erfolge sind zwar volatil, aber ohne Zweifel betriebsbedingt und sie fallen sehr regelmäßig an. Dabei sind die OCI-Erfolge Net of Tax anzusetzen, da auch das Net Income ein Erfolg nach Ertragsteuern ist.

Tabelle 18.2 zeigt die Größen Net Income und Adjustierter Erfolg für die drei Unternehmen im Zeitablauf. Die Übersicht macht deutlich, dass es fallweise sehr große Unterschiede in einzelnen Jahren gibt und das angepasste Ergebnis in vielen Jahren geringer ausfällt als das Net Income, aber keineswegs durchgängig. Insofern kann man auch nicht allgemein unterstellen, dass die Ausgliederung in das OCI zu einer künst-

Tab. 18.2: Net Income und Adjustierter Erfolg.

(In Mio. €)	2021	2020	2019	2018	2017	2016
NI BMW	12.463	3.857	5.022	7.064	8.620	6.863
Adjustiert	13.482	3.642	4.155	7.782	9.313	5.005
NI Mercedes-Benz	23.396	4009	2.709	7.582	10.864	8.784
Adjustiert	26.976	2.144	538	6.126	10.737	7.538
NI VW	15.428	8.824	14.029	12.153	11.638	5.379
Adjustiert	19.608	12.967	8.447	12.209	12.226	1.721

lichen und dauerhaften Verbesserung des Net Income führt. Immerhin fallen die Earnings per Share aber in vielen Jahren tendenziell zu gut aus, wenn man unterstellt, dass die Erfolge aus dem Planvermögen und die anderen OCI-Bestandteile zur „eigentlichen" Performance gehören.

Für den Konzernabschluss ist anders als nach HGB auch eine **Kapitalflussrechnung** zwingend und auch hier muss geklärt werden, wo die Auszahlungen auszuweisen sind. Hierfür gibt es verschiedene Vorschläge, aber keine expliziten Vorgaben. Für die wichtigsten Zahlungen liefern die folgenden Überlegungen Anhaltspunkte.[11]

Laufende Rentenzahlungen sind zumindest teilweise Entgelt für Arbeitsleistungen der Vergangenheit, sodass eine Abrechnung im operativen Cashflow naheliegt. Allerdings wurden die Arbeitsleistungen vor Jahren oder Jahrzehnten erbracht und haben nichts mit den aktuellen Umsatzeinzahlungen zu tun, die im operativen Cashflow verrechnet werden. Die Rentenzahlungen enthalten aber auch Zinsanteile, die wahlweise im Finanzierungs-Cashflow abgerechnet werden dürfen. Man kann die Zahlungen aber auch als Kredittilgungen interpretieren, da die Mitarbeiter frühere Gehaltsansprüche gestundet haben. Dann wäre ein Ausweis im Finanzierungs-Cashflow zweckmäßig.

Zahlungen an einen Versorgungsträger oder an einen Treuhandfonds (CTA) können ebenfalls sehr unterschiedliche Inhalte haben. Sie können als Zahlungen für vergangene Arbeitsleistungen gedeutet werden, als Art Nachdotierung, was einen Ausweis im operativen Cashflow naheliegt. Sie können aber auch als Kredittilgungen und damit Finanzierungs-Cashflow gedeutet werden oder als Investition in Fondsvermögen, das Renditen bringt, sodass auch eine Darstellung als Investitions-Cashflow begründbar wäre. Angesichts dieser Vielfalt wären Erläuterungen zur Kapitalflussrechnung wünschenswert, bei wesentlichen Beträgen sogar notwendig.

! **Fazit:** Insgesamt wird deutlich, dass die verschiedenen Vorgaben für die Bilanzierung von Pensionsrückstellungen nach HGB und nach IAS 19 nicht unbedingt geeignet sind, aussagekräftige Kennzahlen zu generieren. Dies liegt sowohl an den diversen Ausgestaltungsoptionen für Versorgungswerke und Wahlrechten/Ermessensentscheidungen bei der Abbildung. Hinzukommen aber auch normative Vorgaben, z. B. zu Zinssätzen und Glättungsmechanismen. Eine externe Herstellung von vergleichbaren Kennzahlen durch Adjustierungen gelingt eher unvollständig und nur mit beachtlichem Aufwand.

---

11 Vgl. Derbort u. a. (2016, 236 ff.).

19 Bedeutung der nichtfinanziellen Berichterstattung

Die Regelpublizität steht aufgrund ihrer primären Ausrichtung auf Interessen von Investoren und deren finanziellen Ziele seit langem in der Kritik. Es wird gefordert, dass auch die Interessenlagen weiterer Stakeholder durch zusätzliche Informationen berücksichtigt werden, wobei es insbesondere um Nachhaltigkeitsthemen (Umwelt, Gesellschaft und Finanzen) geht. Der HGB-Gesetzgeber hat dem bereits durch diverse Berichtsthemen im Rahmen der Lageberichte seit längerem Rechnung getragen, die diesbezüglichen normativen Vorgaben werden aber laufend angepasst und erweitert. Dies wird in Zukunft auch Folgen für Bonitätsbeurteilungen, Ratings usw. haben, sodass man davon ausgehen kann, dass rein finanzielle KPI an Bedeutung etwas verlieren können.

19.1 Status Quo

Die nichtfinanzielle Berichterstattung firmiert auch unter Begriffen wie CSR-, ESG- oder Nachhaltigkeitsberichterstattung. Wir verwenden diese Begriffe synonym, auch wenn andere Autoren Unterschiede herausarbeiten. Dabei steht CSR für Corporate Social Responsibility und ESG für Environmental Social Governance.

Seit Beginn des 21. Jahrhunderts ist die Bedeutung der nichtfinanziellen Berichterstattung erheblich gestiegen, da öffentliche Institutionen, rechtliche Vorgaben, aber vor allem zivilgesellschaftliche Initiativen dies einfordern. Unternehmen müssen also entsprechendes Engagement zeigen. Der Umfang kann dabei sehr unterschiedlich sein. Einige Unternehmen versuchen nur den Transparenzpflichten nachzukommen, andere versuchen die unternehmerischen Entscheidungen deutlich nachhaltiger zu gestalten.[1] Die Motivation dazu kann auf rein finanziellen Unternehmensinteressen basieren, d. h. einem Verständnis als Business Case („rational, profit-seeking management decision making"[2]). Sie kann aber auch auf moralischen Grundeinstellungen basieren und Zielsetzungen haben, die über die Unternehmensinteressen hinausgehen („der Weltverbesserung"). Beides hat Folgen für das gesamte Unternehmen, einschließlich der Incentivierungssyteme.[3] Entsprechend der Motivation wird der Umfang der Verantwortungsbereiche des Unternehmens abgesteckt, ein Schaubild hierzu findet sich in Abbildung 19.1.

---

1 Vgl. Humbert (2018, 279). Die Annahme, dass alleine schon Berichtspflichten zu einem verantwortungsvolleren Umgang führen halten wir aber für keineswegs erwiesen.

2 Siegel und Vitaliano, zitiert nach Schreck (2011, 750).

3 Vgl. Endrikat, Hartmann und Schreck (2017, 256).

https://doi.org/10.1515/9783110770551-019

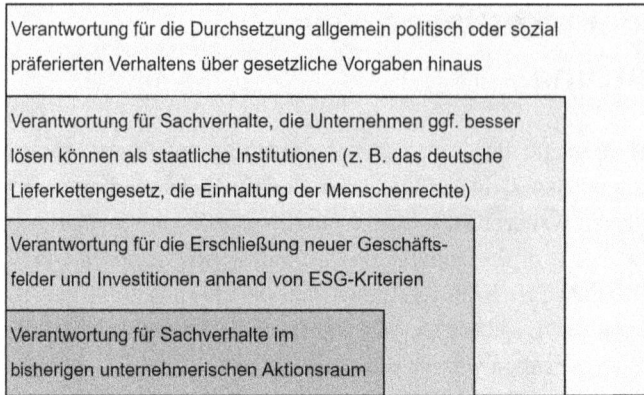

Abb. 19.1: Umfang der ESG Verantwortungsbereiche, in Anlehnung an Schreck (2011, 745).

Für deutsche Aktiengesellschaften liefert der **Deutsche Corporate Governance Codex** eine Orientierung, welcher Verantwortungsbereich angemessen sein könnte. Unter Corporate Governance wird der rechtliche und faktische Ordnungsrahmen für die Leitung und Überwachung eines Unternehmens verstanden. Anders als in den USA, war bereits in der Vergangenheit anerkannt, dass es keine ausschließliche Orientierung an Aktionärsinteressen geben soll. Dies lässt sich unter anderem anhand der Mitbestimmungsrechte erkennen. Spätestens mit dem CSR-Umsetzungsgesetz vom 11.04.2017 wurden auch andere ESG-Themen berichtspflichtig, u. a. Klima, Umwelt, Menschenrechte und Korruption. Allein aus Reputationsgründen sollten Unternehmen entsprechende Zielstellungen haben, auch wenn diese keinen eigentlichen Business Case darstellen.

In den USA dominierte in der Vergangenheit eine **Shareholder Value-Perspektive**. Diese Ausrichtung wurde damit begründet, dass es, anders als für andere Stakeholder (z. B. Mitarbeiter, Kunden), nur begrenzten institutionellen Schutz (z. B. Arbeitsrecht, Verbraucherschutz) gibt. Historisch gewachsen ist dementsprechend auch noch in den aktuellen Rahmenkonzepten des IASB und FASB zur Finanzberichterstattung eine Investorenpriorisierung erkennbar, auch wenn sich die öffentliche Meinung innerhalb der USA stark verschiebt.

Doch nicht nur der Umfang des vorgesehenen Verantwortungsbereichs, sondern auch die Transparenz und die Umsetzung in der ESG-Berichterstattung unterscheiden sich erheblich. Dies lässt sich ebenfalls mit historischen Unterschieden in der Entwicklung erklären, die zu Pfadabhängigkeiten führen. Daraus folgt, dass Elemente eines (nationalen) Systems nur begrenzt in ein anderes nationales System übertragen werden können. Beispiele sind z. B. staatliche, zivilgesellschaftliche und überstaatliche Instanzen, klassisches Recht (wie z. B. Aktionärsschutzrechte, Wettbewerbs- und Schadensersatzrecht), Soft Law, faktische Einflüsse, Aufsichtsrats- oder Boardsysteme, Rechnungslegungs- und Prüfsysteme, sonstige Enforcementinstitutionen, aber auch Marktmechanismen (insbesondere der Markt für die Unternehmenskontrolle und das

Take-over-Recht). Aus der unübersichtlichen Gemengelage ergibt sich, dass ein Übertrag einzelner Elemente zu Widersprüchen, Friktionen und Lücken führen kann.[4]

Auch bei scheinbarer formaler Einheitlichkeit, ist diese nur auf den ersten Blick gegeben. Ein Beispiel ist hier die Finanzberichterstattung nach IFRS, die in vielen Länder angewendet wird. Eine einheitliche Umsetzung ist trotzdem nicht immer gegeben. Beispielsweise hängt die Fair Value Schätzung nach IFRS 13 für Wertpapiere und Immobilien stark vom Entwicklungsstand der Märkte ab und die Qualität der Rechnungslegung ist abhängig von der Qualität der Abschlussprüfung, dem Haftungsregime etc.

Auch bei der Wahrnehmung der Qualität der nichtfinanziellen Berichterstattung gibt es erhebliche Unterschiede im Zusammenhang mit der Corporate Governance. So wird argumentiert, dass eine transparente Berichterstattung sowohl Folge einer starken Corporate Governance sein kann, aber auch, dass es ein Substitut wäre, um überhaupt Investoren gewinnen zu können.[5] Ebenso wird argumentiert, dass eine gute finanzielle Berichterstattung mit einer transparenten nichtfinanziellen Berichterstattung zusammenfällt und dann wieder gegenteilig, dass diese sich substituieren können.

Es überrascht also nicht, dass wir derzeit eine starke **Fragmentierung der Richtlinien und Standards** beobachten können. Im Jahr 2021 waren etwa 1.000 Standards für Nachhaltigkeit und mindestens 249 Rating- und Bewertungsinstanzen aktiv.[6] Ebenso gibt es im wissenschaftlichen Bereich eine große Anzahl an Publikationen mit unterschiedlichen Interpretationen der Lage. Dies lässt sich teilweise aber auch mit der Vielzahl der damit befassten Disziplinen erklären, wie Recht, BWL, Sozial- und Naturwissenschaften, Ethik.[7]

Nachfolgend sollen ausgewählte Grundsatzfragen erörtert werden, um das Themenfeld zu strukturieren. Dabei sind die angesprochenen Themen nicht unabhängig voneinander.

19.2 Konflikte zwischen Stakeholderinteressen als Grenze von ESG

Im Gegensatz zum Shareholder-Ansatz, verfolgt der Stakeholder-Ansatz das Ziel, die Interessen möglichst aller Gruppen, die mit dem Unternehmen im Zusammenhang stehen, zu befriedigen. Dies führt zu einem Priorisierungsproblem, sobald Interessen im Konflikt stehen. Ein Beispiel wäre, dass Ausgaben für soziale und ökologische Ziele zunächst zu Lasten der Eigentümeransprüche gehen. Auch wenn das Management formal historisch den Eigentümern verpflichtet war, hatte es schon lange einen

---

4 Vgl. Kühnberger (2016b, 79).

5 Vgl. Dhaliwal u. a. (2014, 328); Zülch, Holzamer u. a. (2014, 167) für 90 große europäische Unternehmen.

6 Vgl. Watchman und Papa (2019, 258): „confusing landscape", „... create a tyranny of choice."

7 Vgl. Fleischer (2017, 509).

sehr weiten Ermessensspielraum für „korporative Freigebigkeit."[8] Spätestens seit dem CSR-Umsetzungsgesetz ist ein Nachweis späterer positiver monetärer Effekte nach verbreiteter Ansicht auch nicht mehr notwendig.[9]

Häufig sind aber auch **Interessenkonflikte** zwischen Nicht-Eigentümern. Beispielweise hat ein umweltfreundlicher Ausstieg aus der Kohleförderung oder der Produktion von Verbrennungsmotoren entsprechende Konsequenzen für Arbeitsplätze in diesem Bereich. Ein anderes Beispiel aus dem Konflikt zwischen sozialen und ökologischen Zielen ist, dass ökologisch nachhaltige klein- und mittelständige Unternehmen nachweislich niedrigere Löhne zahlen als deren Wettbewerber.[10]

Problematisch ist, dass das Management Entscheidungen in Konfliktsituationen teilweise beliebig rechtfertigen könnte.[11] Willkürliche Verschwendung ist aber nicht statthaft. Leider fehlen klare und vor allem allgemeine Vorgaben dafür, ab wann Verschwendung beginnt und was noch erlaubtes Sponsoring ist.

In der Literatur gibt es divergierende Meinung über die **Lösung von Zielkonflikten**. Als eine Extremposition kann das Konzept der schwachen Nachhaltigkeit benannt werden, die der neoklassischen Logik entspringt. Im Zweifel dominieren hier finanzielle Eigeninteressen, da „die unsichtbare Hand" andere Ziele ebenfalls erfüllt.[12] Während diese Position in der Vergangenheit populär war, wird sie heutzutage kaum noch vertreten. Die starke Nachhaltigkeit stellt den Gegenpol dar. Hier müssten ökologische Ziele dominieren, da es „keinen Planeten B gibt" und die ökologischen Ressourcen endlich sind. Viele Positionen finden sich dazwischen, die Mindestanforderungen für diverse Teilziele stellen (z. B. Menschenrechte, Arbeitschutz). Naturgemäß führen Zwischenpositionen zu einem stetigen Austarieren der Interessenkonflikte.

Aufgrund der historischen Entwicklung ist die praktische Zielpriorisierung von nichtfinanziellen Zielen häufig schwieriger. Das liegt auch am normativen Rahmen in Deutschland, der EU usw. Weder gibt es konsensfähige inhaltliche Normen für adäquates Verhalten, noch eine umfassende Rechtsprechung, die Klarheit schaffen könnte. Dies liegt zum großen Teil an der fehlenden Klagebefugnis der Stakeholder oder schlicht am zu Grunde liegenden Soft Law, das ex definitione kaum justitiabel ist.[13] Der Erfolg alternativer nicht-juristische Sanktionen (Boykottaufrufe, Reputationseinschränkungen etc.) ist höchst unterschiedlich, hängt aber auch vom Entwicklungsstand entsprechender Institutionen (z. B. der Pressefreiheit) ab.

---

8 Vgl. Fleischer (2017, 509).

9 Vgl. Harbarth (2018, 380); Simons (2018, 330).

10 Vgl. Bellmann und Koch (2019). Zugleich hatten sie bessere Chancen, neue Fachkräfte zu finden.

11 Vgl. Berg (2018, 25).

12 Vgl. Friedman (1962, 112). Milton Friedman ist sicher der bekannteste und konsequenteste Vertreter einer extrem marktliberalen Position.

13 Vgl. Fleischer (2017, 509).

19.3 Wesentlichkeit in der nichtfinanziellen Berichterstattung

Die **Wesentlichkeit (Materiality)** spielt in der traditionellen Rechnungslegung eine wichtige Rolle. Als wesentlich wird betrachtet, was das Entscheidungsverhalten der Informationsadressaten beeinflussen könnte. In der nichtfinanziellen Berichterstattung stellt sich zusätzlich die Frage der Informationsadressaten. Aufgrund der Vielzahl der Stakeholder ist nicht immer klar, wessen Informationsbedürfnisse berücksichtigt werden können und sollten. Diese Auswahl ist deshalb selbst häufig ein Bestandteil der Berichte.

Entsprechend der Informationsadressaten sollte bei ESG zwischen **einfacher und doppelter Wesentlichkeit** unterschieden werden. In der Absichtserklärung zur künftigen Zusammenarbeit wichtiger Organisationen für die Standardisierung der ESG-Berichterstattung wurde das Feld wie in Abbildung 19.2 dargestellt in drei Ebenen für das Corporate Reporting aufgefächert.

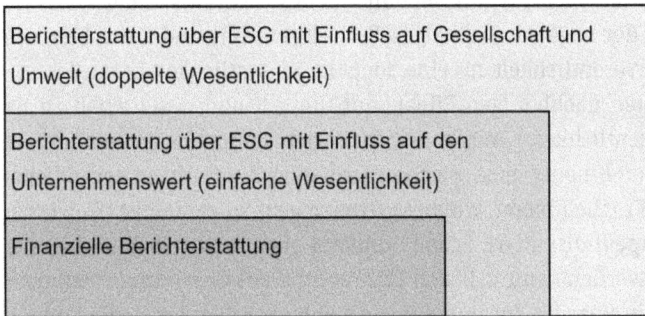

Abb. 19.2: Ebenen des Corporate Reporting, in Anlehnung an CDP u. a. (2020, 33).

Die unterste Ebene reflektiert nur ESG Informationen, die bereits Bestandteil der finanziellen Berichterstattung sind. Das können beispielsweise Informationen sein, die erwähnt wurden, weil sie Größen der traditionellen Berichterstattung beeinflussen, beispielsweise zukünftige Cashflows oder Gewinne. Bei der einfachen Wesentlichkeit werden Informationen sozialer und ökologischer Art aufgeführt, die den zukünftigen Unternehmenswert beeinflussen könnten (Business Case). Einfache Wesentlichkeit bezieht sich hier also auf wesentlich für das Unternehmen selbst. Entsprechend ist der Adressatenkreis beschränkt. Die doppelte Wesentlichkeit meint hingegen zusätzlich auch Handlungen des Unternehmens, die wesentlich für Gesellschaft und Umwelt sind. Naturgemäß steigert dies erheblich die Komplexität, da sich der Adressatenkreis im Vergleich zur traditionellen Rechnungslegung vervielfacht. Das EU-Recht scheint in Absichtserklärungen tendenziell auf die doppelte Wesentlichkeit abzustellen, während andere Regulierungsinstanzen wie z. B. das US-amerikanische Sustainability Accounting Standards Board (SASB) die einfache Wesentlichkeit fokussiert.

Je größer ein Unternehmen ist, desto wahrscheinlicher ist auch eine Beeinflussung der Unternehmensumwelt. Zumindest stehen **Großunternehmen** stärker in der medialen Öffentlichkeit. Entsprechend ist es wahrscheinlicher, dass diese diesbezüglich berichtspflichtig werden. Allerdings sind diese auch eher berichtsfähig, da die zugehörigen Kosten relativ weniger belastend wirken und entsprechendes Wissen aufgebaut werden kann. Empirisch wurde bereits ein Zusammenhang zwischen Unternehmensgröße und ESG-Berichtsqualität ermittelt.[14] Die derzeitigen EU-Regelungen zur CSR-Rechnungslegung fokussieren sich auf Unternehmen mit Kapitalmarktorientierung statt Größe.[15] Dies kann, muss aber nicht zwangsläufig, in einem Zusammenhang stehen. Eine Fokussierung auf kapitalmarktorientierte Unternehmen unterstellt eine Lenkungsfunktion durch Eigentümer bzw. Gläubiger. Dies lässt sich tendenziell eher bei der einfachen Wesentlichkeit vermuten. Die Regulierung scheint also mit der Ausrichtung auf die doppelte Wesentlichkeit nicht komplett im Einklang zu stehen. Anhand der gleichen Logik ist eine weitere Konkretisierung von Wesentlichkeit in § 289 c Abs. 3 HGB auf Widerspruch gestoßen. Informationen sollten nur offengelegt werden, wenn Sie sowohl für ESG-Aspekte als auch für das Verständnis des Geschäftsverlaufs, des Geschäftsergebnisses oder der Lage der Kapitalgesellschaft relevant sind. Auch hier lässt sich eher eine einfache Wesentlichkeit, als eine doppelte Wesentlichkeit herauslesen.

Im Sinne eines echten nachhaltigen Effekts auf Umwelt und Gesellschaft ist natürlich die doppelte Wesentlichkeit wünschenswert. Berichtspflichten, die über den Effekt auf das Unternehmen hinausgehen, weichen aber stark die Grenzen der üblichen Berichterstattung auf. Fraglich bleibt, wo diese Grenze jetzt zu ziehen ist. Es werden folgende **Umfänge (Scopes)** diskutiert. Scope 1 umfasst alles, was vom Unternehmen vollständig kontrolliert werden kann, z. B. den CO_2-Ausstoß des Gesamtunternehmens. Scope 2 umfasst auch mittelbar im Zusammenhang stehende Effekte, z. B. die Emissionen der Energieversorger des Unternehmens. Auch wenn keine komplette Kontrolle vorliegt, kann das Unternehmen diese Emissionen beeinflussen, z. B. durch entsprechende Energieversorgerwahl. Scope 3 soll den gesamten **Produktlebenszyklus** abbilden. Es reicht damit von den Emissionen der Lieferanten für Vorprodukte bis zu den Emissionen der Kunden im Rahmen der späteren Nutzung und der Entsorgung. Für Automobilunternehmen würde dies bedeuten, dass auch die Emissionen und der Energieverbrauch während der Nutzung zu berücksichtigen und die Entsorgungskosten im Anschluss.

In Scope 1 ist die unternehmerische Verantwortung relativ eindeutig. Scope 3 hingegen lässt diese Grenzen verschwimmen und erlaubt nur begrenzte Beeinflussung. Auf der anderen Seite würde nur Scope 3 sinnvolle Informationen liefern, da z. B. die jeweilige Outsourcing-Politik die Daten erheblich beeinflusst. Wünschenswertes Verhalten, wie z. B. ein recyclingfreundliches Produktdesign, ließe sich mit Scope 1 nicht erreichen.

---

14 Vgl. Dumitru und Dragomir (2021).
15 Vgl. Humbert (2018, 295).

Entscheidende Argumente für die verschiedenen Varianten sind also stark von den (z. T. zu widersprüchlichen Ergebnissen führenden) Faktoren Schaffung von Motivation für das Management und Beeinflussungsfähigkeit abhängig.

Das **Lieferkettengesetz** in Deutschland illustriert diesen versuchten Spagat. Deutsche Unternehmen sind für die Einhaltung von Menschenrechten entlang der Lieferkette verantwortlich, auch wenn die Zulieferer in weit entfernten Ländern mit anderen gesetzlichen Vorgaben lokalisiert sind (z. B. Asien, Afrika, Südamerika). Das Gesetz zielt also auf einen Scope 3. Sinnvollerweise sind die Pflichten aber abhängig vom Einflussvermögen der Unternehmen. Leider lässt sich dies nicht pauschal bestimmen. Das Bundesamt für Wirtschaft und Ausfuhrkontrolle ist hierbei für die externe Überwachung und Sanktionierung zuständig.[16] Beachtlich ist, dass es sich um eine rein nationale Vorgabe handelt. Weder die EU noch andere transnationale Institutionen haben bislang vergleichbare Normierungen. Ob ein solches Gesetz in die Souveränität anderer Staaten eingreift, ist nicht abschließend zu bestimmen.

19.4 Standardisierung und Glaubwürdigkeit der ESG-Berichte

In der Praxis herrscht eine erhebliche Vielfalt in der Präsentation nichtfinanzieller Informationen. Aufgrund der Vielzahl der Standards und Ratings ist das nicht überraschend. Das HGB allein erlaubt sechs verschiedene **Varianten der Offenlegung**.[17] Je nach Herkunftsland und Branche gibt es weitere Ausdifferenzierungen oder Ergänzungen. Jenseits aller Regulierungen können Unternehmen auch freiwillige Zusatzinformationen verschiedenster Art publizieren. Diese Vielfalt erschwert allerdings die Prüfung der Glaubwürdigkeit der Informationen und führt zu Skepsis bezüglich Validität und Reliabilität.

Die Vielfalt kann aber auch als Wettbewerb der Systeme aufgefasst werden, bei dem sich zukünftig bestimmte Usancen durchsetzen oder Standardisierungen aufkommen. Das kann durch besondere Akzeptanz und Vorlieben von Kundenseite geschehen oder über eine einheitliche Ausbildung von Fachkräften im Arbeitsmarkt – allerdings sind die Erfahrungen hierzulande nicht gerade vielversprechend. So zeigte sich, dass Kunden durch die Fülle an Bio- und sonstigen Labeln im Konsumgüterbereich eher überfordert waren, anstatt eindeutige Zuordnungen vornehmen zu können. Eine Alternative wäre die Standardisierung durch eine einheitliche Rohdatenbank (analog dem ESEF-Format für Finanzberichte) mit menschen- und maschinenlesbaren Daten.[18]

Ein grundsätzlicher Ansatz zur vereinheitlichten Darstellung ist die Idee des **Integrated Reporting**, das beispielsweise das IRRC anstrebt. Dabei sollen finanzielle und

---

16 Vgl. BMZ (2022).

17 Vgl. Fink und Schwedler (2021, 85).

18 Vgl. Watchman und Papa (2019, 260).

nichtfinanzielle Informationen integriert berichtet werden. Vorteile wären erstens eine Reduktion von Redundanzen in den Berichten und damit eine deutliche Verkürzung des Umfangs (einem Information Overload entgegenwirken). Zweitens könnten wechselseitige Einflüsse klarer dargestellt werden. Integriertes Handeln und Denken soll also unterstützt werden.[19] Drittens würde die altbekannte Bezugsbasis erhalten bleiben, die die Einheitlichkeit, Akzeptanz und Nutzung erhöhen könnte. Dies könnte aber auch als Nachteil ausgelegt werden. Wenn ESG aus Prinzipien der doppelten Wesentlichkeit umgesetzt werden sollen, d. h. positive Auswirkungen auf Umwelt und Gesellschaft erzielt werden sollen, lässt sich dies schwerer mit finanziellen Größen verknüpfen, als wenn eine einfache Wesentlichkeit angestrebt wird, also ESG-Maßnahmen, die vor allem den Unternehmenswert seigern sollen.

Trotz der aufgeführten Vorteile dominiert in der Praxis derzeit eher eine aufgeteilte statt einer integrierten Berichterstattung.[20] Dies kann verschiedene Ursachen haben. Die Darstellung der Konnektivität ist beispielsweise deutlich aufwändiger und es könnte sein, dass deshalb die integrierte Berichterstattung gemieden wird. Auch könnten die Berichte einfach an verschiedenen Stellen im Unternehmen erstellt werden, was eine Integration behindert.

Eine alternative Erklärung für die Dominanz der fragmentierten Berichterstattung mag die strikte Trennung zwischen pflichtgemäßen, prüfungspflichtigen Inhalten und ungeprüften Inhalten sein. ESG-Vorgaben sind nur begrenzt juristische Normen und oft **Soft Law**. Es gibt also diverse prozessuale Hürden im zivil- oder strafrechtlichen Sinne.[21] Eine Trennung scheint hier sinnvoll, da bei einem integrierten Reporting deutlich schwerer erkennbar ist, welche Angaben Pflichtangaben sind und wer welche Informationen nach welchen Kriterien geprüft hat.

Die **Glaubwürdigkeit der nichtfinanziellen Informationen** ist diskussionswürdig. Natürlich kann davon ausgegangen werden, dass bei deutschen AG der Aufsichtsrat als Kontrollorgan wirkt. Ob hierfür alle erforderlichen Kompetenzen mitgebracht werden, lässt sich nicht klar beantworten. Positiv ist vor allem die vielfach zu beobachtende Einrichtung von besonderen Ausschüssen, die mit spezialisiertem Knowhow die Aufsichtsratstätigkeit erleichtern und effizienter machen können.

Analog zu finanziellen Informationen empfiehlt sich eine Prüfung durch unabhängige Dritte, z. B. Wirtschaftsprüfer. Somit könnte validiert werden, ob eine Information überhaupt vorliegt, z. B. eine Entsprechenserklärung nach § 161 AktG, mit begrenzter Sicherheit (Limited Assurance) zutreffend ist oder mit hinreichender Sicherheit (Reasonable Assurance).

Die Bedeutung von externer Prüfung und Corporate Governance wurde in einer Meta-Studie für 91 Primärartikel der Jahre 2013 bis 2021 hervorgehoben. Sowohl die Qua-

---

19 Vgl. Kajüter und Herkenhoff (2021, 147); Stibi (2021, 241); Velte (2022, 627).
20 Vgl. Kajüter und Herkenhoff (2021, 147).
21 Vgl. Fleischer (2017, 509); Hennrichs (2018, 206).

lität der Berichterstattung als auch die Verknüpfung finanzieller und nichtfinanzieller Größen hängen, neben anderen Faktoren, davon ab.[22] Gegenteilig zeigt ein Umfrage unter 104 professionellen Analysten und Fondsmanagern, dass eine externe Prüfung wenig oder keinen zusätzlichen Nutzen bringt, wenn geprüfte und nicht geprüfte Informationen in einem Bericht nicht separiert werden. Die Prüfung finanzieller Bestandteile strahlt zu Unrecht auf ungeprüfte Informationen ab (Halo-Effekt).[23]

In der Literatur wird davon ausgegangen, dass es eine erhebliche Anzahl an verschiedenen Standards für die nichtfinanzielle Berichterstattung gibt. Schätzwerte zwischen 1.000 und 2.000 verschiedenen Standards kursieren.[24] Dabei sind klare Unterschiede zur finanziellen Berichterstattung erkennbar. In der klassischen finanziellen Berichtserstattung gibt es eine sinnvolle Trennung zwischen Standardsettern (z. B. EU, IASB, Parlament) und Auswertenden (z. B. Ratingagenturen).[25] Im ESG-Bereich ist dies leider nicht immer der Fall. Darüber hinaus kann das eigentliche Setzen von Standards transparent und formalisiert erfolgen, z. B. durch verschiedenste übergeordnete Institutionen, aber auch eher implizit durch Informationsintermediäre (z. B. Analysten, Fondmanager, Ratingagenturen), die Ihre eigenen Kriterien anwenden, ohne dass diese explizit für Außenstehende erkennbar wären. Die faktischen Folgen für Unternehmen können sich stark ähneln.

Aufgrund der Vielzahl der Standards können hier nur wenige knapp vorgestellt werden, um Unterschiede in Bezug zu bereits vorgestellten Aspekten zu verdeutlichen:
- Die Global Reporting Initiative (GRI) ist sehr präsent. Es handelt sich um einen Zusammenschluss diverser privater und öffentlich-rechtlicher Akteure (Unternehmen, Investoren, Ratingagenturen, Verbände, Gewerkschaften, UN, NGO, usw.). Der GRI-Leitfaden ist sehr umfassend, generalistisch und adressiert eine Vielzahl (potenzieller) Nutzer.[26]
- Der ISO 26000-Leitfaden wird von einem Schweizer Verein veröffentlicht, dem nationale Standardisierungs- und Normierungsorgane angehören. Der Rahmen ist ebenfalls generalistisch. Der Leitfaden ist vor allem Orientierungshilfe. Zertifizierung oder Sanktionierung sind nicht angedacht.
- Die Leitsätze der OECD für multinationale Unternehmen sind rechtsverbindliche Verhaltenserwartungen an Teilnehmerstaaten, die ebenfalls umfangreich ESG-Themen adressieren.
- Das Sustainability Accounting Standard Board (SASB) nimmt eine Shareholder Perspektive ein, hat damit einen vergleichsweise engeren Nutzerkreis und ist an der einfachen Wesentlichkeit orientiert.
- Ein International Sustainability Standards Board (ISSB) wurde neu geschaffen. Er soll die Arbeit des IASB ergänzen, der für die Finanzberichte zuständig bleibt.[27] Bisher scheint eine umfassende Stakeholderperspektive und eine doppelte Maßgeblichkeit angestrebt zu werden. Die Trennung der Boards lässt auch eine weniger integrierte Berichterstattung vermuten.

---

22 Vgl. Dumitru und Dragomir (2021).

23 Vgl. Reimsbach, Hahn und Gürtürk (2018, 559).

24 Vgl. Schmidt (2020, 258), der von ca. 2.000 Regulierungsakteuren ausgeht. Watchman und Papa (2019) geben 1.000 an.

25 Vgl. CDP u. a. (2020, 10).

26 Vgl. Geisel, Bach und Kiy (2019, 875). Krajewski (2018, 281).

27 Vgl. Hosp und Kraft (2021, 1395).

- Die CSR-Richtlinie der EU, die in Deutschland mit dem CSR-Umsetzungsgesetz im Jahr 2017 in nationales Recht transformiert wurde, bildet einen gesetzlichen und sanktionsbewehrten Rahmen für kapitalmarktorientierte Unternehmen. Ziel ist die Lenkung von Kapital in nachhaltige Investitionen. Unklar ist, ob die Fülle an zulässigen Inhalten und Darstellungsweisen laut HGB den sanktionierbaren Handlungsrahmen untergräbt. Geplant ist außerdem eine ESG-Rohdatenbank mit Bezug zu international anerkannten Standards (u. a. die GRI-Richtlinien).[28]
- Der International Integrated Reporting Council (IRRC) ist ähnlich zum GRI ein Zusammenschluss diverser Akteure.[29] Ziel ist eine integrierte Berichterstattung (Konnektivität) von finanziellen und nichtfinanziellen Informationen. Entsprechend immanent erscheint eine Orientierung an der einfachen Wesentlichkeit.
- Der Deutsche Nachhaltigkeitskodex (DNK) wurde vom Rat für nachhaltige Entwicklung in Zusammenarbeit mit diversen Verbänden entwickelt. Er soll als Standard für alle Unternehmen fungieren (und nicht nur für kapitalmarktorientierte). Die Ausrichtung zielt auf alle Stakeholder.
- Darüber hinaus gibt es viele Standardsetter, die sich nur mit ausgewählten ESG Aspekten beschäftigen. Beispielhaft genannt seien:
  - die Leitlinie der Vereinten Nationen für Unternehmen und Menschenrechte,
  - die Internationale Arbeitsorganisation (ILO)
  - und die Taskforce on Climate-related Financial Disclosures (TCFD).

Die Vielfalt erhöht die Komplexität für Unternehmen enorm. Es ist deshalb zu begrüßen, dass fünf sehr große und einflussreiche Regulierungsinstanzen eine Absichtserklärung für eine abgestimmte und umfassende Zusammenarbeit abgegeben haben.[30] Allerdings lassen ungeklärte Grundsatzfragen, z. B. nach welcher Wesentlichkeit die Ausrichtung erfolgen soll, welche Stakeholdergruppen angesprochen werden etc. nicht vermuten, dass zügig Einheitlichkeit erzielt wird.

Treiber der Nachhaltigkeitsentwicklung sind auch Investoren, obwohl ihnen oft das Gegenteil unterstellt wird. Eine PwC-Studie erwartet, dass der Anteil nachhaltiger Investitionsfonds von ca. 15 % im Jahr 2019 auf 50 % im Jahr 2025 steigt.[31] Zwischen 2016 und 2020 soll das in nachhaltige Anlagen investierte Vermögen in den USA, Europa und einigen anderen Ländern bereits um 55 % auf 35,3 Bio. US$ gestiegen sein.[32] Ob die Fokussierung auf Nachhaltigkeit altruistisch motiviert ist oder weil ein Zusammenhang mit finanzieller Performance unterstellt wird, ist fraglich. Dies hat natürlich Auswirkung darauf, welche Unternehmen als nachhaltig klassifiziert werden und ob eine einfache oder doppelte Wesentlichkeit den Ausschlag gibt.

Die Auswahl eines Unternehmens als nachhaltig kann nach bewährten Standards erfolgen oder nach **eigenen Kriterien der Fonds**. Diese Kriterien können sehr einfach sein, z. B. ein schlichter Ausschluss bestimmter Branchen (Rüstungs-, Tabak- oder Alko-

---

28 Vgl. Schmidt (2020, 233).

29 Vgl. Kannenberg und Schreck (2019, 515) zur historischen Entwicklung.

30 Vgl. CDP u. a. (2020).

31 Vgl. PwC ((2020). 2022).

32 Vgl. GSIA (2021).

holindustrie). Alternativen sind normbasierte Screenings, Best-in-Class-Verfahren oder auch kombinierte Methoden. Die Anleger müssten dann abgleichen, ob sich die Kriterien des Fonds mit Ihren Vorstellungen von Nachhaltigkeit decken. Hier ist zu beachten, dass das tatsächliche Verhalten der Unternehmen, sowie die genauen Kriterien und die Tiefe der Recherche durch die Fonds nicht immer transparent sind.

Ein Positivbeispiel ist Sustainable Asset Management (SAM). Diese Institution ist seit 1995 aktiv und hat sich über die Jahre eine der weltweit größten Datenbanken für nachhaltige Unternehmen nach ihren Industriespezifischen Analysemethoden und Kriterien entwickelt. Jährlich werden ca. 1.000 börsennotierte Unternehmen beurteilt und verschiedene Familien von Nachhaltigkeitsindizes entwickelt.

Naturgemäß folgen Fonds eher einer Schwarz-Weiß-Logik ohne Graustufen. Ein Unternehmen wird also entweder als nachhaltig in einen Fond aufgenommen oder ausgeschlossen. Differenzierte Bewertungen sind hingegen bei **ESG-Ratingagenturen** zu finden. ESG-Ratingagenturen funktionieren nach einem ähnlichen Prinzip, wie klassische Finanzratingagenturen (S&P, Moody's, Fitch etc.). Als unabhängige Dritte ist ihr Ziel, anhand eigener Ratingkriterien Informationsasymmetrien zwischen Unternehmen und Stakeholdern, insbesondere Anlegern, zu verringern. Wie auch bei den Finanzratingagenturen schließt das Geschäftsmodell vollständige Transparenz aus. Würden alle Kriterien und deren Beurteilung offen liegen, könnte die Bewertung nicht ökonomisch verwertet werden. Entsprechend benötigen Ratingagenturen Reputation, um Vertrauen zu erzeugen.

Eine Untersuchung von acht etablierten ESG-Ratingagenturen legt folgende Merkmale offen. Die Informationsbasis ist meist breit und besteht neben Unternehmensberichten aus Medienanalysen und ähnlichem. Es werden 450–1.300 Datenpunkte pro Unternehmen ermittelt, die nicht nur auf Investitionsentscheidungen abzielen. Allerdings ist die Aggregation und Gewichtung oft nicht nachvollziehbar. Teilweise gibt es separate Einzelnoten für E, S und G, teilweise nur Gesamtnoten. Die Notenskalen sind bei Wettbewerbern zwar unterschiedlich, die Abstufungstype ist, ähnlich wie bei den Finanzratingagenturen, aber vergleichbar. Eine Differenzierung zwischen Branchen ist üblich. Insgesamt lassen sich die Ratings aber wenig vergleichen. Zum Teil werden nur Risiken betrachtet, zum Teil auch Chancen. Ebenso werden manchmal Risiken insgesamt erfasst, manchmal wird zwischen steuerbaren und nicht steuerbaren Risiken unterschieden.

In ersten umfassenderen Untersuchungen zeigte sich bereits, dass die ESG-Ratings sich in einigen sehr fundamentalen Punkten von Finanzratings unterscheiden. Ein Grund liegt in den verschiedenen Zielen (E, S, G) und deren Gewichtungen, sowie in der komplexen Operationalisierung von Zielgrößen. So können Positionen wie Kundenzufriedenheit, gute Corporate Governance, Betriebsklima usw. auf sehr verschiedene Arten gemessen werden. Zwar kann man auch finanzielle Zielgrößen auf verschiedene Arten präzisieren, aber die Variationsbreite ist doch deutlich geringer. In Finanzanalysen gehen zudem tendenziell stark standardisierte und geprüfte Daten ein, was bei ESG-Ratings gerade nicht gilt. Entsprechend zeigen sich starke „disagreements" bei

ESG-Ratings, während bei klassischen Finanzratings hochgradig korrelierte Noten vorliegen.[33]

Die untersuchten Ratingagenturen bewerten 4.000–22.000 Unternehmen pro Jahr.[34] Das lässt auf eine oligopolistische Struktur schließen. Aufgrund der Datenfülle und mangelnden Normierung, ist es plausibel, dass Größe und umfangreiche Datenbestände hier Wettbewerbsvorteile bilden, die diese Entwicklung fördern. Bei allen wettbewerbsrechtlichen Nachteilen dieser Entwicklung ergibt sich zumindest eine gewisse Standardisierung der Kriterien, welche die Komplexität für Unternehmen verringern könnte. Ob die fehlende Transparenz der Ratingagenturen dies unterbindet, bleibt ungewiss.

19.5 Zusammenhänge zwischen ESG und finanzieller Performance

Die Motivation für ESG Aktivitäten kann sehr unterschiedlich sein. ESG-Aktivitäten können im Sinne der einfachen Wesentlichkeit als Business Case verstanden werden, die den Unternehmenswert positiv beeinflussen, oder als Tätigkeit mit altruistischem Zweck. Interessanterweise versuchen gerade Anhänger von letzterem einen positiven Zusammenhang zwischen ESG und finanzieller Performance nachzuweisen, um Anhänger der ersten Gruppe von einer generellen Sinnhaftigkeit von ESG-Aktivitäten zu überzeugen. Die Vorteile des Nachweises eines positiven Zusammenhangs zwischen ESG-Aktivitäten und finanzieller Performance liegen auf der Hand. Selbst größte Skeptiker von ESG, wie der in diesem Zusammenhang berühmt-berüchtigte Milton Friedman („The social responsibility of business is to increase its profits"), könnten so innerhalb seines neoklassischen Denkmodells zu ESG-Aktivitäten motiviert werden, die andernfalls als nicht legitimierte Verschwendung der Gelder der Aktionäre betrachtet werden. Entsprechend gibt es seit mehr als 50 Jahren Studien zu diesem Thema; einige bisherige Erkenntnisse der Studiensichtung werden nachfolgend zusammengetragen.

Eine erste Erkenntnis ist, dass es große Divergenzen in der **Operationalisierung von ESG-Qualität**, Performance und des unterstellten **Wirkungszusammenhangs** gibt, die natürlich auch zu anderen Resultaten führen. ESG-Qualität wird unter anderem in den Studien mit Experteneinschätzungen, Befragungsstudien, Zeitschriftenratings, Inhaltsanalysen von Nachhaltigkeitsberichten, Unternehmenspublikationen, Aufnahme in einen ESG-Fonds, Einstufungen durch ESG-Ratingagenturen oder auch eine Selektion nur einer ESG-Komponente (z. B. des CO_2-Ausstoßes) gemessen. Kritik an der Validität der Ergebnisse aufgrund der verschiedenen Operationalisierungen liegt auf der Hand. So ist fraglich, ob die tatsächliche Nachhaltigkeitspolitik eines Unterneh-

---

33 Vgl. Berg, Kölbel und Rigobon (2022, 1); Cash (2021); Christensen, Serafeim und Sikochi (2022, 147); Gibson Brandon, Krueger und Schmidt (2021, 104).

34 Vgl. Escrig-Olmedo u. a. (2019, 1); Haak und Kühnberger (2022, 415).

mens gemessen wird oder nur die Qualität der Nachhaltigkeitsberichte.[35] Die Messung nur weniger ESG-Aspekte als Indikatoren der gesamten ESG-Politik kann als nicht repräsentativ bezeichnet werden.

Die Problematiken bei der Operationalisierung von Performance sind ein generell bekanntes Problem in der betriebswirtschaftlichen Forschung. Klassische rechnungslegungsbasierte Performancemaße wie ROI, ROA, EVA usw. werden von einer Vielzahl von Variablen beeinflusst. Der isolierte Einfluss von ESG ist damit kaum erfassbar. Marktbasierte Daten, wie KBV, KGV, Tobin's Q, Aktienrenditen, Eigenkapitalkosten, Liquidität der Aktien, usw. gelten als leicht robuster, die Problematik ist aber ähnlich. Zudem liegen Sie häufig nur für börsennotierte (Groß-)Unternehmen vor.[36]

Generell lassen sich die Effekte von einzelnen ESG-bezogenen Ereignissen mit kurzen Zeitfenstern, wie Umweltkatastrophen, Arbeitsunfällen, etc. durch Eventstudien gut erfassen. In diesen wird die abnormale Rendite um das Ereignis gemessen. Die **Messung langfristiger Effekte** ist deutlich schwieriger. Eventstudien scheitern hier daran, dass in längeren Zeiträumen viele andere Ereignisse auftreten (Confounding Events), die das Performanceergebnis beeinflussen und damit die Messung verzerren. Ein weiteres Problem bei langfristigen Effekten ist der Zeitwert des Geldes. ESG-Maßnahmen führen zu heutigen Auszahlungen, aber eventuell erst in ferner Zukunft zu Einzahlungen (z. B. als FCF). Zur besseren Vergleichbarkeit müssten Zeitwerte (z. B. Barwerte) bestimmt werden. Aufgrund der nötigen Abzinsungen scheinen also langfristige Auswirkungen ökonomisch weniger attraktiv, auch wenn politisch sicherlich eine Langfristigkeit nicht negativ betrachtet wird.

Ein weiteres Problem bei der Performance ist, wessen Performance eigentlich gemessen wird. Betrifft es lediglich das Unternehmen oder auch nachfolgende Elemente der Wertschöpfungskette? Beispielsweise führt die Entwicklung eines PKW mit geringerem Kraftstoffverbrauch oder geringeren Entsorgungskosten zu niedrigeren Aufwendungen beim Kunden. Es ist aber fraglich, ob der Hersteller selbst diese Effekte einpreisen kann, um die Performanceeffekte auf sich zu überführen.

Wie in den meisten statistischen Untersuchungen lassen sich zwar Korrelationen prüfen, aber keine Kausalitäten. Das heißt, es wäre bei einer positiven Korrelation nicht geklärt, ob ESG zur besseren Performance führt (Business Case) oder bessere Performance zu ESG. In einer neoklassischen Denkweise kann argumentiert werden, dass sich nur finanziell erfolgreiche Unternehmen den zusätzlichen Luxus leisten können, überschüssige Mittel für ESG auszugeben, da bereits die Shareholder ausreichend zufriedengestellt wurden (Managerial Slack; **Charityhypothese**). Positiver formuliert könnte dieser Luxus aber auch als Signal der finanziellen Stärke gedeutet werden, welche ökonomisch vorteilhaft sein kann. Es kann also eine wechselseitige Wirkungsrichtung bestehen. Werden höhere Gewinne oder Cashflows in der Zukunft erwartet, können

---

35 Vgl. Christensen, Hail und Leuz (2021, 1176).

36 Vgl. Christensen, Hail und Leuz (ebd., 1176); Wang, Dou und Jia (2016, 1083).

ESG-Investitionen unmittelbar umgesetzt werden **(Signalinghypothese)**, die eigentliche Performance folgt dann aber erst später. Zu beachten ist hierbei, dass trotz einer zeitlichen vorgelagerten Investition in ESG diese nicht ursächlich für spätere Performance ist.[37] Obwohl es eine sehr große Zahl an Untersuchungen gibt, kann die **Frage der Kausalitätsrichtung** noch nicht als beantwortet gelten.[38]

Zur weiteren Klärung der Kausalität ist es deshalb nicht nur wichtig, ob ESG die Performance beeinflusst, sondern auch wie. Eine Fülle von Wirkungsmechanismen wurde bereits untersucht. Geht man vom gesteigerten Unternehmenswert als Kernkenngröße aus, müsste anhand der DCF-Logik die ESG-Politik entweder die künftigen Cashflow oder den risikoabhängigen Kapitalkostensatz beeinflussen. Der Unternehmenswert leitet sich nämlich aus diesen Größen ab. Zumindest kann unterstellt werden, dass die zusätzlichen Informationen die Beurteilung der zukünftigen Entwicklung und des Managements erleichtern.[39]

Als ein Beispiel für eine **Kausalkette** sei angeführt, dass ESG-Politik Risiken vermindert, somit den Kapitalkostensatz senkt und den Unternehmenswert erhöht. Umfassende ESG-Berichterstattung kann das Risikomanagement verbessern. Zudem könnte eine gute ESG-Reputation bei Schadensfällen zu einer Art Versicherung vor überhöhten Schadensersatzansprüchen führen (Insurance-like) oder, schon auf einer vorgelagerten Stufe, als Licence-to-Operate wirken, die Legitimität für eine Marktteilnahme schaffen.[40] Ein Beispiel für eine cashflowbezogene Kausalkette lautet: ESG-Politik führt zu erhöhter Kundenzufriedenheit, diese zu höherer Loyalität, Nachfrage oder Zahlungsbereitschaft, damit zu höheren Cashflows und einem gesteigerten Unternehmenswert. Allerdings müssten Kunden die ESG-Aktivitäten dafür auch wahrnehmen.[41] Analoge cashflowbezogene Kausalketten sind für Mitarbeiterzufriedenheit, Rohstoffaufwendungen, Entsorgungskosten oder Schadensersatzzahlungen denkbar.

! **Zum Zusammenhang zwischen ESG und finanzieller Performance liegen einige Metastudien vor:**
- Margolis u. a. werten 167 Primärstudien aus 35 Jahren sowie 16 Sammelrezensionen und Metastudien aus. Sie finden einen positiven Zusammenhang zwischen ESG-Investitionen und finanzieller Performance auf niedrigem Signifikanzniveau. Die Wirkung der einzelnen ESG-Komponenten ist sehr unterschiedlich und kontextabhängig.[42]

---

37 Vgl. Lys, Naughton und Wang (2015, 56).

38 Vgl. Busch und Friede (2018, 602) halten eine wechselseitige Beeinflussung für am wahrscheinlichsten; Wang, Dou und Jia (2016, 1096) die Investmenthypothese.

39 Vgl. Amel-Zadeh und Serafeim (2018, 87): Ergebnis einer umfassenden Befragungsstudie mit 413 Investment Professionals.

40 Vgl. Velte (2022, 627).

41 Vgl. Servaes und Tamayo (2013, 1045): keine positiven Effekte bei Unternehmen ohne hohe Werbeintensität.

42 Vgl. Margolis, Elfenbein und Walsh (2009).

- Wang u. a. werten 42 Primärstudien aus den Jahren 2003–2012 aus. Sie schlussfolgern einen positiven Zusammenhang über verschiedene Wirkmechansismen.[43]
- Kannenberg und Schreck analysieren 32 Studien zum Integrated Reporting. Sie schlussfolgern, dass Integrated Reporting zu qualitativ guten Nachhaltigkeitsdaten und verbesserter interner Kommunikation führt. Die Konnektivität von finanziellen und nichtfinanziellen Informationen war aber schlechter als erwartet. Eine unterstellte Dominanz der finanziellen Perspektive lag nicht vor.[44]
- Plewnia und Günther untersuchten 45 Primärstudien der Corporate Philantropy, d. h. von ESG-Auszahlungen, die explizit keinen direkten betrieblichen Nutzen haben sollen. Sie finden positive, statistisch signifikante Zusammenhänge mit finanzieller Performance.[45]
- Michaels und Grüning stellten in einer Untersuchung von 498 deutschen Unternehmen ökonomisch positive Folgen einer freiwilligen ESG-Berichterstattung fest.[46] Bei pflichtgemäßer ESG-Berichterstattung in der EU stellten Grewal u. a. hingegen negative Reaktionen der Eigenkapitalgeber fest. Auffällig ist, dass dies insbesondere für Unternehmen gilt, die nicht bereits vorher freiwillig aktiv waren. Bei vorher aktiven Unternehmen gibt es den Effekt nicht. Dies lässt eine individuelle Cost-Benefit-Analyse der Unternehmen vor freiwilligen ESG-Aktivitäten vermuten.[47]
- Velte wertet 54 Meta-Analysen zum Einfluss von Corporate Governance-Elementen auf die ESG-Performance und damit indirekt die finanzielle Performance aus. Die finanzielle Performance und ESG-Performance korrelieren positiv. Die ESG-Performance hängt von Board-Merkmalen ab (Größe, Unabhängigkeit und Diversität).[48]
- Busch und Friede untersuchen in einer Second-order-Meta-Analyse 25 Metastudien und damit 1.902 Primärstudien. Mit mehr als 1 Mio. Datenpunkten und 129 Wirkungseffekten von ESG auf Performance scheint dies der umfassendste Datensatz zu sein. Grundsätzlich ist die Beziehung von ESG und Performance statistisch hochsignifikant positiv. Die Effekte sind stärker, wenn Performance mit operativen Kenngrößen (z. B. Material- oder Energieverbrauch) und nicht mit finanziellen Kenngrößen gemessen wird. Als Ursache vermuten die Autoren Bilanzpolitik oder Störvariablen des Kapitalmarkts. Vorstellbar ist auch, dass negative kompensatorische Effekte nicht erfasst werden, wenn man sich lediglich auf operative Kenngrößen stützt. Die ESG-Berichte an sich und deren Prüfung scheinen die Ergebnisse aber wenig zu beeinflussen, was an der fehlenden Einheitlichkeit liegen kann.[49]

Zusammenfassend deuten die Studien tendenziell auf eine positive Beziehung von ESG-Maßnahmen und finanzieller Performance hin. Dass ESG nicht nur altruistisch ist, sollte langfristig die Bedeutung noch verstärken und die These, dass ESG-Investitionen Verschwendung sind, scheint nicht haltbar. Auch für die Diskussionen um die Wesentlichkeit von ESG-Maßnahmen ist diese Erkenntnis höchst relevant. Wenn finanzielle Performance mit ESG-Investitionen zusammenfällt, ist jede ESG-Maßnahme ein Business Case und es muss nicht zwischen einfacher und doppelter Wesentlichkeit getrennt werden.

---

43 Vgl. Wang, Dou und Jia (2016, 1083).

44 Vgl. Kannenberg und Schreck (2019, 515).

45 Vgl. Plewnia und Guenther (2017, 347).

46 Vgl. Michaels und Grüning (2017, 1).

47 Vgl. Grewal, Riedl und Serafeim (2019, 3061).

48 Vgl. Velte (2022, 627).

49 Vgl. Busch und Friede (2018, 583).

Natürlich sind die Ergebnisse der einzelnen Studien nicht zwangsläufig generalisierbar. Für Regulierer ist besonders hervorzuheben, dass eine freiwillige ESG-Publizität (vielleicht aus unternehmensindividuellem Kalkül) tendenziell stärkere Wirkung zu haben scheint. Damit ist zweifelhaft, ob die gleichen Effekte mit erzwungenen Maßnahmen erzielt werden können. Gegenteilig hat die verpflichtende Einführung von CSR-Berichten für kapitalmarktorientierte Unternehmen in der EU dazu geführt, dass Unternehmen, die erstmals davon betroffen waren, verstärkt ESG-Aktivitäten entfaltet haben. Für bereits zuvor publizierende Unternehmen war dies nicht zu beobachten.[50]

Aus der traditionellen Finanzberichterstattung sind sog. **Real Effects** bekannt, die durch Pflichtpublizität ausgelöst werden können. Diese können sowohl positiv als auch negativ sein. Als Beispiel führte die Verpflichtung zur Offenlegung der Vorstandsvergütungen durch Stock Options in den USA zu Anpassungen der Vergütungssysteme. Dies war eine erwünschte Folge. Der Sarbanes Oxley Act 2002 hingegen, welcher in Folge diverser Bilanzskandale die Haftung von Boardmitgliedern und Prüfern verschärfte, führte zu unerwünschten Effekten. Mehr sachverhaltsgestaltender Bilanzpolitik und auch Rückzügen von der Börse, um rigiden SEC-Verpflichtungen zu entgehen, waren die Folge. Mit solchen Ausweichhandlungen kann auch bei einer Pflichtpublizität in ESG-Bereichen gerechnet werden. Als Beispiel kann die Verpflichtung südafrikanischer börsennotierter Unternehmen, über Minenunfälle zu berichten, genannt werden. Dies führte nicht nur zu höheren Investitionen in Sicherheit, sondern auch zu einem Weiterbetrieb der Minen durch nicht publizitätspflichtige Unternehmen oder zu Stilllegungen. Ein weiteres Beispiel ist die Angabe von Mortalitätsraten bei Krankenhäusern, die dazu führen kann, dass Risikopatienten eher abgelehnt werden.[51]

! **Fazit:** Für die Kennzahlenanalyse und die Investor-Relations-Politik der Unternehmen lassen sich insgesamt vor allem folgende Schlüsse ziehen. Die Relevanz nichtfinanzieller Informationen wird sehr wahrscheinlich stark zunehmen. Das liegt nicht nur am politischen Druck, sondern auch an vermuteten Zusammenhängen mit positiven finanziellen Kenngrößen. Eine Vereinheitlichung der nichtfinanziellen Berichte wäre für viele Beteiligte sehr vorteilhaft, ist aber mittelfristig aufgrund von länder- und branchenspezifischen Besonderheiten unwahrscheinlich. Ebenso fraglich ist, ob eine Angleichung über Gesetzgeber oder Marktkräfte erzwungen wird. Die Vielfalt der Berichte und die Datenfülle schafft hier klare Wettbewerbsvorteile für große Informationsmediäre. Die Komplexität wäre zu groß für kleinere Wettbewerber. Die Glaubwürdigkeit der Informationen bleibt ein entscheidendes Thema. Externe Prüfungen oder gesetzliche Durchsetzbarkeit von Sanktionen sind entscheidende Stellschrauben für die künftigen Entwicklungen.

---

50 Vgl. Fiechter, Hitz und Lehmann (2022, 1499).

51 Vgl. Leuz und Wysocki (2016, 525).

Literatur

Achleitner, Ann-Kristin u. a. (2014). Real Earnings Management and Accrual-based Earnings Management in Family Firms. *European Accounting Review* 23(3):431–461.

Aders, Christian, Nicolas Schnell und Bernhard Schwetzler (2018). Erfolgsfaktoren für Übernahmeangebote in Deutschland. *Corporate Finance* 9(1–2):53–60.

Amel-Zadeh, Amir, Mary E. Barth und Wayne Landsman (2014). Does Fair Value Accounting Contribute to Procyclical Leverage? *Working Paper*.

Amel-Zadeh, Amir und George Serafeim (2018). Why and How Investors Use ESG Information: Evidence from a Global Survey. *Financial Analysts Journal* 74(3):87–103.

Antonakopoulos, Nadine und David Weidenfeller (2018). Analyse der Goodwill-Bilanzierung bei Unternehmen in der Krise. *Zeitschrift für Internationale Rechnungslegung (IRZ)* 13(7–8):307–311.

Armstrong, Christopher S., Wayne R. Guay und Joseph P. Weber (2010). The role of information and financial reporting in corporate governance and debt contracting. *Journal of Accounting and Economics* 50(2–3):179–234.

Ballwieser, Wolfgang (2014). Ansätze und Ergebnisse einer ökonomischen Analyse des Rahmenkonzepts zur Rechnungslegung. *Schmalenbachs Zeitschrift für betriebswirtschaftliche Forschung* 66(5–6):451–476.

Baloria, Vishal P., Kenneth J. Klassen und Christine I. Wiedman (2019). Shareholder Activism and Voluntary Disclosure Initiation: The Case of Political Spending. *Contemporary Accounting Research* 36(2):904–933.

Barrantes, Eloy und Henning Zülch (2019). Digitaler Geschäftsbericht als „Hidden Champion": Vom Pull- zum Push-Reporting. *Zeitschrift für internationale und kapitalmarktorientierte Rechnungslegung (KoR)* 19(3):156–157.

Barth, Mary E. (2018). How International Accounting Research Influences Policy and Standard Setting. *Journal of International Accounting Research* 17(2):1–11.

Barth, Mary E. u. a. (2017). Bank earnings and regulatory capital management using available for sale securities. *Review of Accounting Studies* 22(4):1761–1792.

Basner, Reno und Hans Hirth (2011). Signalisierung und Dividendenpolitik: Theorie und Empirie. *Betriebswirtschaftliche Forschung und Praxis (BFuP)* 63(1):76–100.

Bebchuk, Lucian A., Alma Cohen und Holger Spamann (2010). The Wages of Failure: Executive Compensation at Bear Stearns and Lehman 2000–2008. *Yale Journal on Regulation* 27(2):257–282.

Becht, Marco u. a. (2017). Returns to Hedge Fund Activism: An International Study. *The Review of Financial Studies* 30(9):2933–2971.

Behling, Kai (2019). Sinken mit IFRS 16 „Leases" nun die Unternehmenswerte? *Der Betrieb* 72(19):1039–1043.

Bellmann, Lutz und Theresa Koch (2019). Ökologische Nachhaltigkeit in deutschen Unternehmen: Empirische Ergebnisse auf Basis des IAB-Betriebspanels 2018. *IAB-Forschungsbericht* 8.

Bens, Daniel A., Wendy Heltzer und Benjamin Segal (2011). The Information Content of Goodwill Impairments and SFAS 142. *Journal of Accounting, Auditing & Finance* 26(3):527–555.

Bentley, Jeremiah W. u. a. (2018). Disentangling Managers' and Analysts' Non-GAAP Reporting. *Journal of Accounting Research* 56(4):1039–1081.

Berg, Florian, Julian F. Kölbel und Roberto Rigobon (2022). Aggregate Confusion: The Divergence of ESG Ratings. *Review of Finance* 26(6):1315–1344.

Berg, René (2018). *Legitimation durch Informationsintermediäre mit Nachhaltigkeitsbezug: eine institutionentheoretische Analyse und empirische Kapitalmarktuntersuchung.* Wiesbaden: Springer Gabler.

Bertram, Klaus u. a. (2019). *Haufe HGB Bilanz Kommentar.* 10. Aufl. Freiburg: Haufe.

Betke, Denis, Manfred Kühnberger und Monika Kummer (2021). Die Prüfungsqualität der Big 4 – Eine Analyse anhand der Ergebnisqualität deutscher DAX-Unternehmen. *Zeitschrift für internationale und kapitalmarktorientierte Rechnungslegung (KoR)* 21(2):79–88.

Beyer, Anne u. a. (2010). The financial reporting environment: Review of the recent literature. *Journal of Accounting and Economics* 50(2–3):296–343.

https://doi.org/10.1515/9783110770551-020

Bieker, Marcus und Johannes Julius Moser (2011). Earnings Before What? – Zur babylonischen Sprachverwirrung in deutschen Geschäftsberichten. *Praxis der internationalen Rechnungslegung (PiR)* 7(6):163–170.

Bigus, Jochen, Nadine Georgiou und Philipp Schorn (2016). Legal Form and Earnings Properties. *European Accounting Review* 25(3):515–548.

Bigus, Jochen und Stefanie Häfele (2018). Shareholder Loans and Earnings Smoothing – Empirical Findings from German Private Firms. *European Accounting Review* 27(1):37–74.

Bischof, Stefan, Robert Link und Alexander Staß (2020). DPR-Prüfungsschwerpunkte 2020. *Der Betrieb* 73(1):1–8.

Black, Dirk E. (2013). Returns Volatility and Other Comprehensive Income Components. *Working Paper*.

BMZ. (2022). *Fragen und Antworten zum Lieferkettensorgfaltspflichtengesetz*. Berlin: Bundesministerium für wirtschaftliche Zusammenarbeit und Entwicklung.

Boochs, Sebastian (2019). Auswirkungen regulatorischer Änderungen auf die IFRS-Bilanzierung. Bericht zum 18. IFRS-Kongress 2019 vom 12.-13.09.2019 in Berlin. *Zeitschrift für internationale und kapitalmarktorientierte Rechnungslegung (KoR)* 19(11):506–515.

Bourveau, Thomas, Yun Lou und Rencheng Wang (2018). Shareholder Litigation and Corporate Disclosure: Evidence from Derivative Lawsuits. *Journal of Accounting Research* 56(3):797–842.

Braam, Geert u. a. (2015). Accrual-based and real earnings management and political connections. *The International Journal of Accounting* 50(2):111–141.

Bradley, Michael und Michael R. Roberts (2015). The Structure and Pricing of Corporate Debt Covenants. *Quarterly Journal of Finance* 5(2), 1550001.

Brösel, Gerrit (2017). *Bilanzanalyse: Unternehmensbeurteilung auf der Basis von HGB- und IFRS-Abschlüssen*. 16. Aufl. Berlin: Erich Schmidt.

Busch, Timo und Gunnar Friede (2018). The Robustness of the Corporate Social and Financial Performance Relation: A Second-Order Meta-Analysis: Corporate social and financial performance. *Corporate Social Responsibility and Environmental Management* 25(4):583–608.

Camfferman, Kees und Jacco L. Wielhouwer (2019). 21st century scandals: towards a risk approach to financial reporting scandals. *Accounting and Business Research* 49(5):503–535.

Canace, Thomas G., Scott B. Jackson und Tao Ma (2018). R&D investments, capital expenditures, and earnings thresholds. *Review of Accounting Studies* 23(1):265–295.

Cash, Daniel (2021). *Sustainability rating agencies vs credit rating agencies: the battle to serve the mainstream investor*. Cham (Schweiz): Palgrave Macmillan.

Castilla-Polo, Francisca und Dolores Gallardo-Vázquez (2016). The main topics of research on disclosures of intangible assets: a critical review. *Accounting, Auditing & Accountability Journal* 29(2):323–356.

Cazier, Richard A. u. a. (2017). Litigation Risk and Non-GAAP Reporting. *Working Paper*.

CDP u. a., Hrsg. (2020). *Statement of Intent to Work Together Towards Comprehensive Corporate Reporting: Summary of alignment discussions among leading sustainability and integrated reporting organisations CDP, CDSB, GRI. IIRC and SASB*.

Chen, Ester, Ilanit Gavious und Baruch Lev (2017). The positive externalities of IFRS R&D capitalization: enhanced voluntary disclosure. *Review of Accounting Studies* 22(2):677–714.

Christensen, Dane M., George Serafeim und Anywhere Sikochi (2022). Why is Corporate Virtue in the Eye of The Beholder? The Case of ESG Ratings. *The Accounting Review* 97(1):147–175.

Christensen, Hans B., Luzi Hail und Christian Leuz (2018). Economic Analysis of Widespread Adoption of CSR and Sustainability Reporting Standards: Structured Overview of CSR Literature. *Working Paper*.

Christensen, Hans B., Luzi Hail und Christian Leuz (2021). Mandatory CSR and sustainability reporting: economic analysis and literature review. *Review of Accounting Studies* 26(3):1176–1248.

Christensen, Hans B., Edward Lee u. a. (2015). Incentives or Standards: What Determines Accounting Quality Changes around IFRS Adoption? *European Accounting Review* 24(1):31–61.

Christensen, Hans B., Valeri V. Nikolaev und Regina Wittenberg-Moerman (2016). Accounting Information in Financial Contracting: The Incomplete Contract Theory Perspective. *Journal of Accounting Research* 54(2):397–435.

Chu, Jenny u. a. (2019). Maintaining a Reputation for Consistently Beating Earnings Expectations and the Slippery Slope to Earnings Manipulation. *Contemporary Accounting Research* 36(4):1966–1998.

Chung, Kee H. und Stephen W. Pruitt (1994). A Simple Approximation of Tobìn's q. *Financial Management* 23(3):70–74.

Coenenberg, Adolf G. und Christian Fink (2018). Der Einfluss des IFRS 16 zur Leasingbilanzierung auf Abschlusspolitik und -analyse. *Rechnungslegung, Steuern, Corporate Governance, Wirtschaftsprüfung und Controlling*. Hrsg. von Patrick Velte u. a. Wiesbaden: Springer Gabler, 51–67.

Coenenberg, Adolf G., Axel Haller und Wolfgang Schultze (2021). *Jahresabschluss und Jahresabschlussanalyse: Betriebswirtschaftliche, handelsrechtliche, steuerrechtliche und internationale Grundlagen – HGB, IAS/IFRS, US-GAAP, DRS.* 26. Aufl. Stuttgart: Schäffer-Poeschel.

Coffee, John C. (2019). Why do auditors fail? What might work? What won't? *Accounting and Business Research* 49(5):540–561.

Coffee, John C. und Darius Palia (2014). The Impact of Hedge Fund Activism: Evidence and Implications. *Columbia Law & Economics Working Paper* (489).

Commerford, Benjamin P. u. a. (2019). Auditor Sensitivity to Real Earnings Management: The Importance of Ambiguity and Earnings Context. *Contemporary Accounting Research* 36(2):1055–1076.

DAI. (2019). *ESG from the Perspective of institutional Investors.* Frankfurt am Main: Deutsches Aktieninstitut.

Dechow, Patricia M. und Catherine Shakespeare (2009). Do Managers Time Securitization Transactions to Obtain Accounting Benefits? *The Accounting Review* 84(1):99–132.

Degeorge, François u. a. (2013). Analyst coverage, earnings management and financial development: An international study. *Journal of Accounting and Public Policy* 32(1):1–25.

Derbort, Stephan u. a. (2016). *Bilanzierung von Pensionsverpflichtungen: HGB, EStG und IFRS / IAS 19.* 2. Aufl. Wiesbaden: Springer Gabler.

Dhaliwal, Dan u. a. (2014). Corporate social responsibility disclosure and the cost of equity capital: The roles of stakeholder orientation and financial transparency. *Journal of Accounting and Public Policy* 33(4):328–355.

Dichev, Ilia D. u. a. (2013). Earnings quality: Evidence from the field. *Journal of Accounting and Economics* 56(2–3):1–33.

Dinh, Tami, Seraina Früh und Arthur Stenzel (2018). Korruption im Rahmen der Accounting Complicance – Theoretische und empirische Einblicke. *Zeitschrift für Internationale Rechnungslegung (IRZ)* 13(7–8):313–315.

Dinh, Tami, Helen Kang und Wolfgang Schultze (2016). Capitalizing Research & Development: Signaling or Earnings Management? *European Accounting Review* 25(2):373–401.

Dinh, Tami, Arthur Stenzel und Marc Candreja (2020). Goodwill-Impairments und Managementwechsel: Eine vergleichende empirische Analyse der DAX-und SMI-Unternehmen. *Zeitschrift für internationale und kapitalmarktorientierte Rechnungslegung (KoR)* 20(1):22–30.

Doukakis, Leonidas C. (2014). The effect of mandatory IFRS adoption on real and accrual-based earnings management activities. *Journal of Accounting and Public Policy* 33(6):551–572.

Drake, Michael S., Jeffrey Hales und Lynn L. Rees (2019). Disclosure Overload? A Professional User Perspective on the Usefulness of General Purpose Financial Statements. *Contemporary Accounting Research* 36(4):1935–1965.

DSW, FOM/isf, und Dividendenadel, Hrsg. (2020). *Dividendenstudie 2020 – Im Bann des Virus: Zwischen Ausschüttung und Ausfall.* Düsseldorf: Deutsche Schutzvereinigung für Wertpapierbesitz.

Dücker, Hannes (2009). *Institutionelle Änderungen und die Ergebnisqualität von Finanzberichten deutscher Unternehmen: Die Auswirkungen des KonTraG.* Frankfurt am Main: Peter Lang.

Dumitru, Mădălina und Voicu Dragomir (2021). The Factors of Integrated Reporting Quality: A Meta-Analysis. *Working Paper.*

Duscher, Irina (2014). Nach dem BilMoG: Annäherung an die IFRS im Bereich selbst erstellter immaterieller Vermögensgegenstände in der Bilanzierungspraxis innovativer Unternehmen? Fall der biotechnologischen Forschungs- und Entwicklungsprojekte. *Zeitschrift für Internationale Rechnungslegung (IRZ)* 9(4):149–154.

DVFA Kommission Unternehmensanalyse (2018). *Ergebnisbereinigungen: Non-GAAP-Earnings Adjustments*. Frankfurt am Main: Deutsche Vereinigung für Finanzanalyse und Asset Management (DVFA).

Dye, Ronald A., Jonathan C. Glover und Shyam Sunder (2014). Financial Engineering and the Arms Race between Accounting Standard Setters and Preparers. *Working Paper*.

E&Y. (2019). *Wem gehört der DAX? Analyse der Aktionärsstruktur der DAX Unternehmen im Jahr 2018*. Stuttgart: Ernst & Young.

Eierle, Brigitte, Sebastian Klamer und Florian Ther (2019). Bilanzpolitische Motive im deutschen Mittelstand – Eine empirische Analyse. *Der Betrieb* 72(13):677–687.

Eisenschmidt, Karsten und Manfred Kühnberger (2017). Ergebnisqualität (Earnings Quality) von deutschen Unternehmen im Immobiliensektor. *Zeitschrift für internationale und kapitalmarktorientierte Rechnungslegung (KoR)* 17(6):68–75.

Eisenschmidt, Karsten und Manfred Kühnberger (2019). Determinanten der Ergebnisqualität deutscher Aktiengesellschaften. *Internationale und kapitalmarktorientierte Rechnungslegung* 19(3):113–125.

Eisenschmidt, Karsten, Manfred Kühnberger und Philipp Setzpfand (2019). Zur Kapitalstruktur von börsennotierten Konzernen in Deutschland – Eine empirische Analyse der DAX30-Unternehmen seit Einführung der IFRS. *Zeitschrift für internationale und kapitalmarktorientierte Rechnungslegung (KoR)* 19(7–8):328–334.

Eisenschmidt, Karsten, Manfred Kühnberger und Philipp Setzpfand (2022). Zur Kapitalstruktur kapitalmarktorientierter Konzerne im HDAX und SDAX: Ein Erklärungsversuch für die gewählten Fremdkapitalaufnahmen. *Corporate Finance* 13(13):241–249.

Endrikat, Jan, Frank Hartmann und Philipp Schreck (2017). Social and ethical issues in management accounting and control: an editorial. *Journal of Management Control* 28(3):245–249.

Engelen, Christian und Christoph Pelger (2014). Determinanten der Integration von externer und interner Unternehmensrechnung – Eine empirische Analyse anhand der Segmentberichterstattung nach IFRS 8. *Schmalenbachs Zeitschrift für betriebswirtschaftliche Forschung* 66(3):178–211.

Escrig-Olmedo, Elena u. a. (2019). Rating the Raters: Evaluating how ESG Rating Agencies Integrate Sustainability Principles. *Sustainability* 11(3):915.

Ezekoye, Obi, Tim Koller und Ankit Mittal (2016). How share repurchases boost earnings without improving returns. *McKinsey Insights*.

Faccio, Mara (2010). Differences between Politically Connected and Nonconnected Firms: A Cross-Country Analysis. *Financial Management* 39(3):905–928.

Fama, Eugene F. und Kenneth R. French (1993). Common risk factors in the returns on stocks and bonds. *Journal of Financial Economics* 33(1):3–56.

Fausch, Jürg und Markus Sigonius (2018). The impact of ECB monetary policy surprises on the German stock market. *Journal of Macroeconomics* 55(C):46–63.

Fiechter, Peter, Jörg-Markus Hitz und Nico Lehmann (2022). Real Effects of a Widespread CSR Reporting Mandate: Evidence from the European Union's CSR Directive. *Journal of Accounting Research* 60(4):1499–1549.

Fink, Christian und Kristina Schwedler (2021). Nichtfinanzielle Erklärung – Ursprung, Status quo und Weiterentwicklung der nichtfinanziellen Berichterstattung. *Handbuch Unternehmensberichterstattung: Regulatorische Anforderungen – Entwicklungstendenzen – Perspektiven der Stakeholder*. Hrsg. von Isabel von Keitz, Inge Wulf und Clemens Pelster. Berlin: Erich Schmidt, 73–99.

Fischer, Daniel T. (2016). Core & More: Die Zukunft des Corporate Reporting. *Praxis der internationalen Rechnungslegung (PiR)* 12(3):93.

Fischer, Felix (2011). *Der Zusammenhang zwischen Rechnungslegung und Ausschüttungsbemessung: Eine empirische Analyse deutscher börsennotierter Aktiengesellschaften*. Frankfurt am Main: Peter Lang.

Fleischer, Holger (2017). Corporate Social Responsibility – Vermessung eines Forschungsfeldes aus rechtlicher Sicht. *Die Aktiengesellschaft* 62(15):509–525.

Floyd, Eric, Nan Li und Douglas J. Skinner (2015). Payout policy through the financial crisis: The growth of repurchases and the resilience of dividends. *Journal of Financial Economics* 118(2):299–316.

Francis, Bill, Iftekhar Hasan und Qiang Wu (2013). The Impact of CFO Gender on Bank Loan Contracting. *Journal of Accounting, Auditing & Finance* 28(1):53–78.

Freidank, Carl-Christian und Anne-Kathrin Hinze (2015). Einordnung des Integrated Reportings in das System der unternehmerischen Berichterstattung. *Handbuch Integrated Reporting: Herausforderung für Steuerung, Überwachung und Berichterstattung.* Hrsg. von Carl-Christian Freidank u. a. Berlin: Erich Schmidt, 55–90.

Frey, Hannes (2011). Konzernabschlussanalyse großer Unternehmen am deutschen Kapitalmarkt auch vor dem Hintergrund der Finanzkrise. *Zeitschrift für internationale und kapitalmarktorientierte Rechnungslegung (KoR)* 11(4):194–202.

Fridson, Martin S. und Fernando Alvarez (2011). *Financial statement analysis workbook: step-by-step exercises and tests to help you master financial statement analysis.* 4. Aufl. Hoboken (New Jersey): John Wiley & Sons.

Friedman, Milton (1962). *Capitalism and freedom.* Chicago: University of Chicago Press.

Fülbier, Rolf Uwe, Christian Wittmann und Marcus Bravidor (2019). Alles zu seiner Zeit: Das Offenlegungsverhalten nicht kapitalmarktorientierter Unternehmen. *Der Betrieb* 72(5):797–803.

Gassen, Joachim und Rolf Uwe Fülbier (2015). Do Creditors Prefer Smooth Earnings? Evidence from European Private Firms. *Journal of International Accounting Research:* 151–180.

Gehring, Marco, Martin Hebertinger und Lenka Sedlarik (2020). Key Performance Indicators bei börsenkotierten Unternehmen – eine aktuelle Praxiserhebung. *Zeitschrift für Internationale Rechnungslegung (IRZ)* 15(10):457–460.

Geiler, Philipp und Luc Renneboog (2015). Taxes, earnings payout, and payout channel choice. *Journal of International Financial Markets, Institutions and Money* 37:178–203.

Geisel, Adrian, Heike Bach und Florian Kiy (2019). Nachhaltigkeitsberichterstattung mit Branchenfokus. *Betriebs-Berater* 16(15):875–879.

Georgiou, Omiros (2018). The Worth of Fair Value Accounting: Dissonance between Users and Standard Setters. *Contemporary Accounting Research* 35(3):1297–1331.

Gerstner, Marcus B. und Christian Hauser (2019). Geschäftsberichterstattung zur Anti-Korruptions-Compliance börsennotierter Unternehmen mit Sitz in Deutschland und Frankreich. *Betriebswirtschaftliche Forschung und Praxis (BFuP)* 71(1):55–79.

Gibson Brandon, Rajna, Philipp Krueger und Peter Steffen Schmidt (2021). ESG Rating Disagreement and Stock Returns. *Financial Analysts Journal* 77(4):104–127.

Gladen, Werner (2014). *Performance Measurement: Controlling mit Kennzahlen.* 6. Aufl. Wiesbaden: Springer Gabler.

Göck, Marco und Martin Dresp (2017). Steuerung mit Kennzahlen: Die Qual der Wahl im Zahlendschungel. *Corporate Finance* 8(1–2):8–12.

Godfrey, Paul C., Craig B. Merrill und Jared M. Hansen (2009). The relationship between corporate social responsibility and shareholder value: an empirical test of the risk management hypothesis. *Strategic Management Journal* 30(4):425–445.

Goncharov, Igor und Allan Hodgson (2011). Measuring and Reporting Income in Europe. *Journal of International Accounting Research* 10(1):27–59.

Gordon, Elizabeth A., Karin A. Petruska und Minna Yu (2014). Do Analysts' Cash Flow Forecasts Mitigate the Accrual Anomaly? International Evidence. *Journal of International Accounting Research* 13(1):61–90.

Götz, Alexander und Moritz Stahl (2018). Vorstandsvergütung im DAX und MDAX 2017. *Corporate Finance* 9(9–10):283–287.

Gräfer, Horst und Torsten Wengel (2019). *Bilanzanalyse.* 14. Aufl. Herne: NWB.

Graham, John R. und Campbell R. Harvey (2001). The theory and practice of corporate finance: evidence from the field. *Journal of Financial Economics* 60(2–3):187–243.

Graham, John R., Campbell R. Harvey und Shiva Rajgopal (2005). The economic implications of corporate financial reporting. *Journal of Accounting and Economics* 40(1–3):3–73.

Grewal, Jody, Edward J. Riedl und George Serafeim (2019). Market Reaction to Mandatory Nonfinancial Disclosure. *Management Science* 65(7):3061–3084.

Grote, Rainer und Isabel von Keitz (2020). Mögliche Auswirkungen durch ED/2019/7 für die Ergebnisdarstellung in der GuV. Eine Analyse anhand der Konzernabschlüsse 2018 ausgewählter deutscher IFRS-Bilanzierer. *Zeitschrift für internationale und kapitalmarktorientierte Rechnungslegung (KoR)* 20(5):204–211.

Grottel, Bernd u. a. Hrsg. (2018) *Beck'scher Bilanz-Kommentar: Handels- und Steuerbilanz: §§ 238 bis 339, 342 bis 342e HGB*. 11. Aufl. München: C.H. Beck.

Grüning, Michael (2011). *Publizität börsennotierter Unternehmen*. Wiesbaden: Springer Gabler.

GSIA, Hrsg. (2021). *Global Sustainable Investment Review 2020*. Brüssel, Sydney, London, Washington, D.C., Utrecht, Tokyo: Global Sustainable Investment Alliance.

Günther, Robert (2015). *Value-Relevance of Other Comprehensive Income under IFRS. Dissertation of the University of St. Gallen, School of Management, Economics, Law, Social Sciences and International Affairs.* Bamberg: Difo Druck.

Haak, Kevin und Manfred Kühnberger (2022). Erfolg und Nachhaltigkeit: Zum Zusammenhang von ESG-Ratings und der finanziellen Performance von Unternehmen. *Zeitschrift für internationale und kapitalmarktorientierte Rechnungslegung (KoR)* 22(10):415–422.

Haaker, Andreas und Jens Freiberg (2015). Streichung des goodwill in der Bilanzanalyse? *Praxis der internationalen Rechnungslegung (PiR)* 11(9):255–256.

Haghani, Sascha, Steffen Voll und Matthias Holzamer (2008). Bedeutung und Management von Financial Covenants. *Studie der Roland Berger Strategy Consultants.*

Hail, Luzi, Ahmed Tahoun und Clare Wang (2014). Dividend Payouts and Information Shocks. *Journal of Accounting Research* 52(2):403–456.

Hälker, Julian u. a. (2018). Einfluss von Forschung und Entwicklung auf den Enterprise Value im deutschen Prime Standard. *Corporate Finance* 9(11–12):335–339.

Harbarth, Stephan (2018). Aktienrecht, Gemeinwohl und Vergütungsparameter. *Zeitschrift für Unternehmens- und Gesellschaftsrecht (ZGR)* 47(2–3):379–402.

Hennrichs, Joachim (2018). Die Grundkonzeption der CSR-Berichterstattung und ausgewählte Problemfelder. *Zeitschrift für Unternehmens- und Gesellschaftsrecht (ZGR)* 47(2–3):206–229.

Hitz, Jörg-Markus (2010). Information versus adverse Anlegerbeeinflussung: Befund und Implikationen der empirischen Rechnungswesenforschung zur Publizität von Pro-forma-Ergebnisgrößen. *Journal für Betriebswirtschaft* 60(2):127–161.

Holler, Jochen (2012). *Event-Study-Methodik und statistische Signifikanz*. Edewecht: Oldenburger Verlag für Wirtschaft, Informatik und Recht.

Hommel, Michael und Stefan Rammert (2012). *IFRS-Bilanzanalyse case by case*. 3. Aufl. Frankfurt am Main: Recht und Wirtschaft.

Hosp, Irina und Benjamin Kraft (2021). Zur Zukunft der Nachhaltigkeitsberichterstattung: Analyse der Stellungnahmen zu ausgewählten Fragen des Konsultationspapiers „Sustainability Reporting" der IFRS Foundation. *Die Wirtschaftsprüfung (WPg)* 74(13):825–832.

Humbert, Franziska (2018). Corporate Social Responsibility und die Frage nach staatlicher Regulierung: Eine rechtspolitische Einschätzung. *Zeitschrift für Unternehmens- und Gesellschaftsrecht (ZGR)* 47(2–3):295–315.

Hung, Shengmin, Hunghua Pan und Taychang Wang (2019). CEO Hedging Opportunities and the Weighting of Performance Measures in Compensation Contracts. *Contemporary Accounting Research* 36(4):2319–2343.

ICAEW Financial Reporting Faculty, Hrsg. (2015). *The Effects of Mandatory IFRS Adoption in the EU: A Review of Empirical Research. Information for Better Markets Initiative.* Cambridge (England): Institute of Chartered Accountants in England und Wales.

IDW. (1994). *Zur Behandlung von Genußrechten im Jahresabschluss von Kapitalgesellschaften*. Düsseldorf: Institut der Wirtschaftsprüfer.

IDW. (2018). *Trendwatch Externes Reporting. IDW Positionspapier zu Bestandteilen der externen Berichterstattung und zur Reichweite ihrer Prüfung*. Düsseldorf: Institut der Wirtschaftsprüfer.

Imam, Shahed und Crawford Spence (2016). Context, not predictions: a field study of financial analysts. *Accounting, Auditing & Accountability Journal* 29(2):226–247.

Ipreo Ltd. und DIRK, Hrsg. (2018). *Investoren der Deutschland AG 5.0 – Die Aktionärsstruktur des deutschen Leitindex DAX 30*. Frankfurt am Main: Deutscher Investor Relations Verband.

Jacob, Martin und Roni Michaely (2017). Taxation and Dividend Policy: The Muting E-fect of Agency Issues and Shareholder Conflicts. *The Review of Financial Studies* 30(9):3176–3222.

Jansen, Stephan A. (2016). *Mergers & Acquisitions: Unternehmensakquisitionen und -kooperationen: eine strategische, organisatorische und kapitalmarkttheoretische Einführung*. 6. Aufl. Wiesbaden: Springer Gabler.

Jensen, Michael C. (1986). Agency Cost Of Free Cash Flow, Corporate Finance, and Takeovers. *American Economic Review* 76(2):323–329.

Jesse, Simeon und Marc Mehlhorn (2016). Die Aktionärsstruktur von M&A-Transaktionen als Erklärungsfaktor von Kapitalmarktreaktionen: Eine empirische Analsye am deutschen Markt. *Corporate Finance* 7(7–8):278–282.

Jong, Abe de u. a. (2014). How does earnings management influence investor's perceptions of firm value? Survey evidence from financial analysts. *Review of Accounting Studies* 19(2):606–627.

Kajüter, Peter und Manuel Herkenhoff (2021). Integrated Reporting – Status quo und Perspektiven der integrierten Berichterstattung. *Handbuch Unternehmensberichterstattung: Regulatorische Anforderungen – Entwicklungstendenzen – Perspektiven der Stakeholder*. Hrsg. von Isabel von Keitz, Inge Wulf und Clemens Pelster. Berlin: Erich Schmidt, 147–172.

Kannenberg, Linda und Philipp Schreck (2019). Integrated reporting: boon or bane? A review of empirical research on its determinants and implications. *Journal of Business Economics* 89(5):515–567.

Keienburg, Georg u. a. (2019). Wertgenerierung bei M&A Transaktionen durch Bekanntgabe von Synergien? *Corporate Finance* 10(3–4):76–84.

Kessler, Harald (2010). Abschlussanalyse nach IFRS und HGB: Grundlagen und immaterielles Vermögen. *Praxis der internationalen Rechnungslegung (PiR)* 6(2):33–41.

Khurana, Inder K. und Wei Wang (2019). International Mergers and Acquisitions Laws, the Market for Corporate Control, and Accounting Conservatism. *Journal of Accounting Research* 57(1):241–290.

Kim, Jae B. u. a. (2019). Valuation Implications of Unconditional Accounting Conservatism: Evidence from Analysts' Target Prices. *Contemporary Accounting Research* 36(3):1669–1698.

Kim, Jeong-Bon und Byungcherl Charlie Sohn (2013). Real earnings management and cost of capital. *Journal of Accounting and Public Policy* 32(6):518–543.

Kohl, Thorsten und Jan König (2018). Besonderheiten bei der Bewertung von Unternehmen im Konzernverbund. *Die Wirtschaftsprüfung (WPg)* 71(13):843–848.

Koo, David S., Santhosh Ramalingegowda und Yong Yu (2017). The effect of financial reporting quality on corporate dividend policy. *Review of Accounting Studies* 22(2):753–790.

Köstlmeier, Siegfried und Klaus Röder (2019). Kurseffekte von Aktienrückkäufen in Deutschland und die zugrunde liegenden Motive von deren Ankündigung. *Corporate Finance* 10(1–2):10–17.

Kothari, S. P. (1992). Price-earnings regressions in the presence of prices leading earnings. *Journal of Accounting and Economics* 15(2–3):173–202.

Kraft, Pepa (2015). Rating Agency Adjustments to GAAP Financial Statements and Their Effect on Ratings and Credit Spreads. *The Accounting Review* 90(2):641–674.

Krajewski, Markus (2018). Legitimationsfragen internationaler Rahmenwerke für die CSR-Berichterstattung: Inhalt, Regelgeber und Durchsetzungsmechanismen. *Zeitschrift für Unternehmens- und Gesellschaftsrecht (ZGR)* 47(2–3):271–294.

Krause, Hans-Ulrich (2019). *Ganzheitliches Reporting mit Kennzahlen im Zeitalter der digitalen Vernetzung: Ein fallstudienbegleiteter Ansatz zur Nachhaltigkeits-Implementierung*. Berlin: De Gruyter.

Krause, Hans-Ulrich und Dayanand Arora (2008). *Controlling-Kennzahlen – Key Performance Indicators*. München: Oldenbourg.

Kremer, Thomas u. a. (2018). *Deutscher Corporate Governance Kodex: Kodex-Kommentar*. 7. Aufl. München: C.H. Beck.

Krishnan, Gopal V. und Jing Zhang (2019). Does Mandatory Adoption of IFRS Enhance Earnings Quality? Evidence From Closer to Home. *The International Journal of Accounting* 54(1):1–42.

Kruschwitz, Lutz und Andreas Löffler (2020). *Stochastic discounted cash flow: a theory of the valuation of firms*. Cham (Schweiz): Springer.

Kühnberger, Manfred (2005). Firmenwerte in Bilanz, GuV und Kapitalflussrechnung nach HGB, IFRS und US GAAP: Abbildung und Aussagekraft. *Der Betrieb* 58(13):677–683.

Kühnberger, Manfred (2014). Fair Value Accounting, Bilanzpolitik und die Qualität von IFRS-Abschlüssen. Ein Überblick über ausgewählte Aspekte der Fair Value-Bewertung. *Schmalenbachs Zeitschrift für betriebswirtschaftliche Forschung* 66(5–6):428–450.

Kühnberger, Manfred (2016a). Corporate Governance, Investorenschutz und Rechnungslegung, Teil I. *Zeitschrift für internationale und kapitalmarktorientierte Rechnungslegung (KoR)* 16(2):79–85.

Kühnberger, Manfred (2016b). Corporate Governance, Investorenschutz und Rechnungslegung, Teil II. *Zeitschrift für internationale und kapitalmarktorientierte Rechnungslegung (KoR)* 16(3):230–234.

Kühnberger, Manfred (2017). *Kapitalmarktorientierte Rechnungslegung. Konzeptionelle Grundlagen und empirische Befunde aus Immobilienunternehmen*. Wiesbaden: Springer Gabler.

Kühnberger, Manfred (2018). Rechnungslegung und Rechnungslegungspolitik (Teil 1). *Deutsches Steuerrecht* 56(15):755–760.

Kühnberger, Manfred (2019). Rechnungslegung, Fremdkapital und Debt Covenants. *Zeitschrift für internationale und kapitalmarktorientierte Rechnungslegung (KoR)* 19(5):235–246.

Kühnberger, Manfred und Maximilian Richter (2017). Aktienrückkäufe und Dividenden – Ein Vergleich zwischen Deutschland und den USA. *Zeitschrift für internationale und kapitalmarktorientierte Rechnungslegung (KoR)* 17(4):173–178.

Kühnberger, Manfred und Thorsten Schmidt (1998). *Erfolgsausweis deutscher Aktienkonzerne*. Wiesbaden: Springer Gabler.

Kühnberger, Manfred und Thorsten Schmidt (1999). Der Konzernabschluß als Ausschüttungsbemessungsgrundlage: Eine theoretische Analyse und eine empirische Bestandsaufnahme zur Ausschüttungspolitik deutscher Aktienkonzerne. *Journal of Business Economics* 69(11):1263–1291.

Kühnberger, Manfred und Philipp Thurmann (2013). Pro-forma Earnings bei Immobilien-AG. *Zeitschrift für internationale und kapitalmarktorientierte Rechnungslegung (KoR)* 13(6):281–292.

Kühnberger, Manfred und Philipp Thurmann (2015). Zur Bedeutung von Gewinnen und Cashflows in der empirischen Rechnungslegungsforschung. *Zeitschrift für internationale und kapitalmarktorientierte Rechnungslegung (KoR)* 15(1):30–43.

Kühnberger, Manfred und Veit Wohlgemuth (2021a). Altersversorgungsverpflichtungen in der Rechnungslegung und Bilanzanalyse nach HGB. *Deutsches Steuerrecht* 59(20):1182–1190.

Kühnberger, Manfred und Veit Wohlgemuth (2021b). Altersversorgungsverpflichtungen in der Rechnungslegung und Bilanzanalyse nach IFRS. *Deutsches Steuerrecht* 59(21):1246–1250.

Kuhner, Christoph (2017). Die Business Judgement Rule im Bilanzrecht – Diskussionsbeitrag zu Hanno Merkt, Bilanzierungsentscheidungen und unternehmerisches Ermessen, DK 2017 S. 353. *Der Konzern* 15(7–8):360–366.

Kümpel, Thomas, René Pollmann und Svenja Kaiser (2017). Anregung einer unterstützenden Möglichkeit zur Objektivierung des Goodwillansatzes im Zuge der Jahresabschlussanalyse. *Zeitschrift für internationale und kapitalmarktorientierte Rechnungslegung (KoR)* 17(9):372–380.

Kuo, Nan-Ting und Cheng-Few Lee (2018). Investor legal protection, capitalized development costs, and audit fees: A cross-country analysis. *Journal of International Financial Management & Accounting* 29(1):57–82.

Küting, Peter und Claus-Peter Weber (2015). *Die Bilanzanalyse: Beurteilung von Abschlüssen nach HGB und IFRS*. 11. Aufl. Stuttgart: Schäffer-Poeschel.

Labrenz, Helfried und Laura Thorand (2017). IFRS 16: Gestaltungspotenziale im Konzern und Signalisierungswirkungen. Fallstudie zu Handlungsspielräumen des Leasingnehmers. *Zeitschrift für internationale und kapitalmarktorientierte Rechnungslegung (KoR)* 17(9):387–398.

Lachnit, Laurenz und Stefan Müller (2017). *Bilanzanalyse: Grundlagen – Einzel- und Konzernabschlüsse – HGB- und IFRS-Abschlüsse – Unternehmensbeispiele*. 2. Aufl. Wiesbaden: Springer Gabler.

Lachnit, Laurenz, Stefan Müller und Inge Wulf (2018). Neue Ansätze zur Schätzung stiller Rücklagen und Lasten im HGB-Abschluss. *Rechnungslegung, Steuern, Corporate Governance, Wirtschaftsprüfung und Controlling*. Hrsg. von Patrick Velte u. a. Wiesbaden: Springer Gabler, 3–17.

Lang, Konrad (2018). Voluntary Disclosure and Analyst Forecast. *European Accounting Review* 27(1):23–36.

Lee, Jay Junghun (2018). A model of stock prices leading earnings. *Managerial Finance* 44(7):935–952.

Leung, Edith und David Veenman (2018). Non-GAAP Earnings Disclosure in Loss Firms. *Journal of Accounting Research* 56(4):1083–1137.

Leuz, Christian (2010). Different approaches to corporate reporting regulation: How jurisdictions differ and why. *Accounting and Business Research* 40(3):229–256.

Leuz, Christian und Peter D. Wysocki (2016). The Economics of Disclosure and Financial Reporting Regulation: Evidence and Suggestions for Future Research. *Journal of Accounting Research* 54(2):525–622.

Li, Kevin K. und Richard G. Sloan (2017). Has goodwill accounting gone bad? *Review of Accounting Studies* 22(2):964–1003.

Li, Kevin und Partha Mohanram (2019). Fundamental Analysis: Combining the Search for Quality with the Search for Value. *Contemporary Accounting Research* 36(3):1263–1298.

Li, Ningzhong (2016). Performance Measures in Earnings-Based Financial Covenants in Debt Contracts. *Journal of Accounting Research* 54(4):1149–1186.

Lima, Gerlando Augusto Sampaio Franco de u. a. (2018). Effect of Institutional Investor Participation on Price Lead Earnings and Earnings Quality: International Evidence. *Journal of International Accounting Research* 17(1):103–119.

Littkemann, J., P. Reinbacher und S. Dick (2014). Direkte und indirekte Einflüsse eines Ratings auf den Unternehmenswert. Eine kritische Analyse am Beispiel der RWE AG. *Corporate Finance* 5(2):74–83.

Lopatta, Kerstin u. a. (2013). The effect of the German Accounting Law Modernization Act (BilMoG) on the earnings quality of private firms. *Corporate Finance* 4(5):234–242.

Lynch, Daniel u. a. (2019). Trade-offs between Tax and Financial Reporting Benefits: Evidence from Purchase Price Allocations in Taxable Acquisitions. *Contemporary Accounting Research* 36(3):1223–1262.

Lys, Thomas, James P. Naughton und Clare Wang (2015). Signaling through corporate accountability reporting. *Journal of Accounting and Economics* 60(1):56–72.

Maaloul, Anis, Walid Ben Amar und Daniel Zeghal (2016). Voluntary disclosure of intangibles and analysts' earnings forecasts and recommendations. *Journal of Applied Accounting Research* 17(4):421–439.

Malmendier, Ulrike, Enrico Moretti und Florian S. Peters (2018). Winning by Losing: Evidence on the Long-run Effects of Mergers. *The Review of Financial Studies* 31(8):3212–3264.

Manconi, Alberto, Urs Peyer und Theo Vermaelen (2019). Are Buybacks Good for Long-Term Shareholder Value? Evidence from Buybacks around the World. *Journal of Financial and Quantitative Analysis* 54(5):1899–1935.

Margolis, Joshua D., Hillary Anger Elfenbein und James P. Walsh (2009). Does it Pay to Be Good... And Does it Matter? A Meta-Analysis of the Relationship between Corporate Social and Financial Performance. *Working Paper*.

Mehnert, Christian und Hendrik Rupertus (2018). Goodwill-Bilanzierung in der internationalen Rechnungslegung: Aktueller Diskussionsstand und Entwicklungsperspektiven. *Der Konzern* 16(4):162–170.

Merchant, Kenneth A. und Wim A. Van der Stede (2017). *Management control systems: performance measurement, evaluation and incentives*. 4. Aufl. Harlow (England): Pearson.

Michaels, Anne und Michael Grüning (2017). Relationship of corporate social responsibility disclosure on information asymmetry and the cost of capital. *Journal of Management Control* 28(3):251–274.

Modigliani, Franco und Merton H. Miller (1958). The Cost of Capital, Corporation Finance and the Theory of Investment. *The American Economic Review* 48(3):261–297.

Mölls, Sascha H. und Michael Strauß (2007). Bewertungsrelevanz der Rechnungslegung: Stand und Implikationen der empirischen Forschung für Aktionäre und Regulierer. *Journal of Business Economics* 77(9):955–995.

Mosca, Chiara (2018). Director–Shareholder Dialogues Behind the Scenes: Searching for a Balance Between Freedom of Expression and Market Fairness. *European Company and Financial Law Review* 15(4):805–856.

Moxter, Adolf (2000). Rechnungslegungsmythen. *Betriebs-Berater* 55(42):2143–2148.

Müller, Stefan, Sean Pierré Needham und Kevin Mack (2019). Ausrichtung von Vorstandsvergütungssystemen nach dem Grundsatz der nachhaltigen Unternehmensentwicklung. *Betriebs-Berater* 74(16/17):939–943.

Neuhaus, Stefan (2009). *Auslagerung betrieblicher Pensionszusagen*. Frankfurt am Main: Peter Lang.

Paiva, Inna Sousa, Isabel Costa Lourenço und Manuel Castelo Branco (2016). Earnings management in family firms: current state of knowledge and opportunities for future research. *Review of Accounting and Finance* 15(1):85–100.

Pellens, Bernhard, Rolf Uwe Fülbier u. a. (2021). *Internationale Rechnungslegung: IFRS 1 bis 17, IAS 1 bis 41, IFRIC-Interpretationen, Standardentwürfe*. 11. Aufl. Stuttgart: Schäffer-Poeschel.

Pellens, Bernhard und André Schmidt (2014). *Verhalten und Präferenzen deutscher Aktionäre 2013*. Frankfurt am Main: Deutsches Aktieninstitut.

Pellens, Bernhard, André Schmidt und Katrin Ahlich (2019). *Verhalten und Präferenzen deutscher Aktionäre 2018*. Frankfurt am Main: Deutsches Aktieninstitut.

Pellens, Bernhard, Dennis Starke und Daniel Damke (2017). Konsequenzen von Ratingänderungen – Eine Analyse des westeuropäischen Anleihemarkts. *Corporate Finance* 8(1–2):13–22.

Penman, Stephen H. (2010). *Financial statement analysis and security valuation*. 4. Aufl. New York: McGraw-Hill.

Pilhofer, Jochen u. a. (2018). Managementwechsel und Goodwill Impairment: Trägt die Schuld von Wertminderungsaufwendungen immer der scheidende Vorstand? *Zeitschrift für Internationale Rechnungslegung (IRZ)* 13(1):31–38.

Plewnia, Frederik und Edeltraud Guenther (2017). The benefits of doing good: a meta-analysis of corporate philanthropy business outcomes and its implications for management control. *Journal of Management Control* 28(3):347–376.

Prinz, Ulrich (2019). Reformideen zum Bilanzsteuerrecht. *Der Betrieb* 72(15):804–812.

Prinz, Ulrich und Bernd Keller (2017). Neue Grundsatzentscheidung des BFH zu sale-and-lease-back-Geschäften – Anmerkungen zum BFH-Urteil vom 13.10.2016 – IV R 33/13. *Unternehmensteuern und Bilanzen (StuB)* 16(6):211–217.

PwC, Hrsg. (2020). *2022: The growth opportunity of the century*. Luxembourg: PricewaterhouseCoopers.

Quick, Reiner und Julian Hahn (2016). Aktivierung eigener Entwicklungskosten: Bedeutung für nicht-kapitalmarktorientierte Unternehmen im HGB-Konzernabschluss. *Die Wirtschaftsprüfung (WPg)* 69(20):1125–1130.

Raspels, Petra, Axel Schütte und Johannes Reich (2019). *Vergütungsstudie 2019. Vorstands- und Aufsichtsratsvergütung im Dax, MDax, SDax und TecDax 2014–2018*. Frankfurt am Main: PricewaterhouseCoopers.

Rees, Lynn L. und Philip B. Shane (2012). Academic Research and Standard-Setting: The Case of Other Comprehensive Income. *Accounting Horizons* 26(4):789–815.

Reichmann, Thomas, Martin Kißler und Ulrike Baumöl (2017). *Controlling mit Kennzahlen: Die systemgestützte Controlling-Konzeption*. 9. Aufl. Controlling Competence. München: Franz Vahlen.

Reimsbach, Daniel, Rüdiger Hahn und Anil Gürtürk (2018). Integrated Reporting and Assurance of Sustainability Information: An Experimental Study on Professional Investors' Information Processing. *European Accounting Review* 27(3):559–581.

Ribeiro, Andrea, Yaowen Shan und Stephen Taylor (2019). Non-GAAP Earnings and the Earnings Quality Trade-off. *Abacus* 55(1):6–41.

Ringe, Wolf-Georg (2015). Changing Law and Ownership Patterns in Germany: Corporate Governance and the Erosion of Deutschland AG. *American Journal of Comparative Law* 63(2):493–538.

Roos, Benjamin (2018). Darstellung von Forschungs- und Entwicklungsaufwendungen im Umsatzkostenverfahren nach IFRS. *Zeitschrift für Internationale Rechnungslegung (IRZ)* 13(4):183–188.

Roychowdhury, Sugata (2006). Earnings management through real activities manipulation. *Journal of Accounting and Economics* 42(3):335–370.

Ruhnke, K., M. Heinrichs und F. Adomeit (2018). Determinanten der Qualität der Prognoseberichterstattung deutscher börsennotierter Unternehmen nach DRS 20. *Zeitschrift für internationale und kapitalmarktorientierte Rechnungslegung (KoR)* 6:283–292.

Ruhwedel, Franca, Fabian Hähn und Marco Röper (2018). Berichterstattung über Alternative Performance Measures in DAX und MDAX nach Inkrafttreten der ESMA-Leitlinien. *Zeitschrift für internationale und kapitalmarktorientierte Rechnungslegung (KoR)* 18(11):508–515.

Ruprecht, Roland und Andreas Weingartner (2017). Analyse der neuen Revisionsberichte: Goodwill, Steuern und Umsatzerfassung stehen im Zentrum. *Zeitschrift für Internationale Rechnungslegung (IRZ)* 12(6):267–271.

Schildbach, Thomas (2008). *Der Konzernabschluss nach HGB, IFRS und US-GAAP*. 7. Aufl. München: Oldenbourg.

Schildbach, Thomas (2015). *Fair Value Accounting: konzeptionelle Inkonsistenzen und Schlussfolgerungen für die Rechnungslegung*. München: Franz Vahlen.

Schmidt, Matthias (2020). Die rechnungslegungsbezogenen Thesen des Sustainable-Finance-Beirats der Bundesregierung. *Der Betrieb* 73(6):233–240.

Schmidt, Matthias, René Berg und Peer Schmidt (2011). Die Herstellung der Justiziabilität von IFRS. *Betriebswirtschaftliche Forschung und Praxis (BFuP)* 63(1):53–75.

Schrand, Catherine M. und Sarah L. C. Zechman (2012). Executive overconfidence and the slippery slope to financial misreporting. *Journal of Accounting and Economics* 53(1–2):311–329.

Schreck, Philipp (2011). Ökonomische Corporate Social Responsibility Forschung: Konzeptionalisierung und kritische Analyse ihrer Bedeutung für die Unternehmensethik. *Journal of Business Economics* 81(7–8):745–769.

Schwartz, Kerrin und Manfred Kühnberger (2018). Maßgrößen für sachverhaltsgestaltende Bilanzpolitik und deren Einsatz in der deutschen Automobilindustrie. *Zeitschrift für internationale und kapitalmarktorientierte Rechnungslegung (KoR)* 18(7–8):332–339.

Sellhorn, Thorsten, Stefan Hahn und Julia Lerchenmüller (2015). *Jahresabschlüsse und Jahresabschlussanalysen: ein Handbuch für Aufsichts- und Betriebsräte*. Düsseldorf: Hans-Böckler-Stiftung.

Servaes, Henri und Ane Tamayo (2013). The Impact of Corporate Social Responsibility on Firm Value: The Role of Customer Awareness. *Management Science* 59(5):1045–1061.

Shroff, Nemit (2017). Corporate investment and changes in GAAP. *Review of Accounting Studies* 22(1):1–63.

Sidki, Marcus (2013). *Asset-Backed Securities*. Wiesbaden: Springer Gabler.

Simons, Cornelius (2018). Corporate Social Responsibility und globales Wirtschaftsrecht. *Zeitschrift für Unternehmens- und Gesellschaftsrecht (ZGR)* 47(2–3):316–333.

Situm, Mario, Tankred Vogt und Giuseppe Sorrentino (2017). Wie relevant ist der Markenwert? – Eine empirische Analyse aus der Sicht von Wirtschaftsprüfern und Steuerberatern. *Die Wirtschaftsprüfung (WPg)* 70(11):645–652.

Srivastava, Anup (2019). Improving the measures of real earnings management. *Review of Accounting Studies* 24(4):1277–1316.

Stangor, Nicole, Manfred Kühnberger und Kim Julia Zander (2020). Bessere Rechnungslegungsqualität beim Leasingnehmer durch den IFRS 16? *Zeitschrift für internationale und kapitalmarktorientierte Rechnungslegung (KoR)* 20(5):212–223.

Stibi, Bernd (2021). Fortentwicklung der Unternehmensberichterstattung aus Sicht eines Standardsetters. *Handbuch Unternehmensberichterstattung: Regulatorische Anforderungen – Entwicklungstendenzen – Perspektiven der Stakeholder*. Hrsg. von Isabel von Keitz, Inge Wulf und Clemens Pelster. Berlin: Erich Schmidt, 241–251.

Stiefl, Jürgen und Kolja von Westerholt (2009). *Wertorientiertes Management*. München: Oldenbourg.

Stork genannt Wersborg, Tobias und S. Emmerich (2019). Unterschiede und Gemeinsamkeiten bei der Bewertung von Marken im Zuge von Unternehmenstransationen nach IFRS, Handelsrecht und Steuerrecht. *Zeitschrift für internationale und kapitalmarktorientierte Rechnungslegung (KoR)* 19(2):61–72.

Subramanyam, K. R. (2014). *Financial Statement Analysis*. 11. Aufl. New York: McGraw Hill.

Sundgren, Stefan, Juha Mäki und Antonio Somoza-López (2018). Analyst Coverage, Market Liquidity and Disclosure Quality: A Study of Fair-value Disclosures by European Real Estate Companies Under IAS 40 and IFRS 13. *The International Journal of Accounting* 53(1):54–75.

Thielemann, Felix, Tami Dinh und Helen Kang (2019). Non-GAAP Reporting and Debt Market Outcomes: Evidence from Regulation G. *Schmalenbach Business Review* 71(2):169–203.

Yu-Thompson, Yin, Ran Lu-Andrews und Liang Fu (2016). Liquidity and corporate governance: evidence from family firms. *Review of Accounting and Finance* 15(2):144–173.

Toms, Steven (2019). Financial scandals: a historical overview. *Accounting and Business Research* 49(5):477–499.

Tröger, Tobias (2019). Die Regelungen zu institutionellen Investoren, Vermögensverwaltern und Stimmrechtsberatern im Referentenentwurf eines Gesetzes zur Umsetzung der zweiten Aktionärsrechterichtlinie (ARUG II). *Zeitschrift für Unternehmens- und Gesellschaftsrecht (ZGR)* 48(1):126–162.

Vanini, Ute, Thomas Krolak und Heike Langguth (2019). *Controlling: Grundlage einer entscheidungsorientierten Unternehmensführung*. 2. Aufl. München: UVK.

Velte, Patrick (2022). Meta-analyses on Corporate Social Responsibility (CSR): a literature review. *Management Review Quarterly* 72(3):627–675.

Velte, Patrick u. a. Hrsg. (2018). *Rechnungslegung, Steuern, Corporate Governance, Wirtschaftsprüfung und Controlling: Beiträge aus Wissenschaft und Praxis*. Wiesbaden: Springer Gabler.

Verhofen, Verena und Dieter Schneeloch (2016). *Konzernabschlusspolitik nach IFRS: eine Analyse konzernspezifischer Aktionsparameter*. Wiesbaden: Springer Gabler.

Wagenhofer, Alfred (2015). *Internationale Rechnungslegungsstandards IAS/IFRS: Grundlagen und Grundsätze – Bilanzierung, Bewertung und Angaben – Umstellung und Analyse*. 7. Aufl. München: mi-Wirtschaftsbuch.

Wagenhofer, Alfred und Ralf Ewert (2015). *Externe Unternehmensrechnung*. 3. Aufl. Berlin: Springer Gabler.

Wagner, Christoph (2017). *Extreme Eigenkapitalausstattungen kleiner und mittlerer Unternehmen*. Wiesbaden: Springer Gabler.

Wang, Dechun (2006). Founding Family Ownership and Earnings Quality. *Journal of Accounting Research* 44(3):619–656.

Wang, Qian, Junsheng Dou und Shenghua Jia (2016). A Meta-Analytic Review of Corporate Social Responsibility and Corporate Financial Performance: The Moderating Effect of Contextual Factors. *Business & Society* 55(8):1083–1121.

Waschbusch, Gerd und Jonathan Loewens (2013). Monofunktionalität der IFRS zwischen Theorie und Praxis. *Zeitschrift für internationale und kapitalmarktorientierte Rechnungslegung (KoR)* 13(5):252–255.

Watchman, Andrew und Vincent Papa (2019). Need for a Holistic Approach to Enhancing Corporate Disclosure Requirements. *Schmalenbach Business Review* 71(2):255–261.

Wulf, Inge und Haucke-Frederik Hartmann (2013). Goodwill-Bilanzierung der DAX30-Unternehmen im Kontext der Finanzkrise: Eine empirische Analyse zu Entwicklung und impairment von Goodwill in den Jahren 2007–2011. *Zeitschrift für internationale und kapitalmarktorientierte Rechnungslegung (KoR)* 13(12):590–598.

Wulf, Inge und Udun Özcan (2018). Bedeutung immaterieller Vermögenswerte in IFRS-Konzernabschlüssen und Konsequenzen für die Weiterentwicklung der Rechnungslegung. *Zeitschrift für internationale und kapitalmarktorientierte Rechnungslegung (KoR)* 18(4):173–184.

Yao Daifei (Troy) u. a. (2018). Fair Value Accounting and Earnings Persistence: Evidence from International Banks. *Journal of International Accounting Research* 17(1):47–68.

Zülch, Henning, Matthias Holzamer u. a. (2014). Financial Covenants aus Banken- und Unternehmenssicht: eine Kosten-Nutzen-theoretische Analyse. *Der Betrieb* 67(38):2117–2122.

Zülch, Henning und Tobias Stork genannt Wersborg (2017). 13 Jahre Impairment-only-Ansatz zur Goodwillbilanzierung in Deutschland: Empirische Erkenntnisse und aktuelles Stimmungsbild. *Zeitschrift für internationale und kapitalmarktorientierte Rechnungslegung (KoR)* 17(9):362–371.

Stichwortverzeichnis

https://doi.org/10.1515/9783110770551-021